Altvater/Mahnkopf
Globalisierung der Unsicherheit

Elmar Altvater, Dr. oec. publ., geb. 1938, Professor für Politikwissenschaft an der FU-Berlin und Redaktionsmitglied der PROKLA. Zahlreiche Veröffentlichungen zu Fragen der kapitalistischen Entwicklung, zur Staatstheorie, zur Entwicklungspolitik, Schuldenkrise und zum Zusammenhang von Ökonomie und Ökologie u.a.: *Sachzwang Weltmarkt* 1987; *Die Armut der Nationen* 1987 (Mitherausgeber); *Die Zukunft des Marktes*, 3. Auflage 1997; *Der Preis des Wohlstands 1992.*

Birgit Mahnkopf, Dr. rer. pol., geb. 1950, Professorin für Europäische Gesellschaftspolitik an der Fachhochschule für Wirtschaft Berlin, Redaktionsmitglied der PROKLA; wichtigste Veröffentlichungen: *Verbürgerlichung. Die Legende vom Ende des Proletariats* 1985; Herausgeberin von *Der gewendete Kapitalismus* 1988, zusammen mit *Elmar Altvater: Gewerkschaften vor der europäischen Herausforderung* 1993; *Die Ökonomie eines friedliebenden Europa* 2000; *Grenzen der Globalisierung* [5]2002.

Elmar Altvater / Birgit Mahnkopf

Globalisierung der Unsicherheit

Arbeit im Schatten, schmutziges Geld und informelle Politik

WESTFÄLISCHES DAMPFBOOT

Die Deutsche Bibliothek - CIP-Einheitsaufnahme

Altvater, Elmar:
Globalisierung der Unsicherheit: Arbeit im Schatten, schmutziges Geld und informelle Politik / Elmar Altvater/Birgit Mahnkopf. - Münster : Westfälisches Dampfboot, 2002
ISBN 3-89691-513-4
NE: Mahnkopf, Birgit

1. Auflage Münster 2002

Umschlag: Lütke · Fahle · Seifert, Münster
Druck: Fuldaer Verlagsagentur
Gedruckt auf säurefreiem, alterungsbeständigem Papier.
ISBN 3-89691-513-4

Inhalt

Vorwort

Über informelle Arbeit in Industrie- und Entwicklungsländern arbeiten ganze Heerscharen von Forschern, in erster Linie Soziologen. Mit den Erscheinungsformen dessen, was wir „informelles Geld" genannt haben, beschäftigen sich vor allem Ökonomen: mit Geldwäsche und Countertrade, mit Korruption und Off-Shore-Finanzzentren, mit Hawala-Banken und Dollarisierung. Informelle Politik ist ein Feld, das erst seit kurzer Zeit vermehrte Aufmerksamkeit von Politikwissenschaftlern in Anspruch nimmt. Doch ist das Feld ziemlich fragmentiert, denn die einen beschäftigen sich mit „Schattenpolitik" in demokratischen Industrieländern, die anderen mit informellen Strukturen beim Übergang zur Demokratie, dritte schließlich mit der Privatisierung von Politik, dem Staatszerfall und einer Auflösung des internationalen politischen Systems in Richtung einer Balkanisierung oder einer Konstellation mittelalterlich anmutender Konflikte subnationaler Akteure. Das Attentat vom 11. September 2001 in New York und Washington und die Reaktionen darauf vermitteln einen Eindruck von dieser neuen Konfliktkonstellation zwischen formeller Staatsmacht und informellen Netzwerken und lokalen Kriegsfürsten; allerdings sind die Folgen für Form und Inhalt internationaler Politik noch nicht klar absehbar.

Wir werden uns in diesem Buch mit allen drei Aspekten eines tiefgreifenden und - wie wir meinen - seit den 70er Jahren des 20. Jahrhunderts andauernden sozialen, ökonomischen und politischen Transformationsprozesses auseinander setzen. Wir werden zu diesem Zweck politisch-ökonomisch, politikwissenschaftlich und soziologisch, also transdisziplinär vorgehen müssen. Nur aus dieser Perspektive geraten die „informellen Zwischenräume" (die „Interstizien") der soziökonomischen und politischen Entwicklung ins Blickfeld. Zusammenhänge, Gleichzeitigkeiten und Ungleichzeitigkeiten werden sichtbar, die häufig verborgen sind. In der vorliegenden Schrift gelingt es uns nur, diese anzudeuten. Weitere Forschungen sind nötig, ja dringlich, um größere Klarheit zu gewinnen. Denn einige der von uns aufgezeigten Entwicklungstendenzen weisen nicht in eine neue Weltordnung mit steigendem Wohlstand für alle, sondern in größere Unordnung, wachsende Ungleichheit, Formen der Sicherung von Arbeit und Einkommen, die Legalnormen brechen. Menschliche Sicherheit bleibt auf der Strecke.

Wir hätten einen Teil der von uns nun angeregten weiteren Forschung in diesem Feld gern selbst durchgeführt und deren Resultate in dieses Buch eingebracht. Doch war es leider nicht möglich, neben der üblichen Belastung an der Hochschule diese Leistung zu erbringen. Dabei hat uns die Deutsche Forschungsgemeinschaft mit einer finanzierten Befreiung von der Lehre ein

Semester gefördert. Dafür möchten wir der DFG unseren Dank aussprechen. Aber allein die Sichtung des von uns, zum Teil auf Reisen in Italien und Portugal, Mexiko und Brasilien, Senegal und Thailand zusammengetragenen (zum Teil in Experteninterviews erfragten) primären und sekundären Materials hätte eine Konzentration auf das Projekt erfordert, die uns unter den heute üblichen Stressbedingungen an der Hochschule nicht möglich war. Dennoch meinen wir, dieses Buch der interessierten Öffentlichkeit vorlegen zu sollen. Es enthält den Vorschlag, Zusammenhänge in den forschenden Blick zu nehmen, die sich bislang nicht im sichtbaren Spektrum der sozialwissenschaftlichen Forschung befunden haben.

Diese Schrift ist selbstverständlich von uns allein zu verantworten. Aber viele haben darauf vermittelt oder direkt Einfluss genommen. Dazu gehören Studierende in Seminaren am Otto-Suhr-Institut für Politikwissenschaft der Freien Universität Berlin zur Informalität von Arbeit, Geld und Politik, die anfangs ebenso wie die Verfasser Schwierigkeiten hatten, dem Thema nicht nur Interesse zuzuwenden, sondern auch Sinn abzuverlangen und dann am Ende in zum Teil exzellenten Seminararbeiten einen Beitrag dazu geleistet haben, das unübersichtliche Feld des Informellen auszuleuchten. An den Seminaren war Ulrich Albrecht beteiligt, dem wir wesentliche Anregungen verdanken. Die Vorbereitung und redaktionelle Betreuung zweier Themenhefte *der „PROKLA - Zeitschrift für kritische Sozialwissenschaft“* zu „Informalisierung: Transformationen und Überlebensstrategien“ und zu „Schmutzige Geschäfte. Kapitalismus und Kriminalität“ war für unsere Arbeit außerordentlich wichtig. In internationalen Forschungskontakten zur Thematik der „human security“ haben wir nicht nur die Bedeutung der Informalität für ein stimmiges Konzept von „menschlicher Sicherheit“ einbringen können, sondern auch außerordentlich wichtige Anregungen erhalten: von Kinhilde Mushakoji und Seiko Hanoshi von der Chuba-University in Japan, von Stephen Gill und Isabella Bakker von der York-University in Toronto, Kanada, von Brigitte Young von der Universität Münster. Einige unserer Ideen und ersten Resultate der Forschung haben wir auf einer Reihe von wissenschaftlichen und politischen Veranstaltungen vorgetragen, zuletzt Anfang Februar 2002 auf dem „World Social Forum“ in Porto Alegre/Brasilien.

Die Diskussionen haben uns darin bestärkt, das Buch trotz aller Schwierigkeiten und Unvollkommenheiten in einer breiteren Öffentlichkeit zur Diskussion zu stellen. Denn trotz aller Kritik, die wir manchmal erfahren haben, stellte sich eines als unbestritten heraus: dass die Debatte um die Informalität von Arbeit, Geld und Politik aufgenommen werden muss. Wir selbst beabsichtigen, die Thematik in die Richtung der Bedingungen von „human security“ zu vertiefen.

Teile des Manuskripts haben Dagmar Vinz und Achim Brunnengräber gelesen und mit uns diskutiert. Ihre Anregungen sind in den Text eingeflossen. Für die wertvollen Hinweise bedanken wir uns an dieser Stelle.

Ein ganz besonders herzlicher Dank gebührt aber unserem Freund und Kollegen Enrique Dussel Peters, ohne dessen Vermittlung und Engagement viele der für uns so ergiebigen Forschungskontakte in Mexiko nicht zustande gekommen wären.

Berlin, im März 2002
Birgit Mahnkopf — Elmar Altvater

Einleitung
Globale Transformationen in die Informalität

Dieses Buch behandelt globale Transformationen, die im unwegsamen, unsicheren und unübersichtlichen Gelände des Informellen stecken geblieben sind. Die Ausgangslage lässt sich einigermaßen sicher umschreiben, denn sie ist Vergangenheit, deren Folgen die Gegenwart prägen. Ebenso sicher ist der Zeitraum zu bestimmen, in dem die Transformationen des modernen Kapitalismus des 21. Jahrhunderts begannen: nämlich in den 70er Jahren des 20. Jahrhunderts. In jener Zeit kommt die Rede von der „Krise des Fordismus" auf. Es wird auch vom Ende des „sozialdemokratischen Zeitalters" geschrieben und gesprochen, nachdem schon in den 60er Jahren das „goldene Zeitalter" der Nachkriegsakkumulation mit dem „Ende der Wirtschaftswunder" verabschiedet worden war. Auch die Krise des Marxismus wird (von Louis Althusser) Anfang der 70er Jahre ausgerufen. Für unseren Diskussionszusammenhang ist diese Krise aber nur insofern interessant, als sich in dem darum rankenden Diskurs die Krise des real existierenden Sozialismus versteckte, die keine zwei Jahrzehnte später 1989 offensichtlich wurde.

Seit den 70er Jahren wird aber auch eine umfassende Debatte über informelle Arbeit geführt. Sie beginnt mit der Studie über Beschäftigung in Kenia (ILO 1972), wo die Forscher, für sie damals überraschend, nicht nur (formell) Beschäftigte und Arbeitslose vorfanden, sondern viele Menschen in nicht normierten Arbeitsverhältnissen. Mangels eines besseren Begriffs nannten sie diesen Sektor der nach üblichen Kriterien der Arbeitsmarktforschung nicht einzuordnenden Arbeit „informell". Ein Begriff war geboren, der Karriere machte.

Doch was ist unter „informell" zu verstehen? Handelt es sich dabei nur um eine Bezeichnung aus Verlegenheit, um einen „Hilfsbegriff", um die „Füllseln von Nischen im Wirtschaftskörper" zu erfassen (Albrecht o.J.: 179), um ein „begriffliches Passepartout, in das sonst unvereinbare wissenschaftliche und politische Positionen ihre Definitionen und Interessen einfügen" (Jessen/Siebel et al. 1985: 401)? Oder lässt sich vielleicht doch ein neues sozialwissenschaftliches Paradigma erkennen, mit dem eine neue Realität in Zeiten globaler Transformationen des modernen Kapitalismus begrifflich reproduziert werden könnte? Lässt sich die Gefahr bannen, dass der Begriff des Informellen durch seine Anwendung auf heterogene Erscheinungen inhaltlich entleert und wegen der Heterogenität der von ihm bezeichneten sozialen Sachverhalte nahezu unbrauchbar wird?

Zu fragen ist also, inwieweit die Tendenzen der Informalisierung durch die Globalisierung von Ökonomie, Politik und Gesellschaft gestützt, ja verstärkt werden, und ob und inwieweit sie die Sicherheiten des individuellen und sozialen Lebens untergraben. Dabei wird der Vieldeutigkeit des Phänomens ebenso Rechnung zu tragen sein wie den fließenden Übergängen zwischen seinen legalen und den ungesetzlichen, also den illegalen und sogar kriminellen Varianten.

1. Informalität der Arbeit

Die Vielfalt der nicht-normierten Formen, in denen die Arbeiten sozial geregelt werden, reicht von der Schwarzarbeit über Subsistenzarbeiten, prekäre Arbeiten bis zu dem Anfang der 70er Jahre „entdeckten" informellen Sektor, der bald zum Oberbegriff für die Vielfalt der Arbeiten jenseits einer bis dato berechtigt unterstellten historischen Normalität avancierte. In Ländern Afrikas, Lateinamerikas oder in Asien ist die Mehrheit der Erwerbsbevölkerung in nicht oder schwach normierten Arbeitsverhältnissen, eben informell beschäftigt: ohne ordentlichen Arbeitsvertrag, ohne Sozialversicherung, ohne eine Gewerbeaufsicht und gewerkschaftlichen Schutz, schlecht bezahlt an Arbeitsplätzen, die technisch niveaulos sind (jedenfalls am Stand der Industrieländer gemessen, die die globalen Standards vorgeben) und an denen daher Konkurrenzfähigkeit nur erzielt werden kann, wenn die Arbeitskräfte über die Maßen ausgebeutet werden. In Lateinamerika sind es an die 60% der erwerbstätigen Bevölkerung, in Russland und anderen Nachfolgestaaten der UdSSR sind es mehr als 50%, auf die diese Merkmale entweder insgesamt oder doch zu wesentlichen Teilen zutreffen. Auch in den entwickelten Industrieländern Westeuropas oder in den USA nimmt die nicht den Normen des Lohnarbeitsverhältnisses entsprechende Arbeit zu. Einerseits als „Arbeit im Schatten", d.h. auf eigene Rechnung an der Steuer vorbei, zum anderen als prekäre Arbeit, weil mit den erzielten Einkommen eine dem zivilisatorischen Stand entsprechende Existenzweise nicht realisiert werden kann: Die Arbeitsverträge sind nur kurzfristig, die Entlohnung ist niedrig und die Arbeitszeiten sind sehr lang.

Vor dem Beginn des Industriezeitalters war die Vielfalt der Arbeitsverhältnisse ausgeprägter als heute. Denn die Arbeit war weniger normiert als im entwickelten Kapitalismus. Es gab weder Berufsbilder noch Lehrberufe oder Zertifikate der Industrie- und Handelskammern. Denn auch diese Institution existiert erst, seit sich die Industriegesellschaft durchgesetzt hat. Zünfte gab es, wenn auch nicht überall, und die kümmerten sich eifersüchtig um den Erhalt der Tradition und deren unvorstellbare Vielfalt. Im „Prolog" seines Buches über „Verschwundene Arbeit" zitiert Palla (1994) aus einer Geschichte des Osmanischen Reiches (publiziert 1829) von Joseph von Hammer-Purgstall die

Schilderung eines Beschneidungsfestes. Dieses wurde vom Sultan Murad III für seinen Sohn ausgerichtet, indem er die Vielfalt der Berufe, die „Fülle der Pracht und alle Blüte mechanischer Kunst“ präsentieren ließ (nach Palla 1994: 8): Die Pracht beginnt bei den Arbeitern für weibliche Kopf- und Fußbedeckungen, setzt sich fort über die chinesischen Schatten- und Puppenspieler, die Baumwollschläger, Zeugschmiede, Kanoniere, Männerschuster und Sattler, die Feuerwerker, die Silber- und Golddrahtzieher, die Heuler und Feuerfresser, Öbstler, Zwirnhändler, Leinwandfärber, Speerschaftener, Kammacher, Papierkrämer, Wasserträger, Hufschmiede, Turbanmacher, Nagelschmiede, um schließlich bei den Korbflechtern und Weinschenkern anzulangen. Dabei sind dies noch längst nicht alle Berufe, die in der Schilderung aus dem Jahre 1829 Erwähnung finden (Palla 1994: 10-15). In allen Fällen handelt es sich um konkrete Qualifikationen für konkrete Arbeit; die abstrakte Seite, die den Weinschenker und Nagelschmied als Erzeuger von Waren und Werten auf einen gemeinsamen Nenner, nämlich die Existenz als Lohnarbeiter bringt, der Werte und Waren produziert, ist noch nicht dominante soziale Realität. Daher ist die Erfahrung eines gleichen Klassenschicksals und dass sich das Resultat der Arbeit für den Lohnarbeiter in Geldeinkommen bemisst, noch nicht verbreitet.

Die Vielfalt der Tätigkeiten in präkapitalistischen Zeiten hat auch Goethe während seiner Italienreise in Neapel beobachtet und mit - wie wir heute sagen könnten - soziologischer Sensibilität und Akribie beschrieben:

„Die kleinsten Kinder sind auf mancherlei Weise beschäftigt. Ein großer Teil derselben trägt Fische zum Verkauf ...; andere sieht man sehr oft in der Gegend des Arsenals, oder wo sonst etwas gezimmert wird, wobei es Späne gibt, auch am Meere, welches Reiser und kleines Holz auswirft, beschäftigt, sogar die kleinsten Stückchen in Körbchen aufzulesen ... Sie gehen nachher mit den Körbchen tiefer in die Stadt und setzen sich mit ihren kleinen Holzportionen gleichsam zu Markte ... Andere Kinder tragen das Wasser der Schwefelquellen ... Eine sehr große Anzahl von Menschen ... beschäftigen sich, das Kehricht auf Eseln aus der Stadt zu bringen. Das nächste Feld ... ist nur ein Küchengarten, und es ist eine Freude, zu sehen, welche unsägliche Menge von Küchengewächsen alle Markttage hereingeschafft wird und wie die Industrie der Menschen sogleich die überflüssigen, von den Köchen verworfenen Teile wieder in die Felder bringt, um den Zirkel der Vegetation zu beschleunigen ... Ich würde zu weit aus meinem Wege gehen, wenn ich hier von der mannigfachen Krämerei sprechen wollte ...; allein ich muss doch hier von den Herumträgern sprechen ... Einige gehen herum mit Fäßchen Eiswasser, Gläsern und Zitronen ...; andere tragen Körbe allerlei Backwerks, Näscherei, Zitronen und anderes Obst umher ... Wie diese Art Herumträger geschäftig sind, so gibt es noch eine Menge kleiner Krämer, welche gleichfalls herumgehen und, ohne viele Umstände, auf einem Brett, in einem Schachteldeckel ihre Kleinigkeiten oder auf Plätzen, geradezu auf flacher Erde, ihren Kram ausbieten ... Ich weiß wohl, dass dies viel zu allgemein gesagt ist und dass die Charakterzüge jeder Klasse nur erst nach einer genauern Bekanntschaft und Beobachtung rein gezogen werden können, allein im ganzen würde man doch, glaube ich, auf diese Resultate treffen" (Goethe 1981: 343ff).

Sind diese Aufzeichnungen Johann Wolfgang von Goethes vom 28. Mai 1787 während der „italienischen Reise" eine Schilderung des „informellen Sektors" von Neapel? Goethe ist soziologisch vorsichtig und macht die Aussagen von „genauerer Beobachtung" abhängig, meint aber doch, Plausibilität für seine Darstellung von „Charakterzügen" der Klasse beanspruchen zu können. Tatsächlich fallen die Beschreibungen der Lumpensammlerinnen in Cuiabá in Brasilien oder der Möbeltischler an den Straßenrändern Dakars oder von Verkäufern indigener Kunst in Mexiko-City oder vom Geschehen auf den Märkten am Hafen von Belém do Pará zu Beginn des 21. Jahrhunderts ganz ähnlich aus. Man vergleiche auch die umfassende Schilderung der Arbeits- und Lebensbedingungen der informell Beschäftigten in Indien in dem Band von Breman/Das/Agarwal (2000), der auch ausdrucksstarke Fotos enthält.

Erst mit der Verallgemeinerung der Lohnarbeit bildet sich eine Form der Arbeit, die es sinnvoll macht, in negativer Abgrenzung auch von „informeller Arbeit" zu sprechen. Doch erst am Ende des 20. Jahrhunderts wird Informalität zu einem Thema, das aus der Wissenschaft kommend Eingang in die Agenda internationaler politischer Konferenzen gefunden hat. Das ist kein Wunder, denn die Mehrzahl der Jobs, von denen Menschen leben, sind heute in der einen oder anderen Weise informell. Freilich ist mit diesem Omnibus-Begriff nicht allzu viel gewonnen, zu viele und unterschiedliche Passagiere mit ganz verschiedener Herkunft und Route müssen identifiziert werden. Beispielsweise werden zur informellen Arbeit so unterschiedliche ökonomische Aktivitäten gerechnet wie *erstens* die Selbstversorgung in Haushalten und gemeinschaftliche und Selbsthilfeaktivitäten im „Dritten Sektor". Dabei handelt es sich in der Regel um die Herstellung bedarfsorientierter, nicht monetär vermarkteter Produkte und um soziale oder handwerkliche Dienstleistungen, die entweder eine Reaktion auf defizitäre oder fehlende soziale Sicherungen darstellen oder auf einen ethisch motivierten Rückzug aus überregionalen Austauschbeziehungen zurückzuführen sind.

Davon zu unterscheiden sind *zweitens* jene Typen von informeller Arbeit, die seit Beginn der 70er Jahre im Zentrum des wissenschaftlichen und politischen Interesses stehen: die autonome Arbeit „auf eigene Rechnung" (Schwarzarbeit), die Tätigkeit von Mikrounternehmen, bestimmte Formen der Heimarbeit sowie schattenwirtschaftliche Aktivitäten größerer Unternehmen, die Steuern hinterziehen, Umsätze nicht verbuchen oder den Eigenverbrauch als Betriebsausgaben deklarieren. Diese sehr heterogenen Aktivitäten eint, dass sie eher auf lokale Märkte orientiert sind, in der Regel legale Produkte hervorbringen, aber z.T. in illegalen Produktionsprozessen organisiert sind und sich sowohl monetärer als auch geldloser Tauschmethoden bedienen. Nicht alle ökonomischen Aktivitäten bilden also ihr Resultat, die auf dem Markt zu tauschende Ware, bis zur fertigen Geldform aus; damit setzen wir uns im siebenten Kapitel genauer auseinander. Gemeinsam ist diesen Aktivitäten aber vor allem, dass sie formell geltende arbeits- und sozialrechtliche Normen unterschreiten, weil sie anders selbst auf lokalen Märkten nicht wettbewerbsfähig wären.

Davon nochmals abzugrenzen sind *drittens* jene Erwerbsformen, bei denen die Grenze zur Illegalität überschritten wurde: informelle Arbeiten, die im Rahmen illegaler Organisationen oder durch Einzelpersonen erfolgen und geltendes Strafrecht verletzen. Dazu rechnen u.a. der Handel mit Drogen, Waffen, Giftmüll und geschützten Tierarten, Schmuggel, Hehlerei, Bestechung, Menschenhandel, die erzwungene Prostitution und - im 21. Jahrhundert für viele ein Skandal - die Wiederkehr der Sklaverei in modernisierter Weise mit Cellulartelefon und Helikopter (Bales 2001; Arlacchi 1999)[1]. Nicht zu vergessen ist die Geldwäsche. In der Regel sind alle diese Aktivitäten auf regionale und globale Märkte gerichtet, ihre Produkte und die Produktionsprozesse sind illegal, ihr Ziel ist die Realisierung exorbitanter Gewinne. Kriminelle Tätigkeiten führen zu noch höheren monetären Erträgen, wenn diese als organisierte Kriminalität erfolgen, zumal dann Anschlussdelikte wie die Korruption von Politikern und die Geldwäsche ebenfalls in organisierter Form möglich sind. Dass die Informalisierung der Arbeit, des Geldes und der Politik zusammenhängen, wird spätesten hier sehr deutlich.

Auch neue Formen prekärer Arbeit und die abhängige Selbstständigkeit (Scheinselbstständigkeit), die in der Regel zum Bereich der formellen Erwerbsarbeit gerechnet werden, aber auch viele wirtschaftliche Leistungen, die am unteren Ende von länger gewordenen und neuartig aufgesplitteten Produktions- und Vermarktungsketten anfallen, insbesondere beim *„subcontracting"* großer Transnationale Unternehmen (TNU) in Ländern der „Dritten Welt", sind darauf ausgerichtet, existierende Umverteilungssysteme (Steuern und Sozialabgaben) zu umgehen und geltende Normen des Arbeitsrechts zu unterschreiten. Dies ist ein Hinweis darauf, dass *erstens* der Bedarf an informeller Arbeit im formellen Sektor der Ökonomie erzeugt wird und dass *zweitens* mit der Liberalisierung des Welthandels und der Globalisierung des Wettbewerbs paradoxerweise auch der Umfang und das Gewicht von ökonomischen Akti-

---

[1] Auch „luxuriöse" Sklaverei ist in manchen Bereichen verbreitet, so im Profisport, in dem nicht formelle Lohnarbeitsverträge geschlossen, sondern Spieler gegen viel Geld „transferiert", sprich: verkauft und gekauft werden. Schon die jüngsten „Spielertalente" werden von den Händlern mit Beschlag belegt, von den Eltern abgekauft, um sie dann später an zahlungskräftige Vereine weiterzuverkaufen.

vitäten wachsen, die nicht unter den Bedingungen freier Konkurrenz vonstatten gehen.

Die Informalität der Arbeit ist nicht zuletzt von den globalen Finanzmärkten bestimmt; dies lässt sich z.B. in Brasilien studieren: Zu Zeiten der Inflation in den 80er Jahren, als der Wechselkurs der brasilianischen Währung (des Cruzado) günstig für den Tourismus war, wurden von den Straßenverkäufern und in den Buden der organisierten sonntäglichen Märkte, beispielsweise in der Amazonasstadt Belém do Parà, vor allem indigene Kunst, Gebrauchsgegenstände und Produkte aus der Region den Touristen aus den USA und Westeuropa angeboten. Nach einer Währungsreform und der Bindung der neuen Währung (des Real) an den Dollar durch den damaligen Finanzminister und späteren Präsidenten Fernando Henrique Cardoso im Jahre 1994 - also wegen einer Überbewertung der Währung, die ein hohes Handelsbilanzdefizit zur Folge hatte und für den Tourismus nachgerade prohibitiv hohe Preise brachte - hat sich mit dem Ausbleiben der Touristen auch der informelle Sektor radikal gewandelt. Auf den Märkten und von den Straßenhändlern werden indigene Produkte (für den Verkauf an Touristen, also für den Export) fast gar nicht mehr angeboten, dafür aber um so mehr importierte Billigware aus Südostasien, die zum Teil via Paraguay nach Brasilien geschmuggelt und zu Niedrigstpreisen an die einheimische Bevölkerung verkauft wird, die kein Interesse an indigener Kunst oder an deren Handwerkserzeugnissen hat.

Dies verweist auf den allgemeinen Zusammenhang, dass Vergesellschaftung in einer kapitalistischen Gesellschaft (in einer Geld- und Marktwirtschaft) eben nicht nur durch Arbeit(en), sondern auch durch Geld zustande kommt (Altvater/Mahnkopf 1999: 157ff). Wenn es informelle Arbeit gibt, so unsere These, gibt es auch informelles Geld. Auf diesen aus der doppelten Vergesellschaftung resultierenden Zusammenhang gehen Studien zum informellen Sektor freilich nirgendwo ein.

2. Informalität des Geldes

In der ersten Hälfte der 70er Jahre entsteht nicht nur der Diskurs um den informellen Sektor der Arbeit, es bricht auch das Währungssystem von Bretton Woods zusammen. Haben diese Ereignisse miteinander zu tun? Im Allgemeinen ließe sich sagen: Die Vergesellschaftung kommt durch Arbeit und das Geld des Marktes zustande, sie ist sozusagen verdoppelt. Unter marktwirtschaftlichen Bedingungen steht es den Individuen zwar frei, ihre je eigenen Interessen zu verfolgen, ohne ihre Tätigkeiten aufeinander abzustimmen. Doch müssen sie dabei eine soziale Einschränkung beachten: ihre Schulden sind in Geld zu bedienen und zu begleichen. Für den Schuldendienst muss ein Zuwachs erzeugt werden, ein Surplus, der letztlich nur durch Arbeit zustande kommen kann, auch wenn es manchen so scheint, als ob Geld „Junge" bekommen könne. Das Geld ist förmliches Mittel der ultimativen Kontrakterfüllung und zugleich zentrales Bindeglied zwischen Individuum und Gesellschaft. Gesellschaftliche Individuen sind nur diejenigen, die über förmliches, in der Gesellschaft akzeptables Geld verfügen. Das ist werthaltiges Geld. Wenn es nicht intrinsisch wertvoll ist wie das Gold, dann muss es institutionell wertvoll gehalten werden - durch die Zentralbank. In der Regel ist also nur Zentralbankgeld, das obendrein „integer", also „sauber" sein muss, gesellschaftlich akzeptables Geld. Die Integrität bedeutet, dass das Geld nicht schmutzig, also nicht anrüchig wegen krimineller oder illegaler Machenschaften sein darf, die seine Akzeptanz einschränken.

Mit dem Zusammenbruch der globalen Geldordnung von Bretton Woods und mit dem Ende der fixierten Wechselkurse verschwindet die Planungssicherheit für Akteure auf internationalen Märkten. Die Geldmengensteuerung durch nationalstaatliche Zentralbanken wird unmöglich, zumal die Währungen konvertibel sind und die Finanzmärkte seit den 70er Jahren liberalisiert und dereguliert werden. Die Volatilität der Kursbewegungen nimmt zu, und auch die Zinssätze können nicht mehr durch die Zentralbanken kontrolliert werden. Von nun an bilden sie sich auf globalen Finanzmärkten, deren Akteure - vor allem Banken und Fonds - eine beträchtliche Macht entfalten. Nur nach oben lassen sich die Zinsen bewegen; werden sie nach unten gesteuert, setzt sofort eine für Wechselkurse und interne Preisstabilität gefährliche Kapitalflucht ein. Kein Wunder, dass die Zinssätze tendenziell steigen, sogar auf ein Niveau, das über den realen Wachstumsraten liegt (vgl. dazu das sechste Kapitel).

Die Reproduktionsstruktur des Kapitalismus wandelt sich im Zuge dieser globalen Transformation des Geldes radikal: Finanzanlagen werden Vehikel der Erzielung von Renditen - und dies im *globalen* Raum, ganz anders als die Profitproduktion in der realen und daher immer *lokalen* Ökonomie. Das Akkumulationsregime wird nun mehr durch die globalen Finanzmärkte getrieben (vgl. Aglietta 2000) als durch die Produktion und Akkumulation des real von Arbeitern[2] in formellen historischen Verhältnissen (Arbeits- und Lohnverhältnissen) produzierten Profits. Die Volatilität der Kapitalbewegun-

---

[2] An dieser Stelle und im Folgenden sind im Begriff der „Arbeiter", der „Bürger", der „Migranten" etc. immer Arbeiterinnen, Bürgerinnen, Migrantinnen etc. eingeschlossen. Aus Gründen der besseren Lesbarkeit verzichten wir auf die jedesmalige Benutzung der weiblichen und der männlichen Formen, es sei denn, dass die besondere Betroffenheit von Frauen explizit hervorgehoben werden muss.

gen bei hohem Zinsniveau ist ein Element der Unsicherheit. Es werden infolge der harten finanziellen Restriktionen Anpassungsleistungen der realen Ökonomie und der sozialen Produktionsbedingungen verlangt, die kaum zu erfüllen sind. Die Flexibilisierung der Arbeitsmärkte und der Produktionsorganisiation kann gar nicht so weit getrieben werden, dass das Tempo, mit dem Finanzanlagen getätigt und wieder aufgelöst werden können, gehalten wird. Globalisierung bedeutet, dass alle Prozesse beschleunigt werden, allerdings in außerordentlich ungleichem Maße. Natürliche und soziale Prozesse sind träger als das Tempo der Kommunikation mittels Internet oder die Finanztransfers quasi in Echtzeit, um Arbitragegewinne zu machen. Nicht alle Marktteilnehmer werden den Tempovorgaben und den Restriktionen (auf Geld- und Finanzmärkten, auf Güter- und Dienstleistungsmärkten, auf Arbeitsmärkten) gerecht. Sie kommen in vielen Fällen auf förmliche Weise nicht mehr an das formelle Geld heran. Dies gilt insbesondere dort, wo sozialstaatliche Transferleistungen nicht den Rang einer Legalnorm haben und daher Ansprüche auf soziale Sicherung nicht oder nur unzureichend gewährleistet sind. Dann kommt es vor, dass Ersatzgelder entstehen oder dass das Geld aus der Zirkulation und dem Zahlungsverkehr verschwindet und durch Produktentausch und Spezialgeld ersetzt wird (eine Erfahrung, die die Menschen in vielen hochverschuldeten Ländern machen). Argentinien ist ein besonders tristes Beispiel. Mit der formellen Bindung des Peso an den Dollarkurs ist zwar zeitweise der Geldwert stabilisiert worden; aber die Geldversorgung hört auf, wenn ein Handels- und Leistungsbilanzdefizit entsteht, das nicht mehr durch äußeren Kredit finanziert werden kann. Die Dollarguthaben schwinden und wegen der Bindung des Peso-Geldumlaufs an die Dollarbestände verschwindet das formelle Geld aus der Zirkulation. Ersatzgelder kommen auf, es bilden sich geldlose Tauschringe. Das ist zumeist eine ziemlich elende Form von Geld, das auf lokalen Tauschmärkten zirkuliert. Um nicht den Banken die letzten Reserven zu nehmen, werden Guthaben eingefroren – und so eine soziale Revolte ausgelöst, weil Leuten, die um ihr Geld gebracht worden sind, nur noch die Plünderung bleibt (vgl. zur „Dollarisierung“ Näheres im zehnten Kapitel).

Geld ist ultimatives Medium der Kontrakterfüllung. Aber nicht jedes Geld erfüllt diese formelle Anforderung der Waren- und Kreditzirkulation. Spezialgeld löst nicht jeden Kontrakt ein, und schmutziges Geld kann gar nicht als Zirkulations- und Zahlungsmittel benutzt werden, weil es die Spur zu einem illegalen oder kriminellen Geschäft weisen und den Geldbesitzer hinter Gittern bringen würde. Damit Geld formelle Funktionen erfüllen kann, muss es erst „gewaschen“ werden. Geldwäsche ist international eine Wachstumsbranche, in der jährlich bis zu 1.500 Mrd. US$ umgesetzt werden. Also dürften an die 5% des globalen Sozialprodukts durch illegale Machenschaften zustande gekommen sein. Geldwäsche ist kein Kavaliersdelikt alter Zeiten, sondern steht im Zusammenhang mit hochmodernem, organisiertem Verbrechen unter Nutzung globaler Netzwerke. Dieses „Geschäft“ wird durch die neoliberale Deregulierung erleichtert und es wird in großem Stil durch Staaten, die sich als Geldwaschanlagen international anbieten, betrieben: durch Offshore-Finanzzentren und von Territorien „ordentlicher“ Industrieländer, die wie die britischen Kanalinseln oder einige US-amerikanische Bundesstaaten eine spezielle und laxe Gesetzgebung aufweisen. Da wird ganz offensichtlich die Politik in den Dienst der großen Akteure auf globalen Finanzmärkten genommen. Das sind nicht nur transnational operierende Konzerne und Banken, sondern auch korrupte Regierungen und die organisierte Kriminalität.

Darüber hinaus verliert das Geld seine Funktion, ultimatives Mittel der Kontrakterfüllung zu sein, wenn große bargeldlose Kompensationsgeschäfte oder der kleine, primitive Tauschhandel um sich greifen, weil niemand mehr das formell gültige Geld als Mittel der Kontrakterfüllung akzeptiert. Das formelle Geld ist wertlos (beispielsweise durch eine Inflation entwertet) und informelle Substitute treten an seine Stelle. So entstehen Gelder, die nur für bestimmte Zwecke, z.B. gegenüber Steuerbehörden für die Zahlung der Steuern, gelten (für Russland: OECD 2000) und nicht selten zum Steuerbetrug verwendet werden (Dolgopjatova et al. 1999). Auch Geld, das nur regionale und lokale Gültigkeit beansprucht (Tauschringe, vgl. Douthwaite/Diefenbacher 1998), ist Ausdruck monetärer Informalisierung, wenn auch von der Absicht der Errichtung einer besseren, „alternativen“ Ökonomie getragen. Besonders in Afrika gibt es eine inzwischen lange Tradition von z.T. hoch komplexen informellen Finanzierungssystemen, von der Sammlung der Ersparnisse bis zur Mikro-Kreditvergabe (Adair 1997: 111ff). Sie richten sich nicht ausschließlich nach Marktkriterien und sie sind nicht mit den formellen (d.h. globalen) Kreditmärkten verknüpft.

3. Informalität der Politik

Und wie sieht es mit der Politik aus? Über Jahrhunderte (zumeist wird der Beginn im Jahr 1648 mit der Entstehung der „Westfälischen Ordnung“ von souveränen Nationalstaaten angesetzt) war die Form der Politik eng an die Form des Nationalstaats gebunden. Das „Pluriversum“ der Nationalstaaten bildete das internationale politische System. Kennzeichen sind die Souveränität der Staaten nach innen und außen, die Ausbildung eines institutionellen Systems (einer rational handelnden Bürokratie, wie Max Weber feststellte) der legitimen Ausübung des Gewaltmonopols einschließlich der Ausübung des

Monopols der Steuererhebung, der Kriegserklärung und Kriegführung. Diese Form von Politik impliziert also die Gültigkeit der drei Definitionsmerkmale von Souveränität: die Begrenzung des Staatsgebiets, des Staatsvolks und der Staatsmacht. Die Grenze ist damit entscheidend für die Definition der Form von „verfasster" Politik. Die Verfassung kann als eine Art „Gefäß" verstanden werden, das der Politik die Form gibt. Doch dass die Grenzen immer schwerer zu ziehen und zu sichern sind, wird ebenfalls in den 70er Jahren deutlich. Die „trilaterale Kommission" erklärt Mitte der 70er Jahre die Krise der „Regierbarkeit" oder gar die „Krise der Demokratie", offensichtlich weil die Grenzen der staatlichen Souveränität allesamt löchrig werden. Territoriale Grenzen werden im Zuge der Liberalisierung immer weniger wichtig, wenn Zollgrenzen und andere Regulierungen gefallen sind und globale Märkte die Politik der nationalstaatlichen Regierungen bestimmen.

Auch die Grenzen des Staatsvolks diffundieren im globalen Raum. Migrationsprozesse haben schon längst in manchen Ländern zu einer „multiplen Staatsbürgerschaft" geführt und in diesem Zusammenhang auch die Kongruenz von demokratischer Partizipation bei und Betroffenheit von Entscheidungen und die Kongruenz zwischen denjenigen, die in den Sozialstaat einzahlen, und denjenigen, die seine Leistungen in Anspruch nehmen, aufgelöst. Die Grenzen der Staatsmacht haben ihre Bedeutung in dem Maße verloren, wie Souveränität geteilt oder auf suprastaatliche Ebenen delegiert wird: im Zuge der regionalen Integration oder der Bildung und Stärkung internationaler Institutionen und Organisationen. Es ist also richtig, dass die Regierbarkeit immer weniger bei den Nationalstaaten und ihren Institutionen angesiedelt ist. Wo aber ist sie statt dessen? Ebenfalls in den 70er Jahren beginnt der Versuch, Politik im globalen Raum nicht mehr in der traditionellen Form der internationalen Verträge, Abkommen und formellen Organisationen zu gestalten, sondern durch eher informelle Treffen der Regierungschefs der mächtigen Industriestaaten. Möglicherweise ist es kein Zufall, dass die ersten Treffen der G7 (damals noch G5) seit Mitte der 70er Jahre organisiert werden. Absprachen werden getroffen, die später in förmliche Entscheidungen umgesetzt werden. Doch bis zu diesem Zeitpunkt sind sie informell, und die Informalität besteht vor allem darin, dass die Treffen den förmlichen Verfahren in einer Demokratie nicht unterworfen sind: der Begleitung und Kontrolle durch Parlamente. Informalität der Politik erscheint also als ein Ausweg aus der Krise, in die angesichts der globalen Transformationen das politische System geraten ist.

Grundsätzlich wäre noch hinzufügen - ohne dass wir dies im Folgenden seinem Stellenwert gemäß berücksichtigen könnten -, dass das fossile Energiesystem die ökonomische Globalisierung und daher die Entgrenzung von

Nationalstaaten erzwingt, und zwar sowohl auf der Ressourcenseite wie auf der Seite der Emissionen. Die energetischen, aber auch die meisten mineralischen Ressourcen stammen aus anderen Weltregionen als den industriellen „Standorten", wo sie verarbeitet und aus „natürlichen Reichtümern" in „den Reichtum der Nationen" transformiert werden. Die Emissionen der industriellen Transformationsprozesse wiederum bleiben nicht in den Industrieländern, wo sie erzeugt werden, sondern werden in den globalen Senken als Treibhausgase, Abwasser und Müll abgelagert. Von den Fundorten der Rohstoffe zu den Verbrauchern sind komplexe logistische Ketten errichtet worden, die mehr und mehr zum Eingriffsziel der organisierten Kriminalität geworden sind. Ein großer Teil der sogenannten „Bürgerkriege" in Afrika sind Ressourcenkriege, an denen bewaffnete Banden, korrupte Regierungen und ordentliche transnationale Rohstoffkonzerne beteiligt sind. Das Resultat sind große Geschäfte, Leid für die betroffenen Menschen und ein soziales Chaos, d.h. die Zerstörung all jener Formen, in denen sich Gesellschaften entwickelt haben und in denen politische Partizipation (prozedural und substanziell) erfolgte.

Die Informalisierung von Politik tritt ebenfalls in Erscheinung in Gestalt parastaatlicher Institutionen, von Parallelstrukturen zu mit demokratischer Legitimation ausgestatteten Institutionen, um extrakonstitutionelle Interessen besser durchsetzen zu können. Auch die Teilprivatisierung des staatlichen Gewaltmonopols, in deren Verlauf die Grenze zur Kriminalität (etwa durch Korruption) überschritten wird, ist ein Aspekt von Informalisierung förmlicher Institutionen und Entscheidungsprozeduren, ebenso wie die zunehmende Macht von privaten „rating agencies" gegenüber politisch legitimierten Instanzen oder die wachsende Bedeutung von „soft law" gegenüber „hard law", die Mechanismen des (einvernehmlichen) „dispute settlement" (Schiedsgerichtsbarkeit) gegenüber den Entscheidungen von (nationalen) Gerichten (vgl. dazu Günther/Randeria 2001). Alle diese Tendenzen werden gestützt durch eine Privatisierung der Politik (Brühl et al. 2001), d.h. durch die Auflösung des Monopols legitimierter Gewalt und der Steuerhoheit des Staates. Die Bereitstellung öffentlicher Güter wird dem privaten Rentabilitätskalkül überantwortet. Die Vernachlässigung des öffentlichen Bildungssystems und die Privatisierung von Bildungsleistungen oder die Privatisierung von Wasserver- und -entsorgung haben den Zugang zu diesen einst „öffentlichen Gütern" plutokratisch gestaltet: die, die über monetäre Kaufkraft verfügen, können die nun privatisierten öffentlichen Güter nutzen, andere nicht.

Informelle, extra-konstitutionelle und extra-legale Mächte korrumpieren Entscheidungen von formellen Institutionen des politischen Systems. Korruption zur Beeinflussung politischer Entscheidungen unter Umgehung der dazu vorgesehenen formellen und legitimierten Bahnen, aktive „Seilschaften" zwischen Verwaltung und gesellschaftlichen Akteuren, die sich über das Gesetz stellen und sich wechselseitig begünstigen, haben eine Art „Schattenpolitik" hervorgebracht (von Alemann 1994; Faust 2000). Diese ist machtvoll; die Parteispendenaffäre in Deutschland ist ein Beispiel, und sie zeigt zugleich, dass Schattenpolitik kein Charakteristikum von Unterentwicklung, von „Schurkenstaaten" oder von „Gangster-Demokratien" (Trocki 1998: 7ff mit Blick auf Thailand und die Philippinen) ist, sondern „in den besten Familien" vorkommt. Gleichwohl sind die Unterschiede zwischen liberalen, rechtsstaatlichen und „defekten" Demokratien (Merkel/Croissant 2000) von großem Gewicht. Wo, wie in vielen Ländern Afrikas, eine Ökonomisierung der Innenpolitik nach Maßgabe der wirtschaftlichen Interessen transnationaler Unternehmen betrieben wird oder mafiaähnliche Strukturen in Politik und Gesellschaft dafür sorgen, dass die Judikative korrumpierbar und erpressbar ist, Polizei und Militär daher ungestraft erpresserischen Aktivitäten nachgehen können (vgl. exemplarisch zu Argentinien und anderen lateinamerikanischen Ländern: Stanley 2000, 2002), untergraben und beschränken informelle Muster und Regeln die Funktionsweise der formellen, demokratisch legitimierten Institutionen, können Rechtsstaatlichkeit und Gewaltenteilung sich nicht festigen. Politik verlässt sozusagen das „Gefäß" der Verfassung und wird formlos.

Dabei ist informelle Politik zunächst einmal nichts Außergewöhnliches und ihr fehlt gänzlich die Dramatik; bei informellen Treffen, Gesprächskreisen, „Arbeitsessen" etc., in Küchenkabinetten und Boudoirs - auf nationalstaatlicher Ebene ebenso wie in der „großen" internationalen Politik werden formelle Entscheidungen vorbereitet. Wie sollte es auch anders gehen? Darüber hinaus gibt es beispielsweise im deutschen politischen System eine ganze Reihe von informellen Spielregeln der Politik, die mit den Normen der Verfassung durchaus kompatibel sind. Dazu gehören der indirekte Einfluss des Bundespräsidenten auf die Regierungspolitik, die Politik anleitende Wirkung von Koalitionsverträgen und insbesondere Institutionen wie „Runde Tische", konzertierte Aktionen, überparteiliche Kommissionen oder „Bündnisse" für nahezu jedes politisch brisante Thema (vgl. Faust 2000).

Man könnte dies auch eine „ordentliche" Gestalt informeller Politik im Unterschied zu den auch erwähnten „unordentlichen" Gestalten der großen Korruption oder gar Staatsauflösung nennen. Informalität hat offenbar zu verschiedenen Zeiten, in verschiedenen Weltregionen unterschiedliche Gesichter.

4. Transformation wohin?

Die Frage nach dem „wohin?" lässt sich weniger dezidiert beantworten als die Frage nach dem „woher" und nach den informellen „Zwischenformen" der angedeuteten Transformationen. Nur so viel ist unbestritten: dass es sich um Transformationen des globalen Kapitalismus, seiner Reproduktions- und Machtstruktur handelt. Schon in seiner viele Jahrhunderte alten Geschichte hat sich der Kapitalismus immer wieder transformiert: vom Raub- und Plünderungskapitalismus der vor-industriellen Zeit zur kapitalistischen Produktions- und Regulationsweise von Manufaktur, Fabriksystem und Fordismus. Arbeit und Natur sind seit der industriellen und „fossilistischen" Revolution (vgl. dazu Altvater 1992) „reell subsumiert" worden. Der Überschuss in der Form des Mehrwerts wurde nicht mehr vorwiegend durch Raub und/oder ungleichen Tausch von fremden Gesellschaften und Schichten mit nichtkapitalistischen Produktionsweisen angeeignet, sondern - mit dem Anstieg der Produktivität der Arbeit - in wachsendem Maße produziert. Innerhalb der kapitalistischen Produktionsweise bleibt nichts beim Alten. Sie verändert sich von der Manufaktur über das Industriesystem zum Taylorismus und Fordismus - und zu einem „Post-Fordismus? Doch wie kann dieses Zielgebiet jenseits des unwegsamen, unübersichtlichen und höchst unsicheren Geländes der Informalität erreicht, wie können Kohärenz und Komplementarität ökonomischer, sozialer und politischer Verhältnisse hergestellt werden? Das von den Finanzmärkten getriebene Akkumulationsregime ist weder kohärent, noch entwickeln sich seine Bestandteile komplementär. Es ist wie jedes auf Beschleunigung programmierte System höchstgradig instabil, treibt von einer Krise in die nächste und zwingt immer mehr Menschen in die Informalität. Daher wächst der informelle Sektor in allen Weltregionen. Die Liberalisierung der Kapitalbewegungen ist verantwortlich für die schweren Finanzkrisen, in die viele Länder gestürzt worden sind. Die Kosten der Umstrukturierung des jeweiligen Finanzsystems betragen in allen Ländern zwischen 20% und 30% des Sozialprodukts (de Luna Martinez 2001; Wyplosz 1999). Die Arbeitslosigkeit ist immer gestiegen, und daher war prekäre Beschäftigung im formellen oder gleich der Übergang in den informellen Sektor oft genug der einzige Ausweg aus der Krise (dazu vgl. ausführlicher im zweiten Kapitel). Das „finanzgetriebene" Akkumulationsregime erzeugt gerade nicht eine neue stabile Form der Arbeits- und Geldbeziehungen, sondern steigert die Bedeutung der Informalität für das Überleben der Menschen. Die Informalität wird auf diese Weise zu einem Vehikel der Herrschaft des Neoliberalismus. Denn Herrschaft ist nicht nur Ergebnis des Regierens „von oben", sondern auch der Akzeptanz des „Regiert-werdens" von unten, wie in unterschiedlichem Kontext sowohl

Antonio Gramsci als auch Michel Foucault ausgeführt haben (vgl. dazu genauer elftes Kapitel).

Die Informalisierung von Arbeit, Geld und Politik ist ein Resultat der Transformationen des und im globalen Kapitalismus. Hybridformen weisen nicht jene soziale Stabilität und Sicherheit auf, wie sie für die historischen Phasen der kapitalistischen Entwicklung vom Industriesystem zum Fordismus bisher charakteristisch gewesen sind. Es war ein Irrtum zu glauben, dass die globalen Transformationen, die in Mittel- und Osteuropa besonders tiefgreifend waren, in absehbarer Frist in neue soziale Formen münden würden, dass nach dem Kollaps des Realsozialismus und den Auflösungserscheinungen des „Fordismus" eine „postfordistische" Regulationsweise entsteht, die den Menschen in aller Welt „mehr Wohlstand" bringen würde. So etwas wie einen „Masterplan" der Transformation gibt es nicht. Auch wenn manche Theoretiker schon erste Anzeichen eines Postfordismus zu identifizieren meinen (z.B. Aglietta 2000; Marazzi 2000), ist es bis zu einem ähnlich stabilen sozialen System, wie es der „Fordismus" im Verlauf eines halben Jahrhunderts darstellte, sehr weit. Was wir heute beobachten können, ist vielmehr eine Vielfalt von Formen und regulierenden Institutionen, die weder kohärent noch kompatibel sind oder Synergie-Effekte erzeugen. Es gibt nicht nur eine Normalität, sondern deren viele. Dies ist nicht postmoderne Mannigfaltigkeit, sondern Begleiterscheinung sozialer Konvulsion, Ausdruck von sozialer Instabilität und Unsicherheit - eben Situation der Informalität, weil die alten Formen nicht mehr wirksam und neue soziale Formen (und das Ensemble der Gesellschaftsformation) nicht entwickelt sind.

5. Menschliche Sicherheit

Informalität ist in aller Regel mit einem hohen Grad an persönlicher und sozio-ökonomischer Unsicherheit verbunden. Denn der Verlust von durch förmliche Institutionen gewährleisteter Sicherheit ist ein gemeinsames Kennzeichen für jegliche Art der Informalität (vgl. auch Hugon 1997). Es fehlt die Sicherheit, dass sich mit „normaler" Arbeit ein Einkommen erzielen lässt und ein „normaler" Lebensstandard realisiert werden kann, dass das Geld etwas gilt und akzeptiert wird, also als Kaufmittel (in der Zirkulation) oder zur Schuldentilgung (in Kreditbeziehungen) verwendet werden kann, dass in der Politik alles mit rechtsstaatlichen Dingen zugeht, Verfahren transparent und kontrollierbar sind (vgl. die vielen Beispiele in: Breman/Das/Agarwal 2000) und öffentliche Güter bereit gestellt werden, die für ein Minimum an Sicherheit der Ernährung, der Gesundheit, der Bildungsangebote und des öffentlichen Lebens in Stadt und Land sorgen. Das höchste Ausmaß der Unsicherheit ist die Flucht: Leben und Freiheit können nur gerettet werden, wenn alles das, was Sicherheit vermittelt hat - Haus, Arbeit, Verwandte etc. - aufgegeben werden. Es entsteht eine totale Abhängigkeit von denjenigen, bei denen um Asyl nachgesucht und von denen das Gastrecht aus biblischen Zeiten nur unwillig, gar nicht oder diskriminierend gewährt wird. Wenn Informalität mit Unsicherheit in Verbindung gebracht wird, dann ist die Flucht eine Extremsituation der Informalität.

Das Bedürfnis nach Sicherheit ist Folge der „Unsicherheiten menschlicher Interaktionen. Diese Unsicherheiten ergeben sich als Folge sowohl der Komplexität der zu lösenden Probleme wie der Problemlösungssoftware (um einen Ausdruck aus der Computersprache zu verwenden), über die der einzelne verfügt ..." (North 1991: 30). „Menschliche Sicherheit", die neben den traditionellen Aspekten der Sicherheit auch so unterschiedliche Dimensionen wie Sicherheit vor chronischen Bedrohungen durch Hunger, Krankheit und Unterdrückung umfasst (vgl. UNDP 1994), wird durch die zunächst grob skizzierten Tendenzen einer Informalisierung von Arbeit, Geld und Politik untergraben. Im Namen von Deregulierung und Flexibilisierung werden Institutionen, die Ungewissheiten begrenzen sollten, abgebaut. Dies hat zur Folge, dass die *Ungewissheit* in Bezug auf das Resultat von Handlungen und die Dauer ihrer Auswirkungen sowohl in der individuellen wie in der kollektiven Perspektive größer wird. Gleichzeitig wächst die *Unsicherheit* im Hinblick auf Beschäftigung und Lebensunterhalt, Ernährung und Verfügbarkeit lebenswichtiger Ressourcen, weil sich unter der Dominanz des neoliberalen Projekts die Kontrolle über entscheidende ökonomische Faktoren von den legitimierten politischen Institutionen auf das freie Spiel der Marktkräfte verschoben hat. Damit verbindet sich die Erfahrung größerer *Schutzlosigkeit* gegenüber „globalen Sachzwängen" (Bauman 2000). Die Erfahrung der Schutzlosigkeit kann aber auch daraus resultieren, dass - wie in vielen Ländern des Südens und Ostens - ganze Bevölkerungsschichten von „Zonen sozialer Kohäsion" (Castel 2000) in der Gesellschaft abgekoppelt werden und auf der Suche nach alternativen Zugängen zu lebensnotwendigen Marktangeboten auf kriminelle Alternativen wie Raub, Bestechung, Korruption, Schmuggel usw. verfallen.

Mit seinen programmatischen Überlegungen zur „human security" unternimmt das Development Programme der UN den Versuch, den Sicherheitsbegriff sehr weit zu fassen und zugleich positiv zu besetzen, indem die Bedingungen benannt werden, unter denen die sozialen Menschenrechte (Ernährung, Gesundheit, Bildung, Schutz vor Gewalt, Behausung etc.) gewährleistet sein können. In die gleiche Richtung weist das 1999 aufgelegte Programm der ILO (2000a; Standing 1999) zu „sozio-ökonomischer Sicherheit" und „decent work" (menschenwürdigen Arbeitsbedingungen). Allerdings beschränken sich diese Thematisierungsversuche des Zusammenhangs von Flexibilisierungszumutungen und wachsender Unsicherheit auf die Informalisierungstendenzen der Arbeit. Informelles Geld und informelle Politik befinden sich außerhalb des Fokusses dieser Räsonnements. Infolgedessen gerät nur ein Teil der gesellschaftlichen Veränderungen im Verlauf der globalen Transformationen des Kapitalismus in ihren Horizont.

Dieses Defizit versuchen wir im Folgenden zu beheben. Im ersten Teil werden wir uns mit „normaler Unsicherheit" und dem Begriff von Informalität und Informalisierung auseinandersetzen und dabei den Zusammenhang von Formen und Normen, von Normalität und Normveränderung im Zuge der Globalisierungstendenzen zu erfassen suchen. Danach werden wir uns im zweiten Teil der „Arbeit im Schatten" zuwenden, im dritten Teil informelles, „schmutziges Geld" behandeln und im vierten Teil die vielen Gestalten „informeller Politik" thematisieren. Zum Schluss versuchen wir, den Zusammenhang von globalen Transformationsprozessen, Informalisierung und „menschlicher Sicherheit" erneut, nun aber auf dem Hintergrund dessen, was zuvor ausgeführt worden ist, aufzuzeigen. Wenn es denn nicht zu erwarten ist, dass sich die informellen Verhältnisse formalisieren lassen, sollte wenigstens nach Möglichkeiten gesucht werden, die Bedingungen der menschlichen Sicherheit im umfassenden Sinne zu verbessern.

Erstes Kapitel
Normen, Formen, (Un)sicherheit

Für das Verständnis von Informalität ist der Aspekt der Ungewissheit, der Unsicherheit, der Schutzlosigkeit und Verwundbarkeit entscheidend. Normen, zumal wenn sie zu förmlichen Institutionen verdichtet und eingerichtet sind, bieten Sicherheiten der individuellen und kollektiven Orientierung, der Verlässlichkeit von Verhalten anderer gesellschaftlicher Akteure und der Versorgung mit öffentlichen Gütern, die die Sicherheit der Ernährung, der natürlichen und sozialen Umwelt, des Arbeitsplatzes, der persönlichen Unversehrtheit, eines Einkommens, des Angebots von Bildung etc. gewährleisten oder zumindest erhöhen. Dort wo förmliche Institutionen fehlen oder dereguliert, abgebaut und zerstört werden, dort wo sich Verhältnisse der Informalität breit machen, gibt es die menschliche Sicherheit nicht oder nur in eingeschränktem Maße (vgl. dazu UNDP 1994; 1999) und die Verwundbarkeit aller derjenigen, die sich öffentliche Güter privat nicht leisten können, steigt. Dies ist in weiten Teilen der Welt heute der Fall. Wenn Normen „weich" und Formen ins Informelle aufgelöst werden, ist menschliche Sicherheit negativ betroffen.

Der Zusammenhang von Formen und Sicherheit, Informalität und Unsicherheit ist in dem nachfolgenden Schaubild (*Abbildung 1*) skizziert. Soziale Normen werden „förmlich" und finden einen institutionellen Ausdruck, der menschliche Sicherheit - Arbeitssicherheit, Sicherheit der Einkommen, Ernährungssicherheit etc. ermöglicht. Die soziale Konstruktion von Sicherheit ist entscheidend. Die förmliche und institutionelle Regelung von Arbeit, Lohn und Geld aber ist keineswegs selbstverständlich. Informalität und daher schwache institutionelle Bindung sind vielmehr weit verbreitet.

Allerdings ist dies nichts gänzlich Neues. Wenn man sich auf die mit Informalität und Prekarität, mit schwarzem Markt und grauer Wirtschaft, mit Schattenpolitik und Korruption bezeichneten Sachverhalte konzentriert, lassen sich diese weit in die Geschichte der kapitalistischen Produktionsweise zurückverfolgen - und vielleicht darüber hinaus. Denn Leben unter Bedingungen der Unsicherheit ist in den vergangenen Jahrhunderten viel weiter verbreitet gewesen als ein Zustand menschlicher Sicherheit in Ökonomie, Gesellschaft, Politik, im privaten und im öffentlichen Leben. Dies gilt nicht zuletzt auch für Europa, wo noch das 18. Jahrhundert ein „Jahrhundert des Hungers" (Montanari 1993: 155ff) war und selbst im 19. Jahrhundert im Norden und Osten des Kontinents Hungersnöte wüteten, die gewaltige Migrationsbewegungen ausgelöst haben. Selbst von Ernährungssi-

Abbildung 1: Das Ensemble der Formalität

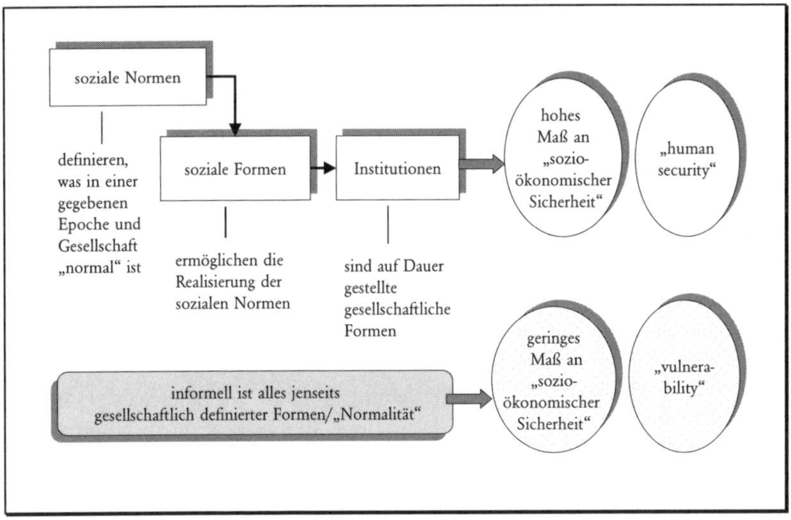

cherheit oder von der Sicherheit einer Bleibe konnte also keine Rede sein (Pointing 1991)[1].

Die gesamte Geschichte ist dadurch gekennzeichnet, dass Menschen zu Standards leben und arbeiten mussten, die der „Normalität“ eines historisch gegebenen „Lebensstandards“ in einer umgrenzten Gesellschaft nicht entsprachen (Geremek 1988). So gesehen ist Informalität nichts Neues, sofern darunter Abweichungen von formellen Regeln und Institutionen verstanden werden. Der Begriff der Informalität freilich existierte nicht. Denn eine gesellschaftlich verbindliche Form von Arbeit und eine staatlich festgesetzte Währung - die Errichtung des Monopols der in einer Geldgesellschaft verbindlichen Geldform - gibt es erst seit der Heraufkunft der kapitalistischen Industriegesellschaft. Vorher gab es viele Formen von Arbeit, differenziert nach Berufen, nicht aber eine vorherrschende Form von Arbeit und Lohn (das Lohnarbeitsverhältnis) - und es gab keinen ausgebildeten und daher die Qualifikationen „normierenden“ Arbeitsmarkt und zugleich viele Menschen, die als Vagabunden und Bettler gar keine Chance hatten, ihre Arbeitskraft formell zu verkaufen. Lokale Besonderheiten spielten eine wichtige Rolle, weder Raum

---

[1] Deutschland, so heißt es in der Migrationsdebatte um die Wende zum 21. Jahrhundert, sei kein „klassisches“ Einwanderungsland. Es war bis ins 20. Jahrhundert ein „klassisches“ Auswanderungsland, und die Auswanderer haben nicht danach gefragt, ob die „neue Welt“ oder die Kolonien in Afrika und Asien, die weiten Lande Südamerikas „klassische“ Einwanderungsgebiete seien.

noch Zeit waren so weitgehend - zu einem das individuelle und gesellschaftliche Handeln strukturierenden „Raum-Zeit-Regime" - vereinheitlicht wie in der modernen Weltwirtschaft (dazu vgl. Braudel 1986b). Das soziale Raum-Zeit-Regime ist eine der härtesten Normen für die Arbeits- und Geldbeziehungen und für die Politik in einer gegebenen Gesellschaft. Ohne diese Norm gibt es eine Vielzahl von Normalitäten, können sich viele Formen von Arbeit und Leben entfalten - und wo es weder eine die Gesellschaft insgesamt kennzeichnende Normalität noch Formalität gibt, kann sich auch Informalität nicht breit machen, selbst wenn die prekären Verhältnisse bei unterschiedlichen historischen Verhältnissen doch ein gemeinsames Kennzeichnen haben, nämlich die Unsicherheit der Lebensgestaltung.

Die einheitliche Währung, in der Kontrakte ultimativ erfüllt werden konnten, war in vor- und frühkapitalistischen Zeiten für viele Menschen uninteressant, da die gesellschaftlichen Beziehungen nicht so umfassend monetarisiert waren wie es heute üblich ist. In einer überwiegend agrarischen Gesellschaft wurde ein großer Teil der Lebensmittel selbst hergestellt oder im direkten Austausch jenseits des „freien" Marktes erworben (Subsistenzwirtschaft). Doch an der Schwelle zur „liberalen Moderne" gegen Ende des 18. Jahrhunderts wird eine Mehrheit derjenigen Bevölkerungsgruppen, die von ihrer Hände Arbeit leben mussten, in eine Situation „massenhafter Verwundbarkeit" (Castel 2000: 29) getrieben. Dieser Prozess „ruiniert" die „freien Armen" und führt zur „Entdeckung der sozialen Frage". Das einstmalige gesellschaftliche Gleichgewicht ist erschüttert.

Die Grafik (*Abb. 2*) deutet an, wie in den verschiedenen Phasen kapitalistischer Entwicklung sowohl regressive als auch progressive Formen von Informalität entstanden sind. Beide haben gemeinsam, dass sie jenseits oder gegen die vorherrschend-formellen Formen gerichtet sind. Die einen jedoch *tradieren* untergehende Formen, bis sie verschwinden. Dafür gibt es viele Beispiele in der Geschichte, von den Ludditen zu Beginn des Industriezeitalters bis zu den im dreizehnten Kapitel behandelten Fällen von Selbstjustiz, die sich auf tradierte Normen in einem ansonsten überwiegend modernen, formellen Normen gehorchenden politischen System beruft.

Die andere Gruppe von Informellen lässt sich jedoch als eine *Avantgarde* bezeichnen. Sie nimmt Techniken, Organisationsformen der Arbeit etc. vorweg und sprengt dabei die gesellschaftlichen Formen, in denen Arbeit reguliert ist. Immer aber sind Informalität und Formalität aufeinander bezogen und aneinander gebunden. Denn die Formen und Normen sind jeweils Gegenstand eines sozialen und politischen Aushandlungsprozesses. Damit kommt eine dritte Gruppe ins Spiel. Informelle Formen sind weder Relikt oder Avantgarde, sondern Ergebnis eines auf die gegenwärtigen sozialen Reproduktionsbedingungen bezogenen Prozesses der *Aushandlung*. Informalität ist also kein objektiver Tatbestand, sondern historisches Resultat und Gegenstand politischer Aushandlung.

Abbildung 2: Informalität als Residuum, Avantgarde und Resultat von Verhandlungen

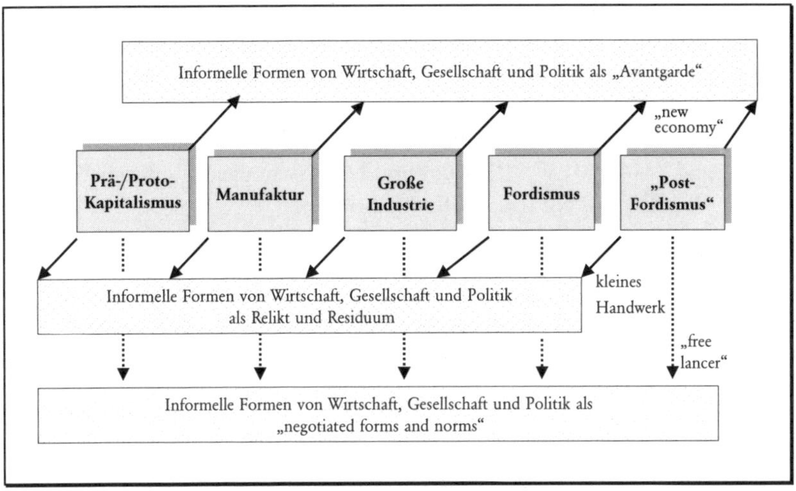

Hier kommt Norbert Elias' Unterscheidung von „synchronischer" und „diachronischer" Spannung zwischen Informalität und Formalität zum Tragen (Elias 1989: 33ff., insbes. 41). Beide Dimensionen der Vergesellschaftung - also die „horizontale" ebenso wie die „vertikale" - sind wirksam und sie lösen eine soziale, historische Dynamik aus, einen Strudel im breiten Strom der historischen Entwicklung.

1. Die historische Stabilisierung des Lohnarbeitsverhältnisses oder: Die normative Kraft des Durchschnitts

Es braucht einige Zeit, bis die Form der freien Lohnarbeit den Ruf der minderwertigen und verachteten Arbeit verliert und (anstelle von Müßiggang der Reichen bzw. von Raub oder Handel der Armen) als „Quelle des gesellschaftlichen Reichtums" erkannt wird. John Locke hält die Arbeit für den Urgrund des Eigentums, das die bürgerliche Freiheit des Einzelnen möglich macht. William Petty sieht in der Arbeit den „Vater" (und in der Natur die „Mutter") allen gesellschaftlichen Reichtums. Für Adam Smith ist Wertbildung nur möglich, wenn gearbeitet wird, und dieser Idee folgt die klassische politische Ökonomie, bis Marx in seiner „Kritik“ die Bedeutung der gesellschaftlichen Form, in der Arbeit geleistet wird, hervorhebt. Die frühen Lohnarbeiter verfügen nur über die negativen Attribute liberaler Freiheit, vor allem frei von Produktionsmitteln zu sein und auch nicht besonders viele Rechte zu besitzen. Diejenigen, die nichts als ihre Arbeitskraft auf dem Markte anzubieten haben und anders als die zünftigen Handwerker nicht in der Lage sind, den Preis ihrer Arbeit zu kontrollieren, können sich nicht als Teil der Gesellschaft verstehen; sie „kampieren inmitten der abendländischen Gesellschaft (...), ohne darin Platz zu finden“. So Auguste Comte zu Beginn des 19. Jahrhunderts (Comte 1929: 411 zit. nach Castel 2000: 278); er nimmt die Urteile von Engels (in seiner Untersuchung der „Lage der arbeitenden Klasse in England 1844“, MEW 2:225-506) und Marx (vor allem im ersten Band des „Kapital“, MEW 23) vorweg. Bei Engels heißt es:

„Eine Klasse, die alle Nachteile der sozialen Ordnung zu tragen hat, ohne ihre Vorteile zu genießen, eine Klasse, der diese soziale Ordnung nur feindselig erscheint, von der verlangt man noch, dass sie diese Ordnung respektieren soll? Das ist wahrlich zuviel. Aber die Arbeiterklasse kann der sozialen Ordnung, solange diese besteht, nicht entrinnen, und wenn der einzelne Arbeiter gegen sie aufsteht, so fällt der größte Schaden auf ihn ... Die Nichtachtung der sozialen Ordnung tritt am deutlichsten in ihrem Extrem, im Verbrechen auf ... Die Verbrechen selbst sind, wie in allen zivilisierten Ländern, bei weitem der Mehrzahl nach Verbrechen gegen das Eigentum ... Das Verbrechen gegen Eigentum zur Volkszahl, das sich in den Niederlanden wie 1:7140, in Frankreich wie 1:1804 stellt, stand ... in England wie 1:799“ (Engels, MEW 2: 356-358).

Mit der Aufhebung der traditionellen Arbeitsregulierungen, die in vor- und protokapitalistischen Zeiten für eine nach Berufen unterschiedliche Ordnung der sozialen Beziehungen zwischen Meister, Gesellen verschiedener Kategorien und Lehrlingen gesorgt haben und mit der Etablierung organisierter Arbeitsmärkte in den Städten gehen auch die tradierten Netzwerke sozialer Sicherung und die Sicherheit eines Arbeitsplatzes verloren. Damit schwinden auch die Sicherheiten von Familienleben, Wohnung und Nahrung. Denn die neuen Lohnabhängigen gewinnen nicht nur die Freiheit, über sich und ihre Arbeitskraft zu verfügen; sie werden ja auch von allen Produktionsmitteln (vor allem von Land) freigesetzt, die bislang eine gewisse Sicherheit der (von den Unbilden des Marktes unabhängigen) Subsistenz geboten haben.

Freilich gibt es keinen Grund, das Leben von Fronpflichtigen oder zünftigen Handwerkern zu idealisieren, zumal die Ernte nie sicher war und verunsichernde private und hoheitliche Gewalt und Willkür eine große Rolle spielten. Den modernen Rechtsstaat, der auch die Gewaltausübung rationalisierte, legitimierte und auf diese Weise formalisierte, gab es nicht. Die Sicherheit familiärer Bande (häufig mit repressivem Charakter) ist in den Industrieländern eher Reminiszenz als Realität und dort, wo diese eine Rolle spielen, sind sie prämoderne Residuen. Gleichwohl zehrt die kapitalistische Akkumulationsdynamik - und dies nicht allein in ihren historischen Anfängen während der Proto-Industrialisierung (vgl. Mendels 1978: 19ff) - von der Sicherheit, die prämoderne Produktionsformen ländlicher Subsistenzarbeit und innerfamiliale Umverteilungssysteme gewähren. Durch eine Koexistenz von geregelter Lohnarbeit (in den frühen Manufakturzentren) und ungeregelter, flexibel einsetzbarer Auftragsarbeit von unterbezahlten Heimarbeiter/innen, die über Möglichkeiten landwirtschaftlicher Eigenversorgung verfügen, wird es den kapitalkräftigen Großhändlern möglich, kostengünstiger zu produzieren als die durch ständische Regulierungen gebundenen Handwerker in den Städten. Aus der Heim- und Hausindustrie der europäischen Protoindustrialisierung ist eine moderne Textil- und Bekleidungsindustrie hervorgegangen, jene Branche, die auch heute noch - in Südasien, in den Transformationsgesellschaften Mittel- und Osteuropas oder in Mittelamerika - den Einstieg in eine industriekapitalistische Entwicklung ebnet[2]. Mit den durch die Proto-Industrialisierung stimulierten Migrationsbewegungen vom Land in die Stadt wird auch die Urbanisierung vorangetrieben, die Zwillingsschwester der Industrialisierung.

Obwohl die „freie Arbeit“ gegenüber zünftiger und Zwangsarbeit quantitativ an Boden gewinnt, bleibt sie also strukturell noch längere Zeit ein eher peripheres Phänomen. Das Handwerk, die „Protoindustrie“, die Lohnabhängigen, die einen Teil ihres Einkommens aus einer anderen Tätigkeit oder aus der Hauswirtschaft beziehen, bleiben von großer Bedeutung (vgl. dazu auch Marx’ Darstellung der Wirkungen der Industrialisierung auf prä- und protoindustrielle Arbeitsformen - MEW 23: 279ff, 3115ff, 483ff). Erst mit den städtischen Arbeitsmärkten, auf denen durch die Ausbildung von Manufakturen und Fabriken „durchschnittliche“ Arbeitskräfte (hinsichtlich Qualifikation, Leistungsfähigkeit etc.) nachgefragt und angeboten werden, kommt es zu der „Normierung“ in der gesellschaftlichen Form des Lohnarbeitsverhältnisses: In der Produktion von Waren und Werten, so Marx, erzwingt der Marktmechanismus die Realisierung der auf einem gegebenen historischen Stand von Technik und Organisation „gesellschaftlich notwendigen“ Durchschnittsarbeit. Die Normierung setzt also einen Durchschnitt voraus und erzeugt ihn zugleich. So entsteht Normalität. In diesem Prozess wirkt die kapitalistische

[2] Und wie in der langen Geburtsphase des Industriekapitalismus hat sich auch zu Beginn des 20. Jahrhunderts unterbezahlte weibliche Lohnarbeit, verbunden mit der Ausnutzung unbezahlter Reproduktions- und Subsistenzarbeit, als überaus funktional erwiesen für die Herstellung von Wettbewerbsfähigkeit auf umkämpften Märkten (Wichterich 1998, 1999a, 1999b; Musiolek 1999, Thanh-Dam Truong 1999; vgl. dazu auch die Ausführungen im vierten Kapitel).

Produktionsweise „zersetzend und auflösend auf jede ältere Form der Produktion", und zwar, wie Marx hinzufügt, im Weltmaßstab (MEW 24: 40).

Dabei handelt es sich um einen spontanen gesellschaftlichen Prozess in Raum und Zeit und nicht um eine voluntaristische Anstrengung der Systematisierung. Der Prozess der Bildung des Durchschnitts und der Bestimmung einer je historischen Normalität ist kein arbiträres Unterfangen des Beobachters sozialer Dynamik, sondern Resultat einer tatsächlichen Wirkung von Kräften in Richtung eines Durchschnitts in der Gesellschaft und insbesondere in der Ökonomie. Diese Probleme mit dem Durchschnitt hat die neoklassische Ökonomie nicht. Denn sie folgt dem Marginalprinzip des methodologischen Individualismus. Das Individuum, in einer Welt knapper Ressourcen und mit beschränktem Budget ausgestattet, muss rational entscheiden, um die Befriedigung von Bedürfnissen in der Konsumtion und den Profit in der Produktion zu maximieren. Auf dem Markt werden dann die individuellen Wahlhandlungen abgestimmt und optimiert - zum Besten des Wohlstands der Nationen. In diesem Diskurs spielen Normen keine Rolle, sie sind allenfalls das bewusstlose Resultat des Markthandelns. Gesellschaftliche Formen sind insofern wichtig, als sie das Umfeld des Marktes (ordnungspolitisch, durch „law and order" - so Friedman 1962) zu sichern haben; denn auch der Markt bedarf des institutionellen Unterbaus und der Einhaltung sozialer Regeln, an denen sich individuelle Entscheidungen bemessen. Die individualistische Ökonomie kann also nicht gänzlich der Frage gesellschaftlicher Normierung im historischen Prozess (und nicht nur in der intellektuellen Anstrengung) der Durchschnittsbildung ausweichen.

Heute ist die Bildung von Durchschnitten, auch auf globaler Ebene, selbstverständlich; ihr Niveau wird durch Orientierung an Marginalwerten im Zuge von „benchmarking", „best practices" etc. permanent angehoben. Dies kontrastiert mit der Vielfalt von Arbeiten und Berufen in vorkapitalistischer Zeit. In den modernen Debatten ist dies aber nicht mehr präsent, so dass das Verschwinden von Berufen ebenso schnoddrig-selbstverständlich zur Kenntnis genommen wird wie ein Bericht über den Artenverlust in Regenwäldern. Die meisten Berufe sind beinahe allesamt ausgestorben (vgl. Palla 1994), und so kann man Braudels Wort verstehen: „Daß aber der Übergang zur Lohnarbeit ... einen gewissen gesellschaftlichen Verfall mit sich bringt, steht außer Zweifel" (Braudel 1986a: 49). Die reale Herstellung des Durchschnitts ist immer mit der realen Reduktion von Vielfalt verbunden. Dabei entstehen einerseits nostalgische Gefühle des Verlustes, andererseits wird so - nämlich durch Steigerung der sozialen Entropie - die Reduktion der Komplexität vorwärts gebracht.

Dies kann als ein Fortschritt und als Befreiung aus den Zwängen der vorhergehenden Entwicklungsphase des Kapitalismus erfahren werden: weil vertragliche Regulierungen und formelle Mechanismen des modernen Arbeitsmarktes es ermöglichen, den eigenen Sozialstatus, den Beruf, den Aufenthaltsort und die eingegangenen Beziehungen frei zu wählen (vgl. Boltanski/ Chiapello 1999: 509ff). Die Stabilisierung der modernen Form der Lohnarbeit, ihre Weiterentwicklung zu einem erworbenen Status, der ein Äquivalent zur traditionellen, vom Eigentum gewährleisteten Absicherung ermöglicht, und die Organisation gesellschaftlicher Arbeit als öffentliche Angelegenheit sind allerdings eine „historische Fundsache". Diese ist an eine Reihe von institutionellen Arrangements geknüpft, die sich in späteren Phasen der Herstellung eines kapitalistischen Weltmarktes in außereuropäischen Weltregionen nicht ohne weiteres „imitieren" lassen.

Die „Re-Patriierung" jener Bevölkerungsgruppen, die zwar inmitten der modernen Gesellschaft leben, doch keinen angestammten Platz in ihr haben, führt in Frankreich wie in Deutschland und in anderen europäischen Gesellschaften zunächst in die Sackgasse der Patronage (vgl. dazu Mahnkopf 1985: 17-73): Im Geiste einer rückwärtsgewandten Utopie versuchen konservative und liberale Sozialreformer und Unternehmer die politische durch eine soziale Ökonomie abzufedern, indem sie Sand - oder besser: soziale Sicherheit - ins Getriebe des von Karl Polanyi als „Satansmühle" beschriebenen „entbetteten" Arbeitsmarktes streuen. Die Unternehmer machen sich zu Sachverwaltern der Sicherheit „ihrer" Arbeiter - mit Arbeitsbüchern, Fabrik- und Werkstattordnungen und mit dem „Trucksystem"[3] auf der einen Seite, mit moralischen Appellen, subtilen Erziehungsmitteln, einer umfassenden Infrastruktur an sozialen Diensten - also mit „sozialen Wohltaten" - auf der anderen Seite. Dies geschieht in der Absicht, die „Disziplinierung *zur* Lohnarbeit" mit der „Disziplinierung *in der* Lohnarbeit" zu verknüpfen - durch die Etablierung des Betriebes als einer „totalen Institution". Bekanntermaßen ist diese „Sozialpolitik ohne Staat" an den Forderungen und den spezifischen Organisationsformen der europäischen Arbeiterbewegung gescheitert. Denn diese hatte die „soziale Demokratie" auf die politische Tagesordnung gesetzt: Die „soziale Ökonomie", die ursprünglich als Korrektiv zur „politischen Ökonomie" konzipiert war, um „die soziale Frage" zu lösen - und

[3] Im Trucksystem werden Löhne an Arbeitskräfte nicht monetär sondern in produzierten Waren entgolten. Die Arbeitskräfte mussten dann die Waren selbst erst zu Geld machen, wenn sie sie nicht selbst verbrauchen konnten, um aus dem Erlös andere zur Reproduktion notwendige Waren kaufen zu können. Das Trucksystem hat im Bergbau bis in die 50er Jahre des 20. Jahrhunderts bestanden: Bergleute erhielten „Deputatkohle" als „zusätzliche" Leistung. In der modernen „new economy" ist das Trucksystem zurückgekehrt: Arbeitskräfte sind mit Optionen auf Aktien des eigenen Unternehmens entlohnt worden. Solange die Kurse nach oben gingen, schien dies ein gutes Geschäft zu sein. Seitdem die Kurse des „Neuen Marktes" aber fallen, entsinnen sich die New Economy-Beschäftigten der Sicherheit, die die Geldform des Lohns zu bieten vermag.

diese bestand im „Wundbrand des Pauperismus“, welcher von den Rändern der Gesellschaft her kommend deren Grundfesten bedrohte - wurde von der Arbeiterbewegung in der Sprache der Rechte reformuliert, als Forderung nach sozialen und industriellen Bürgerrechten.

Damit die Lohnarbeit zum Ausgangspunkt für ein planbares und daher relativ sicheres Leben in Würde und Selbstachtung werden kann, das neben der Teilhabe am historischen Konsumniveau die politische und kulturelle Partizipation und daher auch Teilhabe an öffentlichen Dienstleistungen und am „sozialen Eigentum“ mit einschließt, muss zunächst der Staat einen Rollenwechsel vollziehen: Er muss seine Rolle eines „Polizisten“ aufgeben, der von außen in das „soziale Spiel“ - genauer: den Klassenkampf - eingreift, und zu einem (freilich nicht immer neutralen) Vermittler zwischen Arbeit und Kapital werden, der einerseits das Privateigentum schützt und andererseits eine von der Marktverteilung der Ressourcen abweichende Verteilung durchsetzt. Als Wohlfahrts- oder Sozialstaat wird der moderne Nationalstaat zum Verwalter des Konflikts zwischen den Klassen - auf der Basis jener Vermittlungsinstanzen, die das Lohnverhältnis institutionalisieren. Dies sind einerseits die Netze sozialer Absicherung im Fall von Alter, Krankheit, Arbeitslosigkeit, Erwerbsunfähigkeit, die auf die typischen Lebensbedingungen von vermögenslosen Lohnarbeitern zugeschnitten sind, und andererseits all jene Regelungen des Arbeitsrechts, die die Position der Lohnarbeiter gegenüber den Unternehmen stärken, indem sie das Angebot an Lohnarbeit (durch Arbeitsverbote, Arbeitszeitbeschränkungen, Arbeitsschutzvorschriften, die Etablierung des Tarifrechts) verknappen. Auf diese Weise wird das Prinzip der Verteilungsgerechtigkeit zu einer die Politik leitenden Norm. Sie findet im System des Wohlfahrtsstaats ihren institutionellen und daher förmlichen Ausdruck. Leon Bourgois, eine Schlüsselgestalt der fortschrittlichen Republikaner, von denen die Dritte Republik in Frankreich errichtet und das Prinzip eines auf Pflichtabgaben und der Umverteilung von Gütern und Dienstleistungen beruhenden liberalen Sozialstaats durchgesetzt wird, begründet das Prinzip „sozialer Gerechtigkeit“, damit, dass die Gesellschaft „all ihren Gliedern Zugang zu den sozialen Gütern eröffnen (muss), die allen einsichtig sind; sie muß Garantien gegen die Risiken leisten, die durch Anstrengungen aller vermeidbar sind“ (Bourgios 1903, zit. nach Castel 2000: 246).

Allerdings sind die historischen Motive für einen wohlfahrtsstaatlich herbeigeführten sozialen Ausgleich und die Art und Weise, wie dieser Ausgleich zwischen „Arm und Reich“, zwischen „Oben und Unten“ der Gesellschaft organisiert wird, in erheblichem Maße von nationalen Spezifika bestimmt (und diese weisen bekanntlich eine enge Beziehung zu unterschiedlichen sozialpolitischen Strategien hinsichtlich des Geschlechterverhältnisses auf). Wie sich exemplarisch an der Bismarckschen Sozialgesetzgebung studieren lässt, müssen wohlfahrtsstaatliche Institutionen der Erzeugung von Sicherheit nicht unbedingt und noch nicht einmal vordringlich durch Normen sozialer Gerechtigkeit motiviert sein. Denn soziale Sicherheit ist für das kapitalistische System insgesamt stabilisierend.

Bevor der Staat zum Garanten des gleichen Zugangs zu sozialen Gütern für alle wird und das Prinzip der Pflichtversicherung die Ressourcen der häuslichen Ökonomie und der primären Sicherung ersetzen kann, muss allerdings zunächst im Rückgriff auf die „Regeln der soziologischen Methode" (Durkheim 1895/1976) und auf die Techniken der Statistik der Begriff der Erwerbsbevölkerung erarbeitet werden. Dies ist kein einfaches Unterfangen. Erst an der Wende zum 20. Jahrhundert werden Erwerbspersonen eindeutig definiert: als diejenigen, welche regelmäßig auf einem Markt präsent sind, der ihnen einen Geldgewinn verschafft. Nur durch das Klassifizieren und Registrieren der Lohnarbeit, durch das Ausklammern der vielfältigen Formen „unständiger Arbeit" und durch die Fixierung und Stabilisierung der Lohnarbeit über einen längeren Zeitraum hinweg wird es möglich, einen Zustand zu bestimmen, an den sich Rechtsansprüche - und seien sie noch so gering - knüpfen lassen. Die Kontrolle der „unständigen" Gelegenheits- und Saisonarbeit, ihre Unterscheidung von Nichtbeschäftigung und unfreiwilliger Arbeitslosigkeit erweist sich als ein notwendiger Schritt zur Rationalisierung des Arbeitsmarktes. Dies bringt William Beveridge, der nach dem Zweiten Weltkrieg zum geistigen Architekten des britischen Wohlfahrtsstaates werden sollte, in einem Beitrag der „Royal Commission on Poor Law and Relief Distress" des britischen Parlaments aus dem Jahre 1909 treffend zum Ausdruck:

> „Dem, der nur ein mal pro Woche arbeiten und den Rest der Zeit im Bett verbringen will, wird die Stellenvermittlung diesen Wunsch verwehren. Dem, der von Zeit zu Zeit einen prekären Job finden will, wird die Stellenvermittlung diese Lebensweise nach und nach verunmöglichen. Sie wird ihm diesen Arbeitstag, den er haben wollte, wegnehmen und einem anderen geben, der schon vier Tage in der Woche arbeitet, und ihm auf diese Weise ermöglichen, anständig seinen Lebensunterhalt zu verdienen" (Beveridge 1909 zit. nach Castel 2000: 287).

Ist das einstmals lose Kontinuum zwischen Arbeit und Müßiggang erst einmal durch den wohlfahrtsstaatlich definierten Gegensatz von formalisiertem Beschäftigungsverhältnis und ebenfalls formeller, weil institutionell geregelter Arbeitslosigkeit aufgelöst und ist dem freigesetzten Lohnarbeiter eine Rückkehr in subsistenzwirtschaftliche Verhältnisse verbaut, kann die Arbeitslosigkeit nicht länger als sein privates Problem behandelt werden. Wie die Organisation gesellschaftlicher Arbeit wird auch die Arbeitslosigkeit zu einer öffentlichen Angelegenheit - abgetrennt von jener „privaten" Arbeit, die nicht unmittelbar dem Gelderwerb dient. Mit der Herausbildung eines Wohlfahrtsstaates werden die Lebenschancen der Menschen weitgehend an ihre Zugangsmöglichkeiten zur Erwerbsarbeit gebunden, „weil von diesen Möglichkeiten nicht nur abhängt, ob und inwieweit Personen überhaupt an der wirtschaftlichen Zusammenarbeit teilnehmen und aus ihrer Arbeit Nutzen ziehen können, sondern zugleich auch, welches Maß an Sicherheit sie im Falle von Arbeitslosigkeit und Arbeitsunfähigkeit genießen" (Koller 2000: 210).

Allerdings verbirgt sich hier zugleich ein strukturelles Problem moderner Arbeitsgesellschaften: Einerseits verlangt das Gerechtigkeitspostulat, dass die Bürger eines Staates gemeinsam zum Wohlstand der Gesellschaft beitragen und dass daher eine Entsprechung bestehen muss zwischen dem Beitrag der Menschen zur gemeinsamen Güterproduktion und dem, was sie im Sinne der Verteilungsgerechtigkeit jeweils zurückerhalten. Andererseits sorgt aber die enorme Leistungsfähigkeit des kapitalistischen Wirtschaftssystems - in Gestalt des „arbeitssparenden" technischen Fortschritts - dafür, dass der Beitrag vieler Menschen zu eben dieser gemeinsamen Güterproduktion überflüssig wird. Doch halten wir zunächst in einem Zwischenresümee fest: Die Verdrängung der Prekarität von Arbeitsverhältnissen und die Stabilisierung der Arbeit als lohnabhängige Erwerbsarbeit, welche sozio-ökonomische Sicherheit und berufliche wie geographische Mobilität in der zweiten Hälfte des 20. Jahrhunderts - wenn auch nur für eine Mehrheit der männlichen Erwerbsbevölkerung in den Industrieländern - vereinbar gemacht hat, ist alles andere als eine selbstverständliche, nämlich eine höchst voraussetzungsvolle Entwicklung. Dies hat Robert Castel (2000) in seiner beeindruckenden „Chronik der Lohnarbeit" im Detail nachgezeichnet. Damit es zur Herausbildung eines „fordistischen" Lohnarbeitsverhältnisses kommen kann, muss *erstens* die Fragmentarisierung der Lohnarbeitsverhältnisse überwunden werden. Dabei erhält der Stellennachweis großes Gewicht. Denn dadurch wird es möglich, eine diskriminierende Abgrenzungslinie zu ziehen, „zwischen den Vollzeitbeschäftigten und denen, die völlig aus der Arbeitswelt ausgeschlossen werden und in den Zuständigkeitsbereich der für die arbeitsfähigen Armen vorgesehenen Zwangsformen der Fürsorge fallen" (Castel 2000: 287). Hinzu kommen *zweitens* die Vereinheitlichung und eine gleichzeitige Differenzierung der Arbeitsbedingungen mit Hilfe der Methoden „wissenschaftlicher Betriebsführung". Dies geschieht im Rahmen einer präzisen, genau abgegrenzten und reglementierten Zeitverwendung und durch die Bindung der Arbeiter an Arbeitsplatz und Betrieb. Der Durchschnitt wird zum Prinzip der Betriebsführung und der Arbeitsorganisation, wobei die Durchschnittsleistung durch unterschiedliche Methoden des Leistungsvergleichs auf den jeweiligen Stand der Moderne gebracht wird. So erst erhalten die Unterscheidungen von Arbeits- und Lebenszeit, von Arbeit und Arbeitslosigkeit ihren (modernen) Sinn. *Drittens* bedarf es der mit dem Namen Henry Ford verknüpften Entdeckung und der Ingangsetzung eines positiven Rückkoppelungseffekts zwischen Lohnerhöhung, Produktivitätssteigerung und Ausweitung des Konsums. Die Vereinheitlichung der Arbeitsbedingungen wird nun von einer Teilhabe der Arbeiter an den neuen Normen des Massenkonsums begleitet. Dazu muss *viertens* die bereits erwähnte Einführung einer Pflichtversicherung und die Teilhabe der Arbeiterschaft an öffentlichen Dienstleistungen treten. Außerdem wird *fünftens* die Lohnarbeit „in einem Arbeitsrecht (verankert), das den Arbeitnehmer als Mitglied eines Kollektivs anerkennt, dem ein sozialer Status jenseits der rein individuellen Dimension des Arbeitsvertrags eigen ist" (ebd.: 296). Schließlich wird *sechstens* ein Familienlohn durchgesetzt, als historischer Kompromiss zwischen Arbeitgebern und männerdominierten Gewerkschaften.

Zusammen bewirken diese sozialen Innovationen, dass Lohnarbeit nicht mehr gleichbedeutend ist mit der punktuellen Vergütung für eine verrichtete Aufgabe, mit einer nahe dem Minimaleinkommen liegenden Bezahlung, welche zwar die Reproduktion des Arbeitnehmers und seiner Familie erlaubt, doch keine Ausgaben für nicht-lebensnotwendige Güter und Dienstleistungen.

2. Die Herstellung von „Normalität" durch vertrauensbildende Institutionen

Sicherheit ist in erster Linie eine Folge der Regelhaftigkeit des Handelns, welches durch förmliche Institutionen gewährleistet wird. Institutionen erzeugen Sicherheit überall dort, wo Unsicherheit hinsichtlich der wechselseitigen Erwartungen herrscht. Douglass North schreibt von Institutionen gleich zu Beginn des ersten Kapitels seiner Schrift über Institutionen und institutionellen Wandel, sie seien

> „die Spielregeln einer Gesellschaft oder, förmlicher ausgedrückt, die von Menschen erdachten Beschränkungen menschlicher Interaktion. Dementsprechend gestalten sie die Anreize im zwischenmenschlichen Tausch, sei dieser politischer, gesellschaftlicher oder wirtschaftlicher Art." (North 1992: 3)

Die in förmlichen Institutionen „kristallisierten" Handlungs-, Empfehlungs- und Denkweisen - seien dies nun Normen im Sinne von verbindlichen Vorschriften, Rollenerwartungen, Bewertungsstandards oder sanktionierte Verhaltensregelmäßigkeiten - erzeugen immer eine Handlungsbeschränkung für den Einzelnen. In dieser Funktion schützen institutionalisierte Normen den einzelnen Menschen vor den Willkürhandlungen anderer und nicht zuletzt vor willkürlichen Übergriffen des Staates; sie begründen auch förmliche und daher häufig einklagbare Ansprüche auf öffentliche Leistungen. So werden Handlungsmöglichkeiten eröffnet, die im besten Fall in eine autonome individuelle

Lebensgestaltung münden. Zugleich sorgen soziale (wie im Übrigen auch technische) Normen für Orientierungssicherheit und sie machen deutlich, mit welchen Kosten die Übertretung einer geforderten Handlung verbunden ist. All dies hat den Effekt, dass das Verhalten der Menschen wechselseitig kalkulierbar, dass Arbeit und Leben planbar werden.

Die historisch jeweils besonderen Systeme der industriellen Beziehungen beruhen nicht auf sentimentalen Regungen, sondern auf wohlverstandener Umsicht; sie verhelfen dazu, geordnete Beziehungen zwischen Arbeitgebern und Arbeitnehmern herzustellen. Sie ermöglichen (trotz fortbestehender grundsätzlicher Interessendivergenzen) die Verfolgung gemeinsamer Ziele und die schrittweise Entwicklung von Verfahren der Konsensbildung. Weil sich Vertrauen mit Macht nicht erzwingen lässt, kann es für die überlegene Partei (die Unternehmer) durchaus rational sein, „freiwillig" darauf zu verzichten, ihre Marktmacht voll auszuschöpfen und sowohl Zeit als auch Geld in den Aufbau von vertrauensbildenden Institutionen zu investieren - in den Aufbau betriebsinterner Arbeitsmärkte und Karrierewege, in nationalspezifische „industrial relations"-Systeme wie das „deutsche Modell" (vgl. dazu Mahnkopf 1999).

In der Vergangenheit wurden derartige Institutionen oft als eine Art von „Korsett" beschrieben, welches die Kooperation von Arbeit und Kapital ermöglicht, ohne jedoch die Bewegungsfreiheit beider Parteien in einem solchen Maße zu behindern, dass die selbsttätige Aktion unmöglich wird. Unter den Bedingungen von globalen Transformationsprozessen erscheinen nun dieselben Institutionen - in der Sprache des Neoliberalismus - als „Rigiditäten" und „Verkrustungen", mithin als Hindernisse der durch den Profit gesteuerten Kapitalakkumulation (und - wie versprochen wird - der Beschäftigungsausweitung). Denn dort, wo sie (noch) existieren, muss eben nicht jede Art von Arbeit - egal zu welchen Bedingungen und zu welchem Preis - angenommen werden, haben Arbeitnehmer die Freiheit, unzumutbare Beschäftigungsverhältnisse zu vermeiden oder zu quittieren. Wo indes die Schrauben, Klammern und Nieten eines Korsetts, das gesellschaftliche Arbeitsverhältnisse in eine dauerhafte Form zwingen kann, demontiert werden oder schlichtweg fehlen, beginnen die Prozesse der Informalisierung.

Auch in den Ländern, in denen die Aushandlung von Verträgen, die Regelung von Konflikten und die Verfahren der Normierung nicht innerhalb des „korporatistischen Dreiecks" von Staat, Unternehmen und Gewerkschaften (so wie in Deutschland) verliefen, kamen in der Zeit nach dem Zweiten Weltkrieg „institutionalisierte Kompromisse" zwischen Kapital und Arbeit zustande, die „auf den Trümmern der traditionellen Formen des gesellschaftlichen Lebens, die der Kapitalismus zerstört", neue soziale Zugehörigkeiten geschaffen haben, so Michel Aglietta (2000: 29) mit einem kleinen Seitenhieb gegen den „übertriebenen Pessimismus in den von Karl Polanyi inspirierten soziologischen Arbeiten". Die sozialen Innovationen, die untrennbar mit der Durchsetzung fordistischer Vergesellschaftungsmodi verbunden sind, bewirken, dass die Lohnarbeit zu einem Prinzip wird, welches den Zusammenhang der Gesellschaftsmitglieder herstellt und zugleich ihre Differenzierung ermöglicht und auf diese Weise ihre Verteilung im sozialen Raum, also auch ihre soziale Identität begründet: Die (mehrheitlich männlichen) Lohnabhängigen, werden ihre Beschäftigungsverhältnisse entsprechend „beurteilt und verortet", und von diesem Ort aus finden sie „ihren gemeinsamen Nenner und existieren gesellschaftlich" (so Castel 2000: 325 in Anschluss an Aglietta/Brender 1984). Berufliche Mobilität und Sicherheit der Lebensführung werden für eine große Mehrheit der Erwerbsbevölkerung vereinbar.

Dies gilt zumindest für die westlichen Industrieländer und für die kurze Phase ihres „Traums von der immerwährenden Prosperität" (Lutz 1984), für das „goldene Zeitalter" des Kapitalismus von Anfang der 50er Jahre bis zur Mitte der 70er Jahre des 20. Jahrhunderts. Freilich hat die informelle Arbeit mit all ihren Facetten (auch) in Europa immer dann einen Auftrieb erfahren, wenn die „normalen" Wege der Beschaffung monetärer Einkommen oder die Marktversorgung mit Gütern und Dienstleistungen versagten. In Deutschland war dies Ende der 20er Jahre, zur Zeit der großen Wirtschaftskrise, ebenso der Fall wie in der Aufbauphase nach dem Zweiten Weltkrieg. In der Periode des Fordismus sind die prekären, nicht-normierten und residualen Arbeitsverhältnisse vom („seltsamen") Attraktor Industriessystem absorbiert oder an die Ränder der kapitalistischen Akkumulation gedrängt worden: vorzufinden in kleinen Subunternehmen, in der Landwirtschaft, im Kleinhandel und vor allem in den Ländern der Dritten Welt (Aglietta 2000: 30). Mit der Desintegration nationaler Ökonomien im Verlauf des Globalisierungsprozesses kehrt die Prekarität in die kapitalistischen Zentren zurück.

Doch im Zeitalter des Fordismus, dessen Höhepunkt mit den „goldenen Jahren" der Kapitalakkumulation zusammenfällt, gibt es ein übergreifendes Interesse an menschlicher, sozialer und politischer Sicherheit und an der Gestaltung von sozialen Formen, die diese unterstützen. Dies gilt nicht nur für den Bereich der Arbeit, sondern gleichermaßen auch für die Sphäre des Geldes und die der Politik - von dem gesellschaftlichen Naturverhältnis zu schweigen (darauf kann hier nicht eingegangen werden; vgl. aber Altvater 1992).

Unter den Bedingungen von „Taylorismus" und „Fordismus" wird „Rationalisierung" zu einer Leitlinie der Gestaltung von Betrieben und Haushalten, von Produktion und Reproduktion; sie wird als „systemische Rationalisierung" systematisiert. Der Staat ist daran beteiligt und viele ökonomische und gesellschaftliche, quasi-staatliche Institutionen - vom Aufsichtsamt für das Kreditwesen bis zum Patentamt und dem Rationalisierungskuratorium der deutschen Wirtschaft (RKW). Denn überkommene Unsicherheiten erweisen sich nun ökonomisch als ausgesprochen dysfunktional. Die immer größer werdenden Unternehmen müssen - schon allein wegen der hohen Fixkosten - planen und dazu benötigen sie sichere Rahmendaten. Nachfrageausfall, Diskontinuität des Produktionsprozesses, und dies bei steigender Fixkostenbelastung, Mängel eines Kreditsystems bei hohen Realzinsen, die oberhalb der wirtschaftlichen Wachstumsrate liegen, können an den Rand des Ruins treiben, und manchmal darüber hinaus.

Das durchschnittlich entlohnte und zugleich existenzsichernde und kollektiv geschützte Erwerbsarbeitsverhältnis wird zur Normalität. Dieses Leitbild ist nun für einige Jahrzehnte der Maßstab, an dem sich die wirklichen Arbeitsverhältnisse ausrichten *sollen*. Die sozialen Normen mit ihrer Geltung in Raum und Zeit werden formalisiert und finden so auch eine angemessene und wirksame institutionelle Entsprechung, durch die Verhaltens- und Orientierungssicherheiten entstehen. Ein tariflich normiertes, regelmäßiges (Familien-) Einkommen, auf Dauer angelegte Arbeitsverträge, Vollzeitarbeit und daran gekoppelte Ansprüche auf soziale Leistungen, dazu Beförderungsmöglichkeiten im Rahmen der Organisationsstrukturen und Regeln für Aufstiegsmobilität machen das Leben von Menschen, die ihre Existenzsicherung auf Erwerbsarbeit gründen müssen, überschaubar und daher planbar. Zugleich wird das Dauerrisiko des Arbeitsplatzverlustes durch Schutzregelungen formal abgesichert. Die sozialstrukturelle Machtungleichheit zwischen Arbeit und Kapital wird durch (unterschiedlich starke) Teilhabe- und Organisationsrechte im Rahmen des sozialstaatlichen Systems zumindest verringert. An der Regulierung sind tripartistisch das politische Institutionensystem, Gewerkschaften und Arbeitgeber bzw. Unternehmer beteiligt. Gegenstand der Regulierung sind nahezu alle Aspekte von Arbeit und Lohn: die Höhe der Entgelte, die Arbeitszeiten, die Arbeitssicherheit, der Schutz bestimmter Arbeiterkategorien (Jugendliche, Mütter etc.), die soziale Sicherung für die Risiken Unfall und Krankheit, den Verlust des Arbeitsplatzes und für den förmlichen Einstieg in die (Qualifikation) und den Ausstieg aus der Welt der Arbeit (Pensionen, Renten), die Vertragssicherheit (Kündigungsschutz, Arbeitsgerichtsbarkeit). Alles dies zusammengenommen macht das historische „Normalarbeitsverhältnis“ aus.

Es ist ein Beschäftigungsverhältnis, das Sicherheit im Austausch gegen Abhängigkeit und Unterordnung ermöglicht, denn es ist gekoppelt an die Zugehörigkeit zu einem Betrieb oder wenigstens an den längerfristigen Verbleib in einer Branche. Die Dauerhaftigkeit des durch Arbeits- und Sozialrecht gesicherten Status trägt aber auf jeden Fall dazu bei, dass sich zwischen Arbeitnehmern, Gewerkschaften und Unternehmern gemeinsame Interessen in „sozialer Partnerschaft" entwickeln, unbeschadet der fortbestehenden Machtasymmetrie zwischen Arbeit und Kapital. Nicht zuletzt sorgen die Institutionen des Kollektivvertrages und der Pflichtversicherung für eine moderne Form der Solidarität - für „mutua benevolentia", also ein Wohlwollen, das aus einem zivilisierten Gegenseitigkeitsdenken erwächst: Der organisierte Risikoausgleich beruht auf einem System von gegenseitigen Beziehungen, die von moralischen Unterstützungen weitgehend unabhängig sind; es genügt, dass Menschen einander als gleiche ansehen, weil sie die Zugehörigkeit zu einer (benachteiligten) Klasse, einem (diskriminierten) Geschlecht oder einer (unterdrückten) Minderheit teilen.

Während der marktförmige Tausch auf dem Äquivalenzprinzip beruht und nur die strikte Gleichwertigkeit von Beitrag und Leistung kennt, welche im einheitlichen Maß des Geldes und damit in einem fixen oder ausgehandelten Preis seinen exakten Ausdruck erhält[4], beruht die Solidarität der Pflichtversicherten auf dem Reziprozitätsprinzip. Die Idee der Risikogemeinschaft hat eine gemeinsame Plattform von sozialen Rechten zur Voraussetzung, basiert jedoch auf der Unkenntnis über die Wahrscheinlichkeit des Risikofalls eines jeden einzelnen Mitglieds; daher beruht die

> „Solidarität (...) auf einer Gegenseitigkeit, die nur latent vorhanden ist, weil Leistung und Gegenleistung durch einen Erwartungswert verknüpft sind, der nur unterstellt ist, weil objektive Risikolage und deren subjektive Einschätzung voneinander abweichen. So entspricht der 'Solidaritätsbeitrag' der individuellen finanziellen Leistungsfähigkeit, der monetäre oder sachliche 'Solidaritätsanspruch' dagegen dem aktuellen Bedarf" (Hengsbach 1999: 36).

Freilich erinnert diese Form der Solidarität kaum mehr an die alten Formen des wechselseitigen, lebenspraktischen Engagements. Denn die Solidarität wird zum einen organisiert und professionalisiert, zum anderen tritt der Staat als Garant der privaten Praxis auf, indem er diejenigen Risiken abdeckt, die im Extremfall die soziale Kohäsion der Gesellschaft bedrohen.

---

[4] Dies ist das Problem der kapitalgedeckten Rentenversicherung, dass dadurch die Sicherung des „Lebensabends" von der Volatilität globaler Finanzmärkte abhängig wird und eine Illusion der individuellen Vorsorge durch Kapitalbildung erzeugt wird, die sich spätestens dann als unrealistisch erweist, wenn Finanzkrisen ausbrechen.

3. Das „normale" Geschlechterverhältnis

Entscheidend aber ist, dass die „gesellschaftliche Nötigung zur Erwerbsarbeit" nahezu ausschließlich an die männliche Bevölkerung gerichtet ist - während die Frauen „zur Haus- und Erziehungsarbeit dienstverpflichtet (waren), ohne dass sie dafür entlohnt wurden" (Hengsbach 1999: 37). Doch genau hier liegen Grenzen der Normalisierung. Je mehr sich der historische Durchschnitt des Normalarbeitsverhältnisses, also „gesellschaftliche Durchschnittsarbeit", durchsetzt, desto mehr geraten alle jene Bereiche ins Blickfeld, die in der gesellschaftlichen Realität nicht in das normative Kraftfeld des gesellschaftlichen Durchschnitts einbezogen werden. Hier beginnt das Terrain des informellen Sektors, in dem das Normalarbeitsverhältnis mit seinen förmlichen Ingredienzien nicht gilt. Auch wenn das „Normalarbeitsverhältnis" selbst in der Blütezeit des Fordismus nie die ganze Realität der modernen Arbeitsgesellschaften widergespiegelt hat, so wird es doch zu einer hegemonialen Norm, die vergleichsweise robust ist. In Westeuropa ist Vollzeiterwerbstätigkeit, die vertraglich und gesetzlich geschützt ist, auch zu Beginn des 21. Jahrhunderts (noch) die dominante Erwerbsform (vgl. dazu jedoch die Ausführungen in Kapitel 4.3)

An dieser „Normalität" und an ihrem quantitativen Gewicht in Westeuropa gemessen, scheinen andere Arbeitswirklichkeiten zumeist als eine Art defizitärer Abweichung. Dazu zählen neben der selbstständigen Erwerbsarbeit vor allem die Arbeit der „mithelfenden Familienangehörigen"[5], branchen- und berufsspezifische „a-typische" Beschäftigungsverhältnisse im Bau- oder im Gaststättengewerbe, die unbezahlte Hausarbeit und die bedarfsorientierte Eigenarbeit von Frauen. Ihre integrierende Funktion bezieht die „handlungsleitende Fiktion" des Normalarbeitsverhältnisses (Hinrichs 1996: 103) nicht zuletzt daraus, dass sie *erstens* Standards der Regulierung zur Verfügung stellt, die das Arrangement von gegensätzlichen Interessen erleichtern (Voswinkel/Lücking 1996: 451), und *zweitens* Abweichungen von diesen Standards mit negativen Bewertungen und Sanktionen belegt. Der Anspruch auf soziale Gerechtigkeit in den Arbeitsbeziehungen, der für die Dauer von fast drei Jahrzehnten in der Leitfigur des Normalarbeitsverhältnisses einen die Wirk-

[5] Ohne die es viele Klein(st)-Unternehmen gar nicht gäbe: sie tauchen in keiner Erwerbsstatistik auf, arbeiten für das Wohlergehen der Familie. Es handelt sich dabei zumeist um junge oder recht alte Verwandte, die kostenlos oder zumindest billige Mithilfe in Handwerksbetrieben (und in späterer Zeit dann vor allem in Jungunternehmen der Informations-, Kommunikations- und Medienbranche) leisten, vor allem aber um mitarbeitende Ehefrauen, Töchter oder Schwestern, die - wenn überhaupt - dann untertariflich entlohnt werden (vgl. dazu „Erfolgsgeheimnis Familie" in *Tagesspiegel* vom 2. Juli 2000).

lichkeit (zumindest in den Industrieländern) prägenden Ausdruck fand, basiert auf dieser doppelten Funktionsbestimmung:

Einerseits erleichtern und befördern die Regelung und die Verrechtlichung von Arbeitsverhältnissen den effizienten Einsatz moderner Produktions- und Managementmethoden. Auf diese Weise wird die normative Geltung des Normalarbeitsverhältnisses an das Zustandekommen von „Produktivitätspakten" zwischen Arbeitnehmern, Gewerkschaften und Unternehmen gekoppelt - und diese Koppelung hat seit der Zeit unmittelbar nach dem Ersten Weltkrieg den sozialen Frieden gefördert (Sinzheimer 1976). *Andererseits* sorgt gerade die Verknüpfung des „Produktivitätspaktes" mit dem Normalarbeitsverhältnis - die in einigen Ländern (so in Deutschland) lange Zeit sehr stabil, in anderen eher schwach ausgebildet und punktueller Natur war - dafür, dass einige Bereiche gesellschaftlicher Arbeit z.T. noch nicht einmal als Arbeit anerkannt werden. Dieses (Vor-)Urteil betrifft insbesondere die unbezahlte (Reproduktions-)Arbeit von Frauen in den Haushalten. Doch auch Formen der Arbeit, die - wie die Teilzeitarbeit für bestimmte Arbeitnehmergruppen - durchaus die „Norm" darstellen, werden als Abweichungen von der „Normalität" diskriminiert. Dies hat zur Folge, dass die damit verbundenen sozialen Risiken ignoriert werden können.

Die soziale Normierung abhängiger Erwerbsarbeit in der Figur des Normalarbeitsverhältnisses schließt also das Geschlechterverhältnis ein. Denn die Konstruktion der Systeme sozialer Sicherung, die diese spezifische Form von Erwerbsarbeit ergänzen, ist mit einem historisch jeweils besonderen „gender-Regime" verbunden: Die Freistellung der Frauen von der Lohnarbeit - damit sie unentgeltlich Betreuungs- und Pflegearbeiten in den Familien verrichten können - setzt einen „Familienlohn" voraus, Pensionen für Witwen, Unterhaltsleistungen für allein stehende Mütter, den Mutterschaftsurlaub und einiges mehr. Jedenfalls ist die geschlechtsspezifische Organisation von „care" ein integraler Bestandteil jener sozio-ökonomischen Sicherheit, die im „golden age of capitalism" in den Industrieländern nicht zuletzt durch eine Verringerung der weiblichen Erwerbsquote realisiert wird. Die „Ernährer-/Hausfrauenehe" setzt sich auch außerhalb Europas (beispielsweise in Japan) zusammen mit der männlichen „Normal-Arbeit" durch (Himeoka 2000; Gottfried/O'Reilly 2000) und sie dient dazu, „a-typische" Erwerbsformen, Erwerbsbiographien und Geschlechterbeziehungen zu diskreditieren. Die „moderne Ordnung der Geschlechter" ist stets durch einen „pathetischen Überschuß an Differenz und Hierarchie" und einen „Überhang an unreflektierten Deutungen" (Honegger 1991: X) gekennzeichnet. Dabei weist die Geschlechterordnung zwischen den Industrieländern, die einen sozialdemokratischen, konservativen oder liberalen Wohlfahrtsstaat ausgebildet haben, erhebliche Unterschiede auf. Hingegen kam die hierarchische Geschlechterordnung in den Ländern der Dritten Welt auch in den „goldenen Jahren des Kapitalismus“ ohne die Institutionalisierung eines sie stützenden und tragenden Normalarbeitsverhältnisses aus.

Das viel diskutierte „Ende des Normalarbeitsverhältnisses“ bezieht sich daher weniger auf die historischen Veränderungen seiner einzelnen Elemente, sondern darauf, dass es die historische Normalität angesichts einer flexibilisierten Vielfalt von Arbeitsverhältnissen nicht mehr gibt und Normalität als ein rechtspolitischer Maßstab „untauglich geworden“ ist (Pfarr 2000: 281). Es erweist sich als schwierig, wenn nicht unmöglich, Normalität als einen gesellschaftlich verbindlichen Zustand festzulegen. Dies hat selbstverständlich Folgen für die moderne Geschlechterordnung und ebenso für den Anspruch auf soziale Gerechtigkeit, der mit der doppelten Normalitätsannahme (Normalarbeitsverhältnis und Versorgerehe) transportiert worden ist. Die sozialen Formen, die die Normalität reguliert und ermöglicht haben, werden durchbrochen, aufgeweicht, um sie an alle möglichen, sehr differenten Arbeitsverhältnisse anzuschmiegen. Auch die Differenzen beziehen sich auf sämtliche Ingredienzien des Arbeits- und Lohnverhältnisses: auf Entgelte, Zeiten, Schutz und Sicherung, Vertretung und Beteiligung etc. Es ist diese Tendenz einer „Pluralität unterschiedlicher Regulierungsformen, unter denen sich derzeit kein Muster als hegemonial bezeichnen läßt“ (Voswinkel/Lücking 1996: 475).

4. Die Fragilität verlässlicher Normen und Institutionen

So kurz bemessen und räumlich beschränkt wie die historische Periode der relativen Sicherheit in und durch lohnabhängige Erwerbsarbeit war, so überschaubar sind Zeit und Raum der Verfügung über „hartes Geld“. Die Teilhabe an gesellschaftlichen Gratifikationen ist unter kapitalistischen Bedingungen geldvermittelt; doch verfügen Menschen über „hartes Geld“ erst dann, wenn sie arbeiten können, es sei denn, sie sind im Verlauf des großen kapitalistischen Scheidungsprozesses, den Marx als „ursprüngliche kapitalistische Akkumulation“ plastisch und drastisch beschrieben hat, auf die Seite der Kapitaleigner und Geldvermögensbesitzer geschleudert worden und können nun ihr Geld als Kapital „für sich arbeiten“ lassen. Allerdings ist es bis zur Mitte des 20. Jahrhunderts selbst in Westeuropa keineswegs „normal“, dass die Existenzsicherung einzig durch Geldeinkommen aus abhängiger Arbeit und durch ersatzweise vorgesehene und eng an die Lohnarbeit gekoppelte Sozialleistungen erfolgt. „Income Mixes zwischen Geldeinkünften, innerfamilialer Umverteilung und Naturaleinkommen behalten in den westlichen Industrieländern für die Mehrheit der Bevölkerung bis zum Zweiten Weltkrieg ihre Bedeutung“ (Vobruba 1999: 105). In den Entwicklungsländern des Südens und in den Ländern MOEs ist die Existenzsicherung über Geldeinkommen aus formeller Lohnarbeit ohnehin nie zu einer gesellschaftlichen Normalität geworden.

Die Blütephase des Fordismus ist zugleich die Zeit, in der auch das Geldverhältnis in hohem Grade formalisiert wird. Erst mit dem Ende der Goldwährungen im Verlauf und in Konsequenz des Ersten Weltkriegs haben die Zentralbanken die Regulierung der je nationalen Währungen übernommen. Das im Jahr 1944 verabredete Währungssystem von Bretton Woods basiert auf den Regeln fester Kurse und weist den beteiligten nationalen Währungen eindeutige Rollen zu: dem Gold die des Wertankers für den US-Dollar als Leit-, Interventions- und Reservewährung, auf die sich alle anderen Währungen mit festen Kursen, die nur geringfügig (um +/-2,25%) schwanken dürfen, beziehen. Diese internationale Währungsordnung präfiguriert das je nationale Geldverhältnis. Denn der Spielraum für Fiskal- und Geldpolitik ist weitgehend durch die festen Währungsrelationen definiert. Strenge Regeln für den Kapitalverkehr behindern unkontrollierte grenzüberschreitende Kapitalbewegungen und damit zugleich Geldwäsche im großen Stil. Tauschringe etc. sind zumindest in den Industrieländern eher romantische Versuche als ernsthafte, weil aus der Not geborene informelle Alternativen zu dem förmlichen Geld (vgl. dazu siebentes Kapitel). In den Ländern des Südens hat die informelle Existenzsicherung allerdings immer eine sehr viel größere Rolle gespielt, vergleichbar den protokapitalistischen Zeiten in Westeuropa: die Versorgung mit Naturalien, Tauschgeschäfte, Einnahmen aus legalen und illegalen ökonomischen Aktivitäten der Schattenwirtschaft. Alles spricht dafür, dass dies auch in Zukunft so bleiben wird. Denn angesichts von keineswegs mehr sporadisch und isoliert auftretenden Währungs- und Finanzkrisen wie jenen in den 90er Jahren in Mexiko, in Südostasien, Russland, Brasilien und später in der Türkei und in Argentinien muss damit gerechnet werden, dass die Erwerbschancen von Millionen von Menschen durch nicht kontrollier- und beeinflussbare Ereignisse zunichte gemacht werden und die Reallöhne drastisch absinken. Die Verwundbarkeit ist also in informellen Verhältnissen besonders hoch. Selbst wenn sich bei Produktionszahlen, Zahlungsbilanzen, Zinssätzen und Inflationsraten nach einer Finanzkrise, die heute „als system-immanente Erscheinung globaler Kapitalmärkte" gilt, Verbesserungen abzeichnen - „die Menschen erholen sich nicht so schnell" (UNDP 1999: 5)[6] wie die Finanz-

[6] Nach einer vom UNDP (1999: 5) zitierten Untersuchung zu den Folgen von Finanzkrisen in 80 Ländern während der letzten Jahrzehnte benötigt das Beschäftigungswachstum mehrere Jahre, um wieder das Niveau vor Ausbruch der Krise zu erreichen und brauchen die Reallöhne im Durchschnitt drei Jahre, bis sie wieder ansteigen. Wenn sie zuvor, so wie in Indonesien 1998, um 40-60% gefallen sind, lässt sich ermessen, für wie lange Zeit die durch volatile Finanzmärkte bewirkte wirtschaftliche Unsicherheit anhalten kann.

märkte. Jedenfalls ist es kein Zufall, dass das System monetärer Formalität, für das Bretton Woods steht, zur gleichen Zeit wie das Normalarbeitsverhältnis in die Krise gerät und zusammenbricht: zu Beginn der 70er Jahre, am Ende der „goldenen" Jahre des Fordismus. In dieser Zeit beginnt die Debatte über informelle Arbeit, zunächst bezogen auf die Entwicklungsländer (Hart 1973), dann auch in Bezug auf die Industrieländer (z. B. Fuá 1980; vgl. auch Perulli 2000).

Schließlich ist auch die Verlässlichkeit politischer Prozesse nicht älter als der moderne Rechts- und Verfassungsstaat mit seinem ausdifferenzierten formellen und informellen, materiellen und immateriellen Institutionensystem. Kein Wunder, dass die Modernisierungstheorie seit den 60er Jahren (und erneut wieder nach dem Ende des Realsozialismus in den 90er Jahren) dem „institution building" so zentrale Bedeutung für soziale und politische Modernisierung zumisst (vgl. Müller 1998). Doch wie fragil dieses Gebilde verlässlicher Institutionen ist, haben die Diktaturen der vergangenen Jahrzehnte in aller Welt (mit wenigen Ausnahmen) vor Augen geführt. Der Staatszerfall in Afrika, aber auch in Ost- und Südosteuropa nach 1989, belegt, dass die staatlich gehegte Sicherheit keine Selbstverständlichkeit ist. Sicherheit von Leib und Leben, Ernährungssicherheit, Sicherheit der Wasserversorgung und -entsorgung, Sicherheit gegen Gewalt, Sicherheit des rechtlichen Gehörs sind auch heute keineswegs selbstverständlich - im Gegenteil, gerade die private Gewalt hat in nahezu allen Weltregionen im vergangenen Jahrzehnt beträchtlich zugenommen (Buvinic/Morrison 2000) - als Abwehr von Unsicherheit und zugleich als Auslöser von neuer Unsicherheit, für andere, die sich nicht vor den unsicheren Verhältnissen schützen können und irgendwie mit ihnen auszukommen lernen müssen. Für diese Entwicklung hat Zygmunt Bauman das treffende Bild gefunden: „Sobald Gesellschaften keine Stadtmauern und -gräben mehr bauen und instand halten, muss jeder einzelne Bewohner der Stadt Karatekurse besuchen" (Bauman 2000: 77).

Die Reaktionen auf Zustände der Unsicherheit erzeugen ihrerseits informelle Verhältnisse: Arbeit, die sich nur schwer an formelle Regeln halten kann, z.T. weil es sie gar nicht gibt; Geld, das nicht durch äquivalenten Tausch legaler Waren erworben wird, sondern gestohlen ist oder aus kriminellen Geschäften stammt und daher „gewaschen" werden muss; Sicherheitsdienste, die öffentliche Sicherheit privatisieren und dabei erneut Unsicherheit bei den nicht Geschützten erzeugen. Bezogen auf menschliche Sicherheit begründet Informalität also einen spiralförmigen Kreislauf: Informalität bringt neue Informalität hervor. Gesellschaften finden nicht zu stabilen Formen, die eine gewisse Normalität erzeugen und die die Verfolgung sicherer Perspektiven innerhalb eines gesättigten politischen und sozialen Institutionensystems zulassen.

Doch ist dieser perverse Kreislauf im modernen Kapitalismus nicht unbedingt funktional. Dafür sprechen viele Überlegungen. In dem Maße wie die häusliche Subsistenzproduktion vernichtet wird, weil nahezu alle Dienste und benötigten Produkte kommodifiziert (kommerzialisiert) werden, müssen die Haushalte über monetäre Kaufkraft verfügen, um die produzierten Waren auf dem Markt kaufen zu können. Dies gelingt nur, wenn die aktiven Haushaltsmitglieder Erwerbsarbeit gegen Geldlöhne und -gehälter aufnehmen können. Da dies von Anfang an ein Massenphänomen ist, das beide Geschlechter umfasst, sind dabei immer Anlässe der Organisierung gegeben, die im Ergebnis von Auseinandersetzungen zu einer je historischen „Normalität“ des Arbeitsverhältnisses führen[7]. Die „Normalität“, richtiger: die Vision einer Normalität, von der die historische Realität mehr oder weniger stark abweicht, bezieht sich auch auf die Erwerbsbiographie, auf ein damit verknüpftes Geschlechterverhältnis, auf soziale Regeln der Arbeitskraftnutzung und - nicht zuletzt - auf die andere Seite der kapitalistischen Produktionsweise: die Produktivität. Diese zu steigern ist eine „historische Bestimmung“ des Kapitalismus, wie schon Adam Smith (1776) erkannt hatte. Die Vertiefung der Arbeitsteilung erlaubt nämlich jenen Anstieg der Produktivität, der für den wachsenden „Reichtum der Nationen“ verantwortlich ist. Soll dieses Resultat erreicht werden, muss der Produktionsprozess rationell organisiert werden. Der kapitalistische Unternehmer (heute „Investor“ genannt) benötigt ein sicheres Ambiente für seine Investitionen, um dieser Bestimmung zu genügen. Auf diesen Aspekt hebt auch die von den Neoliberalen (Freiburger Schule) so stark betonte Ordnungspolitik ab (vgl. Eucken 1957). Das gesellschaftliche Umfeld muss diese Sicherheit durch normative Systeme begünstigen. Doch im Gegensatz zu den „goldenen Jahren des Kapitalismus“ gelingt dies im letzten Viertel des 20. und zu Beginn des 21. Jahrhunderts selbst in den entwickelten Industrieländern des Nordens und Westen immer weniger.

5. Das Problem der Kohärenz von Normen

Ökonomische Transformationsprozesse sind im Wesentlichen Integrationsprozesse in die Weltwirtschaft und diese haben, abgesehen von den lokalen und nationalen Unterschieden, die beträchtlich sind, globale Raum- und Zeitkoordinaten, die nicht ignoriert werden können. Im Verlauf der 50er und 60er Jahre fand (für Deutschland oder Japan) die Integration in den expandierenden Weltmarkt unter einem günstigeren Stern statt als die Integration der

---

7 Dies ist von Marx im „Kapital“ in dem Kapitel über die Herstellung des „Normalarbeitstags“ beschrieben worden (MEW 23, 8. Kapitel).

Schwellenländer in den bereits voll entfalteten Weltmarkt der 80er Jahre, der obendrein durch finanzielle Deregulierung und Instabilitäten charakterisiert ist. Auch die räumliche Dimension ist von Bedeutung. In welchen Grenzen spezifische Standards gesetzt werden, ist von größter Wichtigkeit für die Möglichkeiten der Entwicklung[8].

Die räumliche und zeitliche Dimension ist für die Modalitäten der Vergesellschaftung durch Arbeit und Geld ausschlaggebend. Wie bereits angedeutet besteht eine Dimension des „Normalarbeitsverhältnisses" auch darin, dass der Ort der Vergesellschaftung der Betrieb ist. „Verbetrieblichung" der Arbeit ist die räumliche Dimension des fordistischen Arbeitsverhältnisses. Dies ist weniger bedeutsam in Extraktions- als in Produktionsökonomien; letztere stehen, wenn sie sich in den Weltmarkt integrieren, unter verstärktem Wettbewerbsdruck, dem nur durch Methoden der Steigerung der „Ökonomie der Zeit" begegnet werden kann. „Ökonomie der Zeit" ist eine andere Umschreibung der Steigerung der Produktivität, da in der gleichen Zeiteinheit der Arbeit mehr Produkte bei gesteigertem Material- und Energiedurchsatz produziert werden können. Die Erhöhung der Wettbewerbsfähigkeit auf dem Wege der Ökonomisierung der Zeit bedeutet Mobilisierung und Flexibilisierung aller Faktoren der Produktion, also auch die Überwindung des Betriebs als Ort der Vergesellschaftung. Dort wo es nicht gelingt, die Ökonomie der Zeit zu steigern, werden Standards des Weltmarkts („benchmarks") nicht erfüllt. Dies ist der Grund, warum Entwicklungsgesellschaften und Transformationsökonomien, die sich bemühen, die Konkurrenzfähigkeit auf dem Weltmarkt durch Politiken der Förderung systemischer Wettbewerbsfähigkeit zu steigern, gleichzeitig einen quantitativ und qualitativ großen informellen Sektor hervorbringen. Dieser ist ein Indiz dafür, dass sich ein einheitlicher Vergesellschaftungsmodus durch Arbeit und Geld für eine territorial (nationalstaatlich) definierte Gesellschaft auflöst und Vergesellschaftung sektor-, branchen- und regionenspezifisch stattfindet. Diese Tendenzen werden noch gefördert durch Arbitrage, in deren Verlauf auch monetäre Prozesse der Exklusion und Inklusion wirksam werden. Die Kohärenz, die so wichtig für die Regulationsweise ist, geht verloren und muss wiederhergestellt werden - eben durch die Schaffung neuer sozialer Formen der Reproduktion, des Lebens.

Die Kohärenz von normativen Systemen ist von zentraler Bedeutung. Hier setzt auch die „Regulationstheorie" an: Das Arbeits- und Lohnverhältnis, das

[8] Es lässt sich zeigen, dass die Definition des Ortes (des „Standortes") in den Raum- und Zeitkoordinaten des Weltmarktes für Extraktionsprozesse von energetischen, mineralischen und agrarischen Rohstoffen verschieden von derjenigen für Produktionsökonomien und Aktivitäten ist, die sich im Wesentlichen auf die Zirkulationssphäre und Arbitrageprozesse beziehen (vgl. dazu Altvater 1998a und 1998b).

Geldverhältnis, das Verhältnis von Ökonomie und Politik, von nationaler Ökonomie und Weltmarkt und das gesellschaftliche Naturverhältnis (das freilich in der Regulationstheorie und bei ihren Adepten notorisch ausgeblendet bleibt) folgen in je historischer Situation einem System von Regeln, die freilich kohärent sein müssen, um soziale Kohäsion zu gestatten. Ist dies nicht der Fall, dann kommen nicht jene Entsprechungsverhältnisse (Komplementarität) zustande, die für die Dynamik einer historischen Regulations- und Produktionsweise notwendig sind. In der internationalen Konkurrenz können nicht-kohärente Ökonomien nicht mithalten. Dies galt auch für den „halben Fordismus" (Murray 1990) in der Sowjetunion. Ein Teil der Ökonomie (und sicher auch der Gesellschaft) ist nicht in das dominante System integriert, entwickelt also nicht-formelle Formen von Produktion, Reproduktion, Zirkulation. Dies sind dann die Voraussetzungen für die Entstehung eines informellen Sektors, der die formellen „normalen" Regulationserfordernisse nicht einzulösen vermag; in diesem Sektor der Ökonomie sind die Einkommen nicht immer niedriger als in den formellen Bereichen (Adair 1998: 108ff). Aber die Unsicherheit in jeder Hinsicht - Regelmäßigkeit des Einkommensflusses, Unsicherheit des Arbeitsplatzes etc. - ist größer. Im kategorialen Horizont der Regulationstheorie würde der Begriff der Informalisierung einen Typus der Kapitalakkumulation bezeichnen, dem es an „strukurellen Formen" der sozialen Vermittlung mangelt, welche dafür sorgen könnten, dass der technische Fortschritt sich in sozialen Fortschritt verwandeln kann (Aglietta 2000: 20). Im Prozess der Globalisierung erlangen globale Normen auch für Gesellschaften (generell) und für ökonomische Sektoren sowie soziale Gruppen (speziell) Gültigkeit, die gar keine Voraussetzungen besitzen, um sie erfüllen zu können.

Zweites Kapitel
Die Globalisierung von Normen

Die Informalisierung von Arbeits- und Geldbeziehungen hat viel mit der Nicht-Einhaltung von Normen zu tun, die über „Sitte, Gebot und Vertrag" (vgl. unter Bezug auf Hasso Hoffmann: Albrecht o.J.: 190) (rechts)verbindlich geworden sind. Doch lassen sich die in der historischen Zeit und in besonderen geographischen Räumen beobachtbaren Abweichungen von tradierten Formen der Arbeit und des Geldes nicht ausschließlich und in vielen Fällen noch nicht einmal vorrangig auf die besonderen Restriktionen oder die „Rigidität" staatlich regulierter Normensysteme zurückführen, so wie dies der neoliberale Diskurs über den informellen Sektor nahelegt. In dieser einflussreichen Sichtweise von Informalisierungsprozessen wird die in vielen Ländern zu beobachtende Ausweitung informeller Arbeitsverhältnisse nämlich als eine marktkonforme Reaktion auf Überregulierung und staatliche Bürokratie gedeutet. „Zu hohe" Steuern und Sozialabgaben und/oder eine rigide Regulierung von Arbeitsmarkt und Arbeitsbeziehungen führen demnach zur Expansion schattenwirtschaftlicher und informeller Aktivitäten. Demgegenüber soll hier argumentiert werden, dass sich Phänomene der Informalisierung von Arbeit (und Geld) weniger auf eine unzeitgemäße Rigidität bestimmter materialer Normen (insbesondere des Steuer-, Sozial- und Arbeitsrechts) zurückführen lassen, denn auf Normenkonflikte, die im Verlauf des Globalisierungsprozesses virulent werden.

1. Informalisierung als Folge von Normenkonflikten

Die Integration nationaler Ökonomien in den Weltmarkt ist gleichbedeutend mit einer Überformung von Regelwerken, die sich in langen Fristen im nationalstaatlichen Rahmen herausgebildet haben. Eine besondere Bedeutung haben dabei erstens Kriterien der lokalen (oder nationalen) Wettbewerbsfähigkeit im globalen Wettbewerb. Hinzu kommt zweitens eine Restrukturierung von zentralen gesellschaftlichen Bereichen, die bislang nach Gesichtspunkten des Gemeinwohls gestaltet wurden (Bildung, Gesundheitsversorgung, die Institutionen der Alterssicherung, öffentliche Verwaltung u.ä.), nach den durch Märkte vorgegebenen Kriterien der Effizienz. Drittens werden Produktions- und Produktstandards sowie Konsum-, Denk- und Verhaltensmuster im globalen Raum verallgemeinert. Nicht anders als zu Zeiten des Fordismus wirkt dabei der „American way of life" Standard prägend - mit seiner Orientierung auf hohe berufliche und räumliche Mobilität und daher hohen Energieverbrauch[1], Individualisierung der Lebensweisen, beschleunigten Wandel in allen Bereichen und mit der Kurzfristigkeit von Entscheidungen („short termism"). Aber auch Techniken, die Sprache im globalen Raum, die Organisation und Regulation von Lohn- und Arbeitsverhältnissen, die US-amerikanischen Rechtsnormen im Wirtschaftsrecht, das Rating von privaten und souveränen Schuldnern und Investitionsprojekten durch private Rating-Agenturen üben eine normierende und daher formell regulierende Kraft in allen Gesellschaften aus, die sich dem Weltmarkt öffnen. In der Tendenz hat diese Entwicklung zur Folge, dass Normalität nicht mehr im durch den Nationalstaat umschriebenen gesellschaftlichen Raum entsteht, sondern durch globale Standards überformt wird.

Paradoxerweise kann die Befolgung von Normen, die im nationalstaatlichen Kontext soziale Geltung haben, in die Informalität treiben, weil globale/supranationale Normen andere Anforderungsprofile als bisherige nationale Normen verlangen. Dafür gibt es viele Beispiele, einige sollen erwähnt werden.

(1) Die *„conditionality"* von IWF und Weltbank innerhalb der Strukturanpassungsprogramme (SAPs) hat Normen setzende Wirkung für alle jene Länder, die um Kredite nachsuchen oder Mitglieder der Bretton-Woods-Institutionen werden wollen. Die Konsequenzen sind in den meisten Fällen negativ (für die von der Asienkrise betroffenen Länder vgl. Dieter 1998; für Rußland vgl. Erler 1999; für Mexiko vgl. Dussel-Peters 2000; für Lateinamerika insgesamt O'Donnell 1999), da die Konditionalität nur erfüllt werden kann, wenn Normen und Formen, die Arbeit und Leben normierten, gebrochen und darüber hinaus ganze Bereiche von Wirtschaft und Gesellschaft in die Informalität ausgegrenzt werden. Die Ausweitung der Informalität ermöglicht eine elastische Anpassung von Ökonomie und Gesellschaft eines „Standorts" an die durch die globale Konkurrenz gesetzten Standards.

(2) Die USA haben das System der *„certification"* (gemäß §§ 489, 490 des „Foreign Assistance Act") entwickelt, mit dem Staaten in „gute" und „böse" (rogue states; „Schurkenstaaten") eingeteilt werden können. Das Zertifikat wird nur erteilt, wenn diejenigen Normen erfüllt werden, welche die USA souverän erlassen und deren Einhaltung sie verlangen, sofern Länder mit den USA Handel treiben wollen oder Kredite und Wirt-

[1] Die Unantastbarkeit des zum „American way of life" gehörenden hohen Energieverbrauchs ist von Präsident Bush als Argument zur Ablehnung des Kyoto-Protokolls anlässlich der Bonner Klimaschutzkonferenz vom Juli 2001 verwendet worden: „The President believes that high energy consumption is an American way of life, and that it should be the goal of policymakers to protect the American way of life" (Ari Fleischer, Sprecher des US-Präsidenten, nach *Newsweek* vom 21.5.2001).

schaftshilfe erwarten oder nur aus dem Visier einer möglichen Intervention geraten wollen. Von den USA wird Kooperation, insbesondere bei der Bekämpfung des Drogenhandels verlangt, wenn die Zertifizierung erteilt werden soll. Dieser Standard ist nach dem 11. September 2001 verschärft worden, da nun von Regierungen verlangt wird, sich dem Kampf gegen den Terror anzuschließen. Dies ist nicht immer einfach, da beispielsweise islamische Fundamentalisten von den USA in ihrer Politik gegen die Sowjetunion bis Ende der 80er Jahre unterstützt worden sind und nun der Unterstützung des Terrorismus verdächtigt werden. Obendrein verfolgen die USA in ihrem Kampf gegen den Terror auch geostrategische Interessen und die Einordnung in die Anti-Terror-Koalititon bedeutet dann auch die Akzeptanz der Interessen, beispielsweise an den rohstoffreichen zentralasiatischen Republiken. Schließlich wird die Zertifizierung zu einem Stigma, das wiederum in lokalen und regionalen Konflikten gegen die Stigmatisierten ausgenutzt werden kann; dies ist beispielsweise von Seiten Äthiopiens gegen Somalia geschehen. Internationale Normen, Standards, Werte sind also weder eindeutig noch widerspruchsfrei oder konsensual.

(3) Die Eindeutigkeit der Zertifizierung und der Erwartung von Kooperation im Kampf gegen den Drogenhandel ist nicht mehr gegeben, wenn es um internationale Standards im Kampf gegen Geldwäsche, Steuerhinterziehung, Kapitalflucht und Korruption geht. Die USA haben sich im Mai 2001 aus der OECD-Kampagne gegen „schädlichen Steuerwettbewerb" zurückgezogen und lehnen gemeinsame, OECD-weite Standards ab. Auch bei der Erarbeitung von Standards für den Kampf gegen die Korruption steht weniger die globale Normierung einer „good governance" im Vordergrund als die Festigung der US-amerikanischen Konkurrenzposition. Der CIA hat unter Präsident Clinton den Auftrag erhalten, Informationen über „Foreign Competitive Practices", darunter auch über Bestechungspraktiken von Wettbewerbern US-amerikanischer Unternehmen, zusammenzutragen. Dabei hat auch „Echelon", ein weltweites Nachrichtenerfassungssystem, eine wichtige Rolle gespielt. Die panoptische Erfassung und Ausspähung von Konkurrenten ist wichtiger als die internationale Normierung[2], die eine 1999 in Kraft getretene OECD-Konvention zum Kampf gegen die Bestechung ausländischer Bediensteter verfolgt. Die Normierung ist also alles andere als wettbewerbsneutral.

---

[2] Echelon ist im Europaparlament diskutiert worden, nachzulesen unter http://www. europarl.eu.int/dg4/stoa/en/publi/pdf/98-14-0^-2en.pdf

(4) Innerhalb der OECD ist bereits 1989 die „Financial Action Task Force" (FATF) gegen die Geldwäsche gegründet worden. Sie hat 1990 und in gründlicher Überarbeitung 1996 40 Empfehlungen vorgelegt, die in nationales Recht zur wirksameren Bekämpfung von Geldwäsche umgesetzt werden werden sollen. Zu einem beträchtlichen Teil ist dies auch geschehen. Im Jahre 1999 sind Kriterien zur Identifizierung jener Staaten veröffentlicht worden, die beim Kampf gegen die Geldwäsche nicht kooperieren und daher - wegen Nicht-Befolgung internationaler Normen - mit Sanktionen belegt werden können (vgl. dazu achtes Kapitel zur Geldwäsche).

(5) Innerhalb von „Euroland" (in den 11 Mitgliedsländern der Euro-Zone) gelten die Kriterien von Maastricht als harte monetäre Normen, die in der Währungskonkurrenz eingehalten werden müssen. Die geld- und fiskalpolitischen Spielräume sind ganz davon bestimmt. Aber die Normen werden selbst im hoch formalisierten Westeuropa unterlaufen: durch eine „kreative Buchführung", welche die Einhaltung der Maastricht-Normen vorspiegelt. Werden aber die supranational vereinbarten Normen eingehalten, dann haben sie nationale Anpassungen des Normalarbeitsverhältnisses zur Folge. Mit der Erhöhung der Flexibilität werden tradierte Schutzbestimmungen außer Kraft gesetzt.

(6) Auch der *„acquis communautaire"* der EU ist ein Komplex von ökonomischen, politischen, sozialen Normen, die die Mitgliedstaaten der EU bereits zu erfüllen beanspruchen. Von Beitrittskandidaten wird erwartet, dass sie Ökonomie, Gesellschaft und Politik im Sinne des „aquis" zu formieren vermögen. Selbst bei der von den EU-Institutionen forcierten Politik des „gender mainstreaming" handelt es sich in den Beitrittsländern um von außen kommende Prioritäten und Standards (der rechtlichen Gleichstellung von Frauen auf dem Arbeitsmarkt), die in den Anwärterländern als eine „neue Form der Kolonialisierung" (Regulska 2001: 51) erfahren werden, weil sie die ökonomischen, sozialen und politischen Realitäten des Frauseins in MOE auf Fragen der Gleichstellung und der „equal opportunities" im Erwerbsarbeitssystem verengen[3].

---

[3] Ausgeblendet wird dabei u.a. dass zur gleichen Zeit, da der Genderdiskurs der EU auf Maßnahmen zur besseren Vereinbarkeit von Familie und Beruf dringt, in den Beitrittsländern staatliche Zuwendungen und Leistungen, die den Frauen erst die Möglichkeiten eröffnen, sich auf dem Arbeitsmarkt zu behaupten (z.B. Kinderbetreuungsmöglichkeiten) drastisch abgebaut werden. Ignoriert wird dabei aber auch, dass die in Folge von „struktureller Anpassung" und Marktöffnung in ihrem beruflichen und sozialen Status besonders geschwächten Frauen einem Prozess wachsender Verarmung ausgesetzt sind, der den Nährboden abgibt für Verletzungen grundlegender Menschenrechte (für die Zunahme häuslicher Gewalt, Vergewaltigung, Missbrauch) und vor allem für die zunehmende Vermarktung

Normen gelten nicht ein für allemal; sie wandeln sich in historischer Zeit, manchmal nur sehr langsam, manchmal auch abrupt, häufig unter äußerem Druck. Sie haben auch eine herrschaftliche Seite. Denn die Normen der mächtigen Gesellschaften siegen über die der weniger mächtigen in der Welt (so auch Rufin 1996: 142f). In der Regel sind dies obendrein höchst genderlastige, männliche Normen, die sich als die „Ideale" präsentieren, denen überall zu folgen sei[4]. Normen, die den Charakter von Institutionen der gesellschaftlichen Regulation erhalten, gelten dann als formelle, wenn sie im Rahmen der Verfassung - und die ist nationalstaatlich unterschiedlich - legitimiert sind und als informelle, wenn sie *erstens* durch gesellschaftliche Selbstorganisation zustande kommen, *zweitens* in der Regel nicht schriftlich fixiert sind, *drittens* im Prinzip rechtlich nicht einklagbar sind und sich *viertens* dem Zugriff oder der Steuerung des Staates weitgehend entziehen (vgl. dazu zwölftes Kapitel).

In Prosperitätsphasen ist es leichter, widersprüchliche Normen - mittels eines funktionierenden Wohlfahrtsstaates - auszugleichen als in Zeiten der Stagnation und Krise, in denen der Wohlfahrtsstaat abgebaut wird. Nur so ist zu verstehen, dass in der Zeit nach dem Zweiten Weltkrieg in Europa ein „virtuoser Kreislauf von Wachstum und sozialer Gerechtigkeit" (Revelli 1999: 125ff) in Gang gesetzt wurde: Über Reallohnerhöhungen wurden die Beschäftigten an den Produktivitätsfortschritten beteiligt. Dabei erhielt die Umverteilung eines Teils des erwirtschafteten Reichtums zugunsten des Faktors Arbeit die Funktion, die Gesamtnachfrage zu stützen, mithin eine an die Entwicklung der Produktivkräfte angepasste Ausdehnung des Marktes zu ermöglichen. Das war der Grund, weshalb sich auch Exponenten aus dem liberalkonservativen Lager auf das politische Ziel der Verteilungsgerechtigkeit verständigen konnten. Denn solange der zu verteilende Kuchen beständig größer wurde, erhielten alle - im Vergleich zu früheren, „normalen" Zeiten des Wachstums - ein sehr viel größeres Stück, ohne dass die Frage der radikalen Umverteilung von oben nach unten gestellt worden wäre. Sie konnte sogar explizit ausgeschlossen werden, da es ja „ungleich nützlicher ... und sinnvoller" sei, „die Wohlstandsmehrung durch die Expansion zu vollziehen als Wohlstand aus einem unfruchtbaren Streit über eine andere Verteilung des Sozialprodukts erhoffen zu wollen" (Erhard 1957: 10). Vielmehr sorgte eine zumeist bescheidene, von den Gewerkschaften in zum Teil harten Tarifausei-

---

weiblicher Körper im Rahmen des expandierenden Frauenhandels nach Westeuropa (vgl. u.a. Malysheva 1999; ILO 2001c; Regulska 2001).

[4] Dieser Zusammenhang ist freilich komplizierter, als er hier dargestellt ist. Denn in den herrschenden Diskursen erscheint vieles, das eindeutig ein männlich dominiertes Geschlechterverhältnis voraussetzt, selbstverständlich und wird daher nicht hinterfragt.

nandersetzungen erstrittene „Umverteilungskomponente“ dafür, dass der Anteil der Lohneinkommen am gesellschaftlichen Gesamteinkommen und die Transfereinkommen stiegen. Wegen ihrer positiven Effekte auf die Binnennachfrage wurde die Umverteilung zu einer wichtigen Bedingung für weiteres Wachstum und zugleich konnte ein Teil des erwirtschafteten Überschusses in soziale Sicherheit investiert werden.

2. Der Normenkonflikt um Leistungsgerechtigkeit

Nach liberalen Grundsätzen ist distributive Gerechtigkeit dann gegeben, wenn ein Verdienst durch eigene Leistungen erworben wird. Unterschiede in der Verteilung von Gütern und Ressourcen gelten als legitim, so lange sie in Leistungsdifferenzen begründet sind. Gerechtigkeit hat viel mit dem „rechten“ oder dem „Mittelmaß“ (Aristoteles (1991), Nikomachische Ethik, 6. Buch) zu tun. Ein „Zuviel“ muss ebenso vermieden werden wie ein „Zuwenig“, es geht also um einen „Ausgleich“. Bei der Verteilung von Lasten und Entschädigungen, Leistungen und Gegenleistungen, Rechten und Pflichten soll ein/e Jede/r bekommen, worauf er oder sie aufgrund gesellschaftlich anerkannter Kriterien einen Anspruch hat (so im Anschluss an Aristoteles auch Hobbes 1959/1939). Daher muss es einen anerkannten Maßstab geben: für durchschnittliche Leistungen, zumutbare Leistungsanforderungen und für eine Hierarchie von Tätigkeiten, die gesellschaftlich unterschiedlich bewertet werden. Wie die gesellschaftliche Durchschnittsarbeit die Normalität des Arbeitsverhältnisses in historischer Zeit und geographischem Raum normiert, so in Bezug auf Gerechtigkeit das „mittlere Maß“. Das Prinzip der Leistungsgerechtigkeit verspricht jedem das, was er oder sie „verdient“, erbrachte Leistungen werden dementsprechend proportional abgegolten.

Doch nach dem Ende des „sozialdemokratischen Zeitalters“ (R. Dahrendorf) machen sich zu Beginn des 21. Jahrhunderts auch Sozialdemokraten die Formel von der Ungleichheit stiftenden und Ungleichheit fördernden Funktion der Märkte mit dem Argument zu eigen, so könne die Triebfeder ökonomischen Wachstums und gesellschaftlicher Wohlstandsproduktion gespannt werden (vgl. Mahnkopf 2000a). Wie für die Marktideologen des Neoliberalismus, die im Namen von Wachstum und Freiheit für eine Spreizung der Einkommen und der Lebenslagen plädieren, wollen auch Sozialdemokraten Gerechtigkeit nicht länger mit einer Reduzierung von Ungleichheit identifizieren. „Begrenzte Ungleichheiten“ sollen ein Mehr an Gerechtigkeit herbeiführen. In einer „Welt der größeren gesellschaftlichen Differenzierung, des intensiven wirtschaftlichen Wettbewerbs und der raschen technologischen Innovation“ gelten Ungleichheiten in Einkommen, Vermögen und Lebenschancen als ein „Katalysator“ individueller und gesellschaftlicher Entfaltungsmöglichkeiten. Denn es wird erwartet, dass sie zu höherer Produktivität und Wirtschaftsleistung führen (vgl. Clement 2000). Statt politischer Ergriffe in die funktionelle Wohlstandsverteilung zugunsten wirtschaftlich schwächerer Akteure sollen die Marktkräfte für Wachstum und Innovation sorgen - und dadurch zu „Wohlstand für alle“ führen - wie im bereits angesprochenen Diskurs des neoliberalen Ludwig Erhard. Im Namen der „Fairness“ sollen „gerechte Ungleichheiten“ legitim sein: vor allem Bildung, Fähigkeiten, Wissen, auf die es - so die These - in einer „Wissensgesellschaft“ in erster Linie ankomme, sollen angemessen honoriert werden: wer viel leistet, der soll auch viel verdienen und besitzen dürfen.

Dabei wird das Prinzip der Bedarfsgerechtigkeit, jenes eher der sozialistischen Tradition zuzurechnende Element der Verteilungsgerechtigkeit, in aller Offenheit und mit einer unmissverständlichen Botschaft an die Armen und sozial Benachteiligten der Gesellschaft suspendiert: In Zeiten der Globalisierung ist dem Ziel wirtschaftlicher Effizienz gegenüber allen anderen politischen Zielen, insbesondere dem der Herstellung möglichst gleicher Lebensbedingungen für alle Bürger, Vorrang einzuräumen. Daher muss sich, wer seiner Pflicht zur Erwerbstätigkeit nicht nachkommt, mit einer Minimalversorgung zufrieden geben. Das Prinzip der Leistungsgerechtigkeit hingegen soll als zentrale legitimatorische Stütze der sozialen Ordnung gestärkt werden. Dabei wird allerdings übersehen, dass auch das (liberale) Prinzip der Leistungsgerechtigkeit unter den Bedingungen der Globalisierung einem Erosionsprozess ausgesetzt ist - oder anders formuliert: dass es eine die Legitimationsfunktion des Leistungsprinzips unterminierende Spannung zwischen den im nationalen Kontext fixierten Formen der Leistungsermittlung und -bemessung und den Bewertungen von Fähigkeiten bzw. Leistungen im globalen Maßstab gibt.

Einerseits betont der herrschende Diskurs, dass alle politischen Maßnahmen zur „Modernisierung“ der Gesellschaft darauf abzielen, die Leistungsgerechtigkeit gegen eine (zu weit getriebene) Bedarfsgerechtigkeit wieder ins Recht zu setzen; andererseits unterminieren gerade die modernisierten gesellschaftlichen Verhältnisse einer entgrenzten Ökonomie die Geltungsbedingungen dieses Prinzips: In der Vergangenheit wurden anerkannte Maßstäbe für Leistungsgerechtigkeit im nationalen Rahmen ausgehandelt und in national spezifischen Tarifvertragssystemen kodifiziert. Normen, Regeln und Gesetze, für die der Volkssouverän verantwortlich war, bildeten die Grundlage für ein Bezugssystem, das Rechte und Pflichten, Lasten und Entschädigungen, Leistungen und Gegenleistungen auf die zielgerichtete Tätigkeit und deren dominante Form, die betrieblich organisierte, „normale“ Lohnarbeit, gründete. Als leistungsgerecht galten solche Standards, die sich auf eine messbare Arbeitsleistung und auf erworbene Qualifikationen bezogen. In der Regel handelte es sich dabei um Qualifikationen, die in formalisierten Bildungsprozessen erworben wurden und die dank staatlicher Garantien der Abschlüsse, also durch die öffentlich-rechtliche Zertifizierung der Qualifikationen, ein gewisses Maß an Sicherheit im Lebens- und Erwerbsverlauf begründeten.

Bei Angehörigen der Arbeiterschaft war die Übernahme des zur herrschenden Kultur gehörenden Leistungsprinzips noch bis in die jüngste Vergangenheit mit klassenspezifischen Ausdeutungen der Arbeitstätigkeit verbunden: ihre soziale Identität stützte sich gerade darauf, dass sie einer sozialen Gruppe angehörten, die durch ihre Arbeit die Reproduktion der Gesamtgesellschaft erst ermöglichen. Konkrete und zumeist manuelle Arbeit, die sich in Lohn-Leistungs-Äquivalenten fixieren ließ und die Wertschätzung nichtformalen Wissens (also keineswegs ein auf materielle Belohnung und gesellschaftliche Anerkennung zielendes abstraktes Leistungsbewusstsein) bildeten die Grundlage des kollektiv geteilten und soziale Identität verbürgenden Selbstverständnisses (vgl. Mahnkopf 1985). Dieses arbeitertypische Leistungsbewusstsein war mit körperlicher Arbeit und männlicher Stärke assoziiert und es war mit hartnäckigen Ressentiments gegenüber der Arbeit von Frauen und der von „Kopfarbeitern“ verknüpft, nicht zuletzt deshalb, weil sich deren Leistungen weniger eindeutig, d.h. nach den Methoden der „wissenschaftlichen Betriebsführung“, als eine individuell zurechenbare entgelten ließen. Diese traditionelle Auffassung von Leistungsgerechtigkeit hatte daher stets exkludente Züge; sie schloss die vornehmlich von Frauen verrichteten reproduktiven Tätigkeiten ebenso aus wie „a-typische Beschäftigungsformen“, die im „goldenen Zeitalter des Kapitalismus“ zwischen 1950 und Mitte der 70er Jahre jedoch nur eine marginale Rolle spielten. Für die Bewertung von Arbeit gab es einen allgemeinen Standard, einen unstrittigen Maßstab: die quantifizierbare Größe der formellen Arbeitszeit.

Mit der Beseitigung von Konkurrenzgrenzen im Prozess der ökonomischen Globalisierung, also im Zuge der Öffnung von Märkten und durch die Wirkungen neuer Informations- und Kommunikationstechnologien, verlieren jedoch das „fordistische Normalarbeitsverhältnis“ und folglich die je nationalen Systeme der industriellen Beziehungen ihre normprägende Bedeutung. Für den Zugang zum Arbeitsmarkt wie für die Bezahlung erbrachter Arbeitsleistungen werden individuelle Eigenschaften – berufliche und geographische Mobilität, zeitliche Verfügbarkeit, hohe Belastbarkeit, eine generalisierte Leistungsbereitschaft, die Fügsamkeit gegenüber jedweden Anforderungen sowie kommunikative und reflexive Kompetenzen – immer wichtiger. Rein quantitative Standards der Zeitmessung erweisen sich zunehmend als ungeeignet, um die unterschiedlichen Belastungsdimensionen der Arbeit zu erfassen. Auch basiert die Wertsteigerung in Produktions- und Dienstleistungsprozessen in wachsendem Umfang auf „unsichtbarer" Arbeit, auf dem persönlichen Einsatz jenseits vertraglicher Lohnarbeitsverhältnisse; auf kommunikativen und beziehungskompetenten Fähigkeiten. Die Gratis-Produktivität der sozialen Gemeinschaft - die Marx in den *Grundrissen* mit dem Begriff des „general intellect" belegt hat und die er im ersten Band des „Kapital" ausführlich behandelt (MEW 23: 12. Kapitel) - ist für einen Großteil der Wertsteigerung verantwortlich. Denn die „Produktivkraft, die der Arbeiter als gesellschaftlicher Arbeiter entwickelt" (MEW 23: 353) wird zur Gratisproduktivkraft des Kapitals. Die Informations- und Kommunikationstechnologien bei der Güter- und Dienstleistungserstellung und die Verwandlung vieler Tätigkeiten in Dienstleistungen haben zur Folge, dass in immer mehr Arbeitsbereichen auf die betriebliche Organisationsform „Fabrik" oder „Büro" verzichtet werden kann. Es kommt zu einer räumlichen Entgrenzung bzw. Diffusion der Arbeit und mit dieser geht eine Tendenz zur Individualisierung und Heterogenität der Zeitorganisation einher. Dies führt dazu, dass „Gesetze machtlos (werden), welche die Arbeitszeit nach wie vor als objektiven Bezugspunkt und als gegebene Tatsache im System des Arbeitsverhältnisses ansehen" (Supiot 2000: 300), und dass so eine Fragmentierung von Arbeitsverhältnissen stattfindet, die ihrerseits zu sehr verschiedenen Vertragsgestaltungen Anlass gibt (Supiot 1992: 41ff).

Mit der Verlängerung und gleichzeitigen Aufsplitterung der Wertschöpfungsketten - von den „headquarters" der transnationalen Unternehmen in den Metropolen bis zu den „sweatshops" und Heimarbeitsplätzen an einem beliebigen Ort in der Welt - ist zudem eine Aufwertung bestimmter „Humanressourcen" für den Wertschöpfungsprozess und eine Entwertung von physischer, einfacher Arbeit verbunden. Die mit der Globalisierung aufs engste verbundene Tertiarisierung von Ökonomie und Beschäftigung ist hierbei von entscheidender Bedeutung. Denn mit der Verbreitung von wissensgestützten Dienstleistungsökonomien wird der Wert einer Leistung vornehmlich über Angebot und Nachfrage auf globalen Märkten bestimmt; auf die Bedeutung der einzelnen Leistungen für den gesellschaftlichen Lebenszusammenhang (die entsprechend proportional abgegolten werden könnte) kommt es dabei immer weniger an. Vor allem aber lässt sich der Umfang der „Produktivkraft Wissen" an keinem einheitlichen Maßstab messen. Die Informationsökonomie scheint jeglichen Bezug zur Arbeitszeit als einer Norm der Wertproduktion und des Austausches verloren zu haben. Vor allem in der „new economy" sind Geschick, Originalität und die Schnelligkeit, mit der Probleme identifiziert und gelöst werden, mit Erfolgsprämien belegt. Die Bewältigung von Standardabläufen hingegen, egal wie anstrengend, belastend oder anspruchsvoll diese auch sein mögen, unterliegt einem sozialen Entwertungsprozess (vgl. dazu Altvater/Mahnkopf 2000).

3. Die Internationalisierung der „Normalität"

Mit der Internationalisierung und Globalisierung von Ökonomie und Politik wird auch die Vereinbarung der Normen, die Arbeit (und Geld) regeln, auf die internationale oder globale Ebene verlagert. Allerdings weisen die Normen keineswegs die Regelungsdichte und Verbindlichkeit auf, wie sie das je nationalstaatliche, fordistische „Normalarbeitsverhältnis" und die je nationale Währung auszeichnet. International hat man sich im Rahmen der ILO auf „Kernarbeitsnormen" verständigt, die nicht unterschritten werden sollten, auch wenn die sonstigen Bedingungen von Produktion und Reproduktion (Produktivität, technische Ausstattung, Qualifikationsniveau, Geschlechterverhältnis, soziale Sicherungssysteme etc.) von Land zu Land höchst unterschiedlich sind. Sofern diese Unterschiede Kostenunterschiede auf globalen Märkten begründen, sind sie Elemente von Wettbewerbsfähigkeit - und daher gerade unter dem Druck globaler Konkurrenz umstritten und immer gefährdet. Normen dienen dazu, eine Absenkung von Standards zu verhindern und deshalb sind sie so umkämpft. Zumal das GATT-Abkommen die Regelung des „like-product" entwickelt hat, der gemäß alle Produkte auf dem Weltmarkt als vergleichbar behandelt werden, gleichgültig unter welchen sozialen und ökologischen Bedingungen sie produziert worden sind (GATT, Art. Xxxx). Sie müssen bestimmte Standards (Kosten, Qualität, Design) erfüllen, um als „like products" die Privilegien des Freihandels, wie sie im GATT-Vertrag oder in der WTO niedergelegt sind, beanspruchen zu können. In der Konkurrenz zwischen Standorten geht es deshalb nicht nur darum, möglichst viele Waren abzusetzen, sondern die Standards der Produktion und „benchmarks" der Rentabilität des investierten Kapitals am Standort vorzugeben. Im fertigen Produkt erlöschen alle Unterschiede der Qualifikation, der Arbeitsintensität, der Lohnhöhe oder der Produktivität. Man sieht es dem Automobil nicht an, welchen Stundenlohn der Arbeiter in den Fabriken von São Paulo, Wolfsburg, Seoul oder Tokio und Detroit erhalten hat, wie lang die tarifliche Arbeitszeit ist und wie intensiv gearbeitet werden musste. Es ist in der Regel auch nicht möglich, am Produkt zu erkennen, mit welchen ökologischen Effekten (Externalisierung von Umweltkosten) es produziert worden ist und ob bei der Produktion Arbeits- und Menschenrechte verletzt worden sind. Sobald also Produkte auf dem Weltmarkt konkurrieren, können sich Normen und Standards einer nationalen Ökonomie und Gesellschaft als Wettbewerbshemmnis herausstellen. Dies hat zur Folge, dass Standorte nicht nur „like products" anbieten, sondern in der globalen Konkurrenz zu „like places" werden (dazu genauer Altvater/Mahnkopf 1999: 235ff). Diese Konstellation ist die Ausgangsbasis für den Standortwettbewerb zur Absenkung von Standards in einem „race to the bottom".

Ein Minimum internationaler Normierung ist also angesichts der Globalisierung von Märkten notwendig. Darum wird seit Jahrzehnten eine heftige Auseinandersetzung geführt. Die Frontlinien des Streits sind unübersichtlich. Zum einen geht es um nachgerade klassische Konflikte zwischen Lohnarbeit und Kapital, Arbeitgebern und Gewerkschaften um die Normierung des Arbeits- und Lohnverhältnisses. Zum anderen sind Entwicklungsländer skeptisch bis ablehnend gegenüber Kernarbeitsnormen, sofern sie nicht mehr nur im Rahmen der ILO, sondern in der WTO als Sozialstandards verankert werden sollten. In einigen Entwicklungsländern wird nämlich befürchtet, dass Sozialstandards (Normen der Arbeit) protektionistisch missbraucht werden könnten, zumal die WTO anders als die ILO mit Sanktionspotenzial ausgestattet wäre. Die Kernarbeitsnormen der ILO sind überdies weniger weitreichend als die Menschenrechtsnormen der Charta von 1948, in Verbindung mit der Erklärung von sozialen und ökologischen Rechten der „zweiten" und „dritten" Generation der Menschenrechte von 1966 und 1993.

Doch selbst die eher „weiche" „ILO Declaration on Fundamental Principles and Rights at Work" vom Juni 1998 wurde bisher nicht von allen Ländern ratifiziert. Auf dem Weltsozialgipfel in Kopenhagen 1995 haben allerdings 117 Nationen in der Abschlusserklärung die Kernarbeitsnormen akzeptiert. Deshalb kann davon ausgegangen werden, dass die Kernarbeitsnormen breit anerkannt sind, auch wenn sie nicht von allen Ländern förmlich ratifiziert wurden. Sie umfassen folgende in Konventionen der ILO festgelegte Rechte (vgl. *Abb. 3*).

Über die Kernarbeitsnormen hinaus gibt es grenzüberschreitend gültige Standards auf regionaler Ebene, wie die in der EU Sozialcharta verankerten Bestimmungen. Die EU ist hier freilich eine Ausnahme, andere regionale Bündnisse enthalten keine vergleichbaren Bestimmungen[5]. Die Bildung von Normen ist also nicht auf den Nationalstaat begrenzt, aber sie ist auch nicht in die Unverbindlichkeit der globalen Sphäre abgedrängt. Sie findet auf (makro-)regionaler Ebene statt.

Auch innerhalb der OECD sind - weiche - Normen entwickelt worden, die das Verhalten von transnationalen Unternehmen (TNU) in den Gastländern orientieren - noch nicht einmal regulieren - sollen. Sie sind sehr umfangreich und schließen soziale und ökologische, sowie moralisch-politische Fragen wie die Abwehr der Korruption ein. Auf globaler Ebene ist dieser Versuch - noch weicher - mit dem „Global Compact" einer Selbstbindung von

---

[5] Dies gilt auch für die NAFTA. Im Abkommen sind zwar zwischen den USA und Mexiko in den „side agreements" soziale Mindeststandards ausgehandelt worden, deren Durchsetzung ist aber unzureichend geregelt (Scherrer/Greven 2001).

Abbildung 3: Kernarbeitsnormen der ILO

Vereinigungsfreiheit und Tarifautonomie	- Nr. 87: Übereinkommen über die Vereinigungsfreiheit und den Schutz des Vereinigungsrechts (1948) - Nr. 98: Übereinkommen über die Anwendung des Grundsatzes des Vereinigungsrechts und des Rechts zu Kollektivverhandlungen (1949)
Freiheit von Zwangsarbeit	- Nr. 29: Übereinkommen zur Zwangsarbeit (1930) - Nr. 105: Übereinkommen über die Abschaffung der Zwangsarbeit (1957)
Freiheit von Diskriminierung in Beschäftigung und Beruf, die aufgrund des Geschlechts, der Rasse, der Hautfarbe, des Glaubensbekenntnisses, der politischen Meinung, der nationalen Abstammung oder der sozialen Herkunft auftritt	- Nr. 100: Übereinkommen über die gleiche Entlohnung (1951) - Nr. 111: Übereinkommen über die Nichtdiskriminierung am Arbeitsplatz (1958)
Verbot von Kinderarbeit	- Nr. 138: Übereinkommen über das Mindestalter der Zulassung zur Beschäftigung (1973) - Nr. 182: Beseitigung der schlimmsten Formen von Kinderarbeit (1999)

Unternehmen fortgesetzt worden. Je weiter der Geltungsbereich von Normen und Standards, desto „weicher" und unverbindlicher sind sie. Jedenfalls gilt dies für die Ökonomie. Dies ist nicht verwunderlich, da ja die Globalisierung der Ökonomie gerade deshalb so dynamisch verläuft, weil bislang im nationalstaatlichen Raum verbindliche Normen und Regeln „dereguliert" worden sind und erst der „irrationale Überschwang" (in Bezug auf die Finanzmärkte vgl. Shiller 2000) der Regellosigkeit zu jenen Zuständen der Unsicherheit beigetragen hat, die zur Einrichtung neuer Standards Anlass gegeben haben.

Die Normen sind auf internationaler Ebene umkämpft; und sie sind Gegenstand hegemonialer Praktiken. Ein wesentlicher Grund für die Bindung von Sozialstandards an handelspolitische Vereinbarungen ist die prinzipiell erhöhte Sanktionsfähigkeit im Rahmen des Regelwerks der WTO. Doch werden Normen auch gesetzt, z.B. wenn die USA Handelspartner durch den Entzug handelspolitischer Vorteile zur Einhaltung bestimmter Sozialstandards veranlassen wollen. Dazu gehören neben der „Section 301" des US-Handelsgesetzes von 1974 in der Fassung des Jahres 1988 die Sozialklausel des US-

„Generalized System of Preferences" (GSP) und vor allem das Recht der „Zertifizierung" von Ländern, wobei es aber weniger um Sozialstandards als um außenpolitische Kooperationsbereitschaft und um den Kampf gegen Drogen, neuerdings in erster Linie um den Kampf gegen den Terror geht. Nichtsdestotrotz werden Normen hegemonial auferlegt, die, auch wenn sie sich auf Drogenhandel etc. beschränken sollten, Auswirkungen in alle gesellschaftlichen Regelsysteme haben. Auch die Europäische Union hat im Jahre 1994 eine Sozialklausel in ihr allgemeines Präferenzsystem aufgenommen und folglich entsprechenden Druck auf Handelspartner ausgeübt. In Anwendung dieser Klausel wurde im Jahre 1997 Burma (Myanmar) aus der Liste der begünstigten Entwicklungsländer gestrichen.

Die Vereinbarung international gültiger Normen ist also ein Prozess, der sich zwischen den Polen der Unverbindlichkeit als Bedingung breiter Zustimmung und der Spezifik genauer Regelung, dann aber mit eingegrenzter Zustimmung, bewegt. Diese Unsicherheit von normativen Bindungen ist ein Grund dafür, dass sich - wenn auch in verschiedenen Weltregionen höchst unterschiedlich - prekäre und informelle Formen der Arbeit entfalten können. Gegen die damit einhergehenden Verletzungen von Kernarbeitsnormen und Menschenrechten haben sich in jüngster Zeit soziale Bewegungen gewandt, die international operierenden Unternehmen Verhaltensregeln („codes of conduct") abgerungen haben, in denen Mindeststandards in den Arbeitsverhältnissen in ihren Niederlassungen oder in Zulieferfirmen festgelegt und überwacht werden (dazu: Scherrer/Greven 2001; Altvater 1999). Auch dies sind Normen, die freilich wegen ihres rein privaten Charakters und der kaum möglichen Sanktionierung von Normverletzungen weich, d.h. wenig formalisiert sind. Die Normen sind wirksam, doch haben sie (noch) keine angemessene Form auf globaler Ebene gefunden. Ihre Bedeutung ist aber in den vergangenen Jahrzehnten gewachsen, weil die politisch gehärtete Bildung von Normen auf internationaler Ebene überhaupt nicht mit der ökonomischen Globalisierung mithalten konnte.

Auch bei der Regulierung des Geldes findet auf globaler Ebene Normbildung statt, zumeist in der Form von „soft law", also von Standards und Kodices, die aus privaten Transaktionen zunächst „emergieren", aber dann einen „öffentlichen Segen" erhalten. So sind im Rahmen der Versuche zur Herstellung einer „neuen Finanzarchitektur" nach den verheerenden Finanzkrisen der 90er Jahre vom „Financial Stability Forum" prioritäre Standards und Kodices zu den verschiedenen Bereichen des internationalen Finanzsystems entwickelt worden, die dem aus der Fasson geratenen System eine gewisse Form zurückgeben sollen. Zu den wichtigsten Standards und Kodices, die allgemein normierend wirken sollen, sind vgl. *Abb. 4.*

Abbildung 4: Standards und Codes bei der globalen Regulierung von Geld

- Verfahrenskodex zur Transparenz von Geld-, Fiskal- und Finanzpolitik - Standards der Datensammlung und -veröffentlichung - Grundsätze und Leitlinien für Insolvenzregeln der Entwicklungsländer - Grundsätze der „corporate governance“ - internationale Standards der Rechnungslegung und Wirtschaftsprüfung - Grundprinzipien für die wichtigsten Systeme des internationalen Zahlungsverkehrs - Die 40 Empfehlungen der Financial Action Task Force (FATF) - Grundsätze für eine wirksame Banken-, Wertpapier- und Versicherungsaufsicht

Es geht also um die Etablierung von Standards, die Durchsicht (Transparenz), Vorsicht (prudential behaviour), Rücksicht (Kooperation), also kooperatives Verhalten auch angesichts heftiger globaler Konkurrenz möglich machen sollen (vgl. auch Enquete-Kommission 2001: 24ff.). Die Standards und Kodices sind „weiche“ Normen, und mit dieser Eigenschaft unterscheiden sie sich von nationalen Normen, die hochgradig formalisiert sein können. In der *Abbildung 5* sind die Beziehungen zwischen Normen und Formen auf nationaler und globaler Ebene schematisiert.

Abbildung 5: Formalisierungsgrad von Normen (z.B. der Menschenrechte, der Kernarbeitsnormen etc.)

Formalisierungsgrad	hoch	mittel	weich
Formen	Verfassung; Gesetze	Verträge; Abkommen	Standards; „codes of conduct“; „guidelines“
Reichweite	national	makroregional/ international	global
Akzeptanz	verpflichtend	halbwegs verpflichtend	konsensual
Sanktionsinstanz	Gerichte	Internationale Gerichtshöfe	(private) Schiedsgerichtsbarkeit
Beispiele	Normalarbeitsverhältnis; Regulierung von Lohn- und Arbeitsverhältnis; Regulierung der Währung	Kernarbeitsnormen der ILO; Standards der Finanzbeziehungen	Selbstverpflichtung bei „codes of conduct“

Die vereinfachte These würde lauten: Auf nationaler Ebene sind die Normen eher formalisierbar und daher „hart“ und durchsetzbarer als auf globaler Ebene, wo Normen eher „weich“, weil wenig formalisiert und institutionalisiert sind (vgl. mit Bezug auf das die Finanzmärkte regulierende Recht Giovanoli 2000). Mit der Globalisierung weitet sich also der Bereich der informellen Regulierung zur Einhaltung von inzwischen universell (und das ist mehr als global) geteilten Normen aus. Allerdings ist dabei zu bedenken, dass mit dem abnehmenden Formalisierungsgrad der Normen deren Verbindlichkeit geschwächt wird (vgl. auch Günther/Randeria 2001). Dies genau kann aber im Interesse einer neuen international operierenden Klasse sein, die mit der ökonomischen Globalisierung ebenfalls entstanden ist. Ohne verbindliche politische und soziale Normen gilt nur eine Norm als Orientierung, und das ist die Rendite. Diese ökonomische Norm ist raum- und zeitlos, sie hat keine soziale Verankerung. Sie konfligiert mit Standards, Codes, Normen und institutionalisierten Regeln. Sie ist die Form, durch deren Dynamik Gesellschaften aus der Fasson geworfen werden. Mit der Globalisierung sind diese Tendenzen gestärkt worden. Doch handelt es sich dabei nicht nur um subjektlose Tendenzen, sondern um die Entstehung und Stärkung einer neuen globalen Klasse, die ihre eigenen Normen entwickelt und globalisiert.

4. Die Standards einer neuen globalen Klasse als Maß der Dinge

Die Über- und die Unterbewertung von Leistungen und daher der „Verlust der Mitte“, die für die Gerechtigkeitsnorm, wie wir gesehen haben, so entscheidend ist, sind gleichsam konstitutiv für eine „wissensgestützte“ Dienstleistungsökonomie. Ein Grund für diesen Verlust ist heute die hohe Mobilität von „Produktionsfaktoren“. Während früher, in der von Zygmunt Bauman (1999) so bezeichneten „schweren Moderne“, Kapital und Arbeit verhältnismäßig fest an einen Ort gebunden waren und daher der Betrieb als der „kardinale Ort“ (Th. Geiger) von Vergesellschaftung, aber auch der Auseinandersetzung zwischen Kapital und Arbeit betrachtet wurde - ein „umkämpftes Terrain (R. Edwards) zwar, auf dem aber längerfristige Bindungen und Bündnisse begründet wurden -, sind heute, in der „leichten Moderne“, einige Akteure ungebunden wie nie zuvor. Die Macht ist ganz ungeteilt auf der Seite derer, denen es gelingt, Handlungen unvorhersehbar zu gestalten und die Handlungen der Gegenspieler, zumal solcher, die ihren Ort nicht verlassen können, normativ zu regulieren (vgl. Bauman 1999). Die Repräsentanten mobiler Faktoren können „exit-Optionen“ wahrnehmen, die nicht allen Akteuren gleicherweise zur Verfügung stehen. Für die „mobilen Produktionsfaktoren“, die Besitzer von Sach- und vor allem von Geldkapital und die hochqualifizierten Arbeitskräfte (insbesondere die sogenannten „high potentials" in den produktionsnahen Dienstleistungsbereichen der „new economy") hat dies die angenehme Folge, dass sie ein Mehrfaches der einstmals üblichen Spitzenverdienste für sogenannte „Leistungsträger" einstreichen können. Gleichzeitig werden die Leistungen der weniger mobilen Arbeitskräfte - seien diese nun abhängig Beschäftigte oder kleine Gewerbetreibende, welche die globalen Standards nicht erfüllen - zu deutlich schlechteren Konditionen nachgefragt werden, und dies, obwohl sie im Vergleich zu früher schneller, flexibler, billiger, kundenfreundlicher geworden sind. Die Unterbewertung ihrer Leistungen kann so weit gehen, dass - wie in vielen Ländern des Südens und in den Transformationsländern MOE - Löhne unterhalb des Existenzminimums gezahlt werden. Die damit verknüpfte Überausbeutung einfacher Arbeit ist inzwischen auch in vielen Industrieländern verbreitet, insbesondere dort, wo im Rahmen von „workfare"-Programmen bezahlte Arbeit die Funktion erhält, „eine große Anzahl von Personen aus der Armut ohne Arbeitseinkommen in Armut mit Arbeitseinkommen (zu) überführen" (so die Befunde einer Studie der „Scottish Low Pay Unit" aus dem Jahre 1996, zit. in Freyer 2000: 245).

Alle diese Entwicklungen tragen dazu bei, dass der Maßstab für durchschnittliche Leistungen und durchschnittliche Leistungsansprüche schwindet, im nationalen Rahmen ebenso wie auf der Ebene einer Branche oder innerhalb eines Unternehmens. In der Blütezeit der fordistischen Massenproduktion war ein einheitliches Maß für wirtschaftliche Leistungsansprüche die Basis jener gewerkschaftlichen Lohnpolitik, die Belegschaften mit einer starken Verhandlungsposition in einen Solidarverband eingliederte. Dadurch erhielten Arbeitnehmer mit einer schwachen Marktmacht mehr, als sie aufgrund ihrer Marktposition hätten durchsetzen können. Doch unter den Bedingungen globalen Wettbewerbs werden die Standards - bei Preisen, Kosten, Qualität, Technik, Design und nicht zuletzt bei der Rendite - im abstrakten Raum einer Geoökonomie gesetzt. Bislang gültige Normen, seien dies Leistungs- oder Verteilungsnormen, die mit diesen Standards, insbesondere mit dem alles überwölbenden „shareholder value" kollidieren, werden außer Kraft gesetzt - durch Maßnahmen der Deregulierung, Liberalisierung und Flexibilisierung - oder sie werden in einem Prozess der „Informalisierung" von Arbeits- (und Geld-)Beziehungen schlichtweg unterlaufen. Dazu gehören nicht zuletzt auch dezentrale Formen individueller Entgeltdifferenzierung mit Hilfe von Zielvereinbarungen, deren Leistungsnormen implizit bleiben, so dass das Verhältnis von Arbeitszeit, Arbeitsleistung und Arbeitslohn nicht mehr einfach kontrolliert werden kann (vgl. u.a. Lehndorff 2000).

Mit dem Bedeutungsverlust, den das quantitative Maß der Arbeitszeit als Maß der Leistungsgerechtigkeit erfährt, sind weitreichende Konsequenzen verbunden: *Erstens* wird die Norm der Leistungsgerechtigkeit selbst widersprüchlich. Bei den auf globalen Märkten gebildeten Standards handelt es sich ja um etwas eher Fluides, wenn man von handfesten Managementkonzepten wie dem des „shareholder value“ absieht. Anders als die Regeln und Normen, die im nationalen Rahmen (in demokratischem Prozedere) gebildet wurden und über Konjunkturen und Krisen hinweg zu etwas relativ Festem und Kohärentem wurden, verändern sich die Standards (und manchmal selbst die Regeln des Wettbewerbs) sehr schnell. Daher gibt es keine Sicherheit mehr, dass „Leistung sich lohnt“. Nach den Spielregeln des „Rattenrennens“ werden nicht nur die Unbeweglichen, Leistungsschwachen und Langsamen zu Verlierern, sondern auch viele von denen, die lange Zeit mit einigem Erfolg versucht haben, die „benchmarks“ des Weltmarktes zu erfüllen. Denn irgendwo auf der Welt waren andere, von der „neuen Ökonomie der Zeit“ gehetzte Menschen noch flexibler, besser und schneller als sie. So gesehen verbürgt gerade die Erbringung von quantifizierbaren Leistungen im Gegensatz zu früher keine längerfristigen Sicherheiten mehr, weder im Hinblick auf Karriereverläufe noch hinsichtlich der individuellen Lebensplanung. Die Norm verlangt in einem allgemeinen (abstrakten) Sinne die weder zeitlich noch sachlich oder funktional genauer spezifizierte Bereitstellung von Arbeitskraft[6], stellt für die Unterwerfung und Anpassung an fremdgesetzte Zwecke eine Belohnung in Form von gesellschaftlicher Anerkennung, höherem Einkommen und sozialem Aufstieg jedoch nur denjenigen in Aussicht, deren „Humanressourcen“ vom Markt besonders begehrt sind. Für viele andere, die nur „gewöhnliche“ Fähigkeiten und Kenntnisse anzubieten haben, verlangt dieselbe Norm, dass auf unattraktiven Arbeitsplätzen, die wenig oder keine soziale Anerkennung vermitteln, (vermehrt) Leistungen erbracht werden, auch wenn man dabei arm bleibt, so dass die erbrachten Leistungen im besten Fall dazu führen, dass ein (weiterer) sozialer Abstieg verhindert wird.

Wenn Normenkonflikte nicht durch die Setzung eines institutionalisierten Rahmens bearbeitbar werden, bleibt *zweitens* Normierung im Sinne der Hervorbringung einer Art Maßeinheit des Normalen aus. Es entwickeln sich Formen von Arbeit und Geld, denen die Normalität des gesellschaftlichen Durchschnitts fehlt. Hier beginnt der Bereich der Informalität, der sich auf dem schon erwähnten Kontinuum bis in die Schattenwelt der Illegalität und Kriminalität ausdehnt. Auf der lokalen und nationalen Ebene drückt sich

---

[6] Christoph Deutschmann (2001: 65ff) verweist darauf, dass durch die Norm einer „restlosen“ Bereitstellung von Arbeitskraft ein zentrales Element des Arbeitsverhältnisses als einer freien Vertragsbeziehung in Frage gestellt wird: „das Recht der Verfügung des Anbieters über seine eigene Arbeitskraft“ (ebd.: 65).

dieser Maßstabsverlust in größer werdenden Disparitäten der Lebens- und Arbeitsverhältnisse aus - in der Maßlosigkeit des Reichtums und der Armut gleichermaßen -, aber auch darin, dass das tradierte Prozedere des Aushandelns von Standards und der Verteilung des Wertzuwachses zwischen Kapital und Arbeit (über öffentliche Debatten, Streiks, Aussperrungen, Wahlen und Rechtsprechung) an Bedeutung verliert.

Arbeitsmärkte ähneln denen des Spitzensports und des Kunstgeschäfts. Schon kleinste Leistungsdifferenzen schlagen sich in riesigen Ertragsdifferenzen nieder. Die Gewinner (und vielleicht noch einige der Nächstplatzierten) bekommen alles, das weite Feld der Wettbewerber aber geht leer aus. Wo es nur noch einige wenige Gewinner und viele Verlierer gibt, kann einer für durchschnittliche Leistungen nicht viel erwarten. Dabei kommt es faktisch zu einer Entkoppelung von Aufwand und Ertrag, von Leistung und Einkommen. Dies gilt vor allem dort, wo ein immer größerer Teil der Einkommen aus Aktien oder Optionsscheinen auf Aktien von Unternehmen bestehen; hier wird das Einkommen abhängig von der Entwicklung der Börsenkurse. Nicht die individuelle Leistung, sondern das „Prinzip Zufall“ bzw. das Börsen-Casino entscheiden letztlich über Zeitpunkt und Umfang einer „Erfolgs“-Prämie. Wenn diese Entwicklung sehr zutreffend als „Amerikanisierung“ bezeichnet wird, so nicht allein deshalb, weil sich mit der Erosion des Leistungsprinzips als einem öffentlich rechtfertigungsfähigen Maßstab für Unterschiede von Vermögen, Status und Macht die Einkommen etwa von deutschen Topmanagern an die ihrer US-amerikanischen Counterparts annähern, sondern auch deshalb, weil damit ein spezifisch europäischer Gerechtigkeitsdiskurs abgebrochen wird: Einerseits besaßen Unterschiede, die durch Arbeit erzeugt worden sind, in der europäischen Tradition stets eine höhere Legitimität als Unterschiede, die durch Geburt, Eroberung oder anderen Zufall zustande gekommen sind (Kocka 2000). Andererseits ging es im europäischen Modernisierungsprozess seit der Industriellen Revolution immer darum, einen Ausgleich (eine Mindestbalance) zu finden - zwischen dem Anteil des gesellschaftlichen Reichtums, den man durch Arbeit erwerben kann, und dem, der durch Geld erreichbar ist.

Die Idee des mittleren Maßes, des gesellschaftlich Durchschnittlichen selbst - ohne die eine demokratische Gesellschaft gar nicht vorstellbar ist - und damit die normative Grundidee distributiver Gerechtigkeit erfährt im hegemonialen Diskurs des Neoliberalismus eine Diskreditierung. Dies ist der Diskurs der Gewinner des globalen Transformationsprozesses, jener „neuen globalen Klasse“ (R. Dahrendorf), die sich durch ihre Fähigkeit auszeichnet, die Standards zu definieren, nach denen der Rest der Menschheit sich zu richten habe. Zweck dieses Diskurses ist es, einerseits die Verlierer zu weiteren

Anstrengungen in Sachen Steigerung der Wettbewerbsfähigkeit anzuregen - selbst dann, wenn diese dabei nichts zu gewinnen haben - und sich andererseits gegen jede Kritik an der Maßlosigkeit und an der bevorzugten Förderung herausragender Leistungen und Fähigkeiten zu immunisieren. Neu ist dabei „die Verachtung, die den Verlierern seitens der Sieger entgegengebracht wird" (Zilian 2000: 14, vgl. auch Zeuner/Kurz-Scherf 2001: 158).

Die Dynamik dieses technisch-ökonomischen Strukturwandels führt zu einer sinkenden Nachfrage nach gering qualifizierten Arbeitskräften und zu einer steigenden Nachfrage nach „Bestleistungen"; gleichzeitig ist diese Dynamik dafür verantwortlich, dass sich der Zusammenhang von Aufwand und Ertrag des sozial gebildeten („Human"-)Kapitals lockert. Denn es geht nur noch darum, Wissensressourcen, wo auch immer sie sich befinden mögen, zu erschließen, nicht aber darum, sie im Lande selbst zu erzeugen. Der Verzicht auf eine Umverteilung zu Lasten aller mobiler Faktoren wird zu einem Element des „guten Regierens".

Weil es unter den Bedingungen deregulierter und liberalisierter Finanzmärkte um die Realisierung absoluter (und nicht etwa relativer) Kostenvorteile geht, ist es nur folgerichtig, wenn „global player" - von Herman Daly (1999) sehr treffend als „globale Individualisten" apostrophiert - sich einer Umverteilung der durch den Freihandel realisierten Gewinne und Verluste auf nationaler Ebene zu entziehen. Den Gewinnern der Globalisierung wird es leicht gemacht, Ort und Höhe der Besteuerung ihrer Einkommen selbst festzulegen. Für den immobilen Teil der wirtschaftlichen Akteure, die in der Reichweite der nationalen Umverteilungssysteme bleiben, aber bedeutet dies, dass sie soziale Leistungen jedweder Art zunehmend aus ihrem eigenen Einkommen finanzieren müssen. Der nationale „Reichtumskreislauf" zerbricht und der Verteilungskonflikt nimmt immer stärker den Charakter eines drastischen Nullsummenspiels an. Statt auf der bislang zentralen vertikalen Achse von Arbeit und Kapital, von „Oben und Unten" in den Grenzen eines Nationalstaats und einer „Volks"-Wirtschaft konkurrieren nun

> „aneinander grenzende Territorien, Norden gegen Süden, Nord-Westen gegen Nord-Osten, Junge gegen Alte, Erwerbslose gegen Rentner, Fabrikgemeinschaften gegen andere Fabrikgemeinschaften, Beschäftigte des Dritten Sektors gegen öffentliche Angestellte im Dienstleistungssektor, abgesicherte Arbeiter gegen prekäre Arbeiter, Familien- und Nachbarschaftsgruppen gegen benachbarte Familien- und Nachbarschaftsgruppen (Revelli 1999: 119).

Die dargestellten Änderungen eines Normalarbeitsverhältnisses sind in globale Transformationen eingebettet. Besonders wichtig ist in diesem Kontext der Übergang zu Strategien, die dem Konzept des „shareholder value" folgen. Die Bedeutung des Konzepts des „shareholder value" ergibt sich aus der Globalisierung der Finanzmärkte und dabei insbesondere aus einem historischen Bruch gegen Ende der 70er Jahre: Während in den Jahrzehnten zuvor (nach dem Zweiten Weltkrieg) die reale Wachstumsrate des BIP stets oberhalb der realen Zinsen lag und es realistisch ist, dass dies auch für die Profitrate auf real investiertes Kapital gegolten hat, steigen seit den 70er Jahren die realen Zinsen über die reale Wachstumsrate (vgl. Altvater 2001; Felix 1998). Dies hat zur Folge, dass nicht mehr (wie von Marx unterstellt) reale Profitraten in verschiedenen Branchen zum Ausgleich tendieren, sondern der Unternehmenswert kalkuliert wird, um die Aktien auf globalen Märkten für Anleger (Investoren, Geldvermögensbesitzer) mit anderen Anlagemöglichkeiten zu vergleichen - von Staatspapieren (von OECD-Ländern, die so etwas wie eine „benchmark" der realistisch erwartbaren Rendite darstellen) über private Anleihen und Aktien bis zu innovativen Finanzinstrumenten im Derivatenbereich. Der „shareholder value" ist so etwas wie die Anerkennung, dass die Normen und Standards auf globalen Finanzmärkten gesetzt oder doch zumindest durch sie transportiert werden. Wenn von „shareholder value" die Rede ist, wird immer auch darauf verwiesen, dass die Befolgung dieses Konzepts den Übergang vom „rheinischen" zum „atlantischen" Kapitalismus US-amerikanischen Stils einschlösse. Dies ist richtig, denn das Konzept ist nur realisierbar, wenn Managementorganisation und -stil, Unternehmensverfassung, Rechnungslegung, Lohn- und Arbeitsverhältnis, Finanzierung und Verhältnis zu Lieferanten und Abnehmern dieser Norm angepasst werden. Die Norm der Profitrate hat einen Bezug zum realen Produktionsprozess von Mehrwert; der „shareholder value" hat diesen Bezug allenfalls vermittelt, denn in dieses Maß gehen auch die Kursbewegungen des Kapitals als Bewertungsnorm mit ein.

5. Kompensation des Normalitätsverlustes durch informelle Normen

Wenn die institutionalisierten Normen in den tradierten Formen von Arbeit und Geld von einer wachsenden Zahl von Menschen nicht befolgt werden (können), so ist dies ein Hinweis darauf, dass die Fähigkeit und/oder die Bereitschaft staatlicher Institutionen, für die Einhaltung etablierter Spielregeln zu sorgen, verloren gegangen, zumindest aber stark eingeschränkt ist. Seit Beginn der 90er Jahre ist dies in vielen Weltregionen beobachtbar. In einigen afrikanischen Ländern oder in einigen Nachfolgestaaten der Sowjetunion befinden sich selbst die zentralen Elemente moderner Staatlichkeit - das Gewaltmonopol und die Rechtsstaatlichkeit - in Auflösung. Doch auch dort, wo der Staat sich nicht „auflöst" oder seine Akzeptanz völlig verliert, vermindert sich seine Rolle als Schutzmacht, die in regulierten Kontroll- und Garantiefunktionen besteht und in Arbeits- und Sozialrechten verankert ist.

Überall geht es *erstens* um den Abbau von rechtlichen Beschränkungen für die Ausgestaltung von Arbeitsverträgen, die dem Schutz der einzelnen Arbeitnehmer vor unternehmerischer Willkür dienen. *Zweitens* sollen der Abschluss von zeitlich befristeten Arbeitsverträgen erleichtert und größere Spielräume der Unternehmer bei der Regelung von Tages-, Wochen- und Jahresurlaubszeiten und bei der Gewährung von Urlaub eröffnet werden. *Drittens* wird eine Reduzierung, womöglich die Abschaffung des Kündigungsschutzes[7] und der bei Entlassungen und Arbeitsunfällen zu leistenden Entschädigungszahlungen angestrebt. Durch Betriebsvereinbarungen, Haustarifverträge, Öffnungs- und Härteklauseln sollen *viertens* Tarifverträge auf die betriebliche Ebene verlagert werden, um die gewerkschaftliche Vertretungsmacht zu schwächen. *Fünftens* geht es aber auch um eine Einschränkung des Streikrechts, die Erleichterung von Entlassungen streikender Arbeiter und die Einstellung von Streikbrechern (vgl. für Südamerika: Birle 2000: 98f). Alle diese Maßnahmen, die auf eine Abkehr von Normen und Praktiken zielen, durch die sozioökonomische Sicherheit von abhängig Arbeitenden gewährleistet wird, haben einen gemeinsamen Nenner: Die Flexibilisierung des Arbeitskräfteeinsatzes gemäß den Belangen von Unternehmen im globalen Wettbewerb. Zugleich werden in vielen Ländern, in denen die Gewerkschaften und Unternehmerverbände in früheren Zeiten korporatistische Pakte mit dem Staat eingegangen sind, diese Beziehungen gelockert und Repräsentationsmonopole gezielt aufgebrochen. Zusammen mit dem vermehrten „outsourcing" und „subcontracting" der Unternehmen führt diese Entwicklung zu einer Zersplitterung und substanziellen Schwächung kollektiver Interessenvertretung durch Gewerkschaften. Diese müssen nun in einer zunehmend gewerkschaftsfeindlichen Umwelt ohne einen „politischen Arm" auskommen. Regionale und staatliche Institutionen greifen immer seltener zugunsten von Arbeitnehmerrechten in das „freie Spiel" der Marktkräfte ein, um deren überlegene „Effizienz" (Siebert 2001) nicht zu behindern - und auch die Propagandisten eines „Dritten Weges" zwischen Neoliberalismus und Sozialstaat liefern dafür nichts als ideologische Rechtfertigungen (vgl. Giddens 2000 und zur Kritik Mahnkopf 2000b).

Die nicht normierte Arbeit schafft eine prekäre und unsichere Lage. Denn Arbeit unter Bedingungen der Nicht-Normalität bedeutet den Verzicht auf Sozialleistungen, Schutzregeln in der Arbeit und Vertretungsrechte. Dort, wo

[7] Die von der Berlusconi-Regierung geplante Lockerung des Kündigungsschutzes hat im April 2002 zum ersten Generalstreik seit 20 Jahren geführt.

Verträge und ein sicherer rechtlicher Status fehlen - bei den für einen Tag oder wenige Stunden „gemieteten" Migranten zum Beispiel - gibt es keinerlei Sicherheit, dass mündlich oder in Scheinverträgen vereinbarte Löhne überhaupt gezahlt und grundlegende Menschenrechte beachtet werden. Auch UntervertragsnehmerInnen, die gegen ein Versprechen auf spätere Zahlung an einen Mittelsmann liefern, sind diesem auf Gedeih und Verderb ausgeliefert. Doch das „Normalarbeitsverhältnis" löst sich nicht schlicht und ersatzlos auf, sondern an seine Stelle treten eine Reihe „informeller" Normen, die für das Leben von vielen Menschen, möglicherweise der Mehrheit der globalen Erwerbsbevölkerung - national jeweils gebrochen und daher unterschiedlich und schwer vergleichbar - regulative Wirkung entfalten. Dazu gehören erwartete Schutzgeldzahlungen im Handel, Wucherzinsen im Geldgeschäft, Patronage, Ämterkauf, „kleine" und „große" Korruption in der Politik. Das alles sind Zusatzleistungen der einen, die ihnen einen Teil jener Sicherheit verschaffen, die das Normalarbeitsverhältnis gewähren sollte, und die andere als Zusatzeinkommen kassieren, mit denen ihre aktiven, zumeist aber passiven Leistungen (die Zahler werden nicht schikaniert, sondern in Ruhe gelassen) abgegolten werden.

Auch dass gesellschaftlich nicht normiertes Geld den Austausch der Menschen untereinander unsicher macht, ist leicht nachzuvollziehen. Denn nicht normiertes Geld - schwarzes Geld aus Schmuggel oder Korruption, Drogendollars aus Drogenhandel, aber auch Verrechnungsgeld im Kompensationshandel russischer Rohstoffkonzerne oder das lokale Geld der alternativen Ökonomie - gilt nur in bestimmten Zirkeln, für bestimmte Zwecke, in begrenzten Gebieten und nicht darüber hinaus, oder es könnte eine Spur zu illegalen Aktivitäten legen, solange es nicht „gewaschen" worden ist (dazu im achten Kapitel mehr). Das Geld kann seine gesellschaftliche Funktion der ultimativen Kontrakterfüllung auch dann nicht wahrnehmen, wenn es entweder inflationär entwertet wurde oder im Gegensatz dazu so knapp und teuer gehalten wird, dass viele Menschen über formelles Geld nicht mehr verfügen, weil sie infolge restriktiver Geldpolitik den Arbeitsplatz verloren haben. Arbeitslose verfügen über weniger oder über gar kein Geld und sind aus diesem Grunde auf Alternativen informeller Geldbeschaffung (in der Regel durch informelle Arbeit) angewiesen.

6. Die Entstehung informell vernetzter Gegengesellschaften

Wenn die Auflösung von Normalität und die Entstehung von Informalität einen eigenen Kodex informeller Normen gebiert, dann ist der Bruch zwischen jenen Sektoren der Gesellschaft, die in ihre Mechanismen formell inkludiert sind, und den anderen, die in den Bereich der Informalität exkludiert wurden, so weitgehend, dass er seine eigenen Theorien und Ideologien erzeugt, z.B. die Theorien der Marginalität (Frantz Fanon), der Kultur der Armut (Oscar Lewis), der Rebellion (Che Guevara). In jüngster Zeit eint fundamentalistische Bewegungen „ein gemeinsamer Bruch mit den 'griechisch-lateinischen Idealen'" (Rufin 1996: 109f), der neue Feindbilder hervorgebracht hat: die des Djihad gegen Mc World (Barber 1995) oder die Abwehr der griechisch-lateinischen Zivilisation gegen die „Barbaren" (Rufin 1996). Diese Feindbilder können als Reaktion auf soziale und kulturelle Entwurzelungsprozesse verstanden werden[8] und zugleich stellen sie Versuche dar, kooperative Strukturen jenseits der durch staatliches Handeln regulierten Sphäre formeller Institutionen zustande zu bringen.

Jenseits der (im Rahmen einer Verfassung formalisierten und legitimierten) Normalität formeller Institutionen entstehen also (informelle) Normen durch gesellschaftliche Selbstorganisation; diese können sich unter bestimmten Bedingungen zu Formen der informellen Regulation verdichten[9], z.B. zur omertà, dem „Gesetz" der Mafia oder zu den Regeln der „Diebe, die sich zum Gesetz bekennen" wie in Russland (vgl. auch Albrecht o.J.: 188). Informalität, wenn sie denn in die Illegalität übergeht und sich als illegale Aktivität dauerhaft zu etablieren versucht, kommt nicht ohne eigene Normen aus. Im Unterschied zu bloß informellen Praktiken benötigen Akteure und Unternehmen, die regelmäßig illegale Güter oder Dienstleistungen bereitstellen, irgendeine Art von Zwangsmittel und meist ist dies die nackte Gewalt. In dieser Hinsicht, so A. Portes (1994: 430), ist die illegale Ökonomie viel näher an der formellen Ökonomie als die informelle: wie jene verfügt sie über Formen der Einwirkung auf Machtstrukturen, Durchsetzungsmittel und Konfliktregelungsmechanismen.

---

[8] Unter Verweis auf die „grauen Wölfe" in den illegal errichteten Wohnvierteln türkischer Großstädte (Gecekondus) und die Khomeini-Bewegung im Iran schreiben Georg Elwert, Hans-Dieter Evers und Werner Wilkens (1983: 284): „Die Entwurzelungsprozesse, die die Schicht der Ungesicherten überhaupt erst konstitutieren, hinterlassen beim einzelnen ein Defizit an persönlicher Bedeutung, einen Mangel an Orientierung und eine emotionale Entbehrung. Reaktiv entstehen so kulturelle, religiöse und politische Organisationen, die dem einzelnen Anhänger Geborgenheit, Orientierung und kollektive Größe suggerieren". Vgl. dazu auch ausführlich Odman 2000.

[9] Soziale Normen sind daher eben nicht mit dem „Normalen" (im Sinne des Durchschnitts, wie oben dargestellt) identisch, ebenso wenig wie das Anormale und selbst das Abweichende mit dem Pathologischen gleichgesetzt werden kann. Ein solcher Art vereinfachender Dualismus lag zweifellos der berühmten Diskussion über das Normale und das Pathologische in Emil Durkheims „Regeln der soziologischen Methode" zugrunde (Durkheim 1976). Anders als Durkheim auch in seiner späteren Schrift „Über die Teilung der sozialen Arbeit" (Durkheim 1977) unterstellt ist die Gesellschaft nicht Autorität *aller* normativer Systeme - wohl aber der rechtlichen Normen.

Die Entwicklung eigener Normen bedeutet einen Schritt in eine „Gegengesellschaft“, in eine „Geheimgesellschaft“, in eine „zweite Gesellschaft“. Für deren ökonomische und politische Relevanz gibt es in der modernen Geschichte aus allen Kulturkreisen eine Fülle von Beispielen, bei der „societas Jesu“ (die Jesuiten haben sich selbst als „zweite Gesellschaft“ bezeichnet) angefangen. Heute sind die verschiedenen Mafien, die chinesischen Triaden oder die P2-Loge in Italien wichtiger. Die Normen der „unternehmerischen Mafia“ (Arlacchi 1989) sind gerade dadurch gekennzeichnet, dass sie häufig missachtet und manipuliert werden, keinem dauerhaften, allgemein anerkannten Kodex angehören und keinerlei moralische Begründung für ihre Existenz aufweisen; darüber hinaus „sind die Kriterien der allgemeinen Anwendbarkeit und der Gleichheit (und der Transparenz) völlig unzureichend“ (Gambetta 1994: 17).

Wenn sich jedoch Normen der Informalität und der Illegalität im konkreten Fall nicht scharf voneinander abgrenzen lassen, so hat dies viel damit zu tun, dass das ökonomische Handeln auf illegalen Märkten zumindest in deren Anfangsstadium (Arlacchi 1989: 247) von Reziprozitätsbeziehungen beherrscht wird, genau wie jene Geschäftsbeziehungen der Informalität, die sich innerhalb von Großfamilien, Clans, exklusiven Clubs oder ethnisch homogenen Gruppen (Auslandschinesen in Südostasien oder in New York, Indern in Ostafrika oder Koreaner in Los Angeles) herausbilden. Für die Genese informeller Normen spielen Strukturen und Ressourcen von familialen und freundschaftlichen Beziehungsnetzwerken eine große Rolle. Wo außermarktliche, persönliche Beziehungen - also „soziales Kapital“ im Sinne Pierre Bourdieus - für ökonomische Zwecke mobilisiert werden kann, entstehen reziproke Verhaltenserwartungen und wechselseitige Abhängigkeiten, die in gewissem Umfang geeignet sind, das für die Sphäre der Informalität charakteristische Defizit an Institutionenvertrauen - z.B. in die Wertbeständigkeit einer Währung, in die Unparteilichkeit von Schiedsorganen oder in den staatlichen Schutz von Verträgen und Eigentumsrechten - auszugleichen. Die sozioökonomische Netzwerkforschung (vgl. Mahnkopf 1994; Hessinger 2001) hat mittlerweile viele Belege dafür erbracht, dass reziproke Beziehungsnetzwerke nicht allein in (vorkapitalistischen) Subsistenzökonomien, in den Ländern MOE vor und nach ihrer Transformation und für die Transaktionen auf illegalen Märkten von zentraler Bedeutung sind; sie sind zu einer „allgemeinen Begleiterscheinung des Strukturwandels in modernen Gesellschaften“ (Mayntz 1992: 21) geworden.

Im Kontext der Informalisierung von Arbeit und Geld erfüllt die Reziprozitätsnorm sicherlich noch eindeutiger als dies für formelle Marktbeziehungen der Fall ist, die Funktion eines „geschmeidigen Füllmittels“, „das man in die veränderlichen Risse sozialer Strukturen gießen kann und das gewissermaßen als ein für alle Zwecke verfügbares Bindemittel dienen muss" (Gouldner 1984: 106). Sie ermöglicht es Menschen, die von den formellen Umverteilungssystemen ausgeschlossen sind, etwas herstellen oder verkaufen zu können, das Einkommen oder Gewinn verspricht. In Verbindung mit anderen informellen Normen schafft sie wechselseitige Bindungen, die den Austauschbeziehungen - trotz aller Prekarität - eine gewisse Dauerhaftigkeit verleihen, den Aufbau von Vertrauen befördern und damit zugleich kooperatives Verhalten anleiten.

„The social mechanism that undergrids informal economic exchange can be described as *enforceable trust* insofar as mutual confidence in the observance of the agreements is backed by more than simple moral convictions. The sanctioning power of the community, its ability to confer status on individuals or exclude them, is the key force guaranteeing individual compliance" (Portes 1994: 431).

In einem begrenzten Umfang sind informelle Normen daher geeignet, den Mangel an Ressourcen - an Betriebskapital, Arbeitsmitteln oder Krediten - zu kompensieren, welcher für das Leben in der Informalität charakteristisch ist. Allerdings sind diese Normen, vor allem dann, wenn sie sich zu informellen Institutionen verdichten, weder unproblematisch noch verhilft ihre Befolgung zu einer Sicherheit der Existenzbedingungen. Denn *erstens* können die durch Reziprozitätsverpflichtungen erzwungenen Bindungen „zu eng" werden, so dass Individuen oder (Mikro-)Unternehmen in Netzwerke „eingeschlossen" werden (vgl. dazu auch Messner 1995), die ihre Entwicklung mehr behindern als fördern[10]. Ob Netzwerkbeziehungen für die Befriedigung individueller Bedürfnisse und für Akkumulationszwecke genutzt werden können, hängt von vielen Faktoren ab; dabei spielt die Ressourcenausstattung der „Informalisierten" (mit Kapital, sozialen Beziehungen, Bildung und beruflichen Qualifikationen, oder in der Sprache Bourdieus gefaßt: mit ökonomischem, sozialem und kulturellem Kapital) eine große Rolle. So zeigen beispielsweise Studien über die Schattenwirtschaft in Rumänien, dass informelle wirtschaftliche Aktivitäten zu einer Stabilisierung der Lebensbedingungen in Haushalten beitragen. Darüber hinaus aber werden informelle Tätigkeiten - vor dem Hintergrund einer soliden sozialen Basis, guter Qualifikationen und zusätzlicher Einkommen aus formellen Beschäftigungsverhältnissen - aber auch zur Bildung von Vermögen ausgebaut. Doch eine Mehrzahl von Haushalten verfügt nicht über „befähigende Netzwerksbeziehungen". Folge ist, dass die schattenwirtschaftlichen Aktivitäten eher zu einer „Verewigung" der schlechten Situation denn zu ihrer Verbesserung beitragen (Neef 1999).

---

[10] Zum Vorteil „loser" gegenüber starken Bindungen in Beziehungsnetzwerken vgl. am Beispiel des unternehmerischen Erfolgs von Auslandschinesen in Südostasien u.a. Granovetter 1990, 1973.

Wo Arbeit und/oder Geld informellen Charakter angenommen haben, muss mit „lock-in"-Effekten von persönlichen Beziehungen und kooperativen Netzwerken immer gerechnet werden. Dies hat mit einer Überlastung des Reziprozitätsmechnismus zu tun: Weil differenzierende, auf spezifische Lebensbereiche und Probleme zugeschnittene Institutionen, die durch ihre Legitimität längerfristige Sicherheit verbürgen könnten, entweder fehlen oder in unzureichenem Maße zur Verfügung stehen, kommen reziproke Verhaltenserwartungen einerseits als ein „all round" (eben „ein für alle Zwecke verfügbares") Bindemittel zum Einsatz. Andererseits wird aber mit der Kommodifizierung der Austauschverhältnisse überall gerade dieses sozialmoralische Bindemittel knapp - nicht zuletzt durch die zunehmende räumliche Mobilität (insbesondere die Land-Stadt-Migration von jungen Männern und in wachsendem Umfang auch von jungen Frauen; vgl. u.a. Schultz 1996). In kapitalistischen Marktwirtschaften entbehrt die Reziprozitätsnorm jener Universalität des „Sollens", welche formellen (Rechts-)Normen eigen ist. Daher sind *zweitens* den Handlungsmöglichkeiten, die durch persönliche Unterstützungsnetzwerke eröffnet werden, recht enge Grenzen gesetzt; sie lassen eine Befreiung zu individueller Autonomie gerade nicht zu. Die Autonomie der Person wird in spezifischer Weise begrenzt - durch vielfältige Abhängigkeiten, Mechanismen der Statusdifferenzierung, durch die Legitimation von sozialen und geschlechtlichen Über- und Unterordnungsverhältnissen.

Von besonderem Gewicht ist *drittens*, dass weder die Reziprozitätsnorm noch andere, damit eng verknüpfte informelle Normen geeignet sind, eine fehlende oder mangelhafte Versorgung mit Infrastruktur (insbesondere Strom, sauberes Wasser, Müllbeseitigung, Verkehrswege) und defizitäre staatliche Dienstleistungen (insbesondere in den Bereichen Bildung und Gesundheitsversorgung, öffentliche Sicherheit und Rechtsprechung) zu kompensieren. Wo der Staat sich als unfähig erweist, für gewaltfreie Räume zu sorgen, sind Reisen von Personen und Gütertransporte ein risikoreiches Unternehmen; wo die Gerichtsbarkeit nicht funktioniert, können Schulden nicht eingetrieben werden. Defizite in der Bildung und bei der Gesundheitsversorgung beeinträchtigen nicht allein die Lebens- und Erwerbschancen der gegenwärtig in die Informalität abgedrängten Menschen, sondern auch die der nachfolgenden Generationen. Hier liegt zugleich eine Ursache für den oft schleichenden Übergang von informellen zu illegalen Aktivitäten, die aber normativ für legitim gehalten werden: Wer anders als durch illegale Tätigkeiten keinen Zugang zu für ihn lebenswichtigen Ressourcen erlangen kann, sieht sich früher oder später gezwungen, die benötigten Güter oder Dienstleistungen auf den expandierenden „Märkten für privaten Schutz" zu beschaffen. Private Akteure - seien dies (halb-)legale Schutzfirmen, die Mafia, Söldner, lokale

Banden, Guerilla und Kriegsherren - garantieren Schutz, indem sie sich auf ihre Fähigkeit zum Einsatz der Gewalt stützen. Mit der „Privatisierung von Schutz" wird eine Spirale des *gewaltsamen* Schutzes von Verträgen und Eigentumsrechten in Gang gesetzt.

Wenn die Nachfrage nach privatem Schutz steigt, sinkt zugleich die Nachfrage nach Vertrauen, wird Illoyalität eine ständige Gefahr für jedwede Kooperation und dies erhöht unvermeidlich die Nachfrage nach Schutz, v.a. gegen Betrugsmanöver seitens anderer Partner (Gambetta 1994: 41). Wie am Beispiel Russlands gezeigt werden kann, führt eine Verfestigung informeller Normen - etwa der, dass Steuerehrlichkeit wegen unzureichender staatlicher Gegenleistungen und fehlenden rechtlichen Schutzes „unvernüftig" sei - leicht in eine „institutionelle Falle" (Dolgapjatova et al. 1999): defizitäre staatliche Dienstleistungen und fehlende Rechtsstaatlichkeit befördern ein System von Geschäftsverbindungen, das sich auf persönliche Beziehungen und auf Verträge stützt, deren rechtlicher Schutz nicht oder kaum möglich ist. Nichtstaatliche, sondern (halb-)kriminelle Mechanismen des Schutzes von Verträgen und der Durchsetzung von Eigentumsrechten kommen unter Rückgriff auf private Gewaltanwendung und Korruption zur Anwendung. Dies hat nicht nur die Folge, dass ein Teil der Finanzströme der legalen Wirtschaft in die Hände der Organisierten Kriminalität umgelenkt wird - weil deren Schutzleistungen ja bezahlt werden müssen; es führt selbstverständlich auch dazu, dass die Steuermoral (noch weiter) sinkt, Institutionen eines modernen Steuer- und Rechtsstaats sich nicht entwickeln können und die Chancen für eine Vergrößerung gewaltfreier Räume, welche Vorbedingung für die Entstehung kooperativer marktwirtschaftlicher Strukturen wären, eher geringer werden.

Angesichts der Integration in die Weltwirtschaft ist auch auf die Frage eine Anwort zu finden, ob und wie sich die informelle Ökonomie in die Weltwirtschaft und -gesellschaft integrieren lässt. Tatsächlich gibt es viele grenzüberschreitende informelle Aktivitäten, und sie sind in aller Regel extralegal, bestenfalls geduldet. Dabei wird offensichtlich, dass der Sammelbegriff Informalität ein Kontinuum meint, das von quasi-formellen über informelle und prekäre Tätigkeiten zur ungesetzlichen Ökonomie („illicit economy") und schweren Kriminalität reicht. Anders als der informelle Sektor „vor Ort", auf dem Lande oder in der Stadt, tendiert Informalität im globalen Raum in aller Regel in Richtung Illegalität und Kriminalität - von Zollvergehen im Kleinen über Schmuggel im Großen zum Handel mit illegalen Produkten (Drogen, Waffen), der organisierten, grenzüberschreitenden Prostitution, dem modernen Sklavenhandel und der Geldwäsche in großem Stil. „The illicit global economy consists of the system of transnational economic activities that are criminalized by states in importing or exporting countries" (Friman/Andreas

1999: 5). Legalnormen werden verletzt, wobei es nach dieser Definition schon ausreichend ist, dass dies in einem der bei transnationalen Transaktionen betroffenen Länder geschieht. Diese Einschränkung resultiert aus dem Charakter der nicht vollendeten Globalisierung; es gibt globale, also (fast) alle Staaten einbeziehende Normen nur in bestimmten Bereichen und dann zumeist nur als „weiche" Normen. Hier allerdings hat der Kampf gegen den Terrorismus eine Änderung herbeigeführt.

Die illegale Ökonomie expandiert, wenn drei Bedingungen zusammenkommen. *Erstens* müssen Normen, die zwischen kriminellen und nichtkriminellen Aktivitäten unterscheiden, schon aus Gründen der „good governance" existieren (Drogenschmuggel, Waffenschiebereien, Menschenhandel, Geldwäsche - um nur besonders eklatante kriminelle Aktivitäten zu benennen - müssen strafbewehrt verboten sein). *Zweitens* muss ein ökonomischer Anreiz gegeben sein, die Normen zu brechen, der größer ist als der Anreiz, die Normen legal zu befolgen. Kriminelles Tun muss sich also besser „rechnen" als die Befolgung der Legalnormen. *Drittens* müssen die Chancen, zur Verantwortung gezogen und bestraft zu werden, kalkulierbar gering sein. Dies ist aus zwei Gründen häufig der Fall. Zum einen haben politische Instanzen (vor allem die Nationalstaaten) infolge der Deregulierung einen Teil ihrer Kontrollmöglichkeiten aufgegeben, so dass Marktakteure einen mancherorts und in manchen Fällen beträchtlichen Zugewinn an Macht verzeichnen können, der sie protegiert. Im Verlauf der globalen Transformationsprozesse sind Staaten geschwächt und private Akteure stärker geworden. Dies liegt in der Logik der Privatisierung. Zum anderen kann mit Mitteln der korrumpierenden Einflussnahme auf politische Instanzen die Strafverfolgung gemildert werden.

Die Bedingungen dafür, dass also nicht nur ein „marginalisierter" informeller Sektor entsteht, sondern sich eine „Gegengesellschaft" mit eigenen Normen und manchmal auch Institutionen bildet, sind vorhanden. Es kommt nun darauf an, die Dynamik der Informalisierung von Arbeit, Geld und Politik zu analysieren.

Arbeit im Schatten

Man ist ihnen schon begegnet: den Verkäufern von Regenschirmen, die wie aus dem Nichts auf der Piazza Navona in Rom oder auf der Avenida Paulista in Sao Paulo auftauchen, wenn die ersten Regentropfen fallen. Oder den Kurden, die auf den S-Bahnhöfen Berlins und auf den Zufahrtsstraßen zum Berliner Zentrum Trillerpfeifen an die Besucher der „Love Parade" verkaufen. Oder den Osteuropäerinnen, die in Berliner Anzeigenblättchen inserieren, um ihre häufig überqualifizierte Arbeitskraft für Putzdienste, Kinderbetreuung und private Altenpflege anzubieten und im „Schmugglerzug" (Irek 1998) seit Jahren zwischen Polen und Deutschland hin und her reisen. Oder dem Hamburger Tischler, der „ohne Rechnung" ein Bücherregal baut. Oder der Heimarbeiterin, die abends, wenn die Kinder zu Bett gebracht worden sind, Computer mit Daten füttert, die ihr unsortiert per E-mail tagsüber zugesandt wurden. Oder den Scheibenputzern, die an der Ampel bei „Rot" Waschmittel auf die Scheibe sprühen, um es gegen kleines Entgelt wieder abzuwischen. Oder den bettelnden Kindern und obdachlosen älteren Frauen auf den Hauptgeschäftsstraßen, die es zumindest in Mitteleuropa noch vor eineinhalb Jahrzehnten nicht oder nur sehr selten gab.

Nicht jeder kennt sie hierzulande, aber in Westafrika gehören sie zur Normalität des Alltagslebens: die kleinen Kreditvermittler im Café oder jene Geldaufbewahrer, bei denen man sein Geld einigermaßen sicher lagern kann, weil es formelle Banken nicht gibt und das Stadtviertel unsicher ist. In Polen und in Peru oder Chile ist der Bustransport zum überwiegenden Teil in Händen kleiner Busbesitzer, die auf nicht reguliertem Markt für öffentlichen Nahverkehr ihr privates Überleben organisieren oder neben einem anderen Job ein Zubrot verdienen. Und nicht zuletzt die Märkte - v.a. die der „Chinesen": sie haben sich im vergangenen Jahrzehnt an der logistischen Route von China über Almaty in Kasachstan, Kiew in der Ukraine, Budapest bis Zagreb gebildet. Dort kann man sich mit ostasiatischen Waren billig eindecken. In Peking gibt es einen 'Russen'-Markt, auf dem sich osteuropäische Großeinkäufer mit Konsumgütern eindecken, die das Firmenlogo eines US-amerikanischen TNUs tragen, doch in der chinesischen 'Schattenwirtschaft' produziert wurden, in der drei bis fünf Millionen Menschen arbeiten (vierter Platz in *Frankfurter Rundschau* vom 16.04.2002).

Fliegende Händler sorgen für die Verbreitung der Waren in der Fläche, an den formellen Vertriebssystemen und oft auch am Zoll und an den Steuerbehörden vorbei. Flohmärkte gibt es nicht nur als touristische Attraktionen in Paris oder an der Porta Portuense in Rom, sondern als Einkaufsstätten für die städtischen Armen und für „normale", in prekärem Wohlstand lebende Bürger von Vilnius und Warschau, Madrid oder Lecce in Süditalien. Das ist fast wie vor Hunderten von Jahren, als sich Märkte mit den Entdeckungsreisen und Eroberungszügen ausbreiteten und fast so aufregend wie von Scheherazade in den 1001 Nächten geschildert.

Es gibt sie auch im Großen, die informellen Arbeiter und Händler. Doch weil sie groß sind und fette Geschäfte machen können, sieht man sie in der Regel nicht, und wenn man sie sieht, hält man sie kaum für „Informelle". Sie haben häufig allen Grund dazu, das Licht der Öffentlichkeit zu scheuen. Denn sie gehen illegalen oder kriminellen Geschäften nach: die Schmuggler von Drogen und Waffen, die Schleuser von Migrantinnen und Migranten, die Händler von Kinderprostituierten, die professionellen Geldwäscher in Untergrund- und Parabanken hierzulande oder in den Geldwäschereien der Schweiz, auf den Cayman Islands, in Russland oder Israel, auf den britischen Kanalinseln oder in Manhattan. Man sieht sie nicht, aber man sieht die Folgen ihres Tuns: Drogenabhängigkeit, Prostitutionsringe, die kleinen und großen Kriege, ermöglicht durch Kleinwaffen, die mit geschmuggelten Rohstoffen (z.B. mit Diamanten wie in Angola oder Sierra Leone) oder organisierter Prostitution (wie im Falle Albaniens) bezahlt werden. Immer ist dabei die Politik involviert, sei es dass Politiker bestochen werden, um das illegale oder kriminelle Tun zu dulden oder gar zu unterstützen; sei es dass im Zuge der Strukturanpassungen der vergangenen Jahrzehnte nicht nur ineffiziente öffentliche Unternehmen stillgelegt und effiziente privatisiert worden sind, sondern auch das öffentliche Gewalt- und Steuermonopol von Privaten übernommen worden ist, die daraus ein großes Geschäft machen. Dann sieht man sie wieder: diejenigen, die anschaffen müssen für die Herren der Schmuggler-, Prostitutions- und Waffenringe. Informelle Arbeit hat also viele Gesichter, wie die unsystematischen Impressionen andeuten. Viele Erscheinungs- und Ausdrucksformen der Informalität haben indirekt und manchmal sehr direkt mit der Globalisierung zu tun. Insbesondere die hässlichen, die kriminellen Gesichter wären nicht so zahlreich ohne die Deregulierung und die Ausweitung der Zonen, in denen staatliche oder öffentliche Kontrolle abhanden gekommen ist: in den Offshore-Zentren, in den erodierenden Staaten, die von der organisierten Kriminalität gekapert worden sind, aber auch in Industriegesellschaften, deren Regierungen mehr oder weniger explizit das Geschäft des big business betreiben (dazu vgl. das dreizehnte Kapitel).

In den nachfolgenden Kapiteln werden wir uns zunächst der informellen Arbeit zuwenden, dem Begriff, den Erscheinungsformen, den Mess- und Abgrenzungsproblemen, der Vielfalt und Heterogenität, den Wirkungen der Globalisierung auf „die Welt der Arbeit", den geschlechtspezifischen Bedingungen der Informalität, den Übergängen zu illegitimem, illegalem und kriminellem Handeln. Auch wird es notwendig sein, zwischen Ländern und Länderblöcken zu differenzieren. Eines ist jedenfalls klar: Die Informalität der Arbeit ist keine Randerscheinung. Die Mehrzahl der Menschen in der Welt arbeitet in der einen oder anderen Weise informell.

Drittes Kapitel
Begriff und Verbreitung informeller Arbeit

In der Literatur wird immer wieder die Unschärfe des Begriffs der Informalisierung bzw. der Informalität beklagt, so dass der Begriff den Einzug in die von Kuhn so bezeichnete „Normalwissenschaft“ noch nicht geschafft habe (Schütte 1994); die wissenschaftliche Gemeinschaft begegnet ihm mit (inzwischen allerdings abnehmender) Skepsis. Woran liegt die Unschärfe? Sie ist eine Folge der Komplexität des Begriffs. Denn *erstens* kommt es darauf an, den Begriff der Formalität zu dem der gesellschaftlichen Normen (mit diesem zentralen Problem befasste sich das Erste Kapital ausführlich) ins Verhältnis zu setzen, zumal diese juristisch, aber auch soziologisch und politisch-kulturell definiert werden können.

Aus der Definition von Normen und daher einer gesellschaftlichen Normalität in bestimmten Gesellschaften zu bestimmten Zeiten ergibt sich *zweitens* in Abgrenzung jener Bereich, der in die Formen, die den Normen entsprechend gebildet worden sind, nicht passt und deshalb als „informell“ bezeichnet werden kann. Unter juristischen Aspekten gehören dazu (1) kriminelle, illegale, halb-legale Aktivitäten oder (2) jene Aktivitäten, die Gesetzeslücken ausnutzen bzw. (3) „avantgardistisch“ neues Recht schaffen (damit setzen wir uns in den letzten Kapiteln über „informelle Politik“ auseinander). Unter sozio-ökonomischen Aspekten zählen die Schattenwirtschaft, der Schwarzmarkt und die Schwarzarbeit dazu, irreguläre Arbeiten, geldloser Tausch oder die Geldwäsche, Korruption und die Privatisierung öffentlicher Güter. Freilich sind die Abgrenzungen nicht immer klar, es gibt viele Übergangs- und Mischformen, die die eindeutige Verwendung des Begriffs der Informalität erschweren.

Schwierigkeiten eines angemessenen Verständnisses bereitet *drittens* wohl auch die Heterogenität des Informellen, noch dazu synchron in verschiedenen Weltregionen und diachron zu verschiedenen Zeiten. In der sozialen Realität existiert beides zugleich: die formelle und die informelle Arbeit.

Hinzu kommt viertens das fast unlösbare Problem, Informalität zu messen. Mit den formellen Methoden der gesellschaftlichen Buchführung (volkswirtschaftliche Gesamtrechnung, Arbeitsmarktstatistiken, Steuerschätzungen etc.) sind informelle Transaktionen nicht oder nur unvollkommen zu erfassen. Also muss auch beim Messen „informell“ vorgegangen werden: mit Schätzmethoden, die sich begründeter Indikatoren bedienen. Das mag im Fall der informellen Arbeit noch gerade angehen, und daher verfügen wir über plausible Daten zur Größenordnung und Entwicklungsdynamik des „informellen Sektors“. Doch bei informellem Geld oder informeller Politik versagen alle denkbaren Maße. Beim Messen wird ersichtlich, wie bedeutsam eine Vorstellung von Normen und Normalität ist. Denn fast immer werden „normale" Verhältnisse konstruiert, an denen die tatsächliche Entwicklung bemessen wird. Durch den Unterschied von „Normalität" und „Faktizität" bekommen der informelle Sektor oder die Schattenökonomie, wenn nicht Gestalt so doch quantitativen Gehalt.

Obendrein sind fünftens die politischen Schlussfolgerungen hinsichtlich des Umgangs mit der Informalität in hohem Grade kontrovers. Soll die Informalität „normalisiert" werden, sollen also die gesellschaftlichen und legalen Normen der Realität von Informalität angepasst werden, oder sollten nicht eher Strategien verfolgt werden, die informellen Bereiche einer Gesellschaft aus den Zonen der Unsicherheit und der Verwundbarkeit in die Bereiche „menschlicher Sicherheit" „zurückzuholen"? Um Informalität entwickelt sich also ein wissenschaftlicher und politischer Diskurs, der Elemente der Begriffsbildung, der empirisch-historischen Analyse und der politischen Praxis umschließt. Schon deshalb ist Informalität ein Konzept, das nicht unumstritten sein kann.

1. Formalität und Informalität

Die Schwierigkeiten, die sich aus der notwendigen Abgrenzung von Formalität und Informalität ergeben, artikulieren Sabine Heller und Lydia Nuss (1999: 571ff) in Bezug auf die russische Transformationsgesellschaft: Man kann ihre Aussage durchaus verallgemeinern: Weil es so etwas wie historisch herausgebildete Normalität und dadurch normierte soziale Formen nicht gäbe, sei die Gesellschaft in ihrer Formalität insgesamt informell bzw. sei das Informelle formell. Ähnliches ließe sich auch für viele afrikanische, asiatische und lateinamerikanische Gesellschaften behaupten; und seit der tendenziellen Auflösung des Normalen zu Gunsten einer (von manchen als „postmodern" interpretierten) Vielfalt individueller Fälle können die entwickelten westlichen Länder da längst nicht mehr ausgenommen werden. Wenn in manchen Studien über Afrika oder Lateinamerika dargelegt wird, dass in einigen Ländern bis zu 90% der Arbeitskräfte im informellen Sektor beschäftigt seien, ist sofort die Frage aufzuwerfen, warum der informelle Sektor mit seinem gesellschaftlich überwältigenden Gewicht nicht als der eigentlich formelle Sektor bezeichnet wird.

Doch ist unter Bedingungen globaler Konkurrenz auch in Rechnung zu stellen, dass die Normen, an denen Formalität und Informalität bemessen werden, vom Weltmarkt, und dies bedeutet: von den Standards der führenden Industrienationen vorgegeben werden. Oder: Die gesellschaftlichen Normen, die wirtschaftliche Aktivitäten als „normal" und somit „formell" erscheinen lassen, werden unter den Bedingungen der Globalisierung nicht in einzelnen Ländern, „vor Ort" bestimmt, sondern im globalen Raum auf dem Weltmarkt. Die Grenzen zwischen dem Formellen und dem Informellen werden dabei in einem dynamischen und konfliktreichen Prozess des Aushandelns zwischen sozialen Klassen und Gruppierungen gezogen, dessen Ergebnisse (für eine zeitlich befristete Dauer) durch staatliche Politik, manchmal durch Setzung von Legalnormen (Gesetzen) fixiert sind. Die Statistik und die Rechtswissenschaft stellen die praktischen Techniken zur Verfügung, um Individuen und soziale Konstellationen in Kategorien des Formellen und des Informellen darzustellen und diese Konstellationen öffentlichen Eingriffen zugänglich zu machen: Informalität ist daher eine Chiffre *erstens* für nicht-gemeldete und nicht-dokumentierte ökonomische Aktivitäten, die deshalb auch nicht in den (nationalen) Statistiken erscheinen, *zweitens* für die verbreitete Vermeidung oder Hinterziehung von Steuern oder/und Sozialabgaben, *drittens* für Arbeitsverhältnisse, die der Normalität der arbeitsvertraglichen Gestaltung nicht entsprechen (hinsichtlich Beschäftigungsdauer, Konditionen von Arbeitsleistung und Einkommen, Schutz- und Beteiligungsrechten). Der Begriff der Informalität bezeichnet aber *viertens* auch die Produktion und Distribution von Gütern und Dienstleistungen, die gemäß geltenden Legalnormen illegal oder kriminell sind. So gesehen handelt es sich bei dem informellen Tun stets um Aktivitäten, die sich staatlicher Regulierung entziehen bzw. aus regulierten Bereichen der Gesellschaft ausgegrenzt sind.

Im Anschluss an Untersuchungen von Edward L. Feige (1990) zum Umfang informeller Aktivitäten in den USA der 80er Jahre hat Alejandro Portes (1994) auf ein Paradox aufmerksam gemacht: Je effektiver und umfassender die staatliche Regulierung ökonomischer Aktivitäten ist, desto wahrscheinlicher ist es auch, dass alle diejenigen Aktivitäten, die von der nationalen Statistik nicht erfasst werden, als nicht existent gelten - mit der Folge, dass informelle Wirtschaftsbeziehungen insbesondere in fortgeschrittenen Industrieländern systematisch unterschätzt werden. Besonders ausgeprägt war dieses Paradox des Vertrauens in die selbst produzierten Daten in den realsozialistischen Planwirtschaften: Was im Plan nicht vorgesehen war, gab es auch nicht; und doch wären die Planwirtschaften möglicherweise schon viel eher kollabiert, hätte es nicht die „administrativen Märkte" informell erzeugter Produkte gegeben, die mit informellem Geld getauscht wurden. Informalität ist also undenkbar ohne den kontrapunktischen Bezug[1] auf all jene formellen Prakti-

[1] Dies mag ein Grund sein, warum Cathy A. Rakowski ihrem Sammelband über die „Informal Sector Debate in Latin America" (eines der besten Bücher zu dieser Thematik) den Titel „Contrapunto" gab (Rakowski 1994).

ken, Produkte und Produktionsprozesse, die auf dem Wege statistischer und juristischer Kodifizierungen (im Rahmen von Nationalstaaten) zu essentiellen Rahmenbedingungen für das „normale Funktionieren" von formellen/regulären Marktaktivitäten geworden sind.

Diese Abhängigkeit des Formellen wie des Informellen von staatlicher Regulierung ist dafür verantwortlich, dass es zu einer „passiven Informalisierung" (Portes/Castells/Benton 1989) kommen kann. Wenn staatliche Regulierungen in Bereichen des Steuer-, Sozial- oder Arbeitsrechts gelockert werden, sind durch administrativen oder gesetzgeberischen Akt vormals informelle Aktivitäten zu formellen geworden, ohne dass sich an der Gestaltung der Tätigkeiten irgendetwas geändert hätte; sie sind in einen nun erweiterten, weil gelockerten Geltungsbereich sozialer und politischer (Legal-)Normen einbezogen. Umgekehrt: Werden neue Regeln verpflichtend (z.B. durch Gesetz) erlassen, können Tätigkeiten, die vordem formell waren, ins Informelle, manchmal sogar in Illegale abgedrängt werden. Die Neuregelung des 610-DM-Gesetzes in der Bundesrepublik Deutschland im Jahre 1999 ist eine solche Regel, die jene informalisiert hat, die sie nicht übernommen haben. Ein anderes Beispiel: Wenn der Coca-Anbau in lateinamerikanischen Ländern verboten wird, werden die damit verbundenen Aktivitäten, auch wenn sie eine Jahrhunderte lange Tradition haben und folglich als „normal" gelten, ins Informelle, ja ins Illegale abgedrängt (vgl. Stanley 2002).

Wenn der Staat hingegen regelgeleitetes ökonomisches Handeln, die Einklagbarkeit von Verträgen, Eigentumsrechte etc. nicht (mehr) absichert, sondern korrupte „Staatsdiener" knappe Ressourcen, die die Regierung verwaltet, an den Meistbietenden verhökert, verliert die Unterscheidung von Formellem und Informellem jeglichen Sinn. Dies gilt auch dann, wenn sich die Politik aus der Lenkung der Marktkräfte gänzlich zurückzieht.

> „In a situation where the state does not regulate anything because it is at the mercy of market forces, there is no formal economy: Hence, the formal/informal distinction loses meaning since all economic activities approach the character of those labelled informal" (Portes 1994: 432).

Die Unterscheidung von Formalität und Informalität setzt also einen generalisierten Bezug auf Normen und ein Verständnis von Normalität voraus. Diese Voraussetzung ist jedoch nicht wie selbstverständlich gegeben. Daher ist auch in den entwickelten Industrieländern Informalität nicht scharf von Formalität abzugrenzen: „The informal economy is a common-sense notion whose moving social boundaries cannot be captured by a strict definition", heißt es in einem viel zitierten Sammelband zur „informellen Wirtschaft" (Castells/Portes 1989: 11). Zum Beispiel ist die Verwandlung der Flexibilität der Arbeitsorganisation und der Entlohnungsweisen innerhalb der Formen des Normalarbeitsverhältnisses (also aus der Informalität innerhalb der Formalität) in eine Flexibilität außerhalb desselben fließend. Zwischen Formellem und Informellem existiert eine Grauzone, und vom Begriff daher Klarlinigkeit, Eindeutigkeit und Trennschärfe zu erwarten, ist ein nur um den Preis des Unspezifischen einlösbarer Anspruch. Wenn Regulationen der gesellschaftlichen Institutionen nicht greifen, ist die Abgrenzung von Formalität und Informalität schwer. Zumal es sein kann, dass die gleichen Aktivitäten einmal mit und ein anderes Mal ohne Registrierung ausgeführt werden; dass sie ohne, mit oder mit unzureichendenden Steuer- und Sozialabgaben verbunden sind; das eine Mal von Selbstbeschäftigten, Schein- oder „echten" Selbstständigen, das andere Mal von (Lohn-) Abhängigen verrichtet werden, von Arbeitskräften ohne jeden Arbeitsvertrag oder von solchen mit einem ordentlichem Arbeitsvertrag; dass sie einmal mit tariflicher, das andere Mal mit untertariflicher Bezahlung verbunden sind und in einem dritten Fall gar nicht bezahlt werden2. Informalität und Formalität sind weniger Gegensätze als die Extreme auf einem Kontinuum möglicher Formen von Arbeit (auch von Geld und Politik - wie wir noch sehen werden).

Es gibt also eine „Spanne" zwischen Formalität und Informalität, die sowohl synchron in der Gesellschaft zu beobachten ist als auch „im Nacheinander der Gesellschaftsentwicklung", also „diachronisch" zustande kommt (Elias 1989: 41). Darauf verweisen auch Peterson/Lewis:

> „The term 'informal sector' (also 'informal economy', 'hidden economy' or 'underground economy') is used to describe a heterogeneous group of economic arrangements with the common feature that they are not subject to regulation by the government or other societal institutions in an environment where similar activities are ... It is this absence of regulation that represents the essential distinction between the informal and formal sectors of the economy. This specific nature of the informal sector depends on the institutional context within a country, and thus varies across countries" (Peterson/Lewis 2000: 472).

und - so können wir hinzufügen - in der Geschichte einer Gesellschaft. Der Begriff der Informalität kann allerdings erst in einer Epoche entstehen, in der die historischen Formen von Leben und Arbeit weit entwickelt, d.h. die Gesellschaften sehr weitgehend „formalisiert" und reguliert, also institutionell verfasst sind. Zugleich gewinnt der Begriff der Informalität an Sinn und Gewicht, wenn die „harten" Formen „aufgeweicht" werden. In der „Weltgesellschaft" werden die Formen der Produktion, Reproduktion und Regulation der entwickelten fordistischen oder „post-fordistischen" Industriegesellschaften zu

---

[2] Dies ist im Wissenschaftsbetrieb nicht selten. Wissenschaftler, die Arbeitslosengeld beziehen, bereiten ohne jede Bezahlung Forschungsanträge vor - in der Hoffnung, in einem drittmittel-finanzierten Forschungsprojekt - bezahlt - mitarbeiten zu können.

Leitbildern, an denen gemessen lokale (regionale, nationale) Formen von Arbeit oder Geld, von Lebensweise und politischer Funktionsweise als „informell" erscheinen. Die Betonung liegt dabei auf „erscheinen", denn in der Literatur wird bei Versuchen von Definition oder kategorialer Einkreisung des Phänomens auch verfahren wie von Cathy Rakowski in der Einleitung zu ihrem Sammelband über den informellen Sektor in Lateinamerika:

„... *informal sector, informal economy, informality, or informals* ... encompass any or all of the following: small-scale firms, workshops, and microenterprises with low capital inputs where production levels depend on intensive use of labor; nonprofessional self-employed, subcontracted put-out workers, disguised wage workers; unprotected or only partially protected work, illegal contractual arrangements, not fully regulated or registered or extralegal activities; activities that escape standard fiscal and accounting mechanisms; domestic service; cooperatives and associated activities with little or no separation between labor and ownership of means of production; casual trade, street vendors, and market sellers, regardless of the source of goods; direct subsistence production. *Informalization* refers to the circumventing of regulations, benefits, payment of taxes, and so on by employers and the unequal and selective application of such by the state" (Rakowski 1994: 4).

Diese nicht systematisierten Merkmale eines „informell" genannten Sektors sind typisch für die summarischen Definitionen, in denen das Phänomen durch Enumeration seiner Bestandteile zusammengefügt wird. Auch die ILO geht so vor: Der informelle Sektor besteht vor allem aus „kleinen Unternehmen" und kleinen Selbstständigen mit niedrigem Grad an technologischer Ausstattung und organisatorischer Gestaltung mit dem vorrangigen Ziel, durch eine wie auch immer geartete Beschäftigung ein Einkommen zu erzielen. Normalerweise finden diese Aktivitäten nicht die Aufmerksamkeit der staatlichen Verwaltung (Cavalcanti 1983). Hinzu kommen unzureichender Zugang zu Kredit und der Einbezug der Haushalte in den Produktionsprozess (Alternatives Sud 1997: 7), sei es durch Heimarbeit (dazu Tomei 2000) oder die Haushaltsarbeit der Frauen, damit die Männer im formellen oder informellen Sektor arbeiten können (dazu Cartaya 1994). Allerdings lassen sich die summarischen Aussagen durchaus mit der Absicht gruppieren, mehr analytische Klarheit zu gewinnen; dann aber laufen die Definitionen wieder - wie schon bei Castells und Portes, bei Peterson und Lewis - auf das Bemessen der Informalität an formellen Institutionen, an den durch sie verallgemeinerten Normen hinaus: „Informalization refers to the circumventing of regulations, benefits, payment of taxes, and soon by employers and the unequal and selective application of such by the state" (Rakowski 1994: 4).

Dies ist ein sinnvoller Bezug, durch den auch Unterscheidungen möglich werden. Informell sind solche Aktivitäten, die in privaten Haushalten und in Form freiwilliger Arbeit für gemeinschaftliche Zwecke verrichtet werden. Sie sind von solchen Aktivitäten zu unterscheiden, die das Ziel verfolgen, durch Regelverletzungen welcher Art auch immer, (alternative) Zugänge zu Märkten zu erlangen. Informalität im Sinne von Selbstversorgung befindet sich zwar in einer Grauzone schattenwirtschaftlicher Aktivitäten, die gegen staatliche Regulierungen verstoßen, sie unterliegt jedoch einer anderen sozialen Dynamik als *marktbezogene informelle Aktivitäten*, die zu Geldeinkommen führen sollen. Wir klammern diejenigen informellen Aktivitäten aus, die - wie die Selbstversorgungsaktivitäten von städtischen (Mittelschicht-)Haushalten in den Industrieländern - darauf ausgerichtet sind, in bestimmten Bereichen des privaten Konsums von Gütern und Dienstleistungen die Abhängigkeit vom Markt zu verringern. Wenn man sich also auf *marktbezogene* informelle Aktivitäten konzentriert, lassen sich folgende Feststellungen treffen:

Erstens sind die Eintrittsschranken in den informellen Sektor niedriger als im formellen Sektor, vor allem wegen des vergleichsweise niedrigen Kapitaleinsatzes, der einfachen Technologien, der niedrigen Einkommen (Souza 1980: 132). Wegen hoher Arbeitsintensität und niedriger Kapital- und Technologieintensität sind Investitionen im informellen Sektor mit einer größeren Beschäftigungswirkung verbunden als im formellen Sektor. Nur auf diesem Wege kommt die Reintegration von „marginalisierten Gruppen in die gesellschaftliche Arbeitsteilung“ (Tolosa Galvao 1989: 250) zustande.

- *Informalität heißt also, dass der Zugang zu Arbeitsplätzen leichter ist als im formellen Sektor.*

Zweitens sind informelle Aktivitäten weniger als formelle Aktivitäten oder gar nicht durch gesellschaftlich legitimierte Regeln, auf die sich jedes Mitglied der Gesellschaft berufen kann, geschützt. Ihnen mangelt also die Sicherheit mit allen ihren Aspekten: Es fehlt die Gewissheit, die Zukunft beherrschen und langfristige Entscheidungen (beispielsweise in Form von Investitionen in dauerhafte Güter oder die Aufnahme von Bankkrediten) treffen zu können. Es gibt keine Einkommenssicherheit und damit auch nicht die Sicherheit der Ernährung, des Wohnens, des Arbeitsplatzes, der Versorgung im Alter etc. Wer in relativem Wohlstand lebt, erfährt diesen als prekär, einen Wohlstand auf Widerruf. So gesehen ist Informalität ein Ausdruck der Auflösung vergleichsweise stabiler sozialer Verhältnisse (Arbeit und Lohn) in der fordistischen Epoche, einer Wiederkehr jener Unbeständigkeit und Unsicherheit, die die gesamte Geschichte der Lohnarbeit in der kapitalistischen Neuzeit charakterisiert. Das Alternieren zwischen Beschäftigung und Erwerbslosigkeit, die „ständige Zeitarbeit“, eine aus provisorischem „Durchwursteln“ bestehende Mobilität, welche von der Ungewissheit des nächsten Tages gekennzeichnet ist, befördern eine Lebensweise, in der die Gegenwart alles und die Zukunft nichts gilt, eine „Kultur des Zufalls" (Castel 2000: 358), nicht unähnlich jener Haltung des „Von-der-Hand-in-den-Mund-Lebens", welche für den „Pauperismus" des 19. Jahrhunderts in Europa charakteristisch war. Insofern ist Informalität identisch mit Ungesichertheit und diese wiederum verweist auf einen Mangel an Kooperation und korporativer Sicherung. Informelle sind demnach infolge dünnerer Schichten des institutionellen Schutzes verwundbarer als diejenigen, die formell tätig sind - auch wenn sie gleiches Einkommen beziehen sollten.

- *Informalität also heißt: ein geringer Grad von „menschlicher Sicherheit" und „wohlfahrtsstaatlichem Schutz" und ein hoher Grad an „Verwundbarkeit".*

Drittens fehlt informellen Transaktionen der Schutz rechtlich normierter Rahmenbedingungen. „Vertrauen erzwingende" Maßnahmen von ethnischen, religiös oder lebensweltlich begründeten Gemeinschaften sind kein Ersatz für jene Verlässlichkeit, die erst durch den Einsatz staatlicher Zwangsmittel garantiert wird. Der ungesicherte Untervertragsnehmer eines formellen, häufig transnationalen Unternehmens, der auf der Basis einer bloßen Zahlungszusage an einen Mittelsmann liefert, ist auf Gedeih und Verderb auf die Einlösung der (Zahlungs-)Versprechungen angewiesen. Geringe Transparenz des Geschäftsgebarens und manchmal auch ungesicherte Eigentumsverhältnisse schaffen Unsicherheit. Längerfristige Investitionen aber werden nur getätigt, wenn Sicherheiten vorliegen. Wo hingegen keine neutralen, d.h. außenstehende „Schlichter" den Wettbewerb auf umkämpften Märkten regulieren und sicherstellen, dass Eigentumsrechte einklagbar sind, werden die Regeln des Wettbewerbs unsicher und selbst mittelfristige Kalkulationen der Profiterzielung zur Makulatur. Mangelnde Transparenz bedeutet Diskriminierung insbesondere derjenigen, die sozial in der einen oder anderen Weise stigmatisiert sind (Portes/Castells 1989: 26): von ethnischen Minderheiten, Frauen, manchmal auch Jugendlichen.

- *Informalität also heißt: mangelnde Institutionalisierung von Rechten, ein geringer Grad von Transparenz der „gesellschaftlichen Buchführung", Bevorzugung der Dazugehörigen von Netzwerken und Diskriminierung derjenigen, die „nicht dazu gehören".*

Viertens sind informelle Einheiten in aller Regel klein. Dabei ist nicht die geringe Größe ein Problem, sondern die Tatsache, dass diese die Normgröße eines wettbewerbsfähigen Unternehmens unterschreitet und die daraus resultierende mangelnde Wettbewerbsfähigkeit durch Überausbeutung der Arbeitskraft beim Lohn (das ist auf der anderen Seite der Entzug monetärer Kaufkraft) oder bei den Arbeitsbedingungen (also durch Entzug gesellschaftlicher Schutzvorkehrungen) kompensiert wird. Für große Unternehmen, die Aufträge von kleinen, ökonomisch von ihnen abhängigen Firmen erledigen lassen, ist der Rückgriff auf „informelle Subunternehmer" freilich gleichbedeutend mit einer Erhöhung ihrer Wettbewerbsfähigkeit.

- *Große und kleine Unternehmen kompensieren auf je unterschiedliche Weise mangelnde Konkurrenzfähigkeit auf internationalen Märkten durch Informalität.*

Fünftens führen Informelle ein Nischendasein in der Produktion wie in der Distribution (z.B. als Straßenhändler) und finden keine ausreichende gesellschaftliche Anerkennung für ihre Anstrengungen - weder in monetärer noch in nicht-monetärer, ideeller Form. Dies eint die informellen Marktaktivitäten mit einem Großteil jener informellen Tätigkeiten, die Frauen unbezahlt in privaten Haushalten verrichten.

- *Informalität bedeutet ein niedriges Niveau der gesellschaftlichen Wertschätzung und Anerkennung.*

Sechstens werden nicht selten rechtliche Normen umgangen oder gebrochen. Informelle bewegen sich auf diffusem, extralegalem Terrain. Informalität könnte daher als eine Art von „negotiated legality" (Islamoglu, zitiert nach Odman 2000) interpretiert werden. Informelle Aktivitäten grenzen sich gegenüber formellen Aktivitäten dadurch ab, dass letztere reguliert und erstere nicht reguliert sind (Portes/Castells 1989: 12). Doch ist dies kein statisches Verhältnis. Die politischen Institutionen können sich gegenüber der Informalität restriktiv verhalten oder mit einer Art „wohlwollenden Wegblickens" gegenüber informellen Aktivitäten reagieren, die sich am Rande der Legalität bewegen.

- *Informalität heißt also: nicht nur eine Grauzone des Übergangs zur Formalität, sondern auch ein „Schattenbereich" des Übergangs zur Illegalität und Kriminalität.* Wo die Grenze in den Grauzonen jeweils gezogen wird, ist eine Frage institutioneller, d.h. politischer Regulierung. *Informalität ist folglich ein diskursiv umkämpftes Terrain.*

Im modernen Kapitalismus, so können wir zusammenfassen, sind soziale Formen, die in der fordistischen Phase vorherrschend und prägend gewesen waren, nicht mehr *en vogue*. Sie werden aufgegeben und durch neue ersetzt. Ganze Heerscharen von Unternehmensberatern arbeiten am Konzept des neuen Unternehmens, dezentral organisiert, flexibel und von der Macht der Gewerkschaften nicht zu berühren, und ganze Schulen von Ökonomen schwärmen mit der neuen Botschaft aus, dass die Makroökonomie keinerlei Regulierung bedürfe, wenn man die mikroökonomischen Einheiten nur in Marktfreiheit walten lasse, und dass vor allem die Arbeitsmärkte flexibilisiert werden müssten. Die neue „postfordistische" Botschaft richtet sich als Drohung gegen die Gewerkschaften, dort wo sie stark sind oder waren (so auch

Portes/Castells/Benton 1989: 298ff), also gegen die Organisation, die einst entstanden ist, um die Ware Arbeitskraft gegen jene Überausbeutung zu schützen, die aus den Betrieben, wie Marx schreibt, eine „Gerberei" bzw. in den Worten Polanyis eine „Teufelsmühle" (Polanyi 1978) machen.

Erst im Zuge der Auflösung von rigiden Arbeits-, Lohn-, Geld- und Politikformen ist der Blick für die andere, für die „informelle" soziale und ökonomische Realität geschärft. Erst die Wahrnehmung einer Krise (des „Normalarbeitsverhältnisses" zum Beispiel) ermöglicht es, die Norm, deren Geltung in Frage gestellt ist, wahrzunehmen. Solange die „Normalität" gar nicht bemerkt wird, bedarf es auch keiner „Vision einer Norm". Daher macht es Sinn, der „Idee der Krise eine begriffliche Priorität vor der Wahrnehmung der 'Normalität' einzuräumen" (Bauman 2000: 203): Der normale, gewöhnliche und gewohnte, daher als unproblematisch wahrgenommene Zustand tritt erst ins Bewusstsein, wenn etwas schief läuft, wenn die Dinge aus den Fugen geraten. Erst die Wahrnehmung einer Krise bewirkt, dass die Idee einer Norm oder einer Regel ins Bewusstsein tritt und dass nach den Ursachen dafür gefahndet wird, weshalb Regelungen, die sich als nicht mehr funktionstüchtig erweisen, in der Vergangenheit wirksam gewesen sind und „was getan werden müßte, um diese Bedingungen entweder wiederherzustellen oder die Werkzeuge auszutauschen" (ebd.: 204).

2. Mess- und Abgrenzungsprobleme zwischen Normalität und Faktizität

Die Typen informeller Arbeit lassen sich nicht leicht in quantitativen Größenordnungen angeben. Über die in einem Normalarbeitsverhältnis Beschäftigten gibt es in nahezu allen Ländern verlässliche Daten, die auch - bei allen üblichen Vorbehalten - vergleichbar sind. Fast keine Daten findet man über die *Subsistenzarbeit* in den Haushalten, auf dem Lande und in den Städten. Damit verschwindet die von Frauen geleistete Hausarbeit von vornherein aus der Statistik; und was nicht gemessen wird, existiert in der gesellschaftlichen Buchhaltung und folglich in der öffentlichen Wahrnehmung und in den politischen Diskursen nicht. Schätzungen gibt es über die Anteile derjenigen, die bezahlte informelle Arbeit leisten, auch wenn die Daten nicht verlässlich sind und nur mit Vorsicht international verglichen werden können, zumal mit Indikatoren gearbeitet werden muss. Denn gleichgültig welche Messmethode verwendet wird, der Gegenstand ist schwer ein- und abzugrenzen. Denn die Informellen befinden sich bestenfalls am Rande der Legalität, in einer Position, die als legitim wahrgenommen wird, schlechtestenfalls entfalten sie aber kriminelle Aktivitäten, deren Aufdeckung - und die Messung ist eine Form der Herstellung von Transparenz - Sanktionen nach sich ziehen würde. Die Verschleierung informeller Aktivitäten ist also Element der Informalisierung selbst.

Die Verschleierung informellen Geldes, das durch Drogenschmuggel, Korruption, Anlagebetrug etc. zustande gekommen ist, gehört sozusagen zum Geschäft, und hier messen zu wollen, ist ein aussichtsloses Unterfangen. Es gibt aber Schätzungen, die gar nicht beanspruchen, genau zu sein. Es geht um Größenordnungen und Tendenzen. Diese sind beeindruckend: Tendenz steigend auf einem bereits sehr hohen Niveau. Allein die Geldwäsche erreicht nach Angaben von UNO und FATF eine Größenordnung von mehr als 5% des globalen Sozialprodukts. Da Geldeinnahmen nur dann gewaschen werden müssen, wenn sie Resultat krimineller Vortaten sind, kann davon ausgegangen werden, dass allein der illegale und kriminelle Teil des informellen Sektors im globalen Durchschnitt 5% des Sozialprodukts erbringt (die Europäische Kommission geht sogar von einer Größenordnung der durch Schwarzgeld indizierten Schattenökonomie von 7 bis 16% des Bruttoinlandsprodukts in der EU aus, vgl. *Frankfurter Allgemeine Zeitung* vom 3.9.2001). Also haben wir eine Untergrenze des Umfangs der informellen Ökonomie und können damit die Werte, die durch Befragung zustande kommen (vgl. Schneider/Enste 2000: 37f) und Werte von informeller Tätigkeit in Relation zu formell Beschäftigten zwischen 1% bis unter 4% in den Industrieländern aufzeigen, als wenig realistisch und beträchtlich untertrieben ad acta legen.

Den 5% müssen alle jene bezahlten informellen Tätigkeiten hinzugerechnet werden, die nicht im strikten Sinne illegal sind und bei denen trotz Verstoßes gegen Steuer- und Sozialversicherungsbestimmungen zumeist ein Auge zugedrückt wird. Ihre Größenordnung kann auch nur geschätzt werden, da Einkünfte aus Tätigkeiten in der „Schattenwirtschaft" nicht formell gemeldet werden. Über die Schätzmethoden der Größe der Schattenwirtschaft und ihre Probleme informieren Schneider/Enste (2000: 11ff.), Gretschmann et al. (1984), Schrage (1984), Werner (1990) oder Portes (1994) sowie die ILO in diversen Veröffentlichungen. Direkte Methoden, sofern sie auf Befragungen gründen, sind, wie der Vergleich mit Geldwäsche-Schätzungen bereits deutlich gemacht hat, wenig geeignet, die Größe des informellen Sektors zu erheben. Daher werden in der Regel indirekte Methoden angewendet. Allerdings ist hier eine wichtige Differenzierung vorzunehmen: Einerseits geht es um die Messung der Schattenwirtschaft, also jenen nicht dokumentierten Sektor einer Volkswirtschaft, in dem soziale Verpflichtungen wie die Zahlung von Steuern oder von sozialen Abgaben vermieden werden. Da dies im Prinzip strafbar ist, wird alles getan, um den Sachverhalt zu verschleiern. Hier kann nur, wenn man die Größenordnung der Schattenwirtschaft messen will, indirekt vorgegangen werden, indem eine „Normalsituation" (des Bargeldumlaufs, des Elektrizitätsverbrauchs etc. – dazu mehr unten) unterstellt wird, an der die tatsächlichen Werte bemessen werden. Die Differenz gibt einen quantitativen Wert, der für die Schattenwirtschaft stehen soll.

Gehen wir zunächst auf die Messversuche der Schattenwirtschaft ein, die sich in der einen oder anderen Weise an der Differenz von Normalität und Faktizität orientieren.

In der volkswirtschaftlichen Gesamtrechnung werden die formell dokumentierten Einkommen mit den tatsächlichen Ausgaben (in der Verwendungsrechnung) verglichen. Sollte das verwendete Einkommen höher sein als das formell erzielte, so kann die Differenz (sollte sie positiv sein) einen Hinweis auf die Schattenwirtschaft darstellen. Allerdings ist diese Methode mit beträchtlichen statistischen Problemen verbunden, so dass ihre Aussagekraft zu wünschen übrig lässt. Ähnliches gilt für den Vergleich von offizieller (förmlicher) Erwerbsquote und tatsächlicher Erwerbsquote. Ist letztere höher als erstere, kann auf die Existenz informeller Arbeit geschlossen werden. Aber viele Arbeitskräfte gerade in den Industrieländern haben nicht nur einen Job; sie gehen gleichzeitig einer regulären und einer informellen Tätigkeit nach. Andere wiederum sind offiziell beschäftigt, aber zu prekären Bedingungen, die hinsichtlich der damit verbundenen sozioökonomischen Unsicherheit der Informalität nahe kommen. Die schwer zuzuordnende Grauzone zwischen förmlicher und nicht förmlicher Beschäftigung ist mit dieser Methode nur unzureichend auszuleuchten.

Monetäre Ansätze der Schätzung der Schattenwirtschaft sind da zunächst vielversprechend. Es wird angenommen, dass schattenwirtschaftliche Aktivitäten größtenteils in bar abgewickelt werden, um gegenüber den Steuerbehörden keine Spuren (Rechnungen, Kontenbewegungen etc.) zu hinterlassen. Man kann also von einem Normalwert des Bargeldbedarfs ausgehen und immer dann auf schattenwirtschaftliche Aktivitäten schließen, wenn der Bargeldbedarf über den Normalpegel steigt. Man braucht bei dieser Methode also einen Referenzwert, und da ergeben sich viele schwer lösbare Probleme. Es kann eine Referenzperiode unterstellt werden, in der es keine Schattenwirtschaft gab. Doch dies lässt sich schwer belegen. Es müssen auch andere Einflüsse als die der schattenwirtschaftlichen Aktivitäten auf die Veränderungen des Bargeldkoeffizienten ausgeschlossen werden. Dies ist kaum möglich, da der Bargeldkoeffizient mit dem Konjunkturverlauf schwankt und von technischen Entwicklungen des Zahlungsverkehrs (Kreditkarte etc.) abhängig ist. Obendrein ist auf diese Weise informalisierte, prekäre Arbeit nicht erfassbar; ein wesentlicher Bereich des Informellen wird nicht gemessen. Der Ansatz ist inzwischen beträchtlich verfeinert worden (vgl. Scheider/Enste 2000: 17f zu den Methoden von Tanzi und Klovland), aber die grundlegenden Einwände bleiben bestehen. Ganz prinzipiell ist das von uns mehrfach benannte Problem im Sinne der Operationalisierung nicht gelöst, eine Norm zu begründen, an der Informalität als solche gemessen werden kann.

Ein anderer Versuch der Indizierung der Schattenwirtschaft ist die Messung des Elektrizitätsverbrauchs. Unter der Annahme, dass die Elastizität des Elektrizitätsverbrauchs in Bezug auf das Sozialprodukt nahe bei 1 liegt, kann auf schattenwirtschaftliche Aktivitäten geschlossen werden, wenn der Elektrizitätsverbrauch stärker steigt als das offizielle BIP. Allerdings trifft die Verwendung des physischen Indikators die gleiche Kritik wie die an monetären Indikatoren: Die Annahme eines „normalen" Verhältnisses von BIP und Elektrizitätsverbrauch ist schwer begründbar und obendrein gibt es technische Entwicklungen, die die Annahme einer konstanten Elastizität fragwürdig machen. Bestimmte schattenwirtschaftliche Tätigkeiten in wenig energieintensiven Dienstleistungen werden möglicherweise gar nicht erfasst, von den prekären Arbeitsverhältnissen im formellen Sektor ganz abgesehen.

Es ist daher nicht verwunderlich, dass auch Arbeitsmarktdaten in methodisch ähnlicher Weise verglichen werden: eine als „normal" im internationalen Vergleich unterstellte durchschnittliche Erwerbsquote wird mit der tatsächlichen Erwerbsquote in Beziehung gesetzt (vgl. Schrage 1984: 21ff). Unter Berücksichtigung von demographischen und sozialen Entwicklungen (z.B. Frauenerwerbstätigkeit) werden die offizielle und die durch haushaltsbezogene Befragung etc. ermittelte tatsächliche Erwerbsquote verglichen. Die bisher gemachten Einwände gelten auch gegen diese Methode. Auch hier wird nicht erfasst, wenn Erwerbspersonen sowohl formell als auch informell tätig sind.

Auch die „weiche Modellierung" (Schneider/Enste 2000: 20ff) ist keine Lösung, obwohl differenziert mit Einflussfaktoren auf die Schattenwirtschaft und die sie indizierenden Größen gearbeitet wird. Die unterstellten Ursachen schattenwirtschaftlicher Aktivitäten sind nämlich erstens auf ihre Bedeutung und Interdependenz zu prüfen und zweitens müssten sie statistisch gemessen werden. Für einige der aufgeführten Ursachen (wie die „Steuermoral") können jedoch auch nur Indikatoren, sofern vorhanden, verwendet werden, die einen internationalen Vergleich der Schattenwirtschaft ermöglichen sollen. Die in dem Modell verwendeten Ursachen (Steuerbelastung, Regulierungsdichte, Steuermoral, Einkommen) sind obendrein nicht ausschließlich. Es ließen sich leicht weitere benennen, wie Wettbewerbsfähigkeit, Konjunkturlage und formelles Arbeitsplatzangebot etc.

Für die Erfassung der informellen Arbeitsverhältnisse (hinsichtlich Arbeitszeiten, Bezahlung, Sicherheit, kollektive Interessenvertretung etc.) bringen die von Schneider/Enste diskutierten Methoden wenig. Ihre Ergebnisse sind so unterschiedlich, dass die Relevanz in Frage gestellt werden kann. Nach der monetären Methode beispielsweise wurden im Jahre 1970 in Mexiko 13,5% der Wirtschaftsaktivitäten in der Schattenwirtschaft verrichtet; im Jahr 1985 waren es 25,7%. Mit der Methode des physischen Output wurden 1970 7,96% als Schattenwirtschaft indiziert (weniger als mit der monetären Methode gemessen), 1985 aber 38,43% (wesentlich mehr als mit der monetären Methode identifiziert). In den USA liegen die Schätzungen der Schattenwirtschaft mit verschiedenen monetären Methoden zwischen 6,1% und 41,6% im Jahre 1980 (Portes 1994: 442ff). Die Ergebnisse sind also nicht eindeutig und daher wenig überzeugend.

Zum anderen kann die Größenordnung der informellen Arbeit ermittelt werden, indem Erwerbsverhältnisse gezählt werden, die den gesellschaftlichen Formen nicht entsprechen. Hier können Informationen auch durch direkte Messverfahren gewonnen werden, wenn denn in den jeweiligen Ländern die statistische Dokumentation (Institutionen, verfügbare Mittel, Personal und Qualifikationen) dazu ausreicht. Die ILO hat seit Jahrzehnten versucht, die statistische Berichterstattung über Arbeitsplätze, Beschäftigung, Arbeitslosigkeit, Ausgestaltung der Arbeitsverhältnisse, Scheinselbstständigkeit, Zwangsarbeit oder Kinderarbeit zu verbessern. Die von der ILO verwendeten Kriterien der Bewertung von Erwerbstätigenstatus und Arbeitstätigkeiten sind für die Indizierung der Informalität der Arbeit geeigneter als die Berechnungsmethoden der Schattenwirtschaft. Doch ein Ergebnis ist sozusagen methodenunabhängig: der informelle Sektor wächst relativ zur formellen Ökonomie, auch wenn das Niveau strittig ist.

3. „Redundant Population"

Das globale Arbeitskräftepotenzial wird von der ILO auf etwa 3 Milliarden Menschen geschätzt. Davon sind rund ein Drittel entweder arbeitslos oder unterbeschäftigt. Von 100 Erwerbstätigen sind sechs gänzlich ohne Erwerbsarbeit, 16 erhalten für ihre Arbeit ein Entgelt, das nicht ausreicht, um die davon abhängigen Haushaltsmitglieder über die unterste Armutsgrenze von 1 US$ pro Tag zu bringen und unter den restlichen 78 sind viele, die ein Niedrigeinkommen beziehen, von dem sich die Lebenshaltungskosten nicht decken lassen. Viele, die für einen mageren Lohn überlange Arbeitszeiten hinnehmen müssen, sich mit Gelegenheitsarbeit durchschlagen oder „freigesetzt" sind, tauchen in den Arbeitslosenstatistiken nicht auf (ILO 2001a: 6; Sengenberger 2001)[3]. Im

[3] In den westlichen Industrieländern tragen zunehmend restriktive Regelungen für den Bezug von Transfereinkommen dazu bei, dass viele Frauen aus den Statistiken herausfallen, weil sie sich nicht (mehr) als arbeitssuchend melden.

„World Employment Report 2001" wird davon ausgegangen, dass 500 Millionen Arbeitsplätze benötigt würden, allein um die in den nächsten zehn Jahren neu auf den Arbeitsmarkt strömenden Menschen aufzufangen und einigen wenigen Arbeitslosen Beschäftigungschancen zu eröffnen (ILO 2001b).

In den letzten drei Jahrzehnten beschleunigter ökonomischer Globalisierung und politischer Deregulierung hat sich die Situation auf dem Arbeitsmarkt deutlich verschlechtert. In Europa verharrt die Arbeitslosigkeit auf einem anhaltend hohen Niveau. Die großen Unternehmen werden angesichts des Drucks der globalen Konkurrenz den Abbau von Arbeitsplätzen nicht stoppen. Allein in Deutschland sind für die ersten Monate des Jahres 2002 Stellenstreichungen in der Höhe von nahezu einer eine halben Million Jobs angekündigt (vgl. „Auf der ganzen Welt werden Hunderttausende von Arbeitsplätzen abgebaut" *in Frankfurter Allgemeine Zeitung* vom 28. Dezember 2001). In vielen Ländern, z.B. in den Staaten Südostasiens, konnte im Laufe der 90er Jahre ein Zuwachs der Beschäftigung verzeichnet werden. Einige Forscher wagten sogar die optimistische Prognose einer Rückverlagerung der Arbeit vom informellen in den formellen Sektor, der „Entstehung einer neuen Klasse von Lohnarbeitern" und einer neuen Mittelschicht (Evers 1997: 143f)[4]. Doch ist die Arbeitslosigkeit zurückgekehrt. Dies ist auch in MOE der Fall, wo bis zur „Wende" im Jahr 1989 nahezu Vollbeschäftigung herrschte (bzw. die Arbeitslosigkeit verdeckt war). Viele Länder, nahezu alle in Lateinamerika, kennen seit langem beide Tendenzen: steigende Arbeitslosigkeit und einen großen, zumeist wachsenden informellen Sektor (ILO 2000a: 23). Dieser wächst nicht allein infolge des Abbaus von Arbeitsplätzen im formellen Sektor, sondern auch als eine Folge der informationstechnisch gestützten Reorganisation von transnationalen Produktionsprozessen. In ihrem Bestreben, Wettbewerbsvorteile aus einer möglichst unkontrollierten Flexibilisierung des Einsatzes von Arbeitskräften zu ziehen, werden Rechte extensiv zu Gunsten der Unternehmen und zu Lasten der Arbeitskräfte ausgenutzt. Dies geschieht in fast allen Gesellschaften, wenn auch mit unterschiedlichen Gewichtungen (Supiot 1999).

Verstärkt wird diese Entwicklung durch die globale Finanzkrise, die 1994 in Mexiko begann, 1997 in Asien wütete, 1998 Russland erfasste und danach

[4] Die von H.-D. Evers (1997) vor Ausbruch der Asienkrise formulierte These, dass in Indonesien während der 80er und 90er Jahren, wie zuvor schon in Thailand und Malaysia, mit der Zunahme industrieller Lohnarbeit der informelle „Sektor in Relation zum formellen Sektor an Bedeutung verloren hat", gründet allerdings auf einer sehr engen Definition: als informelle Beschäftigte gelten lediglich selbstständige Arbeitgeber und Selbstständige und beschäftigte Familienangehörige, nicht aber entlohnte Arbeitnehmer. Diese werden *grosso modo* dem formellen Sektor zugeschlagen.

Brasilien, die Türkei und Argentinien. Allein in Südostasien verloren 13 Millionen Menschen infolge der Krise ihren Arbeitsplatz und sehr viel mehr Menschen wurden (zurück) in die Armut getrieben. Gleichzeitig sanken die Reallöhne (in Indonesien bis zu 60%) und es schrumpften die öffentlichen Mittel für Ausbildung und Gesundheit. In längerer Frist hat dies höchst nachteilige Folgen für die Akkumulation von „Humankapital“, in kürzerer Frist ist mit einer Erosion des „gesellschaftlichen Kapitals“ zu rechen, weil die sozialen Beziehungen durch soziale Unruhen, eine Zunahme von Verbrechen und von Gewalt in den Familien vergiftet werden (UNDP 1999: 5).

Hinzu kommt, dass die Beschäftigungsmöglichkeiten in der Subsistenzlandwirtschaft schrumpfen. In MOE ist dies vor allem eine Folge der Schließung unrentabler Staatsbetriebe und der Überschwemmung einheimischer Märkte mit billigeren Importprodukten. In der Dritten Welt kommt zu den Folgen des Abbaus von Handelshemmnissen im Zuge der (z.T. erzwungenen) Öffnung nationaler Ökonomien zum Weltmarkt noch die verstärkte Mechanisierung und Industrialisierung in der Landwirtschaft. Überall steigt der Anteil ländlicher Haushalte, die nicht im Besitz von Land sind; in Lateinamerika stellen diese am Ende der 90er 71% der Landbevölkerung (ILO 1999b: 6). Gleichzeitig verringern sich die Möglichkeiten, eine abhängige Arbeit in ländlichen Betrieben zu finden; es steigt die ländliche Überbevölkerung. Das treibt die Landlosen, vor allem die jungen Männer, auf die Arbeitsmärkte der großen Städte und vergrößert dort den informellen Sektor. Beispielhaft lässt sich dies in Mexiko studieren, wo im Zuge der Privatisierung der landwirtschaftlichen Kollektivgüter (ejidos) eine Reservearmee an landlosen Bauern entsteht. Die konkurrenzlos billige Arbeitskraft der proletarisierten Bauern ermöglicht es beispielsweise den Unternehmen der Bekleidungsbranche, auf die steigende Fluktuationsrate in den „export processing zones“ (EPZ) entlang der mexikanisch-US-amerikanischen Grenze mit einem Austausch der Beschäftigten zu reagieren - statt mit einer Erhöhung des Stückakkords (Bair/Gereffi 2000: 217ff)). In den ländlichen Regionen selbst kommt es zu einer „Feminisierung der Landwirtschaft“, die mit einem sinkenden Lebensstandard, mit wachsender Unsicherheit der Einkommen und fehlender sozialer Absicherung für Kinder, Kranke und Alte einhergeht. Doch häufig sind es auch die Kinder, die „Vieh und Felder versorgen, weil ihre Väter in den Städten einer bezahlten Arbeit hinterherjagen“ (Arlacchi 1999: 173).

In vielen Ländern Asiens (beispielsweise in Indien) erzeugt die Verarmung der ländlichen Bevölkerung durch den Wegfall bisheriger staatlicher Subventionen, die Eliminierung kleinerer Anbauflächen durch Landkonzentration und die teilweise Mechanisierung der Produktion zugleich einen Überschuss an potenziellen Arbeitern. Ihre Arbeitsbedingungen kommen Sklavenarbeit nahe. Die Löhne in der Landwirtschaft werden nach unten gedrückt: Wo der Kreditmechanismus praktisch ungeregelt ist, kann das Geld, das sich ein Subsistenzbauer - etwa nach einer schlechten Ernte oder weil ein Familienmitglied erkrankt ist und ärztliche Betreuung benötigt - von einem ortansässigen Landbesitzer leiht, leicht zu einer Schuld werden, für die eine Person sich in Knechtschaft begibt, - weil nur Leib und Leben als Bürgschaft eingesetzt werden können[5]. (Dies kommt dem „Aviamento-System in Amazonien, mit dem wir uns im siebenten Kapitel beschäftigen, sehr nahe). Verschuldung führt auch heute noch in vielen Ländern in die Knechtschaft bzw. in Verhältnisse der Zwangsarbeit. Dies ist in Indien, in Bangladesh, Pakistan und Indonesien gerade bei Kindern, die von ihren Eltern zur Ablösung von Schulden zur Ausbeutung geschickt werden, weit verbreitet (vgl. ILO 2000b: 70ff). Zwangsarbeit ist seit 1930 (Convention No. 29) geächtet und in Convention 105 von 1957 verpflichten sich die Unterzeichnerstaaten, Zwangsarbeit zu verhindern („abolition"). Doch Zwangsarbeit aufgrund von Schuldsklaverei ist kein Delikt der weniger entwickelten Länder; es kommt auch in den USA und in anderen Industrieländern vor. Denn häufig sind Migranten gezwungen, zur Begleichung einer tatsächlichen oder nur behaupteten „Schuld" (beispielsweise für das „Einschleusen" in ein Zielland der Migration) mit oder mit nur geringer Entlohnung zu arbeiten und für einen mehr oder weniger langen Lebensabschnitt in Unfreiheit zu leben (u.a. dadurch, dass ihnen die Pässe abgenommen werden) (ILO 2000b: 71f; ILO 2001c).

Die Sklaverei kehrt in modernem Gewande zurück, so Kevin Bales von „Anti Slavery International", der ältesten Menschenrechtsorganisation der Welt (die 1839 gegründet wurde). Sie floriert überall dort, „wo alte Regeln und alte Lebensweisen" zusammenbrechen (Bales 2001: 161) und wo Arbeit mit der Androhung von Strafen (Gefängnis, Pfändung von Eigentum, aber auch Folter) erpresst werden kann. Wenn die Subsistenzlandwirtschaft mit ihren vorkapitalistischen Werten und Normen nicht mehr imstande ist, den Lebensunterhalt der Menschen zu sichern und wenn diese sich aus eigener Kraft innerhalb von Marktbeziehungen nicht behaupten können und wenn das traditionelle Geflecht sozialer Beziehungen dann nicht durch die Regeln und Leistungen eines modernen Wohlfahrtsstaats ersetzt wird, sind die Vor-

[5] In Indien kann ein Kreditgeber schon für 500 bis 1000 Rupien (also 12-23 US$) einen Arbeiter kaufen, der seine Schuld abarbeiten muss. „Die Knechtschaft ist zeitlich völlig unbegrenzt: der Sklave muß solange schuften, bis der Sklavenhalter beschließt, daß die Schuld beglichen ist. Sie kann sich bis in eine zweite und dritte Generation hinein fortsetzen, kann durch betrügerische Buchführung des Sklavenhalters - der sogar die Kinder des Sklaven verkaufen und gegen die Schuld verrechen darf - immer größer werden" (Bales 2001: 27f).

aussetzungen dafür gegeben, dass zumindest ein Teil der „redundant population" in einer der vielen Erscheinungsformen neuer Sklaverei ein prekäres und menschenunwürdiges Leben fristen wird. Kevin Bales schätzt die Zahl der Menschen, die in neuen Formen von Leibeigenschaft, Schuldknechtschaft[6] und in Vertragssklaverei leben, auf 27 Millionen; Pino Arlacchi (1999) kommt aufgrund einer weniger genauen Unterscheidung von Kinderarbeit und Kindersklaverei, von Prostitution und sexueller Sklaverei, von Ausbeutung und rechtlosen Vertragsarbeitern, die unter Androhung von Gewalt an ihren Arbeitsplatz festgehalten werden und wenig oder gar keinen Lohn erhalten, zu einer sehr viel höheren Zahl: demnach gäbe es zu Beginn des 21. Jahrhunderts weltweit 200 Millionen Sklaven.

Auch in den Transformationsländern MOEs darf - trotz des Mangels an verlässlichen Daten - davon ausgegangen werden, dass dort, wo staatseigene Unternehmen geschlossen oder privatisiert wurden, die Arbeitslosigkeit unter der Landbevölkerung wächst und damit zugleich der Druck, den Lebensunterhalt mit informellen wirtschaftlichen Aktivitäten zu sichern. Im russischen Fall dürfte es sich dabei sehr häufig um eine Tätigkeit als „tschelnoki" handelt, eines „Schiffchens"[7], das innerhalb des Landes pendelt und dabei auf eigene Rechnung Kleinhandel treibt oder als grenzüberschreitender Handelstourist Konsumgüter für den inländischen Verbrauch im Ausland mit geliehenem Gelde kauft. Auf diese Weise tragen die illegalen Händler dazu bei, das schmutzige Geld der unternehmerischen Mafia, das mit Drogen, Waffen und vor allem mit Frauenhandel und Prostitution verdient wurde, weiß zu waschen.

Bislang noch kaum zu ermessen ist jedoch, was der „Sprung in den Kapitalismus", auf den die Volkrepublik China mit ihrem Beitritt zur WTO an-

---

[6] Die auf dem Land besonders verbreitete Schuldknechtschaft ist freilich nicht auf den indischen Subkontinent beschränkt. Auch in Brasilien „bildet die Verschuldung heute den wichtigsten Mechanismus zur Versklavung" (Sutton 1994: 19): verarmte Bauern, die mit Versprechungen einer angemessenen Bezahlung angeworben und dann über viele Tausende von Kilometern in entlegenen Gebiete verbracht werden, arbeiten in den Holzkohlecamps auf dem Mato Grosso do Sur, beim Roden der Regenwälder Amazoniens, in der Zuckerohrernte, beim Gold oder Edelsteine schürfen, in der Gummiindustrie oder in der Rinderzucht praktisch umsonst, - derweil ihre Verschuldung unaufhaltsam wächst (vgl. Bales 2001: 160ff).

[7] Anderswo, beispielsweise an Polens Ostgrenze zu Weißrussland, der Ukraine und Litauen heißen die fliegenden Händler, die zu Fuß, in Fahrradkonvois oder mit dem Motorrad, in Autos, Bussen und Bahnen den Rucksack- oder Kofferhandel betreiben, „Ameisen" (mrówki); ihre Arbeit ist dieselbe wie die der russischen „tschelnoki". Ein Großteil des in keiner offiziellen Statistik erscheinenden Binnenumsatzes von Konsumgütern in der Ukraine und in Weißrussland und beachtliche Teile des Außenhandels dieser Länder dürften auf Aktivitäten dieser „Schwarzarbeiter" zurückzuführen sein (vgl. Karol 1997 sowie Kapitel 3.4).

setzt, für die Zunahme der weltweiten Arbeitslosigkeit, die Expansion informeller Arbeit und die Ausweitung von Zwangs- oder Sklavenarbeit in all ihren Facetten bedeuten wird. Billigimporte aus den USA, Kanada und Europa, so steht zu befürchten, werden Millionen chinesischer Bauern, die die Hälfte der Bevölkerung stellen, in die Arbeitslosigkeit treiben. Zusammen mit den ca. 140 Millionen Angestellten der Staatsbetriebe, deren Arbeitsplätze infolge des Wegfalls von Schutzzöllen unrentabel und daher „überflüssig" werden und 100-250 Millionen „versteckten" Arbeitslosen, die in China vermutet, von der Statistik jedoch nur unzureichend erfasst werden[8], könnten Arbeitslosigkeit und weitere Verarmung[9] auf dem Lande dazu führen, dass in naher Zukunft bis zu einer Milliarde Menschen auf die Arbeitsmärkte der Städte gespült werden, sei es in China selbst oder auf dem Wege der Migration in die großen Städte anderer Länder. Dort aber gibt es Arbeit nahezu ausschließlich im informellen Sektor oder jenseits davon, in der kriminellen Ökonomie. Alle Hoffnungen, dass private Unternehmen, die im Zuge eines beschleunigten Wirtschaftswachstums in China entstehen, die Arbeitslosen aufnehmen, dürften im diesem Falle genauso enttäuscht werden wie in den Ländern MOEs. Der rasante Anstieg der städtischen Armut, die - anders als die Armut auf dem Lande - unter dem System der „eisernen Reisschüssel" nahezu unbekannt war, gibt Zeugnis davon, dass die Durchsetzung marktwirtschaftlicher Prinzipien in China, wie anderswo auch, Sicherheitsnetze zerreißt und die schutzlos gewordenen Menschen in ungeschützte und oft lebensgefährliche Arbeit[10] treibt.

Hoffnungsträger Nummer Eins ist in China, wie in allen anderen spät kapitalisierten Ländern, die Bekleidungsbranche. Denn deren Ausfuhren werden durch einen WTO-Beitritt deutlich ansteigen. Wenn in dieser Branche jedoch tatsächlich, wie von chinesischen Politikern erhofft, bis zu einer Million Arbeitsplätze entstehen, werden diese Arbeitsplätze andernorts fehlen: Dann

---

[8] Nach offiziellen Schätzungen waren 2000 ca. 15 Millionen Menschen arbeitslos, unter Einbeziehung der nicht registrierten Arbeitslosen 21,7 Millionen (vgl. Li 2001 zit. in Yan Hao 2001).

[9] Wie in MOE, so ist die Einkommensarmut auch in China im Verlauf des Transformationsprozesses deutlich angestiegen: 1997 betraf sie etwa ein Drittel der Bevölkerung. 120 Millionen Chinesen lebten zu diesem Zeitpunkt unter der Armutslinie von 4 US$ am Tag (UNDP 1997).

[10] Dazu gehört in China u.a. die illegale Herstellung von Feuerwerkskörpern in Wohnungen, Schulen und Hinterhof-Fabriken, eine riesige Untergrundproduktion, in der Sicherheitsstandards nichts gelten und tödliche Unfällen verbreitet sind. Diese schmutzige und gefährliche Arbeit ist mit dem Wirtschaftsaufschwung von den Küstenregionen immer weiter ins Hinterland verlagert worden, dorthin, wo sie für die Bauern oft die einzige Möglichkeit zum Geldwerb darstellt, weshalb die Fabrikanten denn auch auf „flinke Kinderhände" zum Montieren von Zündschnüren setzen.

wird in Bangladesh oder Rumänien, wo es aufgrund der besonders niedrigen Löhne gerade erst zu einer Ausweitung der Bekleidungsproduktion gekommen ist und wo noch immer darauf gehofft wird, dass so der Weg auf den Weltmarkt geebnet werden könnte, der Druck nochmals wachsen, Beschäftigung zu welchen Löhnen und Arbeitsbedingungen auch immer im Land zu halten - und dies bedeutet: Arbeit zu informalisieren. Damit dürfte auch für die Zukunft das gelten, was schon David Ricardo über die „Überflussbevölkerung" geschrieben hat:

„All I wish to prove, is, that the discovery and use of machinery may be attended with a diminution of gross produce; and whenever that is the case, it will be injurious to the labouring class, as some of their number will be thrown out of employment, and population will become redundant, compared with the funds which are to employ it." (Ricardo 1817, 31. Kapitel: „On machinery"; dt. Ausgabe 1959: 385).

Der Fortschritt der Produktivkräfte - die Rationale kapitalistischer Entwicklung - bedeutet die Entwurzelung aus tradierten Arbeits- und Lebensformen, die Freisetzung von Arbeitskräften durch Maschinerie, also die Zunahme von Arbeitslosigkeit. Diese wiederum funktioniert als ein „nachhaltiger Jungbrunnen" für den informellen Sektor. Doch Überflussbevölkerung entsteht auch aus der Konkurrenz der Arbeiter untereinander. Denn

„die durch die Konkurrenz der Arbeiter unter sich auf ihr Maximum gesteigertem Leistungen jedes einzelnen, die Teilung der Arbeit, die Einführung von Maschinerie, die Benutzung der Elementarkräfte werfen eine Menge Arbeiter außer Brot" (Engels, MEW 2: 311).

Thomas Malthus hatte die Überflussbevölkerung mit der mangelnden Versorgung mit Nahrungsmitteln erklärt, Ricardo, der Malthus hoch schätzte, mit der rationalisierenden Kraft der Maschinerie, Engels mit der Konkurrenz der Arbeiter untereinander. Marx wird später ein „spezifisch kapitalistisches" Bevölkerungsgesetz aufstellen. Arbeitskraft wird in der langfristigen Tendenz aus allen vorkapitalistischen Bindungen „befreit", aber dann im Zuge der Akkumulationsdynamik strukturell freigesetzt, und obendrein kurz- und mittelfristig den Konjunkturbewegungen von Boom und Krise ausgesetzt. Das Leben der Menschen hängt, sofern sie nicht über Kapital verfügen, von Geldeinkommen ab. Die Geldeinkommen fließen nur bei Arbeit. (Förmliche) Arbeit aber ist - von der Ausnahme der „goldenen Jahre" abgesehen - nicht für alle da.

4. Der Umfang informeller Arbeit

„Moreover, the world is full of overworked and unemployed people"
(ILO 2000a).

Die Probleme der Messung der Zahl der im informellen Sektor Beschäftigten haben wir bereits erörtert. Doch gleichgültig wie gemessen wird: Schätzungsweise ein Viertel der Welterwerbsbevölkerung bestreitet seinen Lebensunterhalt mit Tätigkeiten im informellen Sektor und dessen Bedeutung nimmt zu, vor allem in den Entwicklungsländern. Doch inzwischen wächst das quantitative Gewicht nichtformeller Arbeitsplätze auch in den Industrieländern. Zu Beginn der 90er Jahre betrug der Anteil der Schattenwirtschaft (diese ist, wie wir betont haben, nicht identisch mit dem informellen Sektor) am Bruttosozialprodukt im Durchschnitt aller Länder, für die Daten verfügbar waren, in Afrika 44%, in Zentral- und Südamerika 39%, in Asien 35%, in der früheren Sowjetunion 25%, in Mittel- und Osteuropa 20% und in den OECD-Staaten 12% (Schneider/Enste 2000: 33). Die Internationale Arbeitsorganisation (ILO) kommt - aufgrund einer anderen Konzepts von Informalität und mit anderen Berechnungsmethoden - zu höheren Werten, und sie zeigen in den 90er Jahren eine Zunahme. In vielen Weltregionen, in Lateinamerika, Afrika und Asien zumal, sind mehr Menschen informell als formell beschäftigt. Insgesamt freilich muss auf die Ungenauigkeit der Daten über den informellen Sektor verwiesen werden. Die nachfolgenden Tabellen sind daher mit aller Vorsicht zu betrachten.

Wie viel von der zugrunde gelegten Methode des Messens abhängt, hat A. Portes für die USA exemplarisch demonstriert: Je nachdem, welche Methode verwandt wird, kann für das Jahr 1980 ein Anteil der „Untergrundökonomie" am BIP der USA von 14,2% (nach Guttmann), von 6,1% (nach Tanzi) oder von 41,6% (nach Feige) ermittelt werden (zit. in Portes 1994: 443). Wie Tanzi, so weisen auch Schneider und Enste für die USA (der Jahre 1990-1993) einen sehr niedrigen Wert (von unter 10%) aus; daher lassen sich ihre Daten mit guten Gründen als äußerst konservativ bezeichnen. Mit einem derart engen Fokus auf Schwarzarbeit und Schattenökonomie dürften vor allem die Realitäten in Ländern MOE nur sehr unzureichend erfasst werden. Dies macht eine neuere Studie zum informellen Sektor in dieser Region deutlich, in der Informalität begrifflich an die identifizierbare Verletzung von Arbeitsnormen gekoppelt wird: Für Bulgarien, Rumänien, Kroatien, Polen, die Tschechische Republik, Ungarn, Slowenien und die baltischen Länder hat Bettina Musiolek (2001, Kap. 2), auf der Basis von Sekundärauswertungen und Expertengesprächen einen Anteil des informellen Sektors am BIP und an der Erwerbsarbeit von 30-50% ermittelt. Noch größer, nämlich auf 50-70% werden dessen Anteile in Jugoslawien, Montenegro, Bosnien-Herzogowina und in den zentralasiatischen Staaten geschätzt. Doch dürften auch diese Zahlen den tatsächlichen Umfang informeller Arbeit nur unzulänglich widerspiegeln: Andere Untersuchungen schätzen den Anteil der Schattenwirtschaft in der Ukraine auf 30% bis über 100% des offiziell ausgewiesenen Bruttoinlandsprodukts (Melota/Greogory 2002 zit in: DIW 2001a). Für Albanien verweist Musiolek (2001) auf eine Studie, die für das Jahr 1999 einen Anteil des informellen Sektors am nationalen BIP von 50% und an der Erwerbstätigkeit von 40-80% ermittelt hat.

Empirische Studien, denen die ILO-Definition des informellen Sektors zugrunde liegt, sind um eine phänotypische Erfassung der nicht-regulären, aber legalen Formen von Arbeit in den städtischen Randzonen Afrikas, Lateinamerikas und Asiens bemüht; sie konzentrieren sich auf Indikatoren wie die Unternehmensgröße, den Organisationsgrad der Erwerbstätigen, das Niveau der technischen Ausstattung oder den Beitrag zur Wertschöpfung, den die informell Arbeitenden erbringen, der aber nur zum Teil in die Berechnungen des Bruttoinlandsprodukts eingeht. (Hier sind Ähnlichkeiten zum Ansatz von Schneider/Enste vorhanden). Empirische Studien, die mit einem umfassenden Begriff von informeller Arbeit operieren und diese mit der Ausweitung von sozio-ökonomischer Unsicherheit in Verbindung bringen, so dass die globale Dimension „prekärer Arbeit" deutlich wird, sind noch immer die Ausnahme. Zwar hat die ILO inzwischen zur Kenntnis genommen, dass die Ausdehnung des „urban informal sectors" in den Ländern des Südens und die „Informalisierung der Arbeit" in den westlichen Industrieländern in enger Verbindung miteinander stehen und dass es „Grauzonen der Informalität" selbst in den Kernbereichen der formellen Ökonomie gibt (ILO1999b: 2; Rossignotti 1998). Dennoch beziehen sich die seit 1995 von der ILO entwickelten Standards zur Messung der Beschäftigung im informellen Sektor nach wie vor ausschließlich auf die „Mikro-Unternehmen" des als „nicht-modern" apostrophierten „informellen Sektors" in den städtischen Agglomerationsgebieten von Entwicklungsländern (vgl. dazu v.a. Sethuraman 1997).

Einen Überblick über den Umfang der Schattenwirtschaft, die - wie wir betont haben - mit dem informellen Sektor nicht identisch ist, geben Schneider/Enste (2000: 19ff; vgl. *Tab. 1*). In der Zeit von 1990-1993 gab es nur eine kleine Gruppe von Industrieländern, in denen weniger als 10% des BIP auf informelle Aktivitäten entfielen; in der Mehrzahl der Fälle ließen sich zwischen 13% und 30% des BIP auf die „Schattenökonomie" zurückführen. Für die Transformationsländer in MOE werden Anteile des informellen Sektors von unter 7% bis über 40% ermittelt, für die meisten asiatischen Länder zwischen knapp 40% bis zu 70%. Ähnlich stellt sich die Situation in Lateinamerika dar; in Afrika liegt der Anteil der Schattenökonomie am jeweiligen nationalen BIP in den meisten Fällen höher als in den anderen Weltregionen. Obwohl die Tabelle keine Tendenzaussagen zulässt, betonen die Verfasser mehrfach, dass der Anteil der Schattenwirtschaft generell zunimmt[11]. Dies kann durchaus als Hinweis auf eine Zunahme der Informalität verstanden werden, zumal die nachfolgenden Daten diese Aussage unterstützen.

Tabelle 1: Durchschnittliche Größe der Schattenökonomie in Entwicklungs-, Transformations- und Industrieländern als Anteil vom BIP, 1990-1993

Länder	1990-1993
Entwicklungsländer	
Afrika	
Nigeria, Ägypten	68-76%
Tunesien, Marokko	39-45%
Lateinamerika	
Guatemala, Mexiko, Peru, Panama	40-60%
Chile, Costa Rica, Venezuela, Brasilien, Paraguay, Kolumbien	25-35%
Asien	
Thailand	70%
Philippinen, Sri Lanka, Malaysia, Südkorea	38-50%
Hong Kong, Singapur	13%
Transformationsländer	
Ehemalige Sowjetunion	
Georgien, Aserbaijan, Ukraine, Weißrussland	28-43%
Russland, Litauen, Lettland, Estland	20-27%
Mitteleuropa	
Ungarn, Bulgarien, Polen	20-28%
Rumänien, Slovakei, Tschechien	7-16%
Industrieländer	
Griechenland, Italien, Spanien, Portugal, Belgien	24-30%
Schweden, Norwegen, Dänemark, Irland, Frankreich, Niederlande, Deutschland, Großbritannien	13-23%
Japan, USA, Österreich, Schweiz	8-10%

Quelle: Schneider/Enste 2000

[11] Nach jüngsten Schätzungen, die das Tübinger Institut für Angewandte Wirtschaftsforschung (IAW) in Kooperation mit Friedrich Schneider von der Universität Linz durchgeführt hat, beläuft sich der Anteil der Schattenwirtschaft in Deutschland zu Beginn des Jahres 2002 auf inzwischen 16,5 % des Bruttoinlandsprodukts: Das Ausmaß der Schwarzarbeit, die - so Klaus Wiesenhügel, Vorsitzender der IG Bau, Agrar, Umwelt - im deutschen Baugewerbe zu 90% in organisierter Form stattfindet, wird auf rund 350 Mrd. Euro geschätzt (vgl. „Rot-Grün sagt Schwarzarbeit den Kampf an“ in: *Der Tagesspiegel* vom 23.2.2002).

Für einige Industrieländer haben Williams und Windebank (2001) verfügbare Daten über bezahlte informelle Arbeit zusammengestellt (vgl. *Tab. 2*). Aus Minimal- und Maximalschätzungen (aus Untersuchungen, die hier nicht dokumentiert werden) wird ein Durchschnitt gebildet. Dieser ist vor allem insofern interessant, als er in Europa ein eindeutiges Nord-Südgefälle dokumentiert. Dieses Gefälle ist auch eines der durchschnittlichen Pro-Kopf-Einkommen. Je niedriger das monetäre, formelle Einkommen, desto höher der Anteil informeller Arbeit. Informalität hat also auch mit dem Niveau formeller Einkommen zu tun, was keineswegs überraschend ist, aber dennoch der Begründung bedarf. Perulli (2000) hat sich dieser Frage zugewandt und verschiedene Erklärungsansätze vorgeschlagen. Es könnten für das Gefälle wirtschaftlicher Rückständigkeit und (ver)späte(te) Entwicklung, ein Dualismus des Arbeitsmarktes, das Überwiegen von Kleinbetrieben und industriellen Distrikten und schließlich die wachsende Bedeutung von Scheinselbstständigkeit und selbstständiger Arbeit für das unterschiedliche Ausmaß der Informalität verantwortlich sein. Die Erklärungskraft, so Perulli, ist für verschiedene Phasen der sozioökonomischen Entwicklung in Europa unterschiedlich. Gegenwärtig dürfte es vor allem das Ausmaß der (Schein-)Selbstständigkeit und der Flexibilisierung der Arbeitsprozesse und -märkte sein, durch die die Unterschiede in Europa erklärt werden können.

Tabelle 2: Schätzungen über die bezahlte informelle Arbeit, Beitrag zum BIP in v.H.

Land	Minimalschätzung	Maximalschätzung	Durchschnitt
Irland	0,5	7,2	3,9
Österreich	2,1	6,2	4,2
Norwegen	1,3	9,0	5,5
Großbritannien	1,0	34,3	6,8
Australien	3,5	13,4	8,4
Deutschland	3,4	15,0	8,7
Niederlande	9,6	9,6	9,6
Dänemark	6,0	12,4	10,1
Schweden	4,5	14,1	10,1
Kanada	1,2	29,4	10,7
Belgien	2,1	20,8	10,9
Spanien	1,0	22,9	11,1
USA	5,0	28,0	11,3
Frankreich	6,0	23,2	11,4
Portugal	11,2	20,0	15,6
Italien	7,5	30,1	17,4
Griechenland	28,6	30,2	29,4

Quelle: Williams/Windebank 2001: 30

Tabelle 3 : Informeller und formeller Sektor in ausgewählten Ländern Lateinamerikas

Land/Jahr	informeller Sektor				formeller Sektor		
	insges.	(Schein-) Selbstständigkeit[1]	Hausarbeit	Arbeit in Kleinunternehmen[2]	insges.	öffentlicher Sektor	große private Unternehmen
Lateinamerika							
1990	51,6	24,7	6,7	20,2	48,4	15,3	33,0
1996	57,4	27,2	7,1	23,1	42,6	13,0	29,6
Argentinien							
1990	47,5	24,7	7,9	14,9	52,5	19,3	33,2
1996	53,6	27,1	7,8	18,7	46,4	13,2	33,2
Brasilien							
1990	52,0	21,0	7,7	23,3	48,0	11,0	36,9
1996	59,3	23,8	9,5	26,0	40,7	9,6	31,1
Chile							
1990	49,9	23,6	8,1	18,3	50,1	7,0	43,0
1996	50,9	22,7	6,8	21,4	49,1	7,6	41,5
Kolumbien							
1990	55,2	23,5	5,4	26,3	44,8	9,6	35,2
1996	57,2	25,9	3,8	27,5	42,8	8,3	34,5
Ecuador							
1990	51,2	32,5	5,6	13,0	48,8	17,6	31,2
1996	52,9	31,8	5,9	15,2	47,2	13,9	33,3
Mexiko							
1990	55,5	30,4	5,6	19,5	44,6	25,0	19,6
1996	60,2	32,5	5,4	22,3	39,8	22,0	17,8
Paraguay							
1990	61,4	21,2	10,7	29,4	38,6	12,2	26,4
1996	67,9	26,9	10,0	31,0	31,1	13,1	19,0
Peru							
1990	51,8	35,3	5,1	11,4	48,2	11,6	36,7
1996	57,9	37,4	4,2	16,3	42,1	8,2	33,9
Uruguay							
1990	36,3	19,3	6,0	11,0	63,7	20,1	43,6
1996	37,9	21,3	6,3	10,3	62,1	17,0	45,1
Venezuela							
1990	38,8	22,1	4,1	12,6	61,2	22,3	38,9
1996	47,7	28,1	2,4	17,2	52,3	19,1	33,2

Quelle: Tokman 1999: 82-84; Die Daten basieren auf Ergebnissen von Haushaltsbefragungen und auf anderen offiziellen Quellen.

(1) einschließlich Arbeit auf eigene Rechnung und mithelfende Familienangehörige

(2) Unternehmen mit weniger als 5-10 Beschäftigten, abhängig von den verfügbaren Informationen

Für Lateinamerika gibt es detaillierte Daten von der ILO und dem PREALC (Programa Economico para Anmerica Latina y el Carribe), die Víctor Tokman (1999) für die 90er Jahre zusammengestellt hat (vgl. *Tab. 3*). Im Ergebnis zeigen die Daten einen in manchen Ländern beträchtlichen Anstieg informeller Beschäftigung. Für Lateinamerika insgesamt wird 1990 der Anteil informeller Arbeit mit 51,6% der Erwerbsbevölkerung beziffert, im Jahre 1996 mit 57,4%. Neuere Daten liegen nur für einzelne Länder vor, nicht für den Kontinent insgesamt.

Auch für Afrika gibt es Daten der ILO, die aber anders gegliedert sind als die Daten über Lateinamerika (vgl. *Tab. 4*). Sie gestatten eine geschlechtsspezifische Sicht auf den informellen Sektor. Diese offenbart ein eindeutiges Übergewicht der Frauen, die in den untersuchten Ländern einen wesentlich höheren Anteil informeller Beschäftigung aufweisen als Männer. Nur in Madagaskar ist der Anteil der beiden Geschlechter gleich hoch.

Tabelle 4: Informelle Arbeitskräfte in den urbanen Regionen (in ausgewählten Ländern Afrikas)

Land	Jahr	Anteil informeller Arbeitskräfte an der Beschäftigung insgesamt (in %)		
		gesamt	Männer	Frauen
Elfenbeinküste	1996	53	37	73
Äthiopien	1996	33	19	53
Gambia	1993	72	66	83
Madagaskar	1994	43	43	43
Südafrika	1995	17	11	26
Tansania	1995	67	60	85
Uganda	1993	84	68	81

Quelle: ILO 1999b: 3 (gestützt auf Daten des ILO- Beitrags zum „World Survey on the Role of Women in Development" 1999)

Andere zusammenfassende Daten, die auch asiatische Länder einbeziehen, sind von Jaques Charmes (1999) auf der Basis von Daten der UNO und der ILO zusammengestellt worden. Auch bei der Interpretation dieser Daten muss Vorsicht walten. Sie sind aber geeignet, eine Impression von Ausmaß, Dynamik und Geschlechterverteilung informeller Beschäftigung zu vermitteln.

In den Ländern des Südens wären die großen Städte ohne ihren immensen informellen Sektor gar nicht überlebensfähig. Der halblegale Straßenhandel und der mit diesem zum Teil vernetzte grenzüberschreitende „shuttle trade" stellen für einen wachsenden Teil der Stadtbevölkerung die einzige Erwerbsquelle dar. Zugleich werden durch diese ökonomischen Aktivitäten Haushalte, die über geringe und mittlere Einkommen verfügen, mit vielen Gütern und Dienstleistungen versorgt, die für einen Großteil der Käufer und Kunden zu marktüblichen Preisen nahezu unerschwinglich wären. Ohne den „urban informal sector" würden wohl auch viele der rasant wachsenden Städte in den Ländern des Südens in ihrem Müll ersticken: Die „Überlebensökonomie" der informellen Arbeit sorgt für das Recycling nicht mehr benötigter Stoffe, vor allem dadurch, dass sie als Material für den Hausbau verfügbar gemacht werden. Nicht zuletzt ist es dem informellen Sektor zu verdanken, dass trotz des massiven Abbaus öffentlicher Dienstleistungen im Rahmen von Strukturanpassungsmaßnahmen ein Minimum an Versorgungs- und Infrastruktur in den Städten aufrecht erhalten wird, durch billige Gelegenheitsarbeiter/innen, die im Gegensatz zu städtischen Beschäftigten eben nicht dauerhaft bezahlt werden müssen. Kein Wunder, dass der informelle Sektor (vor Ausbruch der Wirtschafts- und Finanzkrise 1997/98!) in Asien im Durchschnitt 40-70%, in Afrika mehr als 60% der städtischen Bevölkerung absorbiert (Gallin 2001: 533). In Kenia, wo Anfang der 70er Jahre, also zum Zeitpunkt der „Entdeckung" des informellen Sektors gerade einmal 10% informell Arbeitende identifiziert worden waren, ist die informelle Beschäftigung bis 1996 auf zwei Drittel der Gesamtbeschäftigung gestiegen (ILO 1999b).

Seit Beginn der 90er Jahre wächst die informelle Beschäftigung in den meisten Ländern stärker als die formelle: 93% aller neuen Arbeitsplätze, die in den 90er Jahren in Afrika entstanden sind, und 80% aller Beschäftigungsmöglichkeiten, die in Lateinamerika in der ersten Hälfte der 90er Jahre geschaffen wurden, werden dem informellen Sektor zugerechnet. In Süd- und Mittelamerika wächst die informelle Beschäftigung um knapp 5% p.a., im formellen Bereich der Ökonomie hingegen nur um etwas mehr als 1%. Wird die informelle Beschäftigung in der Landwirtschaft hinzugerechnet, stellt die informelle Ökonomie auch auf dem indischen Subkontinent rund 90% aller Arbeitsplätze zur Verfügung (ILO 1999b: 3). So gesehen müsste die informelle Wirtschaft in vielen Ländern der Welt als die „eigentliche Volkswirtschaft" bezeichnet werden.

Informelle Arbeit ist vielerorts zur Regel geworden und diejenige, die formellen Bestimmungen des Steuer-, Arbeits- und Sozialrechts genügt, zu einer Ausnahmeerscheinung. Dies gilt seit Beginn der 90er Jahre auch für die Transformationsländer MOEs, in deren privatem Sektor, auf den zwischen 50-75% des jeweiligen nationalen Bruttoinlandprodukts entfallen, nahezu alle Arbeitsplätze ganz oder teilweise einen informellen Charakter haben (Musiolek 2001). In den seit Beginn der 90er Jahre neu gegründeten Unternehmen gibt es faktisch keine formellen Beschäftigungsverhältnisse mehr: Weil die Unternehmen gar nicht registriert sind und deshalb auch weder Steuern noch Sozialabgaben zahlen; weil Arbeitnehmerrechte missachtet und Arbeitsverträge, sofern diese überhaupt abgeschlossen wurden, gebrochen werden; weil die Arbeitszeit über alle Maßen ausgedehnt oder Löhne, die ohnehin die Lebenshaltungskosten nicht decken, nicht oder nur mit großer Verzögerung ausgezahlt werden. In den Unternehmen des öffentlichen oder selbstverwalteten Sektors, auf den in den einzelnen Ländern MOEs zwischen 5-50% des BIP entfallen, sind die Arbeitsbedingungen in der Regel zwar besser, doch werden auch in diesen Unternehmen Steuern und Sozialabgaben selten in der verlangten Höhe entrichtet. Anders als in den weniger entwickelten Ländern des Südens ist die informelle Arbeit in den Transformationsländern jedoch nicht auf den Bereich der Kleinst- und Kleinbetriebe konzentriert, auch wenn die nicht-registrierte Arbeit außerhalb jeder Rechtsform in Haushalten, Familien- und Mikrounternehmen hier ebenso verbreitet ist wie in Lateinamerika, Afrika und Asien. Informelle Aktivitäten bis hin zu illegalen und kriminellen Wirtschaftspraktiken sind in MOE in jeder Art und Größe von Unternehmen anzutreffen, auch in solchen, die nach wie vor formellen Regulierungen unterliegen. Doch nach der Öffnung der einst geschützten Märkte können viele dieser Unternehmen ihre Wettbewerbsfähigkeit nur behaupten, wenn sie gesetzliche und/oder tarifliche Formen und Normen unterlaufen. Dies bedeutet in letzter Konsequenz immer, dass die Arbeit über die - bei den Konkurrenten üblichen - Maße ausgebeutet wird. Daher lautet ein Resümee von Bettina Musiolek in ihrer Studie über den „Informellen Sektor“ in MOE:

„There is almost no real formal sector regardless of the ownership. Additionally, it is empirically hard to find borders between formal and informal activities. Informal work is more or less like any other job; the diffference rests in the absence of social safeguards and legal recourse” (Musiolek 2001: 5).

Letztlich bestimmen, wie wir im Anschluss an A. Portes (1994) schon mehrfach betont haben, die Beziehungen zwischen Staat und Zivilgesellschaft den spezifischen Charakter der informellen Ökonomie. Weil diese Beziehungen aber ständiger Veränderung unterworfen sind, können bestimmte Aktivitäten in dem einen Kontext formelle, in einem anderen informelle oder gar illegale sein und dort, wo der Staat seine Regulierungsaufgaben nicht (mehr) wahrnimmt, verliert der Begriff des Informellen jeglichen Sinn. Daher bezeichnet L. Timofejew, der Inhaber eines Lehrstuhls für Schattenökonomie in Moskau, die Schattenwirtschaft als die „reale“ Ökonomie in Russland und die legale Wirtschaft als eine „virtuelle“, „weil sie sich nach den - ebenfalls virtuellen - Gesetzen des Staates richtet. Für die Schattenwirtschaft besteht dagegen das erste Gesetz im ökonomischen Interesse ihrer Akteure. Da werden die Preise in Cash bemessen und orientieren sich am Weltmarkt“ (in *Die Tageszeitung* vom 26.11.1998). Virtuell ist die russische Wirtschaft insbesondere deshalb, weil Höhe und Art der Steuererhebung viele Betriebe dazu zwingen, Steuern zu hinterziehen, um überhaupt überleben zu können, und weil sich in Reaktion darauf Mechanismen zur Befreiung von Steuern und Zöllen herausgebildet haben, die willkürlichen und illegalen Praktiken Vorschub leisten (vgl. u. a. Stölting 1997).

Weil nur eine Minderheit der Haushalte in MOE von regulärer Erwerbsarbeit und/oder von Transfereinkommen existieren kann, müssen „alternative“ Einkommensquellen erschlossen werden: Einkünfte in Geld und Naturalien aus der Subsistenzlandwirtschaft, aus der Auflösung von Ersparnissen, die Hilfe von Verwandten, Einnahmen aus der Vermietung einer Wohnung oder eines Autos und nicht zuletzt irreguläre Einkünfte aus informellen Aktivitäten. Diese sind für viele Menschen zu einer Überlebensnotwendigkeit geworden, nicht anders als dies in den Entwicklungsländern der Fall ist. Freilich ist es einigen wirtschaftlichen Akteuren gelungen, sich insbesondere durch den grenzüberschreitenden Schmuggel und Schwarzmarkthandel im großen Stil zu bereichern und die mehr oder weniger legal erworbenen Ressourcen zur Entwicklung eines „business“ einzusetzen. Dies war vor allem in der „Eldorado-Phase“ kurz vor der Öffnung der Grenzen zum Westen möglich, als nur wenige Menschen in MOE Reisefreiheit genossen und die glücklichen Besitzer eines Konsularpasses die Konkurrenz von Schwarzarbeitern, die sich auch als Gelegenheitsschmuggler betätigten, nicht zu fürchten hatten (Irek 1998). Für diese Menschen wurde die informelle Ökonomie tatsächlich zu einem „Trainingspfad für die neue Selbstständigkeit“, wie ihn die Ideologen der „westernization“ unmittelbar nach dem Zusammenbruch des planwirtschaftlichen Systems angepriesen hatten.

Mehr als eine Dekade nach der von IWF und Weltbank verordneten „Schocktherapie“, mit deren Hilfe in MOE „normalen“ kapitalistischen Verhältnissen zum Durchbruch verholfen werden sollte, können Umfang und Wachstum des informellen Sektors allerdings nicht mehr als „Altlasten“ aus realsozialistischen Zeiten gedeutet werden, die mit der Etablierung einer regelgeleiteten formellen Ökonomie nach westlichem Vorbild verschwinden. In der Interpretation von de Soto (1991) hieße dies: durch Deregulierung, Senkung der Arbeitskosten, Entbürokratisierung, Bekämpfung der Korruption, Entwicklung von Marktinstitutionen (insbesondere zur Sicherung von Eigentumsrechten), Liberalisierung der Preise, Steuersenkung und durch den Aufbau einer verlässlichen Wirtschaft und Rechtsprechung das Wachstum des informellen Sektors bremsen[12]. Spätestens seit der zweiten Hälfte der 90er

---

[12] Vgl. für eine an de Soto orientierte Sichtweise des informellen Sektors in Albanien: K. Gerxhani (2000): Politico-Economic Institutions and the Informal Sector: Spontaneuos Free-Market in Albania, zit. in Musiolek 2001.

Jahre werden die „älteren", aus Zeiten der Planwirtschaft stammenden Praktiken informellen Wirtschaftens, die als „Zweite" oder als „Parallel-Ökonomie" vor allem in den 80er Jahren ein beliebtes Thema wissenschaftlicher Erörterungen insbesondere in den westlichen Industrieländern waren (Böröcz 1993)[13], überlagert von wirtschaftlichen Aktivitäten, die sowohl Ausdruck als auch Folge der Globalisierung sind - oder genauer: der asymmetrischen Einbindung MOEs in die neue globale Arbeitsteilung und in den weltweiten Standortwettbewerb.

Die realwirtschaftliche Schattenwirtschaft, die vor der „Wende" in Polen schätzungsweise für 25% der persönlichen Einkommen sorgte, in Ungarn etwa 15% und in der Sowjetunion ein Fünftel bis ein Viertel der wirtschaftlichen Aktivitäten ausmachte, unterschied sich in zentralen Dimensionen grundlegend von der informellen Ökonomie in hoch- und in weniger entwickelten kapitalistischen Gesellschaften: Grundlage der realsozialistischen „Parallelökonomie" waren der chronische Mangel an Konsumgütern und staatlich kontrollierte Preise, die unter den Schwarzmarktpreisen lagen. Daher handelte es sich beim Ausschöpfen der Differenz zwischen Weltmarktpreisen von Handelsgütern und kontrollierten Binnenmarktpreisen, ebenso wie bei der Schwarzarbeit außerhalb des Plans in halblegalen Betrieben und Betriebsteilen - die zum Teil unter den Augen der mit der Überwachung von formell gültigen (Plan-)Normen betrauten Instanzen stattfand - um systemspezifische Mechanismen, die mit der Öffnung der Ökonomien zum Weltmarkt an Bedeutung verloren haben.

Dies gilt jedoch nicht für die mit der systemspezifischen Arbitrage und Warenspekulation auf engste verbundene Korruption und für die Bestechung von unterbezahlten Angehörigen der großen staatlichen Verwaltungs- und Kontrollapparate, ebenso wenig wie für den Diebstahl und die „private" Verwendung und den Wiederverkauf von Werkzeugen und Rohstoffen im betrieblichen - früher eben: „sozialistischen" - Eigentum. Denn diese informellen Praktiken erweisen sich gerade unter den spezifischen Bedingungen der „Hyperliberalisierung", mit der die „ursprüngliche Akkumulation" in MOE einhergeht, als eine systemindifferente Voraussetzung für die Bereicherung und den Machterhalt einiger weniger auf Kosten von vielen[14]. Befördert wird

---

[13] Viele Sozialwissenschaftler, darauf verweist A. Portes, haben die realwirtschaftliche Schattenwirtschaft in der Zeit ihrer Existenz nicht nur als Inkarnation der Marktwirtschaft interpretiert und als Ausdruck individueller Freiheit glorifiziert; einige ungarische Soziologen behaupteten sogar, die „Zweite Ökonomie" habe die politische Legitimität des staatssozialistischen Regimes unterminiert und zu dessen Untergang beigetragen (Portes1994: 429).

[14] Insbesondere die russische Ökonomie liefert viele Belege für diese These: In der Ölindustrie werden „off-shore"-Unternehmen eingerichtet, über die sich verborgene Gewinne,

diese Kontinuität von der realwirtschaftlichen Parallelökonomie zur informellen Ökonomie in MOE durch den massiven Anstieg von Arbeitslosigkeit und Armut, die Inaktivität staatlicher Politik hinsichtlich der sozialen Probleme, die mit den ökonomischen Restrukturierungsprozessen verknüpft sind (Zunahme von extremer Kinderarbeit, sexueller Missbrauch von Frauen, steigender Alkoholkonsum, sinkende Geburtenraten und Verkürzung der Lebenserwartung) und nicht zuletzt durch die Bürgerkriege in Südosteuropa und in den Nachfolgestaaten der GUS.

---

getarnt als „Investitionen“ ins Land zurückführen lassen. Im Maschinenbau kommt es zur „informellen Vermietung“ von Gebäuden und Werkzeugen und zum „Quasi-Export“ von Gütern und zum Bargeldhandel mit Ergebnissen von Forschung und Entwicklung. In der Metallurgie werden Güter illegal importiert. Lokale Unternehmen der Leichtindustrie betätigen sich als „Pseudo-Importeure“ z.B. für sogenannte „amerikanische“ Zigaretten, „westeuropäische“ Alkoholika oder „italienische“ Schuhe. Handel und Dienstleistung leben nahezu ausschließlich von informeller Arbeit, die außerhalb jeder Rechtsform in Haushalten, Familien- und Kleinstunternehmen verrichtet wird.

Viertes Kapitel
Arbeit ohne Sicherheit

In den westlichen Industrieländern erscheint die informelle Arbeit noch immer als die Ausnahme von der Regel formeller Arbeitsverhältnisse. Doch ist die Formalität auch hier oft nur noch in einem eingeschränkten (steuer- und sozialrechtlichen) Sinne von Bedeutung und nicht hinsichtlich des gesamten Spektrums von Regulierungen, auf die menschenwürdige Arbeitsverhältnisse am Beginn des 21. Jahrhunderts angewiesen wären. Diese Entwicklung wird in der Debatte über die „Erosion des Normalarbeitsverhältnisses" problematisiert; sie wird indes selten als eine industriegesellschaftliche Variante der Informalisierung von Arbeit thematisiert. Der Diskurs über den „informellen Sektor" in der Dritten Welt scheint ein entwicklungspolitischer zu sein, derjenige über die „Krise des Normalarbeitsverhältnisses" gehört in die Arbeitsmarktforschung und in die nicht weniger spezialisierte Teildisziplin der „industrial relations" in den westlichen Industrieländern. Davon nochmals unterschieden sind die Diskurse über die Auswirkungen der „new economy", also über die verbreitete Anwendung der Informations- und Kommunikationstechnologien auf die Arbeitsbeziehungen, auf die Verwandlung von Arbeitnehmern in „Arbeitskraftunternehmer" (Voß/Pongratz 1998), in „Informationsarbeiter" im „virtuellen" Unternehmen, wo die „immaterielle Arbeit" alle Charakteristika des Prekären (vgl. Möller 2000) und manchmal auch des Informellen aufweist.

Aus dem Blickwinkel dieser disparaten Diskurse scheinen die gestandene Straßenhändlerin in Mexiko City, die „auf eigene Rechnung" arbeitet und von ihrem mageren Einkommen eine ganze Familie ernährt, der junge chinesische Migrant in einem „sweat shop" in Neapel, der Jeans für einen großen Einzelhändler zusammennäht und von einer Zukunft als selbstständiger Kaufmann träumt, und die allein erziehende Verkäuferin in einer Wal-Mart-Filiale in Minnesota wenig gemeinsam zu haben. Das ist auch richtig, die Heterogenität der Informalität ist eines ihrer herausragenden Merkmale. Dennoch lassen sich - allen fortbestehenden ökonomischen, sozialen und kulturellen Differenzen in den einzelnen Weltregionen zum Trotz - strukturelle Ähnlichkeiten ausmachen: zwischen den autonom Beschäftigten (den „self employed") des informellen Sektors in den Ländern der Südhalbkugel, den Kofferhändlerinnen in den Transformationsländern MOEs, den abhängig Beschäftigten in den „Schwitzbuden", die sich infolge von grenzüberschreitendem „outsourcing" und „subcontracting" in allen Weltregionen verbreiten, und der Entwicklung von prekären Beschäftigungsverhältnissen und neuen Formen von „(schein)selbstständiger Arbeit" in den westlichen Industrieländern. Die Informalisierung findet hier durch Flexibilisierung auch innerhalb der formellen Arbeitsverhältnisse statt und nicht erst dadurch, dass ein „informeller Sektor“ entsteht. Beschäftigen wir uns aber zunächst mit der Heterogenität informeller Verhältnisse.

1. Die Heterogenität des Informellen

Grundsätzlich ist die Frage aufgeworfen, ob Informalität eine „Logik des Handelns“ neben anderen Handlungslogiken ist und ob es daher nicht in die Irre führe, Informalität einem spezifischen Sektor zuzuordnen (für diese Sichtweise optiert entschieden Uzzell 1994). Doch so gestellt führt die Frage sofort zum Interessengegensatz von Lohnarbeit und Kapital und von dort zu den gesellschaftlich konditionierten Institutionen, die individuelle Handlungslogiken aus dem Klassenkontext der Gesellschaft bestimmen. J. Douglas Uzzell lässt sich auf diese eher der Marxschen als der liberalen Tradition entstammenden Überlegungen nicht ein; er präferiert den Transaktionskosten-Ansatz von Coase, mit dem es möglich ist, in der Logik individueller Entscheidungskalküle zu verbleiben. Die Logik informeller Aktivitäten zielt ebenso wie diejenige formeller Handlungen auf Minimierung der Transaktionskosten. Wo aber liegt dann der Unterschied?

Es besteht keine Einigkeit darüber, ob man die Beziehungen zwischen informellem Sektor und dem „Rest“ von Ökonomie und Gesellschaft sinnvoller Weise eher als unabhängiges Nebeneinander der Dualität oder als wechselseitige Ergänzung, also als eine Beziehung der Komplementarität, oder als Subordination des informellen unter den formellen Sektor beschreiben kann (vgl. auch Tolosa Galvao 1989: 251ff). Ein Ansatz, der die Struktur einer Ökonomie zum Kriterium erhebt, wird also von der Heterogenität des informellen Sektors ausgehen müssen. Die Forschungen der vergangenen Jahrzehnte haben die Unterschiede der Informalität zwischen Stadt und Land, zwischen den Weltregionen und manchmal innerhalb eines Landes (wegen der regionalen Bindung kultureller Traditionen) aufgezeigt. Informelle soziale und ökonomische Strukturen und Beziehungen existieren in Form der Subsistenzproduktion in Haushalten, sei es auf dem Lande, in den Bairros der Mega-Städte in der Dritten Welt oder in den Haushalten von Mittelschichtsanghörigen in den Industrieländern. Dabei sind sowohl die Ressourcen (Geld, Qualifikationen, Zeit), die den privaten Haushalten zur Verfügung stehen, und vor allem die Ziele, die mit der Form der Selbstversorgung in Ländern des Südens und in den westlichen Industrieländern verfolgt werden, verschieden. Manchmal geht es um bloße Überlebenssicherung. Aber Kleinunternehmen wollen auch Kapital akkumulieren und die Wettbewerbsfähigkeit verbessern. Sie greifen zu diesem Zweck auf Mikrokredite zurück (vgl. dazu siebentes Kapitel), sind aber auch bereit, die abhängig Beschäftigten (Frauen und Kinder zum Beispiel) überauszubeuten und zu diesem Zweck Zwang und Gewalt einzusetzen (vgl. ILO 2000b zur Lage in der Textil-, Bekleidungs- und Lederindustrie sowie ILO 2001c). Einen ganz anderen Charakter haben die Bestrebungen der effizienten Allokation von Zeit in Mittelschichthaushalten und der Verringerung ihrer Marktabhängigkeit im Bereich des privaten Konsums (vgl. dazu das von Gershuny 1979; Pahl 1980; Pahl/Wallace 1985 und anderen Forschern mit Blick auf das für Industrieländer entwickelte Konzept der „Dualökonomie"; einen Überblick gibt: Teichert 2000). Kennzeichen des letztgenannten Bereiches von Informalität ist, dass die Arbeit nicht mit Geld entlohnt wird.

Doch der größere Teil des informellen Sektors umfasst jene Arbeiten, die gegen Geld verrichtet werden. Zur Heterogentät des Informellen gehört auch, dass einige „self-employed" und „Mikro-Unternehmer" hohe Einkommen erzielen, durchaus vergleichbar mit Arbeitnehmereinkünften im formellen Sektor. Daher sind Informelle nicht immer arme Leute, und umgekehrt ist die Armut nicht die Ursache für Entstehen und Ausweitung des informellen Sektors (Cartaya 1994). Die Zahl der „working poor" ist nicht gering, und sie hat vor allem in den reichen Industrieländern in den vergangenen Jahren zugenommen. Dennoch lässt sich feststellen:

> „A great proportion of the poorest housholds' income in 1987 was earned in informal activities, with a linear relationship between proportion of income from informal jobs and level of household income. However, more than half of the workers in these households had jobs in the 'modern' sector, and a third of the workers in nonpoor households held informal jobs" (Cartaya 1994: 234).

So lautet die Schlussfolgerung aus einer empirischen Studie aus dem Jahr 1987 in Venezuela, die aber sehr plausibel ist. Danach gibt es keine Eins-zu-Eins-Beziehung zwischen Informalität in Produktion und Distribution und Armut der Haushalte. Doch ist die Informalität in der Regel mit niedriger Produktivität verbunden, und daher sind die Chancen, hinsichtlich der Einkommen mit jenen Haushalten Schritt zu halten, deren Mitglieder in hochproduktiven Sektoren der Ökonomie arbeiten, eher klein. Noch kleiner dürften sie im Vergleich zu jenen sein, die Einkommen aus Vermögen, vor allem aus Geldvermögen beziehen. Daher macht die Darstellung Vanessa Cartayas als Momentaufnahme Sinn, insbesondere weil (zu) einfache Folgerungen vermieden werden. Aber sie ist unzureichend, wenn die Dynamik der Einkommens- und Vermögensentwicklung zwischen Haushalten formeller und informeller Produzenten betrachtet wird. Die Schere öffnet sich, die relative Armut wird größer. Denn „arm ist potenziell derjenige, der sich mit seiner Arbeit gerade noch über Wasser halten kann" (Braudel 1986a: 558f). Diese Situation ist durch Unsicherheit kennzeichnet.

In der Regel variieren die Einkommen im informellen Sektor je nach Branche, Qualifikationsanforderungen, der Ausstattung mit Kapital und dem Zugang zu (günstigen) Krediten. Selbst in ein und derselben Branche gibt es hinsichtlich der Einkommen ebenso große Unterschiede wie in Bezug auf die Arbeitssituation. Und wie die formelle Ökonomie weist auch die informelle in dieser Hinsicht eine klare Trennungslinie auf, die durch die Geschlechtszugehörigkeit markiert wird. Außerdem muss in diesem Zusammenhang in Erinnerung gerufen werden, dass die Einkommen aus informeller Arbeit nicht nur in den industrialisierten Ländern des Nordens und Westens, sondern selbst in den Entwicklungsländern, ebenso wie in den Transformationsländern MOEs selten die einzige Erwerbsquelle darstellen. Um ein Minimum an sozio-ökonomischer Sicherheit zu erlangen, werden Einkommen aus informeller Tätigkeit mit solchen aus formellen Beschäftigungsverhältnissen und - so weit die Urbanisierungsprozesse einen derartigen Rückgriff noch zulassen - mit Naturaleinkommen, vor allem aber mit unbezahlter Familienarbeit von Frauen und Verwandten kombiniert. Dabei kommt den Haushalten eine elementare Versorgungs- und Sicherungsfunktion zu. Dies gilt insbesondere dort, wo einerseits öffentliche Güter wie Ernährung, Gesundheit, Fürsorge, Bildung und Wohnen aufgrund mangelhafter (sozial)staatlicher Versorgung nicht in ausreichender Menge und Qualität zur Verfügung stehen und wo andererseits das ökonomische Kapital fehlt, um die sozialen, ökonomischen und kulturellen Grundbedürfnisse durch den Kauf von Waren auf dem Markt zu befriedigen. Durch die unbezahlt erbrachten Eigenleistungen der Haushaltsmitglieder, insbesondere von Frauen und Mädchen, wird nicht nur ein ganz wesentlicher „Beitrag zur Bildung von Humankapital“ geleistet. Die Haushalte sind zugleich „höchst bedeutsame Knotenpunkte“ innerhalb „weitläufigerer sozialer Netze, in denen sozialer Austausch stattfindet und gegenseitige Rechte und Pflichten sozialer Versorgung und Sicherheit definiert werden“ (Dombois 1998: 11). In diesen Netzen werden unter Rückgriff auf „soziales Kapital“ (P. Bourdieu) materielle Zuwendungen, Dienstleistungen und Informationen bereitgestellt und mit den monetären Einkommen aus informeller und ggf. formeller Arbeit sowie mit den z.T. nur rudimentär vorhandenen staatlichen Transferleistungen zu einem spezifischen „Wohlfahrtsmix“ (Dombois 1998) kombiniert.

Dieser „Mix“ ist in den verschiedenen Weltregionen unterschiedlich zusammengesetzt. In Mittel- und Osteuropa gab es bis zum Zusammenbruch des planwirtschaftlichen Systems landesweite, kollektive und zwingende staatliche Versorgungssysteme. Doch Geldlöhne waren auch damals nie die einzige Quelle der Existenzsicherung; sie wurden mit Transfereinkommen, Naturaleinkommen und mehr oder weniger legalen Einnahmen aus diversen Tauschgeschäften zu „mixed incomes“ (Vobruba 1999) kombiniert. In Lateinamerika, wo in den 1960er und 1970er Jahren - als Teil des auf den Binnenmarkt orientierten peripher-fordistischen Entwicklungsmodells und als eine Folge der zentralen Rolle des Staates in der Entwicklungsplanung - die Zahl der im öffentlichen Dienst und in Staatsunternehmen Beschäftigten gewachsen war, existieren zumindest für einen beschränkten Bevölkerungskreis selektive Systeme sozialer Sicherung (vgl. dazu die Beiträge in Jäger/Melinz/ Zimmermann 2001). Obwohl diese Systeme mit Effekten einer „Umverteilung nach oben“ - zugunsten von Militärs, Staatsbediensteten, Führungskräften der Privatwirtschaft und Teilen der gut organisierten Facharbeiter in formellen Beschäftigungsverhältnissen - verbunden sind und trotz der harten Einschnitte, die auch diese nie sonderlich leistungsstarken Systeme sozialer Sicherung im Gefolge von Strukturanpassungsmaßnahmen über sich ergehen lassen mussten, sind die institutionalisierten Formen sozialer Sicherung[1] auch für informell Arbeitende

> „im Vergleich zu alternativen Modellen privater Versorgung attraktiv. Das Problem liegt in der geringen Zahlungsfähigkeit der Bevölkerung des informellen Sektors sowie an konzeptionellen, juristischen und administrativen Hindernissen. Daher sieht diese Bevölkerungsgruppe sich gezwungen, Alternativen zur im Prinzip für erstrebenswert erachteten Absicherung durch die institutionalisierten Programme zu suchen“ (Witte 1998: 130).

Das Spektrum von „Income“- und „Welfare“-Mix (Dombois 1998) ist daher beachtlich. In einer Geldgesellschaft müssen die Einkommen jedoch zu einem beträchtlichen Teil Geldeinkommen sein. Daher sind diejenigen, die nicht auf „normale“ Weise an das benötigte Geld herankommen, auf informelle Aktivitäten, häufig auf Geldsubstitute verwiesen: auf bargeldlose Geschäfte, lokales Geld, auf Kredite, die sich nicht nach Marktkriterien richten, und auf „schmutziges“ Geld, das allerdings gewaschen werden muss (vgl. dazu achtes Kapitel). Informalität umfasst also auch halb-legale oder illegale Aktivitäten - vom nicht genehmigten Straßenverkauf auf bestimmten Plätzen und Straßen bis zum Drogen-, Frauen- und Kinderhandel - und gleichzeitig auch die „popular economy“, die Ökonomie der Selbsthilfe in einer Zivilgesellschaft (dazu vgl. Calandra 1999).

Zur Heterogenität der Informalität gehört schließlich auch, dass sie in vielen Branchen anzutreffen ist: in der Landwirtschaft, aber auch in vielen Berei-

---

[1] In Kolumbien, das einen deutlich geringeren Anteil Lohnabhängiger an den Erwerbspersonen aufweist als beispielsweise Argentinien, Uruguay, Chile, Brasilien oder Venezuela, und einen großen informellen Sektor hat, werden zu Beginn der 1990er Jahre durch die institutionalisierte Rentenversicherung kaum mehr als 30%, von der Krankenversicherung etwa 20% der Erwerbsbevölkerung abgedeckt (Witte 1998: 128).

chen des sekundären Sektors; die Textil- und Bekleidungsindustrie und die Elektronik sind dabei besonders wichtig, weil hier im Zuge der Globalisierung von Wertschöpfungsketten arbeitsintensive Abschnitte in Länder der Dritten Welt ausgelagert worden sind, um Arbeitskosten zu sparen. Dies ist in der Regel nur möglich, indem die Arbeit informalisiert wird (vgl. dazu fünftes Kapitel). Der Schwerpunkt der Informalisierung liegt allerdings überall in der Welt bei den Dienstleistungen. In den Ländern des Südens und in den Transformationsökonomien nehmen v.a. der lokale Straßenhandel und der grenzüberschreitende „shuttle trade“ einen großen Raum ein. Denn der informelle Handel stellt für viele Menschen, für die Händler ebenso wie für deren Kunden, oft die einzige Möglichkeit dar, trotz geringer Geldeinkommen an der globalen Warenwelt zu partizipieren. In den Industrieländern mit ihrem stark konzentrierten Einzelhandel haben informelle Händler dagegen vergleichsweise schlechte Karten. Informelle Dienstleistungsarbeit findet hier vor allem in Privathaushalten, im Hotel- und Gaststättengewerbe, in Wäschereien, der Gebäudereinigung und in wachsendem Maße im Bereich von Pflege- und Betreuungstätigkeiten auch außerhalb der Haushalte statt. Auch bei Schreibdiensten, beim Lehrpersonal, in Call-Centern, in neuen Medienberufen und in den „back-office“-Bereichen von Kreditinstituten kommen „informell“ Beschäftigte zum Einsatz. Während informelle Arbeit in den Entwicklungs- und in den Transformationsländern MOEs in vielen Bereichen der Verarbeitenden Industrie (und selbstverständlich im Handwerk) sehr verbreitet ist, sind es in den reichen Ländern des Nordens nur wenige Industriebranchen, in denen mehr oder weniger kontinuierlich auf informelle Arbeit zurückgegriffen wird; dies gilt vor allem für die ausgelagerten Betriebsteile von Unternehmen der formellen Ökonomie (überwiegend im Bauhaupt- und -nebengewerbe und im Transportsektor), in denen Arbeitskräfte als (Schein-)Selbstständige, Kontraktarbeiter, geringfügig Beschäftigte oder Tagelöhner oft für besonders niedrige Entgelte tätig sind. Informelle Arbeit ist in den Industrieländern aber auch in der saisonabhängigen Landwirtschaft, in der Fischerei und Forstwirtschaft weit verbreitet.

Für die Lage von Informellen macht es einen großen Unterschied, ob sie in Mikro-Unternehmen arbeiten, ob eine Tätigkeit „auf eigene Rechnung“ oder in abhängiger Lohnarbeit ausgeführt wird. Andererseits bewirkt die Umstrukturierung von transnationalen Unternehmen (TNU) zu netzwerkartigen Gebilden, durch die große Konzerne zu „hohlen Unternehmen“ mit wenigen eigenen Betriebstätten und einer von außen kaum noch identifizierbaren Zahl von juristisch selbstständigen, ökonomisch aber abhängigen „Kooperationspartnern“ werden (vgl. dazu Altvater/Mahnkopf 1999, Kapitel 7), dass die Unterscheidung von „self-employed“ und abhängiger Lohnarbeit gegenüber einer anderen Unterscheidung an Bedeutung verliert: ob die Arbeit in einem Untervertragsverhältnis („subcontracting") ausgeführt wird oder nicht. In den Fällen des „subcontracting" (vgl. dazu auch Kapitel 5.3) gibt es nicht leicht zu identifizierende Übergänge: einerseits zu Formen informalisierter Arbeit im formellen Sektor der Ökonomie, zum registrierten und zumindest partiell regulierten „subcontracting" in regulärer Heimarbeit und in den „export processing zones" (EPZ), in denen geltendes nationales Arbeitsrecht außer Kraft gesetzt ist, und andererseits zu Formen „prekärer Arbeit", die sich hinsichtlich vieler Dimensionen sozio-ökonomischer Sicherheit von Erwerbstätigkeit im informellen Sektor nur graduell unterscheiden. Gleichzeitig weist das „subcontracting" im informellen Sektor aber auch fließende Übergänge zu einigen Formen „moderner Sklaverei", insbesondere zur zeitlich befristeten „Vertrags/Lohnsklaverei" auf, deren Verbreitung ebenfalls in engem Zusammenhang mit Prozessen der ökonomischen Globalisierung steht (Bales 2001). Auf diese Grauzonen soll in den folgenden Abschnitten etwas ausführlicher eingegangen werden.

2. Feminisierung der Informalität

Für viele Frauen ist die informelle Arbeit die primäre und zumeist eine prekäre Einkommensquelle. Frauen sind die „Pionierinnen der flexiblen Arbeitsformen" (1999b; 2000); sie stellen die Mehrheit der „unsichtbaren" und daher statistisch nicht oder unzureichend erfassten Arbeitskräfte des informellen Sektors. Das erklärt zugleich, weshalb die informelle Arbeit sowohl im Hinblick auf ihren Beitrag zur gesamtwirtschaftlichen Wertschöpfung als auch hinsichtlich der Zahl der Menschen, denen sie zu Einkommen verhilft, in den offiziellen Statistiken unterschätzt wird. Denn wie die unbezahlten Versorgungs- und Betreuungsarbeiten von Frauen, die in den Berechnungen des nationalen BIP nicht vorkommen - obwohl sie ganz wesentlich zur Verbesserung der Lebensqualität beitragen - sind auch viele informelle Aktivitäten von Frauen durch ihre Haushaltsnähe der offiziellen Registrierung und Bewertung entzogen[2]. Dies gilt sowohl für die marktbezogene Herstellung und Verarbei-

[2] Vgl. zur Debatte über unbezahlte Arbeit von Frauen und deren unzureichende Berücksichtigung in den nationalen und internationalen Statistiken zu Bruttoinlandsprodukt und Erwerbsarbeit insbesondere Boserup 1970; Benería 1982; Goldschmidt-Chermont 1982 sowie für die jüngere Debatte vor allem Bakker/Elson 1998, Mertens 1998. Seit einigen Jahren werden unter dem Dach von „Women in Informal Employment: Globalizing und Organizing" (WIEGO), einem globalen Netzwerk von Basisorganisationen, Wissenschaftlern und internationalen Organisationen der Entwicklungszusammenarbeit, verstärkt Anstrengungen unternommen, um die Datensammlung und die statistischen Berechungsmethoden

tung von Gütern und Dienstleistungen im Hause, die „auf eigene Rechnung" erfolgt, wie für einige Formen abhängiger Lohnarbeit (Heimarbeit, Hauswirtschaft). In einigen Ländern des südlichen Afrikas verdienen nahezu alle weiblichen Erwerbstätigen außerhalb der Landwirtschaft ihren Lebensunterhalt mit informeller Arbeit: in Benin und im Tschad sind es 97%, in Mali 96%. In sieben der zehn lateinamerikanischen Länder, für die Daten verfügbar sind, und in einigen asiatischen Länder arbeitet etwa die Hälfte der erwerbstätigen Frauen im informellen Sektor; in Indien und Indonesien trifft dies auf neun von zehn Frauen zu. In vielen Ländern der Dritten Welt übersteigt die Zahl der informell beschäftigten Frauen die der Männer im informellen Sektor (vgl. *Tab. 5*).

Aus vielen Gründen sind Frauen in der informellen Ökonomie stärker präsent als Männer: Die Migration von Männern (vom Land in die Stadt und ins Ausland), die Zunahme von Ehescheidungen und das Zerbrechen von nichtehelichen Verhältnissen haben zur Folge, dass es immer mehr weibliche Haushaltsvorstände gibt. Diese müssen für sich und ihre Kinder, häufig auch für alte und arme Eltern und Verwandte, den Lebensunterhalt sichern. Außerdem sind Frauen in nahezu allen Ländern sexistisch diskriminierenden Einstellungspraktiken von Arbeitgebern ausgesetzt. Deshalb haben sie noch schlechtere Chancen als die Männer, Zugang zu den schrumpfenden Erwerbsmöglichkeiten in der formellen Ökonomie zu finden. Hinzu kommt, dass sie eine formelle Anstellung mit ihrer oft ungeteilten (alleinigen) Verantwortung für Kinder und pflegebedürftige Angehörige gar nicht vereinbaren können. Denn es mangelt in den meisten Ländern an kostenlosen resp. für Frauen bezahlbaren staatlich und/oder privat organisierten Einrichtungen für eine (ganztägige) Kinderbetreuung.

Tabelle 5 bietet eine Momentaufnahme des hohen Frauenanteils an der informellen Beschäftigung in einigen Ländern Afrikas, Lateinamerikas und Asiens im Zeitraums 1991-1997.

In einigen afrikanischen Ländern sind nahezu alle Frauen im informellen Sektor „self-employed" oder sie leisten mithelfende Familienarbeit. In den meisten lateinamerikanischen und asiatischen Ländern, für die Daten vorliegen, sind hingegen mehr als 20% der Frauen Lohnarbeiterinnen. Dies verweist darauf, dass das Segment der „Mikro-Unternehmen", also jener Typus von Selbstständigkeit, der eine längerfristige Beschäftigung von lohnabhängigen Arbeitskräften einschließt, sehr viel größer ist als in Afrika.

---

desinformellen „Sektors" zu verbessern (vgl. WIEGO 2000; Charmes 1999; 2000a; Ferran 1998).

Tabelle 5: Anteil des informellen Sektors an der Erwerbsarbeit außerhalb der Landwirtschaft[(a)]

Land	Anteil der Arbeitskräfte im informellen Sektor außerhalb der Landwirtschaft		Anteil der Frauen an den Arbeitskräften im informellen Sektor außerhalb der Landwirtschaft
	Frauen	Männer	
Afrika			
Benin	97	83	62
Tschad	97	59	53
Guinea	84	61	37
Kenia	83	59	60
Mali	96	91	59
Südafrika	30	14	61
Tunesien	39	52	18
Lateinamerika			
Bolivien	74	55	51
Brasilien	67	55	47
Chile	44	31	46
Kolumbien	44	42	50
Costa Rica	48	46	40
El Salvador	69	47	58
Honduras	65	51	56
Mexiko	55	44	44
Panama	41	35	44
Venezuela	47	47	38
Asien			
Indien	91	70	23
Indonesien	88	69	43
Philippinen	64	66	46
Thailand	54	49	47

(a) Die Daten beziehen sich auf verschiedene Jahre im Zeitraum 1991-1997

Quelle: United Nations (2000): The World's Women 2000: Trends and Statistics: 122, Chart 5.13 und Charmes 1999, Tab. 6

Dazu gehören auch Untervertragsnehmer („subcontractors"), bei denen die Arbeitsbedingungen sehr häufig besonders schlecht sind und alle Elemente der Informalität aufweisen (vgl. ILO 2000b). Soweit Frauen in Lateinamerika zu der Gruppe der Selbstständigen im informellen Sektor gehören, handelt es sich in 80% der dokumentierten Fälle um Arbeit „auf eigene Rechnung", also ähnlich wie in Afrika um eine prekäre Selbstständigkeit (Charmes 2000b: Tab. 3).

Dies ist ein indirekter Verweis darauf, dass die geschlechtsspezifische Segregation der Arbeits- und Geschäftsbereiche und der Profitmöglichkeiten auch in der informellen Ökonomie erhalten bleibt. In der Regel sind Frauen als Gelegenheitsarbeiterinnen tätig, als Untervertragsnehmerin im letzten Glied einer Produktions- und Vermarktungskette oder als Ein-Personen-Unternehmerinnen, die über geringes Kapital verfügen. Sie arbeiten in Produktions- oder Handelsbereichen, in denen sich lediglich niedrige Profitspannen erzielen lassen. Ihre informelle Arbeit dient zumeist der unmittelbaren Lebenssicherung und daher gehört sie gemäß ILO zur „Ökonomie der Armut". Frauen arbeiten in Bereichen, die eine Kombination von Erwerbsarbeit und häuslichen Pflichten zulassen: Sie verkaufen Obst und Gemüse, selbst hergestellte Lebensmittel, Second-hand-Kleidung und andere Waren des täglichen Konsums, oder sie sind mit der haushaltsnahen Produktion von traditionellem Kunsthandwerk, Textilien und Kleidung für den Markt beschäftigt. Im Bereich der personennahen Dienstleistungen führen sie Tätigkeiten aus, die ihnen in geschlechtsspezifischer Sozialisation zugeschrieben werden. Doch ihr Hauptbetätigungsfeld ist überall auf der Welt der expandierende Straßenhandel; dieses Gewerbe absorbiert einen Großteil der informell erwerbstätigen Frauen. Es handelt sich dabei um den wohl sichtbarsten Aspekt der informellen Ökonomie, doch bedeutet dies keineswegs, dass die Straßenhändlerinnen in ausreichender Sicherheit ihrem Gewerbe nachgehen könnten: Weil die meisten dieser Frauen für ihr Geschäft weder eine Gewerbeerlaubnis noch eine Standgebühr entrichtet haben, sind sie gezwungen, das Aufsichtspersonal zu bestechen. Dies ist sehr häufig kostspieliger als der Erwerb einer Lizenz oder die Entrichtung einer Tagesgebühr. Sie müssen stets gewärtig sein, von der Polizei von guten Standplätzen vertrieben zu werden - oder von dem privatem „Schutzpersonal", das Ladeninhaber bezahlen, um sich die lästige Konkurrenz um die Aufmerksamkeit potenzieller Kunden vom Halse zu schaffen. Und stets müssen die Händlerinnen damit rechnen, dass ihre Ware konfisziert oder bei einer der täglichen Vertreibungsattacken beschädigt wird (vgl. Mitullah/Alila/Kamau 2000; eigene Beobachtungen und Befragungen in Mexiko-City).

Es spricht viel dafür, dass der „gender gap" in der informellen Ökonomie noch größer ist als in der formellen Ökonomie. Dies lässt sich vor allem auf zwei Faktoren zurückführen: Zum einen erzielt das höchste Einkommen in der informellen Ökonomie, wer „Mikro-Unternehmer" ist oder zumindest „auf eigene Rechnung" arbeitet; zum anderen sind Frauen weltweit in den informellen Aktivitäten überrepräsentiert, mit denen sich nur geringe Einkommen erzielen lassen. Wer sich mit Gelegenheitsjobs durchschlägt oder gar als Untervertragsnehmerin abhängige Lohnarbeit leistet, ist im wahrsten Sinne des Wortes „arm dran".

Tabelle 6: Der informelle Handel

	Anteil des informellen Sektors		Anteil weiblicher Händlerinnen	
	an der gesamten Beschäftigung im Handel	an dem Beitrag des Handels zum BIP	an der informellen Beschäftigung im Handel	am Beitrag des informellen Handels zum BIP
<u>Afrika</u>				
Benin	99,1	69,8	92,2	64,3
Burkina Faso	94,7	45,7	65,9	30,1
Tschad	99,2	66,7	61,8	41,2
Kenia	84,9	61,5	50,2	27,3
Mali	98,1	56,7	81,3	46,1
Tunesien	87,6	55,6	7,9	4,4
<u>Asien</u>				
Indien	96,4	90,0	12,4	11,2
Indonesien	93,0	77,2	49,3	38,0
Philippinen	73,1	52,3	72,0	21,6

Quelle: Charmes 1999, Zusammenstellung nach WIEGO 2000: 30

Wenn die informelle Arbeit abhängige Lohnarbeit ist, sind Frauen, genau wie in der formellen Ökonomie, eher im Niedriglohnsegment zu finden (Charmes 1998; Sethuraman 1998). Der Handel im großen Stil und die Leitung von Unternehmen, die Erwerbstätige beschäftigen und dynamisch auf Wachstum ausgerichtet sind, ist eher Männersache. Männer arbeiten eher in lukrativen Bereichen des informellen Sektors: in der Holz- und Metallverarbeitung, auf dem Bau, im Transportgewerbe; sie führen einfache Reparatur- und Wartungsarbeiten an elektronischen Gütern und Fahrzeugen aus. Im traditionellen Kunsthandwerk sind sie mit der Herstellung hochwertiger Produkte beschäftigt, mit denen sich im Tourismus und auf ausländischen Märkten beachtliche Gewinne erzielen lassen.

Geschlechtsspezifische Segregation und Diskriminierung sorgen dafür, dass - wie wir gesehen haben - erstens mehr Frauen als Männer im informellen Sektor ihr Auskommen finden müssen; zweitens mehr Männer als Frauen zu Mikro-Untenehmern werden; drittens mehr Frauen als Männer im „subscontracting“ beschäftigt sind und viertens die Einkommens- und Lohndifferenzen zwischen Männern und Frauen nicht nur erheblich, sondern z.T. noch größer sind als im formellen Sektor der Ökonomie. Auch der Zugang zu (Mikro-)Krediten ist ungleich. Hier allerdings sind in den vergangenen Jahren Kreditinstitute entstanden, die nach frauenspezifischen Kriterien operieren (vgl. dazu Kapitel 7.3). Je dezentraler und haushaltsnäher die informelle Arbeit ausgeführt wird - dies ein erster Grund für die geschlechtsspezifischen Ungleichheiten -, desto niedriger sind auch die Löhne oder Gewinne, desto weniger reguliert die Arbeitsbedingungen, desto weniger gewerkschaftliche Organisation, desto eher werden national oder international geltende Rechte verletzt. Weil ihnen der Schutz fehlt, wird gegenüber Frauen Gewalt und Zwang ausgeübt, wenn sich nicht bewahrheitet, weshalb Manager die Beschäftigung von Frauen (in der Textilindustrie von Bangladesh) vorziehen: „One reason why managers hire so many women is because they believe they are more docile than men are" (Clean Clothes Campaign, http://www.cleanclothes.org/publications/unst9.htm).

Wie für die formelle Ökonomie gilt auch für den informellen Sektor - und dies ist ein zweiter Grund -, dass mit der Attraktion von kapitalintensiveren Investitionen, mit verstärkter Mechanisierung und Technisierung von Produktionsprozessen (in der Landwirtschaft wie in der Industrie oder im Dienstleistungsgewerbe) Frauen von den formellen Arbeitsplätzen verdrängt werden. Also verringern sich ihre Erwerbschancen auch in der informellen Ökonomie mit steigender Kapitalintensität und höherem Technologiegrad der Arbeit. Diese Dynamik sorgt dafür, dass Frauen in Krisenzeiten als erste in die Armut geraten und in die „gefährlichen Bereiche" des informellen Sektors abgedrängt werden: in die Sexindustrie und in die Lohnsklaverei, die im Gefolge grenzüberschreitender Migrationsströme an Bedeutung gewinnt (vgl. Lean Lim 1998; Carr/Chen/Tate 2000; ILO 2000a: 113).

„There is, as a result, an overlap between being a woman, working in the informal sector, and being poor (...) However, there is no simple relationship between working in the informal economy and being poor or working in the formal sector and escaping poverty. The relationship between informal employment and the intensity of poverty appears only when informal workers are analysed by subsectors of the economy and type of employment: that is, employer-owners, self-employed, and workers" (Carr/Chen/Tate 2000: 13).

Darüber hinaus kommt der Zusammenhang von Geschlecht, Arbeit im informellen Sektor und Armut auch darin zum Ausdruck, dass die Informalität, die für Männer oft nur ein Übergangsphänomen darstellt, für Frauen meist für die gesamte Dauer ihres Erwerbslebens prägend bleibt. Dadurch ist ihre längerfristige Einkommenssicherheit, vor allem im Alter, stark gefährdet (vgl. Lund/ Srinivas 1999). Doch auch die Lebens- und Bildungschancen der nachwachsenden Generation sind in hohem Grade davon abhängig, ob die Mütter eine Chance haben, der Verletzbarkeit, welche mit einer Position im unteren Einkommenssegment in der informellen Ökonomie verbunden ist, zu entkommen. Exemplarisch lässt sich dies am Rückgang des Schulbesuches der jüngeren Kinder in den von der Wirtschaftskrise der 90er Jahre betroffenen asiatischen Ländern und an der dramatischen Verschlechterung des Gesundheitszustandes und der sinkenden Lebenserwartung von Kindern in den Nachfolgestaaten der GUS, insbesondere in Russland nachvollziehen (vgl. Aslanbeigui/Summerfield 2000; David 1999; Meshcherkina 1999; Malysheva 1999; Regulska 2001).

Frauen werden also in allen Weltregionen als erste in die Informalität getrieben - und dort länger festgehalten als Männer. Dennoch befinden sie sich in sehr unterschiedlichen Konstellationen und daher bedeutet ihre „Informalität" durchaus Verschiedenes: Es gibt Frauen, die aus der ländlichen Subsistenzwirtschaft kommen und in den urbanen Zentren der „Dritten Welt" ihre erste bezahlte Arbeit als „Informelle" verrichten. Ihre Erfahrungen unterscheiden sich stark von der Selbst- und Fremdwahrnehmung von Frauen in den Transformationsländern MOEs, die vor ihrem „Eintritt" in den informellen Sektor relativ privilegierte Arbeitsplätze im Staatsdienst innehatten. Letztere erfahren ihre Einmündung in den informellen Sektor oft als soziale Abwertung und als Verlust sozialer und ökonomischer Sicherheit. Ihr Verlusterfahrungen sind dennoch nicht dieselben wie jene, denen Migrantinnen ausgesetzt sind, die den Lebensunterhalt für sich selbst und für die von ihnen abhängigen Familienangehörigen, die in den Herkunftsländern geblieben sind, durch informelle Arbeit, häufig am Rande oder jenseits der Legalität in einem fremden Land verdienen. Für viele Länder Asiens und Lateinamerikas (aber auch MOEs und Südosteuropas) sind die „remittances" der Migrantinnen ein großer Posten der Leistungsbilanz. Schließlich sind die Frauen zu erwähnen, die als prekär Beschäftigte in der formellen Ökonomie der Industrieländer unterkommen, doch viele Erfahrungen sozioökonomischer Unsicherheit mit den anderen drei erwähnten Gruppen teilen. Die Arbeit im „urban informal sector" ist für viele Frauen in Entwicklungsländern, zumal wenn sie zur ersten oder zweiten Generation von Landflüchtlingen gehören, der typische Einstieg in eine marktabhängige Erwerbstätigkeit. Für Frauen aus MOE stehen Tätigkeiten als Straßenhändlerin, als Stücklohnarbeiterin in einem „sweat shop" oder in der Heimarbeit, als Hausangestellte oder als Sexarbeiterin häufig ganz am Ende einer zuvor durchaus erfolgreich verlaufenen Erwerbskarriere (Musiolek 2001). Hinzu kommt, dass diese Frauen, genauso wie viele Migrantinnen, die als Wanderarbeiterinnen in die Industrieländer Nordeuropas, nach Nordamerika oder in die Golfregion kommen und dort gering qualifizierte, auf jeden Fall aber gering bezahlte Tätigkeiten im Bereich der personennahen Dienstleistungen verrichten, häufig über mittlere oder sogar höhere Bildungsabschlüsse (als Sekretärin, Krankenschwester, Bibliothekarin, Lehrerin etc.) verfügen (vgl. für Russland: V. Cherkavov 1998: Sex-slaves zit. in Malasheva

1999: 52f). Dagegen ist das formale Bildungsniveau der Frauen, die in den Ländern des Südens auf ein Einkommen aus informeller Arbeit angewiesen sind, zumeist sehr gering.

Für viele Frauen hat informelle Arbeit den Vorzug, Erwerbsarbeit und die Versorgung der Familien, die als Folge der Unterversorgung mit öffentlichen Gütern privatisiert worden ist, vereinbaren zu können – freilich auf eigene Kosten. Bei der Nutzung dieses Vorzugs handelt es sich keineswegs um ein „Luxusproblem" von Frauen in den reichen Industrieländern, die erwerbstätig sind, obwohl sie es „eigentlich nicht müssten", also primär aus (emanzipatorischen) Gründen der ökonomischen Unabhängigkeit von einem männlichen Ernährer. Es sind vor allem Frauen in den Ländern des Südens, die aufgrund kultureller Traditionen und wegen des Mangels an elementaren öffentlichen Gütern – insbesondere wegen der Defizite des öffentlichen Gesundheitswesens – die ganze Last der Versorgung kranker und alter Menschen zu tragen haben. Bewältigen lässt sich dies häufig nur dann, wenn haushaltsnahe Tätigkeiten in der informellen Ökonomie wahrgenommen werden[3]. Möglicherweise stellt auch das größere Verantwortungsgefühl der Frauen für die Existenzsicherung der Familien eine wichtige Triebfeder für ihre Einmündung in den informellen Sektor dar. So lässt sich beobachten, dass Frauen, die infolge der asiatischen Wirtschafts- und Finanzkrise Ende der 90er Jahre ihren Arbeitsplatz in der formellen Ökonomie verloren haben, schneller als „die entlassenen und dadurch tief gekränkten Männer" (Wichterich 2000: 56) jede sich bietende Einkommensmöglichkeit im informellen Sektor wahrgenommen haben, egal ob es sich dabei um eine Arbeit im Kleinhandel, als Untervertragsnehmerin in der Exportindustrie, um den Job einer Hausangestellten oder um Sexarbeit handelt. Auch in den Transformationsländern MOEs steht die dramatisch gestiegene Zahl der im Lande tätigen und der migrierenden Sexarbeiterinnen in einem engen Zusammenhang einerseits mit der steigenden Zahl allein erziehender Frauen und andererseits mit einer ökonomischen Entwicklung, die ihnen jede Chance auf ein existenzsicherndes Einkommen in den formellen Bereichen der Ökonomie nimmt. Es ist der Mangel an Alternativen, der Frauen dazu veranlasst, jedwede Arbeit in der informellen Ökonomie anzunehmen. Selbst bei niedrigen Löhnen oder Gewinnen, bei überlangen Arbeitszeiten, gesundheitsschädlichen und gefährlichen Arbeitsbedingungen wird das Arbeitsangebot aufrecht erhalten. In vielen Ländern sorgt ein anhaltender

[3] Wenn in den städtischen Haushalten keine weiteren weiblichen Angehörigen zur Verfügung stehen, die etwa im südlichen Afrika die Pflege eines AIDS-Kranken übernehmen, stellt die Aufnahme einer informellen Handelstätigkeit oft die einzige Möglichkeit dar, familiäre Pflichten und den Erwerb von monetärem Einkommen zu kombinieren.

Strom junger, unverheirateter und kinderloser Frauen vom Land in die urbanen Zentren dafür, dass ältere Frauen, die Kinder und Verwandte zu versorgen haben, mit dem jeweils niedrigsten Einkommen vorlieb nehmen müssen. Der Druck auf die Standards der formellen wie der informellen Arbeit ist besonders stark, wenn es sich um „illegale" Migrantinnen handelt, die ohne gültige Einreisepapiere ins Land gekommen sind und weder über eine Aufenthalts- noch eine Arbeitserlaubnis verfügen und daher in besonderer Weise erpressbar sind - bis hin zur Leistung von Zwangsarbeit, wie die ILO (2000b, 2001c) beklagt.

Bei der Deregulierung formeller Arbeitsmärkte und der Verlagerung von Arbeit aus der formellen in die informelle Ökonomie gemäß dem Modell des neoliberal inspirierten Umbaus der Staaten spielen Frauen eine „bedeutende systemische Rolle" (Wichterich 2000: 64). Wenn öffentliche Versorgungseinrichtungen zurückgeschnitten werden, tragen sie - in den Entwicklungsländern und in MOE zumal - die größte Last der Strukturanpassung an die Bedingungen der Globalisierung. Auch in den reichen Industrieländern wird der Rückbau sozialstaatlicher Institutionen, verpackt in die Rhetorik vom „aktivierenden Staat", als ein wichtiges Element „modernen Regierens" legitimiert (vgl. Mahnkopf 2000b). Dabei erschöpft sich die Modernität dieser Politik nicht selten im Abbau von Arbeitsplätzen in der öffentlichen Verwaltung, im Bildungs- und Gesundheitssystem. Frauen werden dabei aus mehreren Gründen in die Informalität gedrängt: Zum einen gehen relativ sichere und vergleichsweise gut bezahlte Arbeitsplätze verloren, die vornehmlich von Frauen besetzt waren; zum anderen müssen nun vormals öffentlich organisierte und finanzierte Versorgungsleistungen in die subsistenzorientierte Ökonomie und in kollektive Auffangsysteme von Frauen(gruppen) zurückgenommen werden. Um die im Zuge von Liberalisierung und Privatisierung aufgerissenen Versorgungslöcher und die Reallohnverluste, die damit einhergehen, zu kompensieren, wird die unbezahlte Hausarbeit der Frauen intensiviert.

„It is known that the implementation of structural adjustment policies, such as those adopted by Third World countries in the 1980s and 1990s, led to coping strategies that required the intensification of unpaid work, of which a disproportionate burden fell on women. In such cases, a decrease in real income may not result in a corresponding decrease in well being: it dependes on the extent to which unpaid work makes up for the reduced ability to purchase goods from the market" (Benería 1999: 301).

Dies alles hat zur Folge, dass sowohl die unbezahlte wie die bezahlte informelle Arbeit von Frauen zunimmt. Denn mit der erneuten Zuweisung unbezahlter Versorgungsarbeit an die Frauen ist zugleich der Zwang verbunden, Geldeinkommen vornehmlich über solche Erwerbsarten zu erwirtschaften, die möglichst haushaltsnah, also flexibel mit unbezahlter Hausarbeit zu verbinden sind.

In den westlichen Industrieländern führt die „Feminisierung" von Ökonomie und Beschäftigung" (vgl. Standing 1989 sowie Altvater/Mahnkopf 1999: 317ff) dazu, dass der stillschweigend akzeptierte „gender contract" brüchig wird, der dem fordistischen „employment contract" zu Grunde lag und der „Normalarbeitsverhältnisse" nahezu ausschließlich für Männer vorsah - für Frauen aber immer nur dann, wenn der Arbeitsmarkt dies verlangte. Allerdings wird der fordistische Geschlechtervertrag nicht durch eine „Revolution der geschlechtlichen Ordnung des Arbeitens" (Hausen 2000) aus den Angeln gehoben. Er wird unterlaufen, durch eine neue soziale Spaltung in der weiblichen Bevölkerung: Die soziale und ethnische Herkunft, vor allem aber das erworbene „Bildungskapital" entscheiden darüber, ob Frauen sich dauerhaft verweigern (können), die Erwerbswirtschaft durch unbezahlte Versorgungsleistungen zu unterstützen, oder ob sie sich dieser Zumutung nicht entziehen können - und aus diesem Grunde in informelle oder prekäre Arbeitsverhältnisse gedrängt werden. Bei der Einmündung in die Informalität kommt der reproduktiven Rolle der Frauen eine wichtige Scharnierfunktion zu: Unter der medialen Herrschaft eines neoliberalen Feminismus, der den konkurrenzorientierten Individualismus zum Wahrzeichen junger Weiblichkeit macht, den Markterfolg von Frauen feiert, ein Scheitern beim Anhäufen persönlichen Vermögens oder beim Zugang zur Konsumkultur jedoch als individuelle Schwäche brandmarkt, wird das „Kinderkriegen" zu einem „handicap". Von Frauen, die über ein vergleichsweise hohes Bildungsniveau verfügen, wird erwartet, dass sie dieses auch optimal verwerten[4]. Im Prinzip schließt dies aus, dass Zeit und Aufmerksamkeit für andere als erwerbsarbeitsbezogene Zwecke, beispielsweise auf die Bedürfnisse von Kindern „verschwendet" werden. Wer kann, kauft sich los von unbezahlter Betreuungsarbeit und von den häuslichen Putz- und Instandhaltungsarbeiten, die wenig Selbst- und Fremdachtung vermitteln. Eine neue weibliche Geschäftselite und Frauen aus der bescheiden aber stetig wachsenden Gruppe von „Symbolanalytikerinnen" lassen andere Frauen, vorzugsweise undokumentiert im Lande

---

[4] Wie B. Seel und R. Hufnagel in einer Studie für die Modezeitung „Marie Claire" auf Basis des „Sozio-ökonomischen Panels" für die Bundesrepublik Deutschland des Jahres 2000 errechnet haben, schlägt der durchschnittliche Einkommensverlust einer Mutter, der „mother gap", bei einer verheirateten Angestellten, die ihre Vollzeiterwerbstätigkeit wegen der Erziehung von zwei Kindern auch nur für 5 Jahre unterbricht, bereits mit 386.000 DM zu Buche, bei einer verheirateten Frau in höherer beruflicher Stellung, beispielsweise einer Abteilungsleiterin, beträgt der Einkommensverlust in der Lebensperspektive 583.100 DM. Wenn der „mother gap" mit dem „gender gap" kombiniert wird, also nicht die Einkommensdifferenzen von Müttern und kinderlosen Frauen, sondern die von vergleichbaren Frauen und Männern zugrunde gelegt werden, wächst die Kluft bei einem „Angestelltenpaar" auf 728.000 DM und bei einem „Abteilungsleiterpaar" auf über eine Million DM (Darstellung nach Klammer 2001).

lebende Migrantinnen, Betreuungs- und andere Hausarbeiten tun. Dies geschieht in mehr oder weniger menschenwürdigen informellen Arrangements (vgl. von Oertzen 2001).

Wer indes nicht das Glück hat, in einem Haushalt zu leben, dessen Einkommen über dem Durchschnitt liegt - also die Mehrzahl der Frauen in den westlichen Industrieländern - und auf Kinder dennoch nicht verzichten[5] will, ist auf mehr oder weniger prekäre Arbeitsverhältnisse verwiesen. Das sind zumeist Billiglohnjobs, die von den Unternehmen als Flexibilisierungsreserve genutzt werden. Frauen sind „informalisierte Zuarbeiterinnen der Märkte" (Wichterich 2000: 57), wenn sie als Freiberufliche, Selbstbeschäftigte oder als Ein-Frau-Unternehmerin mit geringem Kapital den Schritt in die Selbstständigkeit wagen. Alternativen stehen sowieso nicht zur Verfügung. Wer sich jedoch in jungen Jahren für eine Schwangerschaft entscheidet, ohne dass die eigene finanzielle Zukunft gesichert wäre, gerät leicht in den Verdacht, eine moralisch nicht zu rechtfertigende Entscheidung getroffen zu haben. Arbeitslose junge Frauen aus sozial benachteiligten Schichten, darunter viele Schulabbrecherinnen und Angehörige ethnischer Minderheiten, die allein erziehend und deshalb auf staatliche Unterstützung angewiesen sind, werden verdächtigt, verantwortungslos zu handeln. Denn diese Frauen sind nicht frei und ungebunden genug, um den Anforderungen des neuen, flexiblen Arbeitsmarktes entsprechen zu können. Sie wurden daher zu einer bevorzugten „Problemgruppe", an die sich die Sozialhilfereformen der Clinton-Administration in den USA und die Reformmaßnahmen unter „New Labour" in Großbritannien richteten (Mc Robbie 2000). Die allein erziehenden Mütter, die (nicht nur) in den USA (mit rund 90%) und in Großbritannien das Gros der Sozialhilfeempfänger stellen, und daher als „welfare mothers" stigmatisiert werden, sollen um jeden Preis gezwungen werden, sich durch Erwerbsarbeit in die Gesellschaft einzufügen. Auf ein existenzsicherndes Beschäftigungsverhältnis in der formellen Ökonomie können sie aber nicht hoffen, denn meist fehlen ihnen ein höherer Schulabschluss und eine ausbaufähige berufliche Ausbildung. Daher werden die „bad girls" (Mc Robbie 2000) in die „bad jobs" der expandierenden Dienstleistungsökonomie hineingeschleust. Von „decent work" sind die meisten der formellen Dienstleistungsjobs, in die allein erzeihende Mütter gezwungen werden, genauso weit entfernt wie ihre informellen Varianten. Vor allem weist keines von beidem einen Weg aus der Armut heraus (vgl. Ehrenreich 2001).

[5] Kinder gelten inzwischen in vielen Ländern, darunter auch im reichen Deutschland, als „Armutsrisiko Nummer Eins"; vgl. dazu u.a. den von der deutschen Bundesregierung im April 2001 vorgelegten „Armuts- und Reichtumsbericht".

Fassen wir also knapp zusammen: Zwar attrahiert der globale Arbeitsmarkt mehr Frauen als in früheren Zeiten, doch entweder ist die weibliche Arbeitskraft vornehmlich als eine „geschlechtslose Arbeitskraft" interessant, die wie die männliche Arbeitskraft ohne Rücksicht auf Reproduktionsverpflichtungen einsetzbar ist, oder aber als eine Arbeitskraft, die sich gerade aufgrund ihrer Geschlechtlichkeit - ihrer reproduktiven Rolle - alternativlos in die Informalität zwingen lässt. Beides hat Folgen für die Standards der „noch formell" organisierten Arbeit: je stärker Frauen auf den Arbeitsmarkt drängen, desto mehr geraten diese Standards unter Druck.

Allerdings sind Frauen eben nicht nur die Anbieterinnen von informeller Arbeit; sie sorgen zugleich für eine steigende Nachfrage: Wenn sie sich, um ihre Arbeitsmarktintegration abzusichern, der bezahlten und unbezahlten informellen Arbeit anderer Frauen bedienen. Gerade in Zeiten stagnierender Reallöhne wären vielen Mittelschichthaushalte in den westlichen Industrieländern nicht in der Lage, personennahe Dienstleistungen, die das Erwerbsarbeitssystem stützen, zu Marktpreisen nachzufragen. Die informelle Arbeit, vorzugsweise von rechtlosen, zumindest aber hoch verletzlichen Migrantinnen, stellt deshalb eine systemische Bedingung für die Aufrechterhaltung der Erwerbstätigkeit von Mittelschichtfrauen dar - und für die Stabilität eines spezifischen, westlichen Konsumstils. Denn unter den Bedingungen schrumpfender Staatsausgaben für Bildung, Soziales und andere öffentlichen Infrastruktureinrichtungen - zumal wenn diese mit einer stagnierenden oder gar rückläufigen Reallohnentwicklung einhergehen - kann der in den westlichen Industrieländern verallgemeinerte „American way of life" nur durch den Rückgriff auf tendenziell immer billigere Arbeit von Zuwanderern und Zuwanderinnen stabilisiert werden.

Tabelle 7: Atypische Arbeitsverhältnisse in Europa 1988 und 1998

Länder	Erwerbstätige insgesamt		Selbstständige ohne Beschäftigte				Teilzeit-Arbeitsverhältnisse		Befristete Arbeitsverhältnisse**)		atypische Erwerbsformen insgesamt bereinigt um Doppelz.***)	
			ohne Landwirtschaft		in der Landwirtschaft							
	in Mio.		Anteile an allen Erwerbstätigen in %									
	1988	1989	1988	1998	1988	1998	1988	1998	1988	1998	1988	1998
Belgien	3483	3857	11,7	12,3	2,1	1,3	9,8	15,7	3,4	5,5	23,3	31,0
Dänemark	2683	2679	2,5	3,1	2,1	1,0	23,7	22,3	5,6	5,8	29,1	28,3
Deutschland*)		35537		4,3		0,6		18,3		5,6		26,0
- West-Deutschland	26999	29077	3,1	4,5	1,3	0,7	13,2	20,0	3,0	5,0	19,7	27,0
- Ost-Deutschland		6459		3,7		0,1		12,0		8,5		22,0
Frankreich	21503	22459	4,6	4,2	3,6	2,00	12,0	17,3	4,6	10,3	19,8	27,7
Griechenland	3651	3967	15,4	14,5	14,2	9,7	5,5	6,0	8,5	7,0	27,7	26,4
Irland	1090	1496	6,7	6,9	10,6	5,8	8,0	16,7	5,7	4,7	17,2	24,5
Italien	21085	20357	****	10,2	****)	1,8	5,6	7,4	3,3	4,22	25,2	19,5
Luxemburg	152	171	3,9	2,3	2,0	1,2	6,6	9,4	2,0	1,1	11,8	12,3
Niederlande	5903	7402	4,9	5,5	1,6	1,3	30,2	38,7	7,0	11,1	35,9	44,6
Portugal	4427	4764	8,7	10,1	14,4	9,4	6,5	11,1	12,5	12,0	25,8	30,1
Spanien	11709	13161	12,6	11,3	6,5	3,6	5,4	8,1	15,3	24,3	31,1	39,6
Vereinigtes Königreich	25660	26883	7,8	8,4	0,8	0,6	21,ß	24,9	5,0	5,9	29,9	34,0
Finnland		2179		5,6		4,6		11,7		13,8		26,9
Österreich		3626		2,1		3,8		15,8		3,1		19,8
Schweden		3946		5,4		1,5		23,2		11,3		32,7
Europäische Union	128345	152494	8,6	7,1	3,6	2,0	13,2	17,4	6,0	8,5	25,1	29,2

*) West-Deutschland einschl. West-Berlin, Ost-Deutschland einschl. Ost-Berlin; die Aufteilung der Eurostat-Ergebnisse anhand des Mikrozensus enthält geringe Unschärfen; **) Abhängig Beschäftigte (inkl. Soldaten) ohne Auszubildende, Praktikanten, Assistenten in Forschungsinstituten; ***) Summe: Selbständige ohne Beschäftigte (ohne Landwirtschaft), Teilzeitbeschäftigte und befristet Beschäftigte, bereinigt um Doppelzählungen bei selbstständiger oder befristeter Beschäftigung; ****) Daten vor 1992 nicht vergleichbar mit Daten ab 1992

Quelle: Eurostat, Erhebung über Arbeitskräfte, Mikrozensus zit. in IAB-Kurzberichte Nr. 14 vom 15.10.2000

Also unterliegt nicht nur das fordistische Lohnarbeitsverhältnis, sondern auch der fordistische Geschlechtervertrag einem Transformationsprozess: Mit der Erosion des Normalarbeitsverhältnisses, das Männern die Ernährerrolle zuschrieb und ihnen dafür einen Familienlohn zugestand, wächst der Druck auf die Frauen, den eigenen Lebensunterhalt und den ihrer Kinder durch eigene Erwerbsarbeit zu bestreiten. Weil aber die Geschlechtlichkeit der Arbeit von dieser Entwicklung kaum berührt wird und die reproduktiven Tätigkeiten nahezu ungeteilt in der Verantwortung der Frauen bleiben, setzt der postfordistische Geschlechtervertrag die informelle Arbeit in doppelter Weise voraus: Zum einen als Mittel der Entlastung für jene Minderheit von Frauen, die dank ihres Erfolgs am (Arbeits-)Markt Versorgungs- und Betreuungsleistungen (hinzu)kaufen können und zum anderen als zunehmend wichtiger werdende Einkommensquelle für die Mehrheit „normaler" Frauen in allen Weltregionen; wobei, wie wir gesehen haben, die Unterschiede beträchtlich sind.

3. Verlust soziökonomischer Sicherheit durch flexible Beschäftigung

Vom Verlust sozio-ökonomischer Sicherheit ist heute eine Mehrzahl der Menschen betroffen. Empirische Belege für diese These sind in der sorgfältig recherchierten Studie „Global Labour Flexibility" von Guy Standing (1999) zusammengetragen. In dieser deprimierenden Chronik des Wachstums aller Facetten ökonomischer und sozialer Unsicherheit und Ungleichheit (insbesondere in den westlichen Industrieländern) wird vor allem eines deutlich: Durch die Fixierung der wissenschaftlichen und politischen Debatte in Europa auf die anhaltend hohe Massenarbeitslosigkeit geraten die vielfältigen Unsicherheiten aus dem Blick, die heute auch formelle Beschäftigungsverhältnisse charakterisieren. Beispiele sind Gelegenheitsarbeiten, unfreiwillige und z.T. dauerhafte Teilzeitarbeit, befristete Arbeitsverträge, abhängige Vertragsarbeit und mehr oder minder freiwillige Selbstständigkeit resp. eine Tätigkeit als Freier Mitarbeiter („freelancer"). Diese ist oft weniger Ausdruck einer besonders frei gestalteten Arbeit, als Beleg für einen Mangel an akzeptablen Arbeitsverträgen. In Standings Studie sind viele Details zur Erosion sozialer und ökonomischer Sicherheit zusammengetragen: Daten zu fallenden Real- und Minimallöhnen, neuen Formen von „contingent pay", zum Wachstum von Niedriglohnarbeit und zum Abbau von sozialen Lohnbestandteilen, zu wachsender Lohnungleichheit innerhalb und zwischen den Ländern, höheren Kosten von Beschäftigungsverlusten, sinkender Arbeitslosenunterstützung und zur Verkürzung der Bezugsdauer von Transfereinkommen. Neben dem darin zum Ausdruck kommenden Rück- und Umbau des Wohlfahrtsstaates fallen auch die Folgen der Privatisierung von öffentlichen Infrastrukturnetzen (Bahn, Post, Telefon, Elektrizitäts-, Gas- und Wasserversorgung) für die Budgets der Privathaushalte ins Gewicht. Denn es steigen die relativen Kosten für Güter des täglichen Bedarfs.

In den westlichen Industrieländern geht der Bedeutungszuwachs von „neuen Nicht-Norm-Arbeitsverhältnissen" (Pfarr 2000: 280), die nicht oder unzureichend in die sozialen Sicherungssysteme eingebunden und z.T. noch zusätzlich aus tariflichen, betrieblichen oder arbeitsrechtlichen Regelungen ausgegrenzt sind, mit einer veränderten Nutzung von Arbeitskräften einher. *Erstens* erfolgt ihr Einsatz nach Maßgabe quantitativer und funktionaler Flexibilisierungserfordernisse der Betriebe; *zweitens* werden die Beziehungen zwischen den Unternehmen und den abhängig Beschäftigten immer stärker marktförmig gestaltet und *drittens* wird der Arbeitsvertrag immer häufiger durch eine handelsrechtliche Vereinbarung ersetzt. Dies lässt sich auch als Deformalisierung im Sinne einer Rücknahme der Formalisierungs- und Regulierungsgrades der Arbeit oder als „formelle Informalisierung" im Sinne einer Informalisierung innerhalb (noch) bestehender formeller Strukturen von Arbeitsmarktregulierungen, institutionalisierten Formen von Interessenvertretung der Beschäftigten und sozialen Sicherungssystemen beschreiben. Prekäre Arbeitsverhältnisse und der normative Leittypus des „Arbeitskraft-Unternehmers" (Voß/Pongartz 1998), der konkrete Arbeitsleistungen anstelle seines primären Arbeitsvermögens verkauft - der jedoch nicht wirklich „neu" ist, weil er ja an historische Vorläufer (die Tagelöhner, Saisonarbeiter, Freiberufler) anknüpft - scheinen auf den ersten Blick wenig mit den beschriebenen Prozessen einer Informalisierung von Arbeit zu tun zu haben. Allerdings ist darin die Annahme eingeschlossen, dass Informalisierung mit dem Phänotypus des „kleinen Unternehmens" assoziiert und mit dem vollständigen Fehlen einer formal-rechtlichen Einbindung oder mit dem (Schwarzarbeit induzierenden) Faktum fehlender Registrierung und mit dem Ausfall von Steuer- und Sozialversicherungsbeiträgen gleichgesetzt wird. Wenn jedoch der Umfang sozioökonomischer Sicherheit zur Bestimmung der gesellschaftlichen Verfassung von Arbeitskraft in Betracht gezogen wird, stellen sowohl die prekären Arbeitsverhältnisse wie jene neuen, flexiblen Formen von Erwerbsarbeit, die durch ein hohes Maß an Selbstkontrolle und aufwendige Selbstvermarktung der Arbeitskraft sowie durch eine den gesamten Lebenszusammenhang betreffende Selbstrationalisierung gekennzeichnet sind (vgl. Kadritzke 2000), eine Deformalisierung bisheriger Vergesellschaftungsmodi von Erwerbsarbeit dar. Hier ist im Arbeitsprozess eingeschlossen, was von Foucault als „Technologie des Selbst" (vgl. Lemke 1997, Lemke et al. 2000) bezeichnet wird, d.h. die aktive Mitgestaltung des Regiertwerdens, die das Regieren so sehr erleichtert (vgl. auch elftes Kapitel).

Diese industriegesellschaftlichen Varianten von informalisierter Arbeit im Rahmen einer formellen Ökonomie sind dadurch gekennzeichnet, dass sie die Normen von Zeit und Raum (dazu vgl. erstes Kapitel) nicht mehr respektieren. Eine wachsende Zahl von Erwerbstätigen besitzt nur noch (teil-)zeitweise einen Arbeitsplatz; die örtliche Bindung der Produzenten an den Ort der Produktion und die Zuordnung zu einem Arbeitgeber werden gelockert. Die Arbeit findet häufig nicht mehr gemeinschaftlich in einem Betrieb statt, sondern vereinzelt und sie wird dezentral in einem vielschichtigen Netz von Untervertrags- und Heimarbeitsverhältnissen ausgeführt. Dies hat zur Folge, dass eine Belegschaft im klassischen Sinne als sozialer Akteur nicht mehr existiert. Im besten Fall bleibt ein stabiler Kern von „Stammbeschäftigten" bestehen, mit einer Myriade von „Randbeschäftigten" im In- und Ausland. Die traditionellen (Klassen-)Unterschiede zwischen Arbeitgebern und Arbeitnehmern lösen sich zugunsten diffuser Ausbeutungsverhältnisse zwischen Geldverleihern, Lieferanten, Einkäufern etc. auf. Der Gelegenheitscharakter der Arbeit nimmt zu, so dass die Arbeitsbeziehungen atomisiert, flüchtig und die Arbeitenden deshalb gewerkschaftlich nur schwer organisierbar sind. Was im „goldenen Zeitalter" in den OECD-Ländern ganz unmöglich gewesen wäre, stellt heute für viele Unternehmen in den entwickelten Industrieländern eine realistische Option dar: Sie müssen nur noch für punktuelle Aufgaben und konkrete Arbeitsleistungen zahlen, ohne mit einem Kontrakt - der dadurch immer weniger ein Arbeits- und immer mehr ein Handelsvertrag wird - auch Verpflichtungen für die Person des Trägers der Arbeitskraft einzugehen, also sich beispielsweise an den Kosten der menschlichen Existenz im Alter, bei Krankheit, in der Familienphase etc. zu beteiligen. „Man pflanzt keinen Zitronenbaum mehr, um eine Zitrone auspressen zu können" (Bauman 2000: 54). An die Stelle längerfristiger Bindungen zwischen Käufern und Verkäufern von Arbeitskraft, aus denen einerseits der Status des Arbeitnehmers erwuchs und andererseits das sogenannte „Transformationsproblem" des Managements[6], tritt wieder, wie bei frühen Formen der Anstellung, eine „Auffassung

---

[6] Unter den Bedingungen kapitalistischer Mehrwertproduktion besteht das systemspezifische Kontrollproblem des Managements darin, die „Unbestimmtheit" des Arbeitsvertrages hinsichtlich konkreter Arbeitsverrichtungen und geforderter Arbeitsintensität durch den Einsatz von „Zuckerbrot und Peitsche" resp. Disziplinierung und Belohnung für Produktivitätssteigerungen zu nutzen. Zwar erwirbt der Unternehmer mit dem Kauf der Nutzungsrechte an der Arbeitskraft auch Mitverfügungsrechte über die Person des Arbeiters, doch bleibt, wegen der Untrennbarkeit von Person und Arbeitskraft, die Kooperation der Arbeiter und das „manufacturing of consent" für die Transformation von gekaufter Arbeitskraft in konkrete Arbeitsleistung immer wesentlich. Dadurch werden, so die Befunde der „Labour

von Lohnarbeit, wonach ein Individuum für die Erledigung einer punktuellen Aufgabe gemietet wird“ (Castel 2000: 350f).

Gegen die These vom „Hegemonieverlust des unbefristeten Vertrages“ (ebd.: 349), der mit wachsender Verschiedenheit und Diskontinuität der Beschäftigung einhergeht, scheint zu sprechen, dass es zumindest in Europa (und v.a. in Deutschland) noch immer betriebsinterne Arbeitsmärkte und damit längerfristige Bindungen zwischen Arbeitgebern und Beschäftigten gibt. Eine Entwicklung der Arbeitsmärkte zu „Punkt-Märkten“ wird daher für wenig wahrscheinlich gehalten (vgl. Kohli 2000). In die gleiche Richtung zielt der empirisch gestützte Verweis auf die, gemessen an der Dauer der durchschnittlichen Betriebszugehörigkeit, relativ hohe Arbeitsplatzsicherheit in der Europäischen Union; diese sei (auch in den USA) im Verlauf der 90er Jahre nicht nur nicht gesunken, sondern von 10,2 Jahren (1992) auf 10,5 Jahre (1998) gestiegen. Daher könne auch „nicht von einem allgemeinen Niedergang stabiler Beschäftigungsverhältnisse oder vom Verlust der Bindung der Arbeitskräfte an den Betrieb“ gesprochen werden (Sengenberger 2001: 81 - Herv. EA/BM). Kann also vielleicht doch Entwarnung gegeben werden, wenn Beschäftigungsverhältnisse, die hinsichtlich Kontinuität, Dauer und sozialer Absicherung vom Normalarbeitsverhältnis abweichen, zwar seit zwei Jahrzehnten an Bedeutung gewinnen, das Normalarbeitsverhältnis aber (noch immer) die mit Abstand häufigste Erwerbsform in den OECD-Ländern darstellt (vgl. dazu auch DIW 2000b; Bosch 2001)? Kann es beruhigen, dass die relative Abnahme von unbefristeter Vollzeitarbeit (gemäß Eurostat-Definition entspricht dies einem „Normalarbeitsverhältnis“) in Westdeutschland zwischen 1988 und 1998 um knapp 5%, von etwa 67% auf etwa 62%, gesunken ist (IAB 2000a) und dass Ende der 90er Jahre in 12 von 15 europäischen Staaten noch immer mehr als die Hälfte aller Arbeitnehmer in Normalarbeitsverhältnissen beschäftigt waren - obwohl bei den „atypischen Erwerbsformen“ in der Dekade von 1988 bis 1998 in nahezu allen Mitgliedsländern der EU eine deutliche Zunahme zu verzeichnen war (vgl. dazu *Tab. 7*)? Spricht es nicht für eine eher undramatische Entwicklung, wenn die relative Abnahme von Normalarbeitsverhältnissen, in Deutschland ebenso wie in anderen europäischen Ländern (in Dänemark, Irland, den Niederlanden oder in Großbritannien), in erster Linie eine Folge der steigenden Frauenerwerbstätigkeit ist? Diese wird in vielen Ländern von einem starken Wachstum der Teilzeitbe-

---

Process Debate“ in den 80er Jahren, die Machtunterworfenen zu Komplizen ihrer eigenen Ausbeutung und transformieren die auf dem Eigentum an Produktionsmitteln sich gründende Macht des Kapitals in legitime Herrschaft (vgl. dazu im Anschluss an H. Braverman (1977) insbesondere die Arbeiten von M. Burawoy 1982, 1984 sowie den kritischen Überblick in Mahnkopf 1987).

schäftigung und der befristeten Beschäftigungsverhältnisse begleitet und dies müsste, im Sinne des obigen Zitats von Werner Sengenberger, vielleicht gar nicht als Anzeichen eines „allgemeinen Niedergangs" des Normalarbeitsverhältnisses interpretiert werden?

Außer Zweifel steht zunächst nur, dass es sich bei der deutlichen Zunahme von „Nicht-Norm"-Arbeitsverhältnissen in allen EU-Ländern im letzten Jahrzehnt des 20. Jahrhunderts nicht um ein konjunkturelles Phänomen handelte. Denn es schrumpft zugleich der Bestand an unbefristeten Vollzeitstellen und dieser Trend scheint irreversibel zu sein. Über die tatsächliche Abgrenzung von neuen Formen von Selbstständigkeit gegenüber dem Arbeitnehmerstatus liefern die vorliegenden Erwerbsstatistiken in der EU aber ebenso wenig brauchbare Hinweise wie zu Umfang und Ausgestaltung von Leiharbeit, Heimarbeit oder Beschäftigung auf Abruf; nur regelmäßig ausgeführte geringfügige Beschäftigung wird im Mikrozensus erfasst, nicht aber die kurzfristige. Über das tatsächliche Ausmaß der sozio-ökonomischen Unsicherheit, die mit Erwerbsformen jenseits des Normalarbeitsverhältnisses in den entwickelten Industrieländern verbunden ist, kann daher nur spekuliert werden.

Eine vom Bundesinstitut für Berufsbildungsforschung und Forschungsinstitut der Bundesanstalt für Arbeit IAB (IAB 2000b) durchgeführte Befragung von 34.000 deutschen Erwerbstätigen, die regelmäßig bezahlte Beschäftigung von mindestens 10 Wochenstunden in Haupttätigkeit ausgeübt haben, kommt zu dem Befund, dass 1999 etwa jede/r sechste ostdeutsche und jede/r zehnte Westdeutsche eine „unsichere" Stelle hatte: in befristeter oder geringfügiger Beschäftigung, als Leiharbeiter/in oder als Freie(r) Mitarbeiter/in. Die überwältigende Mehrheit dieser, nach der Definition des IAB „unsicher" Beschäftigten hatte nur einen Zeitvertrag und es befürchteten viele Befragte (in Ostdeutschland 70%, in Westdeutschland 40%), dass ihr Vertrag nicht verlängert würde. In „unsicheren" Erwerbsformen befanden sich vornehmlich Arbeitnehmer ohne formale Qualifikation und in Westdeutschland überproportional viele Frauen. Ihr Risiko, keine feste Stelle zu finden, war doppelt so groß wie das der Männer und dies unabhängig davon, wie qualifiziert sie waren. Diese Ergebnisse markieren jedoch nur eine Untergrenze für die Zahl unsicherer Beschäftigungsverhältnisse. Denn es wurden weder Nebentätigkeiten noch unregelmäßig oder in einem Umfang von weniger als zehn Wochenstunden geleistete Erwerbsarbeit erfasst, vor allem aber wurden Migranten, die besonders häufig auf unsichere Erwerbsformen angewiesen sind, in diese Untersuchung nicht einbezogen. Letztlich lassen sich aber selbst aus der nach wie vor hohen absoluten Zahl von Normalarbeitsverhältnissen nur wenig brauchbare Rückschlüsse auf die mit unbefristeten Beschäftigungsverhältnissen verbundene sozio-ökonomische Sicherheit ziehen. Denn die Proportionen von befristeten und unbefristeten Beschäftigungsverhältnissen und die Beschäftigungsstabilität stellen sich ganz anders dar, wenn die Neuzugänge in die Erwerbstätigkeit betrachtet und die Daten zur Dauer der Betriebszugehörigkeit um die Altersstruktur bereinigt werden. Dann zeigt es sich, dass in vielen europäischen Ländern, darunter auch in Deutschland, inzwischen mehr als zwei Drittel der jährlichen Neueinstellungen in „a-typischen" Formen, insbesondere als befristete Einstellungen, erfolgen und dass der Zeitvertrag für die jüngeren Arbeitskräfte inzwischen zum Regelfall geworden ist.

Doch auch hinsichtlich der Arbeitszeitgestaltung sind frühere Ausnahmen längst zur Regel geworden. Etablierte gesellschaftliche Zeitregime und dem entsprechende Arbeitszeitstandards, die den Arbeitstag vom Feierabend, die Arbeitswoche vom freien Wochenende, das Arbeitsjahr vom Urlaub, die Ausbildung von der Arbeit abgrenzten, haben seit Anfang der 80er Jahre ihre Bedeutung für kulturelle Zeitverwendungsmuster und soziale Abstimmungsleistungen eingebüßt. Vor allem ist die Normalität des „freien Wochenendes", das wegen seiner sozialen und kulturellen Bedeutung von der Arbeiterbewegung zu Recht als eine „Errungenschaft" betrachtet wurde, einer weitgehenden Fragmentierung der Lebens-Rhythmen gewichen: In Deutschland arbeiten mittlerweile ca. ein Viertel der Erwerbstätigen mehr oder weniger regelmäßig auch an Sonntagen (vgl. Rinderspacher 2000). Mit der Erosion der „Normalarbeitszeit" geht eine wichtige Basis für sozialen Fortschritt verloren, denn ihre Standards hatten für die Arbeitskräfte die Funktion, vor Überforderung zu schützen. Zugleich war die Arbeitszeit ein Regulationsfeld, in dem nachprüfbare Standards der Leistungsbemessung gesetzt wurden. Gleichzeitig war sie auch eine „Voraussetzung für die Rückaneignung von Zeitpotenzialen durch kollektiv gültige Arbeitszeitverkürzung und für die Verbesserung der Einkommen" (Hielscher 2000: 7). In diesen Funktionen steht die Arbeitszeit nur noch in sehr wenigen Segmenten des Arbeitsmarktes zur Verfügung. Mit der Verbreitung neuer, „unsicherer" Beschäftigungsformen, die allesamt auf eine Steigerung der quantitativen oder der funktionalen Flexibilität von Arbeitskräften zielen (vgl. Flecker 2000), werden Arbeit und Produktion an „externe Steuerungsimpluse" gekoppelt. Dabei handelt es sich freilich nicht mehr um die jahreszeitlichen Rhythmen und Witterungsbedingungen, von deren Einflüssen die materielle Produktion und die Mühsal der Arbeit durch die Industrialisierung „befreit" worden waren, sondern um „die Willkür von Konjunkturverläufen, Marktentwicklungen und der betrieblichen Auslastung" (Hielscher 2000: 56).

Die Flexibilisierung der Arbeitszeiten ist Teil jenes umfassenden Prozesses der De-formalisierung, zu dem auch die sukzessive Auflösung von arbeitsrechtlichen und tariflichen Standards gehört. In ihrer Folge kommt es zur

Entstehung und Verbreitung eines Niedriglohnsektors. Diesen gibt es in allen Industriegesellschaften. Doch variiert seine Größe und der Grad an sozio-ökonomischer Unsicherheit, zu der Arbeit an der jeweiligen Grenze zur relativen Armut führt, mit der Dichte sozialer Sicherungsnetze. Wo das soziale Netz, wie beispielsweise in den USA, locker geknüpft ist, führt jedes Absinken der Löhne im sogenannten „Niedriglohnsektor" nur zu einer Steigerung des Angebots – also zur Ausübung mehrerer Jobs (vgl. Ehrenreich 2001 sowie Lang/Mayer/Scherrer 1999), nicht jedoch dazu, dass die Beschäftigten, wie unter den Bedingungen eines ausgebauten Sozialstaats, mit einer Verminderung des Arbeitsangebots kontern. Wie die Entwicklung von der bisherigen „Kollektivierung" sozialer Risiken in den verschiedenen Varianten des europäischen Wohlfahrtsstaats hin zu einer stärkeren Orientierung der Sozialsysteme am Versicherungsprinzip zeigt, sind jedoch auch diejenigen Erwerbstätigen, die noch vergleichsweise großen sozialen Schutz hinsichtlich der Lebensrisiken Alter, Krankheit und Arbeitslosigkeit genießen, mit wachsenden Defiziten in allen Dimensionen sozio-ökonomischer Sicherheit konfrontiert. Durch die Ausweitung von Billigstarbeit, befristeten Beschäftigungsverhältnissen und die Aufweichung des Kündigungsschutzes im Zuge der Deregulierung von Arbeitsmärkten sind Einkommens-, Arbeitsplatz-, berufliche und selbst die Vertretungssicherheit in formellen Beschäftigungsverhältnissen nicht mehr garantiert.

Arbeitsverhältnisse, die nicht nur den Minimalstandards von „Kernarbeitsnormen" der ILO genügen, sondern auch den Ansprüchen gerecht wird, die an „decent work" (ILO 200a; 2001a) zu stellen sind, werden seltener. Menschenwürdig können solche Arbeiten genannt werden, für die ein Arbeitsplatz vorhanden ist, die auf offiziellen, rechtlich garantierten Verträgen basieren, verhältnismäßig gut bezahlt werden und daher ein auskömmliches Leben ermöglichen; die weder prekär, monoton, minderbezahlt noch biographisch zerstückelt sind, sondern ein gewisses Maß an Motivation, Engagement und Kreativität sowohl fordern als auch erlauben. Nur derartige Arbeitsplätze ermöglichen es den Subjekten, sich aller Zumutungen, die ihre Selbstachtung beeinträchtigen und ihre Freizügigkeit einschränken, zu entziehen. Formelle Arbeit in diesem zeitgemäßen Sinne ist ohne ein Recht, die Bezahlung und die Bedingungen der Arbeit vor Gericht einzuklagen, die Arbeitsstätte einigermaßen frei wählen zu können, ohne Urlaub, eine feste Begrenzung des Arbeitstages und ohne eine gut funktionierende kollektive Interessenvertretung ebenso wenig denkbar wie ohne eine realistische Aussicht darauf, im Anschluss an eine bestimmte Lebensarbeitszeit einen rechtmäßigen „wohlverdienten" Ruhestand nach einem „arbeitsamen Leben" genießen zu können.

Doch Arbeitsverhältnisse weit unter diesem Niveau von menschlicher Würde sind inzwischen auch in den entwickelten Industrieländern keine Seltenheit mehr. Arbeit, bei der einer um Erlaubnis bitten muss, wenn er oder sie ihre Notdurft verrichten wollen, läuft jedem Verständnis von „decent work" zuwider und doch sind derart entwürdigende Verhältnisse in der „schönen neuen Arbeitswelt" zu Beginn des 21. Jahrhunderts verbreitet - vor allem auf den „rechtsfreien Arbeitsplätzen" (Ehrenreich 2001) der „niederen" Dienstleistungsökonomie (vgl. Lindner/Nygaard 1998). Deren Zahl hat nicht zuletzt deswegen stark zugenommen, weil überbeschäftigte Dienstleister der „new economy" weder Zeit für noch Lust aufs Kochen, Waschen, Putzen oder Kinderbetreuen haben. Auch mit dem Respekt vor dem Privatleben der Mitarbeiter ist es mitunter nicht weit her: Anders als dies unter den Bedingungen deutscher Datenschutzbestimmungen der Fall ist, werden die technischen Möglichkeiten zur Überwachung von Mitarbeitern durch die elektronische Speicherung und Auswertung personenbezogener Daten von vielen US-Unternehmen bedenkenlos eingesetzt. Nach Angaben eines Berichts der „American Management Association", der von Barbara Ehrenreich (2001) zitiert wird, haben 1999 zwei Drittel aller größeren US-Unternehmen ihre Beschäftigten elektronisch überwacht, indem sie Telefongespräche abhörten und Büros- und Fabrikhallen mit versteckten Kameras observierten. Vorgesetzte lesen die E-mails ihrer Mitarbeiter und inspizieren die Web-sites, die diese während ihrer Mittagspause aufgesucht haben. In Vorstellungsgesprächen wird nach dem Sexualleben der Bewerber und ihrem Verhältnis zur Religion gefragt. Bei Vorstellungsgesprächen kommen in über zwei Drittel der großen Unternehmen Urinproben oder genetische Tests zum Einsatz, die Drogenabhängigkeit oder schwere Krankheiten identifizieren helfen sollen.[7] Politische Meinungsäußerungen am Arbeitsplatz sind strikt untersagt, gewerkschaftliche Tätigkeit werden nicht nur bei „Wal-Mart"[8] mit Argwohn und offener Ablehnung beantwortet, selbst Entlassungen sind jederzeit möglich - auch ohne die Angabe von Gründen und meist ohne Chance, gegen sie aussichtsreich vorgehen zu können. Die ständige Überwachung der Unternehmen, die sich

---

[7] Nach Angaben des „Spiegel" kamen im Jahr 2001 in 67% der größten US-Unternehmen Drogentests zum Einsatz; rund 15 Millionen US-Amerikaner müssen sich regelmäßig von ihren Arbeitgebern auf Drogenkonsum untersuchen lassen, vgl. „Freiheitskampf auf der Toilette" in *Der Spiegel* Nr. 42/20001: 294.

[8] Der US-amerikanische Handelskonzern Wal-Mart ist für ein vertrauliches „Management-handbuch - Wie bliebt man gewerkschaftsfrei" bekannt geworden. Darin finden sich Hinweise darauf, wie „Anzeichen einer Organisierungskampagne" zu identifizieren sind: an „einer erhöhten Neugier der Beschäftigten gegenüber Löhnen und Sozialleistungen", an „Klagen über und Konflikte mit Vorgesetzen", am „Missbrauch des Toilettenbesuchs" oder daran, daran, dass „Beschäftigte, die niemals zusammen gesehen wurden, plötzlich miteinander sprechen, sich treffen und seltsame Allianzen bilden". Selbstverständlich sind Mitarbeiter bei diesen und ähnlichen Vorfällen „sofort zu stoppen" (zit. nach Köhnen 2000).

gegen den „Zeitdiebstahl“ ihrer gering bezahlten Beschäftigten „schützen“ wollen (vgl. Köhnen 2000), bedeutet für diese gesteigerte Arbeitshetze und einen geradezu „chronischen Geldmangel“, der die Mietzahlung, die ärztliche Versorgung und die Beschaffung benötigter Medikamente zu einem Problem werden lässt. Barbara Ehrenreich (2001) schildert eindrücklich, wie auf diese Weise Unterwürfigkeit erzeugt wird und das Selbstwertgefühl der Beschäftigten Schaden nimmt, so dass letztlich jeder noch so geringe Lohn akzeptiert und jeder Widerstand im Keime erstickt werden kann. Zugleich geben die Erfahrungen von Machtlosigkeit, von Orientierungs- und Kontrollverlust, die Folgen fehlender sozioökonomischer Sicherheit sind, die Grundlage ab für diffuse Ohnmachtsgefühle und für Ressentiments welcher Art auch immer.

Doch auch in der „high-tech“-Welt der „new economy“ herrschen z.T. Arbeitsverhältnisse, die „modern“ nur insofern sind, als Informations-Techniken des ausgehenden 20. Jahrhunderts zum Einsatz gelangen. Freilich können „nomadenhaft umherschweifende Mikro-Unternehmer“ (Th. Gesterkamp), die über begehrte Spezialqualifikationen verfügen, gesundheitlich ruinöse Arbeitsverhältnisse, mangelnden sozialen Schutz und manches Mal sogar eine fehlende Karriereperspektive leichter kompensieren. Dies geschieht durch Spitzeneinkommen, häufiger aber noch durch die bloße Hoffnung, in näherer Zukunft zu ungewohntem Reichtum zu kommen. Auch wenn derartige Hoffnungen sich mit dem Zerplatzen der „dot.com“-Blase seit Mitte 2000 für viele „high performer“ als eine Illusion erwiesen haben, entschädigt doch die Arbeit in diesen Bereichen der „new economy“ wenigstens durch das „geheime Lustprinzip der Professionalität“ (Ehrenreich 1992: 271). Wenn die Arbeit Kreativität und die Verwirklichung eigener Ideen erlaubt oder sogar Hocherlebnisse und Spannung vermittelt, wie man sie sonst nur beim Extremsport erfährt, kann sie sogar zum „ersten Lebensbedürfnis“ werden. Wer sich trotz überlanger Arbeitszeiten, Dauerstress und eines auf Sparflamme reduzierten Privatlebens weder ausgebeutet noch abhängig fühlt, weil die Betriebsabläufe nicht der tayloristischen Arbeitsteilung folgen und weil Entscheidungsstrukturen auf direkter Kommunikation basieren, für den gehören formelle Beteiligungsformen, bindende Regeln und verbindliche Rechte (in und außerhalb des Betriebes) zum „Schnee von gestern“. Doch schon in der „zweiten Liga“ der mit dem kulturellem Kapital knappen Expertenwissens ausgestatteten Angehörigen der professionellen Mittelschichten, dürfte sich eine wachsende Zahl von Menschen befinden, die ihren Platz auf der „Gewinnerseite“ nicht dauerhaft verteidigen können, – weil sie mit dem Tempo der Veränderungen in Beruf und Alltagsleben nicht mithalten können, ohne an Leib und Psyche Schaden zu nehmen (Kadritzke 2000).

Wenn die „immateriellen Arbeiter“ (Möller 2000) mit ihrer Arbeit zunächst vor allem Chancen und Probleme erst in fernerer Zukunft verbinden, so liegt dies nicht zuletzt daran, dass die Grenze zwischen Unternehmenseignern und Beschäftigten unscharf geworden ist: Anstelle angemessener Gehälter werden Optionen auf Aktien des Unternehmens ausgegeben, für das man arbeitet. Davon profitiert das Unternehmen gleich mehrfach: einmal weil es Steuern sparen kann; zum zweiten weil die Lohnzahlungen quasi mit „eigener Währung", d.h. mit Aktienoptionen bezahlt werden können; drittens weil die Arbeitnehmer an das Unternehmen zwar nicht als Arbeitnehmer, so doch als Aktionäre gebunden werden; viertens weil sie auch als Konsumenten Interesse an dem Wohlergehen des Unternehmens haben müssen; und fünftens weil die Einkommenszahlungen für das Unternehmen gering sein können, da bei steigenden Aktienkursen die Arbeitnehmer erwarten, mit den Aktienoptionen einen Gewinn machen zu können, der über den normalen Lohn hinausgeht. Dies mag in dem einen oder anderen Fall, in spezifischer konjunktureller Situation auch gelingen, ist aber keine Garantie, so dass die Unsicherheit all derjenigen, die auf arbeitsvermitteltes Einkommen angewiesen bleiben, trotz oder gerade wegen des Aktiensbesitzes steigt. Diese Erfahrung machten Mitte des Jahres 2000 viele Erwerbstätige (insbesondere in den USA, wo mindestens 200.000 Arbeitsplätze in der „new economy" verloren gingen), die nicht nur den rasanten Verfall ihrer Aktienoptionen erleben mussten, sondern häufig genug auch den Verlust ihres Arbeitsplatzes (vgl. Antoine Bauer: „Ausverkauf im Tal der Tränen", in: *Süddeutsche Zeitung* vom 3.1.2002).

Im Falle erfolgreicher „start-ups" und begehrter Spezialisten mag die Spannung zwischen persönlicher Autonomie und sozialer Unsicherheit noch als ein Zugewinn an „Freiheit" erfahren werden. Anders ist dies bei der Mehrheit jener „Selbst-Unternehmer", die nicht in die höheren Einkommensklassen aufsteigen, weil ihre Qualifikationen, auch wenn sie keine geringen sind, eben keinen Seltenheitswert haben. Die Nachfrage nach „flexiblen Fachkräften" für Software, Beratung, Schulung, IT- und Mediengestaltung, die bereit sind, als „freie Mitarbeiter" („freelancer") zu arbeiten, expandiert, mit besonderem Tempo freilich im Bereich des „electronic commerce". Diese Nachfrage wird auch künftig zunehmen, denn (Schein-)Selbstständige verursachen für die Unternehmen außer ihren Honoraren keine Folgekosten; sie kennen ihr hohes Berufsrisiko und wissen, dass ihr Auftraggeber beim Scheitern eines Projektes keinerlei Verantwortung übernehmen wird. Im Gegensatz zu den „Job-Nomaden der Edelklasse", die oft rastlos und erfolgsgetrieben den Auftraggeber aus freien Stücken so häufig wie möglich wechseln, weil dies ihren Marktwert steigert und zu höheren Honorarforderungen berechtigt, ist die sozio-ökonomische Unsicherheit bei der sehr viel größeren Gruppe der „flexiblen Fachkräfte" mit der Angst vor dem finanziellen Absturz gepaart. Daher gibt es in Silicon Valley, wo die Zahl der befristeten Beschäftigungsverhältnisse seit Mitte der 80er Jahre doppelt so schnell gestiegen war wie die Beschäftigung insgesamt - Schätzungen gehen von 25-40% „permtemps", also paradoxerweise dauerhaft befristet Beschäftigten aus (Kotkin 1999) - in den letzten Jahren vermehrt Versuche, jene „high tech-Nomaden", die sich als Beschäftigte zweiter Klasse und dennoch nicht als „Digital-Proletarier" empfinden, zu organisieren[9].

Ganz am unteren Ende der „high-tech"-Welt der „new economy", dort, wo die „hard ware" erstellt wird, in den Montagefabriken der Elektronikindustrie und in der Heimarbeit, auf die diese sich stützt, und in den Call-Centern der Banken und Marketingfirmen gibt es schließlich noch eine dritte „Klasse" von Arbeitskräften. Im „low tech undebelly" der Telefonzentralen verrichten befristet Beschäftigte für wenig Geld extrem monotone und einseitig belastende Tätigkeiten. Dabei müssen sie Leistungs- und Verhaltenskontrollen hinnehmen, die um vieles genauer und auch perfider sind als die Kontrollen am tayloristisch-fordistischen Fließband. Wer gar in einem der „office cities" am Stadtrand von Delhi, für die Hälfte des im Westen üblichen Lohnes, als „agent" arbeitet, überwacht von einem am Rande des Großraumbüros erhöht sitzenden „teamleader", der muss nicht nur mit dem Stress dauerhafter Nachtarbeit zurecht kommen. Von indischen Call-Center-Agenten, die für ihre US-amerikanischen Kunden am anderen Ende der Telefonleitung Banküberweisungen ausführen oder Tickets für ein Kino reservieren, das keine drei Häuserblocks vom Wohnort des Anrufers entfernt ist, wird erwartet, dass sie „wie Amerikaner denken", die US-Kultur „in sich aufsaugen" und für die Dauer ihrer Arbeitsnächte alles vergessen, was die eigene Kultur ausmacht. Freilich geht dies nicht ohne psycho-somatische Störungen ab, denn die mühsam erworbene „Arbeitspersönlichkeit" kann nicht am frühen Morgen, wenn die Arbeit beendet ist, gegen die eines Hindu ausgetauscht werden (vgl. Karin Steinberger: „Bei Anruf Schock" in: *Süddeutsche Zeitung* Silvester/ Neujahr 2002). Diese Facetten einer „wissensgestützten" „new economy" kommen in der öffentlichen Debatte über ihre Wachstumspotentiale in der Regel nicht vor. Dennoch verdankt sich dieses Wachstum eben auch der rigiden Überwachung von Arbeitnehmern - mit allen Folgen, die dies für die psychischen, emotionalen und sozialen Befindlichkeiten der unterschiedlichen Kategorien von „net slaves" hat.

---

[9] Dies versuchen u.a. die „National Alliance für Fair Employment" (NAFE): http://www.fairjobs.org/; die bereits erwähnte „Washington Alliance of Technology Workers": http://www.washtech.org/index.php3 oder „Working Today", eine Vereinigung von Freiberuflern, unabhängigen Auftragnehmer, Teilzeit- und HeimarbeiterInnen: http://www. workingtoday.org. Vgl. auch Victoria Griffith: „Fighting for a fairer Deal in America" in: *Financial Times* vom 4.12.2000.

Kurzum: Unter dem Gesichtspunkt von „decent work" lässt sich die Arbeit im informellen Sektor und informalisierte Arbeit in der formellen Ökonomie nicht sauber trennen. Auch dies ist ein Ausdruck der Heterogenität des Informellen. Doch auch am anderen Ende des von uns als Kontinuum gezeichneten Zusammenhangs von Formalität, Informalität und Illegalität ist mit Unschärfen zu rechnen.

4. Übergänge zum illegitimen, illegalen und kriminellen Handeln

J.J. Thomas hat in seiner Studie über „informal economic activity" (Thomas 1992) die Übergänge zwischen informellen, irregulären und kriminellen Aktivitäten untersucht und zur Abgrenzung ein kleines Schema entwickelt, das auf einer ganz ähnlichen Darstellung von Portes/Castells (1994: 14) basiert. Es soll hier (vgl. *Abb. 6*) in etwas veränderter Weise verwendet werden, um verschiedene Dimensionen von Informalität zu zeigen:

Abbildung 6: Formelle, informelle, illegale ökonomische Aktivitäten

Sektor	Markttransaktionen	Produkt	Produktion/ Distribution
Haushalte	Nein	legal	legal
formelle Ökonomie	Ja	legal	legal
informelle Ökonomie	Ja	legal	legal/illegal
kriminelle Ökonomie	Ja	illegal	illegal

Zusammenstellung nach Portes/Castells 1989: 14; Thomas 1992: 6

Wenn man nur Produkt und Markttransaktion betrachtet, gibt es keinen Unterschied zwischen formellen und informellen Aktivitäten. Denn auch formelle Aktivitäten sind marktorientiert, und die Produktions- und Distributionsprozesse sind selbstverständlich (weil definitionsgemäß) ebenso legal wie die zum Verkauf anstehenden Produkte. Bei Portes/Castells hingegen wird der Unterschied dadurch hervorgehoben, dass, wie in obigem Schema aufgenommen, informelle Tätigkeiten durchaus außerhalb der Legalnormen durchgeführt werden. Das Schema dient Thomas vor allem der Differenzierung innerhalb des informellen Sektors; Castells und Portes hingegen erweitern es auch in Richtung einer Abgrenzung zwischen Formalität und Informalität. Die Abgrenzung zwischen Legalität und Illegalität in Produktion und Distribution ist eindeutig Konsequenz gesellschaftlicher Normen mit Gesetzeskraft (z.B. die Zahlung von Steuern und ihr Gegenteil, die Steuerhinterziehung); aber Normen können geändert werden (z.B. die Steuergesetze) oder förmlich illegale Aktivitäten sind so verbreitet, dass sie gesellschaftliche Akzeptanz finden (z.B. manche Praktiken der Korruption). Die Abgrenzung zu kriminellen Aktivitäten bezieht auch das Produkt ein; besonders eindeutig ist dies im Falle von Drogen, Giftmüll oder Waffen, deren Produktion und Vertrieb verboten ist, weil die Produkte wegen ihrer für die Gesellschaft gefährlichen Gebrauchswerteigenschaften illegalisiert sind. Für Menschenhandel und -schmuggel gilt dies erst recht. In einer Reihe von Ländern ist ein großer Teil des informellen Sektors darin involviert. So kann beispielsweise die albanische Wirtschaft als eine Schattenwirtschaft mit stark mafioser Färbung bezeichnet werden: der überwiegende Teil der legalen und regulären Einkommen albanischer Familien wird heute im Ausland erwirtschaftet, von Migranten, die auf Schlepperdienste, falsche Dokumente und Möglichkeiten illegaler Banküberweisungen angewiesen sind. Auch die bolivianische Wirtschaft ist sehr weitgehend informalisiert und geduldet wird dies von den politischen Institutionen, weil „the circulation of dollars allowed the Bolivian economy to function" (Blanes Jiménez 1989: 145). So werden die Narco-Dollars der informellen, illegalen Ökonomie zur Basis einer schwachen formellen Ökonomie. Erst wenn die Narco-Dollars richtig (in Off-Shore-Zentren) weiß gewaschen sind, können sie ganz legal in die Kreisläufe des globalen Finanzsystems eingespeist werden. Doch dann nutzen sie der bolivianischen Ökonomie in aller Regel nicht mehr.

Hier wird bereits deutlich, dass illegale informelle Aktivitäten die Produkte über den Markt nur zirkulieren lassen können, wenn das damit verdiente Geld gewaschen wird. Dies ist ein wichtiger Grund, weshalb irreguläre und illegale Arbeit in ihrer Dynamik nur verstanden werden kann, wenn auch die Informalität des Geldes thematisiert wird (vgl. dazu das achte Kapitel).

Zwischen legaler und illegaler Informalität, so Tokman (1999: 88f) breitet sich eine „Grauzone" aus. Darin befinden sich informelle Klein- und Kleinstunternehmen, die zwar von der Finanzverwaltung registriert sind, aber dennoch keine Steuern zahlen, weil die Beträge für sie zu hoch sind. Bestimmte Bankgeschäfte, so werden wir im Teil über informelles Geld genauer sehen, sind illegal, und dennoch bestimmen sie in Indien an die 50% des Geldumlaufs. Informalität bedeutet also nicht immer auch Marginalität! Genau dies ist Ausdruck der bereits erwähnten „negotiated legality". Die „Anforderungen, die ihnen die Legalität auferlegt," (Tokman 1999: 89) können nicht erfüllt werden. Eine Änderung der Regeln, dies ist die Forderung der liberalen und neoliberalen Wissenschaftler und Politiker, würde die Informellen sofort aus der Grauzone des Halblegalen oder gar Illegalen in die Legalität und heraus

aus der Informalität befördern (so de Soto 1991). Die Legalisierung von bestimmten Drogen würde sofort die illegale Ökonomie des Drogenhandels legalisieren und damit formalisieren. Wie kompliziert diese so einfach erscheinende Maßnahme in der Umsetzung sein kann, wird von Tokman (1999: 89ff) ausgeführt. Die Komplexität lässt sich aber gar nicht mehr erfassen, wenn nur die je nationale Gesellschaft ins Blickfeld gerät. Die Legalnormen werden nämlich im Falle der Drogenökonomie gar nicht mehr allein durch die nationalen politischen Institutionen gesetzt, sondern auch durch die USA, die sich mit der Zertifizierung ein mächtiges Instrument der Illegalisierung und damit der Repression geschaffen haben, das nach Opportunitätserwägungen eingesetzt werden kann.

In der Grauzone zwischen legaler und illegaler Informalität entstehen jedoch auch Normen ganz eigener Art - in Reaktion auf die existenzielle Erfahrung von Unsicherheit: Wer zu der in sich sehr heterogenen „Schicht der Ungesicherten" gehört, für den hat die „Suche nach Sicherheit eindeutig Priorität vor der Einkommenssicherung" (Elwert/Evers/Wilkens 1983: 286). Dies muss, wie wir oben bereits betont haben, keineswegs ausschließen, dass Angehörige dieser sozialen Gruppierung ebenso hohe und in Einzelfällen sogar höhere Einkommen erzielen können wie „gesicherte" Arbeitnehmer oder Selbstständige. Bedeutsam ist jedoch, dass die Mitglieder jener sozioökonomischen Schicht, die keine langfristig gesicherte Reproduktion ihrer Lebensbedingungen haben, *erstens* darauf angewiesen sind, ihren Lebensunterhalt durch die Kombination verschiedener (legaler wie illegaler) wirtschaftlicher Aktivitäten zu bestreiten und *zweitens* dabei nicht auf Regeln vertrauen können, die über persönliche Austauschbeziehungen hinaus greifen. Unsicherheit beispielsweise hinsichtlich der „gewissenhaften" Vertragserfüllung von Geschäftspartnern bzw. Auftraggebern und das Misstrauen zwischen ihnen sind gleichsam konstitutiv für jene Sphäre, in denen Menschen auf informelle Formen der Arbeit und des Geldes angewiesen sind. Die Transaktionskosten sind daher hoch. Per definitionem können die aus den formellen Austauschbeziehungen der Gesellschaft in die Informalität Verdrängten weder auf korporative Strukturen (beispielsweise Handelskammern oder Sozialversicherungen) noch auf staatliche Interventionen zur Durchsetzung von Vertragstreue bauen. Auch kollektive Verhandlungssysteme wie Gewerkschaften oder Händlerorganisationen, mit deren Hilfe sich Transaktionskosten verringern lassen, stellen im informellen Sektor eher die Ausnahme als die Regel dar[10]. Daher

---

[10] In den letzten Jahren sind allerdings insbesondere in den Ländern des Südens neue Organisationen von informell tätigen Frauen entstanden, deren Zielsetzungen sogar weit über die Verbesserung der Marktfähigkeit der Akteurinnen (durch die Bildung von Produk-

bleibt im Prinzip nur der Rückgriff auf vor-vertragliche Regeln (von „Treu und Glauben") oder die Instrumentalisierung sozialer Beziehungen für ökonomische Zwecke: die „Klientilisierung" vertraglicher Beziehungen oder der Rekurs auf den „Reputationsmechanismus", der relativ homogene und hinreichend kleine Gruppen von Marktteilnehmern voraussetzt, die neben ihren Geschäftsbeziehungen noch durch andere soziale Beziehungen aneinander gebunden werden. Oder es wird auf Gewalt rekurriert, um „Vertragstreue" durchzusetzen, und es werden für die Ausübung der Gewalt Gesetze der „zweiten Gesellschaft" erlassen, etwa das mafiöse Schweigegebot, die omertà.

In den Zeiten, da noch keine Nationalstaaten existierten, die durch ihr Gewaltmonopol ein kooperatives Verhalten der Vertragspartner erzwingen konnten, war ein derartiger Mechanismus der Verhaltenskontrolle unentbehrlich. Normen guten geschäftlichen Verhaltens, so die These David Humes, entstehen aus dem Interesse, dass ein gegebenes Wort gehalten wird und man eine Reputation der Redlichkeit erwirbt. In deren Folge, so seine evolutionistische Deutung, setzen sich „moralische Gefühle neben die Interessen", und es bilden sich „neue Pflichten für die menschliche Gattung" heraus (Humes 1740/1969). Wie Clifford Geertz (1978) am Beispiel der „Bazar-Ökonomie" gezeigt hat, kann in einer Welt fehlender oder defizitärer staatlicher Institutionen und unvollständig entwickelten Vertragsrechts der häufige Kontakt mit wenigen Geschäftspartnern ebenso Vertragstreue erzwingen wie es der Einsatz staatlicher Gewalt vermag. Wir werden aber in den Kapiteln über „informelle Politik" sehen, dass auch die privaten Rechtssubjekte, wenn staatliche Sanktionsgewalt fehlt oder unterentwickelt ist, eines „neutralen" Gremiums bedürfen. So erklärt sich gerade unter den Bedingungen der Globalisierung die wachsende Bedeutung der Schiedsgerichtsbarkeit bei Streitigkeiten über transnational geschlossene Verträge zwischen privaten Rechtssubjekten.

---

tionskooperativen und durch Mikro-Finanzierungsprogramme) hinausgehen (vgl. dazu insbesondere Wichterich 1999; Rowbotham/Mitter 1994). Generell lässt sich sagen, dass viele im informellen Sektor Beschäftigte eine möglichst weitgehende Formalisierung ihrer Tätigkeiten als anerkannte Gewerbetätigkeit anstreben. Dies haben auch Interviews der Verf. mit Organisationen von informellen Händlern in Mexiko City im März 2000 sehr deutlich ergeben. Die Vereinigungen informeller Händler haben sogar genaue Pläne für die architektonische Gestaltung von Märkten und für ihre Organisierung sowie für die Rolle der öffentlichen Hand bei der Unterstützung dieser Initiativen ausgearbeitet. Dahinter steht die Erwartung, durch Formalisierung größere Sicherheit für das Geschäft zu erwerben.

Fünftes Kapitel
Globalisierung und Informalisierung

Die historische Entwicklung hält viele Zwischenformen bereit, die nicht leicht einzuordnen sind. Diese Zwischenformen haben immer dann Konjunktur, wenn das Klassengleichgewicht infolge krisenhafter Prozesse gestört ist. Offensichtlich ist dies in den krisenhaften „Eklats" auf den globalisierten Finanzmärkten während der letzten beiden Jahrzehnte geworden, also während der Schuldenkrise der 80er Jahre und der Finanzkrisen seit den 90er Jahren. Viele Menschen wurden aus ihren Arbeitsplätzen geworfen, Unternehmen sind pleite gegangen oder sie wurden in andere Unternehmen (im Zuge von „mergers and acquisitions") eingegliedert. Davon sind Rationalisierungsmaßnahmen ausgelöst worden, die ihrerseits Entlassungen, organisatorische Umstrukturierungen und Änderungen des Managements (bzw. der „corporate governance") einschließen. Globale Wertschöpfungsketten sind entstanden oder umgebildet worden, mit Konsequenzen für die internationale Verteilung der Arbeit, die jeweiligen Arbeitsbedingungen und die Höhe der Löhne. Dem liegen Unternehmensstrategien zugrunde, die Produktionskosten, die Arbeitskosten zumal, zu senken, um die Wettbewerbsfähigkeit zu verbessern. Nationalstaatliche Regierungen müssen Strukturanpassungsprogramme, ausgearbeitet von IWF und Weltbank, befolgen, die fast immer Privatisierung und Sozialabbau vorsehen. Die Krisen, Umstrukturierungen und Strukturanpassungen der formellen Ökonomie sind ein Auslöser für informelle Aktivitäten und daher ist es ausgeschlossen, die Dynamik der Informalität ohne Bezug auf die formelle Ökonomie zu verstehen.

Die Formen des fordistischen Akkumulationsregimes lösen sich, wie wir vor allem am Beispiel des „Normalarbeitsverhältnisses" gesehen haben, auf und können daher nicht mehr wie selbstverständlich (menschliche bzw. sozioökonomische) Sicherheit vermitteln. Dies ist der Hintergrund einer gewissen Aufmerksamkeit für jene Zwischenformen von Arbeit und Geld, die als „informell" bezeichnet worden sind. Der Begriff der „Zwischenform" kann sich aber auch darauf beziehen, dass ihnen die soziale Stabilität fehlt, weil darüber - anders als im keynesianisch-fordistischen Wohlfahrtsstaat - ein historischer Klassenkompromiss mit einem differenzierten Institutionensystem nicht gebildet worden ist. Stabile Formen müssen sich also erst im Prozess der gesellschaftlichen Kompromissbildung finden. Dies ist ein Grund für unsere Schwierigkeiten, nach dem „Ende des Fordismus" bereits ein „postfordistisches" (oder anders bezeichnetes) Regime von Produktion und Reproduktion und Macht auszumachen.

1. Interpretationen der Informalität im Kontext der Globalisierung

Mit der Deregulierung der Märkte wird zugleich die globale Konkurrenz intensiviert. Dies ist zwar für die Konsumenten in den Ländern mit hoher monetärer Kaufkraft günstig, nicht aber unbedingt für die Arbeit. Der Produktivitätsfortschritt hat überall - wenn auch unterschiedlich und zeitverschoben - der Vollbeschäftigung ein Ende bereitet. Damit ist eine Schwächung der Gewerkschaften überall in der Welt - wenn auch mit beträchtlichen nationalen und branchenmäßigen Unterschieden - verbunden. Die Reorganisation der Arbeitswelt in allen Weltregionen stellt einen historischen Bruch gegenüber dem „goldenen Zeitalter" des wohlfahrtsstaatlichen Keynesianismus und Fordismus dar. Aus der Erosion des einst „Normalen" treten nun die erwähnten Zwischenformen hervor, durch Bildung von Sektoren der Informalität, durch die Entwicklung von Handlungslogiken, die zu den tradierten Formen gar nicht passen. Dies geschieht, wie wir gesehen haben, überall in der Welt. Also müssen global wirkende Kräfte vorhanden sein, und tatsächlich stehen Tendenzen der Informalisierung und der Globalisierung in engem Zusammenhang. Wir können im Prinzip fünf Zusammenhänge wahrnehmen, die auch in (entwicklungspolitische) Strategien integriert werden können (und seit den 70er Jahren integriert worden sind).

(1) Informalität wird als eine Entwicklungsressource betrachtet, wenn nur die ins Informelle abgedrängten (unternehmerischen) Potenzen durch Abbau von staatlichen Regularien freigesetzt werden. Die Informellen sind die modernen dynamischen Unternehmertypen, deren Entfaltung lediglich durch bürokratische Hemmnisse, Überregulierung, nicht oder unzureichend definierte Eigentumsrechte und unmäßige Steuerlast gebremst würde. Alle diese externen Blockaden der privaten Initiative sollten weggeräumt werden, um das Wachstum anzukurbeln und den Wohlstand zu steigern. Die Informellen, so Vargas Llosa, sind nicht das Problem der Entwicklung, sondern seine Lösung (Vargas Llosa 1997; de Soto 2000).

Informell sind in diesem neoliberalen Verständnis die Menschen nur, weil die Formalität angesichts der staatlichen Regulierung die Unternehmertypen zu teuer kommt. Dies ist die heute vorherrschende Interpretation, wie sie am klarsten und einfachsten von de Soto (1991) vorgeschlagen worden ist. Sie ist zum Modell der Politikberatung avanciert, vor allem in Ländern der Dritten Welt und in MOE, in denen die formellen Regeln und Institutionen des Entwicklungs- oder Planstaats als eine in sich einigermaßen homogene Regulationsweise nicht mehr gelten und die existierenden förmlichen Regeln als Hindernisse der Aktivitäten von frisch gebackenen Unternehmertypen wahr-

genommen werden. Das „Center for Independent Private Enterprise" (CIPE) hat in einer Reihe von Studien herausfinden lassen, dass sich die neuen „Unternehmer" über bürokratischen Druck beklagen, der sie an unternehmerischen Aktivitäten hindere, die den krisengeschüttelten Entwicklungs- und Transformationsländern die notwendige Dynamik zurückgeben würden (vgl. www.cipe.org). In dieser Argumentation kommt zum Ausdruck, dass in den Transformationen der vergangenen Jahrzehnte die Entsprechungsverhältnisse von Normensystemen aufgelöst worden sind, und dass Normensysteme inhomogen geworden sind. Daher kann „bürokratischer Druck", der unter anderen systemischen Bedingungen des Plan- oder Entwicklungsstaates ein dynamisierender und nicht blockierender Faktor gewesen ist, als Auslöser informeller Aktivitäten verantwortlich gemacht werden. Es geht also, wenn von Normen die Rede ist, nicht um einzelne Normen, sondern um Normensysteme und um deren Homogenität oder Kohäsion.
Der neoliberale Diskurs enthält eine interessante Annahme, die auf der Unterscheidung von Schattenwirtschaft und informeller Ökonomie fußt. Die neoliberalen Autoren beschreiben mit den Ausweichstrategien ökonomischer Akteure die Tendenz aus der regulierten Ökonomie in die Schattenwirtschaft durch Vermeidung von als übermäßig hoch empfundenen Steuern, durch Umgehung von Vorschriften, durch die Transaktionskosten erhöht werden. Erst in der Schattenwirtschaft haben sie auch die Möglichkeit, die Arbeit unter Umgehung formeller Regeln zu nutzen, also Arbeit zu informalisieren. Das Ausweichen vor förmlichen Regeln in die Schattenwirtschaft erfolgt also gerade, um Arbeitskosten zu senken und sozioökonomische Sicherheit, wie im vorangegangenen Kapitel dargelegt, abzubauen und auf diese Weise informelle Arbeit zu erzeugen und mithin den informellen Sektor zu vergrößern.
Dies ist nicht die einzige Paradoxie im neoliberalen Diskurs. Die Klage über die „übermäßige" Regulierung bezieht sich immer auf nationale und regionale Märkte, nicht auf die globalen Märkte. Daher gerät lediglich der nationale Staat ins kritische Visier als eine für Überregulation verantwortliche Institution, der die Menschen mit Ausweichmanövern in die Schattenwirtschaft und den informellen Sektor begegnen. Die ökonomische Macht globaler Akteure und die dadurch ausgelösten Restriktionen sind kein Thema. Daher ist es nicht möglich, die Artikulation zwischen globalen und nationalen Märkten einerseits und zwischen formeller und informeller Ökonomie sowie zwischen Politik und Ökonomie angemessen zu erfassen. Dass die analytische Stringenz zu wünschen übrig lässt, ist freilich kein großer Nachteil, da es im neoliberalen Diskurs in erster Linie um programmatische Eindeutigkeit und Überzeugungskraft geht.

(2) Die ILO ist seit ihrer berühmt gewordenen Studie über „Employment, Incomes and Equality: A Strategy for Increasing Productive Employment in

Kenia" (ILO 1972) - davon ausgegangen, dass die Informellen eine Art „Reservearmee" für den zu Beginn der 70er Jahre allenthalben erwarteten Modernisierungsprozess darstellen. Im Märchen von Entwicklung, Industrialisierung und Wohlstand war dem informellen Sektor eher die Rolle des „Aschenputtels" (Leys 1974: 266) zugedacht, verkannt und missachtet. Für einige Wissenschaftler und Politiker, die sich mit dem informellen Sektor beschäftigten, wurde das Aschenputtel allerdings zur neuen Königin, insbesondere im dargelegten neoliberalen Ansatz von de Soto (1991). Auch die ILO entdeckte früh (ILO 1972) die außergewöhnlichen Qualitäten des informellen Sektors, nämlich bei der Schaffung von Arbeitsplätzen, die im formellen Sektor (bei den hübschen Schwestern unseres Aschenputtels) abgebaut werden mussten, um den Prinzen (den TNU) zu gefallen, also in der Weltmarktkonkurrenz zu bestehen. Freilich konnte in den ILO-Studien der 70er Jahre noch auf dem Hintergrund der Nachkriegsperiode stürmischer Akkumulation davon ausgegangen werden, dass die Informellen in den dynamischen modernen Sektor - also in formelle Arbeitsplätze - integriert werden und daher als günstige Flexibilitätsreserve eines dynamischen Wachstumsprozesses gesehen werden müssten. Erst später wurde der nicht-vorübergehende, strukturelle Charakter des informellen Sektors erkannt, zumal sich das stürmische Nachkriegswachstum nicht nur in den Industrieländern, sondern auch in den Entwicklungsländern beruhigte und überall in der Welt das Ungleichgewicht zwischen Nachfrage nach formellen Arbeitsplätzen und dem Angebot wuchs.

(3) Wenn die Dynamik des Wachstums angesichts der Abhängigkeitsverhältnisse zwischen Metropolen und Peripherie ausbleibt, wie die Dependenztheorie der 60er Jahre zu begründen versuchte, dann wird der informelle Sektor nicht verschwinden, sondern sich verfestigen. Er ist dann Ausdruck der „strukturellen Heterogenität" von Entwicklungsgesellschaften und wird selbst zu einer Entwicklungsblockade. Diese Interpretation kommt also zu einem der Auffassung de Sotos und der ILO entgegengesetzten Schlussfolgerung. Im Szenario von „Entwicklung der Unterentwicklung" ist Informalität ein Zeichen der angesichts der Weltmarktabhängigkeiten unmöglichen Modernisierung in der Peripherie. Die Weltsystemtheorie zeigt zudem, dass die Informalisierung von Arbeit Konsequenzen für die Haushalte trägt. Denn die niedrigen Arbeitskosten (für die Unternehmen) und daher niedrigen Einkommen (für die informelle Beschäftigten) können nur dann die Reproduktion der Arbeitskraft gewährleisten, wenn Subsistenzarbeit in den Haushalten (zumeist von Frauen) geleistet wird. Die Entwicklung der Unterwicklung, die strukturelle Heterogenität erzeugt also eine spezifische der Informalität von Arbeit angemessene Form der Haushalte und damit auch ein Geschlechterverhältnis, das dazu passt.

Im Zusammenhang mit der Globalisierung sind bei der Untersuchung der Informalisierungstendenzen nicht nur „neoliberale", „dualistische" und „strukturalistische" Ansätze (vgl. dazu Peterson/Lewis 2000) zu unterscheiden, also Ansätze, die einerseits von einer dualen Struktur der Ökonomie ausgehen, dem formellen Sektor dabei aber positive Entwicklungspotenziale beimessen, und die andererseits die strukturelle Verwundbarkeit der Informellen betonen und Entwicklungschancen eher skeptisch bewerten. Darüber hinaus ist es möglich, den informellen Sektor als eine Art von Aufnahmebecken für jene zu begreifen und wirtschaftspolitisch entsprechend zu behandeln, die infolge der „Standortkonkurrenz" auf dem Weltmarkt, die Rationalisierung und Produktivitätssteigerung verlangt, aus formellen Arbeitsverhältnissen eliminiert worden sind. Damit setzen wir uns im nächsten Abschnitt auseinander, bevor wir auf informelle Arbeitsverhältnisse als Ergebnis von „subcontracting" eingehen.

2. Informalität als „Schockabsorber"

Brasiliens Präsident Fernando Henrique Cardoso interpretiert Informalität (mit gegenüber der ursprünglichen ILO-Auffassung konträrer ökonomischer Argumentation und politischer Zielrichtung) als eine Art Schwamm für diejenigen, die infolge der Produktivitätssteigerungen und damit verbundenen Freisetzungen aus dem formellen Sektor ausgeschwitzt werden (vgl. Cardoso/Falcetto 1997). Das ist eine Argumentation, die dem Lob von Adam Smith und David Ricardo auf den Freihandel folgt. Durch freien Handel erfolgt eine Spezialisierung entsprechend den komparativen Kostenvorteilen. So steigt die Produktivität und mit ihr sinkt der Arbeitsaufwand je Produkteinheit. Dies ist gleichbedeutend mit einer Verbilligung der Produkte und daher gut für die Konsumenten. Doch ist dieser Prozess zugleich mit einem Abbau von Beschäftigung verbunden und dies stellt nur dann kein Problem für die Arbeitnehmer dar, wenn der Beschäftigungsabbau kompensiert und die „redundant population" (D. Ricardo) in den Produktionsprozess reintegriert werden kann (vgl. dazu ausführlicher das dritte Kapitel). Ist dies jedoch nicht der Fall, wie in den vergangenen Jahrzehnten in nahezu allen Weltregionen, droht Arbeitslosigkeit - es sei denn, der informelle Sektor funktioniert wie eine Art Schockabsorber der Globalisierung (vgl. *Abb. 7*).

Informalität wird so im Rahmen der Globalisierung zu einem politischen Projekt der gespaltenen Modernisierung, das Fernando Henrique Cardoso - stellvertretend für viele andere - sehr klar formuliert hat: Um wettbewerbsfähig auf dem Weltmarkt zu sein und zu bleiben, muss die Produktivität des Faktoreinsatzes, insbesondere der Arbeit, gesteigert werden. Die dadurch freigesetzten

Arbeitskräfte sollen im informellen Sektor unterkommen - eine elegante Lösung des Beschäftigungsproblems, die erneut zeigt, dass eine schlichte Entgegensetzung von Formalität und Informalität keinen Sinn macht.

Abbildung 7: Transformation in die Informalität

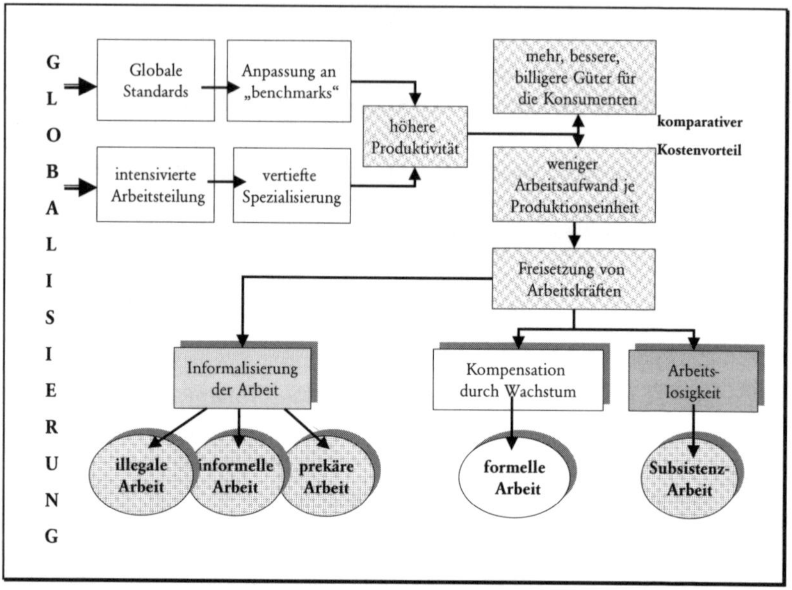

„Globalization means competition founded on higher levels of productivity. That is to say more output per unit of labour. Unemployment has therefore resulted from the very reason that make an economy successfully competitive".

Aber über diesen „traditionellen" Zusammenhang hinaus, erfordert die Anpassung an die Weltmarktbedingungen

„to make the regulatory framework of labour more flexible so as to preserve jobs by, for example, allowing companies and workers to negotiate freely arrange as wide as possible of issues such as a number of working hours and vacation days, payment of hours exceeding the normal working day, etc. Flexibility of labour relation should also result in lesser costs for the hiring of workers ... In countries with large population such as Brazil and India consideration must also be given to the operation of the so-called informal economy as far as job creation is concerned ...". (Der Text der Rede von Fernando Enrique Cardoso ist im Internet verfügbar: http://www.brasil.emb.nw.dc.us/fpst06gl.htm; in portugiesisch: *Folha de Sao Paulo vom* 28. Januar 1996).

Genau so hat Paul Singer bereits Ende der 70er Jahre die Bedeutung des informellen Sektors charakterisiert; als ein Sammelbecken brachliegender Faktoren der Marktökonomie („um depósito de fatores ociosos da economia de mercado" - Singer 1979: 80). Informalität ist also (1) keine konjunkturelle Erscheinung, sondern *Ausdruck struktureller Veränderungen* in den lokalen bzw. nationalen Ökonomien unter den Anforderungen, die die globalen Transformationsprozesse erzeugen und die für alle Gesellschaften, die sich ihnen anpassen müssen, externe „Sachzwänge" darstellen. Die globale Wettbewerbsfähigkeit verlangt Produktivitätssteigerungen, und diese bedeuten, dass weniger Arbeitsplätze geschaffen (oder erhalten) als nachgefragt werden. Informalisierung ist also (2) *Begleiterscheinung der Strukturanpassung*, die allen Gesellschaften abverlangt wird, und zugleich ein Ausweg aus der Arbeitsmarktkrise infolge des im Zuge der Globalisierung verlangten Produktivitätsanstiegs. Anders als die ILO ursprünglich angenommen hatte, ist der informelle Sektor also nicht eine Modernisierungsreserve, sondern ein Sektor, in den die sozialen Kosten einer Modernisierung unter Bedingungen der globalen Konkurrenz externalisiert werden können. So auch Pablo González Casanova:

> „Die Lohnkürzungen haben sich mit der Politik einer Schwächung von Gewerkschaften, ihrer mit Dezentralisierung und mit der de-jure- oder de-facto-Beseitigung von Rechten der Arbeiter, die in Jahrhunderten von Kämpfen erreicht worden sind, durchsetzen lassen. Diese Politik der Eindämmung der Lohneinkommen war begleitet von einer Inflation, ja Hyperinflation (...) Der neoliberale Staat hat so seine soziale Basis neu gestaltet, als informelle, exkludierte Gesellschaft (...) Viele Arbeiter ziehen es vor, ausgebeutet zu werden, um nicht exkludiert zu werden" (González Casanova 1995: 18, 22; Übers. d. Verf.).

Informalität wäre so betrachtet das Resultat eines Scheiterns an menschengemachten „Sachzwängen", denen „informell" ausgewichen wird, um nicht aus der Gesellschaft exkludiert zu werden. Der informelle Sektor entsteht natürlich nur dann, wenn Ausweichstrategien zu einer dauerhaften und Massenerscheinung werden, also nicht nur hin und wieder Anwendung finden, und wenn überhaupt Chancen der Informalisierung (der ökonomische Hintergrund, die gesellschaftliche Akzeptanz und die politische Permissivität) gegeben sind. Eine Reihe von Merkmalen der Informalität lässt sich denn auch als „constraints" des (vor allem ökonomischen) Handelns bestimmen: Überausbeutung im informellen Sektor selbst oder in der Abhängigkeit als Auftragnehmer bei großen, häufig transnationalen Unternehmen, mangelhafte Zugangsmöglichkeiten zu Märkten, technologische Rückständigkeit und Diskriminierung durch die politischen Entscheidungsträger. Tatsächlich sind dies „menschengemachte" Restriktionen; ob Informalität, irreguläre oder gar kriminelle Aktivitäten und die damit verbundenen negativen Lebens- und Arbeitsbedingungen einen Ausweg darstellen ist eine empirische Frage. Allerdings hat sich die Sichtweise seit Anfang der 80er Jahre verändert. Informalität, so Victor Tokman (1999: 81) ist in den 90er Jahren keine konjunkturelle Reaktionsweise; sie hat sich in eine strukturelle, permanente Erscheinung transformiert. Tokman spricht über Lateinamerika, doch kann diese Aussage auf alle Entwicklungsländer und die meisten Industrieländer, ohne dass sie überzogen wäre, ausgedehnt werden.

Daraus folgt allerdings die Frage, ob Informalität keinen „Restriktionen" unterworfen ist, wenn sie als Strategie des Ausweichens vor und des Abtauchens unter die formellen Restriktionen einer historischen Gesellschaft interpretiert wird, oder ob nicht andere, möglicherweise für informelle Aktivitäten „weichere" „Restriktionen" als in der formellen Ökonomie entstehen. Ökonomisch und handlungslogisch ließe sich aus dieser Argumentationslinie folgern, dass Informalität vor allem darin begründet ist, dass ökonomische Akteure die „harte Budgetrestriktion" des Geldes nicht erfüllen können und Aktivitätsräume suchen, in denen „weiche" Budgetrestriktionen gelten.

Der Begriff der Budgetrestriktion ist von Janos Kornai (1986) für die Analyse von (realsozialistischen) Planwirtschaften entwickelt und verwendet worden. Er ist daher nicht ohne weiteres auf den informellen Sektor in kapitalistischen Marktwirtschaften übertragbar. Doch hat der Begriff eine Implikation, die für den hier zur Diskussion stehenden Zusammenhang wichtig ist. Die harte Budgetrestriktion schließt nämlich die Möglichkeit des Scheiterns ökonomischer Projekte, also den Bankrott von Unternehmen ein. Haftungs- und Konkursrecht sorgen für eine formelle Abwicklung; das System der förmlichen Regeln bleibt auch dann intakt, wenn ein Akteur (ein Unternehmen) aus dem System ausscheiden muss (wegen der Pleite). Gerade dieser Druck, ausgeübt von der (globalen) Konkurrenz unter den Bedingungen des durch die Zentralbank knapp gehaltenen Geldes, erzwingt mikro- und makroökonomische Anpassungen an die Herausforderungen des Weltmarkts. Die formelle Ökonomie kennt daher unter den Bedingungen der harten Budgetrestriktionen nur zwei Möglichkeiten: entweder den Erfolg in der globalen Konkurrenz oder das formelle Scheitern. Im ersten Fall kann davon ausgegangen werden, dass das Unternehmen oder der entsprechende Sektor expandiert, akkumuliert und sich technologisch, organisatorisch modernisiert. Im zweiten Fall werden Unternehmen oder Sektoren abgewickelt; sie verschwinden.

Doch dazwischen bzw. jenseits dieser Dichotomie weitet sich eine ökonomische und gesellschaftliche Realität, die sich der binären Logik, die die Formalität kennzeichnet, weitgehend (aber niemals vollständig) entzieht: Die Restriktionen sind weicher. Hier kommen die phänomenologischen Merkmale, die oben aufgelistet worden sind, allesamt zur Geltung. Sie sind nämlich Ausdruck mangelnder Konkurrenzfähigkeit einerseits und – dies ist entscheidend – der Fähigkeit andererseits, sich den globalen Restriktionen zu entziehen und trotz der Marktzutrittsschranken, der nachhinkenden Technologie, der Abhängigkeit von den großen Unternehmen, der Diskriminierung durch den Staat etc. zu überleben und für Beschäftigung von Menschen zu sorgen, die arbeitslos wären, wenn nur die Logik der formellen Wirtschaft gelten würde: Der ökonomische Erfolg ist ja nur zu haben, wenn die Produktivität der Arbeit gesteigert wird, also Arbeitskräfte freigesetzt werden. Freilich ist auch der ökonomische Bankrott mit dem Abbau von Arbeitsplätzen verbunden. Kompensierende formelle Arbeitsplätze im öffentlichen Sektor gibt es auch nicht, da alle Staaten in den vergangenen zwei bis drei Jahrzehnten staatliche Unternehmen privatisiert und den Sozialstaat abgebaut haben. Diese Tendenzen sind nach Tokman (1999: 80ff) hauptverantwortlich für das Wachstum des informellen Sektors.

In der Logik der formellen Ökonomie gibt es also keine Perspektive jenseits des formellen, zumeist hoch qualifizierten Arbeitsplatzes, und der Beschäftigungslosigkeit. Hier kommen der informelle Sektor und seine positiven Beschäftigungswirkungen ins Spiel. Schon in der Kenia-Studie der ILO wurde dies hervorgehoben (ILO 1972) und gelegentlich, wie Leys schreibt, bis zur „Mystfikation des 'informellen Sektors'" (Leys 1974: 267) übertrieben. Der informelle Sektor ist Ausdruck der Komplexität moderner Ökonomien und der Fähigkeit zu flexibler Anpassung, sei es in der agrikolen Strategie der Subsistenz oder unter Bedingungen der quasi-formellen Dezentralisierung der Produktionsunternehmen, der Bildung von Kleinst- und Kleinunternehmen, der Scheinselbstständigkeit, der Verwendung einfacher Technologien (Tokman 1999: 85ff). Der informelle Sektor kann also durchaus als eine Art „Schockabsorber" betrachtet werden, der Gesellschaften die Konsequenzen der (formellen) Modernisierung weniger stark spüren lässt: weil er *erstens* der Subsistenzsicherung der Haushalte dient; in dieser Funktion leistet er einen wichtigen Beitrag zur „Feminisierung der Überlebenssicherung" - wie im Übrigen auch die grenzüberschreitende Migration. *Zweitens* trägt der informelle Sektor zu einer faktischen Lösung der Arbeitsmarktkrise bei. Diese Funktion erklärt sich daraus, dass er - trotz erheblicher Diskriminierungen durch den Staat - eine große Beschäftigungswirkung aufweist. Denn der Marktzutritt ist hier relativ leicht, der Kapitaleinsatz niedrig, die verwendete Technik einfach, die Arbeitsintensität ist daher hoch und die Gewinne und Löhne sind niedrig. Die hohe Beschäftigungswirkung des informellen Sektors gründet *drittens* auch darauf, dass kleine (lokale) Unternehmen, die bei Beachtung von sozialen und ökologischen Standards nicht wettbewerbsfähig wären und eigentlich vom Markt verschwinden müssten, ihre mangelnde Wettbewerbsfähigkeit durch die Überausbeutung der Arbeitskräfte, sei es bei den Löhnen oder bei den Schutzvorkehrungen kompensieren. Derselbe Mechanismus, der in dem Fall der kleinen und Ein-Personen-Unternehmen zur Missachtung von Normen und Standards zwingt, erweist sich daher im Fall der TNU, mit denen die Mikrounternehmen und die „self-employed" des informellen Sektors in globalen Produktions- und Zulieferketten eng verwoben sind, als ein Mittel der Steigerung von Wettbewerbsfähigkeit. Daher stellt der informelle Sektor *viertens* für die fast 63.000 TNU mit ihren weltweit 800.000 ausländischen Niederlassungen, in denen mehr als 125 Millionen Menschen arbeiten, ein nahezu unerschöpfliches Reservoir billiger Arbeitskräfte dar.

3. Informalisierung durch „subcontracting"

Informelle Arbeit ist im Rahmen der Globalisierung auch integrales Element der „neuen internationalen Arbeitsteilung". Dies kommt in den Beziehungen zwischen TNU und Zulieferern in vielen Ländern zum Ausdruck. Arbeitsintensive Abschnitte der globalen Wertschöpfungsketten werden dort lokalisiert, wo die Arbeitskraft besonders billig ist, weil die Arbeitsbedingungen (im Hinblick auf Beschäftigungsdauer, Arbeitszeit, Arbeitsschutz, Umwelt, Entlohnung, Organisation, Kündigungsschutz etc.) prekär und informalisiert worden sind. So können in der gleichen Wertschöpfungskette einer Produktgruppe formelle und informelle Arbeitsverhältnisse distanziert voneinander in verschiedenen Ländern zur Optimierung des Betriebsergebnisses von TNU integriert werden.

Die subalterne Einbindung informeller Produzenten in globale Waren- und Vermarktungsketten ist es denn auch, welche in besonderem Maße dafür sorgt, dass die Grenzen zwischen Formalität und Informalität und diejenige, welche die Informalität von der Illegalität trennt, zunehmend porös werden. In seiner Funktion als Reservoir billiger und williger Arbeitskräfte, die es ermöglichen, die Wettbewerbsfähigkeit von TNU zu steigern, kommt dem informellen Sektor vor allem in den abnehmergesteuerten globalen Produktions- und Vermarktungsketten der Konsumgüterindustrie eine große und seit Beginn der 90er Jahre wachsende Bedeutung zu. Dabei handelt es sich um globale Unternehmensnetzwerke, in denen große Einzelhändler, Großhändler und Markenhersteller, die ihren Firmensitz in den kapitalistischen Zentren haben, die grenzüberschreitende Wertschöpfung so organisieren und koordinieren, dass die physische Produktion von Gütern und Dienstleistungen von den Stufen Forschung, Entwicklung, Design, Finanzierung, Verkauf und Marketing abgetrennt ist und die gesamte Herstellung – über Prozesse des „outsourcing" und „subcontracting" – in Entwicklungs- und Schwellenländern verlagert wird. Verbreitet ist diese Variante globaler Arbeitsteilung vor allem in den arbeitsintensiven Branchen der Textil-, Bekleidungs- und Schuhindustrie, in der Heimelektronikbranche und in der Produktion von Haushaltswaren, Werkzeugen für den häuslichen Gebrauch und Spielzeug (Bair/Gereffi 2000; vgl. ILO 2000b). In all diesen Branchen organisieren und koordinieren die

Abnehmer aus den kapitalistischen Zentren grenzüberschreitende Netzwerke, in denen der Einsatz niedrig qualifizierter Arbeitskräfte überwiegt und das Engagement der Unternehmen weniger durch Direktinvestitionen im Ausland erfolgt, sondern über den (Re-)Import von fertigen Waren, die Lizenzvergabe oder über den (zollbegünstigten) „outward processing trade" (OPT).

Daher ist die Informalisierung der Arbeit in den Transformationsländern MOEs seit Beginn der 1990er Jahre im „outward processing trade" mit der Europäischen Union kein Überbleibsel der älteren „Parallelökonomie" aus real-sozialistischen Zeiten, das mit der Fortdauer des Transformationsprozesses verschwinden wird. Es handelt sich vielmehr um eine unmittelbare Folge einer spezifischen Variante von Weltmarktintegration (vgl. dazu ausführlicher Altvater/Mahnkopf 1999: 423ff). Bei ihrem späten Eintritt in die globale Arbeitsteilung können diese Länder mangels Wettbewerbsfähigkeit in anderen industriellen Bereichen - etwa in der Kohle- und Stahlindustrie oder beim Export von NE-Metallen und Straßenfahrzeugen, wo es bis zum Ende des „Kalten Krieges" relativ sichere Arbeitsplätze, auskömmliche Verdienste und vor allem hinreichende soziale Sicherung gab - nur mit dem Pfund eines großen, unterbeschäftigten, vergleichsweise gut qualifizierten und dennoch billigen Arbeitskräftepotenzials wuchern. Wie anderswo in der Welt mündet diese hilflose Strategie der Einpassung in den globalen Wettbewerb, dessen Spielregeln von anderen Akteuren bestimmt werden, auch in MOE in einen Entwicklungspfad, der eine Sackgasse sein könnte: Die Bekämpfung von Arbeitslosigkeit und Armut wird mit dem Mittel niedriger Lohnkosten unter Missachtung von Arbeitnehmerrechten, kurzum: mit der Informalisierung von Arbeit versucht. Dieser Pfad zwingt ArbeitnehmerInnen in MOE - wie seit den 80er Jahren im großen Stil in der Karibik geschehen - in die Rolle einfacher Untervertragsnehmer in „abnehmergesteuerten" globalen (hier: europäischen) Produktions- und Vermarktungsketten.

Ein wichtiger Indikator für das Wachstum der informellen Arbeit in Ländern wie Polen, Rumänien, Tschechische Republik, Ungarn und in wachsendem Maße auch Bulgarien, das mit einer Armutsrate von 37% das ärmste Land unter den EU-Beitrittskandidaten ist, sind die im Verlauf der 90er Jahre stark gestiegenen Bekleidungsexporte in die EU[1]. Denn bei der Bekleidungs- und Schuhindustrie, in etwas geringerem Umgang gilt dies auch für die Textil-

---

[1] Für das Jahr 2000 gehen Schätzungen davon aus, dass 70% des Bekleidungskonsums in der Europäischen Union durch „outward processing trade" insbesondere mit Ländern in MOE gedeckt werden (vgl. Dickerson 1995 zit. in Bair/Gereffi 2000: 213). In Rumänien machten die Bekleidungsexporte 1997 ein Fünftel der Gesamtexporte aus; in Polen haben sich die Erlöse, die über Bekleidungsexporte erzielt werden, seit Beginn der 80er Jahre mehr als verdoppelt (vgl. dazu Tab. 1 in: Bair/Gereffi 2000: 210f).

industrie, handelt es sich um Industriezweige, die überall auf der Welt in besonders starkem Umfang auf jene Formen der Organisation und Koordination von Arbeit zurückgreifen die *vor* der Etablierung „normaler", rechtlich und sozial geschützter Beschäftigungsverhältnisse ein Charakteristikum abhängiger (Lohn-)Arbeit gewesen sind: auf das System industrieller Unterauftragsnehmer („subcontracting").

Dank moderner Transport-, Kommunikations- und Informationstechnologien verbindet das „subcontracting" heute Dutzende von Ländern, Hunderte von Fabriken, Tausende von Einzelhändlern und Millionen von Erwerbstätigen. Ob in MOE und in den anderen „vorgelagerten Produktionsstätten" der EU (in der Türkei und in Nordafrika) oder in Südost-Asien, in Mexiko und in der Karibik, von wo aus der nordamerikanische Markt beliefert wird, überall steht „subcontracting" - nicht anders als zum Beginn der Industrialisierung in Europa - für Löhne an der Grenze zum oder sogar unterhalb des Existenzminimums, für schlechte und gesundheitsschädliche Arbeitsbedingungen, sexuelle Übergriffe (gegen die zumeist weiblichen Beschäftigten in den genannten Branchen) und für die Verletzung von international geltenden Kernarbeitsnormen (insbesondere des Koalitionsrechts und des „free collective bargaining"). Diese Charakteristika teilt die formelle Arbeit in den „export processing zones" (EPZ) Mittelamerikas und Südostasiens mit der informellen/informalisierten Arbeit in den „sweatshops" der urbanen Zentren und mit der abhängigen Heimarbeit, die in Europa wie auch in anderen Teilen der Welt die unterste Stufe der grenzüberschreitenden Netzwerke in globalen Produktions- und Vermarktungsketten bilden. Für die TNU ermöglicht der vermehrte Rückgriff auf Subunternehmer, die ihrerseits eine Myriade von informellen Arbeitskräften, darunter auch viele HeimarbeiterInnen beschäftigen, eine Senkung der Kosten und eine Steigerung der Flexibilität, weil viele Risiken auf die abhängigen Zulieferer abgewälzt werden können. Zugleich ist das „subcontracting" ein geeignetes Mittel, um sich rechtlicher Verpflichtungen und der Verantwortung für Arbeitskräfte zu entledigen, die zwar ökonomisch von den TNU abhängig, rechtlich aber unabhängig sind. Dies hat zur Folge, dass die Verletzung von Kernarbeitsnormen und national geltendem Arbeits- und Sozialrecht dem unterentwickelten Rechtsverständnis und defizitären Aufsichtsstrukturen in den sogenannten „Billiglohnländern" angelastet werden kann.

Selbstverständlich ist das „subcontracting" weder auf die genannten Branchen noch auf so genannte „Billiglohnländer" beschränkt. Vor dem Hintergrund weltweiter (grenzüberschreitender) Migrationsprozesse wird im Verlauf der letzten zwei Dekaden auch in den entwickelten Industrieländern vermehrt auf Untervertragsnehmer zurückgegriffen. Diese sind in ihrer Geschäftstätigkeit fast völlig von ihren großen Auftraggebern abhängig (vgl. u.a. Portes

1994; Dolan/Harris-Pascal et al. 1999; Barndt 1999; Musiolek 20001; ILO 2000a; ILO 2000b: 29; Lütje 2001). Die Bekleidungsindustrie, die hinsichtlich ihrer Arbeits- und Ausbeutungsmethoden eine sehr „alte", im Hinblick auf die Organisationsmethoden, die bei der Koordinierung und Steuerung ihrer globalen Warenketten zum Einsatz gelangen, aber eine „supermoderne" Branche ist, wird zum Vorreiter für die zunehmend engere Verflechtung von formeller und informeller Arbeit. Wenn die informelle Arbeit in den Hinterhöfen, Garagen und privaten Wohnräumen eingeschlossen wird, zeigt sich, dass

> „all the principal employer countries would be in developing countries, and any statistical analysis of the TCF (textile, clothing, footwaer and leather) industries has to be viewed in the light of that fact (...) It is only when one seeks to understand how subcontracting operates at the national level, as a pyramid of increasingly small and less formal enterprises, that one becomes aware of the gulf that exists between reality and the impressions conveyed by statistics" (ILO 2000b: 95).

Diese Feststellung ist für die Arbeitsbedingungen in den „clandestine workshops", die in der Bekleidungsindustrie besonders stark verbreitet sind, von großer Bedeutung (Charmes 2000b). Denn keine Statistik weist den Umfang und das Ausmaß der Verletzung von Kernarbeitsnormen bei den vielen formellen und informellen Zulieferern großer (und angesehener) TNU nach. Informalität dieser Kategorie ist zugleich Verletzung von Menschenrechten und ein Hindernis für menschliche Entwicklung[2]. In den westlichen Industrieländern sind vor allem Migranten in jenen „Schwitzbuden" beschäftigt, in denen, häufig auf hohem professionellen Niveau, Markenwaren kopiert und gefälscht werden. In den letzten Jahren sind solche „sweatshops" überall in Europa entstanden: in den Niederlanden, im „Chinesenviertel" von Paris, im „Triangle"-Viertel in Brüssel, in Manchester und Umgebung in Großbritannien und im Süden Italiens (ILO 2000b: 70) Mit ihren US-amerikanischen Counterparts haben diese Betriebsstätten gemeinsam, dass in ihnen nicht nur geltendes Steuer- und Arbeitsrecht systematisch verletzt wird, sondern dass die Grenze zur Zwangsarbeit häufig überschritten wird (vgl. ebd.; Bales 2001: 97f).

Noch in einer anderen Hinsicht ist die Bekleidungsindustrie eine Branche, an der sich exemplarisch studieren lässt, dass die bereits aus früheren Phasen der Integration in den Weltmarkt bekannten Mechanismen asymmetrischer Arbeitsteilung auch im Globalisierungsprozess der letzten drei Dekaden wirksam geblieben sind: Einerseits findet in den industriellen Zentren ein massiver

---

[2] Nicht-Regierungsorganisationen wie die Clean Clothes Campaign, kirchliche Gruppen aber auch die ILO haben eine Fülle von Beispielen angeführt, in denen die Verletzung von Kernarbeitsnormen evident wird; vgl. dazu u.a. die Dokumentation zu „Verletzungen von ILO-Konventionen durch transnationale Unternehmen", die von einer Gruppe von NGOs dokumentiert werden unter: http://www.transationale.org sowie ILO 2000b.

Abbau von bislang halbwegs gut bezahlten und sozial gesicherten Arbeitsplätzen für einfache Industriearbeiter statt, andererseits entstehen hier neue Arbeitsplätze für „immaterielle Arbeit", für „Symbolanalytiker" (R. Reich), die für das Management und die Koordination globaler Produktionsnetzwerke verantwortlich sind. Arbeitsprozesse mit geringem Wertschöpfungsgrad werden hingegen in den Ländern des Südens und neuerdings auch in den Transformationsländern MOEs angesiedelt. Im globalen Maßstab kann dies zu einer Ausweitung von Beschäftigung führen.3 Diese häufig als Beispiel für die großen „Chancen der Globalisierung" zitierte Entwicklung der Beschäftigung hat einen hohen Preis. Denn arbeitsintensive Produktionsabschnitte werden vornehmlich in den Ländern angesiedelt, wo die TNU niedrigste Löhne zahlen müssen. In Indonesien, Pakistan oder China machen die Arbeitskosten in der Textilindustrie weniger als ein Zwangzigstel deutscher oder japanischer Lohnkosten aus. Dies ist in der Bekleidungs- und Schuhindustrie ähnlich. (vgl. die Angaben in ILO 2000b: 35ff). Doch hinzu kommen die Instabilitäten der globalen Finanzmärkte, die zu Lohnkosten senkenden Abwertungen der Währungen zwingen können. Positive Beschäftigungseffekte (und erwartete steigende Exporterlöse) werden im Fall einer Währungsabwertung mit einer Entwertung der Arbeit erkauft.

Andererseits wird aber die Fähigkeit zur Anpassung an veränderte Marktbedingungen gerade durch eine Fixierung auf den vordergründigen Wettbewerbsvorteil niedriger Lohnkosten blockiert: Für die Herstellung und Sicherung globaler Wettbewerbsfähigkeit, die vornehmlich auf niedrigen Lohnkosten beruht, ist die Senkung von Reallöhnen durch den vermehrten Rückgriff auf informelle Arbeit ein ganz entscheidender Hebel. Dadurch sinkt aber der Lebensstandard der Arbeitskräfte und es wird ihre ökonomische und soziale Verletzbarkeit vergrößert. Unter diesen Bedingungen rentieren sich keine Investitionen in die Qualifizierung der Arbeitskräfte und in die Verbesserung der Arbeitsbedingungen; sie finden daher nicht statt. Dies hat zur Folge, dass produktivitätssteigernde Effekte und mit ihnen eine Hebung der Wettbewerbsfähigkeit - und in der Folge mehr Wachstum und Wohlstand, wie die „neue Wachstumstheorie" verspricht - ausbleiben.

Durch die Bildung regionaler Handelsblöcke (NAFTA; EU) hat die Lohnfertigung im Ausland einen starken Auftrieb erhalten: Der OPT wird dadurch

---

[3] Tatsächlich hat es im Verlauf der letzten 30 Jahre einen deutlichen Anstieg der Beschäftigung in der Textil-, Bekleidungs- und Schuhindustrie gegeben (ILO 2000b: 25; ILO 2000a: 13ff.). Doch in der zweiten Hälfte der 90er Jahre stagniert die Beschäftigung in der Textilindustrie; sie sinkt von 1995 bis 1998 von 16,86 Mio. auf 16,34 Mio. Menschen; in der Bekleidungsindustrie erhöht sie sich im gleichen Zeitraum von 8,7 Mio. auf 11,2 Mio, und in der Schuhindustrie geht sie leicht von 1,83 Mio. auf 1,73 Mio. Menschen zurück, ILO 2000b: 15f.

attraktiv, dass ausländische Netzwerke von Unterauftragnehmern mit Vorprodukten versorgt werden, Zölle beim Reimport der im Ausland fertiggestellten Waren jedoch nur auf die im Ausland hinzugefügte (geringe) Wertschöpfung erhoben werden. Im Rahmen dieser Handelsregime ist es für lokale Zulieferer sehr schwer, auf einer höheren Stufe der Wertschöpfung Zugang zu den globalen Netzwerken zu finden. Mit der Ausweitung von „production sharing" - wie die Lohnfertigung im Rahmen der NAFTA bezeichnet wird - kann es sogar vorkommen, dass kleine und mittlere Unternehmen (wie im Fall Mexikos, vgl. Bair/Gereffi 2000 sowie Dussel Peters 2000) um ihre Position am unteren Ende der Warenkette fürchten müssen. Daher kommt es nicht zu den von ausländischen Direktinvestitionen und auch vom OPT erhofften „forward" und „backward linkages", die mit „spill over"-Effekten für andere Industriezweige verbunden sind und eine eigenständige regionale industrielle Entwicklung in Gang setzen könnten (vgl. Hirschman 1981). Naomi Klein zitiert einen philippinischen Wirtschaftswissenschaftler über die freien Exportzonen im Land und über die Volkswirtschaft insgesamt:

> „Sehen Sie?", sagt Antonio Tujan. „Wir haben hier ein Land, dessen Industrie so deformiert ist, ein so unglaublicher Mischmasch, dass sie nicht selbstständig existieren kann. Es ist alles ein Mythos, wissen Sie. Sie reden von Industrialisierung im Zusammenhang mit der Globalisierung, aber es ist alles ein Mythos" (Klein 2002: 238).

Der strukturelle „Mischmasch" verhindert Entwicklung und mit der Entwicklung auch die Entstehung der versprochenen formellen Arbeitsplätze. Die subalterne Integration in globale Wertschöpfungsketten deformiert die Ökonomie.

Wenn die Ausweitung der Beschäftigung in der Bekleidungs- und Textilbranche jedoch nicht mit einem Anstieg der Reallöhne und mit wachsender sozioökonomischer Sicherheit einhergeht, sondern mit einer Absenkung derselben4, dann ist dieser Industriezweig auch nicht die „Einsteigerbranche" in die globale Arbeitsteilung, die sie seit Beginn der Industrialisierung in Europa bis zu dem Zeitpunkt, da die „Tiger-Länder" in Südostasien in den Weltmarkt integriert wurden, gewesen ist, sondern eher eine Sackgasse für die regionale industrielle Entwicklung. Stattdessen wächst der informelle „Sektor" mit all seinen Erscheinungsformen und den in dieser Sphäre der Ökonomie „typischen" Arbeitsbedingungen. Diese sind weder ein Relikt aus vergangenen Zeiten, noch stellen sie ein konjunkturelles oder ein Übergangsphänomen dar. Sie sind auch kein Fremdkörper in der globalisierten Moderne. Die Informalisierung der Arbeit ist in den verschiedenen hier geschilderten Erscheinungen vielmehr zugleich Begleiterscheinung, Folge und Antriebskraft der Globalisierung.

---

4 So wie dies in vielen mittelamerikanischen Ländern der Fall ist, wo die Reallöhne zu Beginn der 90er Jahre auf weniger als die Hälfte des Niveaus von 1980 abgesunken sind.

Schmutziges Geld

In einer kapitalistischen Geldwirtschaft ist Geld ultimatives Medium der Kontrakterfüllung. Nur wenn Geld diese Bedingung erfüllt, kann es als förmliches oder auch „formvollendetes" Geld gelten. Als Zirkulationsmittel schließt das Geld den Kauf einer Ware (und daher, von der anderen Seite betrachtet, ihren Verkauf) ab. In seiner Funktion als Zahlungsmittel erfüllt die Zahlung des Geldes die Schuldverpflichtung und löst daher eine Kreditbeziehung zwischen Gläubiger und Schuldner. Geld dient auch als Wertaufbewahrungsmittel, als Schatz. In einer Gesellschaft mit Goldwährung gibt es mit dieser Beschreibung von Geldfunktionen keine Probleme; denn das Goldgeld ist „intrinsisch" wertvoll und jeder wird es gern nehmen, um monetär abgegolten zu werden. Mit einer Papierwährung oder mit elektronischem Geld allerdings ist dies anders. Damit Geld die Funktion des Mediums der Kontrakterfüllung formell erfüllen kann, muss die Echtheit des Geldes garantiert, sein Wert gesichert, die Annahme verpflichtend festgelegt und das Vertrauen des „Publikums" in die Stabilität des inneren und äußeren Geldwerts und in die Integrität der finanziellen Institutionen, die das Geld „verwalten", gegeben sein. Die Geldform bedarf also der institutionellen, in aller Regel staatlichen Regulierung.

Um Geld institutionell „in Form", d.h. wertbeständig in Zeit (gegen Inflation) und Raum (gegen Abwertung) zu halten, müssen Regeln befolgt werden, und zwar von allen am Geldkreislauf Beteiligten: von den Geldvermögensbesitzern ebenso wie von armen Teufeln ohne Geld, von regulierenden Institutionen wie der Zentralbank, Regierungen oder internationalen Währungsinstitutionen oder von privaten Geldvermittlern und Banken. Die allerwichtigste Eigenschaft, die das Geld behalten muss, ist seine Wertbeständigkeit in Zeit und Raum, die dann Aufgabe regulierender Politik ist, wenn das Geld nicht intrinsischen, durch Arbeit erzeugten Wert (wie die Goldmünze) besitzt. Der Wert des Papiergeldes liegt - anders als im Fall des Goldstücks - nicht im papierenen Material, sondern in der ökonomischen Beziehung, die es darstellt und vermittelt. Der nominelle Anspruch muss reell einlösbar sein, und mehr noch: der harte Zwang der Zinsen erfordert reale Überschüsse in der Ökonomie. Um in Form zu bleiben, muss Geld daher „knapp" gehalten werden; es darf nur jenen verfügbar sein, die für den Gelderwerb „Leistung" erbracht, also bei der Erzeugung der notwendigen Überschüsse (aus denen die Zinsen gezahlt werden können) mitgewirkt haben. Aus diesem einfachen Zusammenhang leitet sich die komplexe Geldmengensteuerung der Zentralbank ab. Geld muss in der Form des Wertes gehalten werden, damit die aus der Form abgeleiteten Funktionen des Maßes, des Zirkulationsmittels, des Zahlungsmittels, des Schatzes ausgeübt werden können. Es geht also um die Sicherung der sozialen Verbindlichkeit des Geldes. Diese ist in einer Geldwirtschaft ohne Frage ein öffentliches Gut, das nicht selbstverständlich vorhanden ist. Denn Geld kann in Finanzkrisen „verschwinden", d.h. viele Menschen verlieren die Möglichkeiten, durch (formelle) Arbeit Geldeinkommen zu verdienen, und sozialstaatliche Transfereinkommen gibt es nicht oder nur in höchst unzureichendem Maße. Die Menschen sind dann auf informelle Arbeit angewiesen, manchmal zu illegalen und kriminellen Aktivitäten verleitet, um an Geld heranzukommen. In Krisenzeiten entstehen auch Geldsurrogate, Spezialgelder, die nur lokale Bedeutung erlangen oder nur für bestimmte Zwecke verwendet werden können (wie in Russland in den 90er Jahren oder in Argentinien während der schweren Finanzkrise nach 2000). Oder es werden Waren gegen Waren ohne Einschaltung von Geld getauscht *(countertrade, barter).* Illegal und kriminell erworbenes Geld muss auf jeden Fall „gewaschen" werden, um als allgemeines Äquivalent formell einsetzbar zu sein. Besonders eindeutig ist die Informalisierung von Geld dann, wenn es sich um illegales, zum Beispiel um gefälschtes Geld handelt. Geldfälschung ist in allen Ländern verboten. Doch wird das Verbot immer wieder umgangen[1].

Mit diesen (und anderen) Tendenzen einer Informalisierung des Geldes werden wir uns im Folgenden auseinandersetzen. Dabei soll deutlich werden, dass es sich bei der Informalisierung von Geld nicht um eine Randerscheinungen der Moderne handelt. Gesellschaften sind zugleich Arbeits- und Geldgesellschaften, d.h. die Vergesellschaftung findet in der Arbeit und durch Geld statt (dazu ausführlicher Altvater/Mahnkopf 1999: 164ff). Wenn die Bedeutung der informellen Arbeit beträchtlich gewachsen ist - und dafür sprechen alle Daten, die wir in den vorangegangenen Kapiteln vorgestellt haben -, wäre es eher verwunderlich, wenn nicht auch beim Geld Informalisierungstendenzen feststellbar wären.

---

[1] Als in Ekuador im Frühjahr 2000 der US-Dollar als offizielle Währung eingeführt wurde, sind von der kolumbianischen Mafia „Dollar-Blüten" in Umlauf gebracht worden. So wurde die geringe Vertrautheit des ekuadorianischen Publikums mit dem neuen Geld zu leichten Geschäften ausgenutzt. Anlässlich der Einführung des Euro am 1. Januar 2002 hat der Vorsitzende der russischen Zentralbank Geraschtschenko die Russen gewarnt, „ein Jahr lang vom Euro die Finger zu lassen, denn die neuen Geldscheine könnten gefälscht sein" (Elfie Siegl, Russland und der Euro, in: *Frankfurter Allgemeine Zeitung* vom 28.12.2001).

Sechstes Kapitel
Transformationen der Geldform oder: Förmliches Geld und informelle Arbeit

Die Erfahrung mit dem Geld ist so selbstverständlich, dass über die Form des Geldes nachzudenken den meisten Menschen überflüssig scheint[1]. Man hat ja schon genug damit zu tun, wie man Geld verdienen, es mehren und ausgeben kann. Geld vermittelt Käufe und Verkäufe zwischen Produzenten und Konsumenten auf dem Markt für Güter und Dienste oder Kauf und Verkauf der Ware Arbeitskraft auf dem Arbeitsmarkt oder die Beziehungen zwischen Gläubigern und Schuldnern in Kreditverhältnissen. Märkte sind also ohne Geld gar nicht möglich; eine Marktwirtschaft ist immer Geldwirtschaft und muss sich der Form des Geldes anbequemen, z.B. wenn den Menschen gutes, hartes Geld ausgeht und Ersatzgelder (Zigaretten, Drogen, Diamanten, Kalaschnikow) ins Spiel von Angebot und Nachfrage eingeführt werden. Wenn die Form des Geldes sich ändern oder gar auflösen sollte, steht zu erwarten, dass sich die Marktbeziehungen insgesamt verändern.

Geld hat eine so große soziale, politische und vor allem ökonomische Bedeutung, dass die Stabilität des Werts, seine Sicherheit und die Integrität der Institutionen des Geld- und Kreditwesens ein öffentliches Gut darstellen, welches für die menschliche Sicherheit in einer kapitalistischen Geldwirtschaft von grundlegender Bedeutung ist (Kaul et al. 1998, insbes. Wyplosz 1998). Der „Wert" dieses öffentlichen Gutes lässt sich auch an dem Preis bemessen, welcher zu zahlen ist, wenn es an Stabilität verliert, beispielsweise an den ökonomischen, sozialen und politischen Kosten der Finanzkrisen des vergangenen Jahrzehnts: Die Finanzkrise Mexikos von 1994/95 hat 19% des Sozialprodukts aufgezehrt (Dussel Peters 2000); die Finanzkrise der asiatischen Länder hatte ähnlich gravierende Auswirkungen (vgl. z.B. Dieter 1998: 96ff).

Wir hatten bereits gesehen, dass Informalität Unsicherheit mit sich bringt. Doch gilt dies auch umgekehrt? Die hohe Volatilität der Finanzbeziehungen auf internationalen Kreditmärkten hat die Unsicherheit sowohl für Kreditnehmer als auch für Gläubiger, für Anleger von Geldvermögen wie für diejenigen privaten und öffentlichen Akteure, die Anlagen hereingenommen haben, extrem gesteigert. Die institutionellen Anleger auf Finanzmärkten haben einerseits Innovationen hervorgebracht, mit denen die Unsicherheit reduziert

---

[1] Auch wir streifen nur die reichhaltige Debatte um die Form des Geldes in der kapitalistischen Gesellschaft und verweisen auf Heinrich (1999), insbesondere auf das 6. Kapitel; auf Altvater/Hecker/Heinrich/Schaper-Rinkel (1999): 17-58 und zur Auseinandersetzung mit soziologischen Geldtheorien auf Ganßmann (1996).

werden kann. Die dazu erfundenen Finanzinstrumente sind aber andererseits zum Mittel der Spekulation geworden (Derivate); anstatt Unsicherheit zu senken, steigern sie diese. Obendrein wirkt sich die finanzielle Unsicherheit in der realen Ökonomie und in den sozialen Beziehungen aus. Anpassungsprozesse werden erwartet, die es verhindern, dass so etwas wie eine längerfristige Lebensplanung von Individuen oder Geschäftsplanung von Unternehmen umgesetzt werden können.

Die Rolle des Geldes ist in modernen Gesellschaften gesetzlich geregelt. Mit der Definition des Geldes ist auch Nicht-Geld definiert. Ein Gläubiger ist nicht verpflichtet, einen Bierdeckel mit Unterschrift als Medium der Kontrakterfüllung anzunehmen. Gesellschaftliche Konventionen haben dem Geld diese Aufgabe des allgemeinen Äquivalents zugewiesen und in diesem Selektionsprozess andere Waren als Nicht-Geld ausgesondert. Da das Geld gesellschaftliche Beziehungen normiert, ihnen also ein Maß gibt, da Geld ein Medium des Tausches (Zirkulationsmittel) ist und einen Kredit zwischen heute und morgen (Zahlungsmittel) sowie als Währung die Beziehung zu anderen Währungsräumen (über den Wechselkurs) darstellt, zirkelt das Geld *Zeit und Raum* des je gesellschaftlichen Lebens ab. Die Geldform wird als gesellschaftliche Norm maßgeblich, beeinflusst das Denken und Sprechen ebenso wie das Handeln der Menschen und nicht zuletzt den Handel auf Märkten.

1. Produktions- und Exploitationsweise oder: die Überforderung von Schuldnern

Der formal frei ausgehandelte Kontrakt, der mit dem Medium Geld erfüllt werden kann, enthält wechselseitige Verpflichtungen. Diese sind nicht so neutral wie das Geld zu sein scheint; sie spiegeln gesellschaftliche Machtverhältnisse wider. Der Arbeitsvertrag verpflichtet zu Arbeit gegen Geld; im Geldlohn ist der Sachverhalt verhüllt, dass der Arbeiter Mehrarbeit leistet und ein Mehrprodukt herstellt. Dies ist im Lohn nicht abgegolten und das Mehrprodukt kann mit dem Lohn nicht gekauft werden. Die Geldbeziehung zwischen formal gleichen und freien Vertragspartnern ist in vielen Fällen und unter bestimmten sozialen Bedingungen eine Beziehung der Gewalt. Beispielsweise kann die Bedingung der Kontrakterfüllung im formellen Geld wucherisch hart sein, so dass Schuldner aus den Kontrakten nicht mehr herausfinden und auf Dauer die Schuldverpflichtung vor sich herschieben, obwohl sie an die Gläubiger zahlen. Das ist nicht erst mit dem Konsumentenkredit des 20. Jahrhunderts zur Erfahrung vieler Menschen geworden; es hat eine längere Geschichte. Schuldknechtschaft war in alten Zeiten die Folge der Überschuldung. In modernen Zeiten sind Schulden der Hebel, mit dem Zwangsarbeit ausgepresst wird, mit dem Migranten durch diejenigen in Abhängigkeit gehalten werden, die sie illegal ins Land geschmuggelt haben. Kinder werden von ihren Eltern unter dem Druck von Schuldverpflichtungen in sklavenähnliche Arbeitsverhältnisse gezwungen, in Indien, Pakistan und anderswo (Bales 2001; ILO 2000a; ILO 20001c). Durch Geldverpflichtungen, die niemals enden, entstehen Verhältnisse der Zwangsarbeit.

Auf Wucherzinsen stehen im Mittelalter Europas „Höllenqualen" (Le Goff 1981), aber die Drohung hat nicht dazu geführt, dass der Wucher verschwunden wäre. „Das Wucherkapital besitzt die Exploitationsweise des Kapitals ohne seine Produktionsweise" (MEW 25: 611), heißt es bei Marx. Darauf gibt es nur zwei Reaktionen: Entweder werden Schuldner geschützt bzw. sie schützen sich selbst, indem sie Schuldnerbewegungen gegen den Wucher bilden oder die wucherische Exploitationsweise wird den Produktionsbedingungen des modernen Kapitalismus unterworfen. Beide Reaktionsweisen durchziehen und formen die Geschichte des Geldes. Geld ist, dies wird hier deutlich, eine soziale Beziehung zwischen Geldvermögensbesitzern, die legitime Forderungen und Ansprüche erheben und diese in der Regel auch legal durchsetzen können, und den Schuldnern, die eine Verpflichtung haben, die sie einlösen müssen.

2. Schutz für Schuldner und soziale Bewegungen gegen monetäre Ausbeutung

Dafür dass Gesellschaften Schutzmechanismen gegen die Überforderung von Schuldnern ausbilden, gibt es in der Geschichte viele Beispiele, darunter das kanonische und das islamische Zinsverbot oder die periodische Entschuldung überlasteter Schuldner. Solon setzte sie in Athen 594 vor unserer Zeitrechnung durch. Diese Tat schätzte Aristoteles höher ein als Solons Ausarbeitung einer Verfassung für die frühe Athenische Republik. Aristoteles hat in seiner Darstellung der Geschichte der Verfassung von Athen die Leistungen Solons dahingehend zusammengefasst, dass die „Abschaffung der Schuldknechtschaft", die „Lastenabschüttelung" *(seisáchtheia)* noch vor der Möglichkeit der gerichtlichen Wahrnehmung der Interessen und der Einführung der Berufung vor einem Volksgerichtshof an erster Stelle rangierte (Aristoteles, Der Staat der Athener: Solon, Kap. 5-12; Finley 1976: 30). Aristoteles hatte ja auch vor der zersetzenden Wirkung von Schuldzinsen gewarnt, die eine Hauswirtschaft (eine Ökonomie), deren Funktion darin besteht, die Bedürfnisse der im Haus lebenden Familie zu befriedigen, zwingt, einen Überschuss zu erzeugen. Dieser geht an externe Gläubiger, die der Hauswirtschaft nicht zugehören. Auch das „Jubeljahr" oder „Erlaßjahr" biblischen Ursprungs diente dem gleichen Zweck, Schuldner periodisch zu entlasten und ihnen einen schuldenfreien Neubeginn zu ermöglichen; die nachfolgenden Generationen sollten nicht unter den Lasten der Schulden der Väter leiden.

Doch geschieht es auch, dass Schuldner ihr Heft selbst in die Hand nehmen und sich als Schuldnerbewegungen organisieren, wenn die monetäre Last des Schuldendienstes untragbar, und vor allem wenn die Legitimität der Schulden angezweifelt wird. Dafür ist in neuerer Zeit die Bewegung *„El Barzón"* in Mexiko ein Beispiel. El Barzón nimmt die Interessen überschuldeter kleiner Leute und Mittelständler (vgl. Greider 1998: 466ff; Hildebrandt 2001) gegenüber nationalem Bankensystem, internationalen Institutionen und der Regierung wahr[2]. Die Finanzkrise von 1994 und die nachfolgende Abwertung des mexikanischen Pesos um mehr als 40% haben die Refinanzierungskosten der Banken abrupt erhöht. Die Banken haben natürlich versucht, die Kosten an ihre Kreditnehmer weiterzugeben. Diese wären dadurch in den Ruin getrieben worden, zumal sich mit der Abwertung die *(Barter) Terms of Trade* verschlechtert haben und dies nicht durch Steigerung der Exportmenge so kompensiert werden konnte, dass die *(Income) Terms of Trade* gleich geblieben wären. Gleichzeitig stieg die Zahl der „faulen Kredite", weil Kreditnehmer nicht mehr in der Lage waren, den Schuldendienst zu leisten. Die Krise begann bereits vor 1994, aber sie wurde durch die Pesoabwertung im Dezember 1994 verstärkt. Daher wird El Barzón schon 1993 gegen den Wucher gegründet; *„muera la usura"*; „Tod dem Wucher" - lautet eine der Parolen auf den vielen Demonstrationen gegen die Kreditverknappung und -verteuerung, die Finanzkrise und deren soziale Folgen. An der Schuldnerbewegung ist in erster Linie die Mittelschicht beteiligt. Denn nur diejenigen konnten in eine Schuldenkrise geraten, die - wie mittlere Bauern, Handwerker und Händler - überhaupt Zugang zu Kredit hatten. In der Bewegung El Barzón sind also weder kleine Leute noch viele Frauen beteiligt, denn diese Gruppen haben in der Regel keinen Zugang zu „normalem Kredit" und sind daher gegenüber formellen Kreditinstituten auch nur selten verschuldet. Sie bildeten eher kleine Sparvereine (*cajas populares*), die den ärmeren Schichten einen gewissen Zugang zu Mikrokrediten verschaffen (Hildebrandt 2001: 333-350).

Die Bewegungen gegen die Exploitation durch einen als Wucher empfundenen Schuldendienst politisieren sich sehr schnell. Auch dafür ist El Barzón ein Beispiel. Ein Gründungsmitglied des lokalen El Barzón in einer mexikanischen Gemeinde (Sayula, Bundesstaat Jalisco) beschreibt den Prozess sehr plastisch:

---

[2] Die nachfolgende Darstellung beruht auf Gesprächen, die die Verfasser im März 2000 in Mexiko mit Vertretern der El Barzon-Bewegung führten sowie auf „grauem" Material (Flugblätter, kleine Broschüren und ein Videofilm).

„Am Anfang wollten wir nur unser Schuldenproblem gelöst wissen und hielten uns raus aus der Parteipolitik. Unser Führer Maximiniano Barbosa wurde mehrfach verhaftet, die gesamte Bewegung Opfer politischer Repression ... Dann einigte man sich auf nationaler Ebene zwischen PRD und El Barzón darauf, eine politische Allianz einzugehen. Unser Führer hat uns ausdrücklich aufgefordert auf lokaler Ebene das Gleiche zu tun. Unsere neue Devise heißt: politisch mitmischen, wo es geht. Bei Parteien, die uns nahe stehen. Die einzige Partei, die gegen den Neoliberalismus ist, das ist PRD. Sayula zeigt, dass die Allianz ein Gewinn für beide Seiten sein kann ... Der Wahlsieg vom November 1997 war überwältigend: 55% der Stimmen für PRD. Und wir als Barzonisten sitzen im Stadtrat" (Interview, aufgezeichnet von Hildebrandt 2001: 187).

Die politische Kooperation auf lokaler Ebene hat sich nicht auf regionaler und nationaler Ebene wiederholt und El Barzón hat sich wenige Jahre später gespalten. Allerdings hat die Schuldnerbewegung dazu beigetragen, dass das politische System Mexikos insgesamt delegitimiert worden ist und die seit mehr als 70 Jahren ununterbrochen herrschende Partei PRI im Jahre 2000 abgelöst werden konnte und seither den Präsidenten der Republik nicht mehr stellt.

Die Überlastung der Schuldner, so dass es nicht zur „ordentlichen" Kontrakterfüllung kommen kann, ist also keineswegs Vergangenheit, weder im nationalen noch im globalen Raum. Eine globale Finanzkrise kann es freilich erst geben, wenn das Geld und seine Kreisläufe globalisiert sind. Die Finanzkrise bricht aus, wenn die Manager kurzfristig angelegten Kapitals erwarten, dass entweder ein Schuldnerland seinen Verpflichtungen nicht mehr nachkommen kann oder die Rendite von Kapitalanlagen sinkt, z.B. weil Exportmärkte überfüllt sind und daher die Preise sinken, oder weil wegen eines Defizits in der Leistungsbilanz die Währung abgewertet werden muss und Verluste beim Rücktausch in harte Währung drohen. Auf liberalisierten Kapitalmärkten ist es möglich, die Forderung in der Währung X in eine Forderung in der Währung Y zu tauschen. Währung X wird mit der „Kapitalflucht" abgewertet. Der Schuldendienst in einer harten Währung nimmt mit dem Abwertungssatz zu. Dies belastet die privaten Einkommen, das öffentliche Budget, die Rentabilität der Unternehmen, die Schudendienstfähigkeit der Schuldner und die Refinanzierungsmöglichkeiten der Banken.

Zugleich ist dies auch der Auslöser für jenen ökonomischen Druck, durch den Menschen aus dem formellen Sektor vergleichsweise sicherer und regulierter Arbeitsverhältnisse in den informellen Sektor und in prekäre Beschäftigung gedrängt werden. Außerdem sind viele Menschen im Zuge der Finanzkrisen der 90er Jahre arm oder ärmer geworden; die Weltbank hat dies in ihrem World Development Report 2000/2001 - mit aller Vorsicht und vielen „wenn und aber" - gezeigt:

„the economic crises in Mexico 1995, in East Asia in 1997, and in Brazil and Russia in 1998 ... were not the only episodes of economic distress ... An economic crisis affects the living standards of poor people and those living close to poverty through different channels:

- Typically, real wages fall and unemployment rises, driving down labor earnings.
- Nonlabor incomes fall as economic activity slows, and the prices of the goods and services produced by poor people may fall relative to other prices.
- Private transfers, particularly from family members, are likely to shrink as living standards fall across the nation.
- The meager assets of poor people are exposed to inflation or a collapse in prices.
- Macroeconomic crises slow the accumulation of human, financial, and physical capital, weakening the ability of poor people to escape poverty (World Bank 2001: 162).

Allerdings wirken die ökonomischen und sozialen Mechanismen der Krisen nicht gleichmäßig. Für Russland zeigt die Weltbank, dass infolge der Krise die Zahl der Armen zunächst stieg, dass aber nach einer gewissen Zeit immerhin 42% der Betroffenen aus der Armut herauskamen. Andererseits gehörten 61% derjenigen, die nach der Krise arm waren, vor dem ökonomischen Zusammenbruch nicht zu den Armen. Ökonomische Krisen sind also Prozesse der tiefgreifenden sozialen Umstrukturierung. Für den Fall Thailand behauptet der Weltbank-Autor Aart Kraay, dass die Armen von den fallenden Preisen gehobener Gebrauchsgüter haben profitieren konnten. So sei es vorgekommen, dass sich Bauern zu Schnäppchen-Preisen Mercedes-Wagen besorgt hätten. Diese Beobachtung verweist darauf, dass zu untersuchen wäre,

„whether the poor are forced to sell more of their assets (relatively) during and after a crisis and whether the value of the poor's assets decline faster or slower than those of the rich, and whether there are longer term income and employment impacts (in both the formal and informal economies) for the poor“ (Oxfam 2001: 5).

In der Geldgesellschaft befindet sich das Kontinuum von Formalität und Informalität auf der harten Scheidelinie von Solvenz und Nicht-Solvenz. In alten Zeiten hat die Nicht-Erfüllung monetärer Kontrakte in die Exklusion des „Schuldturms“ geführt, aus dem nicht alle wieder herausgefunden haben. In modernen Zeiten ist Umschuldung die Folge. Bei souveränen Schuldnern wird sie durch die Institutionen des globalen Finanzsystems organisiert: Schuldner werden zahlungsfähig gehalten. Sie erhalten neue, zumeist hart konditionierte Kredite, aus denen die Forderungen der Gläubiger bedient werden können. So wird verhindert, dass Kreditgeber, zumeist große international operierende Banken und Fonds, insolvent werden, weil die Schuldner nicht mehr zahlen können. Als Gegenleistung für die Kredite müssen die Schuldner Strukturanpassungsprogramme realisieren, die darauf ausgelegt sind, in Zukunft die Schuldendienstfähigkeit herzustellen. Dies ist allerdings seit dem Ausbruch der Schuldenkrise zu Beginn der 80er Jahre nirgendwo überzeugend gelungen. Die Anstrengungen zur Erhaltung der *Fasson* des Geldes zwingen gesellschaftliche Gruppen in die Sektoren informeller Arbeit, weil unter dem Diktat der monetären Restriktionen formelle Arbeitsplätze verloren gehen.

Das Geld als Medium der Bedienung von Schulden ist eine manchmal harte Realität, das Geld als Medium der Tilgung von Schulden ist eine Illusion. Denn Geld ist *per definitionem* eine Forderung, ein Anspruch derjenigen, die Geldvermögen besitzen, an Schuldner, die Schuldendienst zu leisten haben. Wenn man Schulden beseitigen und Schuldner vollständig entlasten wollte, müsste man das Geld abschaffen, da ja auch die Forderungen aus den Geldvermögen verschwinden würden.

3. Kapitalistische Modernisierung der Finanzbeziehungen

Damit sind wir bei der *zweiten* Reaktionsweise auf die Überlastung von Schuldnern. Die „Bedingungen und Bedürfnisse der kapitalistischen Produktionsweise" ordnen sich das „zinstragende Kapital" unter, resümiert Karl Marx die Geschichte des Übergangs vom vorkapitalistischen Wucher zur kapitalistischen Produktionsweise (MEW 25: 613) mit dem ihr angemessenen Geld- und Finanzsystem. Auf den Wucher folgt daher das Kreditwesen und „im großen und ganzen wird das zinstragende Kapital im modernen Kreditsystem den Bedingungen der kapitalistischen Produktion angepaßt" (MEW 25: 613)[3]. Die „reale" Ökonomie dominiert also die „monetäre" Ökonomie, und dieser Stellenwechsel ist entscheidend für den Fortschritt der kapitalistischen Produktionsweise. Geld und Finanzen werden den realen Akkumulationsbedürfnissen dienstbar gemacht. Eine Entkoppelung der monetären von der realen Ökonomie findet nicht statt. Der Schuldendienst an Kreditinstitute wird aus den real produzierten Überschüssen finanziert. Dies setzt freilich voraus, dass die Zinsen niedriger sind als die Profitrate, bzw. als die reale Wachstumsrate der Wertschöpfung oder der Einkommen (unter der Annahme, dass sich die Verteilung nicht zu Gunsten der Profitbezieher und zu Lasten der Lohnabhängigen verändert).

[3] Es verändern sich beim Übergang zum Kreditwesen die Gestalt des Geldverleihers ebenso wie die des Borgers. „Selbst wo ein vermögensloser Mann als Industrieller oder Kaufmann Kredit genießt, geschieht es in dem Vertrauen, dass er als Kapitalist fungieren, unbezahlte Arbeit aneignen wird mit dem geliehenen Kapital. Es wird ihm Kredit gegeben als potenziellem Kapitalisten. Und dieser Umstand, der so sehr bewundert wird von den ökonomischen Apologeten, daß ein Mann ohne Vermögen, aber mit Energie, Solidität, Fähigkeit und Geschäftskenntnis sich in dieser Weise in einen Kapitalisten verwandeln kann" (MEW 25: 614). Dies klingt wie eine Beschreibung von moderner „Wagnisfinanzierung junger Existenzgründer" oder der Börsenkapitalisierung von „start-ups".

Eine derartige Konstellation hat sich in der Frühgeschichte des Kapitalismus in dem Maße herausgebildet, wie sich die „Exploitationsweise" des Kapitals eine spezifische Produktionsweise mit sozialer Organisation, politischer Regulierung und technischer sowie energetischer Basis „zulegte". Der Surplus (Mehrwert) wird produziert und bildet zugleich die Grenze für die Aufteilung in industriellen und kommerziellen Profit, Zins und Rente. Marx ging wie selbstverständlich davon aus, dass der produzierte Mehrwert für alle Kapitalformen - industrielles, merkantiles und zinstragendes Kapital - ausreichend sei. Doch Verteilungskämpfe hat es immer gegeben: zwischen den Beziehern der Grundrente, den industriellen Kapitalisten, die auf ihr Kapital die Profitrate zu steigern versuchen, den Geldvermögensbesitzern, die eine möglichst üppige Kapitalrendite haben wollen. Oftmals gehen diese Kämpfe zu Lasten der Lohnabhängigen. Wenn die Lohnkosten, also die Lohn- und Gehaltseinkommen relativ oder absolut gesenkt werden können, erweitert sich der Verteilungsspielraum der verschiedenen Kapitalfraktionen.

Allerdings hat Marx auch gezeigt, dass das Verhältnis von Profit und Zins vom Konjunkturverlauf abhängt. Insbesondere in Zeiten der konjunkturellen Anspannung steigen die Zinsen, weil Unternehmen Kredite benötigen, um Investitionsprojekte zu Ende zu führen, während die Einnahmen stagnieren. Doch abgesehen von konjunkturellen Phasen hoher Zinsen sind im Prinzip die industriellen Profite ausreichend, um auch die monetären Ansprüche an das produzierte Wertprodukt zu befriedigen. Dies ist auch Keynes' Auffassung: Unternehmer verschulden sich, weil die „Grenzleistungsfähigkeit des Kapitals" (die Profitrate) den Zins übersteigt - und sollte dies nicht der Fall sein, dann müssen die geldpolitischen Instanzen dafür sorgen, dass die Zinsen unter die Profitrate gedrückt werden (Keynes 1936, 24. Kapitel). So bleibt der Kapitalismus in Form, denn alle können in einem Positivsummenspiel gewinnen: die Unternehmer Profit, die Geldvermögensbesitzer Zinsen, die Arbeiterinnen und Arbeiter Beschäftigung und Lohneinkommen, die öffentliche Hand Steuereinnahmen. Die Phasen kapitalistischer Entwicklung, in denen die Realzinsen unter den realen Zuwachsraten des Sozialprodukts (vgl. Felix 2002) und - dies ist empirisch schwer zu fassen - unter den realen Profitraten lagen, sind auch die Phasen hoher Beschäftigung, in denen informelle Arbeit so gut wie gar nicht zu beobachten ist und daher auch kein Thema des sozialwissenschaftlichen Diskurses wird. Probleme ergeben sich allerdings dann, wenn sich das Positivsummenspiel zum Negativsummenspiel wandelt, wenn die externen Zinsen über die interne Verzinsung des Kapitals, über die Profitrate steigen und politisch nicht mehr abgesenkt werden können, weil die geldpolitischen Instanzen ihre Souveränität verloren haben.

4. Der Anstieg der Realzinsen oder globales „rent seeking"

Das positive Verhältnis von Profiten (der Realökonomie) und Zinsen (der monetären Ökonomie) war immer fragil. Ende der 70er/Anfang der 80er Jahre des 20. Jahrhunderts hat sich in dieser Hinsicht aber eine „Revolution" (Minc 1998: 17) ereignet[4], nämlich der strukturelle Anstieg der Realzinsen über die reale Wachstumsrate der Einkommen und eine Anpassung der realen Ökonomie an diese Konstellation. Die Zinsen des zinstragenden Kapitals sind so hoch, dass für industrielles und merkantiles Kapital nur ein Profit übrig bleibt, wenn der Mehrwert auf Kosten der Löhne gesteigert werden kann. Die Lohneinkommen werden nicht einfach linear abgesenkt, sondern auf verschiedene Weise flexibilisiert und differenziert - alles Mechanismen, die für die Herausbildung informeller und prekärer Arbeitsplätze verantwortlich sind. Ähnlich wie in vor- und frühkapitalistischen Zeiten dominiert im hochentwickelten Kapitalismus die Exploitationsweise die Produktionsweise - durch einen die reale Leistungsfähigkeit übersteigenden monetären Schuldendienst - und doch sind heute die Konsequenzen ganz andere als in der vor- und frühkapitalistischen Epoche. Es gibt eine Reihe von Gründen für den Anstieg der Realzinsen, von denen einige von der OECD benannt werden (OECD 1993).

Erstens ist im Verlauf der Konjunkturabschwächung in den Industrieländern Mitte der 70er Jahre die Kreditnachfrage zur Finanzierung öffentlicher Defizite gestiegen. Infolge der Stagnation bleiben Investitionen aus, die private Kreditnachfrage geht zurück und der öffentliche Sektor muss Kredite aufnehmen, um die Ausfälle bei den Steuereinnahmen zu kompensieren und gleichzeitig die private Vermögensbildung (als Kehrseite der öffentlichen Verschuldung) zu ermöglichen.

Zweitens wurden die hohen Inflationsraten mit einer monetaristischen Stabilitätspolitik hoher Zinsen bekämpft und so die Realzinsen angehoben, als die Inflationsraten wieder - seit den 80er Jahren - zurückgingen.

Drittens spielte die Globalisierung der Finanzanlagen eine Rolle, weil nun Zinsen an allen Standorten angehoben wurden, um für international operierende Kapitalanleger attraktiv zu bleiben. Daher sind die Zinsen an manchen Standorten zeitweise auf Höhen gehoben worden, die die Wucherzinsen des Mittelalters (vgl. MEW 25: 611) in den Schatten stellen.

Viertens - dieser Gesichtspunkt wird von der OECD nicht erwähnt - wurde der Dollarkurs nach dem Ende des Festkurssystems von Bretton

[4] „Diese Umkehrung der Vorzeichen, der Übergang von einem negativen zu einem positiven Realzins, birgt eine soziale Revolution in sich. Bis dahin wurde der, der etwas besaß, ärmer, und der, der sich verschuldete, reicher. Von nun an wird der, der etwas besitzt, reicher, und der, der sich verschuldet, ärmer" (Minc 1998: 17).

Woods mit hohen, attraktiven Zinsen verteidigt, weil Mitte der 70er Jahre die US-amerikanische Leistungsbilanz defizitär wurde und das Defizit mit externen Krediten geschlossen werden musste. Seither entwickeln sich die USA zu einem Kapitalimportland; seit Ende der 80er Jahre übersteigen die Außenschulden der USA die externe Vermögensposition. Um die Jahrhundertwende betrugen die Nettoauslandsschulden der USA fast 2000 Mrd. US$ (BIZ 2000: 97).

Fünftens kommt hinzu, dass in nahezu allen Industrieländern das Niveau der Wachstumsraten seit den „goldenen Jahren" der „Wirtschaftswunder" abgesunken ist. In den USA, Kanada und Großbritannien sind in den 90er Jahren die Wachstumsraten im Vergleich zum vorangegangenen Jahrzehnt zwar leicht gestiegen, freilich ohne das Niveau des „golden age" bis Anfang der 70er Jahre auch nur annähernd zu erreichen.

So ergibt sich im hochentwickelten Kapitalismus erneut eine Situation, in der die Exploitationsweise keine adäquate Produktionsweise vorfindet und der monetäre Schuldendienst die reale Ökonomie überfordert. *Rent-seeking* wird zum ökonomischen Prinzip der großen und hoch-mobilen Geldvermögen. Die Manager der großen Investmentfonds und Banken kümmern sich um die Produktion von Profit nicht, wohl aber um die Rendite, die sie durch Anlage ihrer Fonds im globalen Raum zu maximieren trachten - im Interesse ihrer Klienten, nicht aber unbedingt im Interesse der Ökonomien, in denen die Fonds „rent-seeking" angelegt werden. Eine Berechnung von David Felix (1998), die nur mit Vorsicht und in der Tendenz interpretiert werden darf, zeigt den Bruch in der langfristigen historischen Tendenz sehr deutlich. In den G7-Ländern (USA, GB, Japan, Deutschland, Italien, Frankreich Kanada) lagen die Realzinsen nur in den „ruhigen Jahren" der Akkumulation vor dem Ersten Weltkrieg unterhalb der realen Wachstumsrate, und dann wieder in dem „golden age" nach dem Zweiten Weltkrieg. In den Krisenjahren der Zwischenkriegszeit und dann wieder seit Ende der 70er Jahre liegen die Realzinsen beträchtlich über der realen Wachstumsrate.

Tabelle 8: Langfristige Realzinsen auf 10-jährige Schatzanweisungen abzüglich der realen Wachstumsrate des BIP, 1959-2001

	Kanada	Frankreich	Deutschland	Italien	Japan	U.K.	U.S.	G7 Durchschnitt
1959-71	-2.05	-3.93	-1.99	-3.02	-8.74	-0.38	-1.91	-3.15
1972-81	-3.57	-2.06	0.69	-6.44	-3.82	-2.76	-2.13	-2.87
1982-91	4.20	3.11	1.93	1.75	0.39	1.93	2.80	2.30
1992-01	2.14	2.76	2.61	3.15	2.25	1.38	0.62	2.13

Quelle: Felix (2002)

Negative Werte bedeuten, dass das reale Wachstum des BIP höher als die langfristigen Realzinsen liegt, positive Werte zeigen ein Realzinsniveau, das die Wachstumsraten des BIP übersteigt. Es ist - darauf kommen wir noch zurück - in einer solchen Konstellation rentierlicher, in Finanzanlagen zu investieren als in realwirtschaftliche Projekte, es sei denn, die Profitrate wird zu Lasten der Bezieher von Lohn- und Gehaltseinkommen gesteigert. Der Rationalisierungsdruck steigt also. Flexibilisierung von Arbeitsmarkt, Arbeitsorganisation und Entlohnung werden zu Strategien der Anpassung an die „Herausforderungen der Globalisierung", auf deren Altar die Formen des keynesianischen, wohlfahrtsstaatlichen Kapitalismus geopfert werden. Die historische Entwicklung der Form des Geldes ist demnach eine Ursache für die in den vorangegangenen Kapiteln beschriebenen Informalisierungstendenzen der Arbeit - und zwar in allen Weltregionen, weil Geld und Kredit im Gefolge der Deregulierung und Liberalisierung der Finanzmärkte in aller Welt ähnliche Wirkkräfte entfalten.

Die realen Wachstumsraten so zu steigern, dass sie die realen Zinsraten erreichen oder übersteigen, ist aus vielen Gründen unmöglich. Denn es gibt soziale, ökonomische, finanzielle und vor allem ökologische Grenzen des Wachstums, die nicht überwunden werden können. Auch wenn von einer Steigerung des Wachstums die Lösung nahezu aller Probleme erwartet wird, dürfte es doch auch in Zukunft ausgeschlossen sein, dass das reale Wachstum wieder auf ein Niveau gesteigert werden kann, das den realen Zinsen entspricht[5]. Ohne die Konstellation von monetären Renditen oberhalb der Renditen für reale Anlagen gäbe es die durch die Finanzmärkte getriebene Globalisierung nicht. Dafür sprechen viele Argumente.

Erstens muss das *Management* der Unternehmen versuchen, die reale Rendite den Konditionen der Finanzmärkte anzupassen. Dies ist einer der Gründe für die Entwicklung neuer Managementkonzepte, z.B. desjenigen des „shareholder value". Unternehmensrenditen stehen im Wettbewerb mit Renditen für Finanzanlagen und müssen daher erstens vergleichbar sein und zweitens zu Gunsten der „shareholder" angehoben werden[6], die ja ihre Aktien („shares") verkaufen und anderswo anlegen könnten; schlimmstenfalls werden sie durch Schnäppchenangebote dazu verleitet, *en masse* ihre Aktien in einer freundlich/feindlichen Übernahme abzugeben.

Einen ähnlichen Druck der globalen Finanzmärkte verspüren auch die Regierungen von Nationalstaaten und von politischen Einheiten unterhalb der

[5] Warum das so ist, kann hier nicht diskutiert werden. Einige zusammenfassende Argumente sind zu finden in Altvater 2002.

[6] Auf das Konzept des „shareholder value"und auf die Probleme, die damit verbunden sind, kann hier nicht eingegangen werden; vgl. u.a. Sablowski/Rupp 2001.

Ebene des Nationalstaats (Länder, Kommunen). Zum einen engt das Sekundärbudget (für den Schuldendienst) das Primärbudget (für soziale und andere Zwecke) gehörig ein. Zum anderen bringen die globalen Finanzmärkte ihre Institutionen der Bewertung von Schuldnern hervor, die „rating agencies". Sie unterziehen nicht nur private Kreditnehmer, sondern auch souveräne Schuldner einem „rating", das für den „spread", also den Risikoaufschlag auf den Marktzins entscheidend ist. Ein schlechtes „rating" kann also teuer kommen und auf diese Weise Regierungen abstrafen (Hillebrand 2001: 150ff). Die Politik befindet sich im 21. Jahrhundert „im Schlepptau der Finanzmärkte" und nach Ansicht des Vorstandsvorsitzenden der Deutschen Bank Rolf Breuer, muss dies „vielleicht so schlecht nicht" sein (in einem Gespräch mit *DIE ZEIT* vom 27.4.2000). Dieser Druck wird als eine „fünfte Gewalt" neben Legislative, Exekutive, Judikative und Medien beschrieben, der sich Regierungen anzudienen haben (ebenfalls). Politische Weichenstellungen, die zu Lasten der Rentabilität der Kapitalbildung im Inland gehen, könnten Kapitalflucht auslösen und eine Abwertung der Währung erzwingen. Angesichts des „Trilemmas" zwischen Konvertibilität der Kapitalströme, frei schwankenden Wechselkursen und Autonomie der Geld- und Fiskalpolitik, sollte die Souveränität der Wirtschaftspolitik (Geld- und Fiskalpolitik) geopfert werden. Denn nur so - dies ist gängige Interpretation - sei den Anforderungen offener Finanzmärkte Rechnung zu tragen. Vom Geld und seiner Formentwicklung gehen also Wirkungen auf das institutionelle Gefüge und die Konzepte der Politik aus. Inwieweit dies zu einer „Informalisierung der Politik" beiträgt, wird uns im dritten Teil beschäftigen.

Finanzielle Volatilität würde kaum Probleme heraufbeschwören, wenn die realen Größen (Handel mit Gütern und Diensten, das BIP, die Arbeitsmärkte und die soziale Struktur und Organisation von Unternehmen) in ähnlicher Weise flexibel sein könnten wie Finanzbeziehungen und wenn es möglich wäre, die finanziellen Anforderungen infolge der volatilen Umdispositionen aus real produzierten Überschüssen problemlos abzudecken. Doch konfligiert die Kurzfristigkeit und Schnelligkeit von Finanzmärkten mit der vergleichsweisen Langsamkeit und Trägheit realer Prozesse von Gesellschaft und Natur. Soziale Anpassungen dauern und die Transformationen von Stoffen und Energie sowie die Reproduktion von Pflanzen und Tieren folgt einem viel langsameren Zeitrhythmus als die volatilen Finanzströme. Obendrein ist ihr Wachstum begrenzt; es kann mit der Zinseszinsdynamik der Finanzströme nicht mithalten. Dagegen sprechen ökologische Gründe (die aber einen ökonomischen Ausdruck finden) und dagegen bildet sich sozialer Widerstand.

Es kommt aber *zweitens* unausweichlich zu Finanzkrisen, wenn das „Aufbringungsproblem" (Keynes 1929) nicht gelöst werden kann, wenn also die mikro- und makroökonomischen Überschüsse nicht für den Zinsendienst an externe Kreditgeber ausreichen und Zahlungsunfähigkeit eintritt. Da die Schulden zumeist in harter Kontraktwährung zu bedienen sind, kommt das „Transferproblem" (Keynes 1929) hinzu, und dessen Lösung hängt von der Entwicklung der Wechselkurse, der Preise für Export- und Importprodukte und der Zinssätze ab. Darauf haben Schuldner(länder) in der Regel keinen Einfluss, wenn sie nicht wie die USA in der komfortablen Situation sind, in der eigenen Währung ihre externen Schulden bedienen zu dürfen. Die Schulden- und Finanzkrisen der vergangenen Jahrzehnte legen beredt Zeugnis von den Schwierigkeiten ab, die durch Realzinsen und -renditen, die die Leistungsfähigkeit von Schuldnern überfordern, erzeugt worden sind. Wegen der einseitigen und an die Substanz gehenden Transfers zu den Gläubigern wird obendrein die Ungleichheit in der Welt erhöht, sofern es Schuldnern nicht gelingt, auf die Seite der Gläubiger zu wechseln (UNDP 2000; World Bank 2001). Soweit die Ungleichheit eine Verschlechterung der Lebensbedingungen vieler Menschen einschließt, ist sie ein Faktor, der für soziale Konflikte und politische Auseinandersetzungen mitverantwortlich ist. Die finanzielle Globalisierung wirkt also polarisierend, sowohl in der Welt insgesamt als auch in einzelnen Ländern, und zwar besonders in jenen, die von einer Finanzkrise betroffen sind (vgl. zum Fall Mexikos Dussel Peters 2000). Diese Polarisierung schlägt sich auch in der Zunahme informeller Arbeitsverhältnisse nieder: Die Informalisierungstendenzen der Arbeit sind demnach auch eine Folge der Transformationen der Geldform.

Die von den internationalen Institutionen verlangten Anpassungsmaßnahmen sind immer darauf hinausgelaufen, aus dem produzierten Surplus eines Landes größere Teile für den Schuldendienst abzuzweigen. Dies ist nirgendwo ohne Einschnitte bei den Masseneinkommen und Investitionen gelungen. In der Folge verändern sich auch die Produktions- und Regulationsweisen. Im globalisierten Kapitalismus spalten sich Gesellschaften. Ein Teil der Ökonomie ist in der Lage, jene hohen Überschüsse zu erzeugen, die von den hohen Realzinsen verlangt werden. Unternehmen, die dazugehören, sind hochprofitabel und sie haben einfachen Zugang zu Kredit bzw. Börsenkapital. Andere Teile der Ökonomie können jedoch nicht mithalten; die Renditen reichen nicht aus. Sie werden tendenziell informalisiert[7]. Wir stoßen hier auf ein Paradox. Eine global weitgehend einheitliche Zinsrate (die sich entsprechend den

[7] Im Zuge der Fragmentierung bzw. Polarisierung werden zum Teil blutige Konflikte ausgelöst (für die z.B. Joseph Stiglitz die Weltbank und den Internationalen Währungsfonds mitverantwortlich macht; vgl. Stiglitz in *The New Republic* vom 17.4.2000; auch in *Welt am Sonntag* vom 24.9.2000).

Risikoaufschlägen von Land zu Land, von Branche zu Branche, von Unternehmensklasse zu Unternehmensklasse unterscheidet) findet nicht eine einheitliche Profitrate vor, die durch die gesellschaftlichen Ausgleichsmechanismen, die Marx beschrieben hat, zustande gekommen ist, sondern länder- und sektorspezifische Renditen. Dies verweist auf den Sachverhalt, dass es trotz finanzieller Globalisierung keine Weltgesellschaft mit einem Durchschnitt der Wertbildung gibt. Die Märkte und die Normen, die sie „transportieren", sind also global, die Produktionsbedingungen, die ihnen gehorchen sollten, sind es nicht (vgl. dazu auch die Ausführungen im ersten Kapitel).

Hohe Realzinsen korrelieren *drittens* positiv mit hoher Arbeitslosigkeit. Zwar ist der Zusammenhang zwischen Zinsbildung und Beschäftigung keineswegs direkt, sondern sehr vermittelt; doch mit großer Wahrscheinlichkeit dürfte die Wirkung hoher Realzinsen auf die Nachfrage nach Arbeitskräften im formellen Sektor eher negativ sein (Palley 2000: 46ff).

Zwar tendieren die Finanzmärkte dazu, Raum und Zeit weitestgehend zu eliminieren, doch ist *viertens* die Bedienung der Kredite letztlich von den Bedingungen der „realen Welt" abhängig. Das dichotomische Weltbild der Neoklassik trägt also nicht. In diesem Weltbild gibt es auf der einen Seite eine „reale" Welt stabiler ökonomischer Beziehungen, wenn nur die Märkte flexibel genug zu reagieren vermögen, und auf der anderen Seite eine monetäre Sphäre ausreichender Geldversorgung, damit die privaten Akteure miteinander bei stabilen Erwartungen in (monetäre) Beziehungen treten können. Der monetäre Zuwachs muss real produziert werden, wenn Geld wertvoll bleiben und die monetären Ansprüche („financial claims") nicht entwertet werden sollen. Geld muss immer wieder durch die Gesellschaft (und die dazu legitimierten Organe) in Raum und Zeit „diszipliniert" werden. Denn es kennt prinzipiell keine Grenzen in sich und gesellschaftliche Grenzen kann es, weil diese äußerlich sind, nicht wahrnehmen. Die globalen Finanzbeziehungen sind also in erster Linie für die Wirkungsweise des *„disciplinary neoliberalism"* (Gill 2000) oder für die Sachzwänge des Weltmarkts verantwortlich. Grenzen werden dem Geld durch soziale Bewegungen auferlegt, wie an einigen historischen Beispielen oben dargelegt.

Ist jedoch die Gewalt des Geldes maßlos, findet *fünftens* die „Flucht aus dem Geld" statt. An die Stelle des formellen Geldes und der formellen Kontraktbeziehungen - im Handel und der Distribution, in der Arbeit und der Produktion und in Kreditverhältnissen - rücken informelle Ersatzgelder. Die Form wird sozusagen „formlos", wenn die Forderung, die das Geld darstellt, infolge einer Überlastung von Schuldnern nicht mehr bedient wird und folglich an Wert verliert. Wenn einzelne Kreditnehmer oder ganze Gesellschaften mit dem Schuldendienst überfordert sind, werden die Kreditbeziehungen

„restrukturiert“: Schulden werden umgeschuldet (hinsichtlich der Laufzeiten von Krediten, der Höhe der Zinssätze, der Tilgungsraten etc.), um die Verpflichtungen auf ein Maß zu reduzieren, das für die Vertragsparteien erträglich ist: den Gläubigern kann an einer Vernichtung von Schuldnern nicht gelegen sein, weil ja souveräne Schuldner immerhin auch in die Zwangslage versetzt sein könnten, Gläubiger dadurch zu schädigen, dass sie den Schuldendienst einstellen. Die Geldform ist eine soziale Beziehung, und auf deren Regulation kommt es an, wenn die Form des Geldes gewahrt werden soll.

5. Informalisierung von Geld und Arbeit im Zusammenhang

Medium der Kontrakterfüllung kann das Geld nur werden, wenn die Gegenstände der Kontrakte „geldgleich“ sind oder geldgleich gemacht, d.h. in Geld ausgedrückt werden können, weil sie mit dem Geld etwas gemeinsam haben, nämlich Wert zu sein: Paradoxerweise wird auch Dingen und Leistungen Wert zugeschrieben, die eigentlich wertlos oder gar geächtete Unwerte sind, weil Geld für sie gezahlt wird. Politiker können käuflich sein, das ist die *Korruption*. Die Liebe ist käuflich, das ist *Prostitution*. Teile der Natur werden käuflich und Naturzerstörung wird monetär kompensiert, das ist die ökologische *Degradation*. Für Tulpenzwiebeln im 17. Jahrhundert oder japanische Immobilienwerte im 20. Jahrhundert wurden horrende Preise gezahlt, das ist die *Spekulation*. Um an Geld gelangen zu können bzw. um bereits vorhandenes Geld vermehren zu können, werden gesellschaftliche Beziehungen eingegangen, die zwar der Geldnorm genügen, denn Geld stinkt nicht, aber andere gesellschaftliche Normen z.T. erheblich verletzen: das Recht auf persönliche Integrität, das Prinzip der ökologischen Nachhaltigkeit, die politische Verpflichtung auf Unbestechlichkeit, die Vorsichtsmaßregeln des „ehrbaren Kaufmanns“. Geld schließt also einen Zirkulationsakt Ware gegen Geld ab, bei dem die Ware irregulär oder kriminell produziert und zirkuliert worden ist. Dies ist eine „Vortat“, der im nächsten Akt die Geldwäsche folgt (vgl. dazu weiter unten).

Es ist also offensichtlich die Form des Geldes, die unter geldwirtschaftlichen, sprich: kapitalistischen Bedingungen Gesellschaftlichkeit definiert, so widersprüchlich wie die kapitalistische Gesellschaft nun einmal ist. Also sind nicht nur durch Arbeit und in der Arbeit die Individuen vergesellschaftet. Geld normiert soziale Beziehungen ebenso. Daher ist es eher verwunderlich, wenn zwar der Informalität der Arbeit soziologische Aufmerksamkeit geschenkt wird, der Informalität des Geldes aber nicht. Dabei hängt beides eng zusammen. Den Mechanismen informeller Vergesellschaftung fehlt die Verbindlichkeit der Form und jene Sicherheit, die formelle Beziehungen kennzeichnet: Einkommenssicherheit und Bereitstellung von Arbeitsplätzen, die sowohl die ILO (www.ilo.org/public/english/protection/ses/index.htm) als auch das UNDP (UNDP 1994ff) für einen wichtigen Bestandteil der „human security" (UNDP) bzw. der „socio-economic security" (ILO 20001, 2001a) halten, verlangen einen stabilen Geldwert und nicht nur den Arbeitsplatz, der zu stetigen Einkommensflüssen in Form von Lohn und Gehalt verhilft. Denn die Inflation, dies lehrt die Geschichte des 20. Jahrhunderts, ist ein Mechanismus der Zerstörung formeller gesellschaftlicher Beziehungen in der Arbeitswelt und darüber hinaus. In der galoppierenden Preisinflation verlieren durch Arbeit erzielte monetäre Einkommen ihren Wert, manchmal über Nacht, so dass auch Menschen, die gar nicht spekulieren wollen und davon auch nichts verstehen, zu Geschäften „over night" gedrängt werden und nicht selten professionellen Spekulanten in die Hände fallen. Die Schuldeninflation, die Kehrseite einer Deflation der Warenpreise, ihrerseits hat die Überlastung von Schuldnern zur Folge - bis zum finanziellen Kollaps.

Doch gleichzeitig kann die Sicherung eines stabilen Geldwertes so restriktive Maßnahmen erforderlich machen, dass dadurch Beschäftigungsausweitung und Einkommenssicherheit zur Illusion werden. Hier deutet sich ein *Widerspruch zwischen Arbeitsgesellschaft und Geldgesellschaft* an: Geldvermögensbesitzer sind an stabilem Geldwert interessiert, den sie dann gefährdet sehen, wenn Vollbeschäftigung herrscht. Dann könnten ja mit den Löhnen auch die Preise steigen (die Befürchtung einer „Lohn-Preis-Spirale") und den Zuwachs der Geldvermögen mindern, wenn nicht mit restriktiver Hochzinspolitik gegen diese Tendenz gearbeitet wird. Wertstabiles Geld (also Geld, das „in Form" bleibt) braucht restriktive Geldpolitik, und die hat negative Auswirkungen auf Arbeitsplätze. Strukturelle Arbeitslosigkeit, so haben wir bereits gesehen, ist jedoch der Nährboden für die Entstehung und das Wachstum des Sektors informeller Arbeit. Anerkennung ist ebenso Anreiz, Geld zu erwerben wie der ökonomische Zwang, der sich aus den Tauschbeziehungen und den auf sie zugeschnittenen Vertragsbeziehungen ergibt, die ja nur mit einer Geldzahlung erfüllt und so auch beendet werden können[8].

---

[8] Ein philantropischer Spekulant wie George Soros ist eine fast perfekte Personifikation dieser Doppelung der erfolgreichen Spekulation auf globalen Finanzmärkten und der Acquisition von Anerkennung für Nachdenklichkeit und soziale politische Leistungen (Gründung und teilweise Finanzierung der „Central European University", von verschiedenen Institutionen zur Förderung einer „offenen Gesellschaft" in diversen Ländern etc.) durch Wortführer der „international community". In seinem Curriculum Vitae schreibt er über seinen „Quantum Fonds": „The Quantum Fund is generally recognized as the most successful investment fund, returning an average 31% annually throughout ist 32-year history ..." (CVs der Teilnehmer einer internationalen Konferenz „Reshaping Globalization" im Oktober 2001 an der Central European University in Budapest).

Eine „Informalisierung der Geldform" wäre für Marx, der die Wert- und Geldform analysierte, kaum vorstellbar gewesen. Denn nur Gold galt ihm als Geld, und im Gold hatte die soziale Form eine eherne und generell verbindliche, und in einem konkreten Gebrauchswert quantitativ (in Gewicht) messbare und qualitativ sinnliche Gestalt[9]. Freilich war das Metallgeld gegen Geldentwertung keineswegs gefeit. Der Seignorage-Gewinn eines Herrschers (eines „Münzherrn") ließ sich ja steigern, wenn durch Beimischung minderer Metalle der Materialwert des Geldes („Schwarzpfennig", weil nicht nur Silber in der Münze war) unter seinen Nominalwert gesenkt werden konnte (vgl. Gaettens 1982: 40ff., insbes. 43). Da Geld, wie heute generell üblich, die Papierform oder die der elektronischen Bytes annimmt, würde es mit der physischen Materialität auch seine soziale Verbindlichkeit verlieren, wenn es nicht trotz seiner materialen Wertlosigkeit ökonomisch wertvoll, wenn also die Kaufkraft des Geldes in Zeit und Raum nicht durch institutionelle Politik erhalten würde. Das Geld muss folglich, da es nicht wie im Falle des Goldes einen intrinsischen Wert[10] hat, durch institutionelle Regeln knapp und sicher[11] gehalten werden. Diese Regel gibt zu einer Vielfalt von Missverständnissen Anlass, insbesondere zu der Vorstellung, als ob es sich dabei vor allem um eine quantitative Relation (Geldmenge im Verhältnis zum Produktionspotential) handele, die zu beachten sei. Zwar kann es nicht bestritten werden, dass auch die Quantität, also die Geldmenge zählt und diese gesteuert werden muss. Doch die qualitativen Beziehungen zwischen Geldverhältnis, Lohn- und Arbeitsverhältnis, den Proportionen einer globalen Ökonomie und der Ordnung eines Währungssystems bleiben zentral.

In manchen Sektoren ist Geld bereits, wie in der erzliberalen Utopie des F.A. v. Hayek, quasi privatisiert (v. Hayek 1978). Der Bierdeckel mit einer Unterschrift dient also doch als Medium der Kontrakterfüllung? Hier fließen viele Prozesse zusammen. Die Kapitalisierung an den Börsen hat es beispielsweise möglich gemacht, dass andere Unternehmen mit den Aktien des eige-

---

[9] Marx hat deutlich gezeigt, dass die „Logik des Geldes" zu einer Lösung vom Gold als Geldmaterial führen muss (MEW 13: 49; MEW 23: 109). Es ist bereits in der Form des Geldes angelegt, dass das Geld seiner Form und Funktion am besten entspricht, wenn es dematerialisiert wird. Dies geschieht denn auch in der Geschichte des Geldes; vgl. Altvater/Mahnkopf 1999: 173ff.

[10] Ein intrinsischer Wert kommt dem Gold-Geld nur deshalb zu, weil Gold durch Arbeit aus der Erdkruste geholt und raffiniert werden muss. Der Arbeitsaufwand macht es im Prinzip den anderen Waren, die ebenfalls durch Arbeit produziert worden sind, gleich.

[11] In den meisten geldtheoretischen Ansätzen wird der Sicherheit keine große Aufmerksamkeit gewidmet, da diese als Selbstverständlichkeit gilt. Doch ist dies weder beim Papiergeld (Geldfälschung) noch beim elektronischen Geld der Fall und erst recht nicht im Fall der Geldwäsche, durch die die Reputation von finanziellen Institutionen und damit der von ihnen gesicherten Werte unterminiert wird.

nen Unternehmens gekauft werden können. Vodafone hat die Mehrheit der Mannesmann-Aktien gegen Ausgabe eigener Aktien erworben, ohne viel Zentralbankgeld bewegen zu müssen, um den Kaufpreis von ca. 240 Mrd. DM zu bezahlen. Es war das Versprechen nicht nur von Stabilität, sondern von Zuwachs des Vermögenswerts der Aktien (des „shareholder value"), das den Deal für Anteilseigner bei Mannesmann interessant machte, obwohl Vodafone weniger als 20 Prozent des Umsatzes von Mannesmann in die Waagschale werfen konnte. Hier ist Nicht-Zentralbankgeld in Form von privat emittierten Aktien benutzt worden, um einen Kontrakt verbindlich abzuschließen, also ein großes und lukratives Unternehmen aufzukaufen. In der sogenannten „new economy" sind viele Unternehmen dazu übergegangen, ihren Angestellten das Gehalt nicht in der Form des formellen Zentralbankgeldes zu zahlen, sondern in Form von Aktien oder Aktienoptionen des eigenen Unternehmens[12]. Ist dies bereits Ausdruck einer Informalisierungstendenz des Geldes, da ja ein eigener Raum der Gültigkeit für Spezialgeld zum Kauf eines Unternehmens bzw. zur Lohn- und Gehaltszahlung *ad hoc* geschaffen worden ist? Das „Aktiengeld" kann nur für einen Zweck verwendet werden, ihm mangelt also die soziale Allgemeinheit (die allgemeine Wertform), die für Geld und seine Form charakteristisch sind.

Wir können zusammenfassen: Die globalen Transformationen der vergangenen Jahrzehnte haben zu einer Situation geführt, die durchaus dem Frühkapitalismus vergleichbar ist, mit einer Exploitationsweise, die der Produktionsweise nicht entspricht. Indiz sind die hohen Realzinsen, die seit Ende der 70er Jahre über den realen Wachstumsraten liegen. Dieser Sachverhalt ist Ausdruck der Permanenz einer „finanziellen Repression", eines Drucks auf den realen Produktionsprozess, auf Arbeitsmärkte und Politik. Es ist eine globale Klasse von Geldvermögensbesitzern entstanden, die wie im wucherischen Frühkapitalismus auf „rent-seeking" geht. Im Unterschied zu den frühkapitalistischen Zuständen aber ist der gesamte Globus Gegenstand der Suche nach rentabelsten Anlagemöglichkeiten für liquides Geldvermögen, und die Suche nach Renditen erfolgt vom Schreibtisch aus per Mausklick. Hinzu kommt die außerordentliche Volatilität der Finanzbeziehungen, die Flexibilisierung der Produktion und Arbeitsmärkte erforderlich macht. Dies ist eine der wichtigsten Triebfedern für die Informalisierung der Arbeit.

---

[12] Die Lohnzahlung mit Aktienoptionen, also mit einem selbst geschaffenen Unternehmensgeld unter Umgehung des Zentralbankgeldes, ist freilich keine Garantie gegen die Unsicherheit der Arbeitnehmerexistenz. Im Gegenteil, diese wird trotz oder gerade wegen des Aktienbesitzes gesteigert (vgl. „The Hidden Costs of Stock Options come Into Focus", in: *International Harald Tribune* vom 14.6. 2000).

Die hohen Renditen auf Geld- und Finanzmärkten aber sind auch Ausgangspunkt für Machenschaften mit dem Geld, für Geldwäsche einerseits und auch für verschiedene Strategien aller jener Segmente von Finanzmärkten, die die hohen Renditestandards nicht einhalten können, - und daher auf informelle Praktiken zurückgreifen müssen. Damit setzen wir uns im Folgenden auseinander.

Siebentes Kapitel
Informelle Gelder

Wenn also Geld institutionell „in Form gehalten" wird, um in Zeit und Raum wertbeständig zu bleiben, sind Regeln einzuhalten. Die einfachste und einsichtigste und daher *erste* Regel der Formalisierung des Geldes ist das Verbot der Geldfälschung; denn mit Falschgeld könnte die Knappheit des Geldes unterlaufen und die soziale Form des Geldes ausgehöhlt werden. Das Verbot der Geldfälschung hat immer gegolten, ob es sich um Metall- oder Muschelgeld handelte oder ob Papiergeld oder elektronisches Geld gemeint sind[1]. Dieses Verbot ist ein Indiz dafür, wie wichtig es ist, dass die Geldform nicht nur aus dem Geschäftsverkehr der Warenbesitzer hervortritt, sondern dass diese Form durch Gesetzesnormen sanktioniert wird. Die Allgemeinheit der Geldform ist eine Bedingung der sozialen Synthese in der kapitalistischen Geldgesellschaft, und wenn sie zerbricht, geht ein Stück synthetisierender Kraft verloren. Aus dem sozial verbindlichen, formellen Geld (im Singular) brechen nur beschränkt verbindliche, und daher informelle Gelder (im Plural) hervor.

Doch gibt es, selbst unter Bedingungen weitgehender Deregulierung, eine Fülle weiterer Regeln, damit die aus der Geldform abgeleiteten Ansprüche und Verbindlichkeiten für alle Akteure einer kapitalistischen Geldwirtschaft eingehalten werden. Die erforderliche Allgemeinheit ist nämlich *zweitens* dann nicht gewährleistet, wenn Geld Spezialgeld ist und das jeweilige Geld nicht generell vom „Publikum" akzeptiert wird. Dies ist in kleinen Tauschringen gewollt und in kleinen Kreditketten manchmal auch erzwungen (damit beschäftigen wir uns im nächsten Abschnitt). Dies ist darüber hinaus *drittens* die Regel bei Kompensationsgeschäften, in denen Waren gegen Waren getauscht werden; eine Ware dient immer als eine Art Äquivalent und sie hat daher Ähnlichkeiten mit dem Geld (Thema des übernächsten Abschnitts). Spezialgeld gilt nur regional, in bestimmten Kreisen, für bestimmte Zwecke, zum Tausch bestimmter Waren. Spezialgelder hat es in der Geschichte immer gegeben, freilich zumeist als Relikte prä-moderner gesellschaftlicher Verhältnisse. Heute gibt es sie wieder, als Ausdruck „post-moderner" Vielfalt von Gesellschaften in Zeiten der Globalisierung. *Viertens* müssen sich die Banken an Gebote des Risikomanagements halten, bei Aktivgeschäften Vorsichtsmaß-

---

[1] Allerdings haben sich nicht selten in der Geschichte souveräne Majestäten oder autoritäre Republiken mit Falschmünzerei und inflationärer Gelddruckerei über diese Regel hinweggesetzt, um die eigene Kaufkraft zu steigern und die der Bevölkerung zu senken, da ja das Geld entwertet worden ist. So konnten Ressourcen etwa zur Rüstung und Kriegführung umgelenkt werden.

nahmen (Kreditsicherung durch Unterlegung von Eigenkapital) einhalten, um sich gegen Wertverluste zu sichern. *Fünftens* dürfen sie weder am Fiskus noch an Strafverfolgern vorbei Geld „waschen" helfen. Geldwäsche ist ein besonders eklatanter Ausdruck der Informalisierung von Geldbeziehungen. Diese ergibt sich ja nur deshalb, weil die „Vortaten", die zu Geldeinnahmen führen, illegal oder kriminell sind. Deshalb muss Geld gewaschen werden, um die Spur zu den Vortaten auszulöschen. Nur nach der Wäsche kann Geld als allgemeines Tauschmittel in voller Konvertibilität verwendet werden, vor der Wäsche nicht. Ihre Konvertibilität ist zuvor nur potenziell gegeben. Schließlich entstehen informelle Märkte für Geld, wenn ein Land für den Tausch von Währungen Regeln (einen fixierten Wechselkurs) erlassen hat, die von Marktteilnehmern (Devisenschwarzhandel) gebrochen werden. Dies ist immer dann der Fall, wenn ein administrierter Kurs vom Marktkurs einer Währung abweicht, wie in den 80er Jahren in vielen lateinamerikanischen Ländern und während der Pesokrise in Argentinien im Jahre 2001. Darauf wird unter dem Blickwinkel der Konsequenzen einer „Dollarisierung" zurückzukommen sein.

1. Lokale Tauschringe, Spezialgeld und die Gewalt der Abhängigkeit

In sogenannten Tauschringen wird *Ad-hoc-Geld* bzw. Spezialgeld verwendet, lokal begrenzt und häufig nur für bestimmte Transaktionen. In den Industrieländern sehen die Urheber von Tauschringen darin zumeist eine kleine und beschränkte Alternative zur kapitalistischen Markt- und Geldwirtschaft, einen Ansatz der „Moralisierung" der Ökonomie gegen die kapitalistische Akkumulationslogik (Müller 1998). Eher instinktiv wird der Sachverhalt begriffen, dass in der Form des Geldes *in nucleo* die Form der Gesellschaft enthalten ist, und dass daher mit der Einführung einer alternativen Geldform die Gesellschaft selbst geändert werden könne. Schließlich gehorchen Tauschringe einer anderen Logik als derjenigen von Äquivalenzbeziehungen. Es geht um Reziprozität in kleinen, überschaubaren Gemeinschaften, deren Wirtschaftsziel nicht das der Anhäufung „abstrakten gesellschaftlichen Reichtums" in Geldform ist, sondern Subsistenz, und um die Befolgung einer sozialen und ökologischen Moral (ebd.). Die Wirtschaft soll eine „solidarische Wirtschaft", der Handel soll „fair", die Arbeit im „Dritten Sektor" gemeinwohlorientiert sein. Hier kann an Aristoteles Lehre vom „oikos" angeknüpft werden. In der Hauswirtschaft leitet das Ziel der Befriedigung menschlicher Bedürfnisse, die immer begrenzt sind - weil der Mensch und nicht der Profit das Maß aller Dinge ist - die häusliche Produktion und Distribution, nicht der abstrakte Gelderwerb, der maßlos ist und über alle Schranken strebt. Dies ist möglich, so lange die

Hauswirtschaft „in sich selbst ruht" und nicht in Austausch mit anderen Hauswirtschaften tritt. An den Grenzen des Gemeinwesens verwandeln sich Produkte der Hauswirtschaft in Waren auf Märkten, die immer Äquivalente hervorbringen. Diese nehmen, wenn der Austausch regelmäßig erfolgt, die Geldform an. Daraus lässt sich umgekehrt schließen, dass eine solidarische Wirtschaft Grenzen errichtet - gegenüber der kapitalistischen Ökonomie und ihrem Expansionsdrang.

Proudhon hat in der Mitte des 19. Jahrhunderts nicht das Geld als solches in Frage gestellt, sondern dessen Begründung im Tausch der Waren auf dem Markt. Er verfolgte die Idee, das Geld direkt auf Arbeit zu gründen („Arbeitsgeld"): Die Geldeinheiten sollten Einheiten der Arbeitszeit direkt abbilden. Eine Verselbstständigung des Geldes gegenüber der Welt der Arbeit sollte es nie geben können. Eine Entkoppelung der monetären von der realen Sphäre wäre auf diese Weise ausgeschlossen, eine Vorstellung, die Marx für so widersinnig hielt, dass er sie im „Kapital" (1. Band) lediglich in einer Fußnote behandelte (MEW 23: 109) und als absurd verwarf[2]. Denn wenn man das Geld ausschalten will, muss man auch die Warenproduktion, die kapitalistische Warenproduktion zumal, überwinden. Doch das Geld ersetzen zu wollen, ohne die Warenproduktion in Frage zu stellen, ist eine theoretisch wenig durchdachte und politisch inkonsequente Attitüde - ganz abgesehen von der technischen Schwierigkeit, sozial heterogene Einheiten wie die verschiedenen Arbeiten, auch wenn sie in Zeitquanten ausgedrückt werden, in ihrer ganzen Vielfalt als einen homogenen Standard zu setzen. Dieser entsteht erst mit dem Geld, und zwar in Abstraktion von der konkreten Arbeit[3]. Die Geldform hat ja den unschätzbaren Vorzug, die Abweichung der (Markt-)Preise von den Werten möglich zu machen, reelle und nominelle Größen zu unterscheiden. Gerade im Kapitalismus mit seinen „beständigen Oszillationen" (Marx 1953: 56) ist diese Abweichung eine Notwendigkeit. Beim Arbeitsgeld hingegen wäre die Unterscheidung von nominellen und reellen Größen und ihrer Entwicklung ausgeschlossen. Dennoch ist die Idee der Bindung des Geldes an die Arbeit („Arbeitsgeld") nicht totzukriegen, und sie ist von Rudolf Steiner und seinen späteren Adepten bis heute propagiert worden. Geld soll moralisch

---

[2] In den „Grundrissen" hat sich Marx ausführlich mit der Geldtheorie von Darimon auseinandergesetzt, der ähnlich wie Proudhon Geld in Arbeitseinheiten (Arbeitsgeld) denominiert sehen wollte. „Arbeitsgeld, das seine Denomination von der Arbeitzeit selbst erhielte, würde also den realen Wert (Tauschwert) der Waren und ihren nominellen Wert, Preis, Geldwert gleichsetzen ... Dies würde aber nur erreicht unter der Voraussetzung, dass Wert und Preis nur nominell verschieden sind. Solches ist aber keineswegs der Fall" (Marx 1953: 56).

[3] Dieser Zusammenhang ist komplizierter als er hier darzustellen ist. (Vgl. zur Analyse der Wert- und Geldform Heinrich 1999, insbes. 6. Kapitel: 196ff.)

(keine Zinsen), territorial (lokale Tauschringe gegen globale Ökonomie), politisch (gegen die Gier des Marktes) sozial verpflichtet werden. Doch „Arbeitsgeld“ ist „ebenso wenig Geld wie eine Theatermarke“ (MEW 23: 109).

Insbesondere Silvio Gesell versucht in seinen theoretischen Arbeiten zu zeigen, dass die Verselbstständigung des Geldes gegenüber der Warenwelt in der Form des Kredits nicht notwendig sei: Geld wird nur als Zirkulationsmittel verstanden. Im Prinzip seien Marktbeziehungen harmonisch. Allerdings habe der Geldbesitzer gegenüber dem Warenbesitzer einen Vorteil, da Geld zurückgehalten werden könne. Das Zirkulationsmittel würde auf diese Weise verknappt und eine Knappheitsrente, den „Urzins“ erbringen. Geld soll kein „Störenfried“ in dieser Ordnung sein (Gesell 1920: 356ff). Geld solle den Waren gleichgestellt werden, und das heißt, dass es keinen Zins eintragen dürfe. Geld müsse ähnlich wie materielle Waren durch Veralten, Verrosten oder Verderben seinen Wert nach und nach verlieren. Daher sollte auf Geld, das nicht ausgegeben wird, „Strafzinsen“ entrichtet bzw. Wertabschläge hingenommen werden. Das aktuelle Geld verliert an Wert, wenn es nicht gegen Ware ausgegeben, sondern gehortet oder als Kredit verliehen wird. So wird Geld „Freigeld“, frei nämlich von kapitalistischen Zwängen (Schnell 1948: 131-142; Gesell 1920), vor allem in Verbindung mit „Freiland“, also dem freien Zugang zu Land, weil das „Bodenmonopol“ gebrochen ist.

Das formelle (Welt-)Geld des modernen Kapitalismus erhält also im informellen Geld der lokalen Tauschringe Konkurrenz. In Tauschringen soll es nicht um „Gier und Knappheit“, also um Zins und monetäre Rendite gehen, wie Bernard Lietaer (ein Vertreter und Verfechter von lokalen Währungen als Ergänzung zu den Weltwährungen) ausführt, sondern um eine „Neudefinition des Wirtschaftsziels“. Soziale und ökologische Kriterien müssten Berücksichtigung finden und lokale bzw. nationale Währungen müssten gegen globale Schocks und die dadurch entstehende und geschürte Unsicherheit geschützt werden (Lietaer 1998; ausführlicher Lietaer 1999). Doch auch bei lokalen Währungen und Tauschringen stellt sich die generelle Frage nach dem Wert, den das jeweilige lokale Geld verkörpert. Dieser kann wie beim Gold „intrinsisch“ sein oder er muss institutionell durch eine geregelte Politik des Knapphaltens gewährleistet werden. In Tauschringen jedoch wird weder Gold noch Zentralbankgeld verwendet. Wie also kann der Wert fundiert werden? Die Antwort lautet wie bei Proudhon, Owen und anderen: durch Arbeit und daher Arbeitswerte.

Diese Idee hat also eine lange Geschichte, die bis zu den utopischen Sozialisten des frühen 19. Jahrhunderts zurückreicht. Die Doppelform von Tauschwert und Gebrauchswert, von Ware und Geld, von Arbeitsgesellschaft und Geldgesellschaft soll sich gar nicht erst ausbilden können. Wenn aber die

Geldform als selbstständige und sich als Kapital verselbstständigende Gestalt nicht da ist, kann es auch kein informelles Geld geben, es sei denn, Tauschringe sind ihrerseits Ausdrucksformen von Informalität.

Tauschringe in reichen Industrieländern

Wie sieht es aus, wenn die Geldeinheit direkt an Arbeitseinheiten gebunden wird? Zum Beispiel so: 60 Reek im (in der einschlägigen Literatur häufig dargestellten) Tauschring von Westport, England, sind gleich 60 Minuten Arbeit. So genau wird es in der Welt der „Batzen", „Würzis", „Straßenkreuzer", „Talente" etc. - alles Namen der Rechnungseinheiten in Tauschringen in Deutschland - nicht gehen (vgl. als Überblick Douthwaite/Diefenbacher 1998: 83ff.) und daher werden in den Tauschringen Beziehungen der Reziprozität eine wesentlich größere Rolle spielen als in der formellen Ökonomie des äquivalenten Tausches auf dem Markt[4].

Das wird allerdings nur so lange der Fall sein, wie es keine Beziehungen der Lohnarbeit gibt. Die Gleichsetzung von Arbeits- und Geldgesellschaft lässt sich nämlich nur so lange durchhalten, wie es keine lohnabhängige Arbeit auf der einen Seite der Gesellschaft und Geldvermögensbesitzer bzw. Kapitalisten auf der anderen Seite der Gesellschaft gibt. Tauschringe funktionieren also nur luxurierend zwischen denen, die über Einkommen aus anderen Quellen als jenen des Tauschrings verfügen, oder als bitteres Kind der Not, in der es keine Alternativen zum Austausch von Gütern ohne formelles Geld gibt, weil die Menschen nicht nur (erwerbs-)arbeitslos, sondern auch geldlos sind und Ersatzgelder erfinden müssen (z.B. die in der deutschen Nachkriegsgeschichte berühmt gewordene „Zigarettenwährung"; aber es gibt dafür auch aktuelle Beispiele, s.u.).

Ein Unterschied zwischen „normaler" Ökonomie und Tauschring besteht nach Douthwaite und Diefenbacher auch darin, dass es keine „festgefügten Arbeiter- und Arbeitnehmeridentitäten (gibt), und es gibt auch nicht die klassische Rollentrennung in 'Angestellte' auf der einen und 'Kunden' auf der anderen Seite" (Douthwaite/Diefenbacher 1998: 107). Kapitalisten bzw. „Investoren", die Kredit aufnehmen und bedienen müssen, gibt es in der Vorstellungswelt dieser Verfechter von Tauschringen nicht. Sie stellen sich blind gegenüber der monetären Form der kapitalistischen Geldwirtschaft. Eine Alternative bieten sie nicht, obwohl sie auf dem Programm stünde, würde

---

[4] Reziproke Beziehungen sind weit komplexer als Äquivalenzbeziehungen. Denn sie schließen soziale Bedingungen und besondere, also nicht verallgemeinerbare Verhältnisse zwischen Tauschpartnern ein, von denen in monetär ausgedrückten und daher - dies hat Luhmann richtig hervorgehoben - binären Äquivalenzbeziehungen des Zahlens oder Nicht-Zahlens abstrahiert wird.

man nur die Prämissen der Propagandisten der Tauschringe ernst nehmen: nämlich die Abschaffung der Lohnarbeit. Wenn die Geldform missverstanden wird, kann auch die Form der Arbeit und des Lohns nicht erkannt werden. Theoretische Mängel haben strategische Auswirkungen. Es ist daher nicht verwunderlich, wenn die Umsätze in Tauschringen minimal sind. Douthwaite und Diefenbacher geben an, dass sie im Tauschring von Westport bei durchschnittlich 30 Pfund pro Monat und Mitglied lagen. Das verweist auf das überwältigende Übergewicht der Ökonomie des formellen Geldes. Und im Übrigen werden von den Autoren die Umsätze nicht in Reek, also in der Währung des Tauschrings, sondern in Pfund Sterling ausgewiesen, ohne freilich Angaben über den Wechselkurs und dessen Entwicklung zu machen (Douthwaite/Diefenbacher 1998: 103). Die Alternative hört also dort auf, wo die gesellschaftliche Buchführung anfängt.

Weniger ehrgeizig sind die Initiativen des fairen Handels, um den kleinen Produzenten in Entwicklungsländern Marktzutrittschancen in Industrieländern zu bieten, die sie nicht hätten, wenn sie auf die Vermarktung durch die großen TNU angewiesen wären. Im „fair trade" wird aber kein Alternativgeld verwendet. Ähnlich ist es bei Nachbarschaftshilfe und Bürgerarbeit im sogenannten „Dritten Sektor". Diese Bereiche sind in den Industrieländern von beträchtlicher Größe. Aber sie bedienen sich des formellen Geldes, werden nicht selten auch vom Staat gefördert, da sie Dienstleistungen übernehmen, die im Zuge der Deregulierung abgebaut werden.

Tauschringe in Entwicklungsländern

In einer Reihe von Entwicklungsländern und krisengeschüttelten Schwellenländern wie Argentinien, Mexiko oder Indonesien und Thailand haben Tauschringe lebenswichtige Bedeutung, weil das Leben durch Mangel charakterisiert ist und weil viele Haushalte vom Gelderwerb abgeschnitten sind und ohne Geldeinkommen auskommen oder sich Einkommen durch Verschuldung beschaffen müssen. Dieses „geldlose Schicksal" teilen sich Gesellschaftsschichten heute mit einstigen „Königreichen" und „Provinzen" des vorkapitalistischen Europa, „where money is so scarce that the landlord can get none at all from his tenants" (Hume 1752/1985: 289). Daher muss er Rente in Naturalien annehmen und möglicherweise selbst dafür sorgen, dass diese vermarktet und in Geld verwandelt wird. Dies war während des Übergangs von „feudalen" Verhältnissen zur kapitalistischen Produktionsweise verbreitet. Doch wie ist Überleben ohne Geld in einer umgebenden Geldwirtschaft heute möglich?

Zum einen entstehen kollektive Einrichtungen, die auf dem Prinzip der Reziprozität beruhen, weil alle Beteiligten einen Teil ihrer Arbeitsvermögen einbringen (vgl. die Darstellung der kollektiven Formen der Versorgung ohne Geld in Santiago de Chile während der Pinochet-Diktatur bei Calandra (1999); in Thailand haben nach der Finanzkrise von 1997 buddhistische Kloster die Funktion der Organisation kollektiven Überlebens übernommen). Tauschringe, die auf Reziprozität und Solidarität der Mitglieder bauen, sind zumeist wenig stabil und daher nur temporär. Sie fallen auseinander oder verändern ihren Charakter, wenn sich die Zeiten der Not zum Besseren wandeln (auch dazu vgl. die Beispiele, die Calandra 1999 gibt). Es gibt zum anderen aber auch Beispiele dafür, dass sie expandieren, wenn sie kompetent als Netzwerke organisiert werden. In Lateinamerika hat sich, ausgehend von Argentinien, ein Netzwerk von Tauschclubs gebildet, in dem Produkte und Dienstleistungen über das Internet angeboten werden (www.redlases.org.ar). Die Tauschclubs haben inzwischen an die 130.000 Mitglieder (in *Neues Deutschland* vom 3.8.2001: Barbara Fraser: „Biete Essen, suche Zahnbehandlung“ oder: *Frankfurter Allgemeine Zeitung* vom 31.12.2001: „Biete Hellsehen gegen Box-Unterricht“). In ihnen finden sich diejenigen zusammen, die an der Globalisierung nicht teilnehmen können, weil die Wettbewerbsfähigkeit nicht ausreichend ist. Der Grund dafür muss noch nicht einmal mangelnde Qualität oder Qualifikation sein. In Argentinien war es vor allem der prohibitiv überbewertete Wechselkurs der Währung, der die Dollareinnahmen verhinderte, die benötigt wurden, um in strikt an den Dollar gebundener Wirtschaft den Bürgern die formellen Geldeinkommen zukommen zu lassen, die sie verdient hatten. Tauschringe dieser Art treten an die Stelle des formellen Geldes; sie sind daher monetärer Ausdruck der Krise, die in Argentinien Ende 2001 explodierte. Wenn auf förmlichem Markt Arbeit nicht nachgefragt und daher auch keine Geldeinkommen verdient werden, wenn also das Geld eine so harte Budgetrestriktion darstellt, dass diese prohibitiv wirkt, verschwindet das Geld und Ersatzgelder betreten die Bühne. Tauschmarken, „crédito“ genannt, werden auf den Tauschmärkten genutzt und selbst staatliche Institutionen wie die Provinz Buenos Aires gibt Ersatzgeld, nämlich Schuldscheine („Patacones“) aus, weil der Peso wegen der 1 zu 1-Bindung an den US-Dollar aus der kleinen Zirkulation verschwunden ist (*Der Spiegel*, Nr. 35 vom 27.8.2001: 134-137). Wenn wie in Argentinien im Dezember 2001, die Konten der Bürger bei ihren Banken von der Regierung eingefroren werden und die Abhebung von Beträgen limitiert wird, dann kann auch die informelle Ökonomie, die auf Bargeld angewiesen ist, nicht mehr bezahlt werden. In dieser Lage hat der argentinische Wirtschaftsminister verlangt, dass alle Bürger ein Bankkonto einrichten sollten. So würden die Informellen mit der Übernahme des bargeldlosen Zahlungsverkehrs Teil der formellen Ökonomie (Thomas Catán: „Argentines ponder life with empty wallets, in *Financial Times* vom

4.12.2001). Kein Wunder, dass der Volkszorn zu brodeln begann, der kurz vor Weihnachten 2001 zum Sturz der Regierung führte.

Es gibt aber auch jene Tauschsysteme, die durch Gewalt zusammengehalten werden. Dabei spielen Schuldbeziehungen eine wichtige Rolle. Wir sind darauf in den vorangegangenen Kapiteln schon eingegangen. Häufig müssen die Schulden in Naturalien aus der Ernte beglichen werden wie im amazonischen Aviamento-System. Landwirtschaftliche Produkte nehmen also die Geldform an; mit ihnen werden Kontrakte erfüllt, wenn auch in einem sehr eng definierten Umkreis. Im Vergleich zum voll konvertiblen Geld ist die landwirtschaftliche Ernte natürlich informelles Geld, so wie die Produktenrente bei dem von David Hume beschriebenen Übergang zur Geldrente: Die Produkte müssen erst auf dem Markt verkauft werden, ehe sie die generalisierte Tauscheigenschaft des Geldes aufweisen. Das *Aviamento-System* ist während des amazonischen Kautschukzyklus (vom Ausgang des 19. Jahrhunderts bis etwa 1920) entstanden. Es handelt sich um ein hierarchisches Kettensystem von Verschuldung und daraus resultierender Abhängigkeit. Dieses System

„bestand aus dem Kautschukimporteur im Ausland, aus dem von ihm finanzierten, in Belém oder Manaus niedergelassenen ausländischen Kautschukexporteur, aus dem von dem Exporteur finanzierten einheimischen Händler (dem sogenannter Aviador) und endlich aus dem von dem Aviador mit Waren und Geld finanzierten Seringalista, der im Verhältnis mit dem von ihm finanzierten Seringueiro (dem Kautschukzapfer, dem unmittelbaren Arbeiter) den Seringal repräsentierte. Das im Seringal gewonnene Gummi floß über dieselben Glieder der Kette zurück und jedes übergeordnete Glied besaß gegenüber dem unteren Ausschließlichkeit im Handel“ (Costa 1989: 61).

Dieses System ist bis in die Gegenwart als eine „hierarchisierte Verschuldungskette“ (ebd.: 217) weiterentwickelt worden. Die Abhängigkeit ist flexibler als zu Zeiten des Kautschuk-Booms, die Kontrolle der bäuerlichen Produzenten durch Verschuldung und Lieferzwänge feiner und effizienter (ebd.: 218). Doch informelle Kredite halten bis in die Gegenwart Herrschaftsbeziehungen aufrecht, begründen Loyalitäten und konservieren mit den sozialen Abhängigkeiten auch ökonomische Strukturen, die sich als nicht tragfähig erweisen, wenn sie Herausforderungen des (Welt-)Marktes bestehen müssen. Lokale oder regionale Wirtschaftszweige gehen unter und die frei gesetzten Arbeitskräfte wandern entweder ab oder wechseln in die Bereiche krimineller Aktivitäten: in den Handel mit Drogen und Waffen, den Schmuggel von Waren etc. (Schönenberg 2000, die in einer Fallstudie die Folgen des Niedergangs der Zuckerrohrbrennereien in der Region von Abaetetuba am Unterlauf des Amazonas beschreibt). Dabei begeben sie sich aber aus den kleinen Tauschringen und Abhängigkeitsverhältnissen heraus und in die großen illegalen Geschäfte hinein, in denen viel Geld gemacht werden kann - das aber gewaschen werden muss, bevor es als Zahlungsmittel zu verwendet ist.

In Mexiko ist auf dem Lande als Folge der Finanzkrise von 1994/95 Bargeld fast verschwunden (Andreas 1999: 131ff; Hildebrandt 2001: 312ff). Die Geldversorgung wird von den Überweisungen der Migrantinnen und Migranten an ihre Familien aus den USA oder aus den „Maquiladoras" (den Zuliefererbetrieben für TNU) im Norden Mexikos in geringem Umfang aufrecht erhalten. Geblieben sind Schulden und Bewegungen, die eine Regulation der Schulden anstreben (El Barzón). Geld ist vor allem mit Drogen zu verdienen, denn Drogen sind Waren, die nicht lokal gegen andere Waren getauscht, sondern in die formelle Geldökonomie exportiert und gegen US-Dollars verkauft werden - ansonsten herrscht das System des Produktentausches und der Abhängigkeit von Aufkäufern aus den Städten.

2. Countertrade oder Globalisierung ohne Geld?

Neben dem bislang behandelten *retail barter* der kleinen Tauschringe - in vielen Fällen ein Kind der Not und der Gewalt von Geldbeziehungen, in manchen Fällen Ausdruck luxurierender Suche nach Alternativen zum entbetteten Markt - gibt es den viel wichtigeren *corporate barter* oder den Produktentausch im Großen: *Countertrade*, Kompensationsgeschäfte zwischen großen Unternehmen, manchmal mit, manchmal ohne Beteiligung der Staaten und ihrer Regierungen[5], manchmal vor allem im Binnenhandel praktiziert, häufig aber ein wichtiger Bestandteil des Außenhandels.

Nicht selten sind die Märkte, auf denen der Tausch Ware gegen Ware ohne Vermittlung des formellen Geldes stattfindet, „Handlungsfelder", in denen „sowohl Raub und Warentausch als auch ihre Übergangs- und Kombinationsformen (wie Lösegelderpressung, Straßenzölle, Schutzgelder usw.) vorkommen" (Elwert 1995: 127). Dies ist nicht neu, und Elwert verweist zu Recht auf die kolonialen Praktiken der Ausplünderung als Beispiel für den engen Zusammenhang von Erwerb und Gewalt (Raub, Betrug und Versklavung), ohne dass mit konvertiblem Geld gezahlt worden wäre. Doch in der globalisierten

[5] Das Geschäft des Aktientausches, wie bei der Bezahlung der Aktionäre bei Übernahmen im Telekommunikationssektor (Fall Vodaphone-Mannesmann oder Deutsche Telecom und Voicestream) erinnert an Barter- und Kompensationsgeschäfte. Die Ware, in diesem Fall ein ganzes Unternehmen, wird nicht mit formellem Zentralbankgeld bezahlt, sondern mit selbst erzeugten Produkten und/oder Papieren, die deren Wert verbriefen, als solche handelbar sind und daher als Geld gelten. Fatal ist dabei allerdings, dass das „Aktiengeld", wenn es denn *en masse* in formelles Geld an der Börse getauscht wird, mit dem Kursverfall der Aktie entwertet wird. So geschehen mit den Telecom-Aktien, die Voicestream-Aktionären übereignet worden sind, und im August 2001 in großen Massen auf dem Markt versilbert wurden. Das Aktiengeld ist also nur so lange wertvoll, wie es *nicht* als Geld mobilisiert wird. Wird es aber als Geld mobilisiert, geht ein Teil des Werts infolge des Kursverfalls (vergleichbar einer Inflation) verloren.

Moderne ist Countertrade eine *Reaktion auf Defizite* der ausgebildeten Geld- und Kreditwirtschaft, nicht deren Vorform. Wir werden also Countertrade als eine informelle Handlungslogik neben und - wie sich zeigen wird - verschränkt mit der formellen globalisierten Geldwirtschaft begreifen müssen.

Was ist Countertrade?

Wenn man für einen Moment der Marxschen Wertformanalyse folgt, entfaltet sich im Fall der Barter-Geschäfte (Ware gegen Ware ohne Dazwischentreten des Geldes) die Form des Werts nicht bis zur allgemeinen Wertform mit einem allgemeinen Äquivalent für alle Waren, das als Geld fungiert. Waren finden vielmehr ihr Wertäquivalent jeweils in den Waren, in die sie getauscht werden. Jedes Bartergeschäft bringt also sein eigenes spezielles Geld hervor. Es entstehen Ketten von Transaktionen, ganz vergleichbar jenen, die Marx als die „totale oder entfaltete Wertform“ (MEW 23: 77f) bezeichnete. Heute könnte man sie beispielsweise darstellen als eine Kettenbeziehung von Lastwagen gegen Öl, Öl gegen Maschinengewehre, Maschinengewehre gegen Drogen etc. - und umgekehrt: Drogen gegen Maschinengewehre, Maschinengewehre gegen Öl und Öl gegen Lastwagen. Die Wertform besitzt, so dargestellt, „keine einheitliche Erscheinungsform“ (MEW 23: 79), weder auf der Seite der relativen Wertform noch auf der der Wertäquivalente: alle Güter in der Tauschkette sind für alle anderen äquivalent - oder sie werden dafür gehalten[6]. Obendrein „ist die in jedem besondren Warenäquivalent enthaltene bestimmte, konkrete, nützliche Arbeitsart nur besondre, also nicht erschöpfende Erscheinungsform der menschlichen Arbeit“ (MEW 23: 78f).

Countertrade erscheint also wie ein Rückschritt gegenüber der „Formvollkommenheit“ der allgemeinen Wertform, der Geldform. Aber *erstens* zwingt der Mangel an förmlichem, werthaltigem und daher voll konvertiblem Geld dazu („Devisenschwäche“) und *zweitens* kann die Vermeidung der Geldform den Gehalt der Geschäfte kaschieren - was im Falle „anrüchiger“ Geschäftsbeziehungen durchaus gewollt sein kann. Zur Erleichterung werden Verrechnungssysteme der vereinfachten Saldierung zwischen mehreren Tauschpartnern eingeführt, sofern diese Geschäfte nicht nur dann und wann stattfinden. Die Salden werden in der Regel in formellem, auf dem Weltmarkt akzeptiertem, also konvertiblem Geld beglichen und dabei sind formelle Institutionen behilflich, wie unten gezeigt wird. Doch das Geld hat zumeist einen *haut gout* und muss gewaschen werden: weil entweder der Tauschgegenstand auf

---

[6] Der Tausch der wertlosen Schmuck-Accessoires der kolonialen Händler gegen wertvolle Landesprodukte war räuberischer Tausch. Der Markt war nicht so entwickelt, dass die asymmetrischen Informationen hätten korrigiert werden können.

einer Seite oder auf beiden Seiten der Ware-Ware-Beziehung nicht legal ist, z.B. wenn Waffen im Spiel sind oder Diamanten oder Gold, die nicht den offiziellen, legalen Ankaufstellen gemeldet werden, oder Drogen etc. Daher ist die Verbindung von Countertrade zu ungleichem Tausch („disparate exchange" - Custers 2001) und zur Geldwäsche eng; er ist die Kehrseite der gleichen Medaille einer informellen Ökonomie, die die Grenze zur illegalen Ökonomie überquert hat.

Hier wird schon deutlich, dass es bei Barter nicht nur um den kleinen Produktentausch geht. Dieser findet natürlich auch statt, ist aber quantitativ nur in einigen Regionen von Bedeutung. In Russland etwa als *„shuttle trade"* fliegender Händler, die das West-Ost-Preisgefälle zwischen West- und Osteuropa und Zentralasien nutzen (vgl. IMF 1998a), oder in Afrika, wo der grenzüberschreitende kleine Tauschhandel Element der „vernakulären" Subsistenzökonomie sein kann.

Verbreitete Formen von Kompensationsgeschäften sind: (1) Abrechnungen über ein Treuhandkonto in harter Währung. Es funktioniert umgekehrt wie eine Telefonkarte. Die Tauschpartner füllen Zug für Zug das vereinbarte Konto mit den Gegenwerten ihrer Warenlieferungen auf, deren Wert in harter Währung kalkuliert wird. Geld fließt nur dann, wenn Waren an Dritte verkauft werden und der Erlös dem Konto gutgeschrieben wird. Wenn alle ihre Verpflichtungen erfüllt haben, kann das Konto aufgelöst (oder erneut verwendet) werden. Salden sollten möglichst nicht entstehen, da ja die Tauschform des Countertrade aus Devisenmangel gewählt wird. Wenn sie dennoch entstehen, werden sie häufig einer dritten Partei übereignet (gegen Gebühren, versteht sich), die dafür Sorge trägt, dass der Saldo in hartes Geld verwandelt wird.

(2) Eine besondere Form sind „Buy-back-Geschäfte", in denen sich der Lieferant einer Ware verpflichtet, einen Teil der Waren abzunehmen, die mit den Lieferungen (zumeist Ausrüstungen) später produziert worden sind. In dieser Art von Barter sind also Kreditbeziehungen involviert, auch wenn kein Geld fließen sollte. Allerdings dürfte der Exporteur versuchen, von einer Bank den Buy-back vorfinanziert zu bekommen. Ein Beispiel ist das Röhren-Erdgas-Geschäft mit der UdSSR in den 70er Jahren. Mannesmann hatte sich verpflichtet, Röhren zu liefern, die mit dem Erdgas, das durch sie nach Westeuropa transportiert werden konnte, bezahlt worden sind.

(3) Sogenannte „Offset-Geschäfte" verpflichten den Exporteur, vom Importeur bestimmte Waren oder Dienstleistungen anstelle von Geld zu akzeptieren oder aber über das Exportgeschäft hinaus bestimmte zusätzliche Leistungen zu erbringen. Diese Geschäfte spielen vor allem in internationalen Rüstungsabkommen eine Rolle. Korruption ist dabei gang und gäbe, so wenn beispielsweise der Kauf von Kampfflugzeugen mit Investitionen der Lieferfir-

ma in Kraftwerke oder Hotelbauten zur Förderung des Tourismus „kompensiert" wird, um die Staatskasse zu entlasten.

(4) Auch der Schuldentausch („debt swap") weist Charakteristika des Countertrade auf. Denn der Schuldentausch wird erst notwendig, wenn diese nicht mehr „ordentlich" bedient (getilgt und verzinst) werden können. Sie werden dann gegen Eigentumsrechte des Schuldners getauscht. Bei „debt-for-equity-swaps" werden zur Bedienung und Tilgung der Schulden öffentliche Einrichtungen und Unternehmen privatisiert und den Gläubigern übergeben. Bei „debt-for-nature-swaps" werden Naturstücke in Reservate verwandelt, wenn Schulden gestrichen werden. Der entsprechende Staat verpflichtet sich im Gegenzug zumeist, zusammen mit NGOs während einer bestimmten Zeitperiode für den Schutz des Naturreservats Sorge zu tragen.

Es sind also inzwischen eine ganze Reihe von Formen des Countertrade entstanden: vom klassischen Produktentausch zwischen Unternehmen im Kleinen (*Retail*) und Großen (*Corporate Barter*) über den Kompensations- und Parallelhandel, Clearing-Vereinbarungen bis hin zu Swap-Geschäften. Daraus ergibt sich, dass „Countertrade is not a stone age method of conducting business" (Jalloh 1995: 374), sondern sophistifiziertes System zur Vermeidung der Knappheitsrestriktionen des formellen Geldes. Wenn dieses infolge Devisenknappheit nicht zur Verfügung steht, kann also auf informelle Methoden des Warentausches zurückgegriffen werden.

Barter oder Countertrade (die Begriffe werden im Folgenden synonym verwandt, nachdem wir um die unterschiedlichen Formen des Tauschhandels wissen) spielen *zum einen* immer dann eine große Rolle, wenn die nationale Währung nicht mehr als Medium der Kontrakterfüllung akzeptiert wird. Sei es, dass diese in einem Inflationsprozess wertlos nach innen und außen geworden ist oder weil Unternehmen nicht wettbewerbsfähig genug oder die Vertriebsketten unzureichend sind, um auf dem Weltmarkt durch Verkäufe der Produkte kontraktfähige „harte", also konvertible, Währung zu besorgen, die sie ihrerseits benötigen, um Warenlieferungen bezahlen zu können. Auch die Geschäftspartner verfügen möglicherweise nicht über harte Währung, sind also ebenfalls auf Countertrade angewiesen. Wenn Geschäfte trotz Devisenmangels gemacht werden sollen, müssen sich die Handelspartner auf Kompensationsgeschäfte einlassen und in einem zweiten Schritt später inkonvertibles Warengeld in konvertibles Weltgeld zu verwandeln versuchen.

Countertrade findet *zweitens* auch statt, um Steuern zu hintergehen und Zollgebühren zu vermeiden. Denn wenn kein Geld im Spiel ist, gibt es nur nicht-monetäre Einkommen, und die sind gegenüber Steuerbehörden zu kaschieren. Obendrein finden Countertrade-Aktivitäten sehr oft außerhalb der Zollkontrolle statt, insbesondere wenn die getauschten Waren nicht in jeder

Hinsicht legal sind. Countertrade ist also in vielen Fällen nichts anderes als Schmuggel in kleinem oder großem Maßstab. Häufig sind mehrere oder alle Beweggründe für Entstehung und Ausdehnung des Countertrade verantwortlich. Countertrade ist also nicht nur ein „Produkt der Not", sondern auch eine Brücke in die illegale Ökonomie.

Countertrade ist *zum Dritten* eine profitable Vermarktungsmöglichkeit für wertvolle, insbesondere geldnahe Rohstoffe (Gold, andere Edelmetalle, Diamanten, aber auch Öl und Drogen). Zuerst werden sie in andere Produkte getauscht und dann von den Lieferanten der Produkte zu „Geld" gemacht. In einer Reihe von Fällen können die genannten Produkte nur auf den Markt gebracht werden, wenn die territorialen Lager- oder Produktionsstätten von den Countertrade-Partnern beherrscht werden. Für die Herrschaft über ein rohstoffreiches Territorium sind Waffen notwendig, mit denen konkurrierende Ansprüche, etwa die einer lokalen Bevölkerung oder die konkurrierender *warlords*, abgewiesen werden können. Dies ist ein euphemistischer Ausdruck für Vertreibung und ethnische Vernichtung und die Auslösung von Flüchtlingsströmen. Nicht selten werden auch Söldner eingesetzt, um ökonomisch interessante Ressourcen auszubeuten. In vielen sogenannten Bürgerkriegen in Afrika, im Kaukasus oder Zentralasien geht es genau darum: um Herrschaft über ein rohstoffreiches oder aus anderen Gründen strategisch wichtiges Territorium mittels Waffen, die gegen Gold und Diamanten oder andere Rohstoffe, die das Territorium hergibt, von TNU eingetauscht werden. (vgl. dazu ausführlich die Ausführungen im dreizehnten Kapitel).

Countertrade aus Devisennot

Es ist schwer, die Zunahme der Barter- und Kompensationsgeschäfte mit Daten zu belegen, da dem Charakter der Geschäfte entsprechend kein formelles Geld im Spiel ist, in dem abgerechnet werden könnte. Doch offizielle Schätzungen sprechen in den 90er Jahren von einem Volumen des Countertrade, das zwischen 10% und 25% des Welthandels ausmacht (IMF 1995: 27). Der Anteil Afrikas an den Weltexporten verringerte sich von 1970 bis 1999 von 3,5% auf 1,5% und der Anteil der Importe von 4,5% auf 1,5%; dieser Rückgang ist im francophonen Westafrika stärker ausgeprägt als im anglophonen Ostafrika. Die Vermutung ist nicht abwegig, dass ein Teil des Rückgangs des formellen Außenhandels durch die Zunahme von Tauschgeschäften kompensiert wird und dass darin Formveränderungen der Produktion zum Ausdruck kommen.

In den Ländern MOEs wurden in den frühen 90er Jahren bis zu 40% des Außenhandels als Bartergeschäfte abgewickelt. Daten für 1996 und 1999 zeigen, dass der Anteil von Barter am Außenhandel in MOE und der FSU sich kaum verändert hat. In Russland ist er leicht von 23,5 auf 24,1% gestiegen, in

Kroatien ist er 1999 mit 32,8% am höchsten. Im Durchschnitt aller Transformationsländer beträgt der Barter 12,1% im Jahre 1999, im Jahre 1996 waren es 12,5% (Gorochowskij/Kaufmann/Marin 2000: 3). Dies war einerseits eine Folge der Schwierigkeiten der Transformation der ökonomischen Systeme und ihrer Integration in den Weltmarkt. Andererseits sind globale Barter-Geschäfte eine Fortsetzung der inländischen Bartergeschäfte.

Die Gründe für deren Zunahme liegen auf der Hand: in Russland zum Beispiel (vgl. Siegl 1998) die zeitweise hohen Lohnrückstände in den Staatsbetrieben, die die Arbeiterhaushalte mangels Geldeinkommen zum Produktentausch zwangen. Hinzu kam der Zusammenbruch der institutionellen Infrastruktur im Zuge der Transformation. Surrogatgeld oder Barter waren nicht verboten und obendrein war es nicht möglich, die Zahlungsmoral der Unternehmen durch gerichtliche Verfahren zu verbessern. Das Haftungsrecht war unzureichend, die Steuermoral auf einem Tiefststand. In Russland ist Barter auch eine Folge der hohen Zahlungsrückstände gegenüber Lieferanten und den Beschäftigten einerseits sowie der unbefriedigten Forderungen an Abnehmer andererseits. Die Zahlungsrückstände („arrears") machten 1998 mehr als 30vH des BIP aus und in ähnlicher Größenordnung entwickelten sich dementsprechend auch die geldlosen Tauschprozesse.

Darüber hinaus zeigt sich hier, wie träge Institutionen und Gewohnheiten sein können. Denn Barter war unter dem Plansystem weit verbreitet, ja eine Funktionsvoraussetzung seiner Flexibilität. Dafür haben häufig so genannte „administrative Märkte" gesorgt. Nicht zuletzt blüht aber Countertrade, weil das offizielle Geld seine Form mit dem hohen Wertverlust in der Zeit (Inflation) und im Raum (Abwertung gegenüber anderen Währungen) eingebüßt hat. Formelles Geld ist wertlos, doch im Austausch erworbene Produkte sind gegen monetäre Abwertung gefeit. Wenn Countertrade nicht nur im privaten Geschäftsleben stattfindet, sondern auch die Steuern in Warenform an den Staat gezahlt werden („tax offsets"), dann wird Countertrade offiziell. Da die Verrechnungspreise häufig überhöht waren, enthielten die „tax offsets" implizite Subventionen an die Unternehmen, die darüber nicht unglücklich waren. Dies war der „key reason for the growth of barter and arrears until 1998. The state, especially subnational governments and public utilities, remains a central participant in complex chains of late payments and offsets" (IMF 2000: 98).

Dies alles ist für Wirtschaftsstruktur und Wirtschaftsentwicklung nachteilig: Unternehmen sind aufeinander angewiesen, in Vertragsbeziehungen gebunden, die sie am liebsten verlassen würden. Das System bietet viele Möglichkeiten der Korruption, des Betrugs, der Steuerhinterziehung, ist also für die Integrität einer Ökonomie und der sie regulierenden Institutionen schädlich. Die Transparenz der Ökonomie ist negativ betroffen, da Bilanzen von

Unternehmen geschönt und eventuelle Kreditgeber getäuscht werden können. Die bereits erwähnten impliziten Subventionen schirmen Unternehmen gegen die Marktkräfte ab, untergraben die Wettbewerbsfähigkeit. Hinzu kommen die Steuerausfälle der staatlichen Institutionen, so dass öffentliche Aufgaben nur unzureichend wahrgenommen werden können (Diese Negativliste ist im World Economic Outlook des IWF zu finden: IMF 2000: 98f).

In der Ukraine, so haben Gorochowskij et al. (2000) herausgefunden, beträgt der Barter-Anteil an der Wertschöpfung der Unternehmen 51% und beläuft sich im Schnitt auf 135.679 US$ je Fall. Die Motive für Barter-Geschäfte sind unterschiedlich. 87,5% der von Gorochowskij et al. (2000: 15) befragten ukrainischen Unternehmen geben Bargeldmangel als Motiv an. Hinzu kommen aber Motive wie schnelle Zahlung in Waren (72,1%) oder der Nutzen eines Aufbaus von Lagern (66,1%) oder die Tatsache, dass Bankkredite nicht zur Verfügung stehen (29,1%). Einige der Motive sind ohne Zweifel Relikte aus der Zeit des real existierenden Sozialismus, andere sind den Schwierigkeiten der Transformation geschuldet.

Von Gaddy und Ickes wird der in Russland (aber auch in der Ukraine und in den zentralasiatischen Republiken) verbreitete Countertrade als ein besonders wichtiger Aspekt bei der Entstehung einer sogannten „virtual economy" erwähnt (Gaddy/Ickes 1998). Diese basiere auf einer Illusion hinsichtlich aller wichtigen ökonomischen Parameter, handele es sich um Preise, Verkäufe, Löhne, Steuern, Haushalte (Gaddy/Ickes 1998). Barter verhelfe dazu, Verkaufswerte vorzuspiegeln, die tatsächlich nicht erreicht worden sind. Die empirische Untersuchung von Gorochowskij et al. (2000: 12ff) lässt allerdings diese Schlussfolgerung nicht zu: Es gibt keine systematischen Abweichungen zwischen Barter-Werten und den Verkaufs- bzw. Kaufpreisen, die auf dem Markt normalerweise hätten erzielt werden können oder bezahlt werden müssen.

Auf der einen Seite benötigen die Unternehmen (ebenso wie die Haushalte) bares (Zentralbank-)Geld zur Bezahlung von Löhnen, Steuern etc. und zum Kauf der Waren. Auf der anderen Seite vermeiden sie Bargeld in einer desorganisierten Ökonomie so gut es geht. *Erstens* dürften Steuerbehörden von einem Unternehmen mit Bargeldbeständen eher nicht „noncash payments" akzeptieren. Diese Art der Steuerzahlung, insbesondere in den Regionen, eröffnet viele Möglichkeiten für versteckte Subventionen, die Anwendung von Insider-Wissen und die Geldwäsche. Steuerpräferenzen und Diskonte sind verbreitet (Desai/Goldberg 2000), insbesondere wenn die Steuerpflicht ebenfalls durch ein Bartergeschäft abgegolten werden kann.[7] Obendrein sind

[7] So wurde beispielsweise die U-Bahn in Tscheljabinsk mit den Steuerschulden der regionalen Baufirmen finanziert (Gaddy/Ickes 1998).

zweitens Bargeldzahlungen eher Gegenstand des Zugriffs des organisierten Verbrechens als der Produktenaustausch (Gaddy/Ickes 1998). *Drittens* haben viele Unternehmen in Transformationsländern nur einen begrenzten Zugang zu formellen Handelskrediten einer Bank; in der Ukraine, so Gorochowskij et al. (2000: 24f), haben private Firmen Verpflichtungen gegenüber Banken in der Größenordnung von 0,1% der Wertschöpfung[8]. Sie sind also von Bankkrediten so gut wie abgeschnürt; denn als einen Ausdruck der Unabhängigkeit und als hohen Grad der Eigenfinanzierung kann man die Daten nicht interpretieren. In einer so gearteten Situation eignet sich Barter vortrefflich zur Gewährung von impliziten Handelskrediten zwischen den Unternehmen. In 36,9% der Fälle war im Barter-Geschäft ein Handelskredit mit einer kurzfristigen Laufzeit von 1 bis 7 Monaten enthalten (ebd.: 26). Es gibt also viele Gründe für Bartergeschäfte in einer Ökonomie und Gesellschaft, der formelles, werthaltiges und konvertibles Geld, in dem Kontrakte eingelöst werden können, abhanden gekommen ist und in der Banken ihrer Rolle als Kreditgeber unzureichend gerecht werden.

Countertrade hat aber nicht nur in Russland und in anderen Transformationsländern zugenommen, sondern überall in der Welt[9]. So wie in den Jahren der Weltmarktkrise die formellen Beschäftigungschancen abgenommen haben, so dass immer mehr Menschen in den informellen Sektor abgedrängt wurden, sind die Möglichkeiten in vielen Ländern gesunken, harte Devisen in einem Maße zu verdienen, dass der Schuldendienst (in harter und daher kon-

---

[8] Das ist anders bei Staatsfirmen, die Zugang zu Bankkredit, wahrscheinlich wegen der größeren Sicherheiten und möglicherweise mit Nutzung alter Netzwerke, haben.

[9] Informell und illegal, aber in der Regel geduldet ist der „shuttle trade", „a form of unrecorded ... international transactions in goods that is currently existent at the edges of formal trade" (IMF 1998: 6). Er spielt in der FSU und MOE eine große Rolle. In Afrika hat er immense Ausmaße als „kleiner informeller Grenzverkehr" angenommen, der die alarmierenden statistischen Daten über den Rückgang des afrikanischen Außenhandels relativiert. K.S. Karol ist weniger zurückhaltend in seiner Beschreibung der post-sowjetischen „shuttle traders", die in der Regel im Auftrag einer transnational organisierten Mafia (Karol 1997) Arbitrage-Geschäften nachgehen, also Preisdifferentiale auf dem Preisgefälle von Westen nach Osten ausnutzen und Märkte von zum Teil riesigen Ausmaßen an den Ausfallstraßen großer Städte wie in Almaty oder auf Bahnhöfen und Hotellobbies bedienen. Informalität im globalen Raum tendiert in der Regel in Richtung Illegalität und Kriminalität - von Zollvergehen im Kleinen über Schmuggel im Großen zum Handel mit illegalen Produkten (Drogen, Waffen), der organisierten, grenzüberschreitenden Prostitution, dem modernen Sklavenhandel und der Geldwäsche in großem Stil. „The illicit global economy consists of the system of transnational economic activities that are criminalized by states in importing or exporting countries" (Friman/Andreas 1999: 5). Legalnormen werden verletzt, wobei es nach dieser Definition schon ausreichend ist, dass dies in einem der bei transnationalen Transaktionen betroffenen Länder geschieht. Diese Einschränkung resultiert aus dem Charakter der nicht vollendeten Globalisierung; es gibt globale, also (fast) alle Staaten einbeziehende Normen nur in bestimmten Bereichen und dann noch als „weiche" Normen.

vertibler Kontraktwährung) und die Importe von Gütern und Dienstleistungen daraus hätten finanziert werden können. Verkäufe an Länder, die ihrerseits nicht mit harten Devisen zahlen können, lohnen sich nur, wenn getauscht werden kann. Barter ist folglich auch ein Kind der Not. Etwa hundert Länder, so der IWF (IMF 1995: 26), sind in der einen oder anderen Weise an Barter-Geschäften beteiligt. Diese sind häufig illegal, und sie sind keineswegs immer ein Ausweg aus der Devisennot eines Landes. Die Wirkungen auf die Effizienz und Legitimation gesellschaftlicher Institutionen sind negativ, insbesondere, wenn diese Geschäfte durch korruptive Praktiken abgesichert werden (Johnston 1998: 15ff).

Nicht immer werden Produkte gegen Produkte direkt ausgetauscht. Manchmal ist in Tauschbeziehungen auch formelles Geld im Spiel. Doch heißt dies nicht immer Äquivalenz und auch nicht immer Reziprozität, sondern häufig ausbeuterische Ungleichheit. Custers schreibt, dass beispielsweise die Zahlungen für Extraktionsrechte der angolanischen Ölreserven durch TNU zu einem beträchtlichen Teil für die Lieferung von Waffen an die angolanische Regierung reserviert worden sind (Custers 2001). Auch sind der Regierung 1997/98 Anleihen (in Höhe von 900 Mio. US$) gewährt worden, für die zukünftige Einnahmen aus Ölexporten verpfändet wurden. Die Anleihe wiederum ist zum Waffenkauf verwendet worden. Der Tausch Öl gegen Waffen ist also nicht direkt wie im klassischen Barter, sondern monetär vermittelt. Das Geld spielt hier aber nur eine eher passive Rolle als bloßes Zirkulationsmittel, das sich von den Waren weder zeitlich noch räumlich lösen kann. Erst wenn der Zirkulationsakt Öl gegen Waffen abgeschlossen ist, bleibt Geld in den Kassen der Lieferanten von Waffen.

„Der Tauschhandel, die Methode der informellen Handelstransaktion, erzeugt Geldwäschemechanismen auf verschiedenen Ebenen. Die unterste Ebene, auf der Profite unter alle Bevölkerungsteile verteilt werden, die in dem Drogenhandel verwickelt sind, betrifft nur selten Geldinstitute, ist aber allein wegen der Zahl der beteiligten Personen von Bedeutung ... In einer Region der Welt, die reich an illegalem Handel in fremder Währung, jedoch arm an Bargeld ist und die mit willkürlichen Wechselkursen und endemisch inflationären Tendenzen zu tun hat, kann Cannabis manchmal als eine 'harte Währung' für alltägliche Transaktionen dienen, die über die Grenzen hinweg getätigt werden" (Laniel 2000: 138).

In Afrika, aber auch in Europa, werden grenzüberschreitend auch gestohlene Wagen gegen gestohlenes (aus der Minenproduktion abgezweigtes) Gold, illegal erworbene Diamanten gegen Drogen, diese gegen Waffen etc. getauscht (ebd.: 132ff). Es entstehen illegale Tauschringe zwischen kleinen Händlern, großen Aufkäufern und formellen Unternehmen, mit denen Marktbeziehungen aufgenommen werden – ganz vergleichbar dem bereits skizzierten amazonischen Aviamento-System. Häufig sind Zollbehörden oder Regierungsstellen beteiligt, wenn die Barter-Beziehungen grenzüberschreitend sind. Gegen Zahlung von Geld oder gegen Abzweigung von Waren werden Grenzkontrollen bei Tauschgeschäften lax gehandhabt oder gar nicht durchgeführt. Ganz ohne Geld funktioniert der geldlose Austausch nicht; es dient als „Schmiermittel".

Ungleicher Countertrade oder das Theorem von den komparativen Machtvorteilen

Auch und gerade in der Welt des Countertrade sind die Tauschbeziehungen ungleich. Dies ist die Gemeinsamkeit des modernen mit dem kolonialen Produktentausch. Die normierende Funktion des formellen Geldes als Maß der getauschten Werte fehlt bzw. sie ist unterentwickelt. Auch die Arbeit kann nicht zum Maß der Tauschwerte (von den bereits diskutierten prinzipiellen Problemen des „Arbeitsgeldes" ganz abgesehen) werden, wenn der Austausch zwischen Sphären stattfindet, in denen Arbeit nicht oder sehr verschieden formalisiert ist. Es fehlt das Maß eines gesellschaftlichen Durchschnitts. Ungleicher Tausch wird also zur Regel in einem Kosmos informellen Geldes, und ist nicht die Ausnahme wie in einer formellen Welt des Äquivalententausches. Zum anderen ist es die schon erwähnte Gewaltförmigkeit des geldlosen Austausches, die Ungleichheit zum Prinzip erhebt, weil die Verfügung über Machtmittel, mit denen Gewalt zur Erzwingung des ungleichen Tausches ausgeübt wird, ungleich ist.

Die Weltmärkte von wertvollen Rohstoffen, handele es sich um Edelsteine oder um Öl, funktionieren nicht nach den Leitlinien des Ricardianischen Theorems von den komparativen Kostenvorteilen. Nicht alle Tauschpartner gewinnen durch Spezialisierung innerhalb der globalen Arbeitsteilung, und ob die Effizienz der Faktorallokation zunimmt, ist ebenfalls nicht sicher. Vielmehr entscheidet über die Verteilung der Vorteile des globalen Tausches die Macht, die ökonomische und politische Marktakteure einsetzen, um Mengen und Preise der Ressourcen zu kontrollieren. Mit der Ressource Macht und Gewalt wird ein Transfer von Werten erzwungen, die immer von denen abgezweigt werden, deren Machtdispositive komparativ am wenigsten entwickelt sind. Daher ließe sich auch von einem „Theorem der komparativen Machtvorteile" sprechen. Allerdings weist dieses gegenüber dem Ricardianischen Theorem einen entscheidenden Unterschied auf: Gemäß dem Theorem der komparativen Kostenvorteile gewinnen alle in einem Positiv-Summen-Spiel. Gemäß dem Theorem von den komparativen Machtvorteilen gewinnen die einen und verlieren die anderen. Es sind nur Nullsummen- oder Negativsummenspiele möglich. Positivsummen-Spiele sind ausgeschlossen.

Zum Zweck der außerkonstitutionellen und extralegalen Bereicherung entstehen komplexe Netzwerke, die entfernte Regionen umspannen. Sie verfügen über moderne Technologien und die Netzwerke sind vertrauensgestützt. Wenn die Akteure an den Knotenpunkten der Netzwerke gemeinsame ökonomische Interessen haben, können Geschäfte über lange Distanzen hinweg auf der Basis des gegenseitigen Tausches getätigt werden. Alles wird handelbar, sofern nur ein Profit gemacht werden kann. Auf dieser Grundlage sind in Amazonien Netzwerke zwischen Waffenhändlern und Drogenhändlern entstanden, und zwar in Regionen des östlichen Amazonien, wo es weder Produktionsstätten von Waffen noch von weltmarktgängigen Drogen gibt - wohl aber eine materielle und personelle Infrastruktur zur Bewältigung des *illicit Countertrade* (vgl. Schönenberg 2001). Die Netzwerke sind flexibel und sie können sich schnell wandeln, so dass sie schwer unterbunden werden können, zumal wenn sie Kontinente umspannen: von Kolumbien, wo die Drogen herstammen, über das brasilianische östliche Amazonien, wo die Zwischenhändler operieren, bis Surinam, wo Drogen gegen Waffen eingetauscht werden, die mit der gleichen logistischen Kette nach Kolumbien verbracht werden, um die kolumbianischen Bürgerkriegsparteien zu munitionieren.

Countertrade ist ungleicher Tausch. Denn die normierende Wirkung von Arbeit und Geld ist unterentwickelt. Anders als in der kontroversen Debatte um ungleichen Tausch in den frühen 70er Jahren, geht es dabei nicht um Werttransfer, sei es in Folge der „modifizierten Wirkungsweise des Wertgesetzes auf dem Weltmarkt" (Marx, MEW 23: 583-588) oder als Folge der historischen Verschlechterung der Terms of Trade zwischen Rohstoffproduzenten (Extraktionsökonomien) und Industrieländern (Produktionsökonomien), sondern um den Austausch von Gebrauchswerten um der Gebrauchswerte willen. Der Warentausch kommt im Allgemeinen nur dann zustande, wenn und weil die Gebrauchswerte auf beiden Seiten der Tauschgleichung ungleich, aber doch gleich dringend benötigt sind. Dies ist die Bedingung, und nicht die jeweils komparativ günstigen Produktionskosten. Der Gewinn aus der Realisierung von Warenwerten ist weniger wichtig - manchmal sogar unwichtig - im Vergleich zum Gebrauchswert, der da gegen Gebrauchswerte, über die ein Handelspartner verfügt, eingetauscht werden soll. Unter diesem Blickwinkel ist moderner Countertrade auf dem durchkapitalisierten Weltmarkt durchaus dem sozialistischen - Außenhandelsmonopol vergleichbar. In der Planung wurden bestimmte Güter identifiziert, die - gleichgültig zu welchen Kosten - importiert werden mussten. Um sie importieren zu können, wurden oftmals unvergleichlich größere Werte exportiert. In den Materialbilanzen der Planung zählte nur der Gebrauchswert, nicht der durch Arbeitsaufwand und in Geld bemessene Wert.

Im modernen Countertrade verspricht erst die Verwendung der eingetauschten Gebrauchswerte den Gewinn, den der Austausch von Werten auf formellen Märkten nicht bringen kann. Denn Warenwerte können erst ausgetauscht werden, wenn die Waren angeeignet worden, wenn sie also ins Eigentum des Verkäufers übergegangen sind. Auch müssen die Märkte des Tausches sowie die infrastrukturellen Wege zu den Märkten gesichert sein. Eigentumsrechte und Logistik sind, vor allem wenn es um strategische Rohstoffe geht, entweder nicht geklärt oder umkämpft - und zum Kampf werden Waffen benötigt, manchmal auch Söldner, die gekauft werden müssen, bevor Waren auf den Markt geworfen werden können. So kommt Countertrade zustande, bei dem Waffen gegen Ressourcen (Edelsteine, Öl, mineralische Rohstoffe etc.) eingetauscht werden, um mit den Waffen das Territorium zu beherrschen, aus dem die Ressourcen entnommen werden sollen. Ein Zirkel, der höchstens für diejenigen, die ihn beherrschen, lukrativ ist und der viel Leid über jene bringt, die in ihn passiv einbezogen werden. Die afrikanischen Tragödien sind dafür Beleg.

Diese Geschäfte haben in den 90er Jahren zugenommen. Bis 1989 wurden territoriale Auseinandersetzungen mit aktiver Unterstützung der Großmächte geführt und in den meisten Fällen von diesen auch finanziert. Zu legitimieren war dies nur, wenn von den kämpfenden Parteien die Bevölkerung auf ihre Seite gezogen werden konnte - für den „Sozialismus“ gleich welcher Prägung oder für den „freien Westen“ mit seinen Werten wie „Demokratisierung“ und „Marktwirtschaft“. Von der Unterstützung der Bevölkerung hing die Finanzierung kämpfender Truppen durch die Supermächte ab. Dies bedeutete zwar keine Garantie für ökonomische und soziale Entwicklung, wohl aber bis zu einem gewissen Grade Schutz der Menschenleben gegen Willkürakte. Die „external costs of suppression“ werden so gesteigert, dass Demokratisierung „sich lohnt“. Doch bedeutet dies auch, dass die „informal repression as a demonstration of state autonomy within the context of forced regime change“ (Kirschke 2000: 385) an die Stelle der formellen Unterdrückung tritt.

Die Herrschaft über Territorien bedarf nicht mehr der Unterstützung seitens der Bevölkerung. Die Mechanismen der Legitimierung von Gewalt sind - anders als in der Zeit vor 1989 - sanktionslos ausgeschaltet. Viele Staaten bzw. öffentliche Institutionen von Staatswesen sind der Privatisierung zum Opfer gefallen. Neue Sicherheitsakteure dringen in „gewaltoffene Räume“ ein, die zumeist privatwirtschaftlich organisiert sind und militärische Dienstleistungen verkaufen (Lock 2001: 220ff). Die Finanzierung der Herrschaftsmittel, in erster Linie moderner Waffen und der privaten militärischen Sicherheitsdienste, muss mit den Ressourcen erfolgen, die aus dem Territorium herausgeholt werden können. Die Bevölkerung wird bei der Plünderung der Territorien („predation“ - Collier 2000) oftmals als Hindernis wahrgenommen. Daher gibt es in den modernen Ressourcenkriegen so viele Opfer unter der Zivilbevölkerung, von Vertreibung und Flucht ganz abgesehen.

In Afrika haben die Ressourcenkonflikte im letzten Jahrzehnt des 20. Jahrhunderts zugenommen. In Angola finanziert die Regierung den Kampf gegen die Unita mit Einnahmen aus Ölverkäufen, manchmal auch, indem Ölverkäufe der Zukunft gegen gegenwärtige Kredite verpfändet werden - eine besonders aparte Nutzung von Futures-Märkten (Custers 2001). Die Unita ihrerseits finanziert ihren Kampf gegen die Zentralregierung in Luanda durch den Verkauf von Diamanten, nachdem die Geldflüsse aus Südafrika und westlichen Ländern nach dem Ende des Ostblocks und der Apartheid in Südafrika versiegt sind. Die Herrschaft über die Territorien, wo die Ressourcen ausgebeutet werden können, ist notwendig, um die Waffen erwerben zu können, mit denen der Krieg fortgesetzt werden kann. Der Krieg ist also integraler Bestandteil einer transnationalen ökonomischen Beziehung. Er wird mit den Waffen der westlich-modernen Rüstungskonzerne geführt und die auf dem beherrschten Territorium ausgebeuteten Rohstoffe werden an internationale Ölkonzerne oder Diamantenhändler verkauft, um mit den Einnahmen erneut Waffen erstehen zu können, mit denen das Territorium beherrscht wird, aus dem die Rohstoffe extrahiert werden. Ein pathologischer Kreislauf von „disparate exchange", eine perfekte Entwicklungsblockade. Dabei sind formelle Handelspartner in Gestalt von TNU, die mit Diamanten, Öl etc. handeln, beteiligt. Eine Seite der Countertrade-Beziehung ist also von TNU der formellen Ökonomie besetzt, die andere Seite ist informell. Die Folgen dieses ungleichen Tausches werden von Custers zusammengefasst:

> „Wegen der kompletten Fesselung des Landes in die Handelsstruktur des Disparaten Tauschs sahen die Konsequenzen jeder Fördermengensteigerung oder jedes Preisanstiegs innerhalb der letzten 25 Jahre aus wie folgt: höhere Verluste eines wertvollen Rohstoffs, weitere Waffenimporte und immer weiterer wirtschaftlicher Abstieg und Zerstörung menschlichen Lebens" (Custers 2001: 437).

Eine Art „Formalisierung" von Countertrade

Countertrade hat aber noch eine weitere Dimension, die auf eine Schnittstelle zwischen informellen und formellen Beziehungen auf Märkten verweist. Als Kind der (Devisen-)Not geboren, ist Countertrade heute paradoxerweise außerhalb der formellen Weltmarktstrukturen und sehr einseitig formalisiert. Große Unternehmen wie debis (www.debis.com/handel/hcom1.htm), große Banken wie die WestLB und Vereinigungen wie die „American Countertrade Association" (ACA) (www.Countertrade.org) oder kleinere Unternehmen wie BCI (Barter Clearing und Information), das vor allem in Ostdeutschland Kompensationsgeschäfte vermittelt (*Neues Deutschland* vom 28.11.1996), haben sich auf Finanzierung, Assistenz und Consultancy bei Kompensationsgeschäften spezialisiert. Denn Countertrade ist nicht nur Angelegenheit

„devisenschwacher Märkte" (so debis auf der angegebenen homepage, gesehen im Juli 2000), sondern eine Möglichkeit großer „exportorientierter Unternehmen" (ebenfalls debis) der Industrieländer, trotz der Devisenschwäche der Handelspartner gute Geschäfte zu machen[10]:

„Businesses in over one hundred countries were reported to be engaged in Countertrade of some sort ..., but most countries do not have established reporting procedures for these transactions" (IMF 1995: 26).

Diese Aussage bezieht sich auf die frühen 90er Jahre, doch hat sich an der weltwirtschaftlichen Bedeutung von Countertrade nichts wesentliches geändert. Die WestLB verspricht in Anzeigen „individuelle Lösungen für Ihre komplexen Finanzfragen, ... ausgezeichnetes Countertrade und Commodity Financing" (Anzeige in: *Wirtschaftswoche* vom 21.9.2000). Kein Wunder, dass sich unter den Mitgliedern der American Countertrade Association TNU wie AT&T, Babcock, Bell Helicopter, Boeing, Exxon, Bethlehem Steel, General Motors etc. finden. Rank Xerox war sehr erfolgreich bei Kompensationsgeschäften, zumal die Geschäfte zwischen Niederlassungen in verschiedenen Ländern innerhalb des Konzerns abgewickelt werden konnten (zwischen Rank Xerox in Indien und Russland oder via Jugoslawien mit dem Iran und den Niederlanden). Ob bei den intern benutzten Verrechnungspreisen Steuern vermieden werden konnten, ist nicht einfach herauszubekommen. Vieles spricht jedoch für die Vermutung, dass dem so ist. Countertrade ist also ein lukratives Geschäft; nur ist die Kontrakterfüllung in Geld nicht „normal", weil viele Vermittlungsglieder zwischen Verkäufer und Käufer eingebaut werden. Davon wiederum leben spezialisierte Dienstleister, nämlich „Schattenbanken" und die Countertrade-Berater.

Resümierend lässt sich dreierlei zeigen. *Erstens* ist Countertrade ein Ausweg aus der Situation des Devisenmangels für devisenschwache Länder und Unternehmen. Doch lassen sich daran formelle Geschäfte formeller Unternehmen knüpfen. Diese bedienen sich dabei innovativer Finanzinstrumente und traditioneller, informeller Bankinstitute, die in den vergangenen Jahrzehnten in geradezu postmoderner Mischung entwickelt worden sind. Mit der Monetisierung von Ware-gegen-Ware-Geschäften werben Beratungsinstitutionen wie debis oder ACA, sie werben also mit der unverzüglichen Formalisierung informeller Geldgeschäfte. Die Informalität findet so ihren Platz in der formellen Ökonomie – allerdings nur auf einer Seite der Geschäftsbeziehung

---

10 „Auch namhafte deutsche Industriefirmen nutzen diese Zahlungssysteme (von „underground banks – dazu nächster Abschnitt – d. Verf.), um auf diesem Weg den Kaufpreis für Exportgüter, die sie an Kunden in Ländern, die einer Devisenbewirtschaftung unterliegen (Iran, Pakistan, Vietnam) geliefert haben, schnell und ohne Kursverlust zu erhalten" (Findeisen 2000b: 4f).

und als Gegenstand einer Vertragsbeziehung zwischen Unternehmen und Beratungsinstitution.

Countertrade gewinnt *zweitens* einen beträchtlichen Stellenwert in der Politik. Denn direkte Tauschgeschäfte zwischen Staaten oder politischen Parteien sind keine Seltenheit, wie im Zusammenhang der modernen Finanzierung von Bürgerkriegen gezeigt worden ist. Doch auch dort, wo Bürgerkriegsparteien keine Rolle spielen, blüht der Countertrade. Brasilien lieferte vor dem Golfkrieg Panzer und Flugzeuge gegen irakisches Öl oder Lastwagen und Waffen gegen Öl aus Angola. China tauscht mit afrikanischen Staaten, aber auch mit Handelspartnern aus MOE (IMF 1995: 27) Industriegüter gegen Rohstoffe zu besseren Bedingungen, als sie auf dem Weltmarkt angesichts der Entwicklung der Terms of Trade zu erzielen sind. Deutschland liefert Ausrüstungen an den Iran gegen Erdöl. Geschäfte mit Pakistan und Afghanistan wickeln deutsche Exporteure in aller Regel per Countertrade unter Einschaltung von „Schattenbanken" ab (Findeisen 2000b). Countertrade ist also auch Element der „großen Politik", die sich der Vorzüge der Informalisierung des Geldes bedient und dabei selbst informelle Praktiken entwickelt. Besonders problematisch sind dabei die um sich greifende Korruption (vgl. Johnston 1998) und die Gewalt, mit denen die Geschäfte verbunden sind. Gewalt wird selbst zu einem „business" in der „world of disorder" (Chabal/ Daloz 1999: 80f).

Drittens wäre es eine vereinfachte Vorstellung, wenn Countertrade als geldloses Wirtschaften verstanden würde. Die Saldierung erfolgt in „Schattengeldern" (Drogen, Barrels Öl), die in Dollaräquivalenten ausgedrückt werden und sich in richtige Dollar entpuppen können. Es fließen also mit der Zirkulation getauschter Waren auch Gelder, aber auf Wegen und in Formen, die im Geschäftsverkehr „zwischen ehrlichen Kaufleuten" unüblich sind. „Disorder" ist nicht nur, wie Chabal und Daloz (1999) über Afrika schreiben, ein „political instrument", sondern in manchen Weltregionen ebenso auch ein *ökonomisches Instrument* der Aneignung und der Ausbeutung im ungleichen Austausch. Dabei findet Geldwäsche, zumeist in großem Stil, statt.

3. Mikrokredite: Informelles Geld in seiner Funktion als Zahlungsmittel

Während Tauschringe im Kleinen und Countertrade im Großen das Geld als Zirkulationsmittel „informalisieren", sind Mikrokredite informelles Geld in seiner Funktion als Zahlungsmittel, als Kredit. Mit dem Wachstum des Sektors informeller Arbeit ist auch der Bedarf an Mikrofinanzierung gestiegen. Denn mit Arbeit allein lässt sich ein Geschäft nicht immer initiieren, selten durchhalten und niemals erweitern. Auch die Sektoren der informellen Arbeit sind an die Funktionsbedingungen einer kapitalistischen Geldwirtschaft gebunden, benötigen also Kredit. Nur ist es schwer bis ausgeschlossen, auf förmliche Weise, d.h. durch einen Vertrag mit einer Bank, an Kredite zu kommen, wenn Kreditnehmer keine Sicherheiten zu bieten haben[11] und wenn monetäre Einnahmen, aus denen ein Kredit bedient werden könnte, gering und obendrein unsicher sind und wenn Ersparnisse nicht selten heterogen und nicht-monetär sind; es werden Produkte (Fisch in Mali, Getreide im Tschad, Vieh in Niger - so Adair 1998: 111) „gespart", d.h. nicht konsumiert und für die Zukunft aufbewahrt. Das ist Vorratshaltung, aus der sich kein monetärer Kredit ableiten lässt; diese Ersparnisse sind als Sicherheiten für Kredit gebende Banken ungeeignet.

Ähnlich wie beim Countertrade müssen die Produkte an irgendeiner Stelle der Tauschkette in Geld verwandelt werden können; dies ist selbst bei informeller Subsistenzproduktion nicht auszuschließen. Und wenn Geld anfällt, muss es aufbewahrt werden. Diese Aufgabe leisten beispielsweise „mobile Banker" in kleinem Maßstab in afrikanischen Ländern. Wenn etwas Geldeinkommen da ist, werden auch Sparvereine gebildet, wie sie uns schon bei der Diskussion von El Barzón in Mexiko begegnet oder wie sie in Westafrika als „Tontine" verbreitet sind. Es entstehen aber auch Institutionen des Mikrokredits, z.T. getragen von lokalen Selbsthilfegruppen oder (internationalen) Nicht-Regierungsorganisationen, manchmal unterstützt von Staaten oder durch Organisationen der Entwicklungszusammenarbeit (vgl. den Überblick von Levitsky 1993). Der Zweck ist eindeutig: Es sollen die Defekte der förmlichen Kreditvergabe bei der Kreditversorgung von kleinen Unternehmen überwunden werden. Denn die förmlichen Institutionen des Kreditwesens sind an der Vergabe von kleinen und Kleinstkrediten in der Regel nicht interessiert. Die Bearbeitungs-, Beratungs- und Begleitkosten (nach Vergabe eines Kredits) sind zu hoch. Außerdem fehlen Sicherheiten, so dass die Refinanzierungskos-

---

[11] Hier setzt Hernando de Soto mit seiner Überlegung an, dass Eigentumsrechte auf „totes" Kapital wie Häuser und Land geschaffen werden müssen, um jene Sicherheiten bieten zu können, die die Kreditaufnahme bei formellen Kreditinstituten ermöglichen oder sie zumindest verbilligen (vgl. de Soto 2001). In einem Kommentar nach dem 11. September 2001 verspricht sich de Soto von der durch Eigentumsrechte erleichterten Kreditaufnahme und von der damit erwarteten neuen unternehmerischen Dynamik einen entscheidenden Beitrag im Kampf gegen den Terrorismus. Denn was machen Terroristen? Sie „must try to create an irresistible emotional shock that focuses people on their differences with the West rather than on their asprirations to resemble it. - To polarize people in this way, you do something as atrocious as possible and hope that the enemy will retaliate even more violently ... The terrorist politicians hope then to sit back and wait for the poor." Dagegen hilft nur die Stärkung der „enterprising poor" und das gelingt am ehesten durch Schaffung von „legal title to their homes and small businesses" („Don't let terrorists Seduce the Enterprising Poor", in: *International Herald Tribune* vom 17. Oktober 2001).

ten steigen (insbesondere wenn die Regeln des Baseler Akkords angelegt werden[12]), und überdies wird die Zuverlässigkeit von kleinen Kreditnehmern als nicht besonders hoch eingeschätzt - dies allerdings nach den bisherigen Erfahrungen zumeist zu Unrecht.

Der informelle Sektor ist daher vom formellen Kredit weitgehend abgeschnitten und muss entweder auf Kredit verzichten oder informelle Institutionen der Kreditvergabe hervorbringen. Dies ist eine Entwicklung der letzten Jahrzehnte, die darauf verweist, dass die Tendenzen der Exklusion und damit der Informalisierung eine Folge von Formveränderungen im formellen und hegemonialen Bereich der Ökonomie und Gesellschaft sind. Die „passive Informalisierung" (Portes et al. 1989) hat zur Folge, dass nun auch informelle Finanzinstitutionen gebildet werden[13]. Entweder geht die Initiative von der jeweiligen Bevölkerung aus oder NGOs und offizielle Institutionen der Entwicklungspolitik übernehmen - in Rahmen einer *Public-Private-Partnership* - die Initiative. Dann bedienen sich höchst formalisierte Institutionen informeller Einrichtungen zur Erreichung ihrer entwicklungspolitischen Ziele.

Die informellen Institutionen der Kreditvergabe sind zwar mit den gleichen Problemen wie formelle Institute konfrontiert; denn diese resultieren aus der „Natur" des Geldes und der Unsicherheit, wenn Geld als Kredit Gegenwart und Zukunft verknüpft. Doch sind informelle Kreditgeber eher in der Lage, die Schwierigkeiten zu bewältigen, weil sie weniger als formelle Institute auf Rentabilität achten müssen und auf gemeinschaftliche Ressourcen zurückgreifen können. Die Prüfung von Sicherheiten wird durch Garantien der Gemeinschaft ersetzt. Die Prozeduren der Kreditvergabe können vereinfacht werden, wenn Selbsthilfegruppen und NGOs in die Verfahren einbezogen werden. Letztere wirken auch bei der Ausbildung des Personals und bei der Verwendung von Krediten im Rahmen von Hilfsprogrammen mit etc. (Seibel 1985). Informelle Finanzinstitutionen haben also gegenüber formellen Instituten bei Kleinkrediten einige Vorteile aufzuweisen. Trotz aller Erfolge und trotz ihrer Verbreitung haben informelle Institutionen aber auch eine Reihe von Defiziten: Unzulängliche Kalkulation der Kreditkosten, unzureichende Buchführung, mangelnde Beratung von Sparern und Kreditnehmern, kein

[12] Danach sind Kreditinstitute verpflichtet, je nach der Risikoeinstufung von Kreditnehmern die Ausleihungen mit Eigenkapital zu unterlegen. Je höher das Risiko, desto größer das als Reserve gebundene Kapital, desto teurer also der Kredit. Zum Zeitpunkt der Abgabe dieses Manuskripts stehen aber die Einzelheiten der Vereinbarung („Akkord Basel II") noch nicht fest.

[13] Dieser funktionalistischen kann eine eher „kulturalistische" Interpretation entgegengehalten werden, die die Entstehung informeller Finanzinstitutionen der sozialen Tradition und regionalen Kultur bestimmter Gesellschaften zuschreibt.

Zugang zu Institutionen der Refinanzierung, Unsicherheit für Einleger etc. (Levitsky 1993). Je mehr diese Defizite überwunden werden, desto mehr formalisieren sich informelle Institutionen. Daraus lässt sich schließen, dass informelle und formelle Kreditinstitute keine Antipoden sind, sondern in der Realität der Mikrokredite alle möglichen Mischformen von „mehr oder weniger formellen" und „mehr oder weniger informellen" Finanzinstituten zu beobachten sind (vgl. die Darstellung auf der Website der „Virtual Library on Microcredit", gesehen am 17. April 2001: http://www.gdrc.org/icm/mutual.html).

Sozusagen naturwüchsig entstehen Sparvereine auf Gegenseitigkeit in sozialen Gemeinschaften, in Dörfern, Stadtvierteln, ethnischen Emigrantengruppen, Berufsgruppen oder als Gruppen von Frauen. Ein Beispiel ist die „Tontine" in westafrikanischen Ländern. Adair berichtet, dass in Bamako im Jahre 1990 9.760 Tontines von Familienoberhäuptern mit durchschnittlich 34 Mitgliedern existierten. Bezogen auf die Bevölkerungszahl wären dies mehr als 50%, die einer Tontine angehören. In Brazzaville sind 68% der (meist weiblichen) Markthändler Mitglieder einer Tontine (Adair 1998: 111). Jedes Mitglied zahlt regelmäßig einen bestimmten Betrag in einen gemeinsamen „Topf" und jedes Mitglied ist nach bestimmter Regel (Satzung), die vorher - gemäß tradierter Gewohnheit, manchmal auch schriftlich - festgelegt worden ist (die aber durchaus geändert werden kann), irgendwann an der Reihe, aus dem angesparten Topf einen Betrag zu entnehmen und ihn zu investieren. Dies ist das Grundprinzip der „tontine mutuelle", des Sparvereins auf Gegenseitigkeit. Ersparnis und Kredit sind direkt gekoppelt; die Sparer sind zugleich auch die Kreditnehmer. Wenn jede(r), der (die) als Sparer(in) einzahlt, auch als Kreditnehmer(in) „dran" gewesen ist, ist ein Tontine-Zyklus abgeschlossen. Die Grundlage des Sparvereins ist Vertrauen zwischen den Mitgliedern. Denn eine gesetzliche Regulierung fehlt ebenso wie die Formalisierung der Kredittitel (Adair 1998: 112). Besonders Frauen beteiligen sich an Tontines; ihre Sparbeiträge sind in der Regel höher als die von Männern (ebd.: 113).

Aus der „tontine mutuelle" geht oft die „tontine commerciale" hervor, wenn der Verein eine bestimmte Größe überschreitet. Die Sparbeträge müssen regelrecht verwaltet und zwischenzeitlich auch bei formellen Banken Zinserträge bringend angelegt werden. Das formelle Bankensystem ist in vielen Ländern Afrikas unterentwickelt (von Lateinamerika lässt sich dies nicht sagen), und Kreditmärkte gibt es so gut wie gar nicht. Erst 1999 ist in Dakar die vierte Börse auf dem afrikanischen Kontinent nach Johannesburg, Kairo und Abidjan entstanden. Für viele Menschen lohnt es sich angesichts ihrer geringen monetären Einnahmen nicht, ein Konto zu eröffnen. Sparvereine, die Spargelder sammeln, sind als Klienten von Banken schon eher geeignet. Von der tontine commerciale ist dann die „tontine financière" nicht sehr verschieden; der Sparverein fungiert bereits wie ein formelles Institut der Finanzintermediation (dazu: Danga 1997: 79-83) für die Vergabe von Mikrokrediten und die Anlage von Sparbeträgen. Die Verbindung zwischen Sparern und Kreditnehmern ist nun vermittelt; es handelt sich dabei um verschiedene Personengruppen. Noch formalisierter geht es in der „tontine d'affaires" zu, die wie eine kleine Aktiengesellschaft funktioniert. In vielen afrikanischen Staaten haben sich Netzwerke dieser Art gebildet und sie werden in der Regel von internationalen Organisationen unterstützt (vgl. die Zeitschrift der ILO „World of Work", Nr. 31, Sept./Okt. 1999). Die Beispiele belegen die These vom Kontinuum zwischen formellem und informellem Kredit.

Von Sparvereinen, die es auch in anderen Weltregionen gibt, sind andere informelle und manchmal „semi-formelle" Finanzinstitutionen zu unterscheiden. Informell sind neben den beschriebenen Sparvereinen auch Geldverleiher, der Kaufmann, der „anschreibt", Nachbarn, Freunde, Verwandte, die mit einem Kredit aushelfen, Leute, die Geld gegen eine Gebühr aufbewahren und es so gegen Raub und Diebstahl (ein Problem in vielen Städten Afrikas) schützen (Adair 1998: 112ff: vgl. auch Kapusczinski 2001). Semi-formell sind Kreditvereine (die „tontine financière"), Volksbanken, Dorfbanken, Genossenschaften etc. (Levitsky 1993: 68). Die Mikrokredite, die sie vergeben, betragen in vielen Fällen umgerechnet weniger als 100 US$. Dies scheint eine geringe Summe zu sein. Doch muss man sich vor Augen halten, dass nach Angaben der Weltbank in Afrika südlich der Sahara 1998 46,3% der Bevölkerung mit weniger als 1 US$ pro Tag auskommen müssen. In Südasien sind es 40% und in Lateinamerika immerhin 15,6% (World Bank 2000: 23). Ein Kredit von 100 US$ beträgt also mehr als drei Monatseinkommen, und diese befinden sich auf so niedrigem Niveau, dass die Sparquote sehr gering sein dürfte.

Allerdings reichen so geringe Kreditbeträge selbst in armen Ländern oftmals nicht für eine notwendige Investition (Kauf von Baumaterial oder von Ausrüstungen etc.), da deren Kosten wegen der „Unteilbarkeiten" wesentlich höher liegen. Daher ist in einer Reihe von (lateinamerikanischen) Ländern die Kreditobergrenze für den informellen Sektor angehoben worden. Doch auch danach wurden die Mikrokredite zumeist zurückgezahlt und waren Kreditausfälle eher selten. Im Fall des Bangladesh Rural Advancement Committee (BRAC) müssen Kredite in wöchentlichen Raten zurückgezahlt werden. Ein Kreditnehmer bekommt die Anleihe nur, wenn dafür die Dorfgemeinschaft geradesteht. Die Geldbeziehung wird also in die Gesellschaft wieder „eingebettet", nachdem sie sich im Zuge der „great transformation" zur Marktwirtschaft (Polanyi 1978) aus der Gesellschaft „entbettet" hatte. Bei Krediten von semi-formellen Finanzinstituten wird die „Vergemeinschaftlichung" abgelöst durch Garantiefonds für den informellen Sektor, die manchmal vom Staat, manchmal von Non-Profit-Organisationen bereitgestellt werden (wie in Peru, vgl. Levitsky 1993: 61).

Am häufigsten wird in der Literatur als Beispiel für erfolgreiche Mikrokreditvergabe die Grameen Bank aus Bangladesh erwähnt. Die Zahl der Mitglieder hat sich seit den 70er Jahren verfünfzigfacht ebenso wie die Summe der Ausleihungen. Am Anfang in den 70er Jahren waren 45% der Kreditnehmerinnen Frauen, in den 90er Jahren ist der Anteil auf über 90% gestiegen (1998 waren es 95%). Bei 34 Mikrokredit-Instituten in Asien, Afrika und Lateinamerika mit insgesamt 9,1 Mio. Kreditnehmern sind die Frauen mit im Durchschnitt 76% beteiligt (http://www.gdrc.org/icm/wind/summit.html, gesehen am 17.04.01). Die Mikrokredit-Banken haben also auch eine positive Wirkung für die Verbesserung der Position von Frauen in Wirtschaft und Gesellschaft. Die rückgezahlten Kredite dienen zusammen mit aufgenommenen Spargeldern der Finanzierung des Aktivgeschäfts der Bank. Die Grameen Bank ist inzwischen so groß, dass sie die Dimensionen eines informellen Instituts sprengt, auch wenn die Kredite zum großen Teil an Frauen im informellen Sektor vergeben werden. Das Problem ist daher weniger die Ausleihung von Geld als die Aufbringung der notwendigen Beratungskapazitäten für die Kreditnehmerinnen und Kreditnehmer.

„Probably the most significant success of Dr. Yunus (Gründer der Grameen Bank - d. Verf.) and the Grameen Bank has been to demonstrate that the poor represent a *bankable clientele* (kursiv d. Verf.) who repay their loans“ (Levitsky 1993: 18).

Eine „bankgeeignete Klientel" ist auch im informellen Sektor Bedingung dafür, dass vollständige Kreditkreisläufe - Kreditvergabe zu Beginn des Kreislaufs, Zinszahlungen über die gesamte Laufzeit, Kreditrückzahlung am Ende der Laufzeit - eingerichtet werden können.

Damit beginnt aber bereits die Formalisierung des Geldes in seiner Funktion als Zahlungsmittel - und die Kalkulation von Kreditkosten. Um den Wert eines bestimmten Portfolio, aus dem Kredite vergeben werden, in der Zeit zu halten, müssen nicht nur die Rückzahlungen der Kreditnehmer, sondern auch die Entwertung durch Inflation, die Kosten des jeweiligen Kredits und die Zinsen des Kredits ebenso wie die der Refinanzierung berechnet werden. Die Kosten eines Kredits von ca. 1000 US$ in Kolumbien machen mehr als 50% des Kreditbetrags aus (Levitsky 1993: 55). Um diese zu decken und den Inflationsausgleich sowie etwaige Refinanzierungskosten zu erhalten, sind die Zinsen für Mikrokredite (sofern sie nicht aus Sparvereinen auf Gegenseitigkeit stammen) sehr hoch. In Kolumbien sind sie bei einer jährlichen Inflationsrate von 24% kostendeckend mit 42% kalkuliert worden. Doch, so schlussfolgert Levitsky, „there is no doubt that availability of money is more important to a small-scale entrepreneur than the cost of the money“ (Levitsky

1993: 86). Das kann allerdings nur bei Krediten zur Überwindung von Liquiditätsengpässen so sein, nicht bei Investitionskrediten. Letztere rentieren sich ja nur, wenn auch die reale Rendite, die mit der Investition erzielt werden kann, ähnlich hoch ist. Doch gerade dies dürfte nicht der Fall sein, wie unsere Ausführungen zum Verhältnis von realen Zinssätzen und realen Wachstumsraten gezeigt haben.

Achtes Kapitel
Die Wäsche schmutzigen Geldes

Wenn Geschäfte getätigt werden, die gesellschaftliche Legalnormen verletzen (z.B. die des Verbots von Menschen- und Organhandel, von Drogen- und Waffenhandel, der Steuerhinterziehung, der Kapitalflucht, des Anlagebetrugs, des verbotenen Handels mit gefährdeten Tieren und Pflanzen, des verbotenen Glücksspiels - die Aufzählung ließe sich fortsetzen), dann sind die daraus bezogenen Einnahmen nicht nur anrüchig, sondern für die Täter der genannten Aktivitäten in gleicher Weise attraktiv und gefährlich wie die mit Pech bestrichenen Goldstücke, die den Gesetzesbrecher entlarven, weil das schmutzige Gold sichtbar an den Händen klebt. Pech gehabt. Wie die Goldstücke vom Pech „reingewaschen" werden müssen, so man sie als allgemeines Äquivalent mit gesellschaftlicher Wertschätzung - als *„normales Geld"* also - verwenden will, ohne dass auf ihre unsaubere Herkunft rückgeschlossen werden kann, so müssen die Spuren des modernen Papier- und Buchgeldes oder der elektronischen Geldzeichen verwischt werden, die zu den kriminellen Ursprüngen führen könnten. Auch die beste Spürnase soll nicht mehr riechen können, woher das Geld stammt und womit es verdient worden ist. Das römische Wort soll seine Gültigkeit bewahren: *pecunia non olet*. Da hat es sich gut getroffen, dass illegal erworbenes Geld in den USA der 20er Jahre in ganze Ketten von Waschsalons („laundromats") und Autowaschanlagen investiert wurde. Wegen der überwiegenden Bareinnahmen fiel es nicht auf, wenn auch illegales Geld in den „laundromats" weißgewaschen wurde (Couvrat/Pless 1993: 171f). Die Geldwäsche hatte ihren Namen.

Das war in den 20er Jahren. In jüngerer Zeit zieht Geldwäsche die Aufmerksamkeit erneut auf sich. Der Kampf gegen Geldwäsche ist in den 80er Jahren des vorigen Jahrhunderts zu einem zentralen Strategiebestandteil im Kampf gegen die zunehmende Drogenkriminalität geworden. Die Idee ist ja sehr einfach: Wenn der Nachweis illegalen Drogenhandels und die Verfolgung der Dealer schwierig sind, wenn nach der Verhaftung und Verurteilung von Drogenbossen wie beim Haupt der Hydra immer neue nachwachsen, dann ist Geldwäschebekämpfung möglicherweise das probatere Mittel. Denn wenn man die Geldwäsche zu verhindern vermag, nützen die Drogeneinnahmen gar nichts; Verbrechen lohnt sich nicht, da die monetären Einnahmen nicht verwendet werden können. Doch diese Idee in die Realität umzusetzen, gelingt nicht immer; man kann sogar sagen: sie gelingt nur in den seltensten Fällen und daher ist Geldwäsche eine der hässlichen Seiten von Globalisierung und Deregulierung geblieben. Mehr noch, sie ist mit der Deregulierung der Märkte und dem Rückzug von Regierungen aus der Kontrolle globaler

Finanztransaktionen ausgeweitet worden, und es sind mit neuen Märkten, auf denen illegale Güter gehandelt werden - von den „Blutdiamanten" in Westafrika über die geschmuggelten Zigaretten in Montenegro oder die Prostituierten aus Mittel- und Osteuropa (Ware Mensch) bis zu illegalen Ölverkäufen durch russische Ölmagnaten - lukrative Geschäfte möglich geworden, deren Einnahmen gewaschen werden müssen. Denn diese Marktgeschäfte erfüllen Straftatbestände. Mit Menschenschmuggel werden heute möglicherweise höhere Beträge umgesetzt als beim Drogenhandel. Der Anlagebetrug mit Hilfe des Internets ist das Delikt der Zukunft, und zur den Geschäften nachfolgenden Geldwäsche werden moderne Finanzinstrumente, Derivate (siehe unten) verwendet. In Geldwäscheaktivitäten sind nicht nur Banken an obskuren Finanzplätzen, sondern „ehrwürdige" und weltbekannte Bankhäuser mit Sitz in Zürich, Frankfurt, London und New York involviert. An der Geldwäsche beteiligen sich aber auch Nicht-Banken: Notare und Rechtsanwälte, Finanzdienstleister, Reisebüros, Hoteliers, Juweliers und Casinos, Luxusyachtverkäufer und Immobilienmakler mit feinen Adressen - und diese Berufsgruppen in Strategien zur Bekämpfung der Geldwäsche einzubeziehen, ist nicht nur schwierig, sondern politisch kontrovers - es geht ja um sehr viel Geld, das bei der Weißwäsche dreckigen Geldes verdient werden kann (vgl. *Financial Times* vom 3.4.2001; Trepp 2001). Erst nach dem 11. September 2001 hat die Europäische Union eine neue Richtlinie erarbeitet, die es ermöglicht, auch Nicht-Banken in die Kontrollen einzubeziehen. Denn Gelder aus dem Drogenhandel, aber auch Spenden religiöser Vereinigungen sind unter Einschaltung von Untergrundbanken (vgl. unten) ins Bankensystem geschleust worden, um die Terrortaten vorzubereiten (vgl. z.B. *Frankfurter Allgemeine Zeitung* vom 24.9.2001: „Zwei bis fünf Prozent der globalen Wirtschaftsleistung werden 'gewaschen'"; Pressemitteilung des Bundesministeriums der Finanzen vom 5.10.2001: „Finanzierungsströme des Terrorismus austrocknen" oder *Financial Times Deutschland* vom 25.9.2001: „Bush sperrt Terroristen-Konten"). Außerdem hat es offensichtlich Insiderwissen um die Terrorattacken gegeben: Leerverkäufe von Aktien betroffener Unternehmen (Luftfahrtunternehmen, Versicherungen etc.) wurden zum Termin nach dem 11.9.2001 zu hohem Kurs getätigt, so dass sich die Verkäufer der Aktien zu deren abgerutschten Kurs eindecken und einen Gewinn in Höhe der Differenz zwischen hohem Verkaufspreises und gesunkenem Einkaufspreis machen konnten. Aber auch auf dem Gold- und Rohölmarkt hat es Bewegungen gegeben, die auf Insiderwissen schließen lassen (*Handelsblatt* vom 24.9.2001: „Hinweise auf Insidergeschäfte der Terroristen").

1. Definition von Geldwäsche

Diese neue Entwicklung ist eine direkte Folge der finanziellen Globalisierung. Zwar hat Geldwäsche eine lange Geschichte, doch haben sich die Maßverhältnisse verschoben. Im „wilden Westen“ genügte es noch, bei einem Postkutschenüberfall geraubtes Geld auf einer Bank in einem anderen Bundesstaat zu deponieren, um es so vollständig zu legalisieren. Doch seit der explosionsartigen Entwicklung der globalen Finanzmärkte, der Deregulierung und Liberalisierung sind Kontrollen schwieriger geworden, zumal mit den Offshore-Finanzzentren „special jurisdictions“ entstanden sind, mit denen privaten Akteuren die Möglichkeit der Verdunkelung von Herkunftsquellen und Zielgebieten oder von Sendern und Empfängern von Geldflüssen ermöglicht werden. Dies ist sicherlich ein Grund, weshalb sich auch private Söldnerfirmen wie „Sandline International“ in Offshore-Zentren, in diesem Fall auf den Bermudas, ansiedeln (Thomas Scheen, Söldnerfirmen für Friedenseinsätze, *FAZ* vom 27.3. 2002). Die Offshore-Zentren sind also Staatswesen, die von privaten Finanzjongleuren zum Zwecke schmutziger Geschäfte und ihrer Verdunkelung durch Geldwäsche gekapert worden sind (zur Frage des „state capture“ vgl. dreizehntes Kapitel). Die Möglichkeiten der Wäsche schmutzigen Geldes haben sich also enorm ausgeweitet[1]. Finanzinnovationen und die Privatisierung in nahezu allen Ländern und die rasante Ausbreitung des Internets haben die globalen Finanzflüsse in der Masse vergrößert, in der Zeit beschleunigt, im Raum ausgeweitet und gleichzeitig die politische Kontrolle der Aufsichtsorgane geschwächt. Unter der Menge normaler und legaler Finanztransaktionen fallen die illegalen Transfers zur Wäsche schmutzigen Geldes nicht auf.

---

[1] In einem Anhang zum Report der Financial Action Task Force der OECD von 1999/2000 werden elf verschiedene Fälle der Geldwäsche beschrieben, um eine Typologie zu erreichen und den Aufsichtsorganen Hilfestellung bei der Bekämpfung der Geldwäsche zu bieten. Um nur zwei von den elf berichteten Fällen zu umschreiben: Unternehmen der Bekleidungsindustrie mit Zweigstellen in zwei Ländern transferieren nicht nur legal Geld zur Begleichung von Rechnungen, sondern auch Geld, das sie zur Wäsche angenommen haben. Geld, das im Land A von einem Agenten eingezahlt wurde, wird in Land B überwiesen, dort an ein drittes Unternehmen gezahlt, das nun ein Unternehmen mit Verbindlichkeiten ihm gegenüber in Land A anweist, Bargeld an den Agenten auszuzahlen. Diese Methode wird häufig verwandt, da mehrere Länder involviert sind und das zu waschende Geld nur einen kleinen Teil ganz legaler Transaktionen ausmacht; das schmutzige Geld ist im „sauberen“ Geld zu geringer Konzentration aufgelöst wie Schmutzwasser in einem Klarwasserfluss. In einem anderen Fall haben Drogenhändler Konteninhaber - gegen Zahlung einer Gebühr - dazu gebracht, Geld auf ihr Konto einzahlen zu lassen und die Beträge nach Angaben der Dealer auf andere Konten zu überweisen. Die so mögliche Diversifizierung der Geldanlagen und der Einbezug von scheinbar normalen Bankkunden und ihrer Konten macht die Aufdeckung schwierig. Diese - und die anderen hier nicht geschilderten Fälle - verweisen auf die Schwierigkeiten, denen Aufsichtsbehörden gegenüberstehen, wenn sie Geldwäschedelikte zu verfolgen versuchen.

Geldwäsche kann als die Formalisierung informellen Geldes bezeichnet werden. Denn so lange schmutziges Geld nicht gewaschen worden ist, kann es als allgemeines Äquivalent und Mittel der Kontrakterfüllung in der Gesellschaft, die über das formelle Geld wacht, nicht oder nur sehr begrenzt eingesetzt werden. Schmutziges Geld könnte als Geld einer Gegengesellschaft der *mala vita* fungieren; und daher wird die Gegengesellschaft der Illegalität und Kriminalität[2] bekämpft, wenn Geldwäsche bekämpft wird. Die Geldwäsche ist wegen der damit beabsichtigten oder gelungenen Vertuschung illegaler oder krimineller Vortaten verboten (in Deutschland gemäß § 261 StGB von 1992 und Geldwäschegesetz von 1993). Daher kümmern sich in modernen Gesellschaften (das bedeutet heute auf nationaler, europäischer und globaler Ebene) Institutionen um die Stabilität und Sicherheit des Geldes: Zentralbanken, IMF, OECD und Institutionen und Organisationen der Aufsicht wie BAKred, FATF, IOSCO etc.[3] Geldwäsche, so wird von der Financial Action Task Force (FATF) der OECD in einer Präsentation ihrer Arbeit definiert

„is the processing of ... criminal proceeds to disguise their illegal origin. This process is of critical importance, as it enables the criminal to enjoy these profits without jeopardising their source. Illegal arms sales, smuggling, and the activities of organised crime, including for example drug trafficking and prostitution rings, can generate huge

[2] Es wird im Folgenden zwischen Informalität, Illegitimität, Illegalität und Kriminalität zu unterscheiden sein (vgl. auch unsere Ausführungen im ersten Kapitel). Es gibt klare Grenzen zwischen Informalität und der Kriminalität. Dazu schreiben Chabal und Daloz (1999: 81): „The informal may be illicit but it is legitimate because it rests on a principle of common clientelistic accountability. The criminal is illegitimate because it is unaccountable and based only on duress." Mit anderen Worten: Informalität ist legitim, wenn auch nicht immer legal, so lange sie auf soziale Akzeptanz stößt und moralische Minimalnormen respektiert. Wenn diese verloren geht und wenn der Verstoß gegen Normen, die mit Sanktionen bewehrt sind, vorsätzlich und schuldhaft begangen wird, ist der Übergang von der Illegalität zur Kriminalität geschehen.

[3] Daher sind 1988 die „Grundsatzerklärung zur Verhinderung des Mißbrauchs des Finanzsystems durch die Geldwäsche" („Basel Principles") und nahezu zeitgleich die Wiener Konvention der Vereinten Nationen gegen den unerlaubten Verkehr mit Suchtstoffen und psychotropen Stoffen verabschiedet worden. Die Baseler Prinzipien enthalten einen Verhaltenskodex und Leitprinzipien für Banken, die Wiener Konvention ist ein völkerrechtlicher Vertrag, der in Art 3. (1) lit b erstmals die Strafbarkeit der Geldwäsche festlegt. Im Jahre 1990 folgt das Übereinkommen des Europarats über Geldwäsche sowie Ermittlung, Beschlagnahme und Einziehung von Erträgen aus Straftaten. Die Straßburger Konvention verpflichtet die Vertragsstaaten, vorsätzlich begangene Geldwäsche unter Strafe zu stellen. Ein Jahr später 1991 folgt eine EU-Richtlinie des Rates zur Verhinderung der Nutzung des Finanzsystems zum Zwecke der Geldwäsche. Das FATF ist 1989 als inter-gouvernementale Institution bei der OECD ins Leben gerufen worden, „to generate the necessary political will to bring about national legislative and regulatory reforms to combat money laundering" (www.oecd.org/fatf/aboutFTAT_en.htm). Bereits 1990 erarbeitete das FATF die 40 Empfehlungen, die 1996 weiterentwickelt wurden; die Empfehlungen sind für die Industrieländer die Grundlagen der Gesetze und Maßnahmen gegen die Geldwäsche (dazu: Findeisen 1998a).

sums. Embezzlement, insider trading, bribery and computer fraud schemes can also produce large profits and create the incentive to 'legitimise' the ill-gotten gains through money laundering" (www.oecd.org/fatf/Mlaundering_en.htm)[4].

Der in der Definition aufgeführten Liste von kriminellen Vortaten wäre nach den Erfahrungen des 11. September 2001 auch die Finanzierung terroristischer Netzwerke hinzufügen. Während es den „geschäftlichen Geldwäschern" in erster Linie um einen möglichst großen Profit aus den kriminellen Vortaten geht, suchen Terrorgruppen den Profit, um finanzielle Mittel für den Terror zu akquirieren. Dagegen können leichter polizeiliche und - wie der Krieg gegen Afghanistan gezeigt hat - militärische Mittel eingesetzt werden als gegen die geschäftlichen Geldwäscher, die ja eng mit dem „legalen Geschäft" verbunden sind und immer wieder legale Institutionen (vor allem Banken) nutzen. Es sind also häufig höchst achtbare Institutionen, die in Geldwäsche-Aktivitäten verwickelt sind Es sind auch Clearing-Häuser verwickelt, wie Ernest Backes und Denis Robert (2001) am Beispiel des Luxemburger Clearing-Hauses Clearstream gezeigt haben.

2. Ungefähre Größenordnungen „schmutzigen Geldes"

In den späten 80er Jahren war es in erster Linie der Kampf gegen die zunehmende Drogenkriminalität, der die Aufmerksamkeit auch auf die Geldwäsche von Drogeneinkünften lenkte. Vor allem die USA übten international Druck aus, um in ihrem Kampf gegen die Drogen auf den Straßen der US-Städte Geldwäsche zu unterbinden (vgl. dazu Findeisen 1998a), ohne allerdings zugleich auch „den eigenen Stall auszumisten", d.h. US-amerikanische Finanzinstitutionen an Geldwäscheaktivitäten zu hindern. Die UNO (Office for Drug Control

---

4 Die Definitionen sind weitgehend übereinstimmend, so dass nur eine Auswahl gegeben wird. Geldwäsche „is the process by which criminals attempt to conceal the true origins and ownership of the proceeds of their criminal activities" (Drage 1993: 60; Helleiner 1999: 55) - „illegal, or dirty, money is put through a cycle of transactions, or washed, so that it comes out the other end as legal, or clean, money. In other words, the source of illegally obtained funds is obscured through a succession of transfers and deals in order that those same funds can eventually be made to appear as legitimate income" (Billy Steel in: http://www.laundryman.u-net.com/printversion/bhistp1.html). Die EU definiert in der Richtlinie von 1991 Geldwäsche als „the conversion or transfer of property, knowing that such property is derived from serious crime, for the purpose of concealing or disguising the illicit origin of the property or for assisting any person who is involved in committing such an offence or offences to evade the legal consequences of his actions, and the concealment or disguise of the true nature, source, location, disposition, movement, rights with respect to, or ownership of property, knowing that such property is derived from serious crime." Schon zuvor hat der Untersuchungsbericht der „President's Commission on Organized Crime" von 1984 aus den USA Geldwäsche als einen Prozess definiert, in dessen Verlauf die rechtswidrige Quelle oder die rechtswidrige Verwendung von Einkommen verborgen wird, mit dem Zweck, dieses Einkommen als legal erscheinen zu lassen.

and Crime Prevention) gibt für die späten 90er Jahre an, dass der Drogenhandel einen jährlichen Umsatz von 400 bis 500 Mrd. US$ erreiche (vgl. OGD 1999 - im Internet abrufbar unter: http://www.ogd.org), und davon würden von den Strafverfolgungsbehörden lediglich zwischen 100 und 500 Mio. US$ pro Jahr, also weniger als ein Promille sichergestellt. Diese Relation führt vor Augen, wie lukrativ kriminelle Vortaten sein können, da die Wäsche von 1000 schmutzigen US-Dollar bei mehr als 999 von ihnen gelingt. Der Betrag, der an Produzenten von Drogen in der Dritten Welt transferiert wird, beläuft sich nach der gleichen Quelle auf etwa 5 Mrd. US$, ca. 100 Mrd. US$ gehen an Zwischenhändler; diese Summen werden nicht „gewaschen", sondern direkt wieder in den Geldkreislauf zur Drogenproduktion und zum Drogenhandel integriert. Ermöglicht wird dies wegen laxer Gesetzgebung oder/und wegen der mangelnden administrativen Fähigkeit, entsprechende Gesetze zu implementieren (wie in den Ländern des „Goldenen Dreiecks" in Asien, in Afrika oder in der ehemaligen Sowjetunion (OGD 1999: 18). Der große „Rest" von mindestens 300 Mrd. US$ allerdings muss im globalen Finanzsystem „gewaschen" werden, um die Spur zum kriminellen Drogendeal zu verwischen und um das Geld in die globalen Finanzkreisläufe zur Gewinnmitnahme integrieren zu können.

Inzwischen dürften andere Delikte wichtiger und für die Geldwäsche quantitativ bedeutender als der Drogenhandel geworden sein, insbesondere der „white collar"-Betrug auf Finanzmärkten (vgl. den kleinen Ausschnitt von Beispielen bei Rügemer 2000). Der Kapitalanlagebetrug beläuft sich allein in der Bundesrepublik Deutschland auf ca. 50 Mrd. DM (vgl. Hermannus Pfeifer in *Frankfurter Rundschau* vom 15.9.2000; Findeisen 2000a: 2). Der Kapitalanlagebetrug zieht unmittelbar Geldwäsche nach sich, da Gelder betrogener oder getäuschter Anleger durch geldwäsche-relevante Verschleierungshandlungen in Sicherheit gebracht werden müssen. Dieses neue Delikt ist eine direkte Folge der finanziellen Globalisierung, der Verbreitung von internet-gestützten Finanzinnovationen und der spektakulären Steigerung von Umsätzen auf Finanzmärkten, insbesondere auf jenen für finanzielle Derivate. Angebote „todsicherer" und hochrentierlicher Anlagen im Internet sind häufig, und nicht immer sind sie seriös. Haben genügend Anleger einen Betrag gezahlt oder von der Kreditkarte abbuchen lassen, kann die Internetseite per Mausklick gelöscht werden und im unendlichen schwarzen Loch des Cyberspace verschwinden, und von der auf der website angegebenen Adresse gibt es manchmal noch nicht einmal den Briefkasten.

Die Maßnahmen zur Privatisierung öffentlicher Unternehmen und Vermögenswerte in nahezu allen Ländern (in den Industrieländern, den Entwicklungsländern, vor allem aber in den Transformationsländern Mittel- und Osteuropas) haben diese Tendenz unterstützt. Denn in vielen Fällen waren Korruption,

Betrug, Bestechung, Diebstahl im Spiel, und durch Korruption erworbene Gelder müssen unbedingt gewaschen werden. *Erstens* sind öffentliche Unternehmen unter Wert abgegeben worden, *zweitens* „corrupt officials may present information to the public that makes the company look weak while revealing to favored insiders that it is actually doing well" (Rose-Ackerman 1999: 36). *Drittens* sind nach der Privatisierung Monopole fortgeführt worden, die, als sie noch staatliche waren, den Grund für die Privatisierung abgegeben haben (ebd.: 37). Monopolgewinne werden eingeheimst, die, selbst wenn sie nicht illegal sein sollten, doch als illegitim gelten. All dies hat zu illegalen Geldflüssen geführt, deren Größenordnung freilich schwer zu schätzen ist[5]. Das BAKred jedenfalls ist dazu übergegangen, Korruption als Vortat der Geldwäsche einzustufen und einen entsprechenden Maßnahmenkatalog (zur Aufdeckung der Bestechung ausländischer Amtsträger im internationalen Geschäftsverkehr) zu erlassen.[6]

Es ist davon auszugehen, dass sich die Beträge der Geldwäsche (einschließlich Kapitalflucht) auf bis zu 1000 Mrd. US$ im Jahr (vgl. Baker 2000: 19), also bis zu einem Achtel (und mehr) des Welthandels summieren. Der Internationale Währungsfonds beziffert den Umsatz schmutzigen Geldes auf 2% bis 5% des globalen Bruttoinlandsprodukts, also auf einen Betrag zwischen ca. 600 bis 1500 Mrd. US$ pro Jahr (OECD Observer, 217/218 (1999): 85)[7].

„Using 1996 statistics, these percentages would indicate that money laundering ranged between US Dollar (USD) 590 billion and USD 1.5 trillion. The lower figure is roughly equivalent to the value of the total output of an economy the size of Spain" (FATF: http://www.oecd.org/fatf/Mlaundering_en.htm).

Das US-amerikanische *Office of the Comptroller of the Currency* nennt für die USA einen Geldwäschebetrag von ca. 100 Mrd. US$ und 300 Mrd. US$ in weltweiten Transaktionen (http://www.occ.treas.gov/launder/orig.htm). Die von der OECD eingerichtete „Financial Action Task Force" (FATF) sieht sich derzeit noch außerstande, zusammenfassende Daten aufgrund von Länderbe-

---

[5] Viele Fälle der Bestechung und Geldwäsche im Zusammenhang mit der Privatisierung der ostdeutschen Unternehmen sind bekannt, aber keineswegs alle. Im Hinblick auf die Übernahme der Leuna-Raffinerie durch Elf Aquitaine und Finanzmittel, die in diesem Zusammenhang an die CDU geflossen sind, besteht immer noch Aufklärungsbedarf. Auch nicht legale Gewinne, die Insider in Russland bei der Privatisierung gemacht haben, sind über Konten bei westlichen Banken gewaschen worden. Dabei haben große Institute mitgewirkt, wie die Bank of New York oder die WestLB.

[6] Bis 1998 konnten Schmiergelder in der BRD noch steuerlich abgesetzt werden. Erst die Steuerreform von 1999 hat die Absetzbarkeit zum 1.1.1999 rückwirkend - auf Initiative von Transparency International - verunmöglicht (vgl. *Frankfurter Rundschau* vom 20.3.1999: „Das Finanzamt belohnt Bestechung künftig nicht").

[7] Einen noch höheren Wert gibt Gian Trepp an: „Zahlenmäßig fallen schätzungsweise zwischen 15 und 20 Prozent des Welt-Sozialprodukts als schmutziges Geld an, wenn man Steuerhinterziehung und Schattenwirtschaft mit einbezieht (Trepp 2001: 6).

richten zu geben. Daher werden eher assoziativ Größenordnungen von Geldwäsche in einigen Mitgliedsländern erwähnt. In Australien ist 1995 der Umfang der Geldwäsche auf ca. 2,8 Mrd. US$ geschätzt worden. In anderen Ländern lag die Schätzgröße zwischen 45 Mio. US$ und 800 Mio. US$ (FATF VIII: 2). Diese Daten vermitteln lediglich Impressionen, analytisch geben sie nicht viel her. In einer *Opening Keynote* des Direktors für finanzielle, fiskalische und Unternehmensangelegenheiten der OECD, William Witherell auf dem *18. Cambridge International Symposium on Economic Crime*, am 11. September 2000 heißt es:

„To give some impressionistic figures: money laundering probably amounts to several hundreds of billions of dollars a year; at least 100 million $ a year flows into the bribery of foreign officials in the context of international commerce, some 50 billion $ in tax revenues are estimated to be lost annually to tax havens - the equivalent of half of the world's annual aid budget; and finally, one indicator of the impact of international cartels - 10 cartels were recently found to have involved overcharges and waste of more than 2 billion $ in the US alone" (Witherell 2000).

Der Nordrhein-westfälische Innenminister Behrens gibt an, dass allein in NRW im Zuge der Bekämpfung der Geldwäsche 1998 62 Mio. DM und in den fünf Jahren zuvor 173 Mio. DM bei 3688 Verdachtsanzeigen sichergestellt wurden; es geht nicht hervor, wie hoch der Anteil der aufgeklärten Taten an den Taten insgesamt geschätzt wird; über die Dunkelziffer weiß man wenig. (Pressemitteilung vom 26.8.1999).

In einer Studie über Thailand aus den Jahren 1993-1995 wird gezeigt, dass in sechs illegalen Tätigkeitsbereichen - Kuppelei und Prostitution, Waffenhandel, Kohlenwasserstoffschmuggel (ein Rohstoff, der zur Herstellung von Kokain benötigt wird), Glücksspiel, illegaler Handel mit Arbeitskräften, Drogenhandel - 11 bis 18 Mrd. US$ jährlich eingenommen werden. Das sind 8 bis 13% des thailändischen Bruttoinlandsprodukts. Den größten Anteil hat dabei das unerlaubte Glücksspiel, das 4 Millionen Menschen beschäftigt und bis zu 8% des BIP erbringen soll. In der Prostitution sind zwischen 150.000 und 200.000 Frauen tätig, die 4 Mrd. US$ oder etwa 2% des BIP erwirtschaften (Bishop/Robinson 1998). Der Drogenhandel wirft demgegenüber in Thailand kaum mehr als 1 Mrd. US$ ab, allerdings entspricht diese Schätzung wohl nicht der Realität, „da sie den internen Markt (200.000 Heroinsüchtige, 250.000 Konsumenten von Amphetaminen, mehr als 300.000 Konsumenten von Marihuana) sowie die Heroinexporte zu Großhandelspreisen nicht berücksichtigt" (Fabre 2000: 93).

In lateinamerikanischen Ländern oder in Marokko sind die Verhältnisse vergleichbar. Für Bolivien beispielsweise zeigt eine Studie aus den 80er Jahren, dass von einem Bruttoinlandsprodukt in Höhe von 6,2 Mrd. US$ (1985) 3,2

Mrd. US$ in der informellen Ökonomie erzeugt wurden, und darunter 2,4 Mrd. US$ allein durch Coca-Anbau, Cocainproduktion und -handel (Blanes Jiménez 1989: 140). Auch in Kolumbien wird ein Großteil des Sozialprodukts illegal produziert und exportiert. Selbst in der Türkei sind inzwischen nach Angaben des OGD ca. 200.000 Bauernfamilien vom Anbau von Mohn abhängig (OGD 1999: 30-32). In Marokko liegen die Exporteinnahmen aus Cannabis bei 5,75 Mrd. US$, d.h. bei 20% des Bruttoinlandsprodukts (van der Veen 2000: 153). Die Geldeinnahmen der kleinen Bauern und kleinen Händler fließen sofort ohne den Umweg über Geldwaschanlagen zurück ins Geschäft. Die größeren Beträge müssen gewaschen werden, damit sie wieder in den Geldkreislauf integriert werden können.

Wegen der Ungenauigkeit punktuell zusammengetragener Daten ist nur eine Impression von der Größenordnung des Problems möglich. Der exakte Umfang der Geldwäsche kann nicht angegeben werden. Nur so viel ist evident: er ist sehr hoch. Und es handelt sich dabei um ein globales Problem, dessen Bedeutung zunimmt. Selbst wenn die Vortaten in Russland oder Kolumbien, in Thailand oder Kroatien anfallen - das Geld kann nur in den Drehscheiben der globalen Finanzmärkte gewaschen werden: in den Offshore-Zentren, in den Banken der Schweiz oder Luxemburgs, aber auch in Bankhäusern Deutschlands, Großbritanniens oder der USA.

3. Geldwäsche, Kapitalflucht, Steuerhinterziehung

Bei Geldwäsche handelt es sich also nicht um Lappalien und *quantités négligeables*, zumal wenn man sie im Kontext anderer nicht legaler Kapitaltransfers sieht. An dieser Stelle wird eine Unterscheidung wichtig, die Eric Helleiner trifft: „Specifically, the regulation of international money laundering generates much less controversy in liberal circles than does the regulation of international tax evasion and capital flight" (Helleiner 1999: 57).

Die drei Kategorien von „illicit flows" (Geldwäsche, Steuerhinterziehung, Kapitalflucht) lassen sich nicht immer klar voneinander abgrenzen, und manchmal erfolgt die Abgrenzung eher in der Absicht der Verschleierung: Die Banken ziehen, so Trepp (2001: 6), „einen scharfen Trennungsstrich zwischen dem Kampf gegen Steuerhinterziehung und dem Kampf gegen Geldwäscherei, der aus Sicht der Banker vielfach als verdeckter Konkurrenzkampf der EU-Finanzplätze gegen die Schweiz missbraucht wird". Es macht Sinn, eine systematische Unterscheidung vorzunehmen, die etwas anderen Kriterien folgt als sie Helleiner vorgeschlagen hat.

Den Geldtransfers geht *erstens* eine in allen Ländern als kriminell eingestufte Vortat voraus. Dies ist u.a. bei Drogenerzeugung und -handel oder bei nicht autorisierten Waffenverkäufen oder beim Menschenhandel der Fall. Geldtransfers, die darauf beruhen und die Spur zu dem Grundgeschäft verwischen sollen, sind auf jeden Fall und in allen Ländern inzwischen als Geldwäsche definiert, die gemäß internationaler Abkommen verfolgt und unterbunden werden soll. Hier ist die Regelungsdichte relativ hoch, wenn auch keineswegs umfassend. Darauf verweisen sowohl die FATF als auch das Observatoire Géopolitique des Drogues oder Transparency International. Zu den Unterschieden der Gesetzgebung kommen die Unterschiede der Implementierung; die möglichen Kontrollen werden in manchen Fällen eher lax gehandhabt und sie sind von politischen Opportunitätserwägungen abhängig. Solange Drogendealer und Geldwäscher wie der „Narcodiktator" Noriega, Präsident von Panama, als Verbündeter gegen Cuba und das sandinistische Nicaragua ins politische Konzept der USA passte, wurde der Kampf gegen Drogenhandel und Geldwäsche den Hegemonialinteressen untergeordnet. Als aber die Mauer in Berlin gefallen und die Sandinisten von der Macht verdrängt waren, galt Noriega nur noch als Drogendealer, der in Miami zu 40 Jahren Zuchthaus verurteilt worden ist (Hafner 2002: 18f).

Globale Geldtransfers gründen *zweitens* auf Tatbeständen, die nur in dem Herkunftsland kriminalisiert sind, nicht aber im Zielland. Dies ist in aller Regel bei Delikten der Steuerhinterziehung der Fall. Hier ist die internationale Kollaboration weniger ausgeprägt und erst jüngeren Datums. Inzwischen sind „harmful tax practices" ein wichtiges Thema innerhalb der OECD (OECD 1998; 2000a; 2000b). Dabei geht es darum, dass Steuerhinterziehung im Lande A auch im Zielland B (dem „tax haven") verfolgt werden kann und dass Land A und Land B zur Unterbindung von Steuerhinterziehung kooperieren. Dagegen gibt es zum Teil heftigen Widerstand, da „Steuerparadiese" ihre Vorzugsstellung einbüßen können. Die Bush-Administration hat sich mit dem ultra-liberalen Argument, dass Steuerwettbewerb nicht unterbunden werden sollte, aus der OECD-Kampagne gegen schädlichen Steuerwettbewerb ausgeklinkt (vgl. *Frankfurter Rundschau* vom 17.5.2001) und so einen multilateralen Ansatz „to combating money laundering, tax evasion, and rogue banking" (Wechsler 2001: 57) aufgegeben. Erst nach dem 11. September 2001 ist die Tragweite dieser Entscheidung deutlich geworden: Mit gewaschenem Geld und mit Hilfe von Untergrundbanken werden auch terroristische Netzwerke betrieben.

Die Schweiz hat zwar die Kooperation beim Kampf gegen Geldwäsche und Steuerhinterziehung zugesagt, aber wenig getan, um diese Zusage praktisch umzusetzen.

Die Tradition der schwarzen Konten lässt sich nicht leicht abschütteln, zumal daran so viel und unbeschwert verdient werden konnte und kann (vgl.

dazu Ziegler 1999; Trepp 2001). Daher hat Susan Strange Recht, wenn sie darauf hinweist, dass die Bankiers neben Priestern und Ärzten die einzige Berufsgruppe sind, die ein „Geheimnis" pflegen dürfen (Strange 1998)[8]. Auch Anlagebetrug ist nicht in allen Ländern in gleicher Weise kriminalisiert, z.T. wegen der Entwicklungsunterschiede von Kapitalmärkten und Börsen in verschiedenen Ländern und Weltregionen. Die OECD hat im Februar 2000 25 Kriterien entwickelt, mit denen nicht-kooperative Offshore-Zentren identifiziert werden können (in Bezug auf „harmful tax practices" vgl. OECD 2000b). Insgesamt 22 Offshore-Zentren, von den Bahamas über die Cayman-Inseln, Israel, den Libanon, Liechtenstein, Panama, Philippinen, Nauru oder Russland fallen in diese Kategorie. US-amerikanische Bundesstaaten wie Delaware oder Montana sind nicht in der Liste, obwohl sie ebenfalls „special jurisdictions" haben, zum Beispiel vereinfachte Regeln bei der Gründung von Firmen und Banken, die ebenfalls Anlagebetrug und damit immer einhergehende Geldwäsche begünstigen[9]. Wenig kooperativ ist auch Liechtenstein. Das Fürstentum mit seinen rund 32.000 Einwohnern auf 160 Quadratkilometern beherbergt mehr als doppelt so viele Stiftungen wie es Einwohner zählt, in denen 200 Mrd. Schweizer Franken versteckt sind (*Der Spiegel* Nr. 45/1999).

Jedenfalls wird hier viererlei deutlich: *Erstens* ist die Zuordnung zur Gruppe der nicht-kooperativen Off-Shore-Zentren ein hegemonialer Akt, durch den die „Sünder" aus dem Bereich der Hegemonialmacht ausgenommen werden. *Zweitens* sind nicht nur „Off-Shore"-Inseln in der Karibik oder im Pazifik Territorien mit „special jurisdiction", sondern auch große Staaten, wie Israel[10], Libanon oder Russland, die mit besonders laxer Regelung versu-

---

[8] Vom Bankgeheimnis sagt der Präsident des Bundesaufsichtsamtes für das Kreditwesen, Horst Sanio: „Für uns als Bankaufseher hat es nie ein Bankgeheimnis gegeben. Wir können uns jedes Konto anschauen ..." (Interview mit Daniel Rhée-Piening in: *Der Tagesspiegel* vom 8.10.2001; auch in: Deutsche Bundesbank, *Auszüge aus Presseartikeln*, Nr. 45 vom 10.10.2001: 10f). Allerdings fügt er sogleich hinzu, dass es eine zentrale Evidenzzentrale geben sollte, damit man weiß, welche der an die 300 Millionen Konten in Deutschland man denn ansehen müsse.

[9] Im April 2001 wurde in einer Zeitungsnotiz davon berichtet, dass die Internationale Handelskammer im Internet einen Betrug mit gefälschten Banksicherheiten in der Größenordnung von 3,9 Mrd. US$ aufgedeckt hat. Die Opfer des Anlagebetrugs haben auf etwa 25 Internet-Seiten jeweils Zehntausende von Dollars für die Ausgabe von gefälschten Sicherheiten gezahlt. Die Web-sites waren so gestaltet, als ob sie von einer internationalen Clearing-Bank betrieben würden. Einige, aber wohl nicht alle Hintermänner sind im April 2001 festgenommen worden (*Der Tagesspiegel* vom 14. 4. 2001). Es ist klar, dass die 3,9 Mrd. US$ durch Geldwäsche in Sicherheit gebracht worden sind. Ob diese zum Teil den Geschädigten zurückerstattet werden konnten, ist bei Abschluss des Manuskripts nicht bekannt.

[10] Vgl. den Bericht in der *International Herald Tribune* vom 21.2.2000: „Israel Seen as Paradise for Money Laundering". Darin werden einige Beispiele erwähnt, etwa das einer

chen, attraktiv für Kapital zu bleiben oder zu werden. Das Fehlen einer funktionierenden Aufsicht oder institutioneller Kompetenz sind dabei für Kapital aus schmutzigen Geschäften von Vorteil. *Zum Dritten* haben einige der kleinen Inseln gar keine ökonomischen Alternativen zum Off-Shore-Business und zur „competition of laxity" (Reinhard Blomert „Wenn aus hungrigen Wölfen fette Kühe werden" in *Berliner Zeitung* vom 19./20.4.1997), und sie sind daher auch nicht durch Sanktionsdrohungen von ihren Sonderkonditionen für schmutziges Geld abzubringen[11]. *Viertens* ist Offshore banking so attraktiv, dass auch angedrohte Sanktionen wirkungslos bleiben. In Liechtenstein mit seinen zig tausend Stiftungen ist jeder zweite Liechtensteiner im Geldgewerbe oder Treuhandwesen tätig (*Der Spiegel* Nr. 45/1999). Die Aufgabe der Geldwäscheaktivitäten würde also einen Umbau der gesamten Wirtschaftsstruktur mit den entsprechenden Friktionen erforderlich machen. Folglich: Im Fall der Geldwäschebekämpfung gibt es internationale Kooperation, auch wenn sie (noch) nicht besonders effektiv ist und auf eine Reihe von Widerständen stößt. Doch wird man mit Sanktionsdrohungen gegen nichtkooperative Offshore-Zentren auf Granit beißen.

Wir kommen nun zur Kapitalflucht. Kapitalien stammen in allen Ländern aus legalen formellen und halb-legalen informellen Aktivitäten, doch ist - und dies ist der *dritte* Fall in Helleiners Liste - der Transfer als solcher im Herkunfts- und/oder Zielland (Kapitalexport oder/und Kapitalimport) nicht legal. Dies trifft auf Kapitalflucht und Währungsvergehen zu, sofern ein Land Devisenkontrollen und Regeln für Kapitaltransfers erlassen hat. Bei voller Konvertibilität der Währungen und freien, deregulierten Kapitalmärkten in allen beteiligten Ländern gibt es das Delikt der (illegalen) Kapitalflucht nicht. „Kapitalflucht" wäre nur der Ausdruck für besonders massive Kapitalbewegungen aufgrund von Zinsdifferentialen zwischen Finanzplätzen, erwarteten Wechselkursbewegungen oder veränderten Einschätzungen der ökonomischen Gesamtlage von Ländern (bzw. von „Standorten"). Doch kann die Kapitalflucht sozial und politisch sehr schädlich sein (Baker 2000) und beispielsweise wegen der Folgen für Wechselkurs und Kapitalmarkt Finanzkrisen auslösen oder verstärken, wenn sie mit Herdenverhalten verbunden ist (zum Herdenverhalten vgl. Shiller 2000: 173ff): Ein großer Investment-Fonds zieht sich aus einem

---

Tschetschenin mit Venezolanischen Schecks auf ein Bankhaus in Gibraltar bezogen. Dem Bericht zufolge war Israel auch an der Geldwäsche der 13 Mrd. US$ aus Russland über die Bank of New York indirekt beteiligt.

[11] Einige der kleinen Inselstaaten benutzen den Status des Offshore-Zentrums auch als Druckmittel, um Zugeständnisse der Industrieländer in der Klimapolitik zu erreichen. Denn ein Stopp des Treibhauseffekts ist für die geographische Existenz der Inselstaaten überlebensnotwendig.

„emerging market“ zurück, und in einer Situation allgemeiner Verunsicherung folgen dem „Leithammel“ andere Anleger. Unter der Lawine von „volatilem“ Kapital auf der Flucht werden die Währung abgewertet und die Devisenreserven der Zentralbank geplündert. Kredite, die vor allem beim IWF aufgenommen werden, steigern die Außenschulden und wegen der Währungsabwertung den Schuldendienst, für den die Bevölkerung „in Haftung“ genommen wird (vgl. Dieter 1998). Die Verluste Mexikos, der asiatischen Krisenländer, Russlands, Brasiliens oder der Türkei belaufen sich auf 10 bis 20 Prozent des Bruttoinlandsprodukts. In Argentinien sind sie noch wesentlich höher. Freilich sind diese nicht nur eine Folge von Kapitalflucht und damit einhergehender Währungskrise, sondern der Bankenkrise, die in fast keinem der Krisenländer (Brasilien ist eine gewisse Ausnahme) abgewendet werden konnte.

Für die Zielländer kann Kapitalflucht von Vorteil sein. Die USA haben das flüchtige Kapital aus Westeuropa nach dem Zweiten Weltkrieg „aufgenommen“ und sich daher auch für eine schnelle Liberalisierung der Kapitalmärkte eingesetzt (Helleiner 1994: 54ff). Später haben sie die „Kapitalflucht“ aus Ländern der „Dritten Welt“ genutzt, um ihr Doppeldefizit in Leistungsbilanz und Staatshaushalt zu finanzieren. Warum sollten sie ein Interesse an einer Unterbindung der Kapitalflucht durch Kapitalverkehrskontrollen oder durch Eindämmung des Offshore-Systems haben (Fritz/Hahn/Hersel 2000: 19f)? Auch hat die „Kapitalflucht“ aus den asiatischen Ländern im Gefolge der Finanzkrise von 1997 zu dem lang andauernden Börsenboom beigetragen, der den USA die „new economy“ bescherte, die Börsenkapitalisierung der Unternehmen nach oben trieb und dem Management-Konzept des „shareholder value“ zum Durchbruch verhalf. Das Interesse an einer Kontrolle der Geldwäsche ist größer, zumal wenn sie im Zusammenhang mit Drogen- und Menschenhandel, unerwünschtem Waffenhandel oder mit Korruption steht, die allesamt das hegemoniale System unterminieren können. Kontrollen von Finanzbewegungen, die mit deren Abwehr begründet werden, können auch die liberale Theorie und liberale Politiker akzeptieren, während sie bei Steuerflucht und Kapitalflucht die Antwort der Deregulierung und nicht die der internationalen Regulierung vorziehen würden. Doch zumindest in Bezug auf Steuerflucht haben sich die OECD-Länder auf kooperative Regulierung verständigt und jene „tax havens“ gebrandmarkt, die bei ihrer Unterbindung nicht kooperativ mitwirken.

Die nachfolgende Übersicht (vgl. *Abb. 8*) fasst die Unterschiede zwischen Geldwäsche, Kapitalflucht, Steuerflucht und die politische Reaktionsweise darauf zusammen. Dabei wird angenommen, dass zwei Länder (bzw. Währungsräume) im Spiel sind und zwischen ihnen im Zuge von Geldwäsche, Steuerflucht und Kapitalflucht monetäre Transaktionen erfolgen.

Abbildung 8: Geldwäsche, Kapitalflucht, Steuerhinterziehung

	Geldwäsche	Kapitalflucht	Steuerhinterziehung
Gelderwerb und -anlage im Ursprungsland	illegal (Vortaten und „placement“)	legal (Kapitalbildung)	illegal
Akt des Transfers	illegal	illegal	(legal)
Geldanlage im Zielland	illegal („layering“ und Integration)	legal (Kapitalanlage)	(legal)

Geldwäsche ist also im Ursprungs- wie im Zielland illegal und auch die Transaktionen, die zumeist über die Finanzdrehscheiben in Off-Shore-Zentren laufen, sind nicht legal. Kapitalflucht ist - unter der Annahme von liberalisierten Währungs- und Kapitalmärkten - sowohl hinsichtlich der Kapitalbildung als auch bei der Kapitalanlage legal; doch kann der Transfer als solcher illegal sein. Steuerhinterziehung ist im Ursprungsland illegal, im Zielland so lange legal, wie es keine gemeinsamen Abkommen zur Schließung von „tax havens“ und zur Vermeidung der schädlichen Praxis des Steuerwettbewerbs gibt (vgl. auch Morris-Cotterill 2001: 17). Und dies bedeutet:

„To be effective, anti-money laundering policies must interfere with the behaviour of legitimate financial actors and transactions. The anti-money laundering regime, albeit not designed to interfere with capital mobility, is nonetheless a contemporary example of Western states re-regulating financial activity ...“ (Sica 2000: 47).

Die Regulationen zur Unterbindung von Geldwäsche erhöhen die Transaktionskosten aller Kapitalbewegungen, und deshalb reagieren die Regierungen so zögerlich. Sie wollen den jeweiligen Finanzplatz attraktiv halten und nehmen daher auch die kriminellen Machenschaften der Geldwäscher, zumal die Täter mit weißen Westen auf offiziellen Banketten auftreten, in Kauf. Es hat erst des 11. September 2001 bedurft, um die notwendigen Regulationen der finanziellen Institutionen zur Unterbindung der Geldwäsche einen Schritt vorwärts zu bringen.

4. Die Zirkulation schmutzigen Geldes

Die Geldwäsche ist eine Methode, um den Zusammenhang der Transaktionen von Verkauf (Ware gegen Geld) und Kauf (Geld gegen Ware) zu verdunkeln, und zwar sowohl hinsichtlich der grundlegenden Geschäfte als auch im Hinblick auf beteiligte Akteure. Es darf nicht erkennbar sein, aus welcher Warentransaktion (der immer ein Produktionsprozess vorausging) das Geld (W - G) stammt, mit dem der zweite Akt der Zirkulationskette „Geld gegen Ware“ (G - W) ermöglicht wird. Die Zirkulationsfigur liest sich im Fall der Geldwäsche in grob vereinfachter Darstellung so (vgl. *Abb. 9*):

Abbildung 9: Die Zirkulationsfigur der Geldwäsche (schematische Skizze)

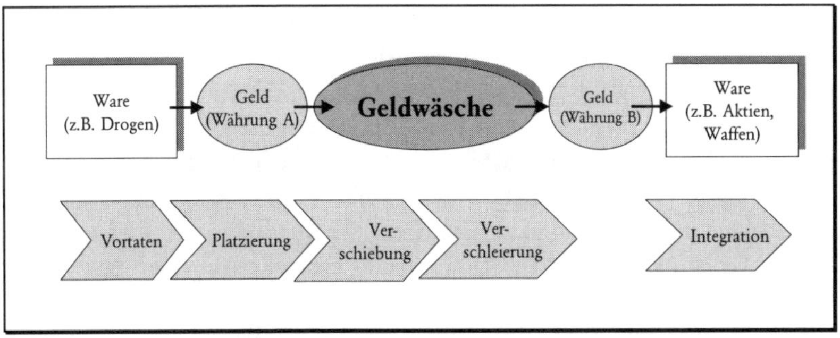

Die *erste Phase* der Produktion der Ware und ihres Verkaufs gegen Geld ist die der so genannten „Vortaten" der Geldwäsche. Diese Vortaten sind illegal und/oder kriminell. Denn wären sie es nicht, brauchten die Geldeinnahmen nicht „gewaschen" zu werden. Sie reichen von der Drogenproduktion und dem Drogenhandel über den illegalen Waffenhandel, Menschenhandel („trafficking") und Schleusen („smuggling") von Migranten[12], den Schmuggel von Waren (manchmal direkt Ausdrucksform von Countertrade), organisierter Prostitution, Korruption bis zu Fälschungsdelikten. Die Vortaten finden aber auch an Marktschranken (Zoll- und Währungsgrenzen) und inzwischen vermehrt auf den Wertpapier- und Finanzmärkten statt: Bankbetrug, Kreditkartenbetrug, Anlagebetrug, z.B. mit hochrentierlichen Anlagen im Internet ohne erforderliche Risikoaufklärung oder Zulassung zu Wertpapiergeschäften, Betrug mit Gebühren, Bankrottbetrug, Veruntreuung u.ä. („bank fraud, credit card fraud, investment fraud, advance fee fraud, bankrupty fraud, embezzlement and the like" - FATF VIII/PLEN/19.REV1: 3). Das Internet spielt dabei eine immer wichtigere Rolle (Bundesaufsichtsamt für den Wertpapierhandel BaWe und International Organisation of Securities Commissions IOSCO; http://www.bawe.de/pm6_2000.htm).

Am Ende der ersten Phase des Geldwäsche-Zyklus verfügen die Illegalen zum Teil über große Summen Bargeldes, häufig in kleinen Noten (etwa aus der Drogendealerei). Die Einschleusung („placement") schmutzigen Geldes in die monetären „laundromats" findet in diesen Fällen zumeist im „Barbereich"

12 „'Trafficking in persons' shall mean the recruitment, transportation, transfer, harbouring or receipt of persons, by means of the threat or use of force or other forms of coercion, of abduction, of fraud, of deception. Of the abuse of power or of a position of vulnerability or of the giving or receiving of payments or benefits to achieve the consent of a person having control over another person, for the purpose of exploitation ..." (UNO 2000b).

oder „Schalterbereich" der Bankinstitute statt - so jedenfalls die Erfahrung aus der Drogenbekämpfung in den USA (Findeisen 1997: 99). Doch ist dieser für Drogenkriminalität typische Sachverhalt für moderne Vortaten der Geldwäsche eher untypisch geworden (vgl. auch Hafner 2002: 9ff). Die Beträge sind groß und sie sind unbar[13]. Besonders spektakulär war im Sommer 1999 die Verschiebung von illegalen Geldern aus Russland in die USA und nach Westeuropa in Höhe von 13 Mrd. US$ unter Nutzung von Konten bei der „Bank of New York" (vgl. u.a. Hafner 2002: 29ff). Vergleichbares hätte auch in Deutschland geschehen können (Findeisen 2000a). Geldwäsche findet also im Kleinen (wobei sich die kleinen Beträge häufig zu großen Summen aggregieren) wie im Großen statt. Große Summen zu waschenden Geldes werden in viele kleinere Beträge (unterhalb der Grenze, an der die Banken zu Kontrollmitteilungen verpflichtet sind - in der BRD gemäß Geldwäschegesetz unterhalb von 30.000 DM/etwa 15.000 Euro) aufgeteilt und durch Mittelsmänner ins Banksystem eingeschleust (Platzierung). Dies wird als „smurfing" bezeichnet.

Dass die Wäsche großer Beträge die Kleinwäsche nicht gänzlich verdrängt, belegen die ca. 25 Millionen anonymen Spar„büchl" im Acht-Millionen-Einwohner-Land Österreich, auf denen sich 90 Prozent aller Spareinlagen befinden sollen. Erst seit dem 1. November 2000 ist die Eröffnung anonymer Konten untersagt, und erst ab 1. Juli 2002 kann dem Verdacht der Geldwäsche nachgegangen werden, wenn sich auf einem der anonymen Konten mehr als 14.500 Euro befinden (Trepp 2001: 20). An der Kleinwäsche sind vor allem so genannte „Parabanken" beteiligt, also Anwälte, Notare, Hoteliers, Spielcasinos, Tourismus-Einrichtungen. Die Geldwäsche wird zum Beispiel in der Schweiz sehr leicht gemacht: Ein reicher Gast kann im Hotel bar bezahlen, große Beträge an der Rezeption aus einer Währung in den Schweizer Franken tauschen und so die Spur auf eine kriminelle Vortat verwischen (Trepp 2001: 12ff). Dies soll nach den neuen Richtlinien nach dem 11.9.2001 nun nicht mehr möglich sein.

In der *ersten Phase* des Zyklus der Geldwäsche wird also das schmutzige Geld zunächst platziert (oder vorgewaschen) und dann in der *zweiten Phase* des Geldwäschezyklus innerhalb des Bankensystems verschoben und verschleiert („placement" und „layering"). Es findet nun ein „Verwirrspiel" (Hafner 2002: 12) statt unter Nutzung der modernen Finanzinnovationen. Alles, was das normale Geschäft erleichtert, ist auch für die *mala vita* der Geldwäsche förderlich. Geldwäsche findet *erstens* nicht mehr im nationalen Rahmen,

[13] Obendrein gehen die Banken - aus Gründen, die mit Geldwäsche wenig zu tun haben - dazu über, den Schalterbereich, in dem Kunde und Bankbediensteter in visuellem Kontakt sind, wegzurationalisieren.

sondern global, und *zweitens* nicht mehr hauptsächlich im Schalterbereich der Banken, sondern unter Nutzung von Derivatenhandel und „electronic banking" statt. Die Etappen der Geldwäsche (vgl. etwa Feiler 1997: 178ff) von der *Platzierung* der aus kriminellen Vortaten erwirtschafteten illegalen Beträge über die *Verschiebung und Verschleierung* innerhalb des Bankensystems enden schließlich mit der erfolgreichen *Integration* des gewaschenen Geldes in die formellen Kreisläufe des Geldes. Es findet auf dem Konto einer formellen Bank eine „Heimat"; die Spuren zum anrüchigen Geschäft sind ausgelöscht. Das Geld kann förmlicher gar nicht sein und seine Funktion als ultimatives Medium der Kontrakterfüllung anstandslos ausüben.

Das Delikt der Geldwäsche als solches ist zwar schon alt, doch in der jüngeren Vergangenheit wird es im Zuge der Globalisierung zum Skandalon. Denn die institutionelle Liberalisierung und Deregulierung der globalen Kapitalmärkte zusammen mit der Privatisierung bislang in öffentlicher Hand gebundener Vermögenswerte hat ein extremes Wachstum von Finanzgeschäften ausgelöst, das in manchen Sektoren (vor allem bei manchen Derivaten) seit den 80er Jahren eine Verhundert- und Vertausendfachung der Umsätze mit sich brachte. Außerdem haben sich die Verbreitung elektronischer Medien im Geschäftsverkehr und die Ausgabe elektronischen Geldes („off-line" wie „online") fortgesetzt. Diese Entwicklungen sind alle auch der Geldwäsche zugute gekommen. Geldwäscher nutzen im globalen Raum jene Orte, wo die Maschen des regulativen Netzes besonders weit sind. Denn trotz globaler Vereinheitlichung gibt es bei der institutionellen Ausgestaltung und Regulation von Finanztransaktionen beträchtliche Unterschiede in den rechtlichen Regelungen („jurisdictions"). In diesem Kontext sind die Offshore-Bankzentren von Belang, die ungewaschenen Geldern zum Teil Unterschlupf gewähren und dabei behilflich sind, Herkunft und Ziel von Transaktionen zu verschleiern[14]. Papierspuren (im Falle von Bargeld und normalen Kontobewegungen)

---

14 Laniel beschreibt Mauritius als ein Beispiel für florierende Geldwäsche. Dabei ist die Tatsache, dass Mauritius ein Offshore-Finanzzentrum ist, weniger wichtig als die Geldanlage auf der Insel selbst, und zwar in Wohnanlagen, Tourismus-Einrichtungen etc. Zusammen mit anderen Einnahmen aus illegalen Transaktionen (Verkauf gefälschter Markenwaren) wird das Geld über das „hundi"-System ins Ausland transferiert, von wo es als Auslandsinvestition steuerbegünstigt zurückkehrt und ganz legal Erträge, beispielsweise in der Tourismus-Branche erzielen kann (Laniel 2000: 137f). Diese Methode wird mit Variationen auch anderswo verwendet, z.B. auf den Kanarischen Inseln und auf den Balearen, wo Immobilien mit Geldern finanziert werden, die der Steuer in Ländern der Europäischen Union hinterzogen worden sind. Finanzbehörden Spaniens gehen davon aus, dass Kapitalgesellschaften mit Sitz im Offshore-Zentrum Gibraltar über spanische Immobilien im Wert von 6 Mrd. DM verfügen (Fritz/Hahn/Hersel 2000: 15). Kurz vor Einführung des Euro sind offenbar viele Schwarzgeldkonten aufgelöst und in spanischen Immobilien angelegt worden, so dass an der spanischen Mittelmeerküste ein neuer Bauboom ausgelöst wurde und die Aktien von

und die elektronischen Spuren (bei der Nutzung von „cyber-money") werden ausgelöscht.

Off-Financial Centers[15] (OFC) verfügten Ende Juni 1999 über grenzüberschreitende Aktiva („cross-border assets") in der Größenordnung von 4.600 Mrd. US$ (900 Mrd. US$ entfallen auf die karibischen, 1.000 Mrd. US$ auf die asiatischen und der größte Teil der restlichen 2.700 Mrd. US$ Aktiva auf OFC in Großbritannien und in den USA (International Banking Facilities), das sind ca. 50 % aller grenzüberschreitenden Vermögenswerte („cross-border-assets") (IMF 2000: 9f). Diese Zahlen unterstreichen die Notwendigkeit, die Aktivitäten der OFCs zu regulieren. Denn sie werden nicht nur aus „legitimate reasons", sondern auch

„used for dubious purposes, such as tax evasion and money-laundering, by taken advantage of a higher potential for less transparent operating environments, including a higher level of anonymity, to escape the motive of the law enforcement agencies in the 'home' country of the beneficial owner of the funds" (IMF 2000: 9).

In den enorm gesteigerten monetären Umsätzen auf den globalen Finanzmärkten wird es immer schwerer, „die Stecknadel im Heuhaufen" zu finden. Das quantitative Wachstum der Umsätze auf Devisenmärkten auf (nach Angaben der BIZ) ca. 1.300 Mrd. US$ täglich indiziert das Volumen der internationalen Geschäftsbeziehungen, unter denen diejenigen, die der Geldwäsche dienen, kaum auffallen, zumal ein großer Teil der Umsätze automatisch elektronisch verbucht wird. Auch sind im Zuge der Deregulierung viele Möglichkeiten der „kreativen" Umgehung von Bestimmungen in nationalen Rechtssystemen und im Rahmen internationaler Abkommen entstanden, zumal mit elektronischen Medien die neuen Möglichkeiten der deregulierten Märkte erst richtig ausgeschöpft werden können.

---

spanischen Baufirmen und Immobilienfonds steigen (*Frankfurter Allgemeine Zeitung* vom 3.9.2001: „Europas Schwarzgeld beginnt zu fließen"). Die Europäische Kommission schätzt den Umfang der Schwarzgelder auf 500 bis 1100 Mrd. Euro oder 7 bis 16 vH der Wirtschaftsleistung der EU (ebd.). Russisches Fluchtkapital wird vorzugsweise in westeuropäischen Immobilien angelegt. Dabei spielen Scheinfirmen in Off-Shore-Zentren, etwa in Liechtenstein, eine vermittelnde Rolle (vgl. den Bericht „Das Russland-Haus" über russische Anlagen in Villengrundstücke in Garmisch-Partenkirchen in *Berliner Zeitung* vom 23.4.2001).

15 Eine gute Übersicht über die Funktionsweise von OFCs gibt das Monetary and Exchange Affairs Department des IMF in einer Stellungnahme vom 23.6.2000: „Offshore Financial Centers IMF Background Paper": http://www.imf.org/external/np/mae/oshore/2000/eng/back.htm.

5. Geldwäsche elektronisch: die Nutzung von „cybermoney"

Wegen des Bedeutungszuwachses des „technology banking" mit Hilfe der modernen Informationstechnologien verändern sich auch die Techniken der Geldwäsche. Die Platzierung kleiner Beträge im Schalterbereich der Banken gehört der Vergangenheit an. Denn *erstens* nutzen die Banken und anderen Finanzdienstleister das Rationalisierungspotenzial der Informationstechnologien, um die Transaktionskosten zu senken, und dabei werden auch jene Filter abgeschafft, an denen Geldwäsche auffällig werden könnte. Die Kosten einer Transaktion am Bankschalter werden gemäß *Time* (vom 26.7.1999) mit 2 US$, die am „Bankautomat" („automatic teller machine") mit 80 cents und die im Internet mit 30 cents oder weniger angegeben. Findeisen (1998b: 108) zitiert eine Untersuchung eines Beratungsunternehmens, nach der eine Zahlungsfunktion im Internet 0,01$, eine Transaktion am Selbstbedienungsautomaten 0,27$, eine Transaktion via Telefon 0,54$ und eine Transaktion am Schalter 1,07$ koste. Automatische Buchungen, aber auch Einzahlungen und Auszahlungen an Automaten außerhalb der Schalterbereiche sind also billig und sie anonymisieren das Verhältnis zwischen Bank und Kunden. Und das ist gut für Geldwäscher und schlecht für die Aufsicht über das Bank- und Kreditwesen.

Zweitens wird nicht nur der Transaktionsvorgang, sondern das Geld selbst „digitalisiert", es wird zu „cybermoney". Dies bedeutet unter Geldwäschegesichtspunkten eine gravierende Änderung gegenüber dem Papier- und Buchgeld. Denn der Pflichtenkatalog aus dem Geldwäschegesetz und anderen Regelungen orientiert sich an einem „auf das Bargeld fixierten Ansatz" (Findeisen 1998b: 108). Das ist so, als wenn man die Finanzkrisen der 90er Jahre noch unter der Annahme, dass es eine Goldwährung gäbe, analysieren und bekämpfen würde. Beispielsweise kommt es im (elektronischen) „direct banking" wegen der prinzipiellen Anonymisierung und mangels eines Bargeschäfts nicht mehr zu einer identifizierungspflichtigen Situation (i.S.d. §2 GwG - Findeisen 1998b: 111).

Cybermoney oder Digitales Geld kann prinzipiell zwei technische Formen annehmen: online- und offline-Geld. Online-Geld wird in Computer-Netzwerken genutzt, z.B. beim „shopping" im Internet („Netzgeld"). Es ist somit das monetäre Äquivalent für den sich ausbreitenden „e-commerce" in der „new economy". Allerdings ist bei der Einschätzung des Potenzials mehr Skepsis angebracht als noch vor einigen Jahren, als euphorische Erwartungen in Bezug auf die Entwicklungsdynamik des E-Geldes vorherrschten. Offline-Geld nimmt die Form der „moneycard" (z.B. Kreditkarte mit persönlicher PIN-Nummer) oder der mehrere Funktionen vereinenden „multicard" an, die

„prepaid" ist, also „mit Geld aufgeladen" werden muss, um „offline" als Geld, mit dem verbindliche Zahlungen geleistet werden können, zu funktionieren. Die deutschen Banken sind inzwischen durch die Bundesbank gehalten, monatlich über ihre „Geldkarten-Aufladungsgegenwerte" zu berichten. Dadurch ist nicht nur eine Geldmengenkontrolle, sondern, weil „Schattenbuchungen" für die Geldkarte vorgenommen werden, auch „eine Kontrolle des Weges des Geldes möglich und Mißbrauch grundsätzlich feststellbar" (Findeisen 1998b: 114). Grundsätzlich - d.h. so lange die Banken bereit sind, die automatischen Buchungsvorgänge nachzukontrollieren.

Die elektronische Geldbörse wird im Geschäftsverkehr „entladen", indem die fälligen Beträge wie bei einer Telefonkarte chip-gesteuert abgebucht werden. So können auch Kleinstumsätze abgewickelt werden. Dies macht sie interessant für den Straßenhandel mit Drogen. Straßendealer können anstatt barer Dollar auch „smart cards" mit Aufladebeträgen von 20, 50 oder 100 US$ annehmen und diese Karten am Terminal eines befreundeten Händlers entladen und auf ein Bankkonto übertragen. Ähnlich wird auch in der Prostitution vorgegangen. Der Händler erhält für die Dienstleistung ein gewisses Schmiergeld. Das schmutzige Geld kann nach dieser Platzierung wie Bargeld verschoben („layering") und in das Finanzsystem integriert werden. Dies unterscheidet sich im Prinzip nicht von der traditionellen Geldwäsche mit Kleinbeträgen. Die Spur des Geldes zur kriminellen Vortat ist nicht auffindbar[16].

Auch wenn die Geldbeträge der „money cards" auf den PC geladen und dann für den Geschäftsverkehr im Internet benutzt werden, ist die Integration schmutziger Gelder ins formelle Zahlungssystem vergleichsweise einfach und die Kontrolle entsprechend schwierig. Die Verschleierung kann aber auch umgekehrt erfolgen: durch scheinbar legitime Zahlungen aus dem Internet (ausgewiesen als karitative Spenden, obwohl sie beispielsweise durch Drogenschmuggel zustande gekommen sind), deren Beträge vom PC auf die „smart card" geladen werden. Diese wiederum wird zum Kauf von Waren benutzt oder auf ein anderes Konto entladen. Das schmutzige Geld ist in den formellen Geldkreislauf integriert.

Das Verbreitungspotenzial des elektronischen Geldes (offline und online) ist allerdings nur groß, sofern es *erstens* gelingt, die Gebühren für die Nutzung gering zu halten, *zweitens* Kompensationen für Verlust oder Fehlfunkti-

---

[16] Wenn allerdings die Kaufbeträge für Drogen von Karte zu Karte transferiert werden (wie im Mondex-System, das allerdings gescheitert ist) und sich zu hohen Beträgen auf einer Karte summieren, sind „placement" und „layering" schwierig zu kontrollieren, zumal die Gelder, wenn sie ins Zahlungssystem eingeschleust werden, von legitimen Zahlungen ununterscheidbar sind. Bei diesem System „peer-to-peer" ohne Intermediation einer Bank sind Geldwäsche erleichtert und die Aufsicht erschwert.

onen der Karte zu finden, *drittens* die technischen Möglichkeiten des Umgangs mit ihr zu vereinfachen und sie *viertens* gegen jeden Missbrauch, auch gegen Geldwäsche, abzusichern. Folglich besteht ein gewisses Interesse daran, Geldwäschemöglichkeiten unter Nutzung von „cyberpayments" zu unterbinden. An technischen Verbesserungen arbeiten natürlich die „elektronischen Banken", die Chipkarten- und Netzgeld-issuer, mit höchster Intensität. Dabei sind sie nicht nur an der Sicherheit der Karte für die Kunden, sondern gerade auch an ihrer eigenen Sicherheit gegen ungedeckte Karten und daher an der Solvenz der Kunden interessiert. Dies ist ein mächtiger Anreiz für die elektronische Durchleuchtung der Chipkarten-Nutzer. Doch gegen diese Versuchungen können Barrieren errichtet werden. Diese liegen paradoxerweise ebenso wie die Durchleuchtung der Nutzer im Interesse der Karten-issuer, da nur so die Akzeptanz des elektronischen Geldes erhöht und erhalten werden kann. Die Anonymisierung des „cybermoney", also die Unmöglichkeit, dass die elektronische Note zu demjenigen zurückverfolgt werden kann, der sie zuletzt „ausgegeben" hat, ist weitgehend gewährleistet. Genau dieser Vorteil macht das elektronische Geld für Geldwäsche besonders anfällig.

6. Geldwäsche mit Derivaten

Während elektronisches Geld wegen der vergleichsweise kleinen Stückelung in erster Linie als *Zirkulationsmittel* fungiert, sind Derivate Papiere, mit denen Kreditgeschäfte im weitesten Sinne und in großem Stil getätigt werden. Es handelt sich dabei um konditionierte Kaufmittel von Wertpapieren (Optionen, Futures, Swaps), deren Börsenumsatz in den späten 90er Jahren in Nordamerika jährlich mehr als 40 Billionen US$, in Europa etwa 30 Bio US$ und in Asien an die 15 Bio US$ beträgt (BIZ 2000: 130ff). Die Konditionen innovativer Finanzinstrumente sind hoch komplex, und sie werden von speziellen Designern durch die Abtrennung von Konditionen bestimmter Wertpapiere (z.B. Zinszahlungen oder Tilgungsbeträge oder Währungseinheit), „unbundling" genannt, und die Neuzusammensetzung zu „abgeleiteten" Wertpapieren, „repackaging" genannt, gestaltet und zum Verkauf angeboten. Wie dies geschieht und wie mit diesen finanziellen Designerprodukten viel Geld gemacht (und auch verloren) werden kann, ist am eindringlichsten bei Frank Partnoy (2000) nachzulesen. So ist eine Loslösung von den Basiswerten eines Papiers (daher: Derivate) und deren Vervielfachung in den Derivatengeschäften (Hebelwirkung) möglich. Schon die Komplexität ist ein Anreiz zur Geldwäsche, zumal die Regulation der Derivatgeschäfte (insbesondere der außerbörslichen, maßgeschneiderten Instrumente „am Tresen" in OTC-Geschäften - „Over-the-Counter") kaum entwickelt ist. Anders als die an der Börse getätigten Geschäfte sind OTC-Geschäfte von der Börsenaufsicht nicht erfasst; sie sind staatlich nicht kontrolliert und daher wegen geringer Transaktionskosten besonders lukrativ. Das normale Publikum hat dazu keinen Zugang. OTC-Geschäfte sind die Domäne der großen Investmentbanken, der Pensions- und Hedgefonds, die hier den Ort ihrer Spekulation gefunden haben. Der Nennwert des Bestands an Derivaten wird vom IWF mit 88 Billionen (88.000 Mrd.) US$ angegeben (IWF 2001: 81). Das Umsatzvolumen auf Devisenmärkten beträgt jährlich 388 Billionen US$ 1998, arbeitstäglich also rund 1,6 Billionen US$ (Huffschmid 1999: 51). Nach Bildung der Eurozone sind die Umsätze auf weniger als 1,2 Bill. US$ zurückgegangen. In diesen riesigen Transfers von Kapital auf den verschiedenen Börsenplätzen der Welt ist es schwierig, die Spuren von schmutzigem Geld aufzunehmen.

Im Zuge von Geschäften mit Derivaten lassen sich schmutzige Gelder besonders unauffällig waschen, da Basispapier und Derivat voneinander getrennt sind. Ein Beispiel, das auch das FATF erwähnt: Ein Finanzmakler benutzt zwei Konten (A und B), von denen eines der Geldwäsche (Konto A) dient. Der Makler kauft 100 Derivatenkontrakte zu einem Kurs von $85.02 mit einem Preis von $ 25 je „tick" (Basispunkt = 1/100 Prozent). Er tätigt ein Parallelgeschäft, indem er 100 Kontrakte zu einem Kurs von $85.00 verkauft. Also verfügt der Makler über zwei legitime Kontrakte. Im Laufe des Börsentags verändert sich der Preis des Derivats auf $84,72 (Geld) und $84.74 (Brief). Der Broker schließt beide offenen Kontrakte zu den Marktpreisen. Er schreibt nun den Verkauf zu $84.72 dem Konto A gut. Die Differenz zum Angebotspreis von $85.02 beträgt 30 „ticks" (Differenz zwischen 85.02 und 84.72) Der Verlust aus diesem Kontrakt beträgt 25$ je „Tick" x 100 Stück x 30 Kursdifferenz. Das sind insgesamt $75.000. Die anderen Umsätze werden dem Konto B gutgeschrieben. Hier wird ein Gewinn erzielt in der Größe von $25 x 100 X 26 = $65.000. Das Geldwäschekonto hat also $75.000 Verlust gebracht, das „saubere" Konto hingegen einen Gewinn von $65.000. Für die Geldwäsche sind also $10.000 aufgewendet worden, aber das Geld ist nun sauber. Beide Kontrakte sind völlig legal und vom Makler wohl dokumentiert (vgl. zur Darstellung Trepp 1999; 2001: 34-42; Hafner 2002: 93ff benutzt ebenfalls dieses Beispiel). Dass ein Geschäft dieser Art getätigt werden kann, ist freilich an die Voraussetzung gebunden, zwei Vorgänge in einem Konto zu führen. Solche „bunched orders" oder „Omnibuskonten" sind wegen der Intransparenz und der Möglichkeit, Kunden zu bevorteilen bzw. zu benachteiligen, verboten; in den USA allerdings sind sie seit 1998 ebenso erlaubt wie in Italien, wo auf diese Weise rund 20 Mrd. Schweizer Franken Mafiageld gewaschen worden sein sollen (Hafner 2002: 95). Es zeigt sich also die Bedeutung der Deregulierung und der Rücknahme von Aufsicht für die Möglichkeiten erfolgreicher Geldwäsche. Die Repression von Vortaten der Geldwäsche (Drogenhandel zumal) nimmt zu, und der Kampf gegen den Drogenhandel ist im Februar 2002 von Präsident Bush zu einem Teil des „Kriegs gegen den Terror" aufgewertet worden, so dass militärische Interventionen legitimiert werden. Doch die Geldwäsche mit Derivaten wird in der Konkurrenz der Finanzplätze in Folge der Deregulierungen erleichtert.

7. Schädliche Wirkungen der Geldwäsche

Geldwäsche ist eine Operation der Formalisierung informellen, also der Legitimierung illegitim erworbenen Geldes. Zumeist sind es die Vortaten, die einzelnen Gruppen oder der Gesellschaft insgesamt Schaden zufügen. Gegen die Verharmloser von Geldwäsche ist zu vermerken: keine Vortat ist abgeschlossen, solange sich nicht das kriminelle Tun in „klingender Münze" in der Kasse oder auf dem Konto niederschlägt. Und Bekämpfung der Geldwäsche ist nichts anderes als die Verhinderung der Kassierung von weiß gewaschenem, ehemals schmutzigem Geld.

Erstens und grundsätzlich entstehen durch Geldwäsche unkontrollierte, anti-konstitutionelle Mächte, bzw. sie werden durch Geldwäsche gefördert. Denn gewaschenes und daher frei verwendbares Geld ist eine Ressource, die auch eingesetzt werden kann, um die Quellen des schmutzigen Geldes gegen die Hüter des Gesetzes (von Bürgerbewegungen bis zur Strafverfolgung) zu schützen, also eine Art krimineller oder extralegaler „Gegengesellschaft" zu alimentieren. Deren Geldeinnahmen nach erfolgreicher Wäsche schmutzigen Geldes gehen in aller Regel auf Kosten der Gesellschaft. Im Falle von Korruption und bei Anlagebetrug ist dies offensichtlich. Allerdings gibt es auch das Beispiel der kleinen Coca-Pflanzer in Kolumbien oder Bolivien, deren einzige Einkunft aus dem Verkauf von Vorprodukten der Drogen stammt.

Zweitens werden Straftaten durch Geldwäsche nicht nur vertuscht, sondern monetär belohnt. Erfolgreiche Geldwäsche honoriert also illegales und kriminelles Verhalten, darunter auch die modernen Formen von Sklaverei. Dies kann eine Gesellschaft nicht zulassen, ohne sich selbst mit den Normen, die das Zusammenleben im Rechtsstaat regeln, aufzugeben. In nicht seltenen Fällen sind höchste Kreise der gesellschaftlichen Eliten involviert.

Drittens geht Geldwäsche in aller Regel mit Korruption einher. Polizei, Justiz und Politiker werden bestochen, um die Wäsche schmutzigen Geldes nicht zu behindern. Dadurch wird ein negativer Effekt auf Kompetenz und Legitimation von politischen Institutionen ausgeübt. Die Erwartungssicherheit, die Institutionen vermitteln, wird unterminiert. Obendrein entstehen den öffentlichen Haushalten durch Korruption sehr hohe Kosten, die durch Einsparungen bei anderen Haushaltstiteln aufgebracht werden[17]. Korruption, die sich ja nur lohnt, wenn das so erworbene Geld gewaschen und danach nicht mehr konfisziert werden kann, unterminiert also das demokratische Recht von Volksvertretungen, den Haushalt der Gebietskörperschaft souverän zu bestimmen (mehr zur Korruption im dreizehnten Kapitel). Letztlich werden durch Korruption und nachfolgende Geldwäsche Bürger enteignet, die die geringsten Mittel aufbringen können, um sich gegen die Machenschaften einer Elite zur Wehr zu setzen.

Viertens können Institutionen und Organisationen delegitimiert werden, wenn sie in Geldwäscheskandale verwickelt sind. Personen können ihre Reputation bis zur Selbstdemontage verlieren. Dafür gibt es aus der jüngsten Geschichte der BRD genügend Belege.

Fünftens fehlen der öffentlichen Hand hinterzogene Steuern, die nach Durchlauf durch eine Waschanlage auf Offshore-Finanzplätzen auf sauberen Konten der Steuerflüchtlinge landen. Öffentliche Güter können nicht oder nur unzureichend finanziert werden. So wird ein direkter Negativeffekt auf Wohlfahrt und Entwicklung ausgeübt, zumal die hinterzogenen Steuern nach der Geldwäsche als privates Geldvermögen verfügbar sind und weltweit als private Vermögenstitel - ganz legal - angelegt werden können. Es wird geschätzt, dass aus Ländern der Dritten Welt ca. 35-50 Mrd. US$ hinterzogene Steuern in Off-Shore-Finanzzentren verbracht werden (Fritz/Hahn/Hersel 2000: 8f; Oxfam 2001); das ist, wie wenn ein Großteil der „Entwicklungshilfe" sogleich wieder aus dem Empfängerland abgezogen und in den reichen Herkunftsländern der Transfers investiert würde. Außen- und entwicklungspolitische Ziele werden durch Praktiken der Geldwäsche konterkariert. Geldwäsche-Transfers sind also keineswegs ökonomisch neutral. Die Anlagestrategien von Geldwäschern haben in nicht wenigen Fällen zur Verarmung von Nationen beigetragen, weil deren Reichtum in monetärer Form in globale „Geldwaschanlagen" befördert worden ist. Dies lässt sich insbesondere am Beispiel rohstoffreicher Länder in Afrika oder innerhalb der GUS zeigen. Geldwäsche ist daher Bestandteil der „Privatisierung" öffentlicher Güter (wie Bildung oder Gesundheit), die sich diejenigen, die über private Geldvermögen verfügen (gleichgültig wie sie erworben haben), leisten können, die breite Masse der Bevölkerung aber nicht (vgl. dazu Brühl et al. 2001). Geldwäsche trägt also zur sozialen Polarisierung bei.

---

[17] Der Präsident der Italienischen Abgeordnetenhauses und ehemalige Präsident der Anti-Mafia-Kommission Luciano Violante gibt an, dass der Bau der Mailänder Untergrundbahn wegen Korruption um 58% überteuert gewesen ist (Vortrag in der FU-Berlin am 23.11.2000).

Sechstens können mit den gewaltigen Kapitalflüssen der Geldwäsche ökonomische Größen (wie Zinsen, Renditen und Wechselkurse) in eine Richtung beeinflusst werden, die für die ökonomische Entwicklung von betroffenen Ländern und deren Währungen unerwünscht ist. Dies ist dann besonders wichtig, wenn Geldwäsche und Kapitalflucht die gleiche Richtung nehmen. Dann kann es schon passieren, dass eine veritable Finanzkrise ausgelöst oder zugespitzt wird.

Schließlich und *siebentens* kann auch die Natur beeinträchtigt werden, wenn Geld gewaschen wird, das mit illegalem Handel von Tieren oder Pflanzen oder durch illegalen Export von Tropenhölzern, von Fellen etc. oder durch Raubbau mineralischer Rohstoffe (Diamanten, Gold) erworben worden ist. Die kriminelle Vortat wird honoriert, so dass ihre Fortsetzung lukrativ bleibt. Naturzerstörung rechnet sich, so lange Geldwäsche nicht unterbunden wird.

Um es nochmals zu unterstreichen: Geldwäsche ist ein illegaler Versuch der Reformalisierung informellen, zumeist durch kriminelle Vortaten erworbenen Geldes. Hier wird der Zusammenhang zwischen realer Ökonomie und Gesellschaft und monetärer Sphäre besonders facettenreich deutlich. Erst durch die Transformation in formelles Geld in der monetären Sphäre (durch Geldwäsche) lassen sich Einkommen in der realen Sphäre von Ökonomie und Gesellschaft realisieren, auch und gerade wenn sie durch informelle Aktivitäten, die die Grenze zur Illegalität überschritten haben, erzeugt worden sind. Der Zusammenhang von informellem Geld, Formalisierung informellen Geldes durch Geldwäsche und informeller Arbeit ist offensichtlich. Durch Drogenhandel, Menschenhandel und Zwangsprostitution erworbenes Geld wird gewaschen und auf diese Weise „formalisiert", d.h. in den formellen Kreislauf des Geldes integriert. Sehr häufig werden zur Deckung der Aktivitäten Politiker auf verschiedenen Ebenen „geschmiert". Die durch Korruption erworbenen Gelder müssen ebenfalls für den formellen Geldkreislauf gewaschen werden. So hängen informelle (illegale) Arbeit, informelle Politik (Korruption) und informelles Geld (Geldwäsche) zusammen und bilden den hier zur Diskussion stehenden Komplex der Informalität in Zeiten der Globalisierung (vgl. dazu *Abb. 9* im zehnten Kapitel).

8. Die Finanzierung hegemonialer Praktiken durch Geldwäsche

Die Verwischung der Spur des Geldes, die zu seiner illegalen Herkunft führen könnte, ist nicht uninteressant für die verdeckte Politik der Geheimdienste von Nationalstaaten, die das Licht der Öffentlichkeit möglichst nicht erfassen soll. Zum Beispiel wurde in den 70er Jahren die Republik Südafrika „mit dem

Segen der Militärs" (Laniel 2000: 132) zu einem Umschlagplatz des illegalen Handels mit Elfenbein und Nashörnern. Mit den Erlösen wurden die Anti-Guerilla-Einsätze zuerst in Rhodesien, dann in Mozambique und Angola finanziert. Der Kampf der kosovarischen UCK gegen das Belgrader Regime ist zu einem Teil durch Drogenhandel und internationale Prostitutionsringe finanziert worden, wobei die Netzwerke der albanischen Diaspora vor allem in Westeuropa eine wichtige Rolle für den Transfer der Geldbeträge aus der Schweiz oder aus Deutschland nach Albanien und in den Kosovo spielen (van der Veen 2000: 149; Andrees 2001). Auch in Kolumbien finden sich genügend Evidenzen, dass sich Guerilla ebenso wie Paramilitärs mit Drogenverkäufen das Geld verdienen, das zum Kauf der Waffen verwendet wird, mit denen sie gegeneinander Krieg führen. Und selbst die *Drug Enforcement Agency* der USA scheint dabei mitzumischen (Zelik et al. 2000: 7).

Wir sind mit diesen Beispielen wieder beim Countertrade (vgl. Kapitel 8.2) und stellen erneut fest, dass der Tauschhandel zumeist nicht wirklich geldlos und ohne Dazwischentreten von Finanzinstituten funktioniert. Wegen der Informalität der Geschäftsbeziehungen werden seine Methoden und Fazilitäten von der „mala vita" genutzt (vor allem im internationalen Drogenhandel, aber auch im Waffenhandel, beim Schmuggel von Edelsteinen, Automobilen, Vieh, bei der Hehlerei von Diebesgut etc.) oder bei der illegalen Finanzierung oder der direkten Versorgung mit Waffen von Bürgerkriegsparteien verwendet.

Weil bei der Geldwäsche Spuren verwischt werden, bedienen sich nicht nur Private oder parapolitische Gruppen und Parteien zur Vertuschung illegaler Geschäfte der Methoden von Countertrade und Geldwäsche, sondern auch Geheimdienste zur Finanzierung extralegaler Machenschaften. Der CIA hat zur Finanzierung der Waffen für die Contras in Nicaragua in den 80er Jahren Gelder aus Drogenschäften benutzt, die über die nach ihrer Pleite berühmt gewordene BCCI-Bank (Bank of Credit and Commerce International) transferiert wurden (Ziegler 1999; Kerry-Report 1986; Couvrat/Pless 1993: 175f; Gill 2001). Waffen wurden per Flugzeug mit CIA-Unterstützung (über extra für diese Zwecke geheuerte Firmen) von Panama auf Feldflugplätze der Contras, zumeist an der Grenze zwischen Nicaragua und Costa Rica, gebracht und dort entladen. Die Flugzeuge wurden mit Drogen beladen und flogen in die USA weiter. Die illegalen Geschäfte waren gefahrlos. Denn die Piloten konnten davon ausgehen, dass die Strafverfolgungsbehörden sie in Ruhe lassen würden. Im Kerry-Report des US-Senats heißt es dazu: „the war was protected", und zwar durch die US-amerikanische Regierung. Der Tausch Drogen gegen Waffen zu Gunsten Dritter (Contras) sieht wie ein Countertrade-Geschäft aus. Jedoch erfolgte die Finanzierung mit gewaschenem Geld, vor allem über die BCCI-Bank. Die Möglichkeiten der Geldwäsche werden also zur Vertuschung illegaler Geschäfte, zu Zwecken des Betrugs, zur Verdunkelung von politisch anrüchigen Geschäften und zur Realisierung hegemonialer Praktiken genutzt: „when the CIA move money via BCCI ... the Americans call it facilitating the national interest, when the mafia do the same thing, we call it money laundering" (Levi, zit. nach Sica 2000:55f).

Dieser Hinweis benennt eigentlich eine Selbstverständlichkeit: dass Countertrade und daraus resultierende Geldwäsche kein objektiver Tatbestand, sondern Resultat von hegemonialer Definitionsmacht sind. Allerdings ist es ein Zeichen des Niedergangs von Hegemonie, wenn sich die „einzige" Hegemonialmacht informeller, ja krimineller Transaktionen des Geldes bedient, um die Hegemonialposition zu sichern.

9. Formelle und informelle Formwächter des Geldes

Immer wieder hat es sich gezeigt, dass die Form des Geldes (sein Wert, die Sicherheit, die sie vermittelt etc.) der institutionellen Regulation bedarf - gegen die Tendenzen, es nicht genügend knapp zu halten und daher die Wertbeständigkeit nach innen (Inflation) und außen (Wert der Währung in der Währungskonkurrenz) zu sichern oder gegen die Tendenzen, an Stelle des formellen Geldes informelles Geld zu kreieren. Es schließt sich sozusagen der Kreis von der Deregulierung der Finanzmärkte seit den 70er Jahren, die erst die Geldwäsche in großem Stil ermöglichte, zur erneuten, aber selektiven Re-Regulierung. Diese ist auch von Liberalen erwünscht, allerdings in Grenzen und nicht ohne Widersprüche. Denn es ist zu unterscheiden zwischen der „Regulierung der Deregulierung" einerseits und einer eher reaktiven Re-Regulierung andererseits (vgl. Cerny 1994). Im ersten Fall wachen Regulierungsbehörden über die Funktionsweise der deregulierten Märkte (in der Telekommunikation, bei der Energie- und Wasserversorgung etc.). Im zweiten Fall entsteht ein funktionsbedingter Regulierungsbedarf aufgrund von Veränderungen der Märkte („market failures"), infolge der technischen Entwicklungen und als eine Folge der Globalisierung. Dieser Regulierungsbedarf ist nach den Erfahrungen mit den Finanzkrisen in Mexiko, Asien, Brasilien, Russland, Türkei, Argentinien und aufgrund der schädlichen Wirkungen von Steueroasen auf die staatliche Bereitstellung von öffentlichen Gütern und wegen der ausufernden Geldwäsche unabweisbar.

Denn Geldwäsche ist - wie im vorangegangenen Abschnitt gezeigt wurde - in vieler Hinsicht für Gesellschaften schädlich, weil Kriminalität belohnt und gefördert wird. Geldwäsche avanciert zu einem global verbreiteten, quantitativ zunehmenden, technologisch begünstigten und territorial nicht zu regulierenden System von Zahlungen. Doch die Nationalstaaten sind schon deshalb in ihren Möglichkeiten der Regulation und Kontrolle begrenzt, weil in der Regel mindestens zwei Währungen und mindestens zwei Rechtssysteme („jurisdictions“) beteiligt sind, die sich in zentralen Punkten unterscheiden können. Trotz aller Angleichungen an internationale Standards und trotz der Vorherrschaft der US-amerikanischen Normen sind die Rechtssysteme in den großen Ländern und in den Regionen des globalen Systems noch unterschiedlich. Die Geldwäsche ist daher auch deshalb schwer zu identifizieren, weil sich legale und illegale Transaktionen so vermischen können, dass sie ohne größeren Aufwand (und der steigert die Transaktionskosten und den Streit darüber, wer sie zu tragen hat, beträchtlich) nicht auseinander gehalten werden können.

Dies sind einige der Probleme, mit denen die Formwächter des Geldes konfrontiert sind. Auf Regulation deshalb zu verzichten, liegt aber noch nicht einmal im Interesse (oder im Sinn) der Marktorthodoxie. Die neoliberale Schule hat immer Wert darauf gelegt, dass die Marktliberalisierung ordnungspolitisch abgesichert wird (vgl. die klassische Interpretation von Walter Eucken 1959): durch Eigentumsrechte, aber auch durch stabiles, wertbeständiges und formelles Geld, Vertragssicherheit und Haftungsrecht. Doch ist der Liberalismus ambivalent.

„To be effective, anti-money laundering policies must interfere with the behaviour of legitimate financial actors and transactions. The anti-money laundering regime, albeit not designed to interfere with capital mobility, is nonetheless a contemporary example of Western states re-regulating financial activity“ (Sica 2000: 47).

Dies ist die eine Seite. Die andere Seite ist die Bereitschaft, zur ordnungspolitischen Sicherung der marktwirtschaftlichen Grundprinzipien auch autoritäre Maßnahmen zu ergreifen. Liberalismus und Autoritarismus begegnen sich im neoliberalen Denken ebenso wie in der neoliberalen Praxis, die zur „Verteidigung von Freiheiten“ autoritär vorzugehen bereit ist. Die Deregulierung der vergangenen Jahrzehnte überall in der Welt hat auch im liberalen Verständnis zu einer Unterminierung von marktwirtschaftlichen Grundprinzipien geführt und die liberale Doppelbödigkeit deutlich werden lassen.

Re-Regulierung ist also kein Fremd- oder Unwort. In den Debatten einer „neuen Finanzarchitektur“ haben auch Maßnahmen der Geldwäschebekämpfung ihren Platz, und zwar im Rahmen der inzwischen weitgehend akzeptierten Prinzipien einer öffentlichen Regulierung mit den Mitteln des „soft law“, also mit Richtlinien („guidelines“) und Verhaltenskodices oder Standards („codes of conduct“, „standards“). Dabei ist die „Zivilgesellschaft“ international gefragt. Nicht-Regierungsorganisationen (NGOs) machen Anstrengungen, um Geldwäsche als ein Delikt zu bekämpfen, mit dem illegale oder kriminelle Vortaten „unsichtbar“ gemacht und mit dem ein nicht konfiszierbarer Gewinn hergeleitet werden kann. Zu den in dieser Arena tätigen NGOs zählen vor allem Transparency International, ATTAC, das Netzwerk für eine demokratische Kontrolle der Finanzmärkte, Blue 21, Weed, Business Crime Control (BCC) u.a.

10. Zeit-Räume des Geldes

Geldwäsche ist eine Methode, die Geschichte des Geldes (nämlich seine Herkunft) zu eliminieren. Nur die Gegenwart zählt. Im dunklen Vergangenen soll bleiben, aus welchen Quellen das Geld stammt. Auch die Zukunft ist unerheblich; denn diese wird nicht erarbeitet, sondern mittels Geldwäsche in Form von hohen arbeitslosen, manchmal kriminellen Einkommen herbeispekuliert. So betrachtet werden im Zuge von Geldwäsche die Koordinaten der Zeit einer Gesellschaft verändert, und dies ist nicht unerheblich für die gesellschaftliche Kohäsion und für das Gegenteil: die Austragung gesellschaftlicher Konflikte. Geldwäsche ist insbesondere dann erfolgreich, wenn die monetären „laundromats" schneller waschen als die Quellen aus dunklen Vortaten von den Formwächtern des Geldes aufgespürt werden können. Es stoßen also nicht nur informelles Geld und formelle Formwächter aneinander, sondern auch Zeitregime der „normalen" Geldzirkulation, der politischen Regulation und der „informellen" Geldwäsche.

Auch Räume werden durch informelle Gelder verändert. Der Nationalstaat mit seinen Normen und Gesetzen konnte deren Einhaltung auf einem Territorium erzwingen, wo und so er souverän war. Ein Aspekt der Souveränität ist immer die Hoheit über ein nationales Geld gewesen, das nicht von ungefähr die politischen Zeichen der Staatlichkeit (Wappen, herausragende Monumente, markante Persönlichkeiten) zur Schau stellt. Doch hat bereits die moderne Währungskonkurrenz diese nationalstaatliche Zuordnung von Geld illusorisch gemacht: „Market driven currency competition alters the distribution of resources and power around the globe" (Cohen 1998: 3). Mit dem alle Zeit-Räume überwindenden Geld, insbesondere im Zuge der finanziellen Globalisierung, hat eine territoriale Vorstellung von Souveränität, Staatlichkeit und Regulation ausgedient. Diese wird erst recht in dem Reich irreal, wo informelles, kriminelles Geld zirkuliert. Es lässt sich nicht auf das Prinzip der Territorialität, auf die gesellschaftlich verbindlichen Raum- und Zeitregime festlegen. Denn das würde Anerkennung von Gesetzen bedeuten, die im Gegenteil ja gebrochen werden müssen, um an die Gewinne heranzukommen.

Geldwäsche, dies haben die bisherigen Ausführungen schon deutlich gemacht, findet in Netzwerken statt. Diese besitzen Knotenpunkte, die auch territorial verankert sein müssen; insofern gibt es keine vollends entterritorialisierte, virtuelle Ökonomie. Aber die territoriale Lokation der Knotenpunkte von Netzwerken richtet sich nach Opportunitätsüberlegungen, die bei jedem Geschäft andere sein können. An eine aus dem Ort und seinen Zeitrhythmen entstehende soziale Identität ist dabei nicht zu denken. Diese wäre im Übrigen auch eher hinderlich, wenn es um den schnellen, unkomplizierten, rücksichtslosen Transfer von Geldern geht. Die „Entgrenzung der Staatenwelt" ist eine Konsequenz dieser Arten von Vernetzung, für die die Grenze nichts bedeutet, das Territorium nur als Stützpunkt der logistischen Knotenpunkte des Netzwerks zählt. Dies ist die Voraussetzung für die große Bedeutung, die OFCs gewonnen haben. Sie sind die Knotenpunkte in einem globalen Netz, und diese Rolle können sie übernehmen, weil das zumeist kleine Insel-Territorium unerheblich für die finanzielle Macht ist, die in den Knotenpunkten lokalisiert ist. Die territoriale Definition eines Staatsgebiets ist nur insofern wichtig, als dieses die „special jurisdiction" begründet, die ihrerseits Attraktivität für informelle Gelder darstellt.

Dies ist Folge einer nicht unerheblichen Abstraktionsleistung. Das konkrete Territorium ist ein „nirgendwo", eine Utopie, und das lockere und (auch für die Aufsichtsbehörden häufig) nicht fassbare Netzwerk ist konkret. Es besorgt die Geldwäsche, ohne die das globale organisierte Verbrechen sich nicht rechnen und daher austrocknen würde. Postmoderne Analytiker würden an dieser Stelle von der unübersehbaren Vielfalt neuer Formen reden. Doch muss man dem entgegenhalten, dass informelles Geld, Geldwäsche zumal, Gesellschaften schwer schädigt. Die Gegenwartslastigkeit des Zeithorizonts unterbindet langfristige Zukunftsinvestitionen, die angemessene Behandlung der Generationenfolge. Die Negierung territorialer Grenzen hat zur Folge, dass in einer territorialen Gesellschaft produzierte Reichtümer monetär transferiert werden und im schlimmsten Falle von den Anstrengungen der Menschen nichts übrig bleibt. Es bilden sich in den globalen Netzen schlagkräftige, weil extrem mobile, ökonomische und dann auch politische Mächte und Kräfte, die jene weniger mobilen, im Territorium verankerten Menschen bedrohen, nicht zuletzt, weil ihnen die Institutionen des gemeinsamen Schutzes genommen werden. In diesem Sinne ist Geldwäsche auch ein Affront gegen einen wichtigen Aspekt der „human security", gegen monetäre Stabilität und gegen die Sicherheit im Alltagsleben. Da Geldwäsche in der Regel grenzüberschreitende Aktivitäten sowohl bei den Vortaten als auch bei der Platzierung und Verschleierung einschließt (dies ist oben gezeigt worden), wird auch die menschliche, die sozioökonomische Sicherheit grenzüberschreitend in Mitleidenschaft gezogen.

Neuntes Kapitel
Untergrund- oder Hawala-Banken

Nicht nur formelle Institutionen des Finanzsystems werden zur Geldwäsche benutzt; es sind informelle oder „Schattenbanken“ entstanden, ein System des „underground banking“ (manchmal auch „rogue-banking“ genannt - Schurkenbanken), das auf informelle, halblegale oder illegale Kapitaltransfers spezialisiert ist (vgl. Findeisen 2000b). Die Geldwäsche findet also nicht nur jenseits des „Kerngeschäfts“ in formellen Kreditinstituten statt, sondern in dafür eigens gegründeten Instituten, die - wie die Offshore-Filialen der formellen Kreditinstitute - über beste Verbindungen zum formellen Banksektor verfügen. In vielen Ländern sind Schattenbanken die einzigen funktionierenden Geldinstitute, die in der globalisierten Welt Finanztransfers durchzuführen in der Lage sind. Denn formelle Banken sind in manchen Regionen (in Zentralasien, in Teilen Afrikas) gar nicht präsent, so dass für ganz normale Überweisungen, z.B. von Gastarbeitern oder, aus der Diaspora, das System der Hawala-Banken benutzt wird.

In Indien „some estimates conclude that up to 50% of the economy uses the hawala system for moving funds, yet it is prohibited by law“ (OECD 2000c: 6). Auf dem Lande ist Hawala-Banking verbreitet. Denn

> „the surprising familiarity of the illiterate Indian villager with the complicated numerical formulae of interest rates is part of the heritage of an economy based for centuries on a complex, vigorous, if also extremely exploitative, credit market“ (Breman/Das/Agarwal 2000: 29f).

In China werden inzwischen Kapitaltransfers kontrolliert, doch Hong Kong ermöglicht die Umgehung der Kontrollen, zum Teil mit „Hawala-Banken“. Worum geht es dabei?

In großem Stil nutzen moderne Schattenbanken ein sehr traditionelles Prinzip, das sowohl in Indien und Pakistan als *„hundi“-System* verbreitet ist, oder als *„huikuan“*- bzw. *Fei-Chien* System von der chinesischen Diaspora in Südostasien benutzt wird - „for both legitimate ... and illegal (especially organised crime and narcotics trafficking) money movements“ (OECD 2000c: 6). Im Nahen Osten und in Europa fungieren die Schattenbanken unter dem Namen des sog. „Hawala Banking“. Dadurch sind unkompliziert große Bargeldüberweisungen über Grenzen hinweg möglich (Laniel 2000: 138; Fabre 2000: 104; generell auch Findeisen 2000b), mit denen die Spur des Geldes, die zu seiner Herkunft führen könnte, verwischt wird. Das Hawala-System (Hawala bedeutet etwa „System der zwei Töpfe“) erlaubt es, eine am Ort A des Landes X deponierte Geldsumme bei einem Hundi-, Hawala- oder Huikuan-Banker am Ort B im Lande Y durch den Adressaten des Geldes (vielleicht ein

Familienmitglied von Gastarbeitern) abheben zu lassen. Daher spielt Hawala-Banking auch in der türkischen Gemeinde in Deutschland eine beträchtliche Rolle für die Überweisungen in die Heimat. Das ist auch in den Gemeinschaften der Gastarbeiter in Asien nicht anders. Weil in Bangladesh formelle Banken fehlen, werden „unofficial channels" genutzt (Puri/Ritzema 2001), und das „Hundi-System" ist bis heute entscheidend für indische, pakistanische, bangladeshi und andere Gastarbeiter. Ein großer Teil der „remittances of migrant workers" wird also informell und nicht über das formelle Bankensystem transferiert. Vertrauen - zumeist innerhalb einer Ethnie - und ein seit Jahrzehnten eingespieltes System der Verrechnung - das Fei-Chien-System hat seinen Ursprung im Teehandel seit der Tang-Dynastie (Findeisen 2000b: 5) - machen dies möglich[1].

„Unter dem Begriff 'Hawala Banking' wird eine Dienstleistung von in der Schattenwirtschaft tätigen Unternehmen verstanden, die die Weiterleitung von Geldern an einen vom Auftraggeber bestimmten Empfänger gegen Provision anbieten, wobei die Transfers so durchgeführt werden, dass keine Papierspur geschaffen wird, die auf den Auftraggeber hindeutet" (ebd.: 2126).

Dieses Zahlungssystem ist in Deutschland für Zahlungen in den Iran, nach Indien, Pakistan, Sri Lanka, Russland, Vietnam, in den Nordirak, Libanon, Somalia, in die Türkei, nach Albanien und in den Kosovo gebräuchlich (Findeisen 2000b). Die Volumina des Hawala Banking liegen oft höher als die formellen und in der Devisenstatistik ausgewiesenen Transfers mit den genannten Ländern. Das formelle Bankensystem arbeitet nur für die „modernen" Sektoren, die in den Weltmarkt eingebunden sind, also für die Exporteure von „cash crops" und die Importeure von Ausrüstungen oder Luxusgütern. Informelle Banken konzentrieren sich entweder auf Mikrokredite oder wickeln Transfers aus dem Ausland für Familienangehörige nach dem „Zwei-Töpfe-Prinzip" ab. Dabei kann - muss aber nicht - tatsächlich Geldwäsche eine Rolle spielen, da sich diese Zahlungstransfers weitgehend der Aufsicht über das Kreditwesen entziehen. Regulation ist freilich besonders schwierig dort, wo sich die zu regulierenden Institutionen im Schatten einer formellen Ökonomie bewegen. Da hilft zunächst nur die härteste der - negativ - regulierenden Maßnahmen: das Verbot. Schattenbanken in Reisebüros, Import-Export-Läden etc. sind in Deutschland und anderen EU-Ländern inzwischen verboten bzw. bedürfen einer Erlaubnis (wenn sie erteilt wird, stehen die

[1] Auch während der Kreuzzüge im 12. bis 14. Jahrhundert hat es ähnliche Finanzierungssysteme gegeben, die vor allem vom Templerorden und seinen Komtureien im gesamten Mittelmeerraum organisiert worden sind. Allerdings ist es hier nicht möglich, von „Schattenbanken" oder „informellem Geld" zu sprechen, da es überhaupt kein formelles Bankenystem gegeben hat.

Einrichtungen unter Aufsicht der zuständigen Behörden)[2]. Dennoch wird, so Findeisen (2000b), in entsprechenden Medien offen für die Geschäfte in und mit Schattenbanken geworben - und es gibt manchmal keine Alternative zu diesen informellen Banken.

Ein gutes Beispiel ist die Al Barakaat-Bank in Somalia, die in Misskredit geraten ist, weil über sie angeblich bin Ladens Terrornetzwerk finanziert worden ist. Das mag zwar sein, aber auch über angesehene formelle Banken in den USA oder Deutschland und anderswo in der Welt der OECD können Finanzen von Al Qaeda geflossen sein. Ein Land wie Somalia jedoch wird vom formellen Bankensystem der Industrieländer geschnitten. Für Geldtransfers mit dem Ausland und Geldgeschäfte im Inland kommen daher nur Hawala-Banken in Frage. Die von der Bush-Regierung vorgenommene Sperrung von Konten der Hawala-Bank Al Barakaat bedeutet für Somalia folglich eine ökonomische Katastrophe. Denn die Barakaat-Bank ist eingebettet in das traditionelle Hawala-System Somalias, das so alt ist wie der Handel über die Grenzen hinweg. Dies wird in folgendem längeren Text von Abdurahman Aden sehr deutlich:

„Anfänglich waren es nur Viehverkäufer, die nach dem Verkauf auf den Märkten der Golfstaaten durch vertrauenswürdige Vermittler Geld an ihre Verwandten überwiesen. Im Laufe der Zeit bildeten wohlhabende Personen mit Ansehen und Auslandskonten Brückenköpfe hierfür. Sie sorgten für die Schaffung von Rücklagen in der Heimat, besonders in Form von Viehbestand, Häusern, Brunnen, Transportfahrzeugen und dergleichen mehr. Das Hawala-System wurde von der kolonialen Administration toleriert. Das neue, in die Weltwirtschaft eingebundene Finanzsystem beschränkte sich dagegen auf den modernen Sektor, z.B. Import technischer Ausrüstungen und Export von Bananen. Bis zur Machtergreifung Siad Barres 1970 funktionierte diese Vorgehensweise ohne große Erschütterung. In der Zeit Siad Barres bis 1991 verschlechterte sich die Wirtschaftslage derart, dass Somalia als Grab der Entwicklungshilfe bekannt wurde. Die Finanzinstitute wurden durch Korruption und Kleptokratie zum Selbstbedienungsladen der Günstlinge. Die Banken gerieten in Verruf, weil die Einleger nicht einmal über ihre Einlagen und Konten frei verfügen durften. Auch die Empfehlungen des IWF vermochten den Verfall des somalischen Shilling nicht aufzuhalten. Der Schwarzmarkt war nun nicht mehr die Schattenwirtschaft, sondern die tragende Wirtschaft. Kapitalflucht in die benachbarten Länder war gang und gäbe. Von dort wurden begehrte Güter nach Somalia abgesetzt. Durch Jonglieren mit dem Wechselkurs gelangte man dafür an harte Währung.

Mit der Vertreibung von Siad Barre fiel das Finanzwesen endgültig in Chaos und Anarchie. Die selbsternannten Präsidenten druckten jeweils ihre eigene Währung und bescherten dem Land eine heillose Inflation. Der US-Dollar entwickelte sich zur Leit-

---

[2] Findeisen (2000b) gibt an, daß 1998 das Bundesaufsichtsamt für das Kreditwesen in 201 Verwaltungsverfahren gegen Unternehmen, die illegal grenzüberschreitende Transferdienstleistungen anboten, ermittelte. 1999 wurden weitere 284 Verfahren, im Jahr 2000 ca. 500 weitere Verfahren eröffnet.

währung. Geschäftsleute und Inhaber von großen Auslandskonten in Dubai erkannten die Marktlücke und gründeten das, was wir heute Barakaat-Bank nennen. Als Grundlage überwiesen sie Summen auf ein gemeinsames Konto mit dem Ziel, den Geldfluss aus dem Ausland zu den Verwandten in Somalia sicherzustellen. Über ein informelles Netz von Verbindungsleuten im Ausland laufen Überweisungen und Bestellungen. Ein System von Zusagen, Vorauszahlungen und Nachzahlungen sichert den Lauf der Dinge. Man beauftragt die Vertrauensleute im Ausland, Überweisungen entgegenzunehmen. Der Vermittler teilt die Summen der Zentrale in Dubai mit. Von dort geht die Überweisung nach Somalia an die Kunden. Die angesprochenen Beträge überschreiten selten die $500-Grenze. In der Regel handelt es sich um etwa 50 $, begründet durch die bescheidenen Einkommen der Auswanderer. Zwischen dem Vertrauensmann und der Zentrale in Abu Dhabi besteht eine Vereinbarung, dass am Ende des Jahres eine umsatzabhängige Provision von etwa 5 % gezahlt wird. Den Vertrauensleuten wird sogar eine bestimmte Summe gewährt, die es ermöglicht, ungedeckte Überweisungen sofort zu tätigen. Die Bestätigung durch den Empfänger geschieht sehr kurzfristig. Durch Mobilfunk, Fax und Internet wird dieser Vorgang immens beschleunigt. Entscheidende Vorteile sind dabei niedrigere Überweisungskosten und das Entfallen jeglicher Bürokratie. Vertrauen ersetzt Belege und Dokumentationen. Den nicht in diese Kultur Eingeweihten wird das Verdächtigen dadurch leicht gemacht. Trotzdem bedeutet das unbürokratische System für die Somalis eine Verbesserung ihrer sonst aussichtlosen wirtschaftlichen Lage" (Aden 2002).

Durch die Sperrung der Konten der Al Barakaat-Bank ist Somalia vom monetären Weltmarkt abgeschnitten mit fatalen Folgen für die Gesellschaft, da die üblichen Finanzflüsse der Emigranten in die Heimat nun nicht mehr ankommen, und obendrein Migranten im Ausland, die sich der Al Barakaat bedient haben, als Terroristen verdächtigt werden.

Die Gründe für die große Bedeutung von Hawala-Banken sind vielfältig. Einige passen in das Bild illegaler oder gar terroristischer Machenschaften. Doch ist damit die Welt der Hawala-Banken nicht erfasst. *Erstens* geht es um Kompensationen aus Countertrade, für die formelle Institute nicht geeignet sind, weil sie nicht in - häufig ethnisch bestimmte - Netzwerke des absoluten Vertrauens der Partner untereinander über Grenzen hinweg eingebunden sind und nicht die Beratungsleistungen erbringen können, die entwickelter Countertrade - wie wir gesehen haben - verlangt. Vertrauen spielt *zweitens* bei allen illegalen oder zumindest fragwürdigen Geschäften eine entscheidende Rolle, da sich ja ein Vertragspartner, sollte es zum Konflikt kommen, nicht an die Justiz wenden kann. Die Zahlung aus dem „Topf" in Deutschland an einen Exporteur und die Zahlung des Importeurs in einen anderen „Topf", z.B. in Pakistan, muss anstandslos funktionieren. Die Salden werden durch Kuriere mit Bargeld oder mit Goldlieferungen ausgeglichen. „Hawala Banking" eignet sich *drittens* wegen seiner ethnischen Basis auch für Finanztransfers innerhalb ethnischer Diasporas. Migranten überweisen an ihre Angehörigen in den Herkunftsländern weltweit im Jahr an die 66 Mrd. US$ (Findeisen 2000b:

2128). Weil im formellen Bankgeschäft Gebühren hoch, die Zeitdauer einer internationalen Überweisung lang sind, werden Hawala-Netzwerke auch zur Senkung der Transaktionskosten von „remittances" der Migranten benutzt (Puri/Ritzema 2001). Ein Netz von Schattenbanken haben *viertens* aber auch sowohl die „warlords" von Somalia als auch die Bürgerkriegsparteien in Afghanistan oder die kosovo-albanische UCK aufgebaut, über das sie Mittel für den Krieg akquiriert haben. Nach Feststellungen des Bundesaufsichtsamtes für das Kreditwesen wurden 1999 von über 200 Unternehmen in Deutschland Gelder in den Kosovo zum Kauf von Waffen transferiert (Findeisen 2000b: 2127ff; vgl. auch Laniel 2000: 138; Fabre 2000: 104). Freilich ist dabei zu berücksichtigen, dass Hawala-Banken nicht erst für diese illegalen und kriminellen Zweck gegründet werden, sondern auf einer sozialen Tradition auflagern. Dies gerade macht den Umgang mit dem „Hawala-Banking" so schwierig.

Obendrein ist Hawala-Banking *fünftens* offenbar zur Finanzierung terroristischer Aktivitäten genutzt worden. Schon in dem „Report on Money Laundering Typologies" vom 1. Februar 2001 hat die FATF auf „Terrorist Related Money Laundering" hingewiesen, ohne Kenntnis vom 11. September 2001 haben zu können. Terroristische Netzwerke verfolgen zwar „non-financial goals", doch finanzieren sie sich aus illegalen Handlungen - von Einnahmen aus dem Drogenhandel und aus Spielhöllen, von Erpressungen und Räubereien bis zu Anlagebetrug und Zuwendungen - und diese müssen durch Geldwäsche legalisiert werden. Die Tatsache, dass nicht legale Gelder platziert, dann verschoben und schließlich auf ein Konto legal übertragen werden, veranlasst dazu, die jeweiligen Schleusen, wo Geld aus einem Aggregatzustand in den anderen überführt wird, zu kontrollieren. Aus praktischen Gründen ist die Kontrolle bei der Platzierung am einfachsten. Doch ob die Banken mitspielen, ist ungewiss. Erst nach dem Schock des 11. September 2001 sind in den USA Konten von 27 als „terroristisch" eingestuften Organisationen eingefroren worden, von denen angenommen wird, dass sie zur Finanzierung terroristischer Aktivitäten benutzt worden sind oder benutzt werden könnten. Auch in Großbritannien, Deutschland und in der Schweiz sind die Kontrollen von Konten, die irgendwie auffällig geworden sind, verschärft worden, und die EU-Finanzminister haben sich Mitte Oktober auf umfassende Maßnahmen gegen die Geldwäsche geeinigt (*Wall Street Journal Europe* vom 2.10.2001, 17.10.2001; *Handelsblatt* vom 17.10.2001; Pressemitteilung des Bundesministeriums der Finanzen vom 5.10.2001 in: Deutsche Bundesbank, *Auszüge aus Presseartikeln*, Nr. 45 vom 10.10.2001: 8-10): Die Geschäftsbeziehungen mit „nicht-kooperativen" Staaten sollen kontrolliert werden. Insiderhandel und Marktmanipulationen, wie sie offenbar am 11.9.2001 stattgefunden haben, sollen unterbunden werden. In den Katalog der Vortaten der

Geldwäsche werden auch schwere Straftaten, die bislang nicht explizit genannt waren, aufgenommen. Obendrein wird der Kreis der Meldepflichtigen größerer Geldbeträge erweitert. Er schließt auch Händler von Luxusgütern (z.B. Juweliere) und Versteigerer ein, wenn die Beträge 15.000 € übersteigen. Auch Casinos müssen ungewöhnliche Umsätze melden, ebenso wie Rechtsanwälte, Notare oder Steuerberater, wenn sie Verdacht auf Geldwäsche von Klienten haben oder von diesen gar in Geldwäscheaktivitäten verwickelt werden. Auch „underground banking" gerät ins Fadenkreuz der Geldwäschebekämpfung: „... governments set up special units to track terrorist finances and take measures to root out so-called 'underground banking', or financial transactions conducted outside the banking system" (*Wall Street Journal Europe* vom 17.10.2001).

Ob mit diesen Maßnahmen die Wäsche kriminell oder illegal erworbener Geldbeträge auf deren Anlage auf einem „sauberen" Bankkonto (bzw. auf mehreren Konten in verschiedenen Ländern) verhindert werden kann, bleibt abzuwarten. Das Einfrieren von Konten ist jedenfalls sehr effektiv, weil nun kein Geld mehr zur Finanzierung krimineller Taten verwendet werden kann. Um nicht eingefrorenes, also verfügbares Geld an die „richtige" Adresse zu überweisen, sind Hawala-Banken nützlich. Das System der „zwei Töpfe" gewährleistet innerhalb eines Netzwerks einen hohen Grad von Anonymität; die überweisende Partei weiß nichts vom Adressaten und umgekehrt. Auch die Hawala-Banker müssen nicht in die Identität der Kunden eingeweiht werden, damit das System funktioniert. Das unbedingt notwendige Vertrauen zwischen den Kunden des einen und des anderen Topfes muss sich nicht auf das gesamte Netzwerk ausdehnen. Daher sind Hawala-Banken für klandestine Aktionen bestens geeignet.

Zehntes Kapitel
Der Austausch formellen Geldes: Dollarisierung ist Polarisierung

Dass sich die „Geography of money" (Cohen 1998) nicht mit der politischen und ökonomischen Geographie der Nationalstaaten und Nationalökonomien deckt, wird im Fall der Dollarisierung, D-Markisierung oder EURO-isierung besonders deutlich. Damit ist der Austausch formeller nationalstaatlicher Währung durch eine fremde, aber harte Währung gemeint. Es gibt viele Länder, deren Territorium kein eigenständiges Währungsgebiet ist, von Andorra angefangen über Kiribati oder Panama bis zur Vatikanstadt (vgl. die Auflistung bei Bogetic 2000: 183ff). Doch dies ist nicht gemeint, wenn von Dollarisierung oder D-Markisierung (und ab 2002 EURO-isierung) die Rede ist. Die Währungs- und Finanzkrisen der vergangenen zwei Jahrzehnte und der Zwang zur Inflationsbekämpfung, um die Währung für international operierende Geldvermögensbesitzer - zumeist für große institutionelle Anleger wie Pensions- und Investment- oder Hedgefunds - attraktiv zu halten, haben einige Länder bzw. deren Regierungen veranlasst, die Währungssouveränität aufzugeben. Das reicht (1) vom „pegged floating" über (2) ein „currency board" bis zur offiziellen Dollarisierung (3), d.h. der Übernahme der fremden harten Währung als gesetzliches und daher formelles Zahlungsmittel. Dies ist in Ekuador im Januar 2000, in El Salvador zu Beginn des Jahres 2001, in Guatemala im Mai 2001 geschehen und Regierungen anderer lateinamerikanischer Länder überlegen, diesen Beispielen zu folgen. In Europa haben Montenegro und Kosovo die DM als gesetzliches Zahlungsmittel eingeführt. Im Fall der vollen Dollarisierung wird die bislang gültige nationale Währung vollständig durch Dollar, DM oder Euro ersetzt; sie wird allenfalls für kleine Umsätze noch verwendet, wie beispielsweise in Panama oder El Salvador.

Die fixe Bindung einer Währung an eine andere harte Währung lässt sich lösen; dies ist in den Finanzkrisen des vergangenen Jahrzehnts regelmäßig geschehen, wenn der Wechselkurs unrealistisch geworden war und nicht mehr gehalten werden konnte. Die in den meisten Fällen (in Mexiko, in Asien, in Brasilien, in der Türkei) abrupten und massiven Abwertungen haben für die betroffenen Währungsräume sehr negative ökonomische, soziale und politische Folgen gehabt, da ja mit der Abwertung die Schuldenlast in harter Dollarwährung entsprechend ansteigt. Auch das „currency board", also die Regelung des Geldumlaufs in nationalstaatlicher Währung entsprechend den Devisenbeständen der Zentralbank, lässt sich, wenn auch um den hohen Preis der Finanzkrise, rückgängig machen. Argentinien ist im Jahre 2001 ein Exerzierfeld für dieses Manöver. Die Dollarbindung lässt sich nicht halten, weil bei überbewerteter Währung die Importüberschüsse nur durch Neuverschuldung finanziert werden können und diese an Grenzen stößt, weil nicht mehr genügend rentable Anlageprojekte als Sicherheiten zur Verfügung stehen, nachdem „das Tafelsilber" bereits in den 90er Jahren privatisiert worden ist. Dann bleiben nur Kredite offizieller Institutionen (IWF) zur Finanzierung der Leistungsbilanz und eine Lösung der Dollarbindung mit der Gefahr, dass die auf diese Weise bekämpfte Inflation mit der unausweichlichen Abwertung der Währung gegenüber harten Währungen zurückkehrt und dass der schon übermäßige Schuldendienst weiter steigt. Zum argentinischen Fall kehren wir nochmals zurück.

Die formelle Ersetzung der nationalen Währung durch eine andere nationalstaatliche Währung ist schwer zu revozieren[1]. Es ist immer möglich, ein „weiches" Geld durch ein „hartes" per Dekret zu ersetzen, nicht aber umgekehrt ein hartes Geld durch ein weiches. Trotz Volatilität und Ungebundenheit von Geld in Raum und Zeit gelten auch hier die Gesetze der Irreversibilität. Das Rad der monetären Entwicklung lässt sich nicht einfach zurückdrehen. Mit der vollen und formellen Dollarisierung ist eine Reihe von Problemen verbunden, denen wir uns nun zuwenden wollen. Die Lösungen der Probleme führen alle in die Informalität. Dies besagt, dass die Dollarisierung keineswegs eine stabile und zukunftsträchtige Ordnung des Geldes darstellt.

Erstens stellt sich die Frage nach der Seignorage und wie die daraus resultierenden Gewinne zwischen den Währungsräumen aufgeteilt werden. Seignorage ist traditionell die Differenz zwischen den Kosten der Münzprägung und dem Nominalwert der Münze. Der Münzherr konnte die Differenz zwischen Metall- und Prägekosten und Nominalwert als Gewinn verbuchen. Dieser war denn auch Anreiz genug, um den Wertgehalt der Münzen zu senken, also „Schwarzgeld" zu prägen. Die Seignorage bei Papiergeld liegt entsprechend höher, da der Materialwert nur einen Bruchteil des Nominalwerts z.B. eines 100-Dollar-Scheins ausmacht[2]. Davon zu unterscheiden ist die „moderne" oder „Fluss"-Seignorage (Carchedi 2000). Die in Umlauf gesetzten Noten stellen für die Zentralbank eine Schuldverpflichtung dar (da ja die Geldbesitzer die Noten jederzeit einlösen können, sofern die Währung frei konvertibel ist), aber es werden dafür keine Zinsen fällig. Die Zentralbank kann die Seignorage noch steigern durch Mindestreservesätze und Bardepotverpflichtungen, für die sie keine Zinsen oder im ungünstigen Fall Zinsen unter dem

---

[1] Darin sehen Berg/Borensztein (2001: 5) den entscheidenden Unterschied zwischen Currency Board und „full dollarization".

[2] Hier handelt es sich um traditionelle Seignorage (Berg/Borensztein 2001) bzw. um „Bestandsseignorage" (Carchedi 2000).

Marktwert zahlt. Mit den ausgegebenen Noten kann die Zentralbank Wertpapiere kaufen, die ihrerseits Zinsen bringen. Die Differenz zwischen Null-Zins und Marktzinssatz multipliziert mit der Geldmenge macht also grob kalkuliert den Seignoragegewinn aus. Davon müssen allerdings die laufenden Kosten der Zentralbank abgezogen werden. Es ist offensichtlich, dass die Möglichkeiten, Seignoragegewinne zu realisieren, für Länder mit starker Währung besser sind als für Länder mit schwacher Währung (Cohen 1998: 123). Denn wer würde schon für zinsloses Geld eines Schwachwährungslandes verzinsliche Anleihepapiere hergeben? Bei Hartwährungsländern ist dies hingegen durchaus vorstellbar, da die Geldanlage in harter Währung eine hohe Sicherheit verspricht und möglicherweise Aufwertungsgewinne zu erwarten sind.

Die zu beantwortende Frage ist die nach der Aufteilung des Gewinns, wenn sich die Geldzirkulation einer Währung durch Dollarisierung ausdehnt. Das dollarisierte Land gibt keine eigene Währung aus, verzichtet also auf Seignorage. Die USA freilich erhöhen mit der ausgedehnten Geldmenge ihre Seignorage, die irgendwie aufgeteilt werden muss. In der Europäischen Währungsunion wird die Seignorage des Euro entsprechend den Anteilen der nationalen Zentralbanken an der Kapitalausstattung der EZB aufgeteilt. Dies geht bei unilaterialer Dollarisierung nicht, doch ließe sich eine Formel anwenden, die das United States Joint Economic Committee (2000) erarbeitet hat: Der Nettoanteil des dollarisierten Landes an der Seignorage ist gleich (nach Bogetic 2000: 195f):

- den Zinsen auf 90-Tage Schatzanweisungen multipliziert mit der Dollar-Geldmenge in der jeweiligen Periode
- abzüglich der laufenden (Netto)Kosten der Zentralbank
- multipliziert mit dem Anteil des dollarisierten Landes an der Geldbasis

Für Argentinien ist vom JEC der Seignorageanteil (sofern die Regierung, wie Präsident Menem vorgehabt hatte, das Land voll dollarisiert hätte) ausgerechnet worden. Danach entfällt auf Argentinien 2,8% der gesamten umlaufenden Geldmenge im Dollarraum. Insgesamt betrüge der Geldumlauf 580 Mrd. US$. Bei einer Zinsrate von 5% und laufenden Kosten der Zentralbank von 1 Mrd. US$ beliefe sich der Seignoragegewinn auf 784 Mio. US$ (Bogetic 2000: 196)[3]. Für die Aufteilung von Seignorage-Gewinnen gibt es also technische Lösungen; daran dürfte die Dollarisierung nicht scheitern, zumal die Seignorageanteile dollarisierter Länder an der gesamten Dollarseignorage gering sind[4].

---

[3] 580 Mrd. US$ x 0,05 (Zinssatz) ./. 1 Mrd. US$ (laufende Kosten der Zentralbank) x 0,028 (Anteil Argentiniens an der Dollar-Geldmenge) = 784 Mio. US$

[4] Dies ist ein Grund, weshalb sich in den USA bereits eine Lobby gebildet hat, die sich für die Dollarisierung lateinamerikanischer, asiatischer, osteuropäischer Länder einsetzt, insbesondere innerhalb des Joint Economic Committee Senator Connie Mack www.senate.gov/

Doch *zweitens* ist der Frage nach der finanziellen Autonomie von dollarisierten Ökonomien nachzugehen. Der Vize-Finanzminister der USA Lawrence Summers warnte in einer Rede am 15. März 2000 vor der Inter-American Development Bank die lateinamerikanischen Länder, die eine Fixierung ihrer Währungen am US-Dollar ins Auge gefasst haben. Die Dollarisierung

„could cost them a large degree of their financial independence". *Denn die USA würden in ihrer Geld- und Finanzpolitik* „in light of another country's decision to dollarize its monetary system" *keine Rücksicht nehmen. Zwar eröffne die Strategie der Dollarisierung* „the attractive promise of enhancing stability in the dollarized country by adding the credibility and discipline of its own economic and financing policies and advancing its integration into the world economy," *jedoch wird dieser Vorteil damit erkauft, dass* „the country also must be prepared to embrace that discipline - and accept the potentially significant consequences of doing without the independence to adjust exchange rates or the direction of domestic interest rates." *Jedenfalls würden die USA keineswegs* „adjust their bank supervisory responsibilities, access to the Federal Reserve discount window, or the procedures or orientation of U.S. monetary policy in light of another country's decision to dollarize its monetary system".

So betrachtet stellt die Dollarisierung die härteste Form der Budgetrestriktion dar; „Dollarization ... involves a very high financial tribute to the United States" (Furstenberg/Volbert 1999: 107). Doch wenn erst einmal dollarisierte Länder zur Stabilität zurückgefunden haben sollten, werden sie jene Beteiligung an der Geld-, Finanz- und Währungspolitik einfordern, die sie im Moment der Dollarisierung an die USA abgegeben haben (ebd.). Ob sich diese Forderungen aber realisieren lassen, ist angesichts der Machtverteilung und der Alternativlosigkeit zur Dollarisierung eher fraglich.

Ein Ergebnis zukünftiger Informalisierung könnte es sein, dass am Ende der Währungskonkurrenz einige kleine Währungen übrig bleiben, deren Geltung gering ist, weil sie die globalen Normen der Stabilität und Integrität nicht erfüllen. Die oben angedeutete Irreversibilität hat ja auch den Aspekt des „Verschwindens der kleinen Währungs-Markenzeichen" (small brands of money) in der globalen Währungskonkurrenz (Furstenberg/Volbert 1999: 109), in der sich nur die „großen Drei" (Dollar, Euro, Yen oder eine andere asiatische Währung) auf Dauer werden behaupten können. Der „Artentod" von Währungen ist also vorgezeichnet, auch das Geld hat seine Ökologie.

~jec/dollarization.htm; das konservative Cato-Institut, dem auch Steve Hanke zuarbeitet, der den Präsidenten Montenegros bei der unilateralen Einführung der DM beraten hatte und für die Dollarisierung Russlands eintritt. Die Dollarisierung ist ein Geschäft. Die Währungsunion in Deutschland vom Juli 1990 hat die ostdeutschen Vermögenswerte von einem Tag auf den anderen reduziert, und Ähnliches passiert bei der Dollarisierung auch. Wer über viele Dollar verfügt, hat viele Möglichkeiten, sich in einem dollarisierten Land billig einzukaufen. Im Rahmen der Dollarisierungsdebatte wäre es sinnvoll, die Lehren der deutsch-deutschen Währungsunion zu reflektieren.

Drittens muss die Frage nach den ökonomischen, sozialen und politischen Wirkungen im dollarisierten Land gestellt werden. Offensichtlich ist die größere Geldwertstabilität in Folge der „weichen Dollarisierung" mit einem currency board oder mit der vollen und formellen Dollarisierung. Selbstverständlich hält dieser Effekt nur so lange an, wie der Dollar stabil ist. Bei extrem hoher Außenverschuldung und strukturellem Defizit in der Leistungsbilanz der USA ist es aber keineswegs sicher, dass die Stabilität des Dollars von Dauer ist. Es ist also in einer von finanziellen Instabilitäten gezeichneten kapitalistischen Weltwirtschaft nur in den seltenen sonnigen Abschnitten der Entwicklung möglich, aus dem Regen zu fliehen und nicht unter die Traufe zu geraten.

Doch auch die Aufwertung des Dollars kann für ein dollarisiertes Land katastrophale Folgen zeitigen. Die der Entwicklung der „Fundamentals" nicht entsprechende Dollaraufwertung der vergangenen Jahre war mitverantwortlich für die Finanzkrisen in Asien und Lateinamerika, und sie hatte zur Folge, dass die monetäre Integration Argentiniens in den Dollarraum notwendig zur Deflation und Depression führen musste. Im Winter 2001 konnte Argentinien den fixierten Dollarkurs nicht halten; die Leistungsbilanz war wegen fallender Rohstoffpreise und vor allem wegen der Abwertung des brasilianischen Reals im Januar 1999 im Gefolge der Finanzkrise des wichtigsten Handelspartners innerhalb des südamerikanischen Wirtschaftsraums defizitär. Die Devisenbestände des currency board schmolzen zusammen und neue Kredite wurden vom IWF verweigert. Die Folge der deflationären Wirkung (das formelle Geld verschwand) waren zunächst Ersatzgelder, die in Argentinien an Stelle der offiziellen Währung zu zirkulieren begannen: es entstanden Tauschringe aus Devisennot (dazu haben wir uns bereits geäußert). In kürzester Frist kam ein Devisenschwarzmarkt zum Vorschein, auf dem alle jene informellen Geldhändler auftauchten, die nach der zunächst erfolgreichen Stabilisierung des Peso und der fixen Bindung an den Dollar verschwunden waren (*Financial Times* 9.12.2001). Doch diese Kinder der Not konnten das grundlegende Problem nicht lösen, wie Argentinien seine Schuldverpflichtungen bedienen sollte. Dann kam der Wirtschaftsminister Cavallo auf die Idee der *„bancarización"*, d.h. des Einfrierens der Dollar-Guthaben und der formellen Unterbindung der Bargeldzirkulation in Dollar. Das hat die Mittelklasse in Rage gebracht, die nicht mehr über ihre erworbenen Geldvermögen verfügen konnte. Sie musste sich beraubt fühlen. Auch der informelle Sektor rebellierte, als das Bargeld verschwand und nur noch mit Kreditkarten gezahlt werden konnte, über die viele Kunden nicht verfügten und deren Einlösung obendrein nicht gewährleistet war. Der soziale Protest brach aus, die Regierung musste zurücktreten. Die Lage ist also hoffnungslos, und die einzige noch verbleibende

Lösung ist der Staatsbankrott: das alte formelle Geld ist angesichts der Schulden nichts mehr wert; es muss durch ein neues formelles Geld ersetzt werden. Doch wie soll dessen Wert begründet werden, wenn die Wirtschaftskraft nicht ausreicht, einen Leistungsbilanzüberschuss zu erbringen, attraktive Kapitalanlagen für auswärtige Geldvermögensbesitzer nicht geboten werden können und öffentliches Eigentum zur Wertsicherung einer neuen Währung nach der furiosen Privatisierungswelle der vergangenen zwei Jahrzehnte kaum noch zur Verfügung steht? In dieser Situation entstehen die schon erwähnten informellen Ersatzgelder, die Patacones oder Porteños und andere Parallelwährungen, die es unmöglich machen, den Geldumlauf zur Stabilisierung der Währung zu kontrollieren.

Die Stabilität des Geldes ist vor allem gut für Geldvermögensbesitzer. Für alle anderen ist die von internationalen Institutionen wie dem IWF geforderte Stabilitätspolitik eher nachteilig. Der Budgetausgleich verlangt Schnitte bei Staatsausgaben, vor allem im sozialen Bereich (denn die Zinsausgaben im Sekundärbudget erlangen höchste Priorität und werden als nicht verhandelbares Datum behandelt), Beschränkungen bei den Masseneinkommen, höhere Gebühren und Steuern, sofern sie die Geldvermögensbesitzer aussparen, und höhere Zinsen, um für international nach Anlage suchendes Kapital anzuziehen. Stabilitätspolitik ist nur ein Euphemismus für Umverteilung von denjenigen, die auf Arbeitseinkommen angewiesen sind, zu jenen, die Geldeinkommen beziehen. Die Dollarisierung verschärft diesen Prozess der sozialen Polarisierung. Wenn die Nationalstaaten und deren Regierungen den Regeln der Dollarisierung folgen, haben sie kaum Möglichkeiten den Polarisierungstendenzen entgegenzuwirken. Diejenigen, die über keine oder nur wenige Dollar verfügen, werden aus den formellen Wirtschaftskreisläufen ausgesondert und der informellen Ökonomie überantwortet, die daher an Bedeutung gewinnt.

Die Erfahrungen von Ekuador zeigen dies sehr deutlich: Proteste der indigenen Bevölkerung gegen Gebühren- und Preiserhöhungen und gegen die (von der Regierung nicht mehr zu gestaltende) Wirtschaftspolitik (*FR* 2. und 3.2.2001). Viele tausend Ecuadorianer verlassen das Land, ebenso wie Argentinier, denen die „weiche" Dollarisierung mit einem currency board sehr harte soziale Zeiten beschert hat (vgl. zur Emigrationsbewegung *El Pais*, 31.12. 2000). Dass Geld polarisiert und spaltet, ist selten so deutlich geworden wie in den dollarisierten Ländern.

Hier könnte der deutsche Fall einer Währungsunion 1990 lehrreich sein. Denn die Herstellung eines einheitlichen Währungsgebiets ist nur gelungen, weil hohe Transferzahlungen von West- nach Ostdeutschland von jährlich an die 150 Mrd. DM geleistet worden sind. Doch gerade die Zahlung von Transfers wird im Falle der Dollarisierung und Euroisierung ausgeschlossen. Daher ist die Dollarisierung nur etwas für Länder, die entweder auf einem vergleichbaren Entwicklungsniveau wie das „Währungsmutterland" angelangt sind, oder die klein und als Finanzanlageplätze, d.h. als Offshore-Zentren mit „special jurisdiction" attraktiv sind, oder die sich auf eine breite „illicit economy" stützen können, wie in den Fällen der euroisierten Balkanländer, oder die wie El Salvador infolge der Überweisungen von Gastarbeitern aus den USA sowieso einen hohen Dollarzufluss aufweisen. Die Dollarisierung geht also nicht mit rechten Dingen zu. Es spitzt sich nicht nur die Polarisierung von arm und reich, oben und unten zu. Es werden auch informelle und illegale Aktivitäten als Überlebensstrategien gefördert, und die wirken sich im politischen System aus. „Die Regeln des Spiels in diesem Lande (Ekuador) verlangen, sich außerhalb der Regeln von Gesetz und Recht zu bewegen" (so nach *Il Manifesto* vom 1.9.2001 Chu Yep vom *Centro de derechos economicos y sociales in Quito*). Die Paradoxie der Dollarisierung besteht darin, dass sich in der globalen Währungskonkurrenz alle Welt an eine der großen, starken und harten Währungen bindet und mit diesem Versuch der Formalisierung gerade neue Impulse der Informalisierung und Illegalisierung und damit der Auflösung von Recht und Ordnung auslöst. Kein Wunder, dass die Menschen zu emigrieren versuchen, sofern sie diese Exit-Option haben[5], oder protestieren, demonstrieren und sogar revoltieren, also ihre Stimme erheben anstatt abzuhauen (Voice). Letzteres ist in Argentinien geschehen, als Massenbewegung gegen die Enteignung durch die Politik der Dollarisierung.

---

[5] *Il Manifesto* (2.9.2001) berichtet, dass 70.000 Argentinier auf ihren Antrag und trotz Zahlung der fälligen Gebühr von 75 US$ keinen Reisepass erhalten haben, weil der argentinische Staat die (privatisierte) Druckerei nicht hat bezahlen können und das Ersatzgeld der im Umlauf befindlichen staatlichen Gutscheine (Patacones) von der Druckerei nicht akzeptiert werden. Die Exit-Option ist also infolge Dollarisierung und Privatisierung zunächst für viele ausreisewillige Argentinier unterbunden.

Informelle Politik

Politische Regeln, Normen und schließlich politische Institutionen geben dem politischen System den Rahmen. Normativ soll so Verlässlichkeit erzeugt werden - die andere Seite der Sicherheit - durch Verfahren der Legitimierung politischer Entscheidungsträger und der von ihnen zu verantwortenden Entscheidungen, durch Regeln der Repräsentanz und Verpflichtungen zur Rechenschaft gegenüber den Bürgerinnen und Bürgern. Die Unabhängigkeit der öffentlichen Verwaltung von privaten Interessen, die *Rechtsstaatlichkeit* und das staatliche Gewaltmonopol sind dafür unverzichtbar. Denn die staatliche Verwaltung in Abhängigkeit von privaten Interessen würde für die Mehrzahl der Bürger eine Einbuße von Rechten innerhalb des Gemeinwesens bedeuten. Wenn außerdem die Rechtsstaatlichkeit nicht gewährleistet werden kann, ist noch nicht einmal der Gang vor ein Gericht möglich. Private Mächte an Stelle des staatlichen Gewaltmonopols, die die öffentlichen Einrichtungen für sich in Dienst nehmen, eine unabhängige Justiz beseitigen und mit Willkür herrschen, nehmen der Politik jegliche zivile Form; die Trennung von Gesellschaft und Staat ist aufgehoben zu Gunsten der Inbesitznahme des Staates durch ökonomische Interessen, die sich gegen die Gesellschaft richten.

Auch wenn die normativen Elemente förmlicher Politik immer umstritten waren und sind, dienen sie als eine Art Folie, an der die Politik bzw. die Gestaltung des politischen Institutionensystems gemessen und - in manchen Regionen - als informell charakterisiert wird (Chabal/Daloz 1999; Brühl/Debiel u.a. 2001). Die Bestandteile förmlicher Politik sind also nicht nur normativ, sondern analytisch zu begründen. Sie sind Resultate historischer Auseinandersetzungen bei der Staatsbildung; sie entstehen im Zuge der Verrechtlichung gesellschaftlicher Beziehungen. Dies unterscheidet sie von Bräuchen, die auf moralisch und religiös geladenen Konventionen beruhen:

> „Die Ordnung des Brauchtums und die Rechtsordnung stehen in einer historischen und nicht in einer logischen Beziehung miteinander. Sie berühren sich zufällig, die eine setzt die andere nicht voraus. Der Brauch ist, und hierüber sind sich die meisten Anthropologen einig, typisch für die primitive Gesellschaft, und Gesetze sind typisch für die Zivilisation" (Diamond 1976: 168).

Die Elemente förmlicher und verrechtlichter Politik sind mit der Bildung von „protostaatlichen" Einheiten (Diamond 1976: 171) nicht fertig, und sie fügen sich nicht zu einem politischen System zusammen. Sie werden Gegenstand von Klassenkonflikten; von politischem Druck in den internationalen Beziehungen, und dieser wird nicht immer mit friedlichen Mitteln ausgeübt. Rechtsstaatlichkeit, also die „Herrschaft des Gesetzes", eine rationale und unabhängige Bürokratie, der Übergang von der Stammesherrschaft zum Territorialprinzip und das nationalstaatliche Gewaltmonopol auf dem Territorium und gegenüber dem dort lebenden Staatsvolk sind Errungenschaften aus jüngerer Zeit. Sie haben nicht nur, aber vor allem eine europäische Geschichte. Norbert Elias beschreibt diesen Prozess als „Monopolmechanismus", als „monopolistische Verfügung über Abgaben und Heer in einem verhältnismäßig großen Gebiet" (Elias 1992, Bd. 2: 142ff):

„Erst mit der Herausbildung dieses differenzierten Herrschaftsapparats bekommt die Verfügung über Heer und Abgaben ihren vollen Monopolcharakter (...) Diesozialen Kämpfe gehen nun nicht mehr um die Beseitigung des Herrschaftsmonopols, sondern nur um die Frage, wer über die Monopolapparatur verfügen soll (...) Erst mit der Herausbildung dieses beständigen Monopols der Zentralgewalt und dieser spezialisierten Herrschaftsapparatur nehmen die Herrschaftseinheiten den Charakter von Staaten an" (Elias 1992, Bd 2: 143).

Dabei sind es nicht die starren juridischen Strukturen, die das staatliche Gewaltmonopol verrechtlichen und der Politik Form geben, auch wenn diese wichtig sind. Es handelt sich um ein hegemoniales Projekt, das nach Stanley Diamond von Anfang an bei der frühen Staatsbildung bestimmend war. Gerechtigkeit lässt sich nicht vom Recht ableiten, und die Rechtssprechung ist

„keine Angelegenheit der Gerechtigkeit, sondern nur des Durchsetzungsanspruchs des frühen Staats (...) In dem System von Steuererhebung, Volkszählung und Konskription wurde jeder nur denkbare Anlaß genutzt, zugunsten von Bürokratie und Souverän Recht zu schöpfen. Wir können kein abstraktes Prinzip, keine unparteiische Gerechtigkeit, keinen Präzedenzfall feststellen, sondern nur den spontanen Opportunismus einer neuen Klasse, die das Gebäude ihrer Macht errichtet." (Diamond 1976: 179).

Die Ordnung der Herrschenden kann zwar durch den Staat monopolistisch nach innen und außen gesichert werden, doch werden die Herrschenden gut daran tun, um die Akzeptanz der Beherrschten zu werben. Die eigentliche Schwierigkeit ist also nicht, die Herrschaft und die Techniken der Machtausübung zu verstehen, sondern die subtilen Mechanismen der subalternen, aber aktiven Einbindung der Beherrschten in das hegemoniale Projekt. Kein Fürst, kein Regierender, so lässt sich von Machiavelli lernen, wird an der Regierung bleiben und die Macht behalten, wenn er nicht mit den Mitteln von Zwang, Gewalt, mit Bestechung, mit Überzeugungskraft und Zugeständnissen um den Konsens der jeweils von der Herrschaft Ausgeschlossenen wirbt (Machiavelli 1513/1990). In einer demokratischen Republik, in modernen „Massengesellschaften" zumal, ist dieser politische Prozess der Erzeugung von Legitimation und Konsens viel komplizierter, aber umso notwendiger. Er ist an die Akkumulationsbedingungen des Kapitals gebunden und umfasst den ganzen Komplex moderner sozialstaatlicher Regulation. Die Förmlichkeit der Politik ist also historisch voraussetzungsvoll und nicht mit juristischen Konstrukten aus der Staatsrechtslehre zu erfassen.

Elftes Kapitel
Die Formation des Politischen als hegemoniales Projekt

Während des „kurzen 20. Jahrhunderts“ (Hobsbawm 1995) hatten spezifische ökonomische Entsprechungsverhältnisse zwischen Produktion (und Produktionssphären) und Verteilung (zwischen den Klassen) den Effekt hoher Produktivitäts- und Wohlstandssteigerungen bei hoher Profitabilität und beschleunigter Akkumulation (Wachstum). Daher waren soziale Ausgleichsmechanismen durch den Sozialstaat finanzierbar. Formelle und substanzielle Partizipationsmöglichkeiten der Bürgerinnen und Bürger innerhalb parlamentarisch-demokratischer Systeme bekamen den Status einklagbarer Rechte. Hinzu kamen ein geregeltes politisches internationales System und eine globale Arbeitsteilung, die Zentrum und Peripherie trennte und zugleich über den Weltmarkt für Güter und Finanzen zusammenführte. Dieses Ensemble von ökonomischen, sozialen, politischen Formen verdichtete sich zur Gesellschaftsformation in einer historischen Phase kapitalistischer Entwicklung, „Fordismus“ genannt. Es war die Basis dafür, dass Rechtsstaatlichkeit, staatliches Gewaltmonopol und Unabhängigkeit der staatlichen Verwaltung in vielen Ländern der Erde während der zweiten Hälfte des 20. Jahrhunderts mehr oder weniger wie selbstverständlich funktionierten.

1. Neoliberales „law and order“

Ein hegemoniales Projekt kann sich im Verlauf der Geschichte erschöpfen, und so geschah es mit dem „Fordismus“ in der zweiten Hälfte des 20. Jahrhunderts. Die einstmals stabilen Formen werden brüchig. Dies ist in den vergangenen Jahrzehnten vielfach unter den Etiketten des „Endes des sozialdemokratischen Zeitalters“ (R. Dahrendorf), der Krise des „Normalarbeitsverhältnisses“ (damit haben wir uns im ersten und zweiten Kapitel auseinandergesetzt), der historischen Unangemessenheit von sozialstaatlich moderiertem keynesianischem Interventionsstaat oder schlicht des Endes des „Fordismus“ verhandelt worden. Doch die Frage lautet: Was kommt nach der „Krise“, dem „Ende“, der „Erschöpfung“ dieses Projekts? Antonio Gramsci, der die Kategorie des hegemonialen Projekts entwickelt hat, gibt eine Antwort: Die Herrschenden, die politischen Eliten, die ökonomisch Mächtigen entwickeln „transformistisch“ ein anderes Projekt der Herrschaft, dem die von Gramsci so genannten „subalternen Klassen“ eingegliedert werden. Unter Bezug auf Machiavelli schreibt Gramsci:

„... aber es bleibt die Tatsache, dass es Führer und Geführte, Regierende und Regierte gibt. Dies vorausgesetzt, wird zu sehen sein, wie man auf die wirksamste Weise führen kann (bestimmte Ziele vorausgesetzt) und wie deshalb die Führer in der besten Weise vorzubereiten sind (und darin besteht genauer die erste Abteilung der Politischen Wissenschaft und Kunst), und wie man auf der anderen Seite die Linien des geringsten Widerstands oder rationalen Linien erkennt, um den Gehorsam der Geführten oder Regierten zu erlangen" (Gramsci 1996: 1713).

Die Herrschaft bleibt und sie kann nur durch ein gemeinsames Projekt von Regierenden und Regierten erhalten werden. Doch muss sie sich dem Wandel der historischen Bedingungen anpassen und daher zu sozialen Transformationen bereit sein. Diese entstehen vielleicht nicht sofort und vor allem nicht intentional. Doch sie sind unvermeidlich, und in ihrem Verlauf entstehen auch in der Politik (nicht nur in der Welt der Arbeit und des Geldes) informelle Zwischenformen.

Nach der Krise der Sozialdemokratie, des Keynesianismus, des Wohlfahrtsstaats, des Fordismus gewinnt seit Mitte der 70er Jahre das Projekt des Neoliberalismus Konturen. Es wird mangels Alternativen mit Zeitverzögerung weltweit hegemonial. Der Neoliberalismus, von England ausgehend über die USA den europäischen Kontinent erreichend, in Folge der Politik der Öffnung in den verschuldeten Ländern Lateinamerikas und Asiens auch in der so genannten „Dritten Welt" Fuß fassend, ist die ideologische und praktisch diskursive Grundlage der „Globalisierung". Neoliberalismus ist ein Dogma, das wenige, aber unverzichtbare Säulen hat: Die Vorstellung von der die Wohlfahrt steigernden Wirkung des freien Handels (gemäß dem Theorem von den komparativen Kostenvorteilen); die Annahme effizienter Märkte, der gemäß politische Regulierung von Märkten zu Effizienzeinbußen führen würde; die Annahme, dass der private Sektor grundsätzlich stabil sei und Krisen als Folge staatlicher Eingriffe auftreten; dass individuelle Maximierung von Portefeuilles auch das jeweils eigene Humankapital einschließt und dass – in dieses einzige Wort könnte „das Programm des Liberalismus" zusammengefasst werden – „Eigentum, das heißt Sondereigentum an den Produktionsmitteln" (von Mises 1927: 17), die institutionelle Grundbedingung für die Funktionsweise des neoliberalen Projekts sei. Diese Säulen gehören zu einer politischen Ordnung, die den privaten Eigentümern die Nutzung des Eigentums zum Besten der allgemeinen Wohlfahrt und zur Steigerung der Effizienz erlaubt. Die Ordnung muss nicht demokratisch sein, da Eigentum ein Recht des Ausschlusses aller Nicht-Eigentümer, also prinzipielle Ungleichheit begründet. Sie ist autoritär und panoptisch, d.h. sie schließt Überwachung – inzwischen im globalem Maßstab – ein (vgl. Gill 2001).

Warum akzeptieren die subalternen Schichten das Projekt, warum machen sie diesen „transformistischen" Formwandel von Politik – im Verhältnis zu

Gesellschaft und Ökonomie - mit? Foucault hat versucht, auf diese Frage mit seinen Überlegungen zur *„Gouvernementalité"* eine Antwort zu geben. Es sind rationale Technologien der Macht, die den Transformismus gelingen lassen, und dabei spielen die Techniken der „Führung" eine ebenso wichtige Rolle wie die „Technologien des Selbst" (vgl. Lemke 2000), die zur Akzeptanz des Projekts beitragen. Dazu gehören subtile Zuschreibungen, wie die der Freiheit und Selbstverantwortung von Individuen für ihr Schicksal auf dem Arbeitsmarkt. Weil Mechanismen wie Aktien und Aktienspekulation (einschließlich der Institutionen und Technologien von Internet, PC und Börse) zur Verfügung stehen, scheint es möglich zu sein, das eigene Schicksal in einem globalen Null-Summespiel an den Börsen in die Hand nehmen zu können. Auch die Umdeutung der Arbeitskraft in „Humankapital", das verwertet werden muss, ist Teil dieser „Technologien des Selbst", die die Macht stabilisieren. Es sind folglich nicht nur Normen und Institutionen, die sozusagen als ein Gerüst den formellen Bereich einer Gesellschaft definieren und tragen. Es ist vielmehr ein hegemoniales Projekt, das der Politik Form gibt, auch wenn dabei informelle Handlungslogiken im Zuge der Transformation der fordistischen Formation eine große Bedeutung gewinnen. In den Epochen des „Transformismus" ist also das Informelle in die politische Form integriert und nicht einfach definitorisch davon zu trennen. Das Verhältnis von formeller und informeller Politik zu bestimmen, ist also keineswegs leichter als bei der Arbeit oder beim Geld.

Informalität resultiert aus einer Handlungslogik, mit der sozial und politisch verbindliche Normen und Regeln - aus welchen Gründen auch immer - missachtet und manchmal durch Normen der Informalität und informelle Institutionen ersetzt werden. Das neoliberale Projekt lässt diese Informalität nicht nur zu, es befördert das Aufkommen informeller Parallelpolitik. Denn die Deregulierung formeller politischer Institutionen und die Privatisierung öffentlichen Eigentums, die formlose Flexibilisierung von Marktverhältnissen, vor allem auf dem Arbeitsmarkt, ist Kern der transformistischen Änderung. Informalität im Sinne einer fehlenden Verbindlichkeit von Regeln und der Infragestellung tradierter Normen gehört zur Politikform dieses Projekts. Das mag in jenen Gesellschaften unproblematisch sein, in denen Märkte effizient funktionieren und politische Macht die aus der Form fließenden Verhältnisse notfalls mit Gewalt (auf der Basis des „legitimen Gewaltmonopols") zusammenzwingen kann. In jenen Gesellschaften, die darüber nicht verfügen, hat diese Tendenz zur Folge, dass die Politik wesentlich außerkonstitutionell und extralegal wird - bis zu einer Situation, in der Staaten sich aufzulösen beginnen. Dann wird das Gewaltmonopol privatisiert, die Rechtsstaatlichkeit hört auf zu existieren und eine unabhängige Verwaltung gibt es nicht mehr. In die so entstehenden Hohlräume von Politik rückt nicht selten die organisierte Kriminalität, die sich auf diese Weise einen schützenden Schirm für ihre Geschäfte auf deregulierten Märkten verschafft und - wie wir bereits im Kontext von Geldwäsche, Countertrade etc. gesehen haben - hohe Umsätze und ebenso hohe Profite erwirtschaftet. Informalität wird, das beschäftigt uns im dreizehnten Kapitel genauer, „unordentlich".

Freilich sind diese Transformationsprodukte nicht stabil, und sie liegen, auch wenn sie eine Folge neoliberaler Transformationen sind, nicht unbedingt im Interesse politischer und wirtschaftlicher Eliten, die sich ideologisch ganz und gar dem Neoliberalismus zuneigen. Der Neoliberalismus ist ein theoretisches Konstrukt, das der Bedeutung von „Ordnung" zentralen Stellenwert beimisst. Im „logischen Antagonismus" zwischen individueller Freiheit und der Ordnung, die die Freiheit der Kapitalakkumulation erfordert, hat sich der Liberalismus immer gegen die individuelle Freiheit und für die Ordnung entschieden. Die Tradition dieses Denkens lässt sich bis Adam Smith zurückverfolgen, und sie ist besonders stark und programmatisch im deutschen „Ordo-Liberalismus" der Freiburger Schule nach dem Zweiten Weltkrieg ausgeprägt. Milton Friedman sagt es klipp und klar: „Die grundlegende Voraussetzung (für die Freiheit des Tausches - Verf.) ist die Aufrechterhaltung von law and order" (Friedman 1962: 14). Die Herstellung und Aufrechterhalten von „law and order" kann sich der Liberalismus durch einen autoritären Staat vorstellen, der allerdings nicht „totalitär" werden dürfe. Dies wäre dann der Fall, wenn in die ökonomischen Freiheiten der Verwertung von Eigentum eingegriffen würde. Daher die permanente Denunziation von Regulierung durch Vertreter des Neoliberalismus; sie erscheint als eine mehr oder weniger „weiche" Form des „totalitären Sozialismus". Der praktische Neoliberalismus der Gegenwart geht einen erheblichen Schritt weiter. Angesichts der Tendenzen von Staatsauflösung und des Zerfalls von Ordnungsstrukturen beansprucht die globale „Ordnungsmacht", notfalls mit militärischen Mitteln eine Ordnung aufrecht zu erhalten oder wieder herzustellen, die im Zuge der von der gleichen Ordnungsmacht betriebenen neoliberalen Transformationen zerstört wird. Im „Krieg gegen den Terror" sind eine Reihe von Staaten im Visier der „globalen Ordnungsmacht", die die Ordnung „der freien Welt" in Frage stellen könnten: Die Philippinen, Kolumbien, Somalia, Sudan und vor allem die als „Achse des Bösen" bezeichneten Staaten Irak, Iran und Nordkorea (vgl. dazu die Rede „State of the Union" des Präsidenten Bush an den US-amerikanischen Kongress im Januar 2002). Neu ist, dass auch Mächte ohne territoriale Verortung - wie das Al Qaeda-Netzwerk - zur Bedrohung der Ordnung gezählt werden. Das neoliberale Prinzip von „law and order" wird im Zeitalter der Globalisierung global ausgelegt und es werden die (militärischen) Mittel eingesetzt, um es durchzusetzen. Dieser dem Neoliberalismus eigene Autoritarismus hat nichts mit den subtilen Mechanismen der „governementalité“ zu tun. Der Konsens wächst nicht mit „Techniken des Selbst“ von unten, sondern er wird von oben, von hochfliegenden Bombern aus der Luft aufgezwungen. Daher ist er außerordentlich brüchig.

Das staatliche Regelsystem wird aber nicht nur gemieden, wie in der Schattenökonomie, sondern für vorwiegend ökonomische Interessen instrumentalisiert. Vielfach werden die politischen Normen und die daraus sich ergebenden Verpflichtungen der Steuerzahlung oder der Zahlung von Sozialversicherungsbeiträgen als Auslöser für informelle Aktivitäten der Schwarzarbeit in der „Schattenökonomie“ (so vor allem Schneider/Enste 2000) bezeichnet. Darin ist die Annahme enthalten, dass Staats- und Steuerbürger alles daran setzen, ihre Belastung zu minimieren und förmlichen Ansprüchen auszuweichen. Dass diese Unterstellung vereinfacht und nicht immer plausibel ist, zeigen beispielsweise Hellman/Jones/Kaufmann (2000). Denn Regeln können als so wichtig eingeschätzt werden, dass sie in Besitz genommen werden, um illegale Aktivitäten (z.B. Geldwäsche) betreiben zu können. Im Extremfall kommt es zum „state capture“, d.h. der Nutzung des staatlichen Institutionensystems für private, zumeist illegale oder kriminelle Machenschaften. Diese Tendenzen folgen der neoliberalen ökonomischen Logik der Zurückdrängung von Staat und Politik und sie werden daher akzeptiert - allerdings nur so lange, wie daraus keine Bedrohung der globalen Ordnung erwächst.

Soziale und politische Normen sind - insbesondere in institutionalisierter Form - für die Entwicklungsbahn der informellen Galaxis von großer Bedeutung. Normen und Institutionen üben eine Schwerkraft aus, die Arbeit und Geld in ihren Bann zieht und in Form hält. Die Informalisierung von Politik mindert diese Anziehungskraft der Formalität, so dass Bereiche von Arbeit und Geld in die informelle Galaxis weggleiten können. Es sind zumeist schwache Institutionen, die informellen Aktivitäten Auftrieb geben (so auch mit Bezug auf afrikanische Gesellschaften Kappel 2001: 102ff). Doch diese schwachen Institutionen sind selbst Bestandteil eines hegemonialen, neoliberalen Projekts. Die im Folgenden zu untersuchenden Tendenzen der Informalisierung von Politik haben also Auswirkungen auf die Formen von Arbeit und Geld - und sicherlich auch umgekehrt. Informelle Arbeit und informelles Geld verändern die Form der Politik und des Staates. Politik hat eine gesellschaftliche und eine ökonomische Basis, ebenso wie die zentrale Kategorie der Politik, nämlich die Macht. Die Macht selbst hat zwei Seiten. Sie ist nach innen zum „Schutz der Ordnung“ gerichtet und sie äußert sich nach außen. Daher ist auch die Souveränität doppelt bestimmt: sie liegt in einer demokratischen Republik formell beim Volke. Nach außen ist Souveränität in erster Linie die nationalstaatliche Verfügung über eine „*exclusive jurisdictional domain*" (Ruggie zit. von Williams 2000: 560). Die Abgrenzung nationalstaatlicher Jurisdiktionen folgt dem Territorialprinzip des Nationalstaats.

Doch war die Exklusivität niemals in der Geschichte vollkommen, und sie ist es erst recht nicht in Zeiten der Globalisierung. *Erstens* werden die Regeln des Politischen international normiert („good governance"). Das Recht der Normierung wird der souveränen Verfügung einzelner Nationalstaaten oder Gesellschaften zumindest teilweise entzogen. Dies kann im Prinzip per Konsens geschehen, und dann würde sich möglicherweise so etwas wie ein kosmopolitisches Recht mit einem eben solchen Staatsbürgertum herausbilden können, oder durch Einsatz der Staatsgewalt gegen diejenigen, die sich dem hegemonialen Regelwerk der „good governance" verweigern. Dies betrifft in Sonderheit so genannte „Schurkenstaaten", denen die „weißen Ritter" der Globalisierung mit militärischer Gewalt ans Leder gehen. *Zweitens* schaffen ökonomische Akteure, große TNU und Finanzinstitutionen, Recht entsprechend den ökonomischen Reproduktionsbedingungen im globalen Raum, das von den Nationalstaaten in ihre jeweilige territorial beschränkte Jurisdiktion eingepasst und übernommen wird. Es ist also nicht möglich, politische Formen ohne Rekurs auf ökonomische Reproduktionsbedingungen zu bestimmen. Macht hat eine ökonomische Grundlage. *Drittens* verlieren Nationalstaaten ihre Souveränität, sie lösen sich in einem Prozess von „state disruption" (Saikal 2000) auf und überlassen die Jurisdiktion mächtigen Akteuren. Dies können große TNU sein, aber auch die organisierte Kriminalität oder terroristische Netzwerke (vgl. z.B. Storbeck 2001). Viertens ist die Macht nicht unbedingt - wie eine juridische Betrachtungsweise nahe legen würde - in konstitutionellen Institutionen lokalisiert. Denn die Macht wird in den Handlungen von Regierungen eher produziert und reproduziert und weist daher verschiedene „Abstufungen", auch im Hinblick auf ihre Formalisierung auf. Regierungshandeln wird so zu einem wesentlichen Aspekt von Politik (in der Tradition von Foucault vgl. Lemke 1997; 2000), auch der Formalität bzw. Informalität von Politik. Diese Themen der Informalisierung von Politik können allerdings erst diskutiert werden, wenn die Formen der Politik dargelegt sind.

2. Vertrag, Markt, Institutionen, Politik

Zunächst ist es möglich, sich mit Leibniz die Formation des Politischen ohne Gesellschaft und Staat als eine göttlich „prästabilierte Harmonie" vorzustellen. Politik hat in diesem Denken keinen Platz, und möglicherweise noch nicht einmal die Gesellschaft. Die wirkliche Welt ist trotz der unbestreitbaren Übel die „beste aller möglichen Welten", da sie immerhin das Geschöpf Gottes sei (Leibniz (1948) Monadologie, § 53). In dieser bestmöglichen Welt fungieren die denkenden Menschen (aber auch andere Lebewesen und sogar die unbelebte Natur) als Monaden. Sie haben nichts miteinander zu tun. Wenn trotz der „ordnungspolitischen" Passivität der Monaden die „beste aller möglichen Welten", aus einem Chaos also eine „prästabilierte Harmonie" (Leibnitz (1948) Monadologie § 78, 80, 87) erwächst, dann durch „Vermittlung Gottes". Dass Informalität in diesem Rahmen nicht gedacht werden kann, ist offensichtlich.

Erst in den modernen Vertragstheorien wird den „Monaden" Leben eingehaucht. Die frühbürgerlichen politischen Theoretiker haben danach gefragt, wie zwischen selbstbewussten und tätigen Individuen Kommunikation zustande kommt und welche Logik es ist, die sie zur Vergesellschaftung von Gleichen bringt - und sogar dazu zwingt, diese Gesellschaft staatlich zu verfassen. Thomas Hobbes sieht die Menschen im Naturzustand in einem „Kriege aller gegen alle", in dem sie sich wechselseitig die Köpfe einschlagen. Nur Abmachungen, Verträge können die notwendige Ordnung des Zusammenlebens *politischer Bürger* in Tugendhaftigkeit und Gerechtigkeit gewährleisten, und so den Zustand der bloßen *„multitude"* von Menschen im Naturzustand überwinden. Der Vertrag zwischen Menschen, die als Rechtssubjekte gedacht werden, hilft also, den kriegerischen Naturzustand zu überwinden, das Gewaltmonopol beim Staat zu konzentrieren und so eine friedliche Gesellschaft zu errichten. Der Hobbessche Gesellschaftsvertrag ist also eher ein Herrschaftsvertrag zu Gunsten des Herrschers. Die Monadenwelt Leibniz kannte also die prästabilierte Harmonie, obwohl die Monaden nicht miteinander kommunizierten. Die Hobbessche Welt besteht aus einer disharmonischen Menge von Individuen, die sich feindlich gegenüberstehen. Erst der Gesellschaftsvertrag zwischen den Bestandteilen der *„multitude"* konstituiert Herrschaft und darüber vermittelt die Gesellschaft. Diese gibt sich Organe und bildet so den modernen bürgerlichen Verfassungsstaat. Die Form des Politischen und des Staates ist gebildet. Heute wird häufig auf diese vertragstheoretische Konstruktion verwiesen: angesichts von „failed", auch „collapsed states", mit der Folge des Rückfalls der Gesellschaftsmitglieder in die Hobbessche *„multitude"* und der Entstehung eines Vakuums, in das bewaffnete Milizen eindringen (Arlacchi 2000) und den Menschen Sicherheit und Ordnung rauben. Aus den interessierten und bewusst handelnden Bürgern in einer gesetzten politischen Ordnung wird wieder die *„multitude"*, die für nicht legitimierte Zwecke manipulierbar ist.

Hobbes kann sich keine Gesellschaft jenseits des Staates, der durch Vertrag konstitutiert wurde, vorstellen. Dies ist bei Locke anders; der Gesellschaftsvertrag schafft zu allererst die Gesellschaft, und in zweiter Linie den

Staat. Die Gesellschaft könnte im Prinzip sogar ohne Staat existieren, eine Vorstellung, die Hobbes ausschließen würde. Locke muss, da die Gesellschaft durch den Vertrag konstituiert wird, Prinzipien entwickeln, die das Verhältnis von Individuum und Gesellschaft politisch fundieren. Dazu gehört *erstens* die Annahme von der natürlichen Gleichheit der Menschen. Allerdings ist die Gleichheit der Geschlechter nicht gewährleistet; sie befindet sich jenseits des Problemhorizonts der frühbürgerlichen Theoretiker. *Zweitens* geht es um die Bestätigung des Prinzips der Autonomie gesellschaftlicher Gestaltung, der *„self-determination"*. Autonomie und Gleichheit resultieren aus Arbeit und Eigentum. Der Gesellschaftsvertrag bringt jenes Recht des politischen Gemeinwesens hervor, das alle regiert und das zur „Herrschaft des Gesetzes", zum modernen Rechtsstaat mit seinen Normen und Formen ausdifferenziert wird. Im Gesellschaftsvertrag gelangt die Vernunft zu ihrem höchsten und zugleich paradoxen Ausdruck - paradox, weil private Eigentümer mit höchst individuellen Interessen nun ein soziales Kollektiv mit gemeinsamen Interessen zu bilden bestrebt sind. Diese Paradoxie versucht Rousseau mit der Unterscheidung von *„volonté générale"* und *„volonté des tous"* zu lösen.

Die Freiheit des und der Einzelnen basiert auf Rechten an privatem Eigentum. Die Vorstellung von *„property rights"* als Grundlage aller Aktivitäten der Vergesellschaftung ist systematisch von John Locke in seiner Schrift „Über die Regierung" (1690/1977) entwickelt worden. Die Erde wurde den Menschen gemeinsam gegeben und alles, was die Natur hervorbringt, ist Gemeineigentum aller Menschen. Der einzelne Mensch besitzt aber, weil freier Mensch, ein Sondereigentum an seiner eigenen Person und hat daher über die Äußerung seines Geistes und Körpers ein ausschließliches Recht. Die „Arbeit bewirkte einen Unterschied zwischen ihnen (den Früchten der Natur - EA/BM) und dem gemeinsamen Besitz. Sie fügte ihnen etwas hinzu, was mehr war als die Natur, die gemeinsame Mutter von allem, ihnen gegeben hatte, und somit gelangte er zu seinem persönlichen Recht auf sie ..." (ebd.: 217; §28). Durch Arbeit an der Natur ist diese nicht nur aus ihrem ursprünglichen Zustand gerissen. Darüber hinaus ist durch Arbeit das Stück Natur in Wert verwandelt. „Denn es ist tatsächlich die Arbeit, die jedem Ding einen unterschiedlichen Wert verleiht" (ebd.: 225; §40). Das gemeinsame Recht aller auf die unbearbeitete Natur im „Naturzustand" ist dadurch, dass „das Eigentum desjenigen anerkannt (wird), der seine Arbeit darauf verwandt hat, auch wenn vorher alle ein gemeinsames Recht darauf hatten" (ebd.: 218; §30), nun abgelöst durch ein Regime von „private property rights": „... die Bedingung des menschlichen Lebens ... führt notwendigerweise zum Privatbesitz" (ebd.: §35).

Dass das Eigentum an der Natur privat ist und ausschließliche Nutzungsrechte begründet, kann nicht mit dem Aneignungsprozess allein erklärt werden. Spezifische gesellschaftliche Institutionen gewährleisten und sichern private Eigentumsrechte. Diese befähigen das autonome Individuum erst zum Vertrag; denn man muss über das ausschließlich verfügen können, über das man einen Vertrag schließt. Märkte können ohne Eigentumsrechte an Waren nicht funktionieren. Diese befördern das Individuum zum Marktteilnehmer: auf Arbeitsmärkten (Verfügung über die Ware Arbeitskraft), auf Gütermärkten (als Eigentümer der jeweiligen Waren) und auf Finanzmärkten (als Geldvermögensbesitzer). Dieser Sachverhalt, der für Locke, der sich mit Märkten ja nicht beschäftigte, keine wesentliche Rolle spielte, hat David Landes dazu veranlasst, institutionelle Bedingungen einer „idealen Wachstums- und Entwicklungsgesellschaft" (Landes 1998: 232) zu konstruieren. Er listet die Normen auf, die durch institutionelle Formen erfüllt sein sollten, um das „Ideal" von Wachstum und Entwicklung zu erreichen: Privateigentum rangiert an erster Stelle; danach folgen individuelle Freiheitsrechte, die expliziten und impliziten Vertragsrechte. Wichtig ist auch eine „stabile", „ansprechbare", „unbestechliche", „gemäßigte", „leistungsstarke", „genügsame" Regierung, „die nicht unbedingt demokratisch aber öffentlichen Maßstäben unterworfen sein muss" (ebd.: 232f). Ein Land, das in hohem Maße dieser Norm förmlich (also mit entsprechend ausgebildeten Institutionen) genügte, ist nach Landes Auffassung England, und anderen Ländern empfiehlt er daher, es den Engländern gleichzutun und die Institutionen entsprechend der von ihm aufgestellten „idealen" Norm zu organisieren[1]. Ganz ähnlicher Auffassung ist auch Douglass C. North, der den Mangel an „formaler Ordnung" in der Dritten Welt dafür verantwortlich macht, dass keine effizienten Märkte eingerichtet werden können (North 1991) und daher die Modernisierung ausbleibt. Die Weltbank folgt in ihrem Weltentwicklungsbericht von 2002 zum Thema „Building Institutions for Markets" diesem Diskurs: Institutionen „help manage risks from market exchange, increase efficiency, and raise returns" (World Bank 2002: 5) - sofern das formelle ebenso wie das informelle institutionelle Arrangement dazu geeignet ist. Die Argumentation ist tautologisch.

Die Unvollkommenheit von Eigentumsrechten ist im (neo)liberalen Denken auch dafür verantwortlich, dass Sicherheiten für Kredite nicht oder nur unzureichend beigebracht werden können. Abgeschnitten von Krediten sind viele Menschen, die „ihrer Natur" gemäß eigentlich Unternehmer wären,

[1] Er hat dabei nicht nur die Geschichte Englands vor Augen, sondern meint auch das moderne England mit dem „belebenden Einfluß des Nordseeöls, der Aufgeschlossenheit des Landes für ausländisches Kapital und Margaret Thatchers entscheidenden Triumph über die rationalisierungsfeindlichen Gewerkschaftsbosse ..." (Landes 1998: 465). Das historisch mehr als fragwürdige Buch von Landes ist freilich mit Lob und Lorbeeren bedeckt worden: ein Armutszeugnis der Wissenschaft.

daran gehindert, ein formelles Geschäft aufzumachen. Ihr Ausweg ist der informelle Sektor, der auf diese Weise ein Defizit heilt, das die Politik hinterlässt: nämlich Eigentumsrechte eindeutig zu definieren und die dafür notwendigen Institutionen zu bilden. Die Ausrüstungen des informellen Sektors (die Wohnung, das Haus, das Fahrrad etc.) sei wie „totes Kapital" (de Soto 2000). Dieses müsse durch definierte Eigentumsrechte „zum Leben erweckt" und an der Börse gehandelt werden können, um mit der Kapitalisierung der Dinge einen Entwicklungsschub auszulösen. Eigentumsrechte, so die Schlussfolgerung der Neoliberalen, gestalten Märkte „effizient".

John Locke hebt allerdings auch hervor, dass Arbeit nicht nur Eigentum begründet, sondern ihm auch eine Grenze setzt: „Dasselbe Naturrecht, das uns durch dieses Mittel Eigentum gibt, zieht dem Eigentum auch Grenzen" (Locke 1690/1977: § 31). Diese sind mit der begrenzten Arbeitskapazität und der endlichen Genussfähigkeit von Menschen gegeben. Allerdings ist diese Grenze aufgehoben worden, als „der Gebrauch des Geldes aufkam" (§ 47). Doch wie ist es möglich, dass bei der Mehrung privaten Eigentums und trotz des impliziten Herrschaftsverhältnisses gesellschaftliche Kohäsion entsteht und erhalten wird? Auf diese Frage haben die Vertragstheoretiker eine Antwort. Die Brücke zwischen individuellen Interessen und gesellschaftlicher Rationalität (ihren Ausdruck im steigenden gesellschaftlichen Wohlstand findend) wird durch den „sense of sympathy" hergestellt, „... which constitutes the principle of attraction in society" (McNally 1988: 168f) - ganz vergleichbar den Gesetzen Newtons über die Wirkung der Schwerkraft in der unbelebten Natur.

Doch diese Brücke ist unbefriedigend; sie wird erst überflüssig, als David Hume und später Adam Smith Vergesellschaftung als einen (auch) versachlichten, ökonomisch durch den Markt und das Geld gesteuerten Prozess begreifen. Gesellschaft entsteht danach nicht allein durch den Vertrag zwischen politischen Bürgern, die sich dessen, was sie da vertraglich vereinbaren, voll bewusst sind - und vor allem die Option besitzen, den Vertrag nicht zu schließen. Vielmehr wird das Geld, wie Marx später sagt, zum wahren und realen Gemeinwesen. „Hinter dem Rücken" der Vertragspartner wird die bürgerlich-kapitalistische Gesellschaft reproduziert, ob sie es wollen oder nicht. Das Medium der Gesellschaft ist schon da, bevor die Bürger an einen Vertrag auch nur gedacht haben. Der Raum des Marktes und daher der bürgerlichen Gesellschaft ist die gesamte Welt, der Globus. Gesellschaft kann als System, als eine Ordnung, als „Formation" gedacht werden, und erst jetzt ist es möglich, informelle Verhältnisse am fernen Horizont sozialer Entwicklung überhaupt wahrzunehmen.

Der ökonomische und der politische Raum der Gesellschaft sind nicht kongruent. Politische Grenzen werden von Waren und Anlage suchendem Kapital und von Migrantinnen und Migranten überschritten und tendenziell „dereguliert“. „Die Tendenz den Weltmarkt zu schaffen ist unmittelbar im Begriff des Kapitals selbst gegeben. Jede Grenze erscheint als zu überwindende Schranke“ (Marx, Grundrisse 1859/1953: 311). Schon der Physiokrat Le Trosne nennt die Kaufleute eine *„classe cosmopolite“*, deren Vermögen *„ni patrie ni frontière“* kennt (Rosanvallon 1989: 94); „Monetary fortunes, (Quesnay) writes, 'are a clandestine form of wealth which knows neither king nor country'. As a result, merchants are 'foreigners' to their nation“ (McNally 1988: 117). Der politische Bürger hingegen setzt sich mit dem Vertragsschluss und einer Verfassung Grenzen innerhalb eines Nationalstaats, Grenzen nach außen und nach innen. Der politische Bürger ist Wirtschaftsbürger, also *bourgeois* und somit Kosmopolit und zugleich *citoyen* und als solcher Bürger eines Nationalstaats.

An dieser widersprüchlichen Doppelexistenz hat sich bis heute nichts Wesentliches geändert. Eigentumsrechte sind die Basisinstitute der globalen Wirtschaftsverfassung; die Abkommen über „trade related intellectual property rights“ (TRIPS) oder die Verhandlungen über das „Multilateral Agreement on Investment“ (MAI) und ähnliche Regelungen in mehr als 1500 bilateralen und regionalen Investitionsschutzabkommen oder die Konvention über Biodiversität etc. legen davon Zeugnis ab. Die ökonomische Dynamik der Aneignung aus den Eigentumsrechten sprengt politische Grenzen. Die Physiokraten waren in dieser Hinsicht besonders konsequent und radikal; die politische Verwaltung solle das Wirken der Gesetze der „natürlichen“ Gesellschaftsordnung nicht behindern, die Konkurrenz des Marktes sorge für angemessenen Interessenausgleich; die beste Politik sei die des *„laissez faire, laisser aller“* und die beste Maxime für privates Verhalten heiße: *„Enrichissez vous!“*. Allerdings muss den Physiokraten zugebilligt werden, dass sie sich die grenzenlose ökonomische Freiheit des individuellen unternehmerischen Handelns nur in einem wohlgeordneten Gemeinwesen vorstellen konnten. Wie die *„tableaux économiques“* von Francois Quesnay darlegen, hatten sie eine auf agrarischer und nicht auf industrieller Produktion gegründete Gesellschaft vor Augen, konnten also gar nicht erahnen, welche - auch zerstörerische - Dynamik individuelle Initiative anzunehmen vermag. Im Übrigen war dies bei Adam Smith (1776/1973) nicht anders; auch er bezog sich eher auf einen agrarisch strukturierten Kapitalismus, auch wenn er sein Werk über den *„Wealth of Nations“* mit der Diskussion der Wirkungen der Arbeitsteilung in der Manufaktur beginnt. Die Industrialisierung stützte sich noch weitgehend auf die Landwirtschaft und sie hatte noch nicht das Potenzial der fossilen Energieträger entdeckt (vgl. Altvater 1992).

Der Markt ist schon formell institutionalisiert, bevor die Staats- und Wirtschaftsbürger einen Vertrag schließen, und sorgt für ein triviales gesamtwirtschaftliches Gleichgewicht, das sich aus den durch die *„invisible hand"* gelenkten individuellen Aktionen von aktiven Bürgern hinter ihrem Rücken bildet.

Adam Smith (1776/1973), der ja der Wirkung der „unsichtbaren Hand" eine Mehrung des Wohlstands der jeweiligen Nation zutraute, weiß auch um die Bedeutung der formellen Funktionen von Politik. Deren Erfüllung ist für das gesellschaftliche Zusammenleben essentiell, denn der Markt wäre bei dieser Aufgabe überfordert. Im fünften Buch des „Wealth of Nations" geht es um den rechtlichen in der Verfassung niedergelegten Ordnungsrahmen, um die Institutionen, die für öffentliche, innere Sicherheit maßgeblich sind, und die Gewährleistung der äußeren Sicherheit, die eine nationale Identität stiftende Symbolik, wie sie Flagge und Krone vermitteln. Hier wird bereits offensichtlich, dass die Form der Politik *erstens* an die ökonomischen Formen gebunden ist, *zweitens* darauf bezogene Funktionen zu erfüllen hat, ohne dass die Ökonomie dabei einen Primat beanspruchen könnte, und *drittens* die Form des Nationalstaats zentral bleibt. Daher hatte Smith keine Probleme, auf der einen Seite dem Freihandel das Wort zu reden und die „unsichtbare Hand des Marktes" zu preisen und auf der anderen Seite die protektionistische „Navigationsakte" von 1651 (sie wurde erst 1849 aufgehoben) als „weiseste von allen Handelsbestimmungen Englands" zu qualifizieren. Sie verbot es nicht-englischen Schiffen, mit den Kolonien Handel zu treiben oder nach England Waren zu transportieren, es sei denn sie stammten aus dem Land der Flagge des Schiffes.

Die Schlussfolgerung lautet: Der Diskurs um die Formation des Politischen muss differenzieren zwischen der Formation der *Institutionen des Politischen*, der Herausbildung einer Gesellschaft, die als *kapitalistische Gesellschaft* auf der Funktionsweise des *Marktes* beruht, und schließlich der Formation des *Nationalstaats* innerhalb eines *„Pluriversums" von Nationalstaaten*.

3. Die Formation des Nationalstaats

Die Formalisierung von Politik ist das Resultat eines langen historischen Prozesses. Am Anfang steht die Definition von Souveränität nach außen und nach innen; denn mit diesem Akt konstituiert sich der Nationalstaat. Er wird als Machtressource der Herrschenden (der Majestät) und gleichzeitig als schützende Hülle der Staatsbürger gedacht. Erst später wird dem staatszentrierten Souveränitätsbegriff des absoluten Herrschers die Souveränität des Volkes entgegengesetzt. Die Formalisierung von Politik ist also zunächst ein autoritärer Prozess der Inklusion durch Schaffung eines territorialen Rechtsraums, der andererseits jene ausschließt, denen die Staatsbürgerschaft nicht oder nur mit minderen Rechten zuerkannt worden ist, z.B. den Fremden oder den Frauen. So schreibt Stanley Diamond gegen die idyllischen Illusionen einer modernisierenden und demokratisierenden Entwicklung des bürgerlichen Rechtsstaates:

„Der territoriale Ausdehnungsdrang des frühen Staats erforderte im Zusammenhang mit seiner vertikalen sozialen Verankerung Zwangsarbeit, die Aufstellung einer Armee, die Erhebung von Steuern und Eintreibung von Tributen, die Aufrechterhaltung einer Bürokratie und die Schätzung der flächenmäßigen Ausdehnung, örtlichen Ansiedlung und Anzahl der unterworfenen Bevölkerung. Dies waren die hauptsächlichen Anlässe für die Rechtsentwicklung" (Diamond 1976: 176).

Die Herrschaft über Territorium und Staatsvolk wird rationalisiert und mittels Steuern monetarisiert. Dies sind die Voraussetzungen für den Übergang zur Moderne. Die Vermessung des Territoriums mit der Festlegung von geographischen Grenzen und die Volkszählung gehören dazu, gegen die sich das Volk bis in unsere Tage zur Wehr setzt (vgl. auch Giddens 1995). Der Übergang zur Moderne ist also so einfach und befreiend nicht und nicht alle machen ihn freiwillig oder gar begeistert mit. Davon zeugen die Revolutionen, in denen das Bürgertum seine Rechte gegen die Obrigkeit erstreitet. In der Tradition der „Glorious Revolution" von 1688 thematisiert John Locke das Verhältnis von Staat und Gesellschaft, die Konstitution von innerer Souveränität und die Freiheitsrechte von Staatsbürgern in einer Republik gegenüber dem Staat. Das Selbstbewusstsein einer Zivilgesellschaft ist eine historische Bedingung dafür, dass sich die bürgerlich-kapitalistische Gesellschaft in Gesellschaft und Staat „verdoppelt" (Marx) und auf diese Weise erst die *Form Staat* erzeugt, die nun auch für die Verdoppelung der Herrschaft verantwortlich ist: für die politische Herrschaft der *„citoyens"* in der Republik in Ergänzung zur ökonomischen Dominanz des Kapitals bzw. der *Bourgeosie* über andere gesellschaftliche Interessen und Gruppen. Dies ist das Resultat eines historischen Prozesses, den Karl Marx als „ursprüngliche Akkumulation" des Kapitals beschreibt, als gewaltförmigen Prozess, in dessen Verlauf die Gesellschaften in diejenigen geschieden werden, die Produktionsmittel ihr eigen nennen, und die anderen, die über nichts verfügen als über ihre Arbeitskraft.

(1) Die Regeln *der rationalen staatlichen Bürokratie* in einem demokratischen Staatswesen schließen vor allem - auf dem jeweiligen historischen Niveau - die Bereitstellung von öffentlichen Gütern ein. Heute rechnen wir dazu die Institutionen von Bildung und Ausbildung, ein Gesundheitswesen (für alle, die seine Leistungen in Anspruch nehmen müssen), Sozialeinrichtungen, öffentliche Sicherheit etc. So kann sich die Gesellschaft reproduzieren und wird nicht in eine wenig gegliederte Menge privatisierender Individuen (in die Hobbessche *„multitude"*) zerfallen. In diesem Prozess entstehen für

den Produktionssektor auch die von Alfred Marshall (1890/1964) beschriebenen „external economies", die die Wettbewerbsfähigkeit eines Landes steigern, weil in der Tendenz Produktions- und Transaktionskosten sinken. Öffentliche Güter erhöhen also sowohl die menschliche Sicherheit der Bürger als auch die ökonomische Rentabilität der Unternehmen. Um diesen Zusammenhang wusste bereits Adam Smith; er ist systematisch von Max Weber (1921/1976) ausgearbeitet worden.

(2) Um zu dieser insgesamt positiven Leistung der Erzeugung öffentlicher Güter in der Lage zu sein, muss der Staat *Steuerstaat* werden. Denn Daueraufgaben können nur wahrgenommen werden, wenn eine dauerhafte finanzielle Basis vorhanden ist. Steuern sind in Europa regelmäßig erst erhoben worden, als ein stehendes Heer zur Verteidigung territorialer Herrschaft eine kontinuierliche Finanzierung verlangte, also seit dem 16. Jahrhundert. Die rationalisierende Wirkung, die die Erhebung, die Verwaltung und Verausgabung von Steuern auslöst, war enorm und hat durchaus zur Herausbildung des Nationalstaats mit definierten Grenzen und einer durch Volkszählung bekannten Zahl von (Steuer-)Bürgern beigetragen. Überdies ermöglicht die formelle Verfügung über Steuern und Ausgaben den steuernden Eingriff in die Geldzirkulation, also die staatliche Intervention in Wirtschaftskreisläufe und die Ausbildung des modernen Interventions- und Wohlfahrtsstaates. Der Interventionsstaat keynesianischer Prägung und selbst der liberale Staat einer Politik der Deregulierung sind nur möglich in der Form des Steuerstaates. Im Übrigen ist die Form des Wohlfahrtsstaates entscheidend für die Verallgemeinerung formeller Arbeit. Denn es werden nicht nur monetäre Einnahmen und Ausgaben reguliert, sondern unvermeidlich auch soziale und industrielle Beziehungen. Alle Abgaben und Leistungen, die durch den Staat sekundär (nach der primären Verteilung über den Markt) umverteilt werden, beruhen auf Verpflichtungen und Ansprüchen, die das soziale System der Arbeit strukturieren und ihm so den je nationalstaatlichen Anstrich geben.

(3) Das Monopol der Erhebung von Steuern und das der Ausübung von legitimer Gewalt wird ergänzt durch das *staatliche Monopol der Kriegserklärung und der Kriegsführung*. Die Kriegsführung wird verregelt und daher gewissermaßen „kalkulierbar", sowohl für die Staaten als auch für die betroffenen Bevölkerungen. Selbst dem Krieg gibt der moderne Staat eine (rechtliche) Form, sowohl in Gestalt des *ius ad bellum* (formelle Kriegserklärung) wie in der des *ius in bello* (Kriegsrecht und Kriegsordnung) (Münkler 2001). Der Krieg ist Verhandlungssache, und daher in seinen zerstörerischen Wirkungen begrenzt. Erst im 20 Jahrhundert ändert sich dies, zunächst mit dem Terror des „totalen Krieges", in dem die Grenzen zwischen kämpfenden Armeen und Bevölkerung gar nicht mehr eingehalten werden und es nicht um Verhand-

lungspositionen gegenüber dem Gegner sondern nur noch um dessen totale Vernichtung geht, und dann mit der Privatisierung von Souveränitäten in Folge des Zerfalls von Staaten und einer damit einhergehenden Privatisierung von Gewaltmonopol und Kriegführung. Kriege werden wie in vor- und protokapitalistischen Zeiten nun wieder als eine Art Geschäft betrieben, in dem es vor allem um ökonomische Macht und um Akkumulation von Reichtum geht (vgl. Lock 2001; Münkler 2001; Jean/Rufin 1999; Kaldor 1999; Shannon 2000)[2].

Die Form des Staates wird auch förmlich, nämlich völkerrechtlich definiert. Die im Jahre 1933 in Montevideo beschlossene „Convention on the Rights and Duties of States" hält es für unabdingbar, dass ein Staat als Rechtssubjekt im internationalen Recht über (*a*) eine dem Staat dauerhaft zugehörige Bevölkerung, (*b*) ein definiertes Territorium, (*c*) über eine Regierung und (*d*) über die Fähigkeit verfügen muss, mit anderen Staaten förmliche Beziehungen aufzunehmen. Dies ist die übliche formelle Definition der Staatlichkeit. Ein Staat ist souverän im Hinblick auf die Staatsordnung, die Gesetzgebung und Rechtsprechung auf dem Territorium, mit Geltung für alle Staatsbürger und im Hinblick auf die Verfolgung eigener Interessen. Freilich sind der so umschriebenen Souveränität inzwischen Grenzen durch internationales Recht gesetzt. Die Frage nach dem Vorrang der Menschenrechte vor nationalstaatlicher Souveränität ist in den Auflösungskriegen in Jugoslawien und anderswo (im Kaukasus, in Afrika, in Afghanistan) aufgeworfen, ohne dass eine allgemein verbindliche und akzeptable Antwort gefunden worden wäre. Die Elemente der Förmlichkeit des Staates sind zum staatlichen Ge-

---

[2] Die Attacke auf das World Trade Center und das Pentagon vom 11. September 2001 hat möglicherweise (denn wenige Monate nach dem Anschlag ist mehr als ein „möglicherweise" nicht gerechtfertigt) gezeigt, dass es im 21. Jahrhundert unter den Bedingungen der Globalisierung nicht nur den „formellen" Krieg zwischen Nationalstaaten und den „informellen" Bürgerkrieg innerhalb von Nationalstaaten um die nationalstaatlich begrenzte Macht und um Ressourcen eines Territoriums gibt, sondern auch den globalisierten Krieg um symbolische Formen der ökonomischen, finanziellen, politischen, kulturellen und militärischen Macht. Die Kriegsschauplätze sind globale Städte, in denen sich die Formen und Symbole globaler Macht (Politik, Finanz, Militär, Medien, Wissenschaft) konzentrieren. Ihre Auswirkungen sind aber alles andere als symbolisch; sie legen globale Netzwerke lahm: den Flugverkehr, die Finanzströme, die Börsen, und können so zum Infarkt der globalen Netzwerkgesellschaft beitragen. Paul Virilio hält diese Perspektive nach den Anschlägen von New York und Washington für gesichert (vgl. sein Interview in *Il Manifesto* vom 13.9.2001). Auch wenn man so weit nicht gehen möchte, ist doch eines gewiss: In der internationalen Politik, die ganz rationalem „rating" durch spezialisierte Agenturen unterworfen ist und auch sonst in jeder Hinsicht regelgebunden und in mancher Hinsicht transparent ist, muss paradoxerweise mit Akteuren gerechnet werden, die überhaupt nicht zu kalkulieren sind. Es gibt keine allgemeine, also normierte Regel, die sie bindet, keine nachvollziehbare moralische Norm, die das Handeln leitet, keine Institution, die Einhalt gebieten könnte. Das ist Informalisierung pur.

waltmonopol zusammengefasst. Es hat ohne Zweifel eine zivilisierende Wirkung, die deutlich hervor tritt, wenn wir die Staatswesen (oder Territorien innerhalb von Nationalstaaten) betrachten, in denen das Gewaltmonopol durch ökonomische Mächte, kriminelle Gruppen und konkurrierende Kriegsherren in Frage gestellt und privatisiert wird. Max Weber hat wohl die klassische Definition des „modernen Staates" gefunden:

> „der moderne Staat (ist) ein anstaltsmäßiger Herrschaftsverband ..., der innerhalb eines Gebietes die legitime physische Gewaltsamkeit als Mittel der Herrschaft zu monopolisieren mit Erfolg getrachtet hat und zu diesem Zweck die sachlichen Betriebsmittel in der Hand seiner Leiter vereinigt" (Weber 1976: 824)

Wir werden sehen, dass unter den Bedingungen informeller Politik von diesen förmlichen Kriterien nicht sehr viel übrig bleibt.

Zwölftes Kapitel
Die Informalisierung von Politik und Staat

Die Formen von Politik und Nationalstaat verändern sich im Zusammenhang mit der ökonomischen Entgrenzung (Globalisierung), da die räumlichen und zeitlichen Reichweiten ökonomischer Prozesse und (formeller) politischer Entscheidungen auseinanderfallen. In dieser Kluft entstehen politische Foren, Gruppen, Organisationen, Allianzen, die formell (und konstitutionell) nicht vorgesehen sind und dennoch eine beträchtliche politische Macht entfalten. Dies gilt zumal dann, wenn sie der ökonomischen Reproduktion der Macht großer ökonomischer Akteure dienlich sind. In diesen informellen Gremien werden jene politischen Entscheidungen getroffen, für die der Nationalstaat „zu klein" ist und die gleichwohl unabdingbar für die Regulierung der Globalisierung auch in Zeiten neoliberaler Deregulierung sind. Die Legitimität dieser Gremien ist allerdings fragwürdig. Diese „interstiziale" Politik (Politik in Zwischenräumen) könnte in erster Annäherung als ein Ausdruck informeller Politik verstanden werden.

Doch kann die Kluft zwischen ökonomischer und politischer Reichweite so groß werden, dass noch nicht einmal der Spagat informeller Politik sie überbrückt. Dann kann es zur Auflösung des Politischen kommen, zur Erosion politischer Institutionen, ja zum Scheitern, zur Auflösung des Staates als eines territorial nach innen und außen souveränen Handlungsgefüges. Informelle Politik unterhöhlt also auf verschiedene Weise tradierte und konstitutionell oder durch internationale Verträge formalisierte politische Formen. Informelle Politik reicht von weichen nicht formalisierten Regeln bis zu harten Militärschlägen, die konstitutionelles und internationales Recht ignorieren. Es werden so Probleme zu lösen versucht, an denen formelle Politik gescheitert ist. Staatsverfall und Indienstnahme des Staates durch private Mächte sind Ausdruck der Auflösung der Form des demokratischen Staates. Es wird also die *Informalisierung von Politik* von der *Informalisierung des Staates* zu unterscheiden sein, nicht zuletzt weil die Konsequenzen der Informalisierung des Staates sehr viel gravierender sind als die der Informalisierung der Politik.

1. Informalisierung, politische Kohärenz und Legitimation

Innerhalb des politischen Systems wird die mangelnde Kohärenz formeller Regelsysteme durch informelles Handeln *ad hoc* korrigiert. Der offizielle Lehrplan ist für die Entstehung des „heimlichen Lehrplans" (jeder Lehrer weiß dies) verantwortlich, da nur so die gesetzten Lernziele erreicht werden können. In Verwaltungen westlicher Demokratien ist „das Normale nicht identisch mit dem Normierten" (von Alemann 1994: 139; generell vgl. Lauth 1999: 61ff.); je mehr Regeln und je rigider sie sind, desto mehr Entscheidungen und Handeln an den Regeln vorbei. Und wenn die Regeln denn formell eingehalten werden, das Verhalten folglich normgerecht ist, dann ist dies der „Dienst nach Vorschrift", durch den jeder sinnvolle Vollzug verhindert und die Leichtigkeit und Flüssigkeit von Handlungsabläufen erschwert werden können. Die „plausible Unterstellung einer weitgehenden Kongruenz von realem Verhalten der Individuen und den den Institutionen innewohnenden Verhaltenserwartungen" (Lauth 1999: 61f.) ist eben doch nicht so plausibel, wie es auf den ersten Blick scheinen will. Die Drohung mit dem Dienst nach Vorschrift, also die Ankündigung von strikt regelhaftem, formellem Handeln wird daher wie ein Streik wahrgenommen - zu Recht, weil es sich darum auch handelt. Informelles Handeln ist also unter bestimmten formellen Regelsystemen Bedingung der „Flexibilität und Elastizität ... des politischen Prozesses und der Gesellschaft" (Merkel/Croissant 2000: 19).

In den realsozialistischen Gesellschaften hat der Plan nur funktioniert, weil Transaktionen am Plan vorbei informell organisiert worden sind (z.B. Bahro 1977). Dies hatte zur Folge, dass die volkswirtschaftliche Gesamtrechnung, die der Planung zugrunde gelegt werden musste, eher ein Phantombild als eine realistische Abbildung der ökonomischen Verhältnisse bot. Ohne informelles Handeln, manchmal sogar gegen die formellen Regeln, kann ein soziales System nicht existieren und ein politisches System nicht die Leistungen erbringen, die von ihm erwartet werden. Auch die von Max Weber gepriesene Rationalität der Bürokratie verlangt „komplementäre Informalität", also sachadäquate und situationsspezifische Handlungen, und nicht den berüchtigten regelversessenen, knöchrigen Bürokraten. Dies ist deshalb wichtig zu erwähnen, weil vielfach das Staatsversagen in Ländern der Dritten Welt an der Funktionsweise einer idealisierten Max Weberschen Bürokratie gewertet wird (z.B. Chabal/Daloz 1999). Doch ohne informelles Handeln funktioniert ein modernes formelles System nicht. Denn formelle Regeln können niemals die Gesamtheit der Funktionsabläufe eines sozialen oder politischen Systems erfassen; es bleiben notwendigerweise unzulänglich regulierte Bereiche, die *ad hoc*, durch informelles Handeln gefüllt werden. Dieses folgt möglicherweise nicht einer ökonomisch-rationalen oder bürokratischen Logik, wohl aber kulturell präformierten Mustern, in die das formelle Entscheiden und Handeln eingebettet sind. Niemand hält sich stur an abstrakte Regeln, sondern „denkt mit", hat Erfahrungen und setzt diese in Fällen der Unsicherheit und Unklarheit ein. Informalität der Politik ist so betrachtet zur formellen und formalisierten Politik *komplementär*.

Allerdings kommt hier sofort die Frage nach der Legitimität ins Spiel, da ja formelle Legalnormen und deren Legitimität nicht deckungsgleich sind. Bis zu welchem Grade ist beispielsweise Korruption ein Handeln, das den formellen Geschäftsablauf lediglich informell „schmiert", und ab wann lenkt Korruption das Handeln in eine Richtung, die den Korrumpierenden passt, weil leichte Gewinne zu erzielen sind, die aber nicht im Interesse eines Gemeinwesens liegen? Korruption „gilt ... als markantester Mechanismus informeller Einflussnahme" (Lauth 1999: 73). Sie ist ein so weit verbreiteter Ausdruck von politischer Informalität, dass wir uns damit unten genauer auseinandersetzen müssen.

Zur Korruption gehört der Klientelismus, d.h. die Bestechung einer Klientel mit „Wahlgeschenken", die Einbindung der Klientel mit Hilfe kontrollierter Medien (wie im Italien Berlusconis) sozusagen von „oben" nach „unten", um sie zur Abgabe der Stimme für den „Patron" zu bewegen. Auch diese Variante nicht legitimer Politik ist weit verbreitet und gilt als ein Ausdruck traditionaler Herrschaft (im Sinne Max Webers), als Neo-Patrimonialismus. So können Herrschaftsstrukturen erhalten und gefestigt werden, die auf einer „Politik des Bauches" (Bajart 1989) basieren, denen aber Legitimationsressourcen wie demokratisches Mehrheitsvotum, ökonomische Effizienz, soziale Gerechtigkeit, ökologische Nachhaltigkeit etc. fehlen.

Die Divergenz zwischen Normen und Faktizität, die uns bereits im ersten Kapitel beschäftigte, kann also durch Bestechung überbrückt werden. Dass dabei demokratische Verfahren ausgehebelt, Legitimationsressourcen eines demokratischen Systems überbeansprucht und die Reputation von politischen Figuren zerstört werden können, wird möglicherweise in „defekten Demokratien" in Kauf genommen, provoziert aber auch zivilen Widerstand[1]. Es ist also nicht nur so, dass in einem „Kontinuum von Verhaltens- und Handlungsformen ... neben den formellen (Verfassungs-)Regeln und schriftlich fixierten Abläufen auch Konventionen, Spielregeln, Rollen, Muster, informale Organisationsstrukturen sowie politische Netzwerke ihren Platz" (von Alemann 1994: 142) haben. In der politischen Sphäre begegnen wir der Gleichzeitigkeit von formellen und informellen Abläufen und Strukturen, so wie wir sie auch in der Welt der Arbeit und des Geldes festgestellt haben. Allerdings ist die Grenze zwischen funktionellem informellem Handeln und der Unterminierung politischer Legalität und Legitimität schnell überschritten. Weil formelle

[1] Dieser wird von Lauth (1999: 78ff) als „Typus informeller Partizipation" interpretiert. Da wird möglicherweise der Begriff von Formalität und Informalität überdehnt. Denn Widerstand kann gar nicht anders, als sich gegen förmliche Institutionen und deren Entscheidungen sowie Repräsentanten richten. Hier ist der Begriff der Informalität überdeterminiert.

Politik nur funktionieren kann, sofern informelle Politik die Defizite der Formalität auflöst, ist die Grenze zur nicht legitimen und illegalen Informalität schwerer zu ziehen als bei den informellen Erscheinungen von Arbeit und Geld. Einerseits erleichtern informelle Beziehungen der Reziprozität Abläufe innerhalb des politischen Systems, steigern also seinen Output bzw. senken den Input an Ressourcen. Über ein bestimmtes Maß hinaus freilich können sich reziproke in Abhängigkeitsbeziehungen (zwischen Herr und Knecht bzw. Patron und Klient) verkehren; sie können ein stabiler Unterbau illegitimer Machtverhältnisse werden und sich demokratischen Veränderungen erfolgreich widersetzen. Beispiele dieser Art von Informalität findet man, wie angedeutet worden ist, nicht nur in Ländern der Dritten Welt.

Mit den in diesen Entwicklungen enthaltenen Tendenzen einer „Involution der Demokratie" hat sich schon in den 60er Jahren Johannes Agnoli (1967) auseinandergesetzt: In bürgerlich-kapitalistischen Gesellschaften sind emanzipatorischer Politik enge Grenzen gesetzt. Die parlamentarisch-demokratischen Institutionen bilden sich zurück; Parlamente werden zum „Tranmissionsriemen ... politischer Oligarchien" (Agnoli 1967: 68), ob durch Korruption oder andere Mechanismen, die im parlamentarischen Betrieb wirksam sind. Informelle Politik ist für formelle Politik funktional, so lange sie legitim ist und folglich auf Akzeptanz des Souveräns (des Volkes) rechnen kann. Sie unterminiert die Form der Politik (und der Demokratie) aber dann, wenn sie illegitim und illegal wird, wenn die öffentliche Sphäre (die „res publica") durch private Mächte instrumentalisiert und in Dienst genommen wird. Die öffentliche Sphäre ist politisch und das Politische ist umgekehrt öffentlich. Das Private ist definitionsgemäß nicht öffentlich. Daher ist die illegitime und manchmal sogar illegale Überformung der öffentlichen Sphäre durch private Interessen für die Form des Politischen so entscheidend.

Informelle Politik ergänzt formelle Politik und verbessert die politische Kohärenz. Informelle Politik kann aber auch die politischen Formen unterminieren, zumal dann, wenn sie illegitim oder gar illegal ist. Beide Möglichkeiten gibt es: die *komplementäre Informalität* und die *kompetitive Informalität*, die die Kohärenz steigernde und die die Kohärenz unterminierende oder gar zerstörende Informalität der Politik.

2. Informalisierung der Form Staat

Sowohl das politische Leben als auch das private Interesse, insbesondere das ökonomische Streben nach Gewinn und Mehrung des privaten Wohlstands, spielen sich im Rahmen des Nationalstaats ab, jedenfalls seit der Neuzeit. Wenn die ökonomischen Interessen global ausgreifen, dann bleibt doch der (oder ein) Nationalstaat die Basis des globalen Ausschwärmens. Daher geht es nicht nur um die Form der Politik, sondern auch um die Form des (National-)Staats. Dieser ist ein Konstrukt der europäischen Moderne: Seit dem 16. Jahrhundert wird der Staat als eine territorial gebundene, allein zu allgemein verbindlichen Entscheidungen und zu zwangsweisem Vollzug berechtigte Institution definiert und seit der Herstellung des „Westfälischen Friedens" prägen die drei Prinzipien der Territorialität, Souveränität und Legalität auch die internationale politische Landschaft, wobei man freilich hervorheben muss, dass die „Westfälische Ordnung" (von den kolonialen Eroberungen abgesehen) kaum mehr als drei Prozent des Territoriums der Erde gestaltete. Doch dieser Teil der Erde wurde in Parzellen von Staatsgebieten mit jeweils eigenständigen und manchmal kompetitiven Jurisdiktionen (einschließlich der Verfassung und der daraus begründeten Ordnung des Zusammenlebens) aufgeteilt, die durch die Staatsgrenze getrennt sind. Zur Form des Politischen ebenso wie zur Form des Nationalstaats gehört also die *Grenze*; der entscheidende politische Akt ist die Ziehung der Grenze: seitens des Staates durch Einhegung des Territoriums und durch Zählung der Bevölkerung (eines Nationalstaats) und seitens des politischen Systems durch Setzung von Normen, die im Positiven wie im Negativen handlungsleitend sind, weil sie Grenzen durch Gebote und Verbote (Legalnormen) setzen, die in der Verfassung kodifiziert sind. Die Grenze wird das wichtigste Charakteristikum und Insignium der Souveränität. Grenzen werden auch mit Hilfe der Zuweisung der Staatsbürgerschaft gezogen. Die einen sind die Inkludierten, die innerhalb der Grenzen Dazugehörigen, die anderen sind exkludiert und gehören nicht zur Staatsbürgerschaft, d.h. sie haben auch nicht die Rechte und Ansprüche (etwa auf sozialstaatliche Leistungen), die sich aus der Staatsbürgerschaft ergeben. Daher sind Flüchtlinge ohne Rechtsstatus diejenige Gruppe von Menschen, deren menschliche Sicherheit minimal ist.

Allerdings sind Grenzen nicht ein für alle Mal gezogen. Sie sind umkämpft. Zur Disposition stehen territoriale Grenzen von bestehenden und von neu sich bildenden oder von untergehenden Staaten. In der zweiten Hälfte des 20. Jahrhunderts war die Vorstellung vorherrschend, dass sich neue Staaten (im Zuge der Entkolonialisierung, der Modernisierung und des *„nation building"*) zwar bilden, bestehende Staaten aber nicht verschwinden können. Nach 1989 jedoch sind Staaten verschwunden, haben sich aufgelöst, sind zusammengebrochen, haben sich (wie die ehemalige DDR bzw. die neuen Bundesländer) einem anderen Staatswesen angeschlossen. Neue Staaten sind entstanden, manchmal in rudimentärer Form als eine Art Protektorat, wie in Bosnien-Herzegowina oder im Kosovo. Die Staatsgewalt und die monopolistische Verfügung darüber als ein zentrales Element von Souveränität sind dem jeweiligen Staat abhanden gekommen; sie fällt Institutionen und Organisationen des internationalen Systems zu. Das ist nicht die Auflösung der Form des Staates, sondern eine Art *„translatio imperii"* in modernen Zeiten.

Zur Disposition stehen aber auch Grenzen zwischen konkurrierenden Souveränen innerhalb einer nationalstaatlich verfassten Gesellschaft: dem nationalen Staat und seinen Institutionen, der Gesellschaft, der Nation oder dem politischen System mit der Regierung an der Spitze. Am ehesten kann dieser Zusammenhang mit der Unterscheidung Antonio Gramscis von Zivilgesellschaft und politischer Gesellschaft erfasst werden. Souveränität hat mehrere Wurzeln, aber sie hat eine Zielbestimmung, und das ist die Erhaltung bzw. Stärkung der Hegemonie einer Klasse und ihrer Verbündeten (des „herrschenden Blocks"). Auch informelle Politik ist involviert. Sie ist nicht nur in einem technischen Sinne komplementär und daher für die Herstellung von Kohärenz funktional, sondern sie ist für die Erhaltung und Stärkung von Herrschaft dienlich[2]. Informelles Recht und informelle Institutionen können sehr viel flexibler auf neue Herausforderungen (der ökonomischen Globalisierung) reagieren als formelles Recht und formelle Institutionen. Solange informelle Politik diese Qualität besitzt, wird sie geduldet oder - in ihren verschiedenen Formen, bis zu illegalen Praktiken der Machterhaltung (beispielsweise durch den Kauf von Politikern, die Durchdringung von Institutionen durch die organisierte Kriminalität oder geheimdienstliche Praktiken jenseits der Legalität) - gefördert.

Die Form des Politischen ist daher durch die förmlichen Regeln, Gesetze, Institutionen, wie wir sie hier und heute vorfinden, nur unvollkommen umschrieben. Politik ist eben nicht nur „Verbindlichkeit, Rechtsstaat, Regelmäßigkeit, Öffentlichkeit", wie von Alemann, Gerhard Lehmbruch zitierend, schreibt (von Alemann 1994: 135). Sie ist in erster Linie Ausübung von Herrschaft, die Kunst der Erhaltung und Mehrung der Macht, der Sicherung der Hegemonie einer dominanten Klasse bzw. Klassenkonstellation in einem globalisierten Umfeld durch Einbindung der Regierten. Dazu haben die förmlichen Normen, Regeln und Institutionen des politischen Systems niemals gereicht, auch wenn sie gerade zu diesem Zweck im historischen Prozess entstanden sind. Historisch sind nämlich immer zwei Leistungen zu erbringen: die Errichtung und Erhaltung von Souveränität eines politischen Gemeinwesens nach innen und außen, zunächst politisch repräsentiert durch den Fürsten (bei Machiavelli). Souveränität des Fürsten, so kann Machiavelli aus moderner Sicht interpretiert werden, bedeutet: „Soviel Formalisierung wie

---

2 Unter Rückgriff auf Gramscis Überlegungen zeigt dies für „Gesellschaft und Staat in Afrika" an vielen Beispielen Hauck 2000.

nötig, soviel Informalität wie möglich" (nach von Alemann 1994: 137), d.h. geringst mögliche Bindungen und maximale Handlungsfreiheit zur Sicherung der Herrschaft unter allen denkbaren Konstellationen.

„Ein Fürst", so schreibt Machiavelli (1513/ 1990: 88f), „muß sich daher wohl hüten, je ein Wort auszusprechen, das nicht voll der ...Tugenden ist. Alles, was man von ihm hört, muß Mitleid, Freude, Menschlichkeit, Redlichkeit und Frömmigkeit ausstrahlen. Und nichts ist nötiger als der Schein dieser letzten Tugend; (...). Jeder sieht, was du scheinst, wenige fühlen, was du bist... Bei den Handlungen aller Menschen, insbesondere der Fürsten, welche keinen Richter über sich haben, blickt man immer nur auf ihr Ergebnis... Ein Fürst unserer Zeit..., predigt nichts als Frieden und Treue und tut von beidem das Gegenteil. Hätte er aber beides befolgt, so hätte er mehr denn einmal Ruf und Thron verloren."

Informalität ist also Teil des Drehbuchs in einem Doppelspiel und so auch Ressource autoritärer Herrschaft, und dagegen hilft nur ein ausdifferenziertes, einklagbaren Regeln unterworfenes staatliches Institutionensystem[3], das die Herrschaft legitimiert und aus dem diffusen Bereich des Informellen herausholt, weil dieser immer auch Möglichkeiten der Willkür einschließt. Diese ist besonders ausgeprägt im Krieg. Dies gilt auch für den Krieg, den die USA zu Beginn des 21. Jahrhunderts „gegen den Terror" ausgerufen haben.

Politik kann formell oder informell sein - doch sie bewegt sich in der Form (zumal in den Grenzen) des souveränen Nationalstaats[4]. Die Informalität von Politik kann synchron und asynchron mit Bezug auf formelle Politik sein. Im ersten Fall stellt sich die Frage nach der Funktionalität im Sinne der Kohärenz von Entscheidungen, der Effizienz der Verwaltung und der Sicherung der Herrschaft. Im zweiten „asynchronen" Fall kann informelle Politik vorausgreifend, avantgardistisch sein und die formelle Politik sozusagen nachziehen. Informelle Politik kann aber auch aus der Tradition von residualen Formen und Normen resultieren, die der Modernisierung, deren Formen nun zur Norm geworden sind, widerstanden haben[5]. Dies könnte in der „Idealtypologie" von Herrschaft bei Max Weber als Element traditionaler Herrschaft in patrimonialer Gestalt interpretiert werden.

---

[3] Eine ähnliche Überlegung findet sich auch bei Faust. Allerdings wird sie dadurch verwässert, dass ein Gegensatz zwischen „alten tradierten Spielregeln informeller Art" in Gesellschaften vor dem Übergang zur modernen Demokratie und Marktwirtschaft und den „neuen formellen Verfahren fairen politischen und ökonomischen Wettbewerbs" konstruiert wird. Dieser Gegensatz zwischen traditioneller und moderner Herrschaft existiert so nicht (Faust 2000: 3).

[4] Dies gilt zumindest für die Zeit nach der Dekolonialisierung und der imperialistischen Expansion; darauf kann hier nicht ausführlich eingegangen werden.

[5] Im ersten Kapitel sind wir auf Informalität als Residuum und als Avantgarde bereits eingegangen. An dieser Stelle begegnet uns das Problem erneut.

Allerdings verändern sich in Zeiten der Globalisierung die Nationalstaaten, und daher auch die Politik von Regierungen und Organisationen des politischen Systems und der Gesellschaft: die Definitionsmacht über die dazugehörigen Staatsbürger und die Nicht-Dazugehörigen wird (durch Migrationsbewegungen) unterlaufen, es ist nicht mehr leicht und durch eine Volkszählung definierbar, wer „wir“ sind, wer zum Volk gehört und wer nicht. Das Staatsgebiet ist infolge der Deregulierung an den Grenzen und durch die Wirkung der modernen Kommunikationsmedien nicht mehr exklusiv durch den jeweiligen Territorialstaat und seine Gesetze definiert und die Ordnungsmächte kontrolliert, und die Staatsmacht diffundiert in den verschiedenen regionalen oder internationalen Institutionen, die ihre eigenen *jurisdictions* hervorbringen, die die Nationalstaaten zumindest zum Teil übernehmen müssen (wie im Falle regionaler Wirtschaftsblöcke - der EU z.B. - oder im Rahmen der WTO).

Obendrein gehen im Zuge von Globalisierung, Deregulierung und Privatisierung viele Bereiche staatlicher Souveränität an private Akteure der Ökonomie über. Öffentliche Güter werden privatisiert, und als private Güter müssen sie für den Anbieter einen Profit erbringen. Von den Nutzern müssen sie auf dem Markt gekauft werden, da sie als öffentliches Angebot nicht mehr verfügbar sind. Besonders klar wird die Privatisierung öffentlicher Güter in den „neuen Kriegen“ (Kaldor 1999; Jean/Rufin 1999) nach 1989, deren Zahl im Vergleich zu der Zeit des „kalten Krieges“ geradezu dramatisch angestiegen ist (Schlichte 2000). Zum Zwecke der sicheren Ausbeute von Rohstofflagern operieren Söldnerarmeen in verdeckten transnationalen Netzen und sie kombinieren dabei - ganz auf der Höhe der Zeit - Gewalt, Terror, Logistik, Geld, Medienmacht und staatlich-politische Unterstützung - zu Lasten der Bevölkerung, die, wie in Sierra Leone in extreme Unsicherheit gestürzt wird (Reno 1998; Perez 2000). Um die afrikanische Krise zu begreifen, rekurrieren auch Chabal und Daloz (1999) auf die Zuschreibungen der Staatlichkeit in der Tradition von Max Weber (vgl. Weber 1976: 124-130): auf das Monopol der legitimen Gewaltausübung, die funktionierende und unabhängige Verwaltung etc. als einer Norm, die nur in seltenen Fällen erreicht wird. In welthistorischer Perspektive, so Trutz von Trotta, kann die moderne, okzidentale Vorstellung vom Primat des Allgemeinen im staatlich-öffentlichen Raum über die primären, durch Reziprozität vermittelten Beziehungen unter Verwandten, Freunden, Gefolgsleuten nur als „exotisch“ bezeichnet werden: „Der interkulturelle und historische Normalfall ist die ‘konzentrische Ordnung’ der sozialen Welt“ (von Trotta 2000: 265). In der so geordneten Welt richtet sich die Verteilung von Loyalität und die Verteilung von Macht und Reichtum grundsätzlich am Prinzip der Nähe aus. Es ist eine konzentrische Ordnung der

Privilegien, in der informelle Normen an Stelle der normgestützten förmlichen Institutionen das gesellschaftliche Leben regulieren, in der es vielgestaltige Formen des Rechts und der sozialen Kontrolle, doch kein staatliches Gewaltmonopol und auch keinen staatlichen hergestellten Interessenausgleich gibt. Daher „funktioniert Afrika", „Africa works" lautet der Titel der bereits mehrfach erwähnten Studie von P. Chabol und J.-P. Daloz (1999). Wo die für moderne kapitalistische Gesellschaften charakteristische Trennung der Sphären Politik und Ökonomie nicht existiert und die Gewaltanwendung nicht vom Staat monopolisiert wird, ist im Prinzip alles käuflich. Öffentlicher Güter (wie Bildung und Gesundheit) werden ebenso priviatiert wie die Politik (dazu Brühl u.a. 2001) und dies verhindert, dass es zur Ausbildung von Institutionen kommt, die „ziviles Verhalten" ermöglichen und fördern.

Die Privatisierung der Gewaltanwendung und der Einsatz von bezahlten Söldnertruppen haben nicht nur den Zerfall der modernen Nationalstaatlichkeit mit den dargestellten Merkmalen zur Folge. Wenn die Staaten nicht mehr nach innen souverän sind, können sie es auch nach außen nicht sein. Es könnte daher die Auflösung der „westfälischen Ordnung" des internationalen Systems souveräner Nationalstaaten anstehen, wenn an die Stelle des nationalstaatlichen Souveräns subnationale Einheiten, lokale Kriegsherren, große Unternehmen und die organisierte Kriminalität oder terroristische Gruppen treten.

„The growth of non-state violence suggests we are gradually entering a post-Westphalian age, where conflicts will increasingly take the form of those witnessed in the medieval period before state structures were erected to keep religious warfare in abeyance" (Shannon 2000: 115).

Die Informalisierungstendenzen der Politik beziehen sich also auf mehrere Ebenen: Einerseits auf das politische System innerhalb des Nationalstaats und andererseits auf den einzelnen Nationalstaat innerhalb des *Pluriversums* von Nationalstaaten und darüber hinaus noch auf das System der Nationalstaaten insgesamt, also auf das internationale politische System, das von den Informalisierungstendenzen nicht verschont bleibt. Bei der Diskussion informeller Politik sind also die *Form Politik,* die *Form Staat* und die *Form internationales System der Nationalstaaten* voneinander zu unterscheiden. Es können nun verschiedene Verhältnisse von formeller und informeller Politik identifiziert werden, mit höchst unterschiedlicher Entwicklungsdynamik, die im nachfolgenden Kapitel genauer ausgeleuchtet wird:

(1) Informelle Politik ist eine Ergänzung der formellen Politik, sowohl hinsichtlich der Akteure, Institutionen und Tatbestände, die zu regulieren sind. Die Ergänzung der formellen Politik durch informelle oder Schattenpolitik zur Sicherung der Hegemonie des Blocks an der Macht ist die

erste noch wenig dramatische Ausdrucksform politischer Informalität. Die Normalität (und die Normen) des Politischen werden, solange die Informalität legitim bleibt, nicht verletzt. Diese erste Dimension der Informalisierung von Politik ist eine Ergänzung formeller Politik und sie kann deren Effizienz im Sinne der Herrschaftssicherung und der verwaltungsmäßigen Abläufe steigern.

(2) Allerdings kann sich informelle Politik auch als Residuum oder Relikt aus vergangenen, vor-modernen Zeiten parallel zur formellen Politik erhalten. In vielen Gesellschaften hält sich bis heute traditionelles Recht, z.B. außerstaatliche Selbstjustiz. Diese Synchronität von (zivilisatorischem) Recht und (vor-modernen, primitiven) Bräuchen beschreibt auch Stanley Diamond (1976: 177ff), z.B. anhand der „customs", die zugleich moderne Zölle und primitive Bräuche, oder anhand der „duties", die moderne Steuern einerseits und primitive moralische Verpflichtungen andererseits bezeichnen. Informelle Regeln konkurrieren also mit dem formellen, vom Nationalstaat gesetzten Recht. Doch unter bestimmten Umständen setzen sich eher die informellen als die formellen Regeln durch. Die zweite Dimension bezieht sich also auf residuale Rechts- und Politikformen, die neben formellen Politikmustern und Akteuren parallel erhalten geblieben sind. Die Gründe für die Parallelität formeller und informeller Regelsysteme, die sich anders als im Fall der ersten Dimension nicht effizienzsteigernd ergänzen, sind sehr unterschiedlich. Zumeist haben sie mit einem Legtimationsverlust der formellen Normen und der Institutionen zu tun, die für ihre Regulierung Verantwortung tragen.

(3) Informelle Politik kann formelle Politik korrumpieren, delegitimieren und schließlich deren Effizienz mindern; Akteure verlieren durch Korruption ihre Reputation, Institutionen ihre Glaubwürdigkeit. Informelle Politik überschreitet die Grenzen der Legitimität und bewegt sich jenseits legaler Schranken. Ein typisches Beispiel ist die „große Korruption", die in allen Staaten pro forma verfolgt wird, aber zugleich viele informelle Schlupflöcher der Straffreiheit vorfindet - bis zur Inbesitznahme des Staates zum Zwecke des „rent-seeking". Diese zweite Dimension tritt bereits an die Stelle formeller Verfahren, deren Legitimität und daher Akzeptanz (zumindest in einer Demokratie) daher beeinträchtigt oder gar außer Kraft gesetzt werden.

(4) Informelle Politik kann formelle Politik auch zerstören und zu einer Art Regellosigkeit des Politischen führen mit negativen Wirkungen auf die menschliche Sicherheit. Diese vierte Dimension bezeichnet die Usurpation der formellen Politik durch informelle Mächte und der formellen politischen Regelsysteme sowie der formell legitimierten Einrichtungen

und die Beseitigung des entsprechenden Personals. Das Monopol legitimierter Gewaltausübung geht auf private Akteure über oder es wird von (Bürger-)Kriegsparteien umkämpft. Politik wird formlos, wenn das Gewaltmonopol versagt und der Nationalstaat zur bloßen Hülle nicht legitimierter Kräfte wird.

(5) Der dramatisch am meisten zugespitzte Ausdruck der Informalisierung von Politik ist der Staatszerfall, also der Untergang der Form des Staates, die Entstehung einer Hobbesschen Situation des Kriegs aller gegen alle. Dies kann auf viele Weisen geschehen, bewirkt durch interne Widersprüche, die sich nicht mehr bewältigen lassen, oder durch Druck von außen bzw. eine Destabilisierung der „Umgebung" innerhalb eines sich verändernden internationalen politischen Systems. Hier zeigt sich die Bedeutung des Sachverhalts, dass Nationalstaaten nicht im Singular, sondern nur im Plural (als Pluriversum) existieren. Die Konstellation internationaler Hegemonie ist also von Bedeutung für die Entwicklung der Form des Staates.

(6) Informelle Politik kann aber auch formelle Politik angesichts der Herausforderungen der Globalisierung erweitern; auch dies gilt sowohl hinsichtlich der Akteure, Institutionen und Problemlösung. Infolge der Globalisierung entsteht ein Regelungsbedarf der von „national jurisdictions" und internationalem Recht nicht erfüllt wird. Daher bilden sich spontane Regelsysteme jenseits der förmlichen Regulierung von Staaten und internationalen Organisationen mit privaten Akteuren (beispielsweise international operierende Anwaltskanzleien), die die Anwendung und Einhaltung der Regeln organisieren. Zumeist handelt es sich um „weiche" Regeln, die aber auch gegenüber den „harten" Regeln der Staaten relevant sind.

(7) Dies hat Auswirkungen auf die Informalisierung des internationalen Systems. Zwar hat die nach dem Dreißigjährigen Krieg entstandene „Westfälische Ordnung" souveräner Nationalstaaten nur in Europa und in einigen neo-europäischen Regionen (in Nordamerika), also nur auf einem kleinen Teil des globalen Territoriums, ihre Wirkung in Richtung eines (immer prekären) „Gleichgewichts der Kräfte" entfaltet. Doch war diese Ordnung hegemonial. Dies zeigte sich, als im Verlauf des 20. Jahrhunderts in allen Weltregionen Nationalstaaten entstanden (deren Zahl innerhalb der Vereinten Nationen auf fast 200 anschwoll) und innerhalb des Weltsystems zu einem Bestandteil der „Westfälischen Ordnung" wurden. Doch seit 1989 gerät diese Ordnung aus den Fugen, ohne dass eine ähnlich solide Form im Entstehen begriffen wäre. Die Auflösung hat viele Dimensionen: einmal den „Verlust des Gleichgewichts des

Schreckens" nach dem Ende des „sozialistischen Lagers. Zum anderen hat sie in den Nationalstaaten „subnational armed groups" (Shannon 2000: 114) begünstigt und in den internationalen Beziehungen zur Entstehung einer „world dominated by non-state entities" (ebd.: 115) beigetragen. Diese subnationalen Einheiten haben sich aus den Formen von Politik und Staat gelöst und sichern ihr privatisiertes Gewaltmonopol durch die Nutzung der globalen Märkte. Dort verkaufen sie, wie wir in unseren Ausführungen über „countertrade" gesehen haben, Rohstoffe, um damit militärische Sicherheit - Waffen und Söldner - einzukaufen. Sicherheit wird zur Ware, die gewinnbringend verkauft wird, und schon dieser Sachverhalt nährt die Vermutung, „that the role of private soldiery will grow in the coming years" (ebd.: 109), sicherlich nicht überall in der Welt, aber doch in Teilen Afrikas, Asiens und Lateinamerikas. Dies freilich bedeutet nicht, dass die übrige Welt (auch die Industrieländer) nicht davon betroffen wäre. Der von Präsident Bush ausgerufene „Krieg gegen den Terrorismus" ist möglicherweise weniger eine Antwort auf ein als solches identifiziertes und definiertes Terrornetzwerk (El Qaeda) als die Vorbereitung zur Einmischung in neue globale Konfliktkonstellationen mit nicht-staatlichen Akteuren: Staat (USA) gegen Nicht-Staat (El Qaeda etc.). Die Informalisierung von internationaler Politik hat ihre Rückwirkungen auf alle Ebenen und hat bislang ungeahnte Konstellationen von Politik zur Folge.

Abbildung 10: Sechs Gestalten des Verhältnisses von formeller und informeller Politik

Ergänzung formeller Politik	Residuale Politikmuster jenseits formeller Politik	Delegitimierung und Korrumpierung der Politik	Zerstörung der Staatlichkeit durch „state disruption"	Avantgardistische Erweiterung formeller Politik	Informalisierung des internationalen politischen Systems
z.B. informelles Verwaltungshandeln	z.B. traditionelle Selbstjustiz	z.B. „grand corruption" von Regierungsvertretern durch transnationale Unternehmen	z.B. Kaperung von Staaten durch organisierte Kriminalität oder Terrorgruppen	z.B. Foren und Gruppen der „global governance"	z.B. Auflösung der „Westfälischen Ordnung" internationaler Beziehungen

Dreizehntes Kapitel
Ordentliche und unordentliche Informalisierung

Einige Veränderungen in die Richtung einer Informalisierung von Politik fallen zunächst kaum auf; ihnen fehlt jede Dramatik. Nur selten provozieren sie wissenschaftliches oder öffentliches Interesse. Beispielsweise übernehmen in der Welt der Industrieländer private „think tanks" die interessierte Beratung von Regierungen und Parteien; „rating agencies" bewerten die Wirtschafts- und Gesellschaftspolitik von Regierungen mit der Folge, dass Regierungen mehr auf das Rating achten als auf die Stimmung des Volkes und die Stimmen des Elektorats (vgl. Hillebrand 2001). Das ist nichts Außergewöhnliches und vielen wird es übertrieben scheinen, dabei Informalisierungstendenzen von Politik ausfindig machen zu wollen. Auch verwundert es kaum noch, dass in „Schengen-Europa" private Fluggesellschaften - unter der Androhung von hohen Bußgeldern - dazu veranlasst werden, hoheitliche Funktionen, nämlich die Kontrolle des Zutritts in eines der Mitgliedsländer der Europäischen Union, zu übernehmen; sie agieren dabei als von der Verfassung nicht legitimierte Organe zur Umsetzung einer restriktiven Asylpolitik, die internationales Recht (die Genfer Flüchtlingskonvention) unterhöhlt[6].

Aufregender ist es schon, wenn globale „epistemic communities" politisch Verantwortliche und ökonomisch Mächtige zusammenbringen, um private und öffentliche Interessen zu koordinieren bzw. den öffentlich Verantwortlichen private Vorstellungen „nahe zu bringen". Dieser Vermischung von privater und öffentlicher Sphäre an den legitimierten Verfahren vorbei kommt und im Weltsystem sind, dass sie guten Gewissens für das Allgemeine zu sprechen meinen. Die Politik „im Schlepptau der Finanzmärkte", „die internationalen

[6] Weit weg von den europäischen Grenzen müssen die Beschäftigten privater Unternehmen, deren Aufgabe der Transport zahlender Fluggäste, nicht aber der Schutz der Grenzen vor unliebsamen Zuwanderern ist, Pässe und Visa auf ihre Gültigkeit überprüfen. Weil die Fluggesellschaften mit hohen Bußgeldern für mitgenommene „Illegale" zu rechnen haben, entscheiden nun ihre Angestellten anstelle eines für Immigration zuständigen Beamten über das Schicksal von Flüchtlingen: Wer wie „neu eingekleidet" aussieht, mit Gepäck reist, das nicht auf einen Urlaub, sondern auf Umzug schließen lässt - und dann noch „die falsche" Hautfarbe hat - kann von Airline-Beschäftigten beim Einchecken oder bei einer Zwischenlandung auf dem Weg in ein europäisches Land abgewiesen werden - ohne dass eine staatliche Stelle, in einem ordentlichen Verfahren, die Triftigkeit eines Asylgrundes überprüfen müsste. Die „formalisierte Informalität" derartiger Verfahrensweisen trägt wesentlich dazu bei, dass Flüchtlinge und Arbeitsmigranten in die Hände von kriminellen Schleuserbanden getrieben werden, die sie als Drogenkuriere einsetzen, in die Prostitution zwingen oder gegen die Zahlung hoher Geldsummen auf maroden Schiffen und im lebensbedrohlichen Containertransport in eines der gewünschten Zielländer befördern.

Kapitalmärkte als fünfte Gewalt" (so der Vorstandssprecher der Deutschen Bank Rolf E. Breuer in: *Börsen-Zeitung* vom 1.2.2002) - das ist eine Vorstellung, die radikal mit den prozeduralen und substanziellen Formen, die das Wesen der Demokratie ausmachen, bricht und der Diktatur der Finanzmärkte (umschrieben mit dem Etikett „Wächterrolle der Märkte") das Wort redet. In diese Richtung orientiert auch das „World Economic Forum" von Davos, das in der Umbruchphase der frühen 70er Jahre aus der Taufe gehoben wurde. Seit den 90er Jahren ist es ein wichtiges Forum informeller Gespräche zur Vorbereitung formeller politischer Entscheidungen in einzelnen Nationalstaaten und von internationalen Organisationen geworden. In seiner politischen Bedeutung darf dieses informelle Gremium also nicht unterschätzt werden.

Gegen diese Versuche der Indienstnahme von Politik und Gesellschaft durch die Ökonomie und die Unterwerfung politischer und sozialer Prozesse unter die „Sachzwänge" globaler Finanzmärkte bildet sich ebenso ziviler Widerstand wie gegen Klientelismus, Korruption oder Putschisten, die Lauth (1999: 61ff.) als Auslöser von Widerstand erwähnt. Dieser Widerstand bedient sich neuer Formen von Politik, globaler Netzwerkstrukturen, um politisch effizient zu einer „demokratischen Kontrolle der Finanzmärkte" (wie Attac sie anstrebt) zu gelangen. Ein Ausdruck dieser widerständigen Informalisierung von Politik ist auch das 2001 zum ersten Mal in Porto Alegre tagende „World Social Forum", das zum globalen Treffpunkt von zivilgesellschaftlichen Organisationen geworden ist, zum globalen Bazar alternativer Ideen und Projekte auf der Suche nach neuen Politikformen, weil in den tradierten Strukturen, Institutionen und Organisationsformen die Probleme der Welt - von der Umweltkrise bis zur Finanzkrise, von der Geldwäsche, um die organisierte Kriminalität zu finanzieren, bis zur informellen Arbeit und zur urbanen Armut - nicht bewältigt werden können.

Der globale Geschäftsverkehr erzeugt sein eigenes Recht und Institutionen, die es anwenden, durchsetzen und dafür Sorge tragen, dass das „weiche" und informelle Recht staatlich „gehärtet" und formalisiert wird (Günther/Randeria 2001). Mit privaten Schiedsgerichten kommt man im Hinblick auf die normalen Bedürfnisse der Regulierung des Geschäftsverkehrs gut aus. Doch zur autoritativen Streitschlichtung bedarf es öffentlicher Institutionen mit Sanktionsgewalt gegenüber den Vertrags- und Konfliktparteien. Dieses Muster ist dem ganz ähnlich, das Marx im zweiten Kapitel (über den „Austauschprozess") des ersten Bandes „Kapital" beschrieb: Die Waren können nicht allein zum Markt gehen, um ausgetauscht zu werden. Sie bedürfen der „Warenhüter", die sie (in der Regel gegen Geld) anbieten und nachfragen. Die Form des Tausches verlangt von den Tauschpartnern Willensverhältnisse, die ihr angemessen sind. Die Tauschpartner müssen sich wechselseitig als Privateigentümer anerkennen, denn sonst können sie nicht tauschen. Sie müssen sich auch über Modalitäten explizit oder implizit verständigen, wie die wechselseitige Veräußerung von Waren zu erfolgen habe. Die Willensverhältnisse der Partner des Geschäftsverkehrs sind die Grundlage der Rechtsverhältnisse, und sie bringen schließlich auch die angemessenen politischen Formen hervor. In einem historischen Kontext der Globalisierung und der bereits beschriebenen Aufweichung formeller politischer Verfahren und Institutionen bedeutet dies, dass mit der Informalisierung von Arbeit und Geld auch informelle rechtliche Verfahren und dann auch politische Institutionen zunächst informell „emergieren“, bevor sie in formelle Gestalt transformiert werden.

Politik treibt über die konstitutionellen Formen hinaus und wird informell. Es müssen Anstrengungen unternommen werden, um informelles Recht und informelle Politik zu „disziplinieren“ und zu formalisieren. Dies kann im Prinzip auf zweierlei Weise geschehen: Einmal traditionell, indem das informelle Recht des globalen Systems - dies zeigen Günther/Randeria (2001) - nationalstaatlich adaptiert und so formalisiert wird. Informalität ist somit eine Ressource der Erneuerung der Nationalstaaten und ihrer Rechtssysteme unter den Herausforderungen der Globalisierung. Zum anderen könnte die Härtung des weichen Rechts durch Formalisierung in internationalen Institutionen erfolgen; doch mangels globaler Staatlichkeit kann dies nicht geschehen[7]. Die Schwierigkeiten liegen weniger in den Prozeduren, den Organisations- und Handlungsregeln (vgl. auch Knieper 1991), als in der Vereinbarung von verbindlichen Normen einer globalen (Rechts-)Staatlichkeit. Auf den *normativen* Gehalt sich verständigen zu wollen, ist trotz Globalisierung (noch) ein aussichtsloses Unterfangen. Die Verständigung über die *förmlichen Prozeduren* fällt da schon leichter (etwa über das Streitschlichtungsverfahren in der WTO oder die Konditionalität der Kreditvergabe des IWF), und zur Ergänzung förmlicher Prozeduren ist informelles Recht willkommen. Es tangiert ja nicht die normativen Gehalte des je nationalen Rechtsstaats. Freilich ist immer zu berücksichtigen, dass eine glasklare Trennung zwischen *prozeduraler* und *normativer* Dimension des Rechts ausgeschlossen ist.

In vielen Entwicklungsländern hingegen ist die Informalisierung der Politik das schiere Gegenteil dieser produktiven und innovativen Formveränderung. Sie ist Ausdruck einer dramatischen Verschlechterung der politischen, sozialen und ökonomischen Voraussetzungen menschlicher Sicherheit. Infor-

---

[7] Eine Frage, die hier nicht erörtert werden kann, ist die nach der Wünschbarkeit und der Ausformung globaler Staatlichkeit. Unten setzen wir uns mit „Ersatzformen“ globaler Staatlichkeit, mit Fragen der „global governance“ auseinander.

malisierung ist nämlich gleichbedeutend mit der Erosion oder gar dem Zerfall formeller Institutionen bis zum Kollaps der Form des Nationalstaats. Dies geschieht beispielsweise im Zuge von Strukturanpassungsmaßnahmen, die von höchst formellen Institutionen, nämlich von IWF und Weltbank, verlangt werden. Sie sehen die Liberalisierung und Privatisierung öffentlicher Aufgaben und Güter vor (Tetzlaff 2001) und haben - nicht unbeabsichtigt, denn der private Sektor wird gestärkt - die „Entstaatlichung" zur Folge, allerdings ohne dass ein „supranationaler" Ersatz entstünde. So können „Leer- und Hohlräume ... und Platz für neue privatisierte transnationale und subnationale Handlungsspielräume für Geschäftemacher und Glücksritter aller Art" (ebd.: 349) entstehen. Zwischen diesen Extremen von neuen politischen Formen und der Auflösung der tradierten Formen von Politik ins Nichts können verschiedene Verhältnisse von formeller und informeller Politik identifiziert werden, mit höchst unterschiedlicher Entwicklungsdynamik. Informalität hat eine ordentliche und eine unordentliche Ausprägung, und es ist kein Zufall, dass die ordentliche Informalisierung eher in den Industrieländern zu finden ist und die unordentliche Informalisierung eher in den Entwicklungsländern. Im vorangegangenen Kapitel haben wir sieben Gestalten des Verhältnisses von formeller und informeller Politik unterschieden (vgl. *Abb. 10*). Diese sollen uns nun näher beschäftigen.

1. Schattenpolitik oder funktionale Informalität

Es gibt kein politisches System, das nicht informelle politische Praktiken hervorbringt, die zwar nicht illegal sind, aber „extralegale" Züge aufweisen. Darauf ist zu Beginn dieses Kapitels schon hingewiesen worden. „Man kann nicht immer mit dem Grundgesetz unter dem Arm herumlaufen", sagte der damalige Innenminister Höcherl in der westdeutschen Republik der 60er Jahre; diese nonchalante Aussage über den Umgang der Herrschenden mit konstitutionellen Normen wurde in jener Zeit zum geflügelten Wort und belegte die von Johannes Agnoli analysierte „Transformation" bzw. „Involution" der Demokratie (Agnoli 1967). Neben dem förmlichen Regierungsapparat etabliert sich unter bestimmten Umständen eine „Nebenregierung", bilden sich „Küchenkabinette". „Arbeitsessen" dienen der Erleichterung und Vorbereitung von Entscheidungen; „Waldspaziergänge" von „Männerfreunden" im Kaukasus haben die deutsche Vereinigung nach dem Fall der Mauer beschleunigt. „Bündnisse" werden als eine Art Nebenparlament gebildet; das von Bundeskanzler Schröder eingerichtete „Bündnis für Arbeit" ist dafür bezeichnend. Die sozialdemokratischen Regierungschefs treffen sich alljährlich zu Gesprächskreisen über „Modernes Regieren im 21. Jahrhundert", wobei eher die Treffen selbst Ausdruck „modernen Regierens" sind als die Beschlüsse und Verabredungen, die dabei getroffen werden.

Es entsteht das Phänomen der „Schattenpolitik" (von Alemann 1994; Faust 2000; Lauth/Liebert 1999), das so lange wenig dramatisch ist, wie die formellen Mechanismen der Legitimation und Rechenschaftspflicht von Entscheidungsträgern und der Partizipation und Kontrolle der Betroffenen nicht ausgehebelt werden. Sie kann förderlich für die Rationalität des Staatswesens im Sinne der Sicherung der Herrschaft sein, obwohl mit einer „Räterepublik" von extraparlamentarischen Bündnissen und Beratungsgremien zugleich die demokratischen Verfahren ausgehöhlt werden. Höcherl hat Recht. Der Prozess des Regierens - im dargelegten Sinne von Gramsci und Foucault - verlangt die Nutzung von Optionen, die nicht immer in der Verfassung vorgesehen, aber auch nicht explizit von ihr ausgeschlossen sind.

Es ist nicht verwunderlich, wenn informelle Politik im Rahmen der formellen Regeln, Institutionen, Gesetze, Pläne eine besonders ausgeprägte Rolle in den ehemals sozialistischen Planwirtschaften gespielt hat. In den realsozialistischen Gesellschaften Mittel- und Osteuropas (MOE) haben nicht erst seit der Transformation nach 1989 irreguläre, informelle Arbeitsbeziehungen rasant zugenommen. Auch die Zerrüttung tradierter Systeme sozialer Sicherheit reicht in real-sozialistische Zeiten zurück (Hopfmann 1999: 31). Schwache Währungen und die Entstehung von Geldsubstituten komplettieren das Bild einer Informalisierung der Politik in „defekten Demokratien". Die politischen Entscheidungen sind nicht immer durch legitimierte Verfahren und gewählte Repräsentanten, die exklusiv politische Macht ausüben (Albrecht o.J.), bestimmt, sondern durch nicht-legitimierte Verfahren, kriminelle Machenschaften, die Regelungebundenheit politischer Prozesse, durch direkte Einflussnahme mit Geld und Erpressung.

Diese informellen Machenschaften sind den Schwierigkeiten bei der Etablierung einer formellen Ökonomie und Gesellschaft geschuldet. Sie verweisen darauf, dass die Transformation zu jenen Formen, die dem Land das „OECD-Profil" einer modernen Gesellschaft geben, im Zickzack und nicht geradlinig, wie von der Modernisierungstheorie unterstellt, verlaufen. Dennoch wäre es eine vereinfachende Annahme, wenn informelle Politik deshalb vor allem mit den Problemen des Systemwechsels in Zusammenhang gebracht würde. Der reale Sozialismus war hinsichtlich der Normen und Formen keineswegs eindeutig. Plannormen zu unterlaufen oder Planvorgaben der zentralen Behörden so durch falsche Informationen zu beeinflussen, dass sie den Betrieben als „sanfte Pläne" entgegenkamen, waren im real existierenden Sozialismus verbreitete Praxis.

In Mittel- und Osteuropa hat die Informalität der Ökonomie entgegen den Annahmen von der durchorganisierten, hochgradig formalisierten „geschlossenen Gesellschaft" eine lange Geschichte. Diese tritt allerdings erst nach 1989 deutlich vor Augen, weil sie zuvor nicht thematisiert werden konnte - außer in der Satire und in Alltagswitzen, in Romanen und in westlicher Forschung, in der man sich unter dem Rubrum „second economy" und „Parallelwirtschaft" mit ökonomischen Aktivitäten am Rande der Legalität und jenseits der Plannormen schon seit langem beschäftigt hatte (Duchène 1988; Grossman 1989; Böröcz 1993; auch Heller/Nuss 1999: 558ff.). Obendrein erschien den Menschen die real-sozialistische Informalität als weitgehend normal - sofern sie nicht ins eindeutig Kriminelle überzogen wurde. Dagegen aber gab es politische Mittel, die die für die Herrschaft funktionale Informalität ignorierten, sie aber dann zu unterbinden wussten, wenn sie der Herrschaft gefährlich zu werden drohte.

2. Residuale Gestalten der politischen Informalität

Der neo-patrimoniale Staat

Amtsträger sind der Allgemeinheit, der Gesellschaft und dem Staat (bzw. dessen legitimierten Repräsentanten) verpflichtet und nicht an private Geschäftemacher gebunden. Im Gegenteil, sie müssen ihnen aus Gründen der politischen Sauberkeit aus dem Wege gehen. Diese Norm, die sich aus der Form des modernen und rationalen kapitalistischen Staats (als „neutralem Sachwalter" der allgemeinen Interessen, als „bürokratische Anstalt" im Sinne Max Webers 1976: 28ff) herleiten lässt, ist jedoch keineswegs selbstverständlich. Zu bestimmten Zeiten und in manchen Gesellschaften ist sie eher Ausnahme als Regel, z.B. in dem von Max Weber so bezeichneten „patrimonialen Staat", in dem hoheitliche Funktionen der Mehrung privater Vermögen dienstbar gemacht werden, anstatt zum Wohle der Allgemeinheit ausgeübt zu werden. Sie ist völlig abwesend, wenn Gesellschaften und Staatswesen klientelistisch und nach den Prinzipien der vertikalen Patronage bzw. des (neo)-patrimonialen Staates organisiert sind (Chabal/Daloz 1999: vor allem 31-44). Der Staat ist dann eher Besitztum und Quelle von Reichtümern für Eliten. Diese nutzen das öffentliche Gewaltmonopol, um das Volk auszuplündern und ihren privaten Reichtum zu mehren, den sie wiederum teilweise einsetzen, um Gefolgschaft zu erkaufen. Die Gesellschaft wird gespalten. Gewalt dient herrschaftlichen und ökonomischen Zwecken (vgl. die Fallstudie über Kambodscha von Hughes 2000 sowie zu „Staat und Gesellschaft in Afrika": Hauck 2000) und die Ökonomie ist ganz auf die Herrschaftssicherung zugeschnitten, so dass Marktrationalität sich nur so weit entwickeln kann, wie sie der neo-patrimonialen Herrschaft nutzt. Max Weber hat die extreme Form des patrimonialen Regimes als „Sultanismus" bezeichnet. Darunter versteht er ein „Höchstmaß an Herrengewalt". „Sultanistisch" soll nach Max Weber „eine in der Art ihrer Verwaltung sich primär in der Sphäre freier traditionsungebundener Willkür bewegende Patrimonialherrschaft heißen" (Weber 1976: 133f). Patrimoniale Herrschaft und selbst die Extremform des Sultanismus sind nicht Vergangenheit nach den verschiedenen Wellen der „transition to democracy" in Westeuropa, in Lateinamerika, in Asien und MOE, sondern als Herrschaftsformen präsent, als „Neo-Patrimonialismus" oder Neo-Sultanismus. Zum letzteren schreiben Chehabi und Linz:

„The ideal type of a contemporary sultanistic regime can be constructed as follows: It is based on personal rulership, but loyalty to the ruler is motivated not by his embodying or articulating an ideology, nor by a unique personal mission, nor by any charismatic qualities, but by a mixture of fear and rewards to his collaborators. The ruler exercises his power without restraint (...) The binding norms and relations of bureaucratic administration are constantly subverted by arbitrary personal decisions of the ruler, which he does not feel constrained to justify in ideological terms. As a result corruption reigns supreme at all levels of society" (Chehabi/Linz 1998: 7).

Die Willkür des Herrschers in modernen Zeiten ist das Gegenteil der zu Beginn dieses Abschnitts über informelle Politik dargestellten Kunst der „gouvernementalité", also der subalternen Integration. Innerhalb des globalen politischen Systems sind (neo-)sultanistische und patrimoniale Regime geächtet, jedenfalls trifft dies auf die Regime zu, die im Band von Chehabi und Linz analysiert werden: das Trujillo-Regime in der Dominikanischen Republik, das Batista-Regime auf Kuba, das Somoza-Regime in Nicaragua, das Pahlevi-Regime im Iran oder das Marcos-Regime auf den Philippinen (Chehabi/Linz 1998). Sie erfüllen keine der Normen von „good governance", die zur Bedingung der Teilnahme an der Weltpolitik (in den globalen Institutionen) geworden sind. Die von Chehabi und Linz aufgeführten Regime gehören alle der Vergangenheit an. Regime dieser Art können nützlich sein, weil sie für die Zwecke ökonomischer Mächte, der organisierten Kriminalität oder terroristischer Organisationen und auch im Interesse einer Hegemonialmacht eingespannt werden können. Viele Beispiele ließen sich nennen: der „Mafiastaat" Montenegro (vgl. *Die Zeit* vom 23.9.1999) oder das „narco-government" in Kolumbien (Shannon 2000: 105) oder einige afrikanische Staaten. Es handelt sich zwar bei den „special jurisdictions" mancher Offshore-Finanzzentren nicht um neo-patrimoniale, eher schon um neo-plutokratische Gebilde. Doch haben auch sie ihre Staatlichkeit ganz in den Dienst ökonomischer Mächte, der global operierenden Finanzakteure (große Banken und Fonds) gestellt und sind bei der Vertuschung organisierter Kriminalität durch Unterstützung der Geldwäsche behilflich. Die mangelnde politisch-soziale und ideologische oder charismatische Integrationskraft neo-patrimonialer Regime kann kompensiert werden durch Korruption, die daher in neo-patrimonialen Regimes, wie auch Chehabi und Linz schreiben, höchsten Stellenwert besitzt.

Informelle Politik – eine Mischung aus Tradition und Moderne

In vielen Gesellschaften haben sich (rechtliche) Normen und Politikformen erhalten, die mit den formellen und „modernen" Mustern der Regulierung auf den ersten Blick kontrastieren. Hier handelt es sich zumeist um *diachrone* Informalität, die aber nur deshalb Bedeutung erlangen kann, weil *synchrone* Informalität (vgl. erstes Kapitel) Regulierungsdefizite erzeugt. Dies lässt sich am Beispiel der Selbst- und Privatjustiz zeigen. Sie ist in vielen Gesellschaften präsent, auch in den Industrieländern, jedoch eher als eine Ausnahme, weil der Rechtsstaat trotz aller Defizite funktioniert. Eine unvergleichlich größere Rolle spielen Selbst- und Privatjustiz in einer Reihe von Entwicklungs- und Schwellenländern, nicht nur in Afrika. Sie stützen neo-patrimoniale Herrschaft, aber - wie wir sehen werden - in modernem Gewand.

Selbstjustiz bedeutet, dass die Bevölkerung die Etappen eines Verfahrens von der Anzeige über die Aufklärung, die Beschuldigung von Gesetzesbrechern, den Prozess, das Urteil und dessen Vollzug in eigene Hände nimmt und dabei die für die Rechtsstaatlichkeit so wichtige Unterscheidung zwischen strafrechtlicher und zivilrechtlicher Seite eines Delikts nicht strikt durchhält. *Privatjustiz* bedeutet im Unterschied dazu, dass Strafverfolgung und Strafvollzug in private Hand, etwa in die Verfügung von Großgrundbesitzern („fazendeiros") oder von großen privaten Unternehmen oder privaten Söldnertruppen geraten.

In einer Fallstudie über Benin verweist Paulenz auf zwei Bedingungen (Paulenz 1999: 46ff) für die Entstehung und Anwendung des informellen Rechts der Selbstjustiz: Die eine Bedingung ist die erfahrene Willkür staatlicher Amtsträger, etwa wenn Polizisten bestechlich sind und Recht nur gefunden wird, wenn die Amtsträger entsprechend geschmiert werden. Noch mehr wird Vertrauen in formelles Recht und formelle Waltung des Amtes zerstört, wenn Gendarmen zur Erleichterung und Beschleunigung ihrer Ermittlungen zu Gewalt und Folter greifen. Das staatliche Gewaltmonopol unterminiert und delegitimiert sich durch Praktiken dieser Art selbst. Die andere Bedingung ist die Entstehung und wachsende Bedeutung privater Sicherheitsdienste (Kehrseite ist, wie wir bereits gesehen haben, die Auflösung des staatlichen Gewaltmonopols als Kernbestandteil formeller Politik), die reiche Bürger, Diplomaten und Entwicklungshelfer aus dem Ausland schützen und damit auch gegenüber dem „Rest" der Gesellschaft abschirmen. Die Privatisierung des Schutzes durch bezahlte Sicherheitskräfte, Mauern und elektronische Anlagen, durch die sich diejenigen Menschen, die sich in die Enklaven festungsähnlicher „Kondominien" selbst-exkludiert haben, fälschlicherweise eine größere Sicherheit versprechen (vgl. als soziologisch instruktives literarisches Beispiel T. Coraghessan Boyles „America", 1998), bedeutet zugleich größere Unsicherheit für jene, die auf die Bereitstellung öffentlicher Sicherheit angewiesen sind. Die Schaffung von Sicherheit ist nicht immer ein Positivsummen-Spiel. In vielen Fällen gewinnen die einen jene Sicherheit, die die anderen verlieren[8].

Unter diesen Bedingungen eines von innen erodierenden und von außen in Frage gestellten staatlichen Gewaltmonopols halten sich tradierte Formen der Selbstjustiz oder sie werden neu erfunden. Jedenfalls kommt es zu so etwas wie der Vergesellschaftung (und Entstaatlichung) des Gewaltmonopols. Das ist durchaus nicht progressiv im Sinne „avantgardistischer" Informalität (mit der wir uns unten beschäftigen werden), sondern eher regressiv, weil es ja ein zivilisatorischer Fortschritt ist, wenn das Gewaltmonopol beim Staat liegt und nicht bei gesellschaftlichen Gruppen, die davon interessierten Gebrauch machen können. Es handelt sich aber um eine relevante informelle Reaktionsweise auf offensichtliche Defizite der formellen Regulierung. Jedenfalls wäre es zu einfach, Selbstjustiz lediglich als Relikt oder Residuum traditionaler Formen zu charakterisieren oder „naturwüchsige Gewalt" mit „wachsender Armut" (Tetzlaff 2001: 354) in Verbindung zu bringen. Sie erlangt offenbar nur dann gesellschaftliche Relevanz, wenn das staatliche Gewaltmonopol entweder abwesend oder unzulänglich ist oder sich in für die Bevölkerung nicht annehmbarer oder höchst widersprüchlicher Weise äußert. Dies lässt sich am Beispiel Albaniens zeigen, wo nach dem Kollaps des Berisha-Regimes (infolge der Enteignung der Bevölkerung mit Hilfe eines „Ponzi-Systems"[9]) eine institutionelle und juridische Lücke entstand, die von kriminellen Netzwerken und traditionellem Recht (Blutrache) gefüllt wurde (Andrees 2001).

In der Selbstjustiz werden strafrechtliche und zivilrechtliche Elemente nicht scharf auseinander gehalten, sondern in aller Regel vermischt. Paulenz unterscheidet vier Formen der Selbstjustiz: (1) von der Anprangerung und der

---

8 Ein Grund ist die Konzentration von Dieben etc. auf leichte Ziele, wenn reiche Ziele schwerer zu erreichen sind. Wichtiger aber ist die regelmäßig mit der Entstehung von reicher und gesicherter Enklaven verbundene Verwahrlosung des - zumeist - urbanen Umfelds, die Zunahme von Frustrationen, insbesondere bei Jugendlichen.

9 Ponzi war ein Schwindler an der Ostküste der USA in den 20er Jahren, der die Renditen eines Fonds mit immer neuen Einwerbungen von Investoren finanzierte. Das System brach zusammen. Es ist dem berüchtigten „Pilotenspiel" vergleichbar, indem einer nur gewinnen kann, wenn immer mehr Menschen sich finanziell beteiligen. In Albanien wurde die Bevölkerung mit ihren geringen Ersparnissen in ein solches System hineingezogen, das natürlich zusammenbrechen musste. Die Demonstrationen der enteigneten Bürger zwangen die Regierung zum Rücktritt.

daher zu erleidenden Schande über (2) die Wiedergutmachung eines Unrechts durch Entschädigung der Opfer durch den Täter, (3) die Selbsthilfe von Bevölkerungsgruppen durch physische Gewaltanwendung, die (4) „regelmäßig mit der Tötungsbereitschaft einher(geht)" (Paulenz 1999: 63). In aller Regel kommt es zu Selbstjustiz bei Eigentumsdelikten, bei Diebstahl und Raub, und zumeist ist die Tötungsbereitschaft gegeben. Letztere ist schreiender Ausdruck des Verlustes von sozialer Kontrolle, Delikten mit anderen als diesem letzten aller Mittel vorzubeugen oder sie zu ahnden. Es handelt sich dabei um eine „Re-traditionalization of Society" (Chabal/Daloz 1999: 45ff), verbunden mit einer Allgegenwärtigkeit von Gewalt. „... the very management of violence turns into a resource for some" (ebd.: 77).

Zum einen sind in vormals kolonialisierten Staaten die traditionellen Formen sozialer Kontrolle beseitigt oder unterhöhlt worden, ohne dass durch die Kolonialmacht ein legitimes Gewaltmonopol errichtet worden wäre. In dem entstehenden Defizit bzw. in den „Interstizien" der gesellschaftlichen Regulation können sich alte Formen halten oder neue entwickeln, parallel zu den formellen Regeln. Zum anderen entsteht im Zuge der Entkolonialisierung nicht unbedingt ein Staatswesen, das nach formellen Regeln - so wie von der Modernisierungstheorie vorgesehen - funktioniert. Bei ökonomischer Ungleichheit und unter dem Druck der Strukturanpassung an die Weltmarktbedingungen, häufig durch Konditionalität internationaler Institutionen wie IMF und Weltbank erzwungen, tendiert das politische System in die Richtung des oben diskutierten neo-patrimonialen Staats. Der Staat als Ensemble von Apparaten wird von einer herrschenden Elite zur privaten Akkumulation von Vermögen benutzt, mit denen klientelistische Beziehungen finanziert und ein herrschaftliches Netzwerk unterhalten werden. Die Regelung von „kleinen" Diebstahlsfällen ist im Rahmen dieses Systems der Herrschaftssicherung wenig interessant, und so kann es vorkommen, dass den Ordnungskräften selbst das Benzingeld fehlt, um an den Ort eines Diebstahls zu gelangen. Die Kräfte der formellen Sicherheit sind also nicht präsent, wenn die Sicherheit der Eigentumsrechte von Bürgern gefährdet ist. Und schon bei Machiavelli kann man nachlesen, dass die Bürger eher den Tod eines Angehörigen verschmerzen als einen ihnen illegitim erscheinenden Eingriff in ihre „geheiligten" Eigentumsrechte. Warenförmigkeit und Eigentumsrechte müssen also vorhanden sein, damit Eigentumsdelikte möglich werden. Wenn diese nicht durch eine legitimierte Staatsgewalt unterbunden werden, kann in Reaktion auf die Verletzung der Eigentumsrechte Selbstjustiz aufkommen.

Mit Selbstjustiz wird die Trennung von Gesellschaft und Staat durchbrochen. Dies kommt in der Vermischung von zivilrechtlichen Ansprüchen und Strafjustiz zum Ausdruck. Die Kompensation von Schäden, zumal wenn es sich um Vermögensschäden handelt, mag ja gesellschaftlich an allen formellen Institutionen vorbei geregelt werden können. Die Strafjustiz und die damit verbundene Verhängung von Strafen aber ist ein hochgradig formalisierter hoheitlicher Bereich. Die Beanspruchung des Rechts der Bestrafung bis zur Tötung eines Menschen durch nicht-legitimierte private Mächte ist ein gravierender Akt der Verletzung von Menschenrechten und der Negierung des staatlichen Gewaltmonopols. Diese Art informeller Politik führt also in eine Sackgasse ungeregelter Gewalt, und darauf kann keine Gesellschaft bauen. Im Gegenteil, sie kann daran zugrunde gehen, wie auch bei Chabal/Daloz (1999: 77ff) nachzulesen ist.

Und doch weiten sich die Zonen, in denen das staatliche Gewaltmonopol nicht gilt, in vielen Gesellschaften: Wenn die formellen Institutionen der Staaten und die mobilisierbaren Traditionen einer Selbstjustiz schwach sind, wird staatliche Gewalt durch eine Art privater Justiz ersetzt, und zwar nicht nur akzidentiell hier und da, sondern systematisch. In Brasilien beispielsweise ist in manchen Regionen die öffentliche Sicherheit komplett informalisiert, d.h. in private Hände überführt worden, weil die öffentliche Justiz nicht funktioniert und zumeist auch kein Vertrauen genießt. Lynchjustiz greift um sich und „pistoleiros“ bzw. „justiçeiros“, also Revolvermänner und Berufskiller, nehmen das Gesetz in ihre Hand. Auf der einen Seite vermitteln sie angesichts der Unfähigkeit und Korruptheit der formellen Polizei in manchen Regionen oder Stadtvierteln („favelas“) der Bevölkerung ein gewisses Sicherheitsgefühl[10]. Auf der anderen Seite werden „pistoleiros“ und „justiçeiros“ häufig von Großgrundbesitzern auf dem Land gegen Landbesetzer oder Gewerkschafter, die die Arbeiter organisieren wollen, eingesetzt. Sie agieren wie die Todesschwadronen: jenseits des Gesetzes, und doch von der Staatsmacht opportunistisch geduldet. Oder sie dienen den Drogenbossen als Fußvolk im Drogenkrieg zwischen konkurrierenden Banden und mit der formellen Polizei, und sie werden auch gegen Gewerkschafter eingesetzt, wie in Kolumbien. Auch diese moderne Variante informeller Justiz hat eine Geschichte: in Brasilien die der „jagunços“, die von Großgrundbesitzern in regelrechte Kriege geführt wurden, im „Sertão“ (im Nordosten) Brasiliens am Ende des 19. und zu Beginn des 20. Jahrhunderts; darüber sind große Romane (von Euclides da Cunha oder Guimaraes Rosa) geschrieben worden. Die lange Tradition verweist darauf, dass diese residuale Erscheinung informeller Politik nichts gänzlich Neues, dass sie sozial verankert, wenn auch keineswegs akzeptiert ist, und

[10] Vergleichbar den „sieben Samurai“ oder „Glorreichen Sieben“, die aus der Filmgeschichte bekannt sind. Von Banditen drangsalierte Bauern kaufen sich den „Schutz“ von Samurai bzw. Revolvermännern.

dass sie ihre eigenen Institutionen und Handlungslogiken hervorgebracht hat. Diese entwickeln sich parallel zur formellen Politik und Justiz, wobei nicht selten die formellen Gerichte die Verbrechen der Privatjustiz decken. Ein großes Defizit der privaten Justiz ist das Fehlen demokratischer Legitimität, die Nutzung zur privaten Bereicherung und die Missachtung des öffentlichen Interesses sowie der Mangel an Kompatibilität mit internationalen Rechtsnormen. Doch entscheidend sind die mit der Privat- und Selbstjustiz einhergehenden schweren Verletzungen von Menschenrechten.

Ein durchaus modernes, auf den Weltmarkt orientierendes Herrschaftssystem wie das brasilianische (aber in anderen Gesellschaften ließe sich ähnliches konstatieren) koexistiert mit subnationalen informellen Mächten, die in bestimmten Territorien dominant sind, und bedient sich ihrer unter Inkaufnahme von Menschenrechtsverletzungen. Es ist keineswegs außergewöhnlich, dass die Promotoren informeller Politik und Justiz in den landes- und bundesstaatlichen Parlamenten sitzen und über Einfluss verfügen, wegen der Gewalt und mit den Mitteln der Korruption. So berühren sich residuale informelle Politik und die Mechanismen des modernen neo-patrimonialen Staates. Und mehr noch: Die Gewalt richtet sich vor allem gegen die subalternen Klassen, gegen deren Organisationen und deren Führer und stützt auf diese Weise die Funktionsfähigkeit eines exkludenten Akkumulationsregimes. Gewalt und Korruption sind Mittel der Marginalisierung großer Bevölkerungsgruppen und zugleich der Konstruktion einer „Gemeinschaft" der zum System der Herrschaft Gehörigen. Damit dieser Mechanismus funktioniert, müssen aber Zuschreibungen zu den Opfern der Gewalt erfolgen, denen gemäß sie gefährlich, illegal und folglich als Opfer schuldig sind.

„Illegale Gewaltpraktiken" (Stanley 2000: 43) werden auch von formellen Ordnungshütern ausgeübt. Die Todesschwadronen der brasilianischen Militär- und Zivilpolizei und die von ihnen zu verantwortenden Morde und Massaker sind bekannt: an Straßenkindern und Obdachlosen in den Städten, an Landbesetzern. Brasilien ist keine Ausnahme. In vielen Ländern sind Gewalt und Korruption Bestandteil der großstädtischen „Polizeikultur" (ebd.: 43). Die Gewalt ist nur zum Teil Ausdruck sadistischen Überschwangs. Sie ist auch nicht Folge der Formungebundenheit neo-patrimonialer Verhältnisse. Sie ist ein Kind des Neoliberalismus. Denn die Ausschlussmechanismen des Marktes werden durch jene der Politik und der polizeilichen Exekutive ergänzt. Informelle Politik und illegale Gewaltpraktiken gehören zusammen.

3. „Große" und „kleine" Korruption

Die Frage der Korruption hat viele Facetten. Denn Korruption kommt, wie wir gesehen haben, nicht nur in neo-patrimonialen Staaten vor. Man wird also grundsätzlicher an das Problem herangehen müssen. Im verbreiteten „Principal-Agent-Modell“ zur Erklärung der Korruption (vgl. vor allem Rose-Ackerman 1999; Lambsdorff 2001; OECD 2001) werden drei Akteure bzw. Akteursgruppen ausgemacht: (1) Derjenige, der Regeln setzen kann (der Prinzipal) und (2) Agenten, z.B. eine staatliche Bürokratie, bezahlt und beauftragt. Die Agenten erbringen bestimmte Serviceleistungen gegenüber Klienten (3) und werden dafür vom Prinzipal bezahlt. Die Gruppe der Klienten bezahlt für die Serviceleistungen der Bürokratie Steuern und andere Abgaben an den Prinzipal. Dieses Kreislaufmodell von wechselseitigen Zahlungen und dafür bezogenen Leistungen ist höchst artifiziell mit Betonung der Handlungslogiken von Akteuren konstruiert und vereinfacht die soziale Realität, weil soziale Strukturen wenig Beachtung finden. Es ist aber so verbreitet, dass wir uns damit auseinandersetzen müssen.

Neoklassische Ökonomen würden Korruption damit erklären, dass das vom Prinzipal erlassene Regelsystem oder die Bezahlung der Agenten so unangemessen sind, dass Amtsträger bestechlich sind und Klienten folglich erwarten dürfen, mit Bestechungsgeldern ihre Transaktionskosten zu senken. Korruption wirkt in diesem Fall wie eine Steuer, allerdings mit dem beträchtlichen Nachteil gegenüber formellen Steuern, dass sie - anders als im Fall der Steuerzahlung - nicht offen und legal ist, also auch nicht formell verbucht und bei der Kostenkalkulation transparent in Anschlag gebracht werden kann und nicht dem Gemeinwohl zu Gute kommen. In jedem Fall leidet also die Transparenz und dies kann die Effizienz eines ökonomischen Systems - jedenfalls unter Zugrundelegung marktwirtschaftlicher Rationalität - senken. Paradoxerweise steigen also die Transaktionskosten dadurch, dass sie gesenkt werden sollen. Warum diese offenkundige Irrationalität passiert? Weil sie paradoxerweise rational ist. Denn Korrumpierende und Korrumpierte machen ihr Geschäft zu Lasten Dritter. Steuerzahler und Nutzer von Leistungen tragen die Kosten der Korruption, weil sie höhere Gebühren zu zahlen haben.

Die Bestechung von öffentlichen Angestellten durch private Akteure erfolgt, um einen Gewinn machen zu können, an dem die Agenten (die Angestellten und Beamten) in mehr oder weniger großem Umfang beteiligt werden. Das ist das allgemeine Schema, das in allen Ländern bekannt ist. Es ist immer ein „Vertrag zu Lasten Dritter“; denn Agent und Klient verdienen beide (Positivsummenspiel), aber der Steuerzahler zahlt. Die Gegenleistungen der Agenten bestehen in beschleunigten Genehmigungen, die ohne Bestechung verzögert würden; in diesem Fall nutzen die Agenten ihr öffentliches Amt zur Erpressung. Die Klienten können aber mit Bestechungsgeldern Genehmigungen beispielsweise für Bauvorhaben erhalten, die sonst nicht zu bekommen wären, sei es, weil die Bauprojekte überteuert sind oder Sicherheitsstandards nicht entsprechen (vgl. die Beispiele, die Rose-Ackerman, 1999, präsentiert) oder Genehmigungen aus ökologischen und stadt- bzw. landschaftsplanerischen Gründen verweigert werden müssten und dennoch erteilt werden.

Dies ist in großem Stil und systematisch in vielen Ländern geschehen. Wir können hier nicht ins Einzelne gehen und daher nur eine Skizze liefern. In Italien hat Korruption als System unter dem Einfluss mafiöser Bauunternehmer und korrupter Parteiführer und Beamten einen Namen erhalten: *„tangentopoli“*[11]. Eine knappe Erläuterung ist deshalb wichtig, weil dabei die strukturellen Dimensionen von Korruption und nicht nur - wie im „principal agent-Modell“ - die akteursspezifischen Rationalitäten deutlich werden können: Es handelte sich um ein Geflecht von reziproken Beziehungen zwischen Unternehmen, politischen Parteien und staatlichen Institutionen, in dem sich aber niemand sicher fühlen konnte, nicht aufgedeckt zu werden. Um diese Möglichkeit weitestgehend auszuschließen, wurde das System der Bestechung um ein System wechselseitiger Erpressung mit der Zielsetzung des Stillschweigens (*„omertà“*) ergänzt. Die formellen Verfahren der gegenseitigen Kontrolle von Legislative, Exekutive und Judikative und Transparenz gegenüber der Öffentlichkeit werden dabei selbstverständlich negiert. Das System wurde immer unübersichtlicher und chaotisch. Das Vertrauen in formelle Institutionen ging mehr und mehr verloren. „tangentopoli“ wird nicht nur wegen der überteuerten Aufträge für den Staatshaushalt und die Gesellschaft insgesamt sehr kostspielig; es verwandelt sich auch in ein Entwicklungshindernis von Wirtschaft und Gesellschaft, die sich im letzten Viertel des vergangenen Jahrhunderts auf die Integration Europas vorbereiten und auf die Herausforderungen der Globalisierung Antworten finden müssen. Der „Filz“ systematisch betriebener Korruption wird nun als Element der „Verkrustung“ wahrgenommen, als Hindernis einer Modernisierung. Angesichts der durch Europäisierung und Globalisierung geforderten weiteren Öffnung der italienischen Wirtschaft und Gesellschaft ist die Korruption, die mit ihren dichten, monetär geölten Beziehungen der Reziprozität einstmals für das italienische Akkumulationsmodell funktional schien, dysfunktional geworden. Die Aufdeckung von „tangentopoli“ durch die über die Grenzen Italiens hinaus berühmt gewordene Equipe

---

[11] „Polis“ ist die Stadt bzw. die politische Gemeinschaft und als „tangenti“ werden Schmiergeldzahlungen bezeichnet.

von Staatsanwälten um di Pietro („mani pulite") war sicherlich ein heroischer Akt der Justiz. Dass er aber so erfolgreich sein konnte und die Machtkomplexe von Parteien und Ökonomie der Kampagne von „mani pulite" nichts entgegensetzen konnten, war eine Folge der Dysfunktionalität des Systems von „tangentopoli".

Beispiele für diese Art der Korruption von Agenten ließen sich jedoch aus aller Welt und nicht nur aus Italien zitieren. Eine große Rolle spielen Bestechungsgelder bei der Auftragsvergabe durch öffentliche Behörden, handele es sich um große Rüstungsprojekte oder infrastrukturelle Einrichtungen wie U-Bahn-Bauten, Staudämme und Kraftwerke, Regierungspaläste, Müllverbrennungsanlagen etc. Es gibt wahrscheinlich kein Land, in dem es in diesem Kontext keine Korruptionsfälle gegeben hätte. Anlässlich des Kölner Korruptionsskandals mit Spendenquittungen für SPD-Funktionäre (als Gegenleistung der Genehmigung einer Müllverbrennungsanlage) ist bemerkt worden, dass ohne Spendenquittungen (Ablasszettel) der Kölner Dom wohl kaum gebaut worden wäre. Korruption im Geschäftsleben wird als Teil der Transaktionskosten verbucht, und wenn diese geringer sind als der Auftrag zusätzlichen Profit für das bestechende Unternehmen einbringt, lohnt sich Korruption allemal - allerdings auf Kosten Dritter. Bis vor wenigen Jahren war Bestechung so normal, dass die dafür im Ausland zur Akquirierung von Aufträgen aufgewendeten Gelder in Deutschland von der Steuer abgesetzt werden konnten. Die steuerlichen Regelungen sind Bestandteil von „Standortpolitik". Im Rahmen der OECD werden sie aber inzwischen als schädlich für den „Wettbewerb" eingestuft, so dass Regelungen dieser Art unterbunden worden sind. Korruption gilt in der OECD-Welt inzwischen als besonders eklatantes Beispiel für „bad governance", für schlechte Unternehmensführung und für schlechte Regierungsführung. Doch waren oder sind die meisten international operierenden Konzerne in Bestechungsfälle verwickelt. Inzwischen haben aber Leitsätze der OECD (OECD 2001: 309ff.) und Selbstverpflichtungen der Konzerne das Ausmaß der Korruption gesenkt (vgl. dazu Transparency International 2001). Im Prinzip hat die Bestechung immer den Effekt, dass überteuerte Aufträge zum Vorteil der bestechenden Firma und zu Lasten der öffentlichen Haushalte erteilt werden[12].

---

[12] Es würde den Rahmen dieses Beitrags sprengen, wenn auch nur auf einige Korruptionsfälle mit angemessener Ausführlichkeit eingegangen werden sollte. Einige Fälle haben wegen ihrer Monstruosität internationales Aufsehen erregt: der Schiffsbauskandal in Japan, die Lockheed-Affäre mit Beteiligung der USA und Japan, die Flick-Affäre in Deutschland, die Leuna-Minol-Affäre und der damit verbundene CDU-Parteispendenskandal, die Bestechungsgelder, die bei der Privatisierung der Fluggesellschaft Argentiniens geflossen sind ... Vgl. beispielsweise die Länderprofile von Rügemer 1996; auch die Angaben in: Transparency International 2001.

Besonders wichtig ist die Bestechung von Amtsträgern zur Deckung und zur Erleichterung krimineller Praktiken. Ohne Korruption würde die organisierte Kriminalität es schwerer haben. Bei der Schleusung oder bei der Verschleppung von Frauen aus Osteuropa, die über südosteuropäische Transitländer in die westeuropäischen Zielländer gebracht werden, um hier, häufig unter Zwang, als Prostituierte zu arbeiten, wird die Unterstützung der zuständigen Zollbeamten (insbesondere auf dem Balkan) durch die Schmugglerringe erkauft (Loncle 2001). Dies ist auch beim Handel mit Giftmüll und anderen Sonderabfällen oder mit geschützten Tierarten der Fall. Durch Korruption werden die Staatsbediensteten zu Komplizen der (organisierten) Kriminalität, in großem Stil ist dies beim Drogenhandel der Fall.

Daher wird Korruption zum Gegenstand der Überwachung seitens speziell eingerichteter politischer Gremien[13] oder der Justiz. Folglich kommt es korrupten politischen Agenten nun auch darauf an, die Kontrolleure entweder ins Netz der Korruption einzubeziehen und selbst zu Komplizen zu machen oder aber ihre Kontrollfunktion auszuschalten. Auch für diese Praktiken findet man Belege in Europa und nicht erst in einem „Schurkenstaat" der Dritten Welt. Der der Korruption angeklagte italienische Ministerpräsident Berlusconi hat mit Hilfe seiner Parlamentsmehrheit bislang erfolgreich versucht, die Justiz auszuschalten. Zehn Jahre nach der Aktion der „mani pulite" folgt ein Nachspiel, in dem Akteure/Agenten des Systems der Korruption versuchen, Straflosigkeit zu erreichen.

> „In den ersten 100 Tagen der Legislaturperiode (der Regierung Berlusconi - Verf.) wurde ein Programm auf genaueste und vorher bestimmte Weise realisiert, das als erstes, wenn nicht ausschließliches Ziel verfolgte, die Justiz aus den Angeln zu heben, die Richterschaft einzuschüchtern und die Probleme einiger 'exzellenter' Angeklagten mit den Strafverfolgungsbehörden zu lösen" (Pisapia 2002: 36 - Übers. Verf.).

Auch für Japan lässt sich in der gesamten Nachkriegsgeschichte zeigen, dass und wie die Verfolgung von bis in höchste politische Kreise verbreiteter Korruption verunmöglicht worden ist: durch das Verlangen nach umfänglichen Beweisverfahren, die gar nicht eingehalten werden können, oder schlicht durch Nicht-Verfügbarkeit von Rechtsmitteln, die in anderen Ländern selbstverständlich sind (Johnson 2000: 59ff). Mit anderen Worten: Wenn Korruption im Spiel ist, erstreckt sich die Informalität von Politik auf alle Gewalten, auf die Legislative, die Exekutive und auch auf die Judikative. Wenn es gelingt, letztere auszuschalten, steht einer durchgängigen Informalisierung von

---

[13] Diese gibt es in Deutschland inzwischen in nahezu allen öffentlichen Verwaltungen, um intern korruptive Praktiken zu unterbinden. So verfügt der Deutsche Bundestag über einen „Ansprechpartner für Korruptionsvorsorge".

Politik und ihrer Funktionalisierung für private Geschäfte nichts mehr im Wege. Der Kreislauf von Leistungen und Zahlungen zwischen Prinzipal, Agent und Klienten funktioniert im Interesse aller Beteiligten - jedoch auf Kosten Vierter, der Bevölkerung[14].

Weniger dramatisch scheint die „kleine" Korruption, die „petty corruption" im Alltagsleben zu sein, wenn öffentlichen Angestellten zur Erfüllung einer Leistung Gelder oder Sachleistungen gewährt werden, weil dies „üblich" ist und alle wissen, dass Polizisten, Lehrer oder Ärzte mit ihrem formellen Einkommen nicht auskommen können und daher informeller Zusatzeinkommen bedürfen. Diese Form der Korruption kann - mit Einschränkungen, die sich je nach den konkreten Sachlagen ergeben - als eine Art Vergesellschaftung der Bereitstellung öffentlicher Güter, zu der der „Prinzipal", der Staat nämlich, nicht in der Lage oder nicht bereit ist, interpretiert werden: des öffentlichen Gutes Bildung, wenn Lehrer „geschmiert" werden, des öffentlichen Gutes öffentliche Sicherheit, wenn Polizisten „geschmiert" werden etc. Die Informalität hoheitlichen Handelns (der Agenten) wird von der „Hoheit" (dem Prinzipal) zur eigenen, zumindest fiskalischen Entlastung selbst erzwungen. Daher ist in manchen Ländern nahezu der gesamte öffentliche Dienst Gegenstand der kleinen Bestechung. Bei einer Befragung in der Tschechischen Republik, in der Slowakei, in Bulgarien und Ungarn zum Ausmaß der kleinen Bestechung hat sich ergeben, dass in der Ukraine bis zu 90% der Beamten Geld oder andere Leistungen für ihre Dienste erwarten, in der Tschechischen Republik zwischen 10% unter den Schullehrern und 70% bei den Beamten staatlicher Ministerien, in der Slowakei erwarten im Durchschnitt drei Viertel der Beamten Bestechungsleistungen (bzw. geht das Publikum davon aus, dass sie Bestechungsleistungen zu erbringen haben) und in Bulgarien eher mehr. Mehr als drei Viertel der befragten Klienten des öffentlichen Dienstes sagen obendrein, dass die Wahrscheinlichkeit, Geschenke, Geld oder andere Gefälligkeiten anzubieten, im Vergleich zur Zeit vor 1989 größer geworden ist (Miller/Grødeland/Koshechjkina 1998: 7). Ein ähnliches Ergebnis erbrachte eine Befragung (im Rahmen eines Projekts des Wissenschaftszentrums Berlin); danach geht eine Mehrheit der Bürger (in Polen 52%, in der Ukraine 87%) davon aus, dass die Bestechung und Bestechlichkeit in der Marktwirtschaft größer sind als unter dem Sozialismus (*WZB-Mitteilungen*, März 2002: 11). Die Privatisierungen unter dem „politischen Kapitalismus" haben also neue

---

[14] Über die zum Teil hohen Kosten der Korruption, die die Allgemeinheit zu tragen hat, finden sich Angaben in den Länderberichten, in: Transparency International 2001. In Peru beispielsweise belaufen sich nach Angaben von Daniel Kaufmann von der Weltbank die Kosten der Bestechung für TNU auf 23% der Direktinvestitionen.

Möglichkeiten des ungerechtfertigten privaten Zugriffs auf Transfers geschaffen.

Die kleine Korruption hat es in sich, in große Korruption umzuschlagen. Ist nämlich die Grenze zum informellen Reich von Recht- und Gesetzlosigkeit geöffnet, ergeben sich neue Möglichkeiten der Korruption. So lassen sich die Einnahmen, die Polizisten aus Bestechungsgeldern beziehen, kräftig steigern, wenn sie die Unsicherheit selbst herstellen, um die Bestechungsgelder durch Erpressung nach oben zu treiben. Eine ungerechtfertigte Strafe (z.B. im Straßenverkehr) kann durch Schmiergeldzahlung abgewendet werden (vgl. dazu Fallbeispiele aus Peru in: Transparency International 2001: 179). Warteschlangen können erzeugt werden, um dann das Warten nach Zahlung eines Obolus abzukürzen. Auch diese Strategie spielt in MOE eine Rolle. Auf die Frage, wie oft Beamte unnötige Probleme verursachten, um an Geld oder andere Geschenke heranzukommen, antworten in der Tschechischen Republik fast 20% mit „gewöhnlich" oder „manchmal", in der Slowakei waren es 30%, in Bulgarien 24% und in der Ukraine 42% (Miller et al. 1998: 17). Der gleichen Logik eines erpressten Tauschgeschäfts folgt die ungleich brutalere Praxis brasilianischer Militärpolizisten, die in dienstlichem Vorgehen Drogenhändlern Drogen und Waffen abnehmen, um ihnen diese „außerdienstlich" gegen Geldzahlung zurückzugeben. Erfolgt die Geldzahlung nicht, werden die Händler der Justiz überantwortet. „Alles für meine Freunde, für meine Feinde aber das Gesetz", lautet ein viel zitierter Wahlspruch des ehemaligen Präsidenten Brasiliens, Getúlio Vargas. Korruption dient also der Bereicherung von Agenten, dem Schutz von Klienten vor der Strafverfolgung und der Sicherung eines Gewaltapparats, auf den wiederum der Prinzipal zur Ausübung der Herrschaft angewiesen ist. So kann Korruption Bestandteil eines neo-patrimonialen Herrschaftsmechanismus selbst innerhalb einer formaliter demokratischen Gesellschaft werden. Dies verweist auf die Heterogenität einer Gesellschaft, in der sich verschiedene Herrschaftsmechanismen vermischen und verbinden; und eines der Bindemittel ist die Korruption.

Die weit verbreitete Korruption verweist auf eine nur „osmotisch dünne Wand" (Hirsch 2001) zwischen wirtschaftlichen Interessen und politischen Entscheidungsträgern einerseits und zwischen formellen und informellen politischen Prinzipien und politischen Herrschaftsmechanismen andererseits. *Erstens* ist es eine generelle Dienstbarkeit der Politik für die Wirtschaft, die die für die Rationalität und Legitimität des Staatswesens so wichtige Unabhängigkeit unterläuft. Dies ist typisch für eine Elitenzirkulation nach dem Muster des „staatsmonopolistischen Kapitalismus", wenn die wirtschaftlichen und politischen Eliten Posten tauschen und dabei im staatlichen Apparat, der dem „Primat der Politik" gehorchen sollte, dem „Primat der Ökonomie", und das heißt zumeist: Primat der TNU bzw. der globalen Kapitalmärkte, Geltung verschaffen. Dies ist überhaupt nicht auf weniger entwickelte Länder beschränkt, sondern im Gegenteil in hochentwickelten Industrieländern verbreitet. Wir haben uns ja bereits mit dem antidemokratischen Desiderat hinsichtlich der Kapitalmärkte als „fünfter Gewalt" auseinandergesetzt. Auch die globale Führungsmacht ist dabei keine Ausnahme. Die Verpflichtungen der Bush-Administration gegenüber der Energiewirtschaft haben sich ja in der US-amerikanischen Umweltpolitik (etwa bei der Ablehnung des Kyoto-Protokolls) ebenso ungeschminkt bemerkbar gemacht wie die Rücksichtnahme auf die Waffenproduzenten und Waffenbesitzer der USA im Verlauf der Konferenz zum Verbot von Kleinwaffen, das an den USA gescheitert ist[15]. Zwar sind keine Schmiergelder geflossen, aber legale Wahlkampfspenden sind.

Zweitens befindet sich auch zwischen der „Oberwelt" förmlicher demokratischer Verfahren und der „Unterwelt" von Korruption und Gewalt und somit den Mechanismen informeller Politik eben nur eine „osmotisch dünne Wand". Beide können in der gleichen Gesellschaft koexistieren. Das ist in homogenen Gesellschaften eher unwahrscheinlich, in heterogenen Gesellschaften aber möglich, in Brasilien zum Beispiel, wie gezeigt worden ist. Dies bestätigt unsere Annahme, dass Informalität diachron und synchron erscheint und dass es residuale Formen gibt, die unter bestimmten historischen und lokalen Bedingungen postmodern aktuell und für die ökonomischen Reproduktionsbedingungen und das Herrschaftssystem funktional sind.

Dies lässt sich anhand der folgenden Skizze (*Abb. 11*) zeigen. Der informellen bzw. kriminellen Arbeit im Drogengeschäft folgen Einnahmen, die zunächst gemäß den oben (im achten Kapitel) dargestellten Methoden gewaschen werden müssen, bevor sie in den formellen Geldkreislauf integriert, also auf Konten formeller Banken gelandet sind. In aller Regel funktioniert dieser Kreislauf dann, wenn seine einzelnen Etappen politisch abgesichert werden, indem Amtsträger bestochen oder - dies ist Thema des folgenden Abschnitts - der Staat nachgerade gekapert wird.

---

[15] Der Bankrott gegangene texanische Energie-Multi Enron hatte direkten Zugang zum Weißen Haus und soll in der „Energy Task Force" unter Leitung des US-Vizepräsidenten Cheney an der Erarbeitung eines Strategiepapiers zur Energiepolitik beteiligt gewesen sein, „demzufolge auch Enron auf großzügige Steuergeschenke hoffen durfte" (*Frankfurter Rundschau* vom 12.1.2002).

Abbildung 11: Informalität von Arbeit - Geld - Politik (ein Beispiel)

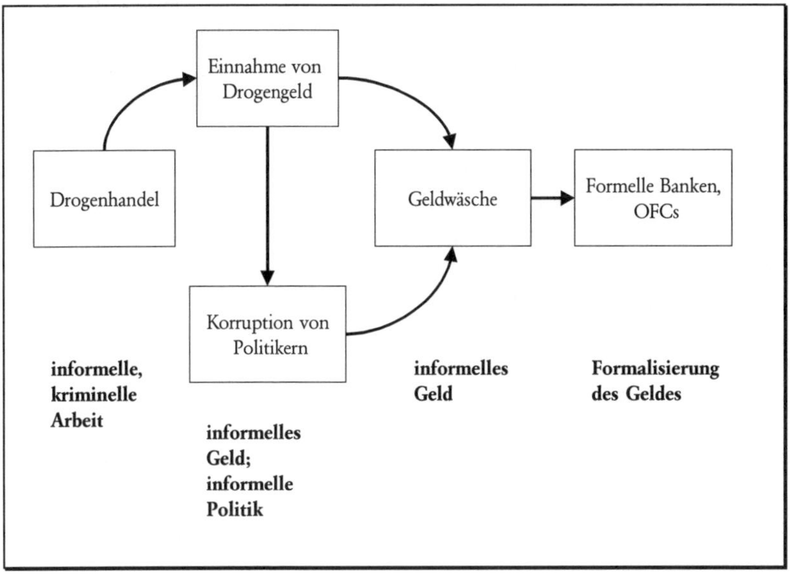

4. Der gekaperte Staat

Es gibt also die kleine und die große Korruption zwischen Klienten und Agenten, und die Übergänge sind fließend. Allerdings gerät auch der Prinzipal, d.h. der Staat selbst ins Visier von großen und ökonomisch mächtigen Agenten. Dann verwandelt sich die Korruption von Amtsträgern (Agenten) in eine Indienst- und Inbesitznahme des Staates, seiner Institutionen und Organisationen. *„State capture“* ist diese Steigerung der Korruption in einem gemeinsamen Forschungsprojekt von Weltbank und EBRD (European Bank for Reconstruction and Development) genannt worden (Hellman/Jones/Kaufmann 2000). So können bestimmte „Klienten“ (z.B. große ökonomische und mediale Machtgruppen oder die organisierte Kriminalität) auf die Setzung des staatlichen Regelwerks, auf die Anweisungen an die Bürokratie etc. direkt Einfluss zu ihren Gunsten ausüben und die demokratischen Verfahren unterlaufen[16]. Sie können mit den herrschaftlich abgezweigten Ressourcen klientelistische oder Patronagebeziehungen unterhalten und so Herrschaft stabilisieren - dies freilich in einer Form, die nichts mit den Normen eines „geordne-

[16] Die Diskussion der Konsequenzen für den Wertebestand einer Gesellschaft wäre ein eigenes Thema, das hier nur erwähnt und nicht verfolgt werden kann.

ten Staatswesens“ oder einer idealen neoliberalen Marktordnung gemein hat. Die „grand corruption“ in der Extremvariante der Vereinnahmung des Staates ist freilich erst dann möglich, wenn der Staat so weitgehend delegitimiert ist, dass es gegen die Vereinnahmung keinen oder nur geringen Widerstand der zivilgesellschaftlichen Organisationen und der Parteien des politischen Systems gibt.

Es gibt viele Staaten in der Welt, auf die die Kennzeichnung des „gekaperten Staates“ zutrifft, und sie alle werden zur Deckung oder Erleichterung von Kriminalität genutzt. Dazu gehören auch die bereits im achten Kapitel dargestellten „special jurisdictions“ der Off-shore-Finanzzentren, in denen die Schaltstellen der global betriebenen (d.h. auch unter Beteiligung von Finanzinstituten der hochentwickelten Industrieländer gestützten) Steuerhinterziehung, Kapitalflucht und Geldwäsche lokalisiert sind. Die Staaten (Liechtenstein oder die Bahamas, die Kaiman-Inseln etc.) stellen eine legale Umwelt bereit, in der es den globalen Akteuren leicht fällt, ihren nicht immer legalen Geschäften nachzugehen. Die zumeist sehr kleinen Staaten und deren ebenfalls kleine Bevölkerung profitieren davon, so dass der Konsens hoch und die direkte Gewaltförmigkeit gering ausgeprägt sind. Doch auch die Zustimmung zur Kaperung des Staates durch eine profitierende Bevölkerung macht daraus keinen legitimen Akt. Die Offshore-Zentren wären ein Beispiel für „state capture“, ohne dass die sonst üblichen Beziehungen der Korruption im Spiele wären. Doch damit das durch Korruption erzielte Geldeinkommen gewaschen werden kann, werden Offshore-Zentren gebraucht. Sie verdienen an den finanziellen Transaktionen so gut, dass Bestechung kein zentrales Thema ist.

Die schwachen und delegitimierten Staaten des ehemaligen Jugoslawiens sind zu „Drehscheiben des organisierten Verbrechens, das seine Finger bis in die Spitzen des Staatsapparats im Spiel hat“ (Loncle 2001), mutiert. Doch schwache Staaten, die von global operierenden ökonomischen Mächten genutzt werden, um ihre Geschäfte politisch abzusichern, gibt es auch in der Nachfolge der Sowjetunion, in Afrika südlich der Sahara, wo zwei Drittel der 48 Staaten in unterschiedlichem Ausmaß von Staatszerfall bedroht sind (Tetzlaff 2001: 357), in Lateinamerika und in Asien. Für die postsozialistischen Transformationsgesellschaften hat die Weltbank einen Index für „state capture“ vorgestellt, der aus folgenden Größen konstruiert ist:

> „Sale of Parliamentary votes on laws to private interests; sale of Presidential decrees to private interests; mishandling of funds by the central bank; sale of criminal court decisions; contributions paid by private interests to political parties and election campaigns“ (Hellmann et al. 2000: 9).

Unter Berücksichtigung dieser Größen weisen unter den Transformationsländern in MOE und in der GUS Aserbeidjan, Bulgarien, Kroatien, Georgien,

Kirgisien, Lettland, Moldawien, Rumänien, Slowakei und die Ukraine (ebd.) einen hohen Indexwert auf. Diese Staaten sind zu einem beträchtlichen Teil in der Hand ökonomischer Mächte oder davon beeinflusst und die Regierungen und andere Institutionen des politischen Systems - von den Gerichten bis zur Zentralbank - sind ihren Interessen dienstbar. Das ist für die Unternehmen, die sich der staatlichen Entscheidungsgremien durch Bestechung versichern, günstig. Doch je mehr Repräsentanten des Staates bereit sind, ihre Dienste für den privaten Zugang zu knappen Ressourcen zu verkaufen, desto mehr werden die Staatsvertreter zu „de-facto-Unternehmern", desto stärker ähnelt die Situation der eines freien Marktes, auf dem Güter und Dienstleistungen an den Meistbietenden verkauft werden. Der „politische Kapitalismus" ist dadurch gekennzeichnet, dass die Grenze zwischen öffentlichem Amt und privatem Interesse eingerissen werden und auf diese Weise der Kriminalität Zugang zu politischen Ressourcen gewährt wird, die ihre Geschäfte beträchtlich erleichtern. Dass dies kein Spezifikum MOEs ist, belegt die lange Tradition der chinesischen Triaden und der japanischen Yakuza. Sie haben Teile des Staatsapparats im Griff, um ihre Verbrechen in abgesichertem Modus durchführen zu können. Wie sehr sie Teil des Staates sind, kommt darin zum Ausdruck, dass sie in den jeweiligen Gesellschaften auch Wohlfahrtsfunktionen ausüben (Shelley 1999: 35ff).

Mit der Vermarktlichung des Staates, ein Thema von Susan Strange (1988), werden die Unterschiede zwischen informellen und formellen Aktivitäten beseitigt; wenn tendenziell alle ökonomischen Aktivitäten die Charakteristika von informellen annehmen, verliert die Unterscheidung letztlich ihren Sinn. In einer solchen Situation reduziert sich „freies Unternehmertum" auf die opportunistische Aneignung von Renten, wird die längerfristige Kalkulation von Profiten uninteressant und daher auch unwahrscheinlich. Wenn es keine Instanz gibt, die außerhalb des Wettbewerbs steht, die Regeln beständig hält, für die Einklagbarkeit von Eigentumsrechten sorgt und Verträge überwacht, „no grounds exist for predictable exchange among myriad of anonymous actors, as it occours in real capitalist markets" (Portes 1994: 432). Für die Gesellschaft insgesamt ist dies eine schädliche Konstellation, wie Weltbankdaten zum unterdurchschnittlichen Wachstum (wenn man daran grob Wohlfahrtsgewinne bemisst) von „captor economies" (Hellmann et al. 2000) nahe legen. Außerdem verschärft die Informalisierung von Politik durch Kauf staatlicher Entscheidungsträger die gesellschaftliche Ungleichheit und dürfte daher sozialen Widerstand provozieren. Darauf hofft die Weltbank, wenn sie die Bedeutung der Nicht-Regierungsorganisationen bei der Bekämpfung von „state capture" unterstreicht und ansonsten verbesserte Transparenz-Regeln vorschlägt. Eine Redemokratisierung der Verfahren zur Wahl und Kontrolle der Entscheidungsträger und eine verstärkte außerinstitutionelle, informelle und später auch institutionalisierte, formelle Partizipation der Bürger erscheint als Ausweg aus einer Situation, in der die politischen Entscheidungsträger (die Agenten ebenso wie der Prinzipal, und daher ist das Principal-Agent-Modell begrenzt) mit Geld gekauft worden sind. Oder auch so formuliert:

Wenn „die Medien Macht und Geld uneingeschränkt (dominieren), ... besitzen nur die Institutionen der Zivilgesellschaft die zumindest theoretische Chance, das (ihnen spezifische) Medium 'Wertbindung' (...) als Gegengewicht einzusetzen, mit anderen Worten, durch öffentliche Zuweisung von 'Schande' an korrupte Politiker und Wirtschaftsbosse Einfluss auszuüben und die notwendige Trennung der Sphären von Politik und Ökonomie voranzutreiben" (Hauck 2000: 266).

Freilich sollte man die weißen Ritter der Zivilgesellschaft im Kampf gegen Korruption und Kaperung des Staates durch organisierte Kriminalität nicht überschätzen. Solange das ökonomische Interesse an leichten Gewinnen groß ist und seine Umsetzung infolge deregulierter Märkte vereinfacht worden ist, sind der Zivilgesellschaft viele Möglichkeiten genommen.

Dann gibt es aber auch noch jene Staaten, in denen - nach einem Bild von Ignacio Ramonet (2001) - wie die Einsiedlerkrebse in leeren Muscheln globale Netzwerke „logistisch" Unterschlupf finden. Mit der Deregulierung und Privatisierung, mit Strukturanpassungsprogrammen und ethnischen Konflikten sind viele Nationalstaaten zu eben jener nutzbaren leeren Hülle geworden. Sie haben die materielle Infrastruktur der Staatsgewalt durch manchmal wilde Privatisierung und dann auch ihre Legitimität infolge sozialer und ökonomischer Krisen, des Bedeutungszuwachses von informellen Verhältnissen und einer politischen Chaotisierung verloren. Die „Hüllen" der erodierenden Nationalstaaten sind umkämpft. Es machen sich darin lokale „warlords" mit ihren Söldnertruppen zusammen mit ökonomischen Interessengruppen zur Ausbeutung eines Territoriums breit. Gleichzeitig sind im Zuge der Globalisierung Netzwerke entstanden, technisch erleichtert durch Internet und moderne Transportmedien, getrieben durch die globalen Finanzbeziehungen. Unternehmen haben sich in Netzwerke verwandelt und nehmen als solche auf die Politik Einfluss. Die organisierte Kriminalität operiert international mit Hilfe von Netzwerken, deren Knotenpunkte einen konkreten, territorial situierten Ort benötigen. Dazu eignen sich die in Auflösung begriffenen Staaten bestens. Und auch terroristische Netzwerke bedienen sich jener Staaten, deren institutionelle Struktur jede Förmlichkeit vermissen lässt, so dass es leicht fällt, mit informeller Gewalt einen Teil des zerfallenden Gewaltmonopols zu usurpieren. Dies war offensichtlich in Afghanistan unter den Taliban der Fall. Die jeweils Herrschenden werden zu Komplizen, sie profitieren davon, „ihren“ Staat als Wirtsstaat den Staatspiraten (terroristischen Netzwerken, der organisierten Kriminalität, großen und mächtigen TNU) zur Verfügung zu stellen. Leidtragend ist immer die jeweilige Bevölkerung. Sie wird zum Opfer der Gewalt, die - anders als unter Bedingungen des staatlichen Gewaltmonopols - keinerlei rechtsstaatlicher Bindung, Kontrolle und Begrenzung unterliegt und daher zur puren Willkür wird.

5. „Unordentliche" Informalisierung: Der Zusammenbruch der Form des Nationalstaats und die Privatisierung der Politik

Bislang ging es noch um informelle und legal nicht gebundene Staatsgewalt, die durch private Mächte, TNU oder durch die organisierte Kriminalität gekapert werden kann, also um eine extrem gesteigerte Form der „großen Korruption“, durch die Rechtsstaatlichkeit nachgerade still gestellt wird (vgl. dazu auch Brock/Schönenberg 2000, insbes. 19ff). Doch scheint die Entwicklung damit nicht aufzuhören. Denn Staaten zerfallen, die Institutionen des politischen Systems lösen sich auf oder werden in gewaltförmigen Auseinandersetzungen funktionslos, und dies auf verschiedene Weise. Doch in allen möglichen Varianten ist Informalisierung der Politik dann gleichbedeutend mit gesellschaftlicher Chaotisierung, mit der Entstehung politischer „Unordnung“, die, wie wir noch sehen werden, das Zerrbild einer „ordentlichen“ Informalisierung (nächster Abschnitt) ist. Diese Art der Informalisierung führt, weil das (legitime) staatliche Gewaltmonopol verschwunden ist, zu einer „Privatisierung der Politik“ (Brühl et al. 2001) und daher auch zu kriegerischen Auseinandersetzungen um die politische Macht. Die Art und Weise, wie diese geführt werden, sind sehr verschieden von politischen, auch militärischen Konflikten der Jahrzehnte bis zum Ende der Blockkonfrontation 1989.

Die Gründe der unordentlichen Informalisierung ergeben sich aus vorwiegend *externen* Konstellationen, also aus den Zwängen von Weltmarkt und Weltfinanzsystem, äußerer politischer und militärischer Einflussnahme, aber auch aus Migrationsbewegungen oder ökologischen Katastrophen. Die Ursachen können aber auch *intern,* in den jeweiligen Staatswesen entstanden sein. Es dürfte aber die Artikulation von externen und internen Bedingungen sein, die zur unordentlichen Informalisierung treibt. Amin Saikal nennt sieben interne Gründe für die „forms of state disruption“ (Saikal 2000: 42ff): *Erstens* die Fragmentierung der nationalen Eliten und der Zusammenbruch der sozialen Ordnung. Für diese Form dient ihm Somalia als Beispiel. *Zweitens* kann die Auflösung des Staates durch ethnische Gegensätze wie in Ruanda beim Konflikt zwischen Hutu und Tutsi gefördert werden. *Drittens* spielen ideologische Auseinandersetzungen wie in Kambodscha oder Afghanistan eine Rolle, *viertens* religiöse Konflikte und sektiererische Militanz; auch dafür ist Afghanistan unter den Taliban ein Beispiel; *fünftens* droht der Zusammenbruch des Staatswesens, wenn die finanziellen Ressourcen verloren gehen, etwa wenn Öleinkünfte ausbleiben wie im Irak. *Sechstens* kann eine Legitimitätskrise so zugespitzt sein, dass der Staat nicht mehr akzeptiert wird; dies war in Jugoslawien der Fall, in Äthiopien 1974 oder in Afghanistan, als Ende der 70er Jahre die kommunistische Herrschaft die Unterstützung des Großen Rates (der Loya Jirgah) verlor. *Siebentens* kann auch die Abspaltung von Landesteilen zum Staatsverfall beitragen. Beispiel könnte die Abspaltung des Kosovo von Jugoslawien sein.

Diese verschiedenen „forms of disruption" können sich wechselseitig verstärken. Die Abspaltung des Kosovo beispielsweise hat viel mit „ethnical cleavages" und mit der albanischen Diaspora im europäischen Ausland und in den USA zu tun (Andrees 2001), und in Afghanistan kommen ideologische, ethnische Auseinandersetzungen und der Verfall der Ressourcenbasis des Staates und Legitimationsverluste der Regierung zusammen[17]. Doch stellt sich die generelle Frage, ob es die erwähnten sozialen und politisch-kulturellen Übelstände („grievances") sind, welche die dramatische Konsequenz der Staatsauflösung zeitigen, noch dazu wenn dies sich in einem grausamen Bürgerkrieg vollzieht, wie in vielen afrikanischen Staaten, aber nicht nur dort. Missstände wie ethnische Unterdrückung oder eine extrem ungerechte Verteilung von Ressourcen sind nicht immer und überall quasi naturnotwendig in einen Krieg ausgeartet. Aber die Missstände können als Vorwände propagandistisch ausgeschlachtet werden, um die Staatsauflösung in einem Bürgerkrieg aktiv zu betreiben, in dem es statt um die Behebung der „grievances" um etwas ganz anderes geht, nämlich um „greed", d.h. darum, die Gier nach Rohstoffen, nach Drogengeld etc. zu befriedigen (die Unterscheidung zwischen „grievance" und „greed" stammt von Paul Collier; Collier 2000; Collier/Hoeffler 2001).

Die „neuen Kriege" (Kaldor 1999) haben in aller Regel ökonomische Ursachen[18]. Wie die bei F. Jean und J.-Ch. Rufin (1999) dokumentierten Fallstudien zeigen, folgen die kriegerischen Auseinandersetzungen, die seit dem Ende

---

17 Es hätten Länderstudien durchgeführt werden müssen, um über die internen und jeweils relevanten externen Ursachenkomplexe genauere Angaben machen zu können.

18 Zur „Ökonomie der Bürgerkriege" gibt es eine anschwellende Literatur, die sich aus der Bedeutung des Themas seit dem Ende des Kalten Kriegs ergibt. Die Weltbank hat eine Forschungsgruppe unter Leitung von Paul Collier zur Thematik von „Economics of Civil Wars, Crime and Violence" eingerichtet, die sich empirisch und theoretisch konzeptionell mit der Thematik befasst. Ihre Publikationen und Forschungsstrukturen sind im Internet einsehbar: (http://www.worldbank.org/research/conflict/papers.htm). Vgl. auch unter vielen anderen Titeln: Jean/ Rufin 1999, Lock 2001; Duffield 1998; Wulf 2001.

des „Kalten Krieges“ eine dramatische Zunahme erfahren haben (vgl. Schlichte 2000), zwar keineswegs ausschließlich einer ökonomischen Logik, doch erweist sich die Ökonomie und nicht allein die Logik der Macht als Schlüssel zum Verständnis der kriegerischen Auseinandersetzungen in der jüngeren Geschichte. In dieser Hinsicht gibt es mehr Ähnlichkeiten mit Kriegen vor der Heraufkunft des Industriezeitalters, etwa mit dem Dreißigjährigen Krieg in Deutschland von 1618 bis 1648, als mit den Kriegen in den etwa vier Jahrzehnten der Konfrontation zwischen „freiem Westen“ und „sozialistischem Lager“. Fast alle Bürgerkriege waren Teil des großen Konflikts zwischen den Blöcken, und daher waren sie schon dadurch politisiert, dass die jeweiligen Führungsmächte der Blöcke in die Kriege involviert waren. Doch waren das auch Zeiten, in denen die politische, soziale und ökonomische Entwicklung noch politisch gesteuert wurde und nicht der Regulation durch die Kräfte des Marktes überlassen war. Erst seitdem sie Element des Weltmarktes werden kann, ist die „Ökonomie des Bürgerkriegs“ überhaupt als ökonomischer Faktor und als Geschäft interessant. Vor allem aber haben sich mit dem Ende des Kalten Krieges die wirtschaftlichen Voraussetzungen für die Kriegsführung geändert: Seit dem Ende der Außenalimentierung durch die USA und durch die Sowjetunion müssen die bewaffneten Gruppen ihren Kampf aus eigenen Ressourcen finanzieren (ICRC 2000). Dadurch wird die Grenzziehung zwischen Erwerbsleben und offener Gewaltanwendung ausgehöhlt:

> „In den neuen Kriegen wird die Gewalt für diejenigen, die im Besitz von Waffen und bereit sind, diese einzusetzen, zur Erwerbsquelle: zum Mittel der Subsistenzsicherung, häufig aber auch darüber hinausgehend; zum Mittel der Bereicherung. In den neuen Kriegen gilt wieder die dem Schwedenkönig Gustav Adolf zugeschriebene Devise, wonach der Krieg den Krieg ernähren muss“ (Münkler 2002: 1).

Jean-Christophe Rufin (1999) unterscheidet moderne Kriegsökonomien u.a. nach der Art ihrer wirtschaftlichen Strategien: In „Raubökonomien“ werden der Bevölkerung, insbesondere derjenigen, die an den Frontlinien oder in Gebieten leben müssen, durch die bewaffnete Banden ziehen, so viele Ressourcen wie irgend möglich entwendet. Rücksicht auf die wirtschaftlichen und sozialen Folgen von Plünderungen und Schutzgelderpressungen - v.a. in Mangelsituationen nach dem Zusammenbruch eines Staates - gibt es nicht; eine genauere Beschreibung der Methoden räuberischer Erpressung und der Strategien der damit befassten Akteure findet sich in Studien zu den Kriegen in Liberia (de Montclos 1999), Sudan (Prunier 1999) und Mosambique (Weissmann 1999). Raubökonomien, die auf der Plünderung der oft mageren Reserven der Zivilbevölkerung beruhen, müssten früher oder später in sich zusammenbrechen, gäbe es nicht die internationale humanitäte Hilfe: In einer Raubökonomie kann die Intensivierung der Gewaltanwendung, die aber

„wegen der Gewöhnung der Geberorganisationen" immer wieder gesteigert werden muss, „auch positive Effekte nach sich ziehen, nämlich einen massiven Zustrom internationaler Hilfe und damit die Öffnung der Kriegsökonomien. Geht der Raub der lokalen Ressourcen bis zum Äußersten, so eröffnet sich der fast unerschöpfliche Bereich der räuberischen Aneignung von Hilfsleistungen" (Rufin 1999: 30).

Es stellt sich ein „Hilfe-Plünderungs-Zyklus" ein. Die umherschweifenden Banditen (die „roving bandits"), so heißt es, sind schlimmer als die ortsansässigen Banditen („stationary bandits"). Denn letztere haben ein gewisses Interesse daran, dass die Kuh, die gemolken wird, auch Futter bekommt und nicht geschlachtet wird. Den ersteren ist dies egal.

In Kriegswirtschaften, die sich (zusätzlich zu Raub und Plünderung oder alternativ zu diesen) auf organisierte Kriminalität gründen, können wirtschaftliche Rationalitäten nicht außer Acht gelassen werden (vgl. auch Wulf 2001: 51ff.). Um verbotene Erzeugnisse (wie Drogen) zu produzieren, lokale Edelsteinvorkommen auf eigene Rechnung und ohne jede gesetzliche Beschränkung auszubeuten oder um Handel mit Produkten wie Elfenbein, Teakholz, geschützten Tieren zu betreiben, müssen gewisse Investitionen in eine zumindest bescheidene Infrastruktur getätigt werden[19]. Hier geht es also weniger um die Destruktion eines Wirtschaftsapparats, sondern um die Einrichtung einer *Parallelökonomie*, die mit illegalen Gütern (z.B. Drogen) oder illegaler Produktion (z.B. Raubkopien) - in den (Welt-)Markt integriert ist. Die dabei erzielten Profite resultieren aus einem „komparativen Vorteil": bewaffnete Gruppen sind in der Lage, einen gewissen Grad an Instabilität aufrechtzuerhalten und durch den Einsatz von Gewalt die Sicherheitslage zu steuern. Das ermöglicht ihnen die Erhebung von „Steuern" für den Schutz, den die ökonomischen Akteure durch bewaffnete Gruppen erfahren. Der auf krimineller Produktion aufbauenden Kriegswirtschaft geht es vorrangig um die Kontrolle der Bevölkerung und der Ressourcen (vgl. auch Paul Rossrieder, Generaldirektor beim Internationalen Komitee vom Roten Kreuz: „Von den Rebellen zum Banditentum", in: *Neue Züricher Zeitung* vom 10.6.2000). Daher müssen geographische Positionen (Plantagen, Verkehrswege, Lagerstätten von Bodenschätzen) und vor allem die Zugänge zu den Großstädten (mit ihren Häfen und Flughäfen, Verkehrsachsen, Bankverbindungen und Kommunikationsknotenpunkten) verteidigt und gehalten werden, - als Absatzwege für die Parallelwirtschaft und als Umschlags- und Distributionszentren für die Hilfsgüter der internationalen Gemeinschaft.

---

[19] Auf Schwerindustrien, wie etwa die Ölförderung, die einen hohen Infrastruktur- und Investitionsaufwand erfordern, können bewaffnete Bewegungen in der Regel nicht zugreifen: „Deren Anbau liegt in den Händen internationaler Gesellschaften (die indirekt die Kriegsökonomie von Rebellen unterstützen können, indem sie eine Abgabe abführen, um von ihnen geschützt zu werden)" (Rufin 1999: 33).

Die klassische Bürgerkriegsökonomie, so Rufin, wurde nach dem Prinzip der räumlichen Nachbarschaft oder Nähe organisiert. Heute sind Kriegsökonomien „global offen", sie sind über große Distanzen mit Weltmarktakteuren, mit Offshore-Zentren, großen Bankhäusern und TNU verbunden. Unterstützungen aus der Ferne durch internationale Hilfsorganisationen und vor allem durch die jeweiligen Diasporagemeinden sind häufig wichtiger als Unterstützungsleistungen aus einem Nachbarstaat, der seine Grenzen mehr oder weniger durchlässig hält (vgl. zur Rolle der albanischen Diaspora bei der Finanzierung der UCK: Andrees 2001). Wie die formelle Ökonomie so beruht auch die neue Kriegsökonomie auf dem Prinzip der „Glokalisierung": die lokalen Ökonomien von Diasporagemeinden, manchmal in weit entfernten Migrationsländern, werden zum Kristallisationskern für den Ausbau von Netzwerken, in denen Informationen, Waren, Geld und Menschen in stetem Fluss sind. In diesen wird aus der Distanz die Kriegsökonomie am Leben erhalten. Ohne die Schattenwirtschaft der organisierten Diasporagemeinden (vgl. Angoustures/Pascal 1999; Andrees 2001) und ohne die Transfernetzwerke von Hawala-Banken würde so manche Kriegsökonomie sehr schnell austrocknen.

Die oben von Saikal (2000: 42ff) angegebenen Gründe für Formen der Staatsauflösung sind deshalb häufig nichts als Vorwände von Rebellengruppen, aber auch von Regierungen, die mit ihnen die Raubzüge zur Plünderung natürlicher Ressourcen (Diamanten, Öl etc.) vor den eigenen Leuten und der internationalen Öffentlichkeit rechtfertigen. Und mehr noch: die ethnischen oder religiösen Spannungen, die in vielen Ländern eine Rolle spielen, aber nicht den Stoff des Bürgerkriegs in sich tragen, können durch „warlords" systematisch erzeugt werden. Beispiele lassen sich aus allen Weltregionen anführen. Die Rebellen in Kolumbien sind ins Drogengeschäft involviert, die Rebellen Sierra Leones in den internationalen Diamantenhandel, die Rebellen im Südsudan machen Geschäfte mit internationalen Ölfirmen, die Unita in Angola finanziert sich aus dem Diamantenhandel, während die Regierung mit Öleinnahmen die Waffen kauft, um die Unita zu bekämpfen. In Afghanistan ist Opium die einzige Einnahmequelle für Provinzherrscher, auch nach der „Befreiung" durch die „Allianz gegen den Terror". In Europa sind einige Staaten auf dem Balkan ein „safe haven" für Drogen- und Menschenschmuggler, für die Zigarettenmafia (Montenegro) und Prostitutionsringe (Albanien). Die Staatsauflösung ist also mehr als eine bloße Steigerung der Kaperung eines Staates. Die Macht auf einem Territorium und über eine dort ansässige Bevölkerung wird in einem Bürgerkrieg umkämpft, und siegreich bleibt auf jeden Fall die organisierte Kriminalität, weil diese mit und auf allen Seiten der Konfliktparteien ihre Geschäfte machen kann. Die Macht eröffnet die Verfügung über Bodenschätze und andere Ressourcen, für die es auf dem Weltmarkt Nachfrage gibt. In Sierra Leone kam es daher erst dann zu einem Abkommen über ein Ende des Bürgerkriegs, als der Führer der Rebellen in der neuen Regierung den Posten des Ministers für mineralische Bodenschätze erhielt. Nun konnte die Ausplünderung mit „friedlichen Mitteln" unter UNO-Mandat fortgesetzt werden.

Auch der Staatszerfall des sozialistischen Jugoslawien im Verlauf des Bosnien-Konflikts vollzog sich in Prozessen der Ethnisierung und Territorialisierung, bei denen es, dies zeigt ausführlich Bougarel (1999), um die räuberische Aneignung der in den jeweiligen Gebieten vorhandenen Produktionsanlagen, Kapitalvermögen und laufenden Auslandsaufträge ging. Die von beiden Konfliktparteien, der serbischen wie der moslemischen Seite, betriebenen „ethnischen Säuberungen" waren begleitet von Plünderungen, von der Erpressung der vertriebenen Bevölkerung und von anderen Formen des Raubs (Kontrolle der Verkehrsachsen, die in die Enklaven führten, Einbehalten eines Teils der internationalen Hilfsgüter, Einführung von „Steuern" und Mautgebühren, Aneignung von Häusern). Die durch die Enklavenbildung beförderten Preissteigerungen für Konsumgüter des täglichen Bedarfs lieferten dann die Grundlage für vielfältige, äußerst lukrative Schmuggelgeschäfte. Dabei bildete sich die für moderne Kriegswirtschaften so typische „Mischwirtschaft" (Rufin 1999: 35) heraus: Lokale Brigaden waren abhängig von Subsistenz und ausländischer Hilfe (durch Diasporagemeinden und humanitäre Organisationen, die nach Chabal und Daloz, 1999, 22f., Akteure auf einem „aid market" sind); die mobilen und mafiotischen Militärorganisationen kontrollierten eine in den „schwarzen Weltmarkt" integrierte Raubökonomie. Den „Kämpfern vor Ort" konnten sie den „kleinen Raub" (von Baumaterial, Möbeln, Zigaretten, Kaffee, Nahrungsmitteln, Alkohol) überlassen. „Umgekehrt praktizierten die bewaffneten Organisationen und politischen Stellen, die den 'großen Raub' beherrschten, oft auch eine lokale Redistribution" (Bougarel 1999: 200). Die Gewalt, so Herbert Wulf, „ist immer mehr zu einem Reproduktionsmittel geworden" (Wulf 2001: 59), das aber in einer Reihe von Fällen im vergangenen Jahrzehnt in einem Ausmaß überschießend angewendet worden ist, dass es zum Genozid gekommen ist. Selbst auf diese Tragödien wird mit informeller Politik reagiert. Denn

„private Söldnerfirmen (gelten) längst als Vorzugslösung im Vergleich zu den finanziell ruinösen und militärisch durchweg peinlichen Blauhelmeinsätzen in Afrika. UN-Generalsekretär Kofi Annan gab unlängst zu, dass er bei der Flüchtlingskatastrophe Mitte der 90er Jahre in Goma, als mehr als eine Million ruandische Hutu nach Kongo geflohen waren, mit dem Gedanken gespielt habe, Privatfirmen damit zu beauftragen, in den riesigen Flüchtlingslagern Zivilisten von bewaffneten Kämpfern zu trennen. Aus der Idee sei nichts geworden, weil die 'Welt wohl noch nicht bereit für private Friedensmissionen' gewesen sei, sagte Annan. – Kritiker indes halten die Versuche, Söldner im Namen der Weltfriedens salonfähig zu machen, für das Ende des Völkerrechts, zumal es sich bei den Firmen um Unternehmen handelt, die im Zweifelsfall nur einer Sache verpflichtet sind: dem Gewinnstreben ihrer Anteilseigner" (Thomas Scheen, Söldnerfirmen für Friedenseinsätze, in *Frankfurter Allgemeine Zeitung* vom 27.3.2002)

Für die Ökonomie der „Bürgerkriege" ließen sich viele weitere Beispiele anführen. Freilich spricht einiges dafür, dass dieser Begriff kaum mehr ist als „ein Kürzel für gewalttätige Konflikte", auf deren Bühne nicht „Bürger" auftreten, „sondern vorrangig 'Kämpfer' für unterschiedlichste Ziele und aus unterschiedlichsten Motiven" (von Trotta 1999: 659): Denn der Begriff des Bürgerkriegs lebt, darin ist von Trotta zuzustimmen „von einer Welt, deren partielles Verschwinden (...) selbstverständlich geworden ist: die Welt der Staatlichkeit und des Nationalstaats nach westlichem Muster im besonderen" (ebd.: 660). Trotz aller Verschiedenheit von Geschichte, politischer Konfliktkonstellation und geographischer Lage haben die „neuen Kriegsökonomien" mindestens eine Gemeinsamkeit: Die lokalen Kriegsfürsten sind tiefer in den Weltmarkt integriert als so mancher moderne Staat, dessen Regierung große Stücke auf Offenheit und Wettbewerbsfähigkeit als Insignien der Teilhabe an der Globalisierung hält. Infolgedessen wäre es, wie Duffield (1998: 75ff) zu Recht hervorhebt, verfehlt, diese Kriege in traditioneller Weise als „innerstaatliche" Konflikte zu interpretieren. Das waren die Bürgerkriege während des „Kalten Krieges" zwar ebenfalls nicht, doch im Unterschied zur Zeit bis 1989 sind die bewaffneten Konfliktparteien der „neuen Kriege" Akteure auf globalen Märkten, die mit anderen globalen Akteuren, zumeist TNU, Handel treiben. Auch die Hilfsorganisationen, die die zumeist extrem drangsalierte Bevölkerung unterstützen, werden als globaler Akteur funktional in den Konflikt einbezogen und die Hilfsgelder werden nicht selten als Teil der Einnahmen der Bürgerkriegsparteien umgeleitet.

Wie jede andere Ökonomie hat auch die Kriegsökonomie eine Input- und eine Outputseite. Auf ihrer „Input-Seite" sind die Waffenschmieden aus den Industrieländern (häufig Kleinwaffenproduzenten) involviert. Das Geschäft ist so gut, dass sie es sich nicht gern vermiesen lassen; kein Zufall also, dass die US-Regierung im Sommer 2001 eine Konvention zum Verbot des Kleinwaffenhandels nicht unterzeichnet hat. Auf der „Input-Seite" befindet sich auch die „manpower" zur Führung von Kriegen, darunter viele gut ausgebildete Soldaten, die in Folge des Transformationsprozesses in den Nachfolgestaaten der GUS und nach dem Ende des Apartheid-Regimes in Südafrika ihre Arbeitsplätze verloren haben; sie stellen nun ihre Dienste auf dem expandierenden Markt für Söldner zur Verfügung (vgl. Chapleau/Misser 1998). Expertise und logistische Kapazitäten haben Firmen wie die südafrikanische „Executive Outcome" (EO) im Angebot, eine Sicherheitsfirma, deren Aktivitäten sich von Angola bis Sierra Leone erstrecken. Zusammen mit „Sandline International“, einer Söldnerfirma, ursprünglich mit Sitz in Großbritannien, später wohl aus steuerlichen und regulatorischen Gründen im Offshore-Zentrum Bermudas Islands, ist EO im Jahre 1997 aber auch in Papua-Neuginea aktiv geworden: beim Schutz einer Kupfermine auf der Insel Bougainville, gegen eine Unabhängigkeitsbewegung. Auch „Defense Systems Ltd.“, eine Söldnerfirma, die sich aus Veteranen der britischen Luftlandeeinheit SAS rekrutiert, ist als „Sicherheits-Unternehmen“ gefragt: um Ölfördereinrichtungen von BP in Kolumbien zu schützen und, ganz nebenbei, die Anti-Guerilla-Einheiten der Polizei zu trainieren. „Military Professional Resources Incorporated (MPRI)“, die von einem ehemaligen US-General geleitet wird, hat der Armee Kroatiens vor und während der Rückeroberung der Krajina mit modernem Know How der Kriegsführung zur Seite gestanden und später der Polizei Angolas (vgl. ebd. sowie Artikel von Francois Misser in *Die Tageszeitung* vom 23.9.1997, vom 26.5.1998 und B. Grill/C. Dumay „Der Söldner-Konzern“ in *Die Zeit* vom 17.1.1997; Thomans Scheen, Söldnerfirmen für Friedenseinsätze, in *Frankfurter Allgemeine Zeitung* vom 27.3.2002). Es wundert nicht, dass MPRI auch im Kosovo bei der Unterstützung der UCK aktiv gewesen ist.

„Meist agieren Söldnerfirmen einfach für multinationale Unternehmen. Auf höherem Niveau aber nutzen sie manchmal auch eine instabile politische Situation aus, indem sie lukrative Schutzverträge an Land ziehen oder gar Aktien der betroffenen Firmen erwerben, was zuweilen der wirkliche Grund für diese nicht ungefährliche Arbeit zu sein scheint. Sie zählen darauf, dass die Beteiligung einer Söldnerfirma an einem unsicheren Geschäft gegenüber Investoren als Beleg der Sicherheit ihrer Geldanlage angeführt wird“ (Misser: „Die Söldner freuen sich über die vielen Aufträge“ in *Die Tageszeitung* vom 26.5.1998).

Das moderne Söldnertum einschließlich der Marketenderei hat bislang besonders hervorstechend in Afrika Bedeutung erlangt, wo sich ein boomender Markt für derartige Dienstleistungen entwickelt hat. Krieg ist in erster Linie ein Geschäft, und Rücksichtnahme auf die Bevölkerung ist dabei eher hinderlich. Shannon zitiert einen Arzt von „Médecin sans Frontières“ in Sierra Leone, der die Söldner als „rassistische Mörder“ bezeichnete und hinzufügte, dass immer dann, wenn die Helikopter über Freetown (der Hauptstadt von Sierra Leone) sichtbar wurden, dies ein Zeichen dafür war, „to prepare for a flood of wounded civilians“ (Shannon 2000: 108).

Diese wenigen Beispiele mögen genügen, um die politische Logik der „neuen Kriege“ zu verdeutlichen: Sie sind keine innerstaatlichen Konflikte, auch wenn sie auf nationalstaatlichem Territorium ausgefochten werden und in erster Linie die ansässige Bevölkerung leidtragend ist. Die Konfliktparteien sind auf der „Input-Seite“ der Bürgerkriegsökonomie voll in den Weltmarkt integriert.

Das ist auf der „Output-Seite“ nicht anders. Denn die Waffen und Söldner und manchmal auch professionelle Publicity-Agenturen, die die Sache der jeweiligen „Bürgerkriegspartei“ als eine gute Sache, als „gerechten“ Krieg der internationalen Öffentlichkeit verkaufen, müssen bezahlt werden. Die Einnahmen der Bürgerkriegsparteien stammen aus dem Verkauf von bzw. aus Schürfrechten an mineralischen und energetischen Rohstoffen, von anderen natürlichen Ressourcen wie Tropenholz, seltenen Tierarten und deren Produkten (z.B. Elfenbein), von Drogen, die auf dem Territorium angebaut (oder durchgeleitet) werden, über das der Kriegsfürst militärisch herrscht. Manche der Produkte sind als solche legal (wie Erdöl), andere sind illegal (wie Drogen). Immer ist die Art und Weise, wie die Rohstoffe extrahiert und mit Gewalt auf den Weltmarkt geschleudert werden, mindestens anrüchig, wenn nicht illegal und manchmal organisiert kriminell. In Geschäfte dieser Art sind freilich ganz „normale“ und formelle Unternehmen verwickelt; in den Analysen der Ressourcenkriege im Südsudan, Sierra Leone, in Angola oder im Kongo sind die Namen der beteiligten Unternehmen in der Regel aufgeführt. Nicht immer werden die „Inputfaktoren“ der Bürgerkriegsökonomie mit den Gelderlösen aus dem „Output“ (etwa aus dem Verkauf der Rohstoffe) finanziert. Häufig wird der Kreislauf zwischen Input und Output „kurzgeschlossen“: Die Waffen und die Soldateska werden direkt, also ohne Vermittlung des Geldes, mit jenen Rohstoffen bezahlt, deren Extraktion sie kriegerisch erzwingt. Daher arbeiten Söldnerfirmen mit Rohstofffirmen und -händlern eng zusammen. Das ist eine der vielen Gestalten des Countertrade, mit dem wir uns unter dem Aspekt der Informalisierung des Geldes bereits im siebenten Kapitel (2. Abschnitt) auseinander gesetzt haben. Informelles Geld und informelle Politik stützen sich wechselseitig.

Die Privatisierung der Gewalt in Kriegsökonomien, die Auflösung staatlicher Formen und die Chaotisierung der Gesellschaft, die mit schwersten Menschenrechtsverletzungen verbunden ist, wären gar nicht möglich, weil niemand an einem so tragischen Ergebnis Interesse haben könnte, wären nicht die betroffenen Länder in ein globales Energie- und Rohstoffmodell integriert, das zwei Seiten hat, eine „ordentliche“ und eine „unordentliche“. Die ordentliche befindet sich in den Industrieländern. Zu den „Standorten“ der industriellen Verarbeitung werden aus aller Welt Rohstoffe und (zumeist fossile) Energieträger mit Hilfe komplexer logistischer Systeme transportiert. Die „natürlichen Reichtümer“ der Rohstoffländer werden in die Gebrauchswerte transformiert, die den „Reichtum der Nationen“ ausmachen. Die Emissionen dieses energetischen und stofflichen Emissionsprozesses werden in globalen Deponien, in der Atmosphäre, in den Gewässern und auf dem Lande abgeladen. Die globale Entropie steigt, d.h. die Unordnung nimmt insgesamt zu, auch wenn es Inseln der Ordnung in der Welt der Reichen gibt (vgl. dazu ausführlicher Altvater 1992; Scheer 1999). Die Unordnung ist besonders ausgeprägt in den Rohstoffländern, denen der natürliche Reichtum entrissen wird. Für was? In Bürgerkriegsökonomien ist die Antwort bitter einfach: Zur Finanzierung des Zugriffs auf die natürlichen Reichtümer mit militärischen Mitteln. Politik im oben dargelegten förmlichen Sinne (elftes Kapitel) hat keine Chance gegen die Willkür der zumeist privat ausgeübten Gewalt. Die Form des Staates verliert ihr Hauptcharakteristikum, nämlich die Souveränität nach innen und außen, auch wenn der Name des Staatswesens zur Bezeichnung eines Territoriums erhalten bleibt. Die Gewalt ihrerseits ist keineswegs irrational, auch wenn es überschießenden Sadismus gibt. Doch selbst dieser kann nicht immer irrational genannt werden. Denn er ist zur Erzeugung von „grievances" funktional (Collier 2000), verlängert mithin den Bürgerkrieg, weil die Anlässe und Ursachen im Nachhinein erzeugt werden. Doch entscheidend ist, dass die Gewalt für die Funktionsweise eines Marktsystems auf der Input- wie auf der Outputseite von Bürgerkriegsökonomien unverzichtbar ist[20]. Gewalt erzeugt ein Höchstmaß an Unsicherheit für die Betroffenen, und sie zerstört die politischen Formen einer Gesellschaft.

Grosso modo kann man diese Tendenz der unordentlichen Informalisierung auch als eine Auswirkung der Umsetzung des neoliberalen Politikmodells interpretieren. Damit sind wir bei den von Saikal erwähnten „externen Faktoren" des Staatszerfalls, die nicht immer zu Bürgerkriegen und der Entstehung einer Bürgerkriegsökonomie führen. Unter dem Druck von Strukturanpassungsprogrammen von IWF und Weltbank sind Privatisierungsprozesse in vielen Ländern Afrikas, Lateinamerikas und Asiens so weit getrieben worden, dass bislang öffentliche Güter wie Bildung, Gesundheit, öffentliche Sicherheit nicht mehr bereit gestellt werden (können). Die fiskalischen Möglichkeiten der Staaten lassen dies nicht zu, wenn große Teile des Sozialprodukts (zumal der Exporteinnahmen) als Schuldendienst ans Ausland abge-

[20] Elwert (1995) verwendet die suggestive Metapher „Gewaltmärkte". Der Erkenntniswert ist nicht sehr hoch, da Gewalt selbst keine marktfähige Ware ist, und jedes Mal geklärt werden muss, zu welchen Zwecken (und zu welchen Folgen) welche Markttransaktionen (auf Waren-, Arbeits- und Finanzmärkten) Verwendung finden bzw. beitragen. Dass Gewalt bei Markttransaktionen eingesetzt wird, erzeugt noch keinen „Gewaltmarkt". Außerdem müssen intentionale und nicht-intentionale Folgen unterschieden werden. Denn auch Finanzmarkttransaktionen, die - wie wir vor allem im siebenten und achten Kapitel gesehen haben - bei Countertrade-Geschäften eine zentrale Rolle spielen, oder die Preisbildung auf Rohstoffmärkten können die Gewalt in der Gesellschaft fördern, ohne dass dieser Zusammenhang mit der Metapher der „Gewaltmärkte" erfasst werden kann. Mit anderen Worten: Ganz „normale" Gütermärkte und Mechanismen der globalen Finanzmärkte, die Elwert nicht in den Sinn kommen, wenn er die Metapher „Gewaltmärkte" verwendet, haben mehr mit einer Bürgerkriegsökonomie zu tun als die so genannten Gewaltmärkte.

führt werden müssen. Die Bevölkerung, die nicht über die notwendige Kaufkraft zum privaten Erwerb der einstmals öffentlichen Güter (Bildung, Gesundheit, Wasser, Energieversorgung etc.) verfügt, ist nun von der Nutzung ausgeschlossen. Die Institutionen von Bretton Woods gehorchten bei der Politik der Strukturanpassung den Regeln des „Konsens von Washington". Sie laufen im Prinzip darauf hinaus, monetäre Ressourcen von der internen konsumtiven und investiven Verwendung für den externen Schuldendienst umzulenken. Durch die diesem Ziel dienenden Maßnahmen (Währungsabwertung, Kürzung öffentlicher Ausgaben, höhere Zinsen, Druck auf die Masseneinkommen, Privatisierung öffentlichen Eigentums etc.) sind viele Menschen aus formellen Arbeitsverhältnissen entlassen worden. Folglich hat sich der Subsistenzsektor ausgeweitet und Beschäftigung ist allenfalls in informellen Arbeitsverhältnissen entstanden. Dies haben wir bereits in den vorangegangenen Kapiteln zur „informellen Arbeit" gezeigt. Auch der IWF sieht diesen Zusammenhang: „Liberalization measures led to rapid growth in the informal sector", heißt es über die Wirkung der SAP in Tansania (Kanaan 2000). Dies verweist erneut darauf, dass eine Politik, die den formellen Bedingungen des Weltmarkts genügt, nur funktionieren kann, wenn sie Informalität als „Schockabsorber" vorfindet.

Doch der „Schockabsorber" lässt sich in dieser passiven Rolle nicht fixieren, zumal dann nicht, wenn Informalität mit Armut einhergeht und Rohstoffreichtum lockt. Die „Technologien des Selbst", mit denen wir uns zu Beginn der Ausführungen über „informelle Politik" beschäftigt haben, sind auch geeignet, Auswege aus der Armut zu finden. Genügend Wegweiser und Lotsen gibt es. Nicht alle Auswege führen zum Beginn einer Karriere im formellen Sektor. Die meisten öffnen sich zur Migration in die großen Städte im In- und Ausland und dort sind nicht wenige in die ungesetzlichen Bereiche der Informalität geraten, in Drogengeschäfte, Waffenhandel, Prostitution etc. Hier entsteht die soziale Basis für die Anwendung von Gewalt mit Waffen (vor allem Kleinwaffen) und hier konzentriert sich die weniger qualifizierte „manpower", die auch als Söldner gekauft werden und Verwendung finden kann, um die Kämpfe um das Territorium auszutragen, aus dem natürliche Ressourcen geplündert und geraubt werden sollen. Dies haben wir oben dargestellt. Das öffentliche Gewaltmonopol wird zerstört, die Macht wird privatisiert. Ihre Legitimation besteht nicht mehr in der Akzeptanz durch die Bürger, sondern in dem Profit, der mit ihrem Einsatz erzielt werden kann. Die Logik der Macht ändert sich; sie folgt eher den Regeln der Ökonomie als jenen der förmlichen Politik. Die Grenze nach außen, die Begrenzung im Sinne der rechtsstaatlichen Selbstbindung nach innen, werden bedeutungslos gegenüber dem grenzenlosen Streben nach Profit („greed"). Der Staat zerfällt, ohne dass die Macht verschwindet oder auf neue Institutionen förmlich transferiert würde. Das Ergebnis ist eine politische Unordnung, die neue und auch nur temporär tragfähige Formen der Politik nicht erkennen lässt; Politik nimmt *hybride Formen* an (Schlichte/Wilke 2000). Ihre Grundlage ist die in den vorangegangenen Abschnitten gezeigte Informalisierung von Arbeit und Geld.

6. Ordentliche Informalisierung: „Global Governance"

Der Formwandel der Politik im Nationalstaat und die Informalisierung der Form des Nationalstaats erfolgen nicht nur in der extremen und unordentlichen Gestalt der Staatsauflösung und des Staatsver- bzw. -zerfalls. Der „Souveränitätsverlust" des Nationalstaats, das „Verschwinden des Nationalstaats", die „De-Nationalisierung der Staatenwelt" oder eine „postnationale Konstellation" sind schon seit geraumer Zeit Themen in der ausufernden Debatte über Globalisierung, weil auch die Staatenwelt der Industrieländer eine unbestreitbare Formveränderung der Politik und des Staates erlebt. Auch hier also sind Informalisierungstendenzen wirksam, die in die Richtung einer Reformierung der internationalen Ordnung, der Errichtung von (zumeist themenspezifischen) Netzwerken zwischen verschiedenen Ebenen und Akteursgruppen, der Entwicklung neuer Institutionen, Foren, Gremien und Organisationen gelenkt werden. Dies erfolgt nicht nach einem irgendwie, irgendwo ausgearbeiteten „Masterplan", sondern entwickelt sich eher spontan, *ad hoc* angesichts von Problemen in Ökonomie, Gesellschaft und Politik, für die Lösungen gefunden werden sollen.

Aus dem globalisierten Geschäftsleben entwickeln sich Formen des weichen Rechts. Die Globalisierung der Finanzmärkte und insbesondere Finanzkrisen und illegale und kriminelle Praktiken innerhalb des globalen Finanzsystems haben zur Entwicklung einer immer komplexer werdenden globalen „Finanzarchitektur" informeller Institutionen, Foren und Gremien Anlass gegeben. In der Klimapolitik sind Netzwerke von Nicht-Regierungsorganisationen aktiv. Um die negativen sozialen und ökologischen Auswirkungen des sehr schnell expandierenden Welthandels zu mindern, werden verbindliche und überprüfbare Selbstverpflichtungen („codes of conduct") entwickelt, weil förmliche soziale und ökologische Klauseln auf globaler Ebene als Bestandteil des Regelwerks der WTO nicht vereinbart worden sind. Neben die Regierungen der Nationalstaaten, deren Souveränität nicht mehr zur Steuerung der globalisierten Transaktionen und Kommunikation ausreicht, und in Ermangelung einer „Weltregierung" entwickeln sich also Strukturen einer „global governance". Das ist viel weniger als politische Steuerung durch Regierungen, aber sehr viel mehr als das „laissez faire, laissez aller" des frühen Liberalismus. Es handelt sich zweifelsfrei um informelle Politik, die aber anders als die informelle Politik des „state capture" und der Kriegsökonomie Ordnung in die innerstaatlichen ebenso wie in die zwischenstaatlichen Verhältnisse zu bringen beansprucht. „Global governance" könnte auch als ein Beispiel für die von uns so bezeichnete „avantgardistische" Informalisierung (im Unterschied zu den traditionalen und residualen Gestalten der Informalität) interpretiert werden: Es entstehen jenseits der förmlich konstituierten Politik in Nationalstaaten Strukturen der politischen Entscheidungen, der Legitimation und Partizipation, die auf die Globalisierung und die Krise des traditionellen Nationalstaats eine produktive, in die Zukunft weisende (daher avantgardistische) Antwort darstellen können. Die Formveränderungen betreffen sowohl das Recht als auch die politischen Entscheidungsstrukturen und die Akteure, die daran beteiligt sind. Mit einigen wenigen Aspekten dieser eher freundlichen Art informeller Politik, dieser „privaten Weltpolitik in der neoliberalen Weltordnung" (van der Pijl 2001: 97ff) werden wir uns nun beschäftigen (vgl. grundsätzlich zu Fragen der „global governance" Messner/Nuscheler 1996; kritisch: Brand/Brunnengräber/Schrader/Stock/Wahl 2000).

Weiche Normen

Wir beginnen mit einer Unterscheidung, die Ernst Bloch getroffen hat. Recht ist eine *norma agendi*, nicht eine *facultas agendi*. Letztere „ist das freie Recht auf etwas, etwa auf Streik, auf Organisation, auf Mitbestimmung und so weiter, norma agendi dagegen ist das Recht, welches verbietet, dem Handeln seine Grenzen weist, von oben herab; der Souverän kennt nur die norma agendi" (Bloch 1977: 288). Dies gilt für die Fürsten der absolutistischen Epoche, aber auch für hartes (also sanktionsbewehrtes) formelles Recht innerhalb der Nationalstaaten und im zwischenstaatlichen Völkerrecht. Normen des Handelns ergeben sich später nach der Herausbildung und Ausbreitung der kapitalistischen Produktionsweise auch aus den ökonomischen „Sachzwängen" und den Anforderungen an ihre soziale und politische Regulation. Die „lex mercatoria", das nach dem Untergang des Römischen Reiches von den Kaufleuten selbst geschaffene Handelsrecht, oder die auf kooperatives Verhalten gestützten Vereinigungen der maghrebinischen Händler, über die seit dem 11. Jahrhundert der Fernhandel im Mittelmeerraum organisiert wurde, reichten in den größer und anonymer werdenden Gesellschaften des kapitalistischen Industriezeitalters nicht mehr aus, um Vertragstreue zu garantieren. Die Funktionsfähigkeit des informellen Reputationsmechanismus, der auch in Europa lange Zeit die Geschäftsbeziehungen zwischen relativ homogenen Gruppen von Marktteilnehmern geregelt hatte, die neben ihren reinen Geschäftsbeziehungen auch noch durch soziale Beziehungen vielfältiger Art miteinander verbunden waren (vgl. zweites Kapitel), wurde durch Gesetzgebung und Rechtsprechung verbessert. Es kam nach und nach zur vertragsrechtlichen Normierung des Verhaltens und zur öffentlich-rechtlichen Normierung von Qualitäts-, Sicherheits-, Sozial- und Umweltstandards im modernen Nationalstaat.

In Zeiten der Globalisierung reichen jedoch die nationalstaatlichen Handlungsnormen nicht mehr aus, nicht zuletzt weil die Reichweite des Handels (auf dem Weltmarkt) über den Geltungsbereich der je nationalen Normen hinausgeht und weil - dieser Aspekt ist möglicherweise wichtiger als die mangelnde Reichweite nationalstaatlicher Normen - im Handel von Waren, Dienstleistungen und Finanzprodukten Innovationen sehr schnell entwickelt werden, bei denen die Normen gar nicht greifen. Gefragt ist ein Recht, das mit den „Elastitizitätsanforderungen des Weltmarktes" kompatibel ist (Vismann 2000): „Einzelnormen in privatrechtlichem Format", die nicht mehr abstrakt alle denkbaren Entscheidungen regeln, sondern passgenau auf eine Funktion zugeschnitten sind, „niederschwellige Normen und Regulationen", die das allgemeine Gesetz ersetzen:

„Aus gesetztem Recht wird eine Angelegenheit des Aushandelns. Das rechtliche Leitbild der *governance regimes* ist darum der Vertrag. Die Voraussetzungslosigkeit und reine Konvertierbarkeit des Vertrags ermöglicht es, ungeachtet aller Unterschiede miteinander ins Geschäft zu kommen" (Vismann 2000 - Herv. V.).

Häufig verfolgen die Innovationen den Zweck, die *facultas agendi* der globalen Akteure gegenüber der einengenden *norma agendi* zu steigern. Allerdings stellt es sich auch heraus, dass das Geschäftsleben Normen benötigt, sonst wird die Vertragsunsicherheit zu einem Hindernis des Handels. Daher geht es im Prinzip darum, dass die selbstbewusste Wahrnehmung der *facultas agendi* durch die mächtigen ökonomischen Akteure durch eine *norma agendi* begrenzt wird. Doch durch welche Normen und wer erlässt sie? Zunächst scheint es, als ob sie von den Akteuren des Geschäftslebens selbst stammen. „Für die neuen Aufgaben des Rechts als schnelle Eingreiftruppe im Prozess der Globalisierung braucht man in erster Linie weder Gesetzgeber noch Richter, sondern Rechtsanwälte" (Vismann 2000). Dies steht ganz im Einklang mit den Ausführungen von Marx über den Austauschprozess und die Emergenz von Rechtsformen aus den Willensverhältnissen der Vertragspartner; darauf haben wir bereits hingewiesen. Das Recht im globalisierten Geschäftsverkehr entwickelt sich also zunächst in den großen internationalen Rechtsanwaltskanzleien mit manchmal Hunderten von Rechtsanwälten, die nichts anderes tun als komplizierte, weil gar nicht oder mehrfach (in verschiedenen Ländern) normierte Verträge zu schließen und über deren Einhaltung zu wachen. Sie werden quasi gesetzgeberisch und quasi richterlich tätig und entwickeln dabei eine Macht, die „in der Gewaltentrias nicht vorgesehen ist" (ebd.).

Große US-amerikanische „law firms" spielen v.a. in der außergerichtlichen Beilegung von Konflikten eine zentrale Rolle, bei denen es um Produkthaftung und Gewährleistungspflichten von Produzenten geht. Doch auch im Arbeitsrecht der USA hat sich in den vergangenen zehn Jahren „eine lautlose Revolution" vollzogen (Lipsky/Seeber 1999): Unter dem Druck großer Unternehmen schließen Lieferanten, Kunden, Verkäufer und Beschäftigte immer häufiger Verträge über die verpflichtende Anwendung von „alternative dispute resolution". Dabei handelt es sich um einen Konfliktregelungsmechanismus außerhalb von öffentlichen Institutionen (Gerichten, Aufsichtsbehörden), bei dem die vertragsschließenden Parteien sich verpflichten, im Konfliktfall vor Einleitung eines Rechtsstreits einen unparteiischen Dritten (der von den Konfliktparteien bestellt und bezahlt werden muss) einzuschalten. Im Prinzip bedeutet dies, dass ordnungsgemäße Verfahren und die Gleichheit vor dem Gesetz in Frage gestellt werden.

Vor allem im Bereich des „cyber law", das für den „e-commerce" von zentraler Bedeutung ist, wächst ein „Geflecht aus staatlichen Regulierungen und privater Selbstregulierung" (Holznagel 2000:), in dem nationalstaatliche (Daten- und Verbraucherschutz-)Regelungen auf der Strecke zu bleiben drohen. Zum einen gibt es überstaatliche Initiativen, wie die in der UN-Kommission für Internationales Handelsrecht (UNICITRAL) erarbeiteten Modellgesetze für den „e-commerce" mit allgemeinen Vorgaben zum „online"-Vertragsabschluss und zu digitalen Signaturen. Daneben wird von der OECD an Richtlinien - für den Verbraucherschutz, zur Kryptographiepolitik, zur Sicherheit in IT-Systemen und zum Datenschutz im grenzüberschreitenden Datenverkehr - gearbeitet. An einer branchen- und länderübergreifenden Ordnung für das Internet sind aber auch Zusammenschlüsse wie der „Global Business Dialogue for Electronic Commerce" (GBDe) interessiert; in diesem informellen Gremium geben „global player" wie AOL, Times Warner, Bertelsmann, Deutsche Bank und DaimlerChrysler den Ton an. Ziel der privaten Initiativen ist es, gesetzliche Regelungen und eine staatliche Überwachung beispielsweise von Datenschutzregelungen zu verhindern, und zwar durch die Entwicklung von Verhaltenskodices und „best-practices"-Standards, die Zertifizierung von „e-commerce"-Webseiten und eine Konfliktregelung durch Schiedsgerichte.

„Im Ergebnis droht eine Dreiteilung des Rechts: Geschäfte mit großer ökonomischer Bedeutung werden in New York von amerikanischen Rechtsanwälten nach amerikanischem Cyberlaw abgewickelt: Deals auf europäischer Ebene werden durch das stark von französischen und englischen Traditionen beeinflusste Recht der Europäischen

Gemeinschaft geprägt und die lokalen, ökonomisch eher unbedeutenden Streitigkeiten bleiben den deutschen Juristen mit ihrem BGB" (Holznagel 2000).

Für wirtschaftliche Akteure außerhalb der USA dürfte diese Entwicklung viele Nachteile mit sich bringen.

Auch Finanzagenturen schöpfen Recht, wenn sie Verfahren zur Saldierung von Forderungen vieler Vertragspartner mit Sitz in vielen Ländern entwickeln, die geeignet sind, den räumlichen und zeitlichen Disparitäten (die jeden Vertrag wegen der Unklarheit der Erfüllung schwierig machen) Rechnung zu tragen (dazu generell Guenther/Randeria 2001).

Die harten und formellen Rechtsnormen sind bindend und sie sind sanktionsbewehrt, wenn sie nicht eingehalten werden. Die weichen und informellen Rechtsnormen sind nicht bindend und es gibt keine formelle Sanktionsgewalt, wenn die Normen verletzt werden. Dennoch kann die Bindungswirkung informeller Handlungsnormen hoch sein. Denn es geht darum zu verhindern, einen Ruf zu verlieren oder im Geschäftsleben geschnitten zu werden oder auf eine schwarze Liste zu kommen, wenn informelle Normen verletzt werden. Dann kann einfaches Kosten-Nutzen-Kalkül zu dem Ergebnis führen, dass es lohnt, „soft law" zu respektieren und informelle Normen nicht zu brechen. Doch diese Bindungswirkung hängt vom individuellen Kalkül der Vor- und Nachteile ab, nicht von kollektiv und politisch legitimiert getroffenen Entscheidungen über Gesetze, deren Einhaltung strafbewehrt erzwungen werden kann. Somit ist die Bindung weichen Rechts situationsbedingt. Dies mag im Geschäftsleben noch angehen, da die Vertragspartner formaliter gleich sind. Doch schon im Bereich der Arbeitsbeziehungen ist dies nicht der Fall. In den USA hat die Verbreitung von obligatorischen Beschwerde- und Schiedsverfahren in Arbeitskonflikten, die im Vergleich zu ordentlichen Gerichtsverfahren schnellere, kostengünstigere und effizientere Mechanismen der Konfliktregulierung darstellen, vor allem die Wirkung, dass Einstellungen immer häufiger von einem Verzicht auf das Einreichen einer Klage beim Gericht abhängig gemacht werden und immer mehr „yellow dog contracts" abgeschlossen werden: Arbeitsverträge, in denen die Arbeitnehmer „freiwillig" darauf verzichten, Mitglied einer Gewerkschaft zu werden.

„Private-Public-Partnership"

Zu einem Problem wird weiches Recht immer dann, wenn es um Vertragsbeziehungen zwischen ökonomischen, öffentlichen und zivilgesellschaftlichen Akteuren geht. Dies ist vor allem bei Partnerschaften zwischen privaten und öffentlichen Akteuren („Private-Public-Partnership") der Fall. Entgegen dem Weberschen Rationalitätspostulat der Trennung von öffentlicher und privater Sphäre wird in modernen Konzepten der „good governance", propagiert von internationalen Institutionen wie IWF und Weltbank, die „Private Public Partnership“ (PPP) oder das „Private Sector Involvement“ (PSI) als ein Mittel zur Verbesserung des Regierens gepriesen[21]. Diese Konzepte nutzen außerkonstitutionelle Institutionen und Entscheidungsprozesse zur Erleichterung der trotz (oder wegen) der Privatisierung und Deregulierung notwendigen nationalstaatlichen und globalen Regulationen. Informelle Politik steht also ironischerweise im Angebot formeller internationaler Institutionen. Zum einen ist dies eine Reaktion auf die fiskalische Krise der Staaten, weil diesen die Steuerbasis schwindet: die mobilen Produktionsfaktoren, also speziell das kurzfristig mobile Kapital, kann in „tax havens“ ausweichen und sich der Verpflichtung entziehen, an der Finanzierung öffentlicher Güter des Gemeinwesens mitzuwirken. Öffentliche Güter werden nicht mehr in ausreichendem Umfang und in notwendiger Qualität bereitgestellt, weil den Staaten das Geld fehlt. In dieser Lage erscheinen PPP und PSI als ein Mittel, private Ressourcen für die Bereitstellung öffentlicher Güter (Gesundheit, Bildung, materielle Infrastruktur, Sicherheit etc.) zu mobilisieren, ohne die ein Gemeinwesen nicht gut funktionieren kann. Dies geht so weit, dass die „nationale Sicherheit“ privaten Akteuren überantwortet wird. So lässt die US-army ihre regelmäßigen Bombereinsätze im Irak auch durch ausgeliehene Piloten der privaten Airlines fliegen („Teilzeit-Krieger“ in: *International Herald Tribune* vom 26.10.2000); die Gefängnisse sind in einer Reihe von Ländern privatisiert und die Sicherheit nach außen übernehmen in Afrika, aber auch im Kaukasus oder in Teilen Lateinamerikas, privatwirtschaftlich organisierte und interessierte Söldnerdienste, ganz abgesehen von großen TNU, die die Sicherheit durch privat bezahlte Sicherheitsdienste „erzeugen“ lassen.

Das Politische wird privatisiert und damit wird umgekehrt das Private politisch, es soll jenes „Sozialkapital“ und jene Sicherheit für Geschäfte beibringen, die in der öffentlichen Sphäre nur noch unzureichend erzeugt werden. Hier ist jedenfalls zu beachten, dass die Ergebnisse von PPP und PSI sehr hart und wirksam sein können, auch wenn die Normen, die sie möglich machen, weicher Natur sind. PPP und PSI ergänzen also auf informelle Weise formelle Politik. Es handelt sich dabei nicht mehr in erster Linie um Regierungshandeln, sondern um „governance“. Für „good governance“ auf nationalstaatlicher Ebene haben internationale Institutionen Normen entwickelt, die auch in der Entwicklungszusammenarbeit maßgeblich sind. Dazu gehören: Demokratische Verfahren, Einhaltung der Menschenrechte, Nachhaltigkeit in Umweltfragen, Armutsbekämpfung, Kampf der Korruption, Förderung von Frau-

[21] Es kann sogar geschehen, dass die so positiv bewertete PPP einen Einstieg in die Usurpation des Öffentlichen durch private Akteure, also eine Vorstufe des „state capture“ darstellt.

enrechten. „Good governance“ ist ebenso wie „global governance“ der Inbegriff ordentlicher Informalisierung, und die aufgeführten Kriterien zeigen auch, dass die oben dargestellte unordentliche Informalisierung keines der Kriterien erfüllt.

„Codes of Conduct“

Weiche Normen sind auch typisch für das Verhältnis von Geschäftswelt und Zivilgesellschaft. Anders als im nationalstaatlich dimensionierten Sozialstaat gibt es auf globaler Ebene keine sozialen und ökologischen Standards verbindlicher Art. Innerhalb der WTO sind die Versuche, Sozialstandards und Umweltstandards festzulegen, bislang gescheitert. Internationale, institutionell gehärtete Normen außer der vom Vorrang des Freihandelsprinzips gibt es nicht, und daher könnte es geschehen, dass auf dem Altar freien Handels Umwelt und soziale Errungenschaften geopfert werden. An dieser Stelle kommen „codes of conduct“ oder freiwillige Selbstverpflichtungen zum Zuge. Sie werden zwischen staatlichen und nicht-staatlichen Akteuren ausgehandelt. Unternehmen unterwerfen sich freiwillig selbst festgelegten oder mit politischen Instanzen oder Nicht-Regierungsorganisationen ausgehandelten Richtlinien und Verhaltenskodizes, die u.a. auf Mindestalter, Mindestlohn, Gesundheits- und Arbeitsschutz der formell beschäftigten Arbeitnehmer abzielen. Die wichtigen Kernarbeitsnormen der kollektiven Vereinigungs- und Vertragsfreiheiten, also die Rechte der Beschäftigten auf gewerkschaftliche Organisierung und kollektive Tarifverhandlungen spielen hingegen in den meisten Unternehmen mit Verhaltenskodizes nur eine marginale Rolle: Gemäß einer 1998 von der ILO durchgeführten Untersuchung von 215 Kodizes enthielten gerade 15% aller untersuchten Kodizes Aussagen zum Recht auf Organisations- und Tarifvertragsfreiheit; selbst das Verbot von Zwangsarbeit war nur in einer Minderheit von 25% Gegenstand der freiwilligen Vereinbarung (nach Piepel et al. 1999). Aussagen, die über die „Kernarbeitsnormen“ hinausgehen und „anständige Arbeitsbedingungen“ unter Einschluss von sozialen Sicherungsleistungen im Falle von Alter und Krankheit einfordern; Regelungen, wie rechtmäßige Arbeitsverträge, Entlassungsurkunden, Zeugnisse auszusehen haben, oder Urlaubs- und Mutterschutzregelungen wird man in den allermeisten „codes of conduct“ vergeblich suchen. Dies gilt auch für Regeln, die Aus-, Fort- und Weiterbildung oder freiwillige Leistungen der Unternehmen zum Gegenstand haben, wie etwa die Versorgung und Unterbringung der Beschäftigten auf dem Werksgelände oder den Transport zwischen Wohn- und Arbeitsort. Die meisten Beispiele für freiwillige Verhaltensregeln der Unternehmen gibt es in der Textil-, Bekleidungs- und Sportartikelindustrie, in der die Sozialstandards infolge der übermäßigen Nutzung des „subcontracting“ (vgl.

fünftes Kapitel, 3. Abschnitt) auch besonders häufig und eklatant verletzt werden[22].

Zur Einführung und Einhaltung von Selbstverpflichtungen müssen Unternehmen in der Regel durch Druck von außen veranlasst werden, durch Gewerkschaften, Kirchen, Nicht-Regierungsorganisationen (NGOs). Dies ist ein schwieriges Unterfangen, da die Unternehmen ihre Produkte zumeist in Ländern mit billiger Lohnfertigung und unter schlechten Arbeits- und Umweltbedingungen herstellen lassen. Die betroffenen informellen Arbeiterinnen und Arbeiter haben häufig keine Organisation, die sie schützt, und die Regierung ist entweder gegenüber den ökonomischen Mächten macht- und kraftlos oder unwillig, sich für Arbeits- und Menschenrechte einzusetzen. Dies alles ist auch ein Ausdruck von unordentlicher Informalisierung. Der Druck muss also in den Ländern ausgeübt werden, in denen die Produkte an Konsumenten verkauft werden, nicht dort, wo sie erzeugt werden. Die Konsumenten müssen mobilisiert werden, um nötigenfalls einem Unternehmen mit niedrigen Standards in der Wertschöpfungskette mit Imageverlust, Konsumentenboykott und Umsatzeinbußen drohen zu können. Bei Strategien dieser Art hat die Clean Clothes Campaign in Europa eine gewisse Vorreiter-Funktion (vgl. Altvater 1999; Musiolek 1999; Krüger 2002).

Besonders wichtig ist bei „codes of conduct" das sog. „monitoring", also die Überwachung der Einhaltung von Selbstverpflichtungen und die Mobilisierung der Öffentlichkeit in Fällen, in denen die Kodices verletzt worden sind. Zumeist versuchen die Unternehmen, die Konsumenten und die Öffentlichkeit mit dem Vorhandensein eines internen „monitoring" zu beruhigen. Doch von NGOs wird regelmäßig ein externes „monitoring", zumeist entsprechend formeller Normen, den „Social Accountability Standards 8000" (SA 8000), verlangt. Dabei handelt es sich um das erste international auditierbare System sozialer Standards in Selbstverpflichtungen von Unternehmen. Die Zertifizierung und Kontrolle gemäß der auf die Umwelt (1400er Serie der Normen der International Standardisation Organisation - ISO) und auf die Sozial- und Arbeitsbedingungen (1800er Serie) bezogenen Standards stellt zwar eine gewisse Härtung weicher Normen dar, aber um einen hohen Preis. Denn die Standardisierung würde durch die ISO, eine private Organisation, durchgeführt. Doch es ist überhaupt nicht gewährleistet, dass eine private Organisation mit quasi-öffentlichen Aufgaben den Allgemeininteressen dient

---

[22] Vgl. dazu die Dokumentation über „Violations of the ILO Conventions" auf der Web-Seite von www.transnationale.org sowie den Bericht über ein im Auftrag der GTZ von der Firma InnovateCo in den Jahren 2000/2001 durchgeführtes Vorhaben zur „Einführung und Verbesserung von Sozialstandards in der Textilindustrie in Bangladesch und Pakistan" (Kuhn 2001).

und gegenüber legitimierten Instanzen rechenschaftspflichtig wäre[23]. Daher fordern Vertreter von NGOs, dass die ISO entweder in eine internationale (intergouvermentale) Organisation mit NGO-Beteiligung transformiert werden müsste oder dass eine andere internationale Organisation, zum Beispiel die UNCTAD, mit einem Mandat zur Standardisierung zu betrauen wäre. Bei den internationalen Consultingfirmen, die das „social auditing" und die Zertifizierung von Sozialstandards durchführen, handelt es sich aber um gewinnorientierte Unternehmen, die ein Interesse daran haben (müssen), so viele Unternehmen wie möglich zu zertifizieren. Also werden sie im Prinzip auch (nur) solche Standards und Zertifikate propagieren resp. „best-practices" identifizieren und zur Nachahmung empfehlen, die für die Unternehmen - etwa wegen eines befürchteten oder bereits eingetretenen Imageverlustes und/oder zeitweiliger Umsatzeinbußen - vorteilhaft sind. Außerdem haben diese Beratungsunternehmen ein Interesse daran, dass die von ihnen zertifizierten Standards zu international anerkannten Normen werden und ihr Zertifizierungsrecht dadurch zu einer Art Monopol. Der Bankrott von Enron und die Verwicklung der Beratungs- und Kontrollfirma Andersen haben die Bedeutung unterstrichen, warum Beratung und Kontrolle strikt und institutionell getrennt und die Verfahren unbedingt transparent gemacht werden müssten.

„At the least, they should be accredited by a public entity. The WTO, the ISO, and certifying corporations are about to set up a new system by which global policy not only goes far beyond trade, but moreover, is practically privatized, that is, entirely non-accountable, and favouring a few TNCs. If the movement towards the WTO and the Bretton Woods institutions cannot be halted, civil society must press for participation in and control over the standard setting, the certifying, and the accrediting processes" (Finger 1997).

Doch selbst hier gilt wie bei weichen (bzw. mehr oder weniger harten) Normen generell: die Einhaltung zertifizierter Standards kann nicht strafbewehrt durchgesetzt werden. Sie liegt daher in der Verfügung des Unternehmens und anderer ökonomischer Akteure selbst, die - sofern nicht eine dominante Unternehmensethik unterstellt wird - nach Kosten-Nutzen-Erwägungen entscheiden, ob Selbstverpflichtungen erfüllt werden oder nicht. Der weichen Norm wächst auch dann keine größere Verbindlichkeit zu, wenn sie zwischen Partnern aus der Öffentlichen Sphäre (PPP und PSI) oder aus der Zivilgesellschaft (NGOs) und ökonomischen Akteuren ausgehandelt wird. Die Selbstverpflichtungen aus der Norm konkurrieren immer mit den Anforderungen, die sich aus den externen „Sachzwängen" der Konkurrenz ergeben.

---

[23] Information unter: www.globalpolicy.org.

„Leitsätze" und „Global Compact"

Darüber hinaus sind im vergangenen Jahrzehnt (mehr als in den Jahrzehnten zuvor) auf internationaler Ebene Leitsätze entwickelt worden, die allesamt auf die Errichtung eines Systems ordentlicher Informalisierung zielen: Die „OECD-Leitsätze für multinationale Unternehmen" decken fast die ganze Bandbreite unternehmerischer Aktivitäten ab - Informations- und Offenlegungspolitik, Beziehungen zu Mitarbeitern und Sozialpartnern, Umweltschutz, Korruptionsbekämpfung, Berücksichtigung von Verbraucherinteressen, Technologietransfer, Wettbewerbsverhalten und Besteuerung. Aber sie sind eben nur Leitsätze und daher fehlt ihnen die rechtliche Verbindlichkeit. Aber auch Regierungen gehen, wenn sie denn die Leitsätze mittragen, Verpflichtungen ein: Investitionen zu schützen und die Freiheit der Kapitalflüsse zu gewährleisten. Nicht nur die inzwischen 29 OECD-Länder haben die Leitsätze unterzeichnet, sondern auch einige Schwellenländer. Es wird das Ziel verfolgt, Auslandsinvestitionen zu fördern und zu schützen und zugleich den Unternehmen positive Verhaltensmaßregeln abzuverlangen.

Leitsätze hat die OECD auch für den Kampf gegen die Korruption und gegen die Geldwäsche entwickelt. Diese Leitsätze sind zwar ebenfalls nicht von großer Verbindlichkeit. Doch sind sie zu einem guten Teil in nationalstaatliches formelles und daher hartes Recht verwandelt worden. Die Empfehlungen der „Financial Action Task Force" der OECD gegen Geldwäsche etwa sind in Deutschland ins Gesetz gegen die Geldwäsche umgesetzt, und weiche Empfehlungen sind in hartes Recht transformiert worden.

Auch der von Kofi Annan auf dem Weltwirtschaftsforum von Davos im Jahre 1999 lancierte sogenannte „Global Compact" der Vereinten Nationen verfolgt die Idee, multinationale Unternehmen in den Bereichen Menschenrechte, Arbeit und Umwelt auf neun Prinzipien, die den „Global Compact" bilden, zu verpflichten. Das sind die Allgemeine Erklärung der Menschenrechte von 1948, die sechs Kernarbeits- und Sozialnormen der Internationalen Arbeitsorganisation (ILO) sowie die Abschlusserklärung der Umwelt- und Entwicklungskonferenz der UNO in Rio de Janeiro 1992[24]. Die neun Prinzi-

[24] Vgl. dazu: http://www.unglobalcompact.org. Auf der WWW-Seite des „global compact" werden die neun Prinzipien aufgeführt: „... The Secretary-General asked world business to: Principle 1: support and respect the protection of international human rights within their sphere of influence; and Principle 2: make sure their own corporations are not complicit in human rights abuses. The Secretary-General asked world business to uphold: Principle 3: freedom of association and the effective recognition of the right to collective bargaining; Principle 4: the elimination of all forms of forced and compulsory labour; Principle 5: the effective abolition of child labour; and Principle 6: the elimination of discrimination in respect of employment and occupation. The Secretary-General asked world business to: Principle 7: support a precautionary approach to environmental challenges; Principle 8:

pien laufen allesamt, insbesondere was die ILO-Normen anbelangt, auf eine Formalisierung informeller Verhältnisse hinaus. Aber diese Strategie des UNO-Generalsekretärs in Richtung einer ordentlichen Informalisierung mit der Perspektive einer Etablierung formeller Verhältnisse ist auf sehr weichen Grund gebaut. Denn die Formalisierungsprinzipien erfassen die Arbeit, nicht aber Geld und Politik. Der weiche Grund ist nur gefestigt durch das Gewicht des Amtes und den guten Willen der Teilnehmer zur Kooperation -, solange diese sich lohnt. In der Sphäre der Politik wird der Tendenz der Privatisierung nachgegeben und so werden förmliche Verfahren und Normen unterlaufen. Dieser Tendenz hat Kofi Annan auch nachgegeben, als er private Söldnertruppen mit UNO-Friedensmissionen betrauen wollte (vgl. vorangegangenen Abschnitt). Die förmliche Privatisierung des öffentlichen Gewaltmonopols wäre das Ende der internationalen Rechtsordnung.

Foren und Netzwerke

Nach einer Phase der Deregulierung nationalstaatlicher Normen und Regeln stellt es sich heraus, dass neue Regelsysteme einschließlich der dazu notwendigen Institutionen entwickelt werden müssen, allerdings nun auf supranationaler, ja globaler Ebene. Das System der „global governance“ nutzt das Steuerungsmedium Recht in seiner weichen, informellen Gestalt. Es wird von einer Vielzahl von informellen Akteuren getragen und in Gang gehalten: Neben den nationalstaatlichen Regierungen und Repräsentanten internationaler Organisationen kommen auch Gremien, Gruppen, Foren, Organisationen für ganz verschiedene Politikfelder, für die Finanzbeziehungen ebenso wie für globale Umweltpolitik, mit sehr unterschiedlichen Handlungslogiken und Fähigkeiten zur Intervention, mit unterschiedlichem Wirkungsgrad und unterschiedlicher Legitimation ins Spiel. Zu den informellen Gruppen, die nur eine schwache rechtliche Grundlage haben, gehören auch Einrichtungen der formellen Regierungen von Nationalstaaten, wie die Gruppe der 7 großen Industrieländer (G7), die G8 (G7 plus Russland) oder G20 (G8, wichtige Schwellenländer plus Bretton-Woods-Institutionen und Europäische Kommission). Die eher informellen Treffen dienen freilich der Vorbereitung und Abstimmung formellen Regierungshandelns. Sie kommen also dem Bedürfnis nach, Politik in Zeiten der Globalisierung nicht in langwierigen zwischenstaatlichen Verträgen etc. auszuhandeln, sondern *ad hoc* auf Krisensymptome und andere Herausforderungen flexibel reagieren zu können. Für diese Flexibilität sind, wie in der Welt der Arbeit auch, die rigiden Formen der Entscheidungspro-

---

undertake initiatives to promote greater environmental responsibility; and Principle 9: encourage the development and diffusion of environmentally friendly technologies"

zesse eher hinderlich. Möglich werden die flexiblen *ad-hoc*-Entscheidungsprozesse durch alle jene Faktoren, die auch für die Globalisierung verantwortlich sind, vor allem durch die modernen Kommunikations- und Transportmittel.

Auch das „Financial Stability Forum" (FSF) hat eher informellen Charakter, obwohl nur Akteure aus der Welt formeller Politik mitwirken: Repräsentanten von Nationalstaaten und von förmlichen internationalen Organisationen wie IWF, Bank für Internationalen Zahlungsausgleich (BIZ), OECD. Das FSF ist als *ad-hoc*-Reaktion auf den Schock der Asienkrise 1998 gebildet worden und hat in kurzer Frist Vorschläge zur „weichen" Regulierung der Finanzmärkte vorgelegt: vor allem der kurzfristigen Kapitalströme, der hochspekulativen Hedge-Fonds und der Offshore-Finanzzentren. Die Prinzipien der Regulation, denen das FSF folgt, lassen sich als Aufsicht („surveillance"), Vorsicht („prudential behaviour"), Durchsicht („transparency") und Rücksicht („co-operation") zusammenfassen (vgl. Enquete-Kommission 2001: 32). Es sind weiche Prinzipien der Regulation, die mit der harten Logik von „shareholder value" und Renditenvergleich kontrastieren.

Das FSF ist Teil einer in den vergangenen Jahren des ungestümen Wachstums der globalen Finanzmärkte entstandenen „neuen Finanzarchitektur" (dazu vgl. Giovanoli 2000). Wie das FSF sind die übrigen Elemente der Finanzarchitektur flexibel, aber hinsichtlich der Regulierungskapazität schwach. Blieben sie schwach und würden sie mit Regulierungsaufgaben beauftragt, müssten sie scheitern. Sie könnten erst rigider intervenieren, wenn sie mit mehr Kompetenzen und Macht gegenüber den Märkten ausgestattet würden. Dies aber konfligiert mit dem neoliberalen Politikkonzept, das der weichen Institutionalisierung von „global governance" die politischen Perspektiven, die Projekte und deren Grenzen, liefert. Die institutionelle Ausprägung der ordentlichen Informalisierung als „global governance" in Foren, „task forces" und Gremien (von denen hier nicht alle erwähnt werden konnten) ist somit ein Element der flexiblen Anpassung (*ad-hoc*-Politik) an die Bedingungen des Marktes und an die „Sachzwänge" der Ökonomie, nämlich rentabel zu sein und zu bleiben.

Die Politik dieser Institutionen ist ohne Zweifel informell, und gerade deshalb höchst wirkungsvoll im Sinne der Sicherung einer Hegemonialordnung (wie zu Beginn dieses Teils über informelle Politik ausgeführt worden ist), die marktkonforme Informalität jeder formellen Intervention vorzieht. Doch gibt es noch andere Foren, die eher privater Natur sind, wie das „World Economic Forum" (WEF), wo sich jährlich politische und ökonomische, zivilgesellschaftliche und wissenschaftliche Akteure höchst informell treffen. Gegründet zu Beginn der 70er Jahre hat es in den 90er Jahren nach dem Ende des Ost-West-Konflikts Aufmerksamkeit gewonnen, auch seitens der NGOs, die im WEF ein Forum sehen, auf dem eines im Vordergrund steht: die Stabilisierung des globalen Herrschaftssystems mit den Mitteln der informellen, durch formelle Verfahren nicht mehr kontrollierbaren Politik. Die Gegnerschaft dagegen kann sich eben auch nur informell äußern, als Protest. Den hat es in den 90er Jahren regelmäßig gegeben. Im Jahre 2001 ist dann eine Gegenveranstaltung gegen das ökonomische Forum von Davos organisiert worden: das „World Social Forum“ (WSF) von Porto Alegre, ein Treffen von sozialen Bewegungen und Nicht-Regierungsorganisationen aus aller Welt, die ansonsten untereinander via Internet vernetzt sind und ihre Aktivitäten abstimmen. Doch diese Netzwerke von NGOs sind nicht die einzigen, die heute von Bedeutung sind.

Politiknetzwerke in verschiedenen Politikfeldern und mit unterschiedlichen Akteuren bestimmen die globale Politik, ihre Bedeutung ist kaum geringer als die förmlicher politischer Institutionen. Akteure aus dem öffentlichen Sektor, der Zivilgesellschaft und der Privatwirtschaft werden zusammengebracht, oft unter Mithilfe von internationalen Organisationen, die von dieser offenen und informellen Art und Weise, Problemlösungen zu erarbeiten, einen Effizienzgewinn für ihr Regierungshandeln erwarten. Denn die Vorschläge, wenn sie denn aus dem „weichen“ Zustand der „non-binding legal standards“ in formelles und hartes Recht (von Staaten) transformiert worden sind, können auf die Unterstützung ökonomischer und zivilgesellschaftlicher Akteure bei der Implementierung zählen, weil diese ja bei der Ausarbeitung von Standards an runden Tischen beteiligt waren. Hier handelt es sich um ein besonders aussagekräftiges Beispiel für Politik als eine Form des „Sich-Führen-Lassens“ in einem Feld von Möglichkeiten, also für „gouvernementalité“ im Sinne Foucaults (Foucault 2000; Lemke 1997). Netzwerke erfüllen die doppelte Bedingung von *gouvernementalité* deshalb besonders gut, weil die Akteure in ihnen zugleich aktiv und passiv wirken, wenn auch in unterschiedlichem Maße und mit unterschiedlichen Strategien: die einen zielen darauf, Machtbeziehungen zu konservieren und bedienen sich daher aller Mechanismen der Überwachung und des Strafens. Es entsteht in dieser Tendenz ein „globales Panopticon“ (Gill 2001), ein „panoptischer“, ein „watchful state“ (*New York Times–Magazin* vom 7.10.2001), der die Konkurrenten auf dem Markt und die Bürger im politischen Raum unter Kontrolle hält. Die anderen hingegen streben danach, eben diese panoptischen Tendenzen zu stoppen, Transparenz herzustellen und die Machtverhältnisse durch Demokratisierung zu verändern.

„Global governance“ ist ein Bündel von Elementen informeller Politik (von weichen Normen bis zu Politiknetzwerken). Daher der Begriff der „ordentlichen Informalisierung“. Jedoch besteht die Welt nicht nur aus den ordentlichen Industriestaaten, sondern auch aus den Staaten, die als Rohstofflager und Tankstellen für die industrielle Produktion dienen und in logistische, globale Ketten eingebunden sind. Die fossile Basis des „Wohlstands der Nationen" erzeugt diesen Gegensatz, der erst jenseits des fossilistischen Modells aufgehoben werden kann. Für unsere Argumentation ist wichtig, dass die Plünderung der natürlichen Ressourcen in den Rohstoffländern mehr und mehr in Formen stattfindet, die wir als „unordentliche Informalisierung" bezeichnet haben, eingeschlossen den Ressourcenkrieg. Was bedeutet dies nun für die politische Ordnung des internationalen Systems? Diese Frage soll uns zum Abschluss dieses Kapitels über die Gestalten politischer Informalität beschäftigen.

7. Die Folgen der Gleichzeitigkeit von unordentlicher und ordentlicher Informalisierung für das internationale politische System

Die Herren der Ressourcenkriege haben nicht nur lokale Bedeutung; sie sind in aller Regel in internationale Geschäfte verwickelt, zumeist in die Ausbeutung von Bodenschätzen oder den Handel mit Drogen, den Schmuggel von Menschen und in Kollateraldelikte wie Korruption und Geldwäsche; die Bedeutung des informellen Geldes erschließt sich also auch bei der Betrachtung der hybriden Politikformen zu Beginn des 21. Jahrhunderts. Die Ökonomie ist global, also ist es auch die Ökonomie der sogenannten Bürgerkriege. Die Manager der Bürgerkriege besorgen sich auf globalen Märkten Waffen und Söldner, und die Firmen, die lokale „warlords" zu ihrer Stammkundschaft zählen, sind im vergangenen Jahrzehnt wie Pilze nach einem warmen Regen gewachsen. Scheinbare Provinzfürsten werden nicht nur für die internationale organisierte Kriminalität interessant, wie wir bereits gesehen haben; sie spielen auch im strategischen Kalkül hegemonialer Mächte (vor allem im Kalkül der „einzigen Weltmacht") eine wichtige Rolle, zumeist als austauschbare Marionetten, die wie die Mudjahedin und die Taliban genutzt werden, um der Sowjetunion eine Niederlage zuzufügen, um dann, wenn sie nutzlos geworden sind, liquidiert zu werden.

Die Konsequenzen für die globalen Formen von Politik sind gravierend und bislang wenig reflektiert. Welche Konsequenzen ergeben sich aus der Gleichzeitigkeit von unordentlicher und ordentlicher Informalisierung für den Zusammenhang von globalen Reproduktionsbedingungen der *Ökonomie*, gesellschaftlichen Mechanismen der Erhaltung von *Konsens* und *Herrschaft* und der Art und Weise, wie politische *Machtverhältnis*se erzeugt und gestärkt werden?

Wenn Ökonomie, Gesellschaft und Politik, so wie wir sie beschrieben haben, Informalisierungstendenzen ausgeliefert sind, sind eindeutige Zuschreibungen erschwert. Möglicherweise werden wir es in den nächsten Jahrzehnten mit beiden hier angedeuteten Tendenzen zu tun haben: mit der Herausbildung und Festigung von Strukturen „avantgardistischer“ und ordentlicher informeller Politik in der Gestalt von „global governance“ einerseits und der Wiederkehr einer Art „mittelalterlichen“ Nicht-Ordnung mit vielen substaatlichen Akteuren mit unvereinbaren Interessen und großer Gewaltbereitschaft nach innen und nach außen andererseits (z.B. Shannon 2000). Die Form der internationalen politischen Beziehungen dürfte sich also ändern, und zwar erstens durch den unbezweifelbaren Souveränitätsverlust des Nationalstaats[25], *zweitens* durch die Entstehung von Strukturen der „global governance“ und *drittens* durch das Auftauchen der neuen subnationalen, lokalen Fürsten in der Arena der internationalen politischen Beziehungen. Es ist also durchaus nicht so, wie Hardt und Negri schreiben, dass Souveränität eine neue Form angenommen habe, „composed of a series of national and supranational organisms united under a single logic of rule“ (Hardt/Negri 2000: xii). Die einzige Herrschaftslogik innerhalb des Weltsystems gibt es nicht und daher auch kein „empire“. Die weltpolitischen Änderungen sind immer auf dem Hintergrund der ökonomischen Gegensätze von Ressourcen- bzw. Extraktionsökonomien und Produktionsökonomien zu reflektieren, die uns ja zu der Unterscheidung von „ordentlicher“ und „unordentlicher“ Informalisierung geführt hatten. Wenn es eine einheitliche Logik nicht gibt, dann sind verschiedene Szenarien denkbar; vier scheinen uns realistisch. Sie unterscheiden sich nach den Gestalten informeller Politik, die in der internationalen Arena mitmischen.

Realpolitische Konflikte

Das erste Szenario folgt zunächst der traditionellen „realpolitischen“ Sichtweise, in der die Nationalstaaten den „central court“ besetzen. Politik ist weitgehend förmlich und nicht informell und sie folgt der Logik von struktureller und relationaler Macht der Nationalstaaten (Strange 1988: 23-42). Die Möglichkeiten, auf andere Nationalstaaten so einzuwirken, dass sie entgegen ihrem Willen zu Handlungen oder Unterlassungen veranlasst werden, ist relationale Macht, die in der gegenwärtigen Welt genauso wichtig ist wie in der Vergangenheit. Wichtiger als relationale Macht aber ist strukturelle Macht, durch die

---

[25] Es ist freilich darauf hinzuweisen, dass der Souveränitätsverlust keineswegs für alle Nationalstaaten in gleicher Weise ausgeprägt ist. Die Supermacht USA nutzt sogar in der seit 1989 entstandenen politischen Konstellation ihren vergrößerten Spielraum unilateral. Ihre Souveränität, wenn man darunter die Fähigkeit versteht, ihren Willen ohne Ansehung der Positionen anderer staatlicher und nicht-staatlicher Akteure durchzusetzen, ist sogar gesteigert.

der Handlungsrahmen für alle Akteure gesetzt wird. Sie hat nach Susan Strange ihre Basis in der Produktionsstruktur, in der Struktur der globalen Finanzen, der Struktur des Wissens und in der Struktur von äußerer Sicherheit von Nationalstaaten. Alles kommt darauf an, wie die globalen Strukturen der Macht in ihren verschiedenen Dimensionen ökonomisch, politisch, gesellschaftlich reproduziert werden.

In den ersten Jahren nach dem Ende des bipolaren Blockkonflikts schien mit der Globalisierung und dem Bedeutungszuwachs des Ökonomischen (u.a. eine Folge der Deregulierung) das Ende der Geopolitik gekommen zu sein. In der globalen Geoökonomie gibt es zwar Konkurrenten, aber keine Feinde (so die optimistische Interpretation der Globalisierung durch Edward Luttwak 1994), zumal eine internationale kapitalistische Klasse entstanden ist (van der Pijl 2001), die ihre eigenen Institutionen, z.B. die oben dargestellten Elemente einer „ordentlichen" Informalisierung in der Gestalt globaler Strukturpolitik hervorgebracht hat. Doch zwischenzeitlich hat sich diese Sicht der Globalisierung eingetrübt. Schon Edward Luttwak hat die Möglichkeit nicht ausgeschlossen, dass aüs den „friedlichen" Konkurrenten in der Ökonomie Gegner in der Politik werden können. Der Souveränitätsverlust der Nationalstaaten beschränkt sich auf das ökonomische Feld, das dem Wirken des Weltmarkts und den Akteuren überlassen wird, die ihn beherrschen. Dass es sich dabei nicht nur um „ehrbare Kaufleute", TNU und international operierende Banken, sondern auch um organisiert kriminelle Gruppen handelt, ist dargestellt worden. Aber in anderen Politikfeldern ist die Souveränität der Nationalstaaten mitnichten abhanden gekommen, selbst die Fähigkeit zum „ordentlichen" Krieg zwischen Nationalstaaten ist nicht aus der Welt verschwunden. Die „Staatenwelt" (Czempiel/Rosenau 1992) tendiert eben nicht in Richtung einer *multilateralen* „Gesellschaftswelt" mit Strukturen der „global governance". Stattdessen entsteht nach dem Ende der wegen des „Gleichgewichts des Schreckens" vergleichsweise stabilen *bipolaren* Welt eine *multipolare* Welt. Daher ist die Stabilität einer internationalen Ordnung gering. Angesichts der deregulierten Weltmärkte für Waren, Dienstleistungen und Kapital ist ökonomische Wettbewerbsfähigkeit zentrale Aufgabe des „Wettbewerbsstaats". Die Wettbewerbsfähigkeit ist immer komparativ, und daher sind politische Konflikte zwischen Wettbewerbsstaaten nicht ausgeschlossen, wenn auch auf einem Niveau unterhalb der Schwelle bewaffneter Auseinandersetzungen. Diese Konflikte werden zwischen Nationalstaaten ausgetragen, und daher spielt relationale Macht nach wie vor eine zentrale Rolle. Doch geht es auch um strukturelle Macht innerhalb des globalen Systems, sofern nämlich Reproduktionsstrukturen von Produktion, Wissen, Sicherheit und Finanzen betroffen sind.

Für Handlungslogik und Macht von Wettbewerbsstaaten ist die Unterscheidung zwischen Produktions- und Extraktionsökonomien wichtig. Es gibt gemeinsame Interessen von Produktionsökonomien, nämlich die sichere Versorgung mit Rohstoffen, um den industriellen (und post-industriellen) Produktionsprozess in Gang zu halten. Die Gesellschaften und die Politik von Extraktionsökonomien sind freilich aus vielen Gründen nicht stabil. Denn die Verfügung über Rohstofflager und -quellen setzt die Herrschaft über das jeweilige Territorium voraus, und diese Herrschaft ist prinzipiell gefährdet, muss daher verteidigt werden. Dies fällt Akteuren, die die globalen Reproduktionsbedingungen von Macht beeinflussen können, leichter als Staaten mit geringer relationaler oder struktureller Macht. Die Kosten der sicheren Rohstoffversorgung können infolge militärischer Auseinandersetzungen um Rohstoffgebiete und die Routen des Rohstofftransports (vor allem Pipelines) zu den Verbrauchszentren in den Industrieländern steigen. Das gemeinsame Interesse der Industrieländer bricht sich an der Konkurrenz, so dass es in der Tendenz dazu kommen kann, dass die Multipolarität konkurrierender Mächte auch zum Aufbau von Militärmächten (Sicherheit als Dimension struktureller Macht) Anlass gibt, um die Rohstoffversorgung, damit die Wettbewerbsfähigkeit der Produktionsökonomie und schließlich auch den Zugang zu Märkten zu gewährleisten. Die Globalisierung mit dem Primat der Ökonomie verwandelt sich in eine neue Form des Imperialismus mit einem Primat der Politik. Das ist ein Imperialismus, der nicht das von Hardt und Negri (2000) beschriebene „Empire“ herausbildet.

Dies ist ein Szenario wie ein Damoklesschwert, das in der längeren Frist durchaus heruntersausen kann. Denn wenn man diese Konstellation mit der Theorie langer Wellen interpretiert, ist der Zusammenhang von ökonomischen und politischen Zyklen und kriegerischen Auseinandersetzungen nicht gänzlich abwegig. Auch zu Beginn des 21. Jahrhunderts geht es um die weltgesellschaftliche Hegemonie. Die USA werden die Strukturen der Macht nicht immer in ihrem Sinne beeinflussen können und ihre hegemoniale Position daher nicht auf Dauer halten können. Der „imperial overstretch“ ergibt sich wegen der immens hohen Kosten des Militärs, zumal bei der globalen „Terrorbekämpfung“. Er zeigt sich aber auch in den Produktions- und Reproduktionsstrukturen wegen mangelnder Wettbewerbsfähigkeit in Konkurrenz mit „new-comers“. Die Krisen des globalen Finanzsystems ihrerseits lassen erahnen, dass auch der US-Dollar nicht gegen eine Abwertung gefeit ist und dass auch große Unternehmen und Finanzinstitute zusammenbrechen können. Das Wissen ist zwar mit Hilfe der Abkommen des GATS und TRIPS vor allem zu Gunsten US-amerikanischer Unternehmen durch entsprechende Regelungen der Eigentumsrechte monopolisiert. Ein verlässlicher Schutz gegen die Heraufkunft von Konkurrenten ist dies jedoch nicht. Das skizzierte Szenario soll also anzeigen, dass trotz der dargestellten Informalisierungstendenzen und trotz Entgrenzung und „De-Nationalisierung" die Form Nationalstaat in der Gestaltung der internationalen Beziehungen präsent ist und bei der Reproduktion der Macht im globalen Raum eine wesentliche Rolle spielt.

„Global Governance"?

Ein zweites Szenario internationaler Beziehungen ist das der „ordentlichen" Informalisierung in Gestalt der „global governance". Die Regierungen der Nationalstaaten lassen es zu, dass Politik im globalen Raum institutionell und prozedural diffundiert, also hinsichtlich der Themen (Politikfelder), der Institutionen und Akteure. „Global governance" ist im Unterschied zum ersten Szenario inklusiv. Dies bedeutet nicht nur, dass alle Akteure angemessen in Entscheidungsstrukturen und -prozesse einbezogen werden, sondern dass auch ein Ressourcentransfer zwischen ihnen stattfinden muss. Die Wohlfahrtsunterschiede zwischen Ländern und Weltregionen dürfen nicht zu groß werden und die Unsicherheiten, die aus den geschilderten Informalisierungstendenzen von Arbeit, Geld und Politik resultieren, müssen bei aller Unterschiedlichkeit der Lebenslagen erträglich bleiben. Denn sonst ist ein gemeinsames Projekt wie das der globalen Strukturpolitik („global governance") von vornherein zum Scheitern verurteilt. Also handelt es sich um hohe Voraussetzungen, die angesichts unilateraler Neigungen in einer multipolaren Welt nicht gegeben sind und die vor allem mit den Bedingungen der Reproduktion relationaler und struktureller Macht konfligieren. Hier erweist sich erneut der prinzipielle Mangel der Konzepte von „global governance", in denen die Machtdispositive, die in den globalen Strukturen enthalten sind und von Akteuren in höchst ungleicher Weise mobilisiert werden können, viel zu wenig Berücksichtigung finden. Dieser Einwand macht freilich das zweite Szenario nicht unbedeutend, wie unsere obigen Ausführungen zu avantgardistischer informeller Politik gezeigt haben.

Chaotisierung der internationalen Beziehungen

Ein drittes Szenario ist das der Chaotisierung internationaler Beziehungen infolge der steigenden Bedeutung von subnationalen und extrastaatlichen Akteuren, die sich anders als NRO nicht in ein gemeinsames globales Projekt einbinden lassen, weil sie rücksichtslos nach Bereicherung streben. Anders als Bereicherung durch das Streben nach Profit erfolgt die Bereicherung von Kriegsherren durch Raub, Betrug, Erpressung und die Kollateraldelikte von Geldwäsche und Korruption, also durch eine Wiedergeburt des Plünderungskapitalismus in modernem Gewande (vgl. dazu auch sechstes Kapitel). Die

Modernität besteht nicht nur in der Verwendung moderner Waffen, Kommunikations- und Geschäftstechniken, sondern auch in der informellen Nutzung formeller Einrichtungen der globalen Ökonomie, z.B. von Banken und von Offshore-Zentren, und in der Aufhebung der zivilisatorischen Trennung von Ökonomie und Politik. Politik ist, was der Ökonomie der Kriegsherren nutzt. Die Ökonomie ist eine Rentenökonomie („rent-seeking") der Bereicherung, nicht eine Ökonomie der Erzeugung. Es geht um rücksichtslose Abschöpfung eines Surplus, den andere produziert haben, in Produktionsprozessen, die nicht die Kriegsherren organisierten. Das ist vom Prinzip her so verschieden nicht von der kleinen und großen Korruption und vor allem von der Inbesitznahme des Staates („state capture"), durch die ebenfalls ohne produktives Zutun Einkommensströme und Vermögenswerte umgelenkt und abgezweigt werden. Duffield (1998) bezeichnet dies als eine „postmoderne" Konfliktkonstellation. Dies stimmt nur zum Teil. Denn der Vielfalt der Akteure entspricht die Eintönigkeit ihres Interesses. Der Krieg ist ein Unternehmen, das jedoch anders als ein kapitalistisches Unternehmen nicht produziert, sondern destruiert. Es ist Destruktion materieller Werte, der Natur, von Menschenleben wie in jedem Krieg. Doch werden auch die sozialen und politischen Beziehungen zerstört und chaotisiert und so die Entwicklungsperspektiven von Gesellschaften möglicherweise für Generationenzeiträume blockiert.

Die Reproduktionsstrukturen der Macht unter Bedingungen der „unordentlichen" Informalisierung sind andere als in den beiden bislang dargestellten Szenarien. An der These von der „postmodernen" Konfliktkonstellation ist so viel richtig, dass es viele Zentren sind, die Komponenten der strukturellen Macht bilden. Die hegemoniale Konstellation, die die internationalen Beziehungen seit dem Zweiten Weltkrieg strukturierte, geht in großen Regionen dieser Welt verloren. Weder wird, wie in der „westlichen Welt" eine „atlantische Führungsmacht" in „unverbrüchlicher Solidarität" anerkannt, noch sind die Akteure der „unordentlichen" Informalisierung, die lokalen oder regionalen Kriegsherren und die organisierte Kriminalität in der Lage, hegemonial zu operieren, d.h. auf die Wirkung von Mechanismen des Konsenses und der Gewalt zu rechnen oder sich auf die „Technologien des Selbst" zu verlassen. Die Herrschaft lokaler Kriegsfürsten reicht so weit, wie die Schusslinie von Gewehren und Raketen. Die Reichweite der organisierten Kriminalität ist größer und sophistifizierter, da sie nicht nur auf Gewehren, sondern auf Wissen und Finanzbeziehungen beruht, wenn auch kaum auf Produktion, da ja die ökonomische Basis Raub und Betrug sind. Diese Unterschiedlichkeit ist aber die Grundlage für die Symbiose von Kriegsökonomie und organisierter Kriminalität. Nur gemeinsam wird daraus ein globales Unternehmen.

Die Ordnung der unordentlichen Informalisierung oder der „Kampf gegen den Terrorismus"

Die beiden Szenarien „ordentlicher" und „unordentlicher" Informalisierung sind aus verschiedenen Gründen nicht stabil. Das Zustandekommen der „global governance" ist eher unwahrscheinlich, und die Transformation der Kriegsökonomie in einigermaßen stabile ökonomische Produktions- und gesellschaftliche Reproduktionsstrukturen ist unmöglich. Daher wird die Wahrscheinlichkeit eines vierten Szenarios größer. Das ist der Krieg der „ordentlichen" Welt gegen die „unordentliche" Informalisierung, um sie in die hegemonialen Strukturen gewaltsam einzubeziehen. Der „Krieg gegen den Terrorismus" ist ein Vorgeschmack. Es handelt sich bei der militärischen Kampagne gegen „Schurkenstaaten", die „Achse des Bösen" und „Terrornetzwerke" keineswegs um die Hybris der Führungsriege einer Hegemonialmacht, sondern um einen Krieg des „dritten Jahrtausends". Die Mächte der kapitalistischen Ordnung versuchen die in der Reproduktionsstruktur des globalen Systems vor allem durch die Ökonomie erzeugte und durch den Markt externalisierte Unordnung unter Einsatz politischer und militärischer Macht zu beseitigen. Der „Krieg gegen den Terrorismus", der nach dem 11. September im Jahre 2001 ausgerufen wurde, findet so seine Erklärung. Solange Kriegsherren die Menschen in fernen Regionen drangsalieren, kann man Hilfsgüter und Sanitäter schicken. Bei der Diskussion informeller Arbeit haben wir bereits gesehen, dass es zu Invasionen der formellen Arbeits- und Lebenswelt kommen kann; dagegen helfen keine Mauern, hinter denen sich die besser situierte Bevölkerung Schutz suchend versteckt. Auch auf globaler Ebene gibt es die Tendenz zur Invasion. Dies reicht von der Migration bis zur Attacke auf die Symbole der ordentlichen und reichen Welt in den großen Städten. Als Invasion wird freilich nicht empfunden, wenn billige Waren auf die Märkte strömen oder wenn schmutziges Geld weiß gewaschen auf die Konten der ordentlichen Banken strömt. Denn diese zuletzt genannten Invasionen sind für die Reproduktion des Wohlstands gut, die ersten beiden nicht. Für die letzten beiden gilt das Prinzip des Freihandels, für die ersten beiden das Prinzip der Exklusion aus einer „geschlossenen Gesellschaft".

Das vierte Szenario ist aus eben diesen Gründen nicht geeignet, eine stabile Lage in der Welt zu begründen. Der „Kampf gegen den Terror" könnte allenfalls dann Erfolg haben, wenn die Ordnung nicht exklusiv bliebe. Dies erfordert, wie schon bei der Diskussion des zweiten Szenarios der „ordentlichen Informalisierung" durch „global governance" ausgeführt, eine Bereitschaft zur Umverteilung und Änderungen der Reproduktionsbedingungen der Macht in Ökonomie und Politik, das sind Transformationen, die nicht mehr wie bisher große Teile der Menschheit in die Informalität und Kriminalität drängen und sie dann zuerst lokalen Kriegsherren aussetzen, die sie auspressen und danach noch zu Opfern eines globalen Krieges machen, den die „ordentlichen" Mächte gegen Schurken, Bösewichter und Terroristen ausgerufen haben.

Ausblick: Politik menschlicher Sicherheit

Der Umgang mit Informalität ist dadurch erschwert, dass es Bereiche der Informalität mit regressiver und destruktiver und solche mit progressiver und konstruktiver Dynamik gibt. Dies haben die bisherigen Ausführungen über die Informalisierung von Arbeit, Geld und Politik gezeigt. Wir haben die „ordentliche" und die „unordentliche", die avantgardistische und die traditionalistische Informalisierung unterschieden. Theoretisch kann man diese Entwicklungsbahnen der Informalität auseinanderhalten, aber empirisch und politisch sind sie nicht immer zu trennen. Die Geldwäsche ist eine Aktivität, die das große Verbrechen rentabel macht (dies ist eine analytische Aussage) und daher unterbunden werden sollte (so lautet die normative Aussage). Hier sind die Sachverhalte klar, weil über die Normen breites gesellschaftliches Einverständnis herrscht. Doch wie ist es mit der von uns dargestellten „Dollarisierung"? Einerseits eine Maßnahme von Regierungen, um mit Hilfe des Wertankers US-Dollar Inflation und Abwertung zu bekämpfen und die Stabilität des Geldwertes zurückzugewinnen, kehrt sie sich andererseits gegen die Gesellschaft, wenn das Dollargeld, beispielsweise infolge abnehmender Wettbewerbsfähigkeit wie im Falle Argentiniens, ausbleibt. Das formelle Geld verlässt die nationale Zirkulation, zum Teil (kapital)fluchtartig in Richtung sicherer Offshore-Banken und vertraulicher Konten in Miami oder Zürich und Luxemburg. Das informelle Geld rückt an seinen Platz, Ersatzgelder oder der Produktentausch in Tauschringen. Diese Art der Informalisierung des Geldes sollte unterbunden werden, verlangt der Internationale Währungsfonds, doch um welchen Preis für die betroffenen Menschen, zumal der gleiche IWF die Informalisierung des Geldes als Dollarisierung ideologisch unterstützt und mit Krediten zur Erstausstattung mit US-Dollars wie in Ecuador finanziert hat?

Informelles Geld hat noch andere Vorzüge in der deregulierten Weltwirtschaft. Der von uns dargestellte Countertrade öffnet auch solche Regionen dem Weltmarkt, die nicht über Devisen verfügen. Das Finanzsystem springt sozusagen über seinen eigenen Schatten, wenn hohe Gewinne locken. Geldwäsche hat Länder und ihre Bürger (z.B. die Schweiz und die Schweizer) sehr reich gemacht. Der Wettbewerb von „Standorten" um die attraktivsten, d.h. niedrigsten Steuersätze auf mobiles Kapital ist im Mai 2001 von der Bush-Regierung für legitim erklärt worden, und daher haben sich die USA aus der OECD-Kampagne gegen schädlichen Steuerwettbewerb zurückgezogen.

Bei informeller Arbeit, sofern sie nicht offensichtlich illegal ist, fällt die Grenzziehung noch schwieriger als beim Geld. Schwarzarbeit an der Steuer und der Sozialversicherung vorbei mag zwar schädlich sein, erlaubt aber, wie (neo)liberale Ökonomen und Politiker nicht müde werden zu betonen, die

Schaffung von Arbeitsplätzen, die es sonst - wie sie unterstellen - nicht geben würde. Obendrein ist die Akzeptanz für „Schwarzarbeit" innerhalb des Publikums, das sie nutzt, weit verbreitet, wenn auch nicht unter denjenigen Gewerben, die Schwarzarbeit als schmutzige Konkurrenz erleben: im Handwerk, in der Bauwirtschaft. Bestimmte Formen der informellen Arbeit sind Kinder der Not: prekäre Arbeiten am Rande oder unterhalb des Existenzminimums, Subsistenzarbeit in Haushalten. Einige informelle Arbeiten sind völlig inakzeptabel, da mit den Menschenrechten nicht vereinbar: Sklavenarbeit, Zwangsarbeit. Obwohl sie bekämpft werden, breiten sie sich in nahezu allen Ländern der Welt aus.

Einige Enthusiasten der „Informalität" meinen, dass die Informalisierung des Formellen, also die fortschreitende Deregulierung von Regelwerken, die Missachtung von gesellschaftlichen Normen und die Unterhöhlung gesellschaftlicher Formen, die Richtung der globalen Transformationen angeben sollte. Auf diesem Wege könnten „bürokratische Regeln", „leistungshemmende Rigiditäten" und überhaupt unerträgliche Hemmnisse der freien Initiative abgebaut werden. Menschen sind, so lautet eine Extremposition, wie sie etwa von Hernando de Soto vertreten wird und wie sie Fürsprecher in den internationalen Institutionen findet, als Unternehmer geboren und Hindernisse, die sie an dieser Bestimmung hindern, sollten verschwinden. Per Saldo habe Informalität positive Effekte. Wir haben bereits gesehen, dass der Sektor informeller Arbeit wie ein Schockabsorber bei der Öffnung eines Landes zum Weltmarkt wirkt. In aller Regel bedeutet informelle Arbeit, dass die Löhne vergleichsweise niedrig, die Flexibilität des Arbeitseinsatzes hoch, die ökonomische und politische Macht der Arbeit in sozialen Auseinandersetzungen gering sind. Das sind günstige Bedingungen für die Rentabilität von Unternehmen. Obendrein erlaubt der informelle Sektor die Steigerung der Produktivität in den weltmarktoffenen Bereichen, weil sich diese „modernen" Sektoren der überschüssigen Arbeitskraft entledigen können, ohne dass dadurch die Soziallasten steigen. Auch dies hat positive Effekte auf Profitabilität und Wettbewerbsfähigkeit und daher auf die meisten makroökonomischen Indikatoren, angefangen beim Wechselkurs über die gesamtwirtschaftliche Wachstumsrate bis zum staatlichen Budget. Informalität ist mit der politischen Strategie der Verbesserung von Wettbewerbsfähigkeit des Standorts völlig kompatibel. Wettbewerbsfähigkeit ist das dominante Leitbild von Politik unter Bedingungen der Globalisierung. Die Senkung der Arbeitskosten ist die Methode, um dem Leitbild zu entsprechen. Wenn dieses Resultat auch durch Informalisierung erreicht werden kann, umso besser.

Auch bei informeller Politik ist es nicht anders. Schattenpolitik und „avantgardistische" Informalität erhöhen die Flexibilität der politischen Reaktion, beschleunigen Verfahren, erhöhen die Output-Effizienz des politischen Systems. Doch Schattenpolitik ist nicht in jeder Hinsicht akzeptabel und effizienzfördernd, wie wir gesehen haben. Korruption muss in einer Demokratie bekämpft werden; dieser Aussage würde eine Mehrzahl der Bürgerinnen und Bürger zustimmen. Wo liegen aber die Grenzen zu Verhaltensweisen der Reziprozität, die das Äquivalenzprinzip des Marktes korrigieren – das wiederum für die durch Korruption erzielten illegalen und dann „gewaschenen" Geldeinnahmen leitend ist? Wie verhält es sich mit Korruption im privaten Geschäftsleben und wie mit Bestechung und Bestechlichkeit von Amtsträgern? Und welche Rolle spielen jeweils die konkreten Begleitumstände? Die Grauzone ist beträchtlich, und nicht immer ist die Entmischung in eindeutiges „schwarz" und ebenso eindeutiges „weiß" möglich. Die Grenzen zwischen reziproken Beziehungen, den außervertraglichen Elementen, die jeden Vertrag auszeichnen (Emile Durkheim) und die die „Transaktionskosten" senken und der Bildung von „Sozialkapital" förderlich sind, einerseits und der simplen und schädlichen Vorteilsnahme und Vorteilsgewährung andererseits sind nicht klar zu ziehen. Und dennoch bleibt gar nichts anderes übrig als Grenzen zu setzen und legales und extralegales Handeln zu definieren.

Also ist die Informalität von Arbeit, Geld und Politik keineswegs destabilisierend für die Entwicklung des globalen Systems, nachdem die rigiden Formen der fordistischen Regulationsweise sich aufgelöst haben und nicht mehr tragen. Das kapitalistische System kann sich gut mit informellen Verhältnissen entwickeln, und zwar in aller Welt, wie wir gesehen haben. Das ist kein Wunder. Denn Informalität ist in vieler Hinsicht gleichbedeutend mit einer Entfesselung des Kapitalismus, mit einem Bruch der Formen, die mit ihren Regeln immer gesellschaftliche Kompromisse einhielten, an die sich nun der entfesselte Kapitalismus nicht zu halten braucht. Jedoch kann diese Informalisierung der Regel- und Formlosigkeit gefährlich werden. Es gehen Sicherheiten verloren, die für die Reproduktion der Menschen wichtig, manchmal unerlässlich sind, und ohne die auch die ökonomische Entwicklung blockiert und die Profitabilität reduziert werden.

Daher wird eine Gegenposition zum neoliberalen Leitbild formuliert: Die informellen Bereiche sollten formalisiert werden, weil die Stabilität der sozialen Reproduktion auf allen Ebenen, von der lokalen Einheit bis zum System der internationalen Beziehungen durch die Auflösung von normgestützten sozialen Formen gefährdet ist. Tatsächlich gibt es die Auswüchse und Grenzüberschreitungen der Informalität in Bereiche des Illegitimen, ja Kriminellen. Dagegen wenden sich auch die liberalen Befürworter der Deregulierung. Die „unordentliche" Informalisierung der Politik kann in bürgerkriegsähnliche Verhältnisse umschlagen, mit einem die Leidensfähigkeit der Menschen überschreitenden Ausmaß an Unsicherheit. Dazu haben wir uns in den vorangegangenen Kapiteln ausführlich geäußert. Dies bringt uns zu unseren Ausführungen zu Beginn dieses Buches zurück. Informalisierung bedeutet für diejenigen, die informell arbeiten oder von den Auswirkungen informeller Politik betroffen sind oder mit informellem Geld in Kontakt geraten, einen Verlust von Sicherheiten: von sozialer, ökonomischer, auch politischer Sicherheit, wenn wohlfahrtsstaatliche Leistungen abgebaut werden oder gar nicht zum Zuge kommen, weil sie im informellen Arbeitsvertrag gar nicht enthalten sind; von öffentlichen Sicherheiten, wenn das staatliche Gewaltmonopol (teil)privatisiert wird; von „menschlicher Sicherheit" generell, wenn im Zuge der Informalisierung von Politik die Bereitstellung öffentlicher Güter reduziert und in private Hände überführt wird.

Vom Verlust sozioökonomischer Sicherheit sind heute die meisten (direkt oder indirekt) abhängigen Erwerbstätigen betroffen, in den formellen Bereichen der Ökonomie ebenso wie in den informellen. Um dies erkennen zu können, braucht es freilich einen weiten Blick. Sonst werden Defizite an sozioökonomischer Sicherheit gleichgesetzt mit dem Fehlen grundlegender Einkommenssicherheit in Niedriglohnländern. Doch sind auch arbeitsbezogene Ängste, psychische und psychosomatische Störungen, die gerade in Ländern mit einem hohen Einkommen und einem noch immer großen Sektor formeller Arbeitsverhältnisse einen rasanten Anstieg erfahren haben, Ausdruck mangelnder sozioökonomischer Sicherheit. Aus guten Gründen formuliert die ILO daher universelle Ansprüche an „decent work", die für Lohnarbeiter auf dem formellen Arbeitsmarkt wie für nicht-registrierte Lohnarbeit und für (kleine) Selbstständige im informellen Sektor Geltung haben sollten, für Organisierte ebenso wie für Unorganisierte, für die sichtbaren Arbeitskräfte in den Fabriken, Büros und Geschäften genauso wie für die unsichtbaren, die Heimarbeit verrichten oder als Hausangestellte arbeiten.

Freiheit, Gleichheit, Sicherheit und Menschenwürde *in* der Arbeit sind gebunden an die *Sicherheit,* (1) einen Arbeitsplatz zu bekommen, (2) ein der Tätigkeit adäquates und existenzsicherndes Einkommen zu erhalten, (3) vor willkürlicher Entlassung geschützt zu sein, (4) marktgängige Qualifikationen erwerben und erhalten und (5) auf der Basis einer berufsförmigen Kompetenzentwicklung die Erwerbsbiographie nach eigenen Vorstellungen gestalten zu können. Außerdem ist „anständige" Arbeit („decent work") nicht vorstellbar ohne (6) einen ausreichenden Arbeits- und Unfallschutz, der vor gesundheitlichen Risiken der Arbeit bewahrt, (7) eine Begrenzung der Arbeitszeit und die bestmögliche Vermeidung unsozialer Arbeitszeiten und vor allem anderen ohne (8) die Gewährleistung kollektiver Vertretungsmöglichkeiten am Arbeitsmarkt durch Gewerkschaften, (Arbeitgeber-)Verbände und andere Organisationen (vgl. ILO 2000b; Standing 1999, v.a. Teil III). Erwerbsarbeit kann ein Mittel sozialer Inklusion in die Gesellschaft sein. Doch erfüllt sie diese Funktion nur dort, wo individuelle und kollektive Rechte in der Arbeit und auf dem Arbeitsmarkt garantiert und Diskriminierung und Zwang ausgeschaltet sind. Erwerbsarbeit kann nur dann einen Status in der Gesellschaft begründen und soziale Anerkennung vermitteln, wenn ein jeder Mann und eine jede Frau - ob sie nun in der Landwirtschaft oder als Hausangestellte arbeiten, in Mikro- und Kleinunternehmen, im öffentlichen Dienst oder in großen Industrieunternehmen, in „export processing zones" oder im informellen Sektor im engeren Sinne - die Möglichkeit haben, gegen unwürdige Arbeitsbedingungen ihre Stimme zu erheben, Widerspruch anzumelden.

„Work in unacceptable conditions may on the contrary be a source of exclusion. Similarly, the immediate goals of an anti-poverty programme may be secure income and employment, but rights and representation are needed to achieve them" (ILO 2001a: 21). „The right to organize is vital if the poor are to claim rights, to improve their capacity to earn a living and to secure a fair share in economic benefits. Failure to make such connections leads to the view of 'work first, decent work later'. Unfourtunately, far often 'later' never comes" (ebd.: 18).

Die gegenwärtige Entwicklung ist jedoch eine andere: Unter dem Leitbild der Wettbewerbsfähigkeit des Standorts findet eine Deregulierung von Regeln und Normen des Arbeitsmarktes und des Arbeitsprozesses statt, die auf eine Rückkehr der überwunden geglaubten „Politischen Ökonomie der Unsicherheit" hinausläuft. Immer mehr Menschen werden der Voraussetzung beraubt, einem selbstgesteuerten, vernünftigen Lebensplan folgen zu können. Unter dem Signum der „Flexibilisierung" werden sie einer grundlegenden Freiheit beraubt, nämlich der, selbstverantwortlich handeln und entscheiden zu können. Diese Freiheit kann ohne sozioökonomische Sicherheit im umfassenden Sinne nicht existieren, weder im Produktionsprozess noch in den Haushalten.

Allerdings gibt es gute Gründe, einigen der genannten Grundsicherheiten Vorrang vor anderen einzuräumen: Arbeitsmarkt- und Beschäftigungssicherheit sind in einer globalisierten Ökonomie nicht allen Menschen im gleichen Umfang und unter fairen Bedingungen zugänglich. Oft sind diese nur um den Preis von anderen, möglicherweise wertvolleren Formen von Sicherheit zu erreichen: Die Beschäftigung kann dadurch ausgeweitet werden, dass eine Senkung der Löhne, weniger sozialer Schutz, eine gesundheitsgefährdende Verdichtung und/oder Ausweitung der Arbeitszeit in Kauf genommen und die Vergrößerung sozialer Ungleichheit als unvermeidliche Begleiterscheinung der Beschäftigungsausweitung akzeptiert werden. Außerdem ist für viele Menschen Einkommenssicherheit nicht durch jede beliebige Beschäftigung realisierbar. Daher kann es nicht um die Förderung von „Arbeit als solcher" gehen. Denn viele Arbeitsverhältnisse sind bestens geeignet, die intellektuellen Fähigkeiten und die Flexibilität, die für die Selbststeuerung, für hochproduktive und für viele reproduktive Tätigkeiten benötigt werden, zu zerstören.

Politische Initiativen sind vornehmlich darauf auszurichten, Einkommenssicherheit, berufliche Sicherheit und Vertretungssicherheit für alle Menschen zu gewährleisten; das sind die Minimalformen von Produktion und Reproduktion, die der Informalisierung Schranken setzen. Vor allem die berufliche Sicherheit ist ein unverzichtbares und zentrales Element von sozioökonomischer Sicherheit. Dies gilt sowohl für Menschen mit hohen formalen Qualifikationen als auch für solche mit geringen. Heute ist diese Art von Sicherheit das Privileg einer Minderheit; daher bedarf es der gezielten Förderung von beruflichen Tätigkeiten, nicht von Erwerbsarbeit an sich. Doch wo Einkommenssicherheit fehlt, ist es gar nicht möglich, berufliche Sicherheit zu erfahren. Daher gehören diese beiden Grundsicherheiten, zusammen mit der Sicherheit, Widerspruch anmelden zu können, ohne dafür Repressalien zu erfahren, also eine „voice"-Option im Sinne von Albert Hirschman zu haben, zu den unhintergehbaren Kernbestandteilen menschlicher Sicherheit. Weil berufliche Standards und die Sicherheit des Einkommens geschützt werden müssen, ist das Recht auf kollektive Interessenvertretung elementar. Doch auch die Sicherheit, durch „lebenslanges Lernen" die in einer Erwerbsbiographie erworbenen Qualifikationen fortschreiben zu können - statt diese immer wieder neu vergessen zu müssen - und die Chance zu haben, mit der Dauer eines Erwerbslebens eine Verbesserung von Kompetenz, sozialem Status und individueller Handlungskontrolle, also „occupational security" erreichen zu können, gehört zu den Grundsicherheiten, die „decent work" für formell wie für informell beschäftigte Menschen gewährleisten sollte.

Die Ausführungen zeigen, dass Arbeit - auf dem Arbeitsmarkt, im Arbeitsprozess und bei der Entlohnung - geregelt werden muss, um sozioökonomische Sicherheit zu erzeugen. Informalität erzeugt keine stabile Lage, in der die Mindestansprüche der Sicherheit erfüllt werden könnten. Dieser Schlussfolgerung folgt aber sogleich die Frage nach den Formen, die sich im Prozess der globalen Transformationen herausbilden und die - anders als die Informalitäten heute - aus Unsicherheit herausführen. Dies ist die entscheidende Frage: inwieweit neue Formen mit neuen Verbindlichkeiten auch neue Verhältnisse von sozioökonomischer und im weiteren Sinne von menschlicher Sicherheit in dem zuvor dargelegten Sinne zu erzeugen in der Lage sind.

Die ILO verfolgt die Strategie, den informellen Sektor zu formalisieren:

„Support to the informal sector should be viewed as part of a long-term strategy aimed at increasing the formal sector jobs and strengthening the conditions and principles which regulate labour relations, working conditions and employment opportunities in order to allow economic integration, social cohesion and democracy" (Forastieri 1999).

Ein wichtiger Beitrag der Formalisierung von Informalität wären bessere Daten über Umfang und Dynamik des informellen Sektors. Dies wäre wichtig, um die „Grauzonen" zwischen Formalität und Informalität, zwischen Informalität und Illegalität bzw. Kriminalität aufzuhellen. Nur wenn die Sachverhalte einigermaßen deutlich festgelegt sind, lässt sich illegale und vor allem kriminelle Informalität bekämpfen.

Wichtig ist ein ausreichendes Angebot an öffentlichen Gütern, von Gesundheitsdiensten bis zum Bildungssystem etc. Informalität ist sehr häufig eine Antwort auf den Mangel an öffentlichen Gütern, der nicht zuletzt durch die Privatisierungsprogramme der vergangenen zwei Jahrzehnte in aller Welt verschärft worden ist. Selbst für einen positiven Individualismus sind öffentliche Ressourcen und unterstützende Strukturen notwendig. Denn diese können durch die Solidarität im sozialen Nahbereich von Familie, Verwandtschaft, Herkunftsgruppe unter den Bedingungen einer globalisierten Modernisierung von Produktions- und Gesellschaftsverhältnissen in immer geringerem Umfang erbracht werden. Daher bedarf es zur Aufrechterhaltung des gesellschaftlichen Zusammenhangs staatlicher Regulierungen und vermutlich auch eines großen öffentlichen Sektors.

Da aber Informalität nicht gänzlich in Formalität überführt werden kann, müssen Angebote für den informellen Sektor gemacht werden: von der Ausweitung der sozialen Sicherungssysteme (Einbezug der „Informellen" in staatliche oder selbstorganisierte Systeme der Kranken- und Altersversicherung) und der sozialen Dienstleistungen (Bildungs- und Kinderbetreuungsangebote, Rechtsberatung etc.) bis zur Versorgung mit Mikrokrediten und zu spezifischen Maßnahmen des „capacity building" (Hilfen zur Stärkung und Koordinierung von Basisaktivitäten, Förderung von Kooperativen, Schulungsmaßnahmen und Regelung von Vertretungsrechten gegenüber lokalen, nationalen und internationalen Institutionen). Diese müssen besonders auf Frauen zugeschnitten werden, da die Mehrzahl der Informellen Frauen sind.

Allerdings ist der informelle Sektor, wie gezeigt worden ist, höchst heterogen, so dass jeweils spezifische Maßnahmen zu ergreifen wären: in Bezug auf den Schutz von Heimarbeitern (Ratifizierung der ILO-Konvention No. 177 und 184, die bislang nur von Finnland und Irland ratifiziert wurden) oder von „contract workern", also von Arbeitskräften bei Zulieferern von transnationalen Unternehmen, für die es bislang noch keine vergleichbare Regelung gibt. Dabei können internationale Gewerkschaftssekretariate, nationale Vertretungen von Gewerkschaften und Belegschaftsvertreter großer Unternehmen aus den Industrieländern eine wichtige Rolle spielen: indem sie ihre Ressourcen (Informationen, Geld und Personal) in die bereits existierenden Netzwerke grenzüberschreitender Mobilisierung von „informal workers" einbringen und/oder Basisaktivitäten in den Ländern des Südens und Ostens, in Zusammenarbeit mit lokalen und internationalen NGOs, unterstützen. Die Gewerkschaften könnten im Übrigen viel für die Organisierung informeller Arbeit tun, wenn sie sich dafür einsetzen, dass internationale Netzwerke (wie Home/Net, StreetNet oder WIEGO) von internationalen (Entwicklungs-)Organisationen als Gesprächs- und Verhandlungspartner anerkannt würden.

Generell sind alle Anstrengungen darauf zu konzentrieren, den ILO-Kernarbeitsnormen überall in der Welt zur Durchsetzung zu verhelfen. Dies wird nur möglich sein, wenn Arbeits- und Sozialstandards als zentrale Elemente des Kampfes für Menschenrechten der zweiten und dritten Generation und der Bekämpfung von modernen Formen von Zwangs- und Sklavenarbeit, extremer Kinderarbeit, des Menschenhandels und der erzwungener Prostitution verstanden werden.

Die durch Informalisierung des Geldes erzeugten Unsicherheiten lassen sich allenfalls reduzieren. Denn finanzielle Beziehungen sind immer instabil und daher risikobehaftet. Doch diese „normale" Instabilität in einer kapitalistischen Geldwirtschaft ist nicht gemeint, wenn von monetär bedingten Unsicherheiten die Rede ist. Es handelt sich um Unsicherheiten, die sich aus mangelnder Integrität der Finanzinstitutionen ergeben, wenn sie Geldwäsche zulassen oder gar fördern und aktiv betreiben und daran verdienen. Diese Unsicherheit ist anders als im Fall soziökonomischer Unsicherheit individuell nicht direkt erfahrbar, wohl aber kollektiv: wenn öffentliche Kassen geplündert werden oder kriminelle Machenschaften, unter denen alle leiden, belohnt werden. Die schädlichen Wirkungen der Geldwäsche sind offenbar; wir haben dies im achten Kapitel ausführlich dargelegt. Diesen Tendenzen kann man nur mit Maßnahmen der Regulierung von sehr weitgehend liberalisierten globalen Finanzmärkten begegnen, vor allem durch Kontrolle von Offshore-Zentren, mancher Fonds und von Derivatgeschäften und kurzfristigen Kapitalbewegungen. Wir haben bereits im achten Kapitel auf einige Maßnahmen hingewiesen, die unmittelbar nach dem 11. September 2001 zur Kontrolle der Geldwäsche getroffen wurden. Die trotz Finanzaufsicht bestehenden Möglichkeiten der Geldwäsche unter Einschaltung von Offshore-Finanzzentren und Untergrundbanken („Hawala-Banken") sind offenbar ebenso genutzt worden wie Verschleierungsmöglichkeiten im Countertrade.[1] Wenn also in-

[1] Auch gab es unmittelbar nach dem 11. September 2001 den dringenden Verdacht, dass an der Wall Street Insider-Geschäfte mit Leerverkäufen der von den Attentaten besonders betroffenen Versicherungs- und Luftverkehrsaktien getätigt worden seien. Dieser Verdacht

formelles Geld an den formellen Regeln vorbei der Finanzierung organisierter Kriminalität und sogar von Terrornetzen dient, dann ist das Ausmaß an menschlicher Unsicherheit offensichtlich. Durch Maßnahmen der Regulierung kann es reduziert werden.

Das höchste Ausmaß an Unsicherheit wird, wie wir in den Kapiteln über informelle Politik gesehen haben (insbesondere im dreizehnten Kapitel), durch die Politik erzeugt. Informelle Politik ist auch in den „freundlichen" Varianten mit der Umgehung oder Aushebelung formeller und daher überprüfbarer Verfahren verbunden. Handelt es sich um „unordentliche" Informalisierung, ist die Unsicherheit am größten. In den „neuen Kriegen" wird Sicherheit zum Geschäft und Unsicherheit eine notwendige Bedingung dafür, dass Sicherheit „gekauft" wird. Äußere Eingriffe, wie der „Krieg gegen den Terror" sind nicht geeignet, die menschliche, öffentliche und äußere Sicherheit zu erhöhen. Dies kann einer verunsicherten Bevölkerung nach den Attentaten vom 11. September 2001 vorgemacht werden. Aber durch einen Krieg wird allenthalben Unsicherheit erzeugt: in den Kriegsgebieten am meisten, aber in geringerem Ausmaß auch anderswo, etwa durch die Auslösung von Fluchtbewegungen oder banalerweise auch infolge der Wirkungen von Kriegen auf den Preis des Erdöls. Mit der Unsicherheit der Energieversorgung wiederum können gute Geschäfte gemacht werden, und die politische Reckte gewinnt mit dem Versprechen repressiver Sicherheit Wahlen.

Die Unsicherheit reproduziert sich selbst, weil Unternehmen, ja ganze Wirtschaftszweige damit höchste Profite machen können, wenn nicht internationale Politik auf die Reduzierung von Unsicherheit orientiert. Dies aber würde genau jene Transformation der Reproduktionsbedingungen von Macht bedeuten, die in der weltpolitischen und weltökonomischen Konstellation nach 2001 unwahrscheinlicher denn je ist.

Informalität ist daher nicht zu beseitigen. Neue stabile Formen der gesellschaftlichen Produktion und Reproduktion können gar nicht so schnell entstehen, wie sie im Zuge der Deregulierung, Liberalisierung, Flexibilisierung und Privatisierung unterminiert, verändert, zerstört werden. Auch bei der Entwicklung sozialer Formen sind wir mit dem Problem unterschiedlicher Tempi der sozialen Entwicklung konfrontiert. Die Informalität verändert sich und wird in mancher Hinsicht etwas Normales. Die informelle Normalität darf aber nicht als eine „neue" Regulationsweise bzw. Gesellschaftsformation interpretiert werden, die dem „alten" inzwischen informalisierten Formgefüge

---

konnte später nicht erhärtet, aber auch nicht gänzlich ausgeräumt werden. Ungewöhnliche Bewegungen an den Weltbörsen hat es jedenfalls vor den Anschlägen auf das World Trade Center und das Pentagon gegeben.

des „Fordismus" folgt. Denn es fehlen alle systemischen Merkmale, wie Komplementarität der Institutionen, Kongruenz der ökonomischen, sozialen, politischen Regeln und Rhythmen, Kompatibilität von Entwicklungspfaden gesellschaftlicher Teilbereiche.

Vielleicht ist die Welt informeller Arbeit mit einem großen Ausmaß sozioökonomischer Unsicherheit, des informellen Geldes mit hohen Instabilitäten, die immer wieder zu verheerenden Krisen führen, und mangelnder institutioneller Integrität, der informellen Politik, in der sich niemand wegen der Teilprivatisierung des Gewaltmonopols sicher fühlen kann, gegenwärtig die „beste aller möglichen Welten". Auf diese Denkfigur sind wir bei der kursorischen Behandlung der Leibnizschen „Monadologie" (im elften Kapitel) gestoßen. Voltaire hat sich damit in seiner bösen Satire „Candide oder der Optimismus" von 1759 auseinandergesetzt. Darin lässt er den Philosophen Pangloss über die beste aller möglichen Welten räsonnieren, oder wie der Name Pangloss nahelegt: schwadronieren. Dieser meint zwar nach furchtbaren Erfahrungen auf einer Reise durch die Erbärmlichkeiten und Schrecken der „besten aller möglichen Welten", dass „es keine Wirkung ohne Ursache gäbe und daß in der bestmöglichen aller Welten ... die Dinge nicht anders sein können, als sie sind, denn da alles um eines Zwecks willen geschaffen ist, dient alles notwendigerweise dem besten Zweck". Zuvor hatte er schon dargelegt: „Bemerken Sie bitte, daß die Nasen geschaffen wurden, um Brillen zu tragen, so haben wir denn auch Brillen" usw. (Voltaire 1759/1990: 5f). Aber Pangloss gibt Candide schließlich doch Recht, wenn er am Ende der fürchterlichen Reise durch eine Welt von Mord und Totschlag und Sklaverei, von Armut und Elend ganz lutherisch davon spricht, „daß wir in unserem Garten arbeiten müssen" – „Ihr habt recht", sagte Pangloss, „denn als der Mensch in den Garten Eden gesetzt wurde, geschah dies ... auf daß er ihn bebaue, was beweist, daß der Mensch nicht zum Ausruhen geschaffen wurde." – „Arbeiten wir also, ohne zu philosophieren, ... denn das ist das einzige Mittel, das Leben erträglich zu machen." (Voltaire 1759/1990: 148). Heinrich Heine, der wie Goethe und Schiller Leibniz hoch schätzte, fügt 1824 in der „Harzreise" hinzu: „Der Philosoph Pangloß hat Recht, es ist die beste Welt! Aber man muß Geld in dieser besten Welt haben, Geld in der Tasche und nicht Manuskripte im Pult ..." (205).

Der Globalisierung der Unsicherheit folgt keine Epoche neuer Sicherheiten. Informalität von Arbeit, Geld und Politik kennzeichnet die Existenzbedingungen der Menschen. Arbeit, um das Leben erträglich zu machen, empfiehlt Voltaire. Geld in der Tasche wünscht sich Heinrich Heine. So kann man durch die unsicheren Gefilde der besten aller möglichen Welten hindurchkommen. Die Aufgabe der politischen Gestaltung von Arbeit und Geld aber bleibt: mehr Sicherheit in unsicheren Zeiten zu erzeugen.

Abkürzungsverzeichnis

ACE	American Countertrade Association
ATTAC	Association pour une Taxation des Transactions Financières pour l'aide aux Citoyens
BAKred	Bundesaufsichtsamt für das Kreditwesen
BAWe	Bundesaufsichtsamt für den Wertpapierhandel
BCC	Business Crime Control
BGB	Bürgerliches Gesetzbuch
BIP	Bruttoinlandsprodukt
BIZ	Bank für Internationalen Zahlungsausgleich
Blue 21	Berliner Landesarbeitsgemeinschaft Umwelt und Entwicklung (NGO zu umwelt- und entwicklungspolitischen Themen)
CCC	Clean Clothes Campaign
EBRD	European Bank of Reconstructing and Development/Europäische Bank für Wiederaufbau und Entwicklung
EPZ	Export Processing Zone/Freie Exportzone
EZB	Europäische Zentralbank
FATF	Financial Action Task Force on Money Laundering der OECD
FSF	Financial Stability Forum
GBD	Global Business Dialogue für Electronic Commerce
GTZ	Deutsche Gesellschaft für Technische Zusammenarbeit GmbH
GUS	Gemeinschaft Unabhängiger Staaten
ICPC	International Committe of the Red Cross/Internationales Kommitte des Roten Kreuzes
ILO	International Labour Organisation
IMF/IWF	International Monetary Fund/Internationaler Währungsfonds
IOSCO	International Organization of Securities Commissions
ISO	International Standard Organization
MAI	Multilateral Agreement on Investment
MOE	Mittel-und osteuropäische Staaten
NGO/NRO	Non-Govermental Organzations/Nicht-Regierungs-Organisationen
OECD	Organization for Economic Cooperation and Development
OFC	Off-Shore Financial Centres
OGD	Office für Crime Control and Crime Prevention
OPT	Outward Precessing Trade
PPP	Public-Private-Partnership
PSI	Private Sector Involvement
TI	Transparancy International

TNU	transnationale Unternehmen
TRIPs	Trade Related Aspects of Intellectual Property Rights
UNCTAD	United Nations Conference on Trade and Development
UNDP	United Nations Development Pragramme
WEED	World Economy, Ecology & Development/Weltwirtschaft, Ökologie & Entwicklung (NRO zur Nord-Süd- und Umwelt-Politik)
WEF	World Economic Forum
WIEGO	Women in Informal Employment: Globalizing and Organizing
WSF	World Social Forum
WTO	World Trade Organization

Abbildungsverzeichnis

Tabellenverzeichnis

Literatur

Adair, Philippe (1998): O setor informal urbano na Africa, in: *Ensaios FEE*; ano 18, nr. 2: 100-125

Aden, Abdurahman (2002): Somalia ist nicht Bin Ladens Land, in: *EPD-Entwicklungspolitik*, Nr. 1 (2002)

Aglietta, Michel (2000): *Ein neues Akkumulationsregime. Die Regulationstheorie auf dem Prüfstand*, Hamburg (VSA)

Aglietta, Michel/Brender, A. (1984): *Les Mètamorphoses de la société salariale*, Paris

Agnoli, Johannes (1967): Die Transformation der Demokratie, in: Agnoli, Johannes/ Brückner, Peter: *Die Transformation der Demokratie*, Berlin (Voltaire Verlag)

Albert, Michel (1991): *Capitalisme contre Capitalisme*, Paris (Editions du Seuil)

Albrecht, Ulrich (o.J.): Informelle Regulation in Transformationsgesellschaften, in: Hopfmann, Arndt/Wolf, Michael (Hg.), *Transformation und Interdependenz. Beiträge zu Theorie und Empirie der mittel- und osteuropäischen Systemwechsel*, Münster (Lit-Verlag): 179-209

Alemann, Ulrich von (1994): Schattenpolitik. Streifzüge in die Grauzonen der Politik, in: Leggewie, Claus (Hg.): *Wozu Politikwissenschaft? Über das Neue in der Politik*, (Wissenschaftliche Buchgesellschaft) Darmstadt: 135-144

Alternatives Sud (1997): Éditorial: Stratégies de survie ou émergence de nouveaux modèles, in: *Alternatives Sud*, vol. IV, no. 2 (1997): 5-17

Altvater, Elmar (1992): Der Preis des Wohlstands, Münster (Westfälisches Dampfboot)

- (1998a): Die prästabilierte Harmonie, die unsichtbare Hand und die moderne Globalisierung, in: *Sitzungsberichte der Leibniz-Sozietät*, Band 23, H. 4 (1998): 5-38

- (1998b): Theoretical Deliberations on Time and Space in Post-socialist Transformation, in: *Regional Studies*, Vol 32, No.7 (1998): 591-605; deutsch (in ausführlicher Version): Geoökonomie und neuer Arbitragekapitalismus. Raum- und Zeitregime in postsozialistischen Transformations-Prozessen, in: *Widerspruch* 36, Jg. 18, H. 26 (1998): 19-41

- (1999): Vernetzung ungleicher Partner. NGOs und Gewerkschaften in der Kampagne für 'Codes of Conduct', in: Klein, Ansgar/Legrand, Hans-Josef/Leif, Thomas (Hg.): *Neue soziale Bewegungen. Impulse, Bilanzen und Perspektiven*, Opladen und Wiesbaden (Westdeutscher Verlag): 320-340

- (2001): Geld stinkt doch! Oder: Wie schmutziges Geld durch Geldwäsche auf saubere Konten gelangt, in: *PROKLA 124 - Zeitschrift für kritische Sozialwissenschaft*, Jg. 31, H. 3 (2001): 327-352

- (2002): The Growth Obsession, in: Panitch, Leo/Leys, Colin (ed.): *Socialist Register 2002: A World of Contradictions*, London (MerlinPress/Frenwood Publishing/ Monthley Review Press): 73-92

Altvater, Elmar/Hecker, Rolf/Heinrich, Michael/Schaper-Rinkel, Petra (1999): *Kapital.Doc - Das Kapital (Bd. 1) von Marx in Schaubildern mit Kommentaren*, Münster (Westfälisches Dampfboot)

- /Mahnkopf, Birgit (1996; 1999, 2002): *Grenzen der Globalisierung. Ökonomie, Politik, Ökologie in der Weltgesellschaft*, Münster (Westfälisches Dampfboot)

-/- (2000): „New Economy" - nichts Neues unter dem Mond?, in: *WSI-Mitteilungen*, Jg. 53, H. 12 (2000): 770-778

Andreas, Peter (1999): When Policies Collide: Market Reform, Market Prohibition, and the Narcotization of the Mexican Economy, in: Frimen, Richard/Andreas, Peter (ed.), *The Illicit Global Economy and State Power*, Lanham/Boulder/New York/Oxford (Rowman & Littlefield Publishers): 125-142

Andrees, Beate (2001): Staatsauflösung und Kriegsfinanzen: Zur Rolle der Kriminalität im Kosovo-Konflikt, in: *PROKLA 124 - Zeitschrift für kritische Sozialwissenschaft*, Jg. 31, H. 3(2001): 411-428

Angoustures, Aline/Pascal, Valérie (1999): Diaspora und Konfliktfinanzierung, in: Jean, Francois/Rufin, Jean- Christophe (Hg.), *Ökonomie der Bürgerkriege*, Hamburg (Hamburger Edition HIS Verlagsgesellschaft): 401-439

Aristoteles (1991): *Die Nikomachische Ethik*, Müchen (dtv)

Arlacchi, Pino (1989): *Die unternehmerische Mafia. Mafiose Ethik und der Geist des Kapitalismus*, Frankf/M. (Cooperative-Verlag)

- (1999): *Ware Mensch - Der Skandal des modernen Sklavenhandels*, München/ Zürich (Piper)

- (2000): Opening Statement by Pino Arlacchi, Under-Secretary-General, Executive Director United Nations Office for Drug Control and Crime Prevention, in: *Symposium on the Roule of Law in the Global Village*, Palermo, 12 December 2000

Aslanbeigui, Nahid/Summerfield, Gale (2000): The Asian Crisis, Gender, and the International Financial Architecture, in: *Feminist Economics*, Vol. 6, No. 3 (2000): 81-103

Bahro, Rudolf (1977): *Die Alternative. Zur Kritik des real existierenden Sozialismus*, Köln und Frankfurt/M. (Europäische Verlagsanstalt)

Bair, Jennifer/Gereffi, Gary (2000): Industrielle Entwicklung, Netzwerke und Beschäftigung in der Warenkette der Bekleidungsindustrie, in: Dörrenbächer, Christoph/ Plehwe, Dieter (Hg.), *Grenzenlose Kontrolle? Organisatorischer Wandel und politische Macht multinationaler Unternehmen*, Berlin (edition sigma): 195-2412

Baker, Raymond W. (2000): Illegale Kapitalflucht, in: *Internationale* Politik, Jg. 55, Nr. 6 (2000): 17-22

Bakker, Isabella/Elson, Diane (1998): *Towards Engendering Budgets*, Alternative Federal Budget Papers Series, Ottawa (Canadian Center for Policy Alternatives)

Bales, Kevin (2001): *Die neue Sklaverei*, München (Kunstmann)

Bangura, Yusuf (2000): Strategic Policy Failure and Governance in Sierra Leone, in: *The Journal of Modern African Studies*, Vol. 38, No. 4 (2000): 551-577

Barber, Benjamin R. (1995): *Jihad vs. McWorld. How Globalism and Tribalism are Reshaping the World*, New York (Ballatine Books)

Barndt, D. (1999): Whose 'Choice'? Flexible Women Workers in the Tomato Food Chain, in: D. Barndt, *Women Working in the NAFTA Food Chain: Woman, Food and Globalization*, Toronto (Second Story Press): 61-80

Bauman, Zygmunt (1999): Die Moderne als Geschichte der Zeit, in: W. Fricke (Hg.), *Arbeit, Umwelt und Technik in der Wissensgesellschaft*, Bonn: 43-60

- (2000): Die Krise der Politik. Fluch und Chance einer neuen Öffentlichkeit, Hamburg (Hamburger Edition HIS Verlagsges.)

Bayart, Jean-Francois (1989): *L'Etat en Afrique. La politique du ventre*, Paris (Fayard)

-/Ellis, Stephen/Hibou, Béatrice (1999): *The Criminalization of the State in Africa*, Oxford/Blomington/Indianapolis (The International African Institute in asssociation with James Currey/Indiana University Press)

Beneriá, Loudes (1999): The Enduring Debate over Unpaid Labour, in: *International Labour Review*, Vol. 138, No. 3 (1999): 287-309

Berg, Andrew/Borensztein, Eduardo (2001): *Full Dollarization. The Pros and Cons*, IMF, Economic Issues 24, Washington D.C.

Birle, Peter (2000): Arbeitsbeziehungen in Südamerika: Zwichen Tradition und Reform, in: Prutsch, Ursula (Hg.), *Arbeit als Machtinstrument. Soziale, ökonomische und kulturelle Auswirkungen in Lateinamerila*, Frankfurt/M. (Brandes & Apsel/Südwind): 89-107

BIZ (Bank für Internationalen Zahlungsausgleich) (2000): *70. Jahresbericht*, Basel

Blanes Jiménez, José (1989): Cocaine, Informality, and the Urban Economy in La Paz, in: Portes, Alejandro/Castells, Manuel/Benton, Lauren A. (ed.): *The Informal Economy. Studies in Advanced and Less Developed Countries*, Baltimore, London (Johns Hopkins University Press): 135-149

Bloch, Ernst (1977): *Zwischenwelten in der Philosophiegeschichte*. Aus Leipziger Vorlesungen, Frankfurt/M. (Suhrkamp)

BMZ (Bundesministerium für wirtschaftliche Zusammenarbeit und Entwicklung) (2000): *Spezial: Internationale Insolvenzregelungen für Entwicklungsländer*, Stellungnahme des Wissenschaftlichen Beirats beim BMZ

Bogetic, Zeljko (2000): Official Dollarization: Current Experiences and Issues, in: *The Cato Journal*, Vol. 20, No 2 (2000): 179-214

Boltanski, Luc/Chiapello, Ève (1999): *Le nouvel esprit du capitalisme*, Paris (Gallimard)

Böröcz, Jozsef (1993): Informality and the Second Economy in East-Central Europe, in: F.J. Schoepfle/Perez-Lopez, J.F. (Eds.), *Work Without Protection: Case Studies ot the Informal Sector in Developing Countries*, Washington (United States, DOL Bureau of International Labour Affairs): 215-244

Bosch, Gerhard (2001): Konturen eines neuen Normalarbeitsverhältnisses, in: *WSI-Mitteilungen*, Jg. 54, H. 4 (2001): 219-230

Boserup, Ester (1970): *Women's Role in Economic Development*, New York (St. Martin's Press)

Bougarel, Xavier (1999): Zur Ökonomie des Bosnien-Konflikts: zwischen Raub und Produktion, in: Jean, Francois/Rufin, Jean- Christophe (Hg.), *Ökonomie der Bürgerkriege*, Hamburg (Hamburger Edition HIS Verlagsgesellschaft): 191-218

Boyle, T. Coraghessan (1998): *America*, München (dtv)

Brand, Ulrich/Brunnengräber, Achim/Schrader, Lutz/Stock, Christian/Wahl, Peter (2000): *Global Governance. Alternative zur neoliberalen Globalisierung?*, Münster (Westfälisches Dampfboot)

Braudel, Fernand (1986a): *Sozialgeschichte des 15. bis 18. Jahrhunderts. Der Handel*, Frankfurt/M./Olten/Wien (Büchergilde Gutenberg)

- (1986b): *Sozialgeschichte des 15. bis 18. Jahrhunderts. Aufbruch zur Weltwirtschaft*, Frankfurt/M./Olten/Wien (Büchergilde Gutenberg)

Braverman, Harry (1977): *Die Arbeit im modernen Produktionsprozeß*, Frankfurt/M./ New York (Campus)

Breman, Jan/Das, Arvind N/Agarwal, Ravi (2000): *Down and Out. Labouring under Global Capitalism*, New Delhi/Oxford/New York (Oxford University Press/ YMCA)

Brock, Lothar/Schönenberg, Regine (2000): Zwischen Privatisierung und Internationalisierung: Die Zukunft des staatlichen Gewaltmonopols, in: Schönenberg, Regine (Hg.), *Internationaler Drogenhandel und gesellschaftliche Transformation*, Wiesbaden (Deutscher Universitäts-Verlag): 7-32

Brühl, Tanja/Debiel, Tobias/Hamm, Brigitte/Hummel, Hartwig/Martens, Jens (Hg.) (2001): *Die Privatisierung der Weltpolitik. Entstaatlichung und Kommerzialisierung im Globalisierungsprozess*, Bonn (Verlag J.H.W. Dietz Nachfolger)

Burawoy, Michael (1982): *Manufacturing Consent: Changes in the Labour Process under Monopoly Capitalism*, Chicago (University of Chicago Press)

- (1984): *The Conturs of Production Politics*, discussion paper IIVG, Berlin, Wissenschaftszentrum für Sozialforschung

Buvinic, Mayra/Morrison, Andrew R. (2000): Living in a More Violent World, in: *Foreign Policy*, Spring 2000: 58-72

Calandra, Benedetta (1999): Gemeinwirtschaftliche Organisationen in Chile, in: *UTOPIE kreativ*, H. 102 (1999): 22-36

Carchedi, Guglielmo (2000): La dolarización, el Euro y la Argentina, in: *Realidad Económica 172,* 16.5.- 30.6. 2000: 51-64

Cardoso, Fernando Henrique/Faletto, Enzo (1977): *Abhängigkeit und Entwicklung in Lateinamerika*, Frankfurt/M. (Suhrkamp)

Carr, Marilyn/Chen, Martha A./Tate, Jane (2000): Globalization and Home-Based Workers, in: *Feminist Economics*, Vol. 6, No. 3 (2000): 123-142

Cartaya, Vanessa (1994): Informality and Poverty: Causal Relationship or Coincidence?, in: Rakowski, Cathy A. (ed.*): Contrapunto. The Informal Sector Debate in Latein America*, Albany (State University of New York Press): 223-249

Castel, Robert (2000): *Die Metamorphosen der sozialen Frage. Eine Chronik der Lohnarbeit*, Konstanz (UVK Universitätsverlag)

Castells, Manuel/Portes, Alejandro (1989): World Undereath: The Origins, Dynamics, and Effects of the Informal Economy, in: Portes, Alejandro/Castells, Manuel/ Benton, Lauren A.(ed.): *The Informal Economy. Studies in Advanced and Less Developed Countries*, Baltimore/London (Johns Hopkins University Press): 11-40

Cavalcanti, Clovis (1983): *Viabilidade do Setor Informal: a demanda por pequenos servicos no Grande Recife*, Recife (SUDENE, Editora Massangana)

Cerny, Philip (1994): The Infrastructure of the Infrastructure? Toward 'Embedded Financial Orthodoxy' in the International Political Economy, in: Palan, Ronen P./Gills, Barry (ed.): *Transcending the State-Global Divide. A Neostructuralist Agenda in International Relations*, Boulder and London (Lynne Reinner): 223-249

Chabal, Patrick/Daloz, Jean-Pascal (1999): *Africa Works. Disorder as Polical Instrument*, Oxford/Bloomington and Indianapolis (The International African Institute in asssociation with James Currey/Indiana University Press)

Chapleau, Philippe/Misser, Francois (1998): *Mercenaires S.A.*, Paris (Desclée de Brouwer)

Charmes, Jacque (1999): *Gender and Informal Sector. Contribution to the World's Women: Trends and Stastistics*, United Nations Statistics Division, October 1999, http://www.wiego.org

- (2000): *Informal Sector, Poverty and Gender - a Review of Empirical Evidence*, Beitrag für den Home Net's Mapping Workshop, Leeds, Mai 2000 (zit. in Musiolek 2001)

- (2000a): *Is 'Place of Work' a Pertinent and Efficent Question to better Measure and Understand the Category of Homeworkers, and More Generally, Outworkers in the Labour Force?*, Statistics Programme WIEGO, Report of an Expert Group on the Measurement of Place of Work, Geneva, 24-28- August 2000; http://www.wiego.org

- (2000b): *African Women in Food Procession: a Major, but Still Underestimated Sector of Their Contribution to the National Economy*, Paper prepared for the International Development Research Centre (IDRC), December 2000; http://www.wiego.org

- (1998): O setor informal na Africa: um crescimento que nao significa marginalizacao, in: Ensaios FEE, ano 18, Nr. 2: 64-99

Chehabi, H.E./Kinz, Juan (1998): A Theory of Sultanism - A Type of Nondemocratic Rule, in: dies.(ed.): *Sultanistic Regimes*, Baltimore and London (The Johns Hopkins University Press): 3-25

Clement, Wolfgang (2000), *Durch innovative Politik zu gerechter Teilhabe*. Rede anläßlich des Forums Grundwerte: Gerechtigkeit" der SPD in Berlin am 26. April 2000; http://www.spd.de/events/grundwerte/clement.html

Cohen, Benjamin J. (1998): *The Geography of Money*, Ithaca/London (Cornell University Press)

Collier, Paul (2000): *Economic Causes of Civil Conflict and their Implications for Policy*, Development Research Group, The World Bank (http://www.worldbank.org/research/conflict/papers.htm), gesehen zuletzt 1.3.02

-/Gunning, Jan Willem (1999a) Why has Africa Grown so Slowly, in: *Journal of Economic Perspectives,* Vol. 13, No. 3 (1999): 3-22.

-/- (1999b): Explaining African Economic Performance, in: *Journal of Economic Literature* Vol. 37, No. 1 (1999): 644-111

-/Hoeffler, Anke (2001): *Greed and Grievance in Civil War* (http://www. worldbank. org/research/conflict/papers.htm), gesehen zuletzt 1.3.02

Costa, Francisco de Assis (1989): *Amazonien - Bauern, Märkte und Kapitalakkumulation*, Saarbrücken/Fort Lauderdale (Breitenbach)

Couvrat/Pless (1993): *Das verborgene Gesicht der Weltwirtschaft*, Münster (Westfälisches Dampfboot)

Custers, Peter (2001): Diamanten, Öl und Bürgerkrieg in Afrika, in: *PROKLA 124- Zeitschrift für kritische Sozialwissenschft*, Jg. 31, H. 3 (2001): 429-442

Czempiel, Ernst-Otto/Rosenau, James N. (ed.): Governance without Goverment. Order ansd Change in World Politics, Cambridge/Mass. (Cambridge University Press)

Daly, Herman (1999): Globalization Versus Intenationalization: Some Implications; http: //www.globapolicy.org/globaliz/econ/herman2htm (zuletzt gesehen: 14.12.1999)

Danga, Désiré-Didier (1997): La Tontine en Afrique comme auxiliaire financière des agents économiques populaires, in: *Alternatives Sud*, vol IV (1997), no.2 : 79-83

David, Natascha (1999): *From Asia to Rusio to Brazil ... The Impact of the Financial and Economic Crisis on Women*, Brussels (International Confederation of Freee Trade Unions)

de Luna, Martinez José (2002): Die Herausforderungen der Globalisierung für die Schwellenländer: Lehren aus den Finanzkrisen von Mexiko und Südkorea. Inauguraldissertation am Fachbereich Politik und Sozialwissenschaft der FU Berlin

de Soto, Hernando (1991): The other Path, New York (Harper and Row); deutsch 1992: *Marktwirtschaft von unten. Die unsichtbare Revolution in Entwicklungsländern*. Zürich/Köln (Orell Füssli)

- (2000): *The Mystery of Capital. Why Capitalism Triumphs in the West and Fails Everywhere Else*, New York (Basic Books)

Desai, Raj/Goldberg, Itzhak (2000): Stakeholders, Governance, and the Russian Enterprise Dilemma, in: *Finance & Development. A quarterly Magazine of the IMF*, Vol. 37, No 2, June 2000

Deutschmann, Christoph (2001): Die Gesellschaftskritik der Industriesoziologie - ein Anachronismus? in: *Leviathan*, Jg. 29, H. 1 (2001): 58-69

Diamond, Stanley (1976): *Kritik der Zivilisation*, Frankfurt/M./New York (Campus)

Dieter, Heribert (1998): *Die Asienkrise. Ursachen, Konsequenzen und die Rolle des Internationalien Währungsfonds*, Marburg (Metropolis)

DIW (2001b): *Unbefristete Vollzeitbeschäftigung nach wie vor dominierende Erwerbsform in Europa*, Wochenbericht des DIW, Berlin, Jg. 68, 1.März 2001

- (Deutsches Institut für Wirtschaftsforschung) (2001a): *Machtlos gegen die Schattenwirtschaft? Das Beispiel Ukraine*, Wochenbericht der DIW, Berlin, Jg. 68, 20. Dezember 2001

Dolan, C./Harris-Pascal, C. et al. (1999): *Horticulture Commodity Chains. The Impact of the UK Market on the African Fesh Vegetable Industry*, Brighton (Institute of Development Studies)

Dolgapjatova, T./Simacev, J./Tambovecev, N./Jakolev, A. (1999): *Schattenwirtschaft in Rußland. Aktivitäten legaler russischer Unternehmen*, Bericht des Bundesinstituts für ostwissenschaftliche und internationale Studien, Nr. 37, Bonn

Dombois, Rainer (1998): Wohlfahrtsmix und kombinierte Strateigen sozialer Sicherung - Einleitende Überlegungen, in: *Peripherie* Nr. 69/70, Jg. 1998: 7-24

Douthwaite, Richard/Diefenbacher, Hans (1998): *Jenseits der Globalisierung. Handbuch für lokales Wirtschaften*, Mainz (Mathias-Grünewald-Verlag)

Drage, John (1993): Countering Money Laundering, in: David Hume Institue, *Money Laundering*, Edinburgh (Edinburgh University Presss)

Duchene, Gérard (1988): Economia Oficial y economia paralela en la Unión Soviética, in: Sanchis, Enric/Minana, José (ed.): *La otra economia. Trabajo negro y sector informal*, València (Edicions Alfons El Magnim): 63-98

Duffield, Mark (1998): Post-modern Conflict: Warlords, Post-adjustmentt States and Private Protection, in: *Civil Wars*, Vol. 1, No. 1 (1998) (Frank Cass, London): 65-102

Durkheim, Emil (1895/1976): *Regeln der soziologischen Methode*, hrsg. und eingeleitet von René König, Darmstadt/Neuwied (Luchterhand)

- (1976): Regeln zur Unterscheidung des Normalen und des Pathologischen, in: ders. *Regeln der soziologischen Methode*, a.a.O.: 141-164

- (1977): *Über die Teilung der sozialen Arbeit*, Frankfurt/M. (Suhrkamp)

Dussel Peters, Enrique (2000*): Polarizing Mexico. The Impact of Liberalization Strategy*, Boulder/London (Lynne Rienner Publishers); span. 1997: *La Economía de la Polarización*, México (Editorial Jus)

Ehrenreich, Barbara (1992). *Angst vor dem Absturz. Das Dilemma der Mittelklasse*, München (Kunstmann)

- (2000): Warning: This is a Rights-Free Workplace, in: *New York Time Magazin* vom 20. Juni 2000

- (2001): *Arbeit poor. Unterwegs in der Dienstleistungsgesellschaft*, München (Kunstmann)

Elias, Norbert (1976/1992): *Der Prozeß der Zivilisation*, 2 Bände, Frankfurt/M. (Suhrkamp)

Elwert, Georg (1995): Gewalt und Märkte, in: W.R. Dombrowsky und U. Pasero (Hg.), *Wissenschaft, Literatur, Katastrophe. Festschrift zum sechzigsten Geburtstag von Lars Clausen*, Opladen (Westdeutscher Verlag): 123-141.

-/Evers, Hans-Dieter/Wilkens, Werner (1983): *Die Suche nach Sicherheit: Kombinierte Produktionsformen im sogenannten Informellen Sektor*, in: Zeitschrift für Soziologie, Jg. 12, H. 4 (1983): 281-296

Engelbrech, Gerhard/Jungkunst, Maria (2001). Arbeitsmarktperspektiven für Frauen bis 2010, in. *WSI-Mitteilungen*, Jg. 54, Nr. 5 (2001): 317-322)

Engels, Friedrich, MEW 2: *Die Lage der arbeitenden Klasse in England*, 1985, Berlin 1974 (Dietz)

Enquetekommission (2001): *Globalisierung der Weltwirtschaft - Herausforderungen und Antworten. Zwischenbericht*, Bundesdrucksache 14/6910; http://www.bundestag.de/globalisierung

Eppler, Erhard (2001): Privatisierung der politischen Moral? Franbkfurt/M. (Suhrkamp)

Erhard, Ludwig (1957): *Wohlstand für alle*, Düsseldorf (Econ)

Erler, Gernot (1999): Das organisierte Verhängnis. Die Politik der Internationalen Währungsfornds (IWF) gegenüber Russland, in: *Frankfurter Rundschau (Dokumentation)*, 24.11.1999

Eucken, Walter (1959): Grundsätze der Wirtschaftspolitik, Reinbeck-Hamburg (Rowohlt)

Evers, Hans-Dieter (1997): Entwicklungssoziologie: Aufstieg und Fall des informellen Sektors. Indonesien im Vergleich, in: Komlosy, Andrea/Parnreiter, Christof/Stacher, Irene/Zimmermann, Susan (Hg.), *Ungeregelt und unterbezahlt. Der informelle Sektor in der Weltwirtschaft*, Frankfurt/M. (Brandes & Apsel/Südwind): 133-148

Fabre, Guilhem (1999): Die Blüten des Verbrechens: Das Beispiel Thailand, in: Schönenberg, Regine (Hg.), *Internationaler Drogenhandel und gesellschaftliche Transformation*, Wiesbaden (Deutscher Universitäts-Verlag): 89-112

Faust, Jörg (2000): Informelle Politik und ökonomische Krisen in jungen Demokratien, in: *Aus Politik und Zeitgeschichte, Beilage zur Wochenzeitung Das Parlament*, B 21/2000: 3-9

Feige, Edward L. (1990): Defining and Estimating Underground and Informal Economies: The New Institutional Economics Approach, in: *World Development*, Vol. 18, No. 7 (1990): 989-1002

Feiler, Michael (1997): Geldwäsche - ein Problem internationaler Politik, in: *Außenpolitik*, Jg. 48., Nr. 2 (1997): 177-186

Felix, David (1998): Asia and the Crisis of Financial Globalization, in: Baker, Dean/Epstein, Gerald/Pollin, Robert (ed.), *Globalization and Progressive Economic Policy*, Cambridge, New York (Cambridge University Press): 163-191

- (2002): The Rise of Real Long-term Interst Rates after the 1970s: Comparative Trends, Causes and Consequences, Gutachten im Auftrag der Enquete-Kommission „*Globalisierung der Weltwirtschaft ...*" des Deutschen Bundestages, AU Stud 14-26 Felix Interest

Ferran, Lourdes (1998): *Note on Concepts and Classifications to Improve Statistics on Home-based Workers*, New York: United Nations Statistics Division, presented at the Delhi Group Meeting on Informal Sector Statistics, Ankara, April 28-30, 1998; http://www.wiego.org

Filgueira, Carlos H. (1999): Bienestar y ciudadania. Viejas y nuevas vulnerabilidades, in: Tokman, Víctor E./O'Donnell, Guillermo (ed.), *Pobreza y desigualdad en América Latina*, Buenos Aires/Barcelona/México (Paídos): 147-170

Findeisen, Michael (1997): Risiken des elektronischen Zahlungsverkehrs im Zusammenhang mit der Geldwäsche, in: *Bundesamt für Sicherheit in der Informationstechnik*, Ingelheim (SecuMedia Verlag): 95-118

- (1998a): Die Aktivitäten der Financial Task Force on Money Laundering (FATF) zur Bekämpfung und Verhinderung der Geldwäsche, in: Polizeiführungsakademie, Organisierte Kriminalität, Internationales Seminar, 31.3.- 2.4.1998

- (1998b): Geldwäschebekämpfung im Zeitalter des Electronic Banking, in: *Kriminalistik*, H. (1998): 107-116

- (2000a): *Effektive Sicherungsmaßnahmen gegen Geldwäsche im Zeitalter des Electronic Banking*, unveröff. Manuskript

- (2000b): „Underground Banking“ in Deutschland - Schnittsetllen zwischen illegalen „Remitance Services“ i.S.v. §1 Abs. 1a Nr 6 KWG und dem legalen Bankgeschäft, in: *WertpapierMitteilungen*, November 2000 (Manuskript)

Finger, Matthias (2000): Globalization and Global Standards, in: *Third World Economics*, June 1997), zuletzt gelesen am 14.12.1999 unter: http://www.globalpolicy.org/globaliz/politics/polit2.htm

Finley, Moses (1976): *Die Griechen*, München (Becksche Verlagsbuchhandlung)

Flecker, Jörg (2000): „Sachzwang Flexibilisierung“? Zum Zusammenhang zwischen betrieblichen Anpassungsstrategien und flexiblen Beschäftigungsformen, in: H. Minssen (Hg.), *Begrenzte Entgrenzungen*, Berlin (edition sigma): 269-291

Freyer, David (2000): Unsicherheit, Strukturwandel der Arbeitslosigkeit und psychische Gesundheit, in: Hg. Zilian/J. Flecker (Hg.), *Soziale Sicherheit und Strukturwandel der Arbeitslosigkeit*, München/und Mehring: 240-256

Friedman, Milton (1962): *Capitalism and Freedom*, Chicago and London

Friman, Richard H./Andreas, Peter (1999)(ed.): *The Illicit Global Economy and State Power*, Lanham, Boulder, New York, Oxford (Rowman & Littlefield Publishers)

Fritz, Thomas/Hahn, Mattis/Hersel, Philipp (2000): *Kapital auf der Flucht. Offshore-Zentren und Steueroasen*, Berlin (BLUE 21)

Fuà, G. (1980): *Problemi dello sviluppo tardivo in Europa*, Bolgogna (Il Mulino)

Furstenberg, George M., von/Volbert, Alexander (1999): The U.S.-Dollarization Approach to Regional Currency Consolidation: Second Best in the Short Run, Doomed in the Long Run, in: *Problemas del Desarrollo*, vol. 30, no. 119 (1999): 105-118

Gaddy, Clifford G./Ickes, Barry W. (1998): Russia's Virtual Economy, in: *Foreign Affairs*. Vol. 77, No 5, September-October 1998: 53-67

Gaettens, Richard (1982): *Geschichte der Inflationen. Vom Altertum bis zur Gegenwart*, München (Nachdr. der 1. Aufl. von 1957) (Battenberg)

Gallin, Dan (2001): Propositions on Trade Unions and the Informal Employment in Times of Globalisation, in: *Antipodes. A Radical Journal of Geography*, Vol. 33, No. 3 (2001): 531-549

Gambetta, Diego (1994): *Die Firma der Paten. Die sizialiansiche Mafia und ihre Geschäftspraktiken*, München (Deutscher Taschenbuch Verlag)

Ganßmann, Heiner (1996): *Geld und Arbeit*, Frankfurt/Main, New York (Campus)

Geertz, Cliford (178): The Bazaar Economy: Information and Search in Peasant Marketing, in. *American Economic Review*, Papers and Proceedings, No. 68 (1978). 28-32

Geremek, Bronislaw (1988): *Geschichte der Armut. Elend und Barmherzigkeit in Europa*, München/Zürich (Artemis Verlag)

Gershuny, Jonathan I. (1979): The Informal Economy: Its Role in Industrial Society, in: *Futures*, Vol. 1 (February 1979): 3-15

Gesell, Silvio (1920): *Die natürliche Wirtschaftsordnung durch Freiland und Freigeld*, Rehbrücke bei Berlin (Freiland-Freigeldverlag)

Giddens, Anthony (1999b): *Der dritte Weg. Die Erneuerung der sozialen Demokratie*, Frankfurt/M. (Suhrkamp)

- (1995): *Konsequenzen der Moderne*, Frankfurt/M. (Suhrkamp)

Gill, Stephen (2001): Das globale Panopticon: Finanzwesen und Überwachung nach dem Kalten Krieg, in: *PROKLA 124 - Zeitschrift für kritische Sozialwissenschaft*, Jg. 31, H. 3 (2001): 353-382

Giovanoli, Mario (2000): A New Architecture für Global Finacial Markets: Legal Aspects of International Financial Standard Setting, in: ders. (ed.), *International Monetary Law - Issues for the Miliennium*, Oxford (Oxford University Press): 3-59

Goethe, Johann Wolfgang von (1981): Goethes Werke in zwölf Bänden, zehnter Band: Italienische Reise, Berlin und Weimar (Aufbau Verlag)

Göhler, Gerhard (1994): *Die Eigenart politischer Institutionen: zum Profil politischer Institutionentheorie*, Baden-Baden (Nomos)

Goldschmidt-Clermont, Liusella (1987): *Economic Evaluation of Unpaid Household Work: Africa, Asia, Latin America and Oceania*, Women, Work and Development Series, No. 14, Geneva (ILO)

González Casanova, Pablo (1995): *Globalidad, neoliberalismo y democracia*, México D.F.(Universidad Autónoma de México, Centro de Investigaciones Interdisciplinárias en Ciencias y Humanidades)

Gorochowskij, Bogdan/Kaufmann, Daniel/Marin, Dalia (2000): *Barter in Transition Economies: Competing Explanations Confront Ukrainian Data*, World Bank, January 2000; http://www.worldbank.org/wbi/governance/pdf/barter.pdf

Gottfried, Heidi/O'Reilly, Jacqueline (2000): *Der Geschlechtervertrag in Deutschland und Japan: Die Schwäche eines starken Versorgermodells*, Discussion Paper FS I 00-207, Berlin (Wissenschaftszentrum Berlin für Sozialforschung)

Gouldner, Alvin (1984): *Reziprozität und Autonomie*, Frankfurt/M.

Gramsci, Antonio (1996): *Gefängnishefte* 7, 12. bis 15. Heft, Hamburg (Argument)

- (1999): *Gefängnishefte* 9, 22. bis 29. Heft, Hamburg (Argument)

Granovetter, Mark (1973): The Strength of Weak Ties, in: *American Journal of Sociology*, 78, No. 6 (1973): 1360-1380

Granovetter, Mark (1990): *Entrepreneurship, Development and the Emergence of Firms*, Discussion Paper FS I 90-2, Berlin (Wissenschaftszentrum Berlin für Sozialforschung)

Greider, William (1998): *Endstation Globalisierung. Neue Wege in eine Welt ohne Grenzen*, München (Heyne)

Gretschmann, Klaus et al. (1984) (Hg.): *Schattenwirtschaft. Wirtschafts- und Sozialwissenschaftliche Aspekte*, Göttingen (Vandenhoek und Ruprecht)

Grossman, Gregory (1989): Informal Personal Incomes and Outlays of the Soviet Urban Population, in: Portes, Alejandro/Castells, Manuel/Benton, Lauren A. (ed.): *The Informal Economy. Studies in Advanced and Less Developed Countries*, Baltimore, London (Johns Hopkins University Press): 150-172

Günther, Klaus/Randeria, Shalini (2001): *Recht, Kultur und Gesellschaft im Prozeß der Globalisierung*, Werner Reimers Stiftung, Schriftenreihe Suchprozesse für innovative Fragestellungen in der Wissenschaft, H. 4, Bad Homburg

Hafner, Wolfgang (2002): *Im Schatten der Derivate. Das schmutzige Geschäft der Finanzelite mit der Geldwäsche*, Frankfurt/M. (Eichborn)

Hardt, Michael/Negri, Toni (2000): *Empire*, Cambridge, Mass/London (Harvard University Press)

Hart, Keith (1973): Informal Income Opportunities and Urban Employment in Ghana, in: *The Journal of Modern African Studies* Vol. 11, Nr. 1 (1973): 61-89.

Hauck, Gerhard (2001): *Gesellschaft und Staat in Afrika*, Frankfurt/M. (Brandes & Apsel)

Hausen, Karin (2000): Arbeit und Geschlecht, in: Kocka, Jürgen/Offe, Claus (Hg.) *Geschichte und Zukunft der Arbeit*, Fankfurt/M./New York (Campus): 342-361

Hayek, Friedrich August Frhr. von (1978): *Denationalisation of Money - The Argument Redefined*, Washington D. C. (Institute of Economic Affairs)

Heinrich, Michael (1999): *Die Wissenschaft vom Wert. Die Marxsche Kritik der politischen Ökonomie zwischen wissenschaftlicher Revolution und klassischer Tradition*, überarbeitete und erweiterte Neuauflage, Münster (Westfälisches Dampfboot)

Helleiner, Eric (1999): State Power and the Regulation of Illicit Activity in Global Finance, in: Friman, Richard H./Andreas, Peter (ed.), *The Illicit Global Economy and State Power* Lanham/Boulder/New York/Oxford (Rowman & Littlefield Publishers): 53-90

Heller, Lydia/Nuss, Sabine (1999): Transformation in Russland. Die Illusion einer Marktwirtschaft als Ergebnis informeller Regulation, in: *PROKLA 117 - Zeitschrift für kritische Sozialwissenschaft*, Jg. 29., H. 4 (1999): 555-578

Hellman, Joel/Jones, Geraint/Kaufmann, Daniel (2000): Beyond the 'Grabbing Hand' of Government in Trasition: Facing up to 'State Capture' by the Corporate Sector, in: *Transition*, April 2000: 8-12; http://www.worldbank.org/html/prddr/trans/WEB/trans.htm

Hengsbach, Friedhelm (1999): Demokratische Verteilungsgerechtigkeit, in: *Gewerkschaftliche Monatshefte*, Jg. 50, H. 1 (1999): 34-42

Hielscher, Volker (2000): *Entgrenzung von Arbeit und Leben? Die Flexibilisierung von Arbeitszeiten und ihre Folgewirkungen für die Beschäftigten. Eine Literaturstudie*, discussion paper FS II 00-201, Berlin (Wissenschaftszentrum Berlin für Sozialforschung)

Hildebrandt, Susanne (2001): *Weltmarktintegration und Legitimität des politischen Systems in Mexiko. Eine Fallstudie im ländlichen Raum: Das Municipio Sayula/ Jalisco, 1982-98*, Inauguraldissertation am Fachbereich Politik- und Sozialwissenschaft der Freien Universität Berlin

Hillebrand, Ernst (2001): Schlüsselstellungen im globalisierten Kapitalismus. Der Einfluss privater Rating-Agenturen auf Finanzmärkte und Politik, in: Brühl, Tanja/ Debiel, Tobias/Hamm, Brigitte/Hummel, Hartwig/Martens, Jens (Hg.), *Die Privatisierung der Weltpolitik. Entstaatlichung und Kommerzialisierung im Globalisierungsprozess*, Bonn (Verlag J.H.W. Dietz Nachfolger): 150-173

Himeoka, Toshiko (2000): Die „betriebszentrierte" Gesellschaft und die Geschlechterverhältnisse in Japan, in: Kocka, Jürgen/Offe, Claus (Hg.), *Geschichte und Zukunft der Arbeit*, Frankfurt/M./New York (Campus): 148-162

Hinrichs, Karl (1996): Das Normalarbeitsverhältnis und der männliche Familienernährer als Leitbilder der Sozialpolitik, in: *Sozialer Fortschritt*, H. 4 (1996): 102-107

Hirsch, Burkhard (2001): „Als hätten die Russen vor den Tür gestanden", ein Gespräch über die verschwundenen Daten und Akten aus Kohls Kanzleramt mit Heribert Prantl, in: *Süddeutsche Zeitung* vom 7./8. April 2001

Hirschman, Albert (1981): A Generalized Linkage Approach to Development, With Special Reference to Staples, in: *Essays in Transpassing*, Cambridge/London/New York (Cambridge University Press): 59-97

Hobbes, Thomas (1839/1959): *Vom Menschen (de homine) - Vom Bürger (de cive)*, Hamburg

Hobsbawm, Eric (1995): *Das Zeitalter der Extreme. Weltgeschichte des 20. Jahrhunderts*, Wien/München (Hanser)

Holznagel, Bernd (2000): Cyberlaw made in USA, in: *Frankfurter Rundschau* vom 11.3.2000

Honegger, Claudia (1991): *Die Ordnung der Geschlechter. Die Wissenschaft vom Menschen und das Weib*, Frankfurt/M. (Campus)

Hopfmann, Arndt (1998): Transformation in einem interdependenten Weltsystem als wissenschaftlich-theoretische und gesellschaftlich-politische Herausforderung, in: Hopfmann, Arndt/Wolf Michael (Hg.): *Transformation und Interdependenz. Beiträge zu Theorie und Empirie der mittel- und osteuropäischen Systemwechsel*, Münster (Lit)

- (1999): Tranformation und Informalität. Umrisse einer Debatte, in: *Berliner Debatte INITIAL 10*, No 1 (1999): 30-41

Huffschmid, Jörg (1999): *Politische Ökonomie der Finanzmärkte*, Hamburg (VSA)

Hughes, Caroline (2000): Dare to Say, Dare to Do: The Strongman in Business in 1990s Cambodia, in: *Asian Perspectives*, Vol. 24. No. 2 (2000): 121-151

Hugon, Philippe (1997): O setor informal: balanco 25 anos de trabalho, in: *Ensaios FEE*, ano 18, nr. 2 (1997): 32-63

Hume, David (1740/1969): *A Treatise of Human Nature*, Harmonsworth

- (1752/1985): *Essays Moral, Political, and Literary*, ed. by E.F. Miller Indianapolis (Liberty Classics)

IAB (Institut für Arbeitsmarkt- und Berufsforschung) (2000a): *IAB-Kurzbericht*, Nr. 14 vom 25. Oktober 2000: „Strukturwandel der Erwerbsarbeit. Was ist eigentlich noch „normal"?, Nürnberg; http://www.iab.de

- (2000b): *IAB-Materialien*, Nr. 3 (2000): „'Unsichere' Beschäftigung: Nicht nur ein Problem der Niedrigqualifizierten", Nürnberg: http://www.iab.de

ICRC (International Committee of the Red Cross) (ed.) (2000): *War, Money and Survival*, Genf (ICRC Forum)

ILO (International Labour Organization) (1998): *Overview of Global Developments and Office Activities Concerning Codes of Conduct, Social Labelling and other Private Sector Initiatives Addressing Labour Issues*. Geneva (ILO)

- (1999): *Trade Unions and the Informal Sector: Towards a Comprehensive Strategy*. Background Paper, Geneva; http://www.ilo.org/public/english/protction/ses/about/index.htm

- (2000a): *In Focus Programme on Socio-Economic Security*; http://www.ilo.org/public/english/protection/ses/about/index.html

- (2000b): *Labour Practices in the Footwear, Leather, Textiles and Clothing Industries, Geneva*, Report for Discussion at the Tripartite Meeting on Labour Practices in the Footwaer, Leather, Textiles and Clothing Industries, Geneva, 16-20 October 2000; http://www.ilo.org/public/english/dialogue/sector/techmeet/tmlfi00/tmlfir.htm

- (2000b): *World Labour Report*, Geneva (ILO)

- (2001a): *Report of the Director-General: Reducing the Decent Work Deficit - a Global Challenge,* Report 1 (A), Geneva, June 2001; http://www.ilo.org/public/english/standards/relm/ilc/ilc89/rep-i-a.htm

- (2001b): *World Employment Report: A Life at Work in the Information Society*, Geneva ILO)

- (2001c): *Stopping Forced Labour*, Report of the Director-General, International Labour Conference, 89th Session 2001, Report 1 (B), Geneva; http://www.ilo.org/declaration

- (1972): *Employment, Incomes and Equality*, Geneva ILO (1993): *Resolution Concerning Statistics of Employment in the Informal Sector;* http://www.ilo.org/public/english/120stat/res/infsec.htm

IMF (1998): *Shuttle Trade, Eleventh Meeting of the IMF Committee on Balance of Payments Statistics*, Washington, D.C., October 21-23, 1998 (mimeo)

- (2000): *World Economic Outlook. Focus on Transition Economies*, Washington, D.C. (IMF)

- (2001): *World Development Report 2000/2001*, Washington, D. C. (IMF)

- (International Monetary Fund) (1995): *Issues in International Exchange and Payments Systems*, Washington, D.C. (IMF)

Irek, Malgorzata (1998): *Der Schmugglerzug*. Warschau - Berlin - Warschau. Materialien einer Feldforschung, Berlin (Das Arabische Buch)

IWD (Institut für Wirtschaftsforschung) Köln (Hg.) (1997): Privatisierung in Rußland: Mehr Schein als Sein, in: *Informationsdienst Institut für Wirtschaftsforschung Köln (IWD)* vom 11. Dezember, Ausgabe Nr. 50, 23. Jg.

Jäger, Johannes/Melinz, Gerhard/Zimmermann, Susan (Hg.) (2001): *Sozialpolitik in der Peripherie Entwicklungsmuster und Wandel in Lateinamerika, Afrika, Asien und Osteuropa*, Frankfurt/M. (Brandes & Apsel/Südwind)

Jalloh, S. Balimo (1995): Subsahara Africa - Trade Expansion through Countertrade?, in: *UNCTAD-Bulletin 1995*: 365-375

Jessen, Johann/Siebel, Walter/Siebel, Rebell, Christa/Walther, Uwe-Jens/Weyrather, Irmgard (1985): Mythos informelle Ökonomie, in: *Leviathan*, Jg. 13, H. 3 (1985): 398-419

Johnson, David T. (2000): Why the Wicked Sleep: The Prosecution of Political Corruption in Postwar Japan, in: *Asian Perspective*, Vol 24, No. 4 (2000): 59-77

Kadritzke, Ulf (2000): Die „neue Selbstständigkeit" als Gratwanderung - Zwischen professioneller Lust und Angst vor dem Absturz, in: *WSI-Mitteilungen*, Jg. 53, H. 12 (2000). 796-803

Kaldor, Mary (1999): *Neue und alte Kriege. Organisierte Gewalt im Zeitalter der Globalisierung*, Frankfurt/M. (Suhrkamp)

Kanaan, Oussama (2000): Tanzania's Experience with Trade Liberalization, in: *Finance and Development. A Quarterly Magazine of the IMF*, Vol. 37, No. 2 (Internetausgabe)

Kaplan, Robert D. (1996): Die kommende Anarchie, in: *Lettre International* Nr. 1 (1996): 52-61

Kappel, Robert (2001): Catching-Up mittelfristig kaum möglich: Begründungen für die langanhaltende Wachstumsschwäche in Afrika, in: Schubert, Renate (Hg.): *Entwicklungsperspektiven von Niedrigeinkommensländern - zur Bedeutung von Wissen und Institutionen*, Berlin (Duncker & Humblot): 87-115

Karol, K.S. (1997): Der Sozialismus geht, die Gesetzlosigkeit bleibt und die Mafia kommt, in: *Le monde diplomatique* vom 15. August 1997

Kaul, Inge/Grunberg, Isabell/Stern, Marc A. (ed.): *Global Public Goods - International Cooperation in the 21st Century*, New York, Oxford (The United Nations Develepment Program - Oxford University Press)

Kerry-Report 1986: *Selections from the Senate Committee Report on Drugs, Law Enforcement and Foreign Poliy* chaired by Senator John F. Kerry: *Narcotics Traffickers and the Contras*, http://www.accessone.com/~rivero/politics/archive/kerry. html

Keynes, John M. (1929): The German Transfer Problem, in: *The Economic Journal*, Vol. XXXIX, 1929: 1ff.

- (1936): *The General Theory of Employment, Interest and Money*, London/ Melbourne/Toronto (Macmillan, Repr. 1964)

Kirschke, Linda (2000): Informal Repression, Zero-sum Politics and Late Third Wave Transitions, in: *The Journal of Modern African Strudies*, Vol. 38, No. 3 (2000): 383-405

Klammer, Ute (2001): Managerin gesucht: Erwerbstätige Mütter in Europa zwischen Sozialpolitik und sozialer Praxis, in: *WSI-Mitteilungen*, Jg. 54, H. 5 (2001): 329-336

Klein, Naomi (2001): *No Logo! Der Kampf der Global Player um Marktmacht. Ein Spiel mit vielen Verlierern und wenigen Gewinnern*, München (Riemann Verlag)

Knieper, Rolf (1991): *Nationale Souveränität. Versuch über Ende und Anfang einer Weltordnung*, Frankfurt/M. (Fischer)

Kohli, Martin (2000): Arbeit im Lebenslauf: Alte und neue Paradoxien, in: Kocka, Jürgen/Offe, Claus (Hg.), *Geschichte und Zukunft der Arbeit*, Frankfurt/M./New York (Campus): 362-382.

Köhnen, Heiner (2000): Ein Gigant mit vielen Gesichtern - Wal Mart, in: *Frankfurter Rundschau* vom 24. November 2000, Dokumentation

Koller, Peter (2000): Beschäftigung und soziale Sicherheit im Lichte sozialer Gerechtigkeit, in: Zilian, Hansgeorg/Flecker, Jörg (Hg.), *Soziale Sicherheit und Strukturwandel der Arbeitslosigkeit*, München/Mehring: 206-222

Kornai, János (1986): The Soft Budget Constraint, in: *Kyklos*, Vol. 39, No. 1 (1986): 3-30

Kößler, Reinhart/Hauck, Gerhard (1999): Überlebensstrategien und Informalisierung in postkolonialen Gesellschaften, in: *PROKLA 117 - Zeitschrift für kritische Sozialwissenschaft* Jg. 29, H. 4 (1999); 503-516

Kotkin, Joel (1999): Unions See a Fertile Field at Lower End of High Tech, in: *New York Times* vom 26. September 1999

Krüger, Sabine (2002): *Nachhaltigkeit als Kooperationsimpuls? - Kooperation zwischen NGOs und Gewerkschaften* (i.E.) Münster (Westfälisches Dampfboot)

Kuhn, Berthold (2001): *Einführung und Verbesserung von Sozialstandards in der Textilindustrie in Bagladesch und Pakistan*, mimeo

Kurz-Scherf, Ingrid/Zeuner, Bodo (2001): Politische Perspektiven der Gewerkschaften zwischen Opposition und Kooperation, in: *Gewerkschaftliche Monatshefte*, Jg. 52, H. 3 (2001): 147-160

Lambsdorff, Johann Graf (2001): *How Corruption in Government Affects Public Welfare - A Review of Theories*, Discssion Paper 9, Zentrum für Globalisierung und Europäisierung der Wirtschaft, Georg-August-Universität Göttingen

Landes, David (1999): *Wohlstand und Armut der Nationen. Warum die einen reich und die anderen arm sind*, Berlin (Siedler)

Lang, Sabine/Mayer, Margit/Scherrer, Christoph (Hg.) (1999): *Jobwunder USA - Modell für Deutschland?* Münster (Westfälisches Dampfboot)

Laniel, Laurent (2000): Drogenhandel im südlichen Afrika: Die Hinterlassenschaft von Krieg und Apartheid, in: Schönenberg, Regine (Hg.), *Internationaler Drogenhandel und gesellschaftliche Transformation*, Wiesbaden (Deutscher Universitäts-Verlag): 113-142

Lauth, Hans-Joachim (1999): Informelle Institutionen politischer Partizipation und ihre demokratietheoretische Bedeutung, in: Lauth, Hans-Joachim/Liebert, Ulrike (Hg.), *Im Schatten demokratischer Legitmität. Informelle Institutionen und politische Partrizipation im interkulturellen Demokratievergleich*, Opladen/Wiesbaden (Westdeutscher Verlag): 61-84

-/Liebert, Ulrike (1999) (Hg): *Im Schatten demokratischer Legitmität. Informelle Institutionen und politische Partizipation im interkulturellen Demokratievergleich*, Opladen/Wiesbaden (Westdeutscher Verlag)

Le Goff, Jaques (1988): *Wucherzins und Höllenqualen. Ökonomie und Religion im Mittelalter*, Stuttgart (Klett-Cotta)

Lean Lim, Lin (1998): *The Sex Sector. The Economic and Social Bases of Prostitution in Southeast Asia*, Geneva (ILO)

Lehndorff, Steffen (2000): Ist die Arbeitszeit in Zukunft noch regulierbar?, in: St. Lehndorff/H.J. Urban (Hg*.), Wiederaneignung der Zeit?. Elemente einer neuen Regulation*, Supplement der Zeitschrift *„Sozialismus“* Nr. 4 (2000): 15-33

Leibniz, Gottfried Wilhelm (Nachdruck 19 48): *Monadologie*, neu übersetrzt, eingeleitet und erläutert von Herrmann Glockner , Stuttgart (Reclam)

Lemke, Thomas/Krasmann, Susanne/Bröckling, Ulrich (2000*):* Gouvernementalität, Neoliberalismus und Selbsttechnologie. Eine Einleitung, in: dies. (Hg.); *Gouvernementalität der Gegenwart. Studien zur Ökonomisierung des Sozialen*, Frankfurt/M. (Suhrkamp): 7-40

Levitsky, J. (1993): Innovations in the Financing of Small and Microenterprises in Developing Countries, in: *Small Enterpreise Development Working Paper* - SED 22/E, Geneva (ILO)

Leys, Colin (1974): *Underdevelopment in Kenya. The Political Economy of Neo-Colonialism*, Berkeley and Los Angeles (University of California Press)

Lietaer, Bernard (1998): Jenseits von Gier und Knappheit?, Zukukunftsgespräch über lokale Währungen im 21. Jahrhundert, in: *Zukünfte*, Nr 25, Herbst 1998: 49-52

- (1999): *Das Geld der Zukunft*, (ohne Ortsangabe, wahrscheinlich Gütersloh) (Riemann Verlag; One Earth Spirit; Bertelsmann-Verlag)

Lindner, Marc/Nygaard (1998): *Void Where Prohibited. Rest Breaks and the Right to Urinate on Company Time*, Ithaca/London (Cornell Univesity Press)

Lipsky, David B./Seeber, Ronald (1999): Zur wachsenden Bedeutung alternativer Verfahren zur Lösung von Rechtsstreitigkeiten in den US-amerikanischen Arbeitsbeziehungen: Die Privatisierung des amerikanischen Rechtssystems, in: Fricke, Werner, *Jahrbuch Arbeit und Technik 1999/2000 „Was die Gesellschaft bewegt“*, Bonn (J.H.W. Dietz Nachf.): 162-167

Lock, Peter (2001): Sicherheit à la carte?. Entstaatlichung, Gewaltmärkte und die Privatisierung des staatlichen Gewaltmonopols, in: Brühl, Tanja/Debiel, Tobias/Hamm, Brigitte/Hummel, Hartwig/Martens, Jens (Hg.): *Die Privatisierung der Weltpolitik. Entstaatlichung und Kommerzialisierung im Globalisierungsprozess*, Bonn (Verlag J.H.W. Dietz Nachfolger): 200-231

Locke, John (1690/1977); *Zwei Abhandlungen über die Regierung*, hg. und eingeleitet von Walter Euchner, Frankfurt/M. (Suhrkamp)

Loncle, François (2001): Prostitution ohne Grenzen, in: *Le Monde Diplomatique* (deutsche Ausgabe), November 2001

Ludermann, Bernd (2001): Privater Arm der Geberstaaten? Widersprüchliche Funktuionen von NGOs in der Not- und Entwicklungshilfe, in: Brühl, Tanja/Debiel, Tobias/Hamm, Brigitte/Hummel, Hartwig/Martens, Jens (Hg.): *Die Privatisierung der Weltpolitik. Entstaatlichung und Kommerzialisierung im Globalisierungsprozess*, Bonn (Verlag J.H.W. Dietz Nachfolger): 174-199

Lund, Frances/Srinivas, Smita (1999): *Learning from Experience: A Gendered Approach to Social Protection for Women in the Informal Economy*, Overview Paper for ILO-WIEGO Seminar on Social Protection for Women Workers in the Informal Economy; http://www.wiego.org

Lüthje, Boy (2001): Silicon Valley: Vernetzte Produktion, Industriearbeit und soziale Bewegungen im Detroit der „New Economy", in: *PROKLA 122 - Zeitschrift für kritische Sozialwissenschaft*, Jg. 31, H. 1 (2001): 79-102

Luttwak, Edward (1994): *Weltwirtschaftskrieg. Export als Waffe - aus Partnern werden Gegner*, Reinbek bei Hamburg (Rowohlt)

Lutz, Burkart (1984): *Der kurze Traum immerwährender Prosperität*, Frankfurt/M. /New York (Campus)

Machiavelli, Niccolò (1513/1990): *Der Fürst*, Frankfurt am Main (Insel Taschenbuch)

Maddison, Angus (1995): *Monitoring the World Economy 1820-1992*, Paris (OECD)

Mahnkopf, Birgit (1985): *Verbürgerlichug. Die Legende vom Ende des Proletariats*, Frankfurt/M./New York (Campus)

- (1987): Hegemonie und Konsens. Regulationsmuster betrieblicher Sozialbeziehungen und ihre Legitimationseffekte, in: Heidrun Abromeit/Bernhard Blanke (Hg.), *Arbeitsmarkt, Arbeitsbeziehungen und Politik in den 80er Jahren*, Leviathan-Sonderheft 8 (1987), Opladen: 253-269

- (1994): Markt, Hierarchie und soziale Beziehungen. Zur Bedeutung reziproker Beziehungsnetzwerke in modernen Marktgesellschaften, in: N. Beckenbach/W. van Treeck (Hg.), *Umbrüche der gesellschaftlichen Arbeit*, Soziale Welt Sonderband 9, Göttingen: 65-84

- (1999): Between the Devil and the Deep Blue Sea: The „German Model" under the Pressure of Globalisation, in: L. Panitch/Leys, C. (ed.), *Socialist Register 1999 - Global Capitalism versus Democracy*, London (Merlin)/New York (Monthley Review)/Halifax (Fernwood): 142-177

- (2000a): Formel 1 der neuen Sozialdemokratie: Gerechtigkeit durch Ungleichheit. Zur Neuinterpreatation der sozialen Frage im globalen Kapitalismus, in: *PROKLA 121 - Zeitschrift für kritische Sozialwissenschaft*, Jg. 30, H. 4 (2000): 489-525

- (2000b): Viele Wege führen ins dritte Jahrtausend, in: H. Flassbeck/A. Giddens/F. Wiethold/K. Zwickel u.a., *Ein dritter Weg in das dritte Jahrtausend. Von der Standort- zur Zukunftsdebatte*, Hamburg (VSA-Verlag): 26-41

Malysheva, Marina (1999): Between Peasants and Love Macines: 'Democratic' Perspectives for Russion Women in: NRO Frauen Forum (Hg.), *Tagungsdokumentation: Überleben im globalen Markt: Zukunft (un)bezahlter Frauenarbeit*, Gustav-Streseman-Institut, 29.-31.10.1998, Bonn: 44-55

Marazzi, Christian (1999): *Fetisch Geld. Wirtschaft, Staat, Gesellschaft im monetaristischen Zeitalter*, Zürich (Rotpunktverlag)

Marshall, Alfred (1890/1964): *Principles of Economics*, London (MacMillian)

Marshall, Thomas H. (1992): *Bürgerrechte und soziale Klassen. Zur Soziologie des Wohlfahrtsstaates*, Frankfurt/M./New York (Campus)

Marx, Karl (1953): *Grundrisse der Kritik der politischen Ökonomie* (Rohentwurf 1857-1858), (Dietz Verlag) Berlin.

- (MEW 13): Marx Engels Werke, Berlin (Dietz Verlag)

- (MEW 2): *Die heilige Familie*, in: Marx Engels Werke, Berlin (Dietz Verlag)

- (MEW 23): *Das Kapital*, Bd. 1, in: Marx Engels Werke, Bd. 23, Berlin (Dietz Verlag)

- (MEW 24): *Das Kapital*, Bd. 2, in: Marx Engels Werke, Bd. 24, Berlin: 1970 (Dietz)

- (MEW 25): *Das Kapital*, Bd. 3, in: Marx Engels Werke, Bd. 25, Berlin: 1970 (Dietz)

Mayntz, Renate (1992): Modernisierung und die Logik von innerorganisatorischen Netzwerken, in: *Journal für Sozialforschung*, Jg. 32, H. 1 (1992): 19-32

Mc Robbie, Angela (2000): Brave Mädchen, böse Mädchen?, in: *Gewerkschaftliche Monatshefte*, Jg. 51, H. 12 (2000): 698-708

McNally, D. (1988): *Political Economy and the Rise of Capitalism. A Reinterpretation*, Berkeley/Los Angeles/London (University of California Press)

Merkel, Wolfgang/Croissant, Aurel (2000): Formale und informale Institutionen in defekten Demokratien, in: *Politische Vierteljahresschrift*, Jg. 41, H. 1 (2000): 3-30

Mertens, Heide (1998): Haushalt, Markt und Staat. Unbezahlte (Frauen)Arbeit und soziale Sicherheit, in: *Peripherie*, H. 69/70 (1998): 25-45

Meshcherkina, Elena Y. (1999): Frauen auf dem Arbeitsmarkt in Rußland, in: *Feministische Studien*, Nr. 1 (1999): 48-60

Messner, Dirk (1995): *Die Netzwerkgesellschaft. Wirtschaftliche Entwicklung und internationale Wettbewerbsfähigkeit als Probleme gesellschaftlicher Steuerung*, Köln (Weltforum Verlag)

-/Nuscheler, Franz (Hg.): *Weltkonferenzen und Weltberichte. Ein Wegweiser durch die internationale Diskussion*, Bonn (Dietz-Verlag)

Miller, William L./Grødeland, B./Koshechkina, Tatyana Y. (1998): *Are the People Victims or Accomplices? The Use of Presents and Bribes to Influence Officials in Eastern Europe*, Discussion Papers, No. 6, Local Government and Public Service Reform Initiative, Budapest (Open Society Institute)

Minc, Alain (1998): *Globalisierung - Chance der Zukunft*, Wien und München (Paul Zsolnay)

Mitullah, Winnie V./Alila, Patrick O./Kamau, Anne W. (2000): *Policies, Regulation and Organizational Capacity of Women Street Vendors in Kenya*. Institute for

Development Studies Discussion Paper No. 299, University of Nairobi; http://www.wiego.org

Möller, Carola (2000): Immaterielle Arbeit - die neue Dominante in der Wertschöpfungskette, in: *Das Argument 235*, Jg. 42, H. 2(2000): 215-227

Montanari, Massimo (1993): *Der Hunger und der Überfluß. Kulturgeschichte der Ernährung in Europa*, Frankfurt/M./Wien (Büchergilde Gutenberg)

Montclos, Marc-Antoine de (1999): Liberia oder die Ausplünderung eines Landes, in: Jean, Francois/Rufin, Jean-Christophe (Hg.), *Ökonomie der Bürgerkriege*, Hamburg (Hamburger Edition HIS Verlagsgesellschaft): 219-242

Morris-Cotterill, Nigel (2001): Money Laundering, in: *Foreign Policy*, May/June 2001: 16-22

Müller, Klaus (1998): Postsozialistische Krisen, in: Müller, Klaus (Hg.): *Postsozialistische Krisen. Theoretische Ansätze und empirische Befunde,* Opladen (Leske + Budrich): 177-249

Münkler, Herfried (2002): *Die neuen Kriege*, Vortrag auf der 3. Außenpolitischen Jahrestagung der Heinrich-Böll-Stiftung „Die Rolle der EU in der Weltpolitik. Sicherheitspolitische Ziele und Herausforderungen", Berlin, 21./22.2.2002, Vortragsmanuskript

- (2001): Die privatisierten Kriege des 21. Jahrhunderts, in: *Merkur* 623, Jg. 55, H. 3 (2001): 222-234

Murray, Robin (1990): Fordismus und`sozialistische Entwicklung, in: *PROKLA 81*, Jg. 20., H. 4 (1990): 91-122

Musiolek, Bettina (1999): Die Informalisierung der Textil- und Bekleidungserzeugung am historischen und aktuellen osteuropäischen Beispiel, in: *PROKLA 117 - Zeitschrift für kritische Sozialwissenschaft*, Jg.29, H. 4 (1999): 579-601

- (2001): *Decent Work in the Informal Sector CEE/CID.* Region.Regional Report for the Informal Sector Unit InFocus Programme on Skill, Knowledge and Employability, Geneva (ILO)

Ndiaye, Malick (1998): *L'éthique Ceddo et la société d'accaparement ou les conduites culturelles des Sénégalais d'aujourd'hui*, Tome 2, Les Móodu Móodu, Dakar (Presses Universitaires de Dakar)

Neef, Rainer (1999): Schattenwirtschaft in Rumänien, in: *Berliner Zeitschrift für Soziologie*, Jg. 8, H. 3 (1999)

North, Douglass C. (1991): Institutions, in: *Journal of Economic Perspectives*, Vol. 5, No 1 (1991): 97-112

- (1992*): Institutionen, institutioneller Wandel und Wirtschaftsleistung*, Tübingen (J.C.B. Mohr); engl.: *Institutions, Institutional Change and Economic Performance,* Cambridge/New York (Cambridge University Press)

O'Donnell, Guillermo (1999): Pobreza y desigualdad en América latina. Desafios y oportunidades, in: Tokman, Víctor E./O'Donnell, Guillermo (ed.): *Pobreza y desigualdad en América Latina*, Buenos Aires/Barcelona/México (Paídos): 69-96

Odman, E. Asli (2000): Informalisierung und Staat: Die Türkei seit der neoliberalen Wende 1980, in: *PROKLA 120 - Zeitschrift für kritische Sozialwissenschaft*, Jg. 30, H. 3 (2000): 449-468

OECD (1993): *Economic Outlook*, June 1993, Paris (OECD)

- (1998): *OECD Survey: Russian Federation 1997-1998*, Paris (OECD)

- (2000a): *OECD Economic Surveys: Russian Federation*, Paris (OECD)

- (2000b): *Towards Global Tax Co-operation*. Report to the 2000 Ministerial Council Meeting and Recommendations by the Coommittee on Fiscal Affairs. Progress in Identifying and Eliminating Harmful Tax Practices, Paris (OECD)

- (2000c): *Financial Action Task Force on Money Laundering, Basisc Facts about Money Laundering*, Paris (OECD); http:www. oecd.org/fatf/ Mlaundering_en.htm, 22.9.2000

- (2001): *Die OECD-Leitsätze für multinationale Unternehmen. Dokumentation* hrsg. vom Bundesministerium für Wirtschaft und Technologie, Januar 2001; http:// www.oecd.org/daf/investment/guidelines/ (zuletzt gesehen am 10. September 2001)

- (2001): *No longer Business as Usual - Im Kampf gegen Bestechung und Korruption*, Köln (Deutscher Wirtschaftsdienst)

Oertzen, Eleonore von (2001): Prekäre Sphären: Bezahlte Dienstleistungen im privaten Haushalt, in: *iz3w*, September 2001: 27-30

OGD (Office for Drug Control and Crime Protection) (1999): *The World Geopolitics of Drugs 1998/1999 (www.ogd.org)*

Oxfam (2001): *Go with the flows? - Capital Account Liberalisation and Poverty*, published by Bretton Woods Project/Oxfam/The Heinrich Böll Foundation, Washington Office

Pahl, Raymond E.(1980): Employment, Work, and the Domestic Division of Labour, in: *International Journal of Urban and Regional Research*, Vol. 4 (March 1980): 1-20

-/Wallace, Claire (1985): Household Work Strategies in Economic Recession, in: N. Redclift/E. Mingione (ed.), *Beyond Employment. Household, Gender, and Subsistence*, London (Basis Blackwell): 189-227

Palla, Rudi (1994): *Verschwundene Arbeit. Ein Thesaurus der untergegangenen Berufe*, Frankfurt/M. (Büchergilde Gutenberg)

Palley, Thomas (1999): Arbeitslosigkeit und makroökonomische Weichenstellung, in: Lang et al. (Hg.), *Jobwunder USA. Modell für Deutschland?*, Münster (Verlag Westfälisches Dampfboot): 44-53

Partnoy, Frank (2000): *F.I.A.S.C.O. - Blut an den weißen Westen der Wall Street Broker*, München (Heyne Bücher)

Paulenz, Simon (1999): Selbstjustiz in Benin. Zur Debatte über den Charakter außerstaatlicher Sanktionsformen in Afrika, in: *adrika spectrum*, Jg. 34, Nr. 1 (1999): 59-83

Perez, Andres (2000): Rutil, Bauxit und Diamanten. Die UNO und der Wirtschaftskrieg in Sierra Leone, in: *Le monde diplomatique*, Juni 2000

Perulli, Paolo (2000): Die Bedeutung der informellen Arbeit im postindustriellen Europa, in: Altvater, Elmar/Mahnkopf, Birgit (Koord.): *Die Ökonomie eines friedlichen Europa - Ziel - Hindernisse - Wege*, (Agenda-Verlag) Münster: 145-163

Peterson, Janice/Lewis, Margaret (2000): Informal Sector, in: *The Elgar Companion to Feminist Economics*, Cheltenham/Northhampton (Edward Elgar): 472-478

Pfarr, Heide (2000): Soziale Sicherheit und Flexibilität: Brauchen wir ein „Neues Normalarbeitsverhältnis"?, in: *WSI-Mitteilungen*, Jg. 53, H.5 (2000): 279-283

Piepel, Klaus/Transfair/Miseror/Brot für die Welt (1999): *Sozialsiegel und Verhaltenskodizes. Eine Standortbestimmung*, Köln

Pointing, Clive (1991): *A Green History of the World - The Environment and the Collapse of Great Civilizations*, Harmondsworth (Penguin Books)

Polanyi, Karl 1(978): *The Great Transformation*. Frankfurt/M. (Suhrkamp)

Portes, Alejandro (1994): The Informal Economy and Its Paradoxes, in: N.J. Smelser/R. Swedberg (ed.), *The Handbook of Economic Sociology*, Princeton N.J./New York (Princeton University Press/Russell Sage Foundation): 426-449

- (1995): *En torno a la informalidad: Ensayos sobre teoriá y medición de la economia no regulada*, Mexico, D.F. (FLACSO)

Portes, Alejandro (1996): The Informal Economy. Perspectives from Latin America, in: Pozo, Susan (ed): *Exploring the Underground Economy. Studies of Illegal and Unreported Activity*, Michigan (W.E. Upjohn Institute for Employment Research): 147-165

-/Castells, Manuel/Benton, Lauren A. (1989) (ed.): *The Informal Economy. Studies in Advanced and Less Developed Countries*, Baltimore/London (Johns Hopkins University Press)

Prunier, Gérard (1999): Zur Ökonomie des Bürgerkriegs im Südsudan, in: Jean, François/Rufin, Jean-Christophe (Hg.), *Ökonomie der Bürgerkriege*, Hamburg (Hamburger Edition HIS Verlagsgesellschaft): 279-311

Puri, Shivani/Ritzema, Tineke (2001): *Migrant Worker Remittances: Micro-finance and the Informal Economy: Prospects and Issues*, ILO, Working Papers No. 21 (http:www.ilo.org/public/english/employmentment/papers/wpap21.htm)

Rakowski, Cathy A. (1994): The Informal Sector Debate, Part 2: 1984-1993, in: Rakowski, Cathy A. (ed.): *Contrapunto. The Informal Sector Debate in Latein America*, Albany (State University of New York Press)

Ramonet, Ignacio (2001): Aus einer neuen Welt, in: *Le Monde Diplomatique* (deutsche Ausgabe), Dezember 2001

Rawls, John (1991): *Eine Theorie der Gerechtigkeit*, Frankfurt/M, 6. Auflage (Suhrkamp) Verlag

Regulska, Joanna (2001): Vergeschlechtlichte Integration in Europa. Neue Formen der Exklusion, in: *Berliner Journal für Soziologie*, Bd. 11, Nr. 1 (2001): 51-62

Reno, William (1998): *Warlord Politics and African States*, London (Lyne Rienner Publishers)

Revelli, Marco (1999): *Die gesellschaftliche Linke. Jenseits der Zivilisation der Arbeit*, Münster (Westfälisches Dampfboot)

Ricardo, David (1959): *Über die Grundsätze der politischen Ökonomie und der Besteuerung*, Berlin (Akademie Verlag)

Rinderspacher, Jürgen P. (2000): *Ohne Sonntag gibt es nur noch Werktage. Die soziale und kulturelle Bedeutung des Wochenendes*, Bonn (Dietz)

Robert, Denis/Backes, Ernest (2001): *Révélations*, Paris

Rosanvallon, Pierre (1989): *Le libéralisme économique. Histoire de l'ideé de marché*, Paris (édition du Seuil)

Rose-Ackerman, Susan (1999): *Corruption and Government. Causes, Consequences, and Reform*, Cambridge (Cambridge University Press)

Rossignotti, Giovanna (1998): *Worldwide Informalization of Labour*, presentation on: „Shadow Economy and Union Organising Conference", Hattingen, 03/1998 (mimeo)

Rowbotham, Sheila/Mitter, Swasti (ed.) (1994): *Dignity and Daily Bread. New Forms of Economic Organising among Poor Women in the Third World and the First*, London: (Routlede)

Rufin, Jean-Christophe (1996): *Die neuen Barbaren. Der Nord-Süd-Konflikt nach dem Ende des Kalten Krieges*, München (dtv)

- (1999): Kriegswirtschaft in internen Konflikten, in: Jean, Francois/Rufin, Jean- Christophe (Hg.), *Ökonomie der Bürgerkriege*, Hamburg (Hamburger Edition HIS Verlagsgesellschaft): 15-45

Rügemer, Werner (1996): Wirtschaften ohne Korruption?, Frankfurt/M. (Fischer)

Sablowski, Thomas/Rupp, Joachim (2001): Die neue Ökonomie des Shareholder Value. Corporate Governance im Wandel, in: *PROKLA 122 - Zeitschrift für kritische Sozialwissenschaft*, Jg. 31, H. 1 (2001): 47-78

Saikal, Amin (2000): Dimensions of state Disruption and International Responses, in: *Third World Quarterly*, Vol. 21, No. 1 (2000): 39-49

Scheer, Herrmann (1999): *Solare Weltwirtschaft. Strategien für die ökologische Moderne*, München (Kunstmann)

Scherrer, Christoph/Greven, Thomas (2001): *Global Rules for Trade. Codes of Conduct, Social Labelling, Workers' Rights Clauses*, Münster (Westfälisches Dampfboot)

Scherrer, Peter (2001): Nun werden auch die „strategischen" Firmen verkauft. Moldawien kurz vor dem Regierungswechsel: Ein Blick auf die politischen und ökonomischen Verhältnisse, in: *Frankfurter Rundschau* vom 13.3.2001, Dokumentation

Scheuch, Erwin/Scheuch, Ute (2000): *Die Spendenkrise - Parteien außer Kontrolle*, Reinbeck bei Hamburg (Rowohlt)

Schlichte, Klaus (2000): Kriegsverläufe und Kriegsursachen - Formenwandelt kriegerischer Konflikte nach 1945, in: Österreichisches Studienzzentrum für Frieden und

Konfliktlösung (ÖSKF) (Hg.), *Konflikt und Gewalt. Ursachen - Entwicklungstendenzen - Perspektiven*, Münster (agenda Verlag): 239-263

-/Wilke, Boris (2000): Der Staat und einige seiner Zeitgenossen. Zur Zukunft des Regierens in der „Dritten Welt, in: *Zeitschrift für Internationale Beziehungen*, Jg. 7, H. 2 (2000): 359-384

Schneider, Friedrich/Enste, Dominik (2000): *Schattenwirtschaft und Schwarzarbeit. Umfang, Ursachen, Wirkungen und wirtschaftspolitische Empfehlungen*, München/Wien (R. Oldenbourg)

Schönenberg, Regine (2000): Editorial, in: Schönenberg, Regine (Hg.): *Internationaler Drogenhandel und gesellschaftliche Transformation*, Wiesbaden (Deutscher Universitäts-Verlag): 1-5

Schrage, Horst (1984): Schattenwirtschaft - Abgrenzung, Definition, Methoden der quantitativen Erfassung, in: Schäfer, Wolfgang (Hg.): *Schattenökonomie. Theoretische Grundlagen und wirtschaftspolitische Konsequenzen*, Göttingen (Vandenhoek und Ruprecht): 11-37

Schultz, Ulrike (1996): Von gutem und schlechtem Geld - Geldverwendung und -symbolik bei den Turkana, in: *Peripherie* Nr. 62 (1996): 72-94

Schütte, Hajo (1994): *Das Konzept des informellen Sektors aus der wissenschaftstheoretischen Sicht von Thomas Kuhn*, in: Diskussionspapier Freie Universität, Fachbereich Wirtschaftswissenschaft, Fachgebiet Volkswirtschaft des Vorderen Orients, Nr. 31, hg. von Martin Trenk und Dieter Weiss

Seibel, Hans D. (1985): Rural Finance in Africa: The role of informal and formal financial institutions, in: *Development and Cooperation*, No. 6 (1985): 12-14

Sengenberger, Werner (2001): Globale Trends bei Arbeit, Beschäftigung und Einkommen. Herausfordeungen für die soziale Entwicklung, in: W. Fricke (Hg.), *Jahrbuch Arbeit und Technik 2001/2002: Grenzüberschreitungen*, Bonn (Verlag J.H.W Dietz Nachf.): 68-94

Sethuraman, S.V. (1997): *Urban Poverty and the Informal Sector. A Critical Assissment of Current Strategies*, Geneva: ILO; http://www.ilo.org/public/english/125polde/papers/1998/urbpover.htm

Shannon, Ulric (2000): Human Security and the Rise of Private Armies, in: *New Political Science*, Vol. 22, No. 1 (2000): 103-115

Shelley, Louise I. (1999) : Transnational Organized Crime: The New Authoritarianism, in: Friman, Richard H./Andreas, Peter (1999)(ed.): *The Illicit Global Economy and State Power*, Lanham/Boulder/New York/Oxford (Rowman & Littlefield Publishers): 25-51

Shiller, Robert J. (2000): *Irrationaler Überschwang. Warum eine lange Baisse an der Börse unvermeidlich ist*, Frankfurt/M./New York (Campus)

Sica, Vincent (2000): Cleaning the Laundry: States and the Monitoring of the Financial System, in: *Millenium. Journal of International Studies*, Vol. 29, No. 1 (2000): 47-72

Siebert, H. (2000), Neue Impulse für die neue Ökonomie; in: *Frankfurter Allgemeine Zeitung* vom 20.5.2000

Siegl, Elfie (1998): Der Ersatzgeld-Milionär, in: *Frankfurter Allgemeine Zeitung* vom 24.10.1998

Singer, Paul (1979): *Economia Política do Trabalho*, Sao Paulo (Editora Hucitec)

Sinzheimer, Hugo (1976): *Arbeitsrecht und Rechtssoziologie.* Gesammelte Aufsätze und Reden hrsg. von Otto Kahn-Freund/Thilo Ramm, 2 Bde., Frankfurt/Köln (Suhrkamp)

Smith, Adam (1776): *An Inquiry into the Nature and Causes of The Wealth of Nations*, (repr. 1976, Chicago: The University of Michigan Press); deutsch: Jena 1923 (repr. 1973, Giessen: Andreas Achenbach)

Souza, Paulo Renato (1980): *Emprego, Salários e Pobreza*, Sao Paulo (Editora Hucitec)

Standing, Guy (1989): Global Feminisation through Flexible Labour, in: *World Development*, Vol. 17, No. 7 (1989): 1077-1095

- (1999): *Global Labour Flexibility. Seeking Distributive Justice*, London (Macmillan Press)

Stanley, Ruth (2000): Polizeigewalt im Großraum Buenos Aires: Braucht der Neoliberalismus eine policía brava?, in: *Peripherie,* Nr. 80, (2000): 41-58

Storbeck, Jürgen (2001): *Geldwäsche und organisierte Kriminalität*, Papier präsentiert auf einer Konferenz der SPD-Bundestagsfraktion am 15. März 2001, Berlin

Strange, Susan (1988): *States and Markets*, London (Pinter)

- (1998): *Mad Money*, Manchester (Manchester University Press)

Supiot, Alain (1992): *Les notions de contrat de travail et de relation de travail en Europe*, Rapport pour la Commission des Communautés Européennes, Bruxelles/Luxembourg

- (1999), *Au-delá de l'emploi*, Paris (Flammarion)

- (2000): Wandel der Arbeit und Zukunft des Arbeitsrechts in Europa, in: Kocka, Jürgen/Offe, Claus (Hg.), *Geschichte und Zukunft der Arbeit*, Frankfurt/M./New York (Campus): 293-307

Sutton, A. (1994): *Slavery in Brazil. A Link to the Chain of Modernization,* London (Anti-Slavery International)

Talpade Hohanty, Chandra (1998): Arbeiterinnen und die globale Ordnung des Kapitalismus: Herrschaftsideologien, gemeinsame Interssen und Strategien der Solidarität, in: Lingebiel, Ruth/Randiera, Shalini (Hg.), *Globalisierung aus Frauensicht*, Bonn (J. H. W. Dietz Nachfolger): 320-344

Teichert, Volker (2000): *Die informelle Ökonomie als notwendiger Bestandteil der formellen Erwerbswirtschaft. Zu den ökonomischen, sozialen, und ökologischen Wirkungen informellen Arbeitens,* discussion paper P 00-524, Berlin (Wissenschaftszentrum Berlin für Sozialforschung)

Tetzlaff, Rainer (2001): Schwindende Sicherheit und wachsende Risiken in Afrika, in: Bundesakademie für Sicherheitspolitik (Hg.): *Sicherheitspolitik in neuen Dimensionen. Kompendium zum erweiterten Sicherheitsbegriff*, Hamburg, Berlin, Bonn (Mittler & Sohn): 347-374

Thomas J.J. (1992): *Informal Economic Activity*, New York et al. (Harvester Wheatsheaf)

Tokman, Victor (1999): La informalidad en los anos noventa: situación actual y perspectivas, in: Carpio, Jorge/Novacovsky, Irene (compiladores): *De igual a igual. El desafio del Estado ante los nuevos problemas sociales*, Buenos Aires (Siempro, FLACSO): 80-101

Tolosa Galvao, Georgina (1989): Notas sobre o setor informal e algumas consideracoes sobre o setor informal da regiao metropolitana de Belém, in: Ramos de Castro, Edna Maria/Acevedo Marin, Rosa Elizabeth (ed.): *Amazonia em tempo de transicao*, Belém (Universidade Federal do Pará, Nucleo de Altos Estudos Amazonicos, et al.): 247-271

Tomei, Manuela (2000*): Home Work in Selectred Latin American Countries: A Comparative Overview*, ILO: Series on Homeworkers in the Global Economy, Infocus Programme: boosting employment through Small Enterpreise Development, Working Paper N.1; http://www.ilo.org/sed, Juli 2000

Transparancy International (2001): *Global Corruption Report 2001*, edited by Robin Hodess with Jessie Banfield and Toby Wolfe, Berlin (Transparency International)

- (2000): Bernasconi, Paolo*: Off-Shore Domiciliary Comapnies as Instruments of Corruption and Money Laundering*, TI Working Paper; http://ww.transparency.de/documents/work-papers/bernasconi/info.html)

Trepp, Gian (2001): *Geldwäscherei und Globalisiering: Vom schmutzigen Geld zum sauberen Kapital,* Zürich (kvzürich)

Trocki, Carl A. (1998) (ed.)*: Gangsters, Democracy, and the State in Southeast Asia*, Ithaca/New York

Trotta, Trutz von (1999): Unternehmen Bürgerkrig, in: *Politische Vierteljahresschrift*, Jg. 40, H. 4 (1999): 655-665

- (2000): Die Zukunft liegt in Afrika. Vom Zerfall des Staates, von der Vorherrschaft der konzentrischen Ordnung und vom Aufstieg der Parastaatlichkeit, in: *Leviathan*, Jg. 28, H. 2 (2000): 253-279

Truong, Thanh-Dam (1999): The Underbelly of the Tiger: Gender and the Demystification of the Asian Miracle, in: NRO Frauen Forum (Hg.), *Tagungsdokumentation: Überleben im globalen Markt: Zukunft (un)bezahlter Frauenarbeit*, Gustav-Streseman-Institut 29.-31.10.1998, Bonn: 20-43

UNDP (United Nations Development Programme) (1998): *Human Development Report 1998,* Oxford etc. (Oxford University Press)

- (1998): *National Human Development Report. Bulgaria 1998: The State of Transition and Transition of the State,* Sofia

- (1999*): Bericht über die menschliche Entwicklung 1999*, Bonn (UNDP; Deutsche Gesellschaft für die Vereinten Nationen)

- (1997): *Bericht über die menschliche Entwicklung 1997*, Bonn (UNDP; Deutsche Gesellschaft für die Vereinten Nationen)

UNEP (United Nations Environmental Programme) (1997): *Global Environmental Outlook - „form life on earth"*, Oxford etc. (Oxford University Press

UNO (2000a): *The Word's Women 2000: Trends and Statistics*, New York

- (2000b): *Protocol to Prevent, Suppress and Punish Trafficking in Persons;* http://www.uncjin.org/documents

- (2001): http://www.unglobalcompact.org/ (10.September 2001)

Uzzell, J. Douglas (1994): Transaction Costs, Formal Plans, and Formal Informality: Alternatives tio the Informal „Sector", in: Rakowski, Cathy A. (ed*.): Contrapunto. The Informal Sector Debate in latein America*, Albany (State University of New York Press) 251-269

Van der Pijl, Kees (2001): „Private Weltpolitik" - Zur Geschichte der liberalen Weltordnung, in: Brühl, Tanja/Debiel, Tobias/Hamm, Brigitte/Hummel, Hartwig/Martens, Jens (Hg.) (2001): *Die Privatisierung der Weltpolitik. Entstaatlichung und Kommerzialisierung im Globalisierungsprozess*, Bonn (Verlag J.H.W. Dietz Nachfolger): 82-99

Van der Veen, Hans T. (2000): The International Drug Complex - The Intertwined Dynamics of International Crime, Law Ennforcement and the Flourishing Drug Economy, in: Schönenberg, Regine (Hg.), *Internationaler Drogenhandel und gesellschaftliche Transformation*, Wiesbaden (Deutscher Universitäts-Verlag): 143-168

Vargas Llosa, Mario (1997): El desquite de los pobres, in: *El Pais* vom 28.12.1997

Vismann, Conelia (2000): Das Jahrhundert der Rechtsanwälte, in: *Frankfurter Rundschau* vom 14.3.2000

Vobruba, Georg (1999): Income Mixes - Die neue Normalität nach der Vollbeschäftigung, in: W. Fricke (Hg.), *Was die Gesellschaft bewegt - Jahrbuch Arbeit und Technik 1999/2000*, Bonn (Verlag J.H.W. Dietz Nachf.): 103-113

Voltaire (1759/1990): Candide oder der Optimismus, Frankfurt/Main und Wien (Büchergilde Gutenberg)

von Mises, Ludwig (1927): *Liberalismus*, Jena

Voß, Günther/Pongartz, Hans (1998): Der Arbeitskraftunternehmer. Eine neue Grundform der Ware Arbeitskraft? in: *Kölner Zeitschrift für Soziologie und Sozialpsychologie*, H. 1 (1998): 131-158

Voswinkel, Stefan/Lücking, Stefan (1996): Normalitäts-Management. Industrielle Beziehungen in der Bauwirtschaft und im Gastgewerbe Deutschlands und Frankreichs, in: *Soziale Welt*, Jg. 47 (1996): 450-479

Weber, Max (1921/1972): Wirtschaft und Gesellschaft. Grundriß der verstehenden Soziologie (hrsg. von Johannes Winkelmann, (J.C.B. Mohr Tübingen (5. Aufl.)

Wechsler, William F. (2001): Follow the Money, in: *Foreign Affairs*, July/August 2001: 40-57

Weissmann, Fabrice (1999): Mosambik: Krieg als Mittel der Bereicherung, in: Jean, François/Rufin, Jean-Christophe (Hg.), *Ökonomie der Bürgerkriege*, Hamburg (Hamburger Edition HIS Verlagsgesellschaft): 243-277

Werner, Christian (1990): *Die Beschäftigungswirkungen der Schattenwirtschaft*, Pfaffenweiler (Centaurus-Verlagsgesellschaft)

Wichterich, Christa (1998): *Die globalisierte Frau. Berichte aus der Zukunft der Ungleichheit*, Reinbek bei Hamburg (Rowohlt)

- (1999a): Anerkennung, Rechte, Ressourcen. Frauenorganisationen im informellen Sektor in Ländern des Südens, in: *PROKLA 117 - Zeitschrift für kritische Sozialwissenschaft*, Jg. 29, H. 4 (1999): 535-554

- (1999b): Call Girls der globalen Märkte. Zur strategischen Rolle von Frauen in der Globalisierung, in: NRO Frauen Forum (Hg.), *Tagungsdokumentation: Überleben im globalen Markt: Zukunft (un)bezahlter Frauenarbeit*, Gustav-Steseman-Institut, 29.-31.10.1998, Bonn: 3-19

- (2000): Gender matters, in: *Peripherie*, Nr. 77/78 (2000): 51-74

WIEGO (Women in Infomal Employment: Globalizing and Organizing)(2000): *Second Annual Meeting, May 22-24*, 2000, http://www.wiego.org

Williams, Colins C./Windebank, Jan (2001): Paid Informal Work: a barrier to social inclusion?, in: *Transfer*, No. 1 (2001): 25-40

Williams, David (1999): Constructing the Economic Space: The World Bank and the Making of Homo Oeconomicus, in: *Millenium. Journal of International Studies*, Vol 28, No. 1 (1999): 79-99

- (2000): Aid and Souvereignty: Quasi-states and the International Financial institutions, in: *Review of International Studies*, Vol. 26 (2000): 557-573

Wilson, William Julius (1996): *When work disappears. The World of the New Urban Poor*, New York.

Witherell, William (2000): *The OECD and Financial Crime*, Opening Keynot adress at the 18th Cambridge International Symposium on Economic Crime, Jesus College, Cambridge, September 11, 2000 (mimeo)

World Bank (2000): *World Development Report 2000/2001: Attacking Poverty*, Washington D.C.

- (2002): *World Development Report 2002: Building Institutions for Markets*, Washington, D.C.

- et. al (2000): *Global Poverty Report*, G8 Okinawa Summit, July 2000

Wulf, Herbert (2001): Krisenprävention und die Ökonomie der Gewalt, in: Stanley, Ruth, (Hg.): Gewalt und Konflikt in einer globalisierten Welt, Festschrift für Ulrich Albrecht, Opladen (Westdeutscher Verlag): 51-70

Wyplosz, Charles (1999): Financial Instability, in: Kaul, Inge/Grunberg, Isabell/Stern, Marc A. (ed.): *Global Public Goods - International Cooperation in the 21st Century* New York/Oxford, (The United Nations Develepment Program - Oxford University Press): 152-189

Yan Hao (2001): *Urban Poverty in China: An Emerging Challenge to an Economy in Transition*. Paper prepared for Section 71: A View on Poverty and Inequality on Economies in Transition, 24th IUSSP General Population Conference, Salvador, Brasilien, 18.-24. August 2001

Yanz, Linda/Jeffcot, Bob/Ladd, Deena/Atlin, Joan - Maquila Solidarity Network (Canada) (1999): *Policy Options to Improve Standards for Women Garment Workers in Canada and Internationally,* Ottawa

Zelik, Raúl (2000): Kein Koks vom Kartell der Teufel, in: *Jungle World,* vom 16. August 2000

Ziegler, Jean (1999): *Die Barbaren kommen. Kapitalismus und organisiertes Verbrechen*, München (Goldmann)

Zilian, Hansgeorg (2000): *Die Zauberlehrlinge*, Referat auf der Konferenz der Denkwerkstätte Wien „E-work: Neue Jobchancen - real oder virtuell?, 17. November 2000 (zit. nach Vortragsmanuskript)

Register

– K –

– L –

– M –

– N –

– O –

– T –